p. 49

HISTOIRE GÉNÉALOGIQUE DE LA MAISON DE CHASTELLUX.

HISTOIRE GÉNÉALOGIQUE

DE LA

MAISON DE CHASTELLUX

(SEIGNEURS DE MONTRÉAL, MARMEAUX, BEAUVOIR, TART, RAVIÈRES, BAZARNE, CHASTELLUX, AVIGNEAU, COULANGES, ETC.)

AVEC PIÈCES JUSTIFICATIVES

PAR

Le Comte H.-P.-C. DE CHASTELLUX.

AUXERRE

IMPRIMERIE DE GUSTAVE PERRIQUET

RUE DE PARIS, 31.

—

MDCCCLXIX.

A MES FRÈRES,

LOUIS, BERNARD ET JEAN DE CHASTELLUX.

C'est à vous que je dédie ce livre, contenant et résumant toutes les recherches faites par nos pères et moi sur notre Maison.

C'est, à mon avis, une bonne habitude pour chaque famille d'avoir constamment sous les yeux les faits qui constituent son histoire, tant pour connaître son passé que pour y chercher des motifs de bien agir et de tenir une place honorable dans la société. Ce sentiment se retrouve chez tous les peuples, les plus différents de mœurs et de caractère : mais, en France, les familles comptaient beaucoup sur la tradition orale pour rattacher le passé à l'avenir, et, entièrement absorbées par le métier des armes, elles ne songeaient guère à laisser des documents écrits. En outre, comme les cadets quittaient habi-

tuellement le nom de leurs aînés pour prendre celui de leur fief principal, on ne peut recomposer l'histoire d'une maison quelconque qu'à grand renfort de chartes et de sceaux, comme il est arrivé pour la nôtre; et encore le malheur des temps en a fait disparaître une partie.

C'est vers la fin du XVIe siècle que nos aïeux ont commencé à fouiller dans leur passé, lorsque les guerres de religion avaient anéanti beaucoup de documents précieux renfermés dans les abbayes et dans les châteaux. Ces recherches nous présentaient d'assez grandes difficultés, à cause de l'existence errante que nous avions menée au XIVe siècle. En effet, après avoir vu le château de Beauvoir passer dans une famille étrangère, nous nous étions successivement fixés à Thury et à Bourdeau jusqu'en 1384; à cette époque, la mort de Laure de Bordeaux nous mit en possession de Chastellux, qui dès lors est devenu la demeure principale de notre famille.

Dans ces changements de résidence, la chaîne de notre filiation s'est brisée, et il a été longtemps impossible d'en réunir les anneaux. Comme nous avions peu à peu cessé de porter le nom patronymique de Beauvoir, conservé par le maréchal de Chastellux, son père et son fils, tout le monde nous regardait comme les descendants en ligne masculine des anciens sires de Chastellux. Au XVIIe siècle, un généalogiste, qui devait être Dubouchet, travailla à établir notre filiation à partir d'un certain Eudes Bornus de Chastellux, sire dudit lieu, qui aurait épousé Guye de Beauvoir, en s'engageant à faire relever ce nom par ses enfants (1).

---

(1) Voyez *Recherches sur les anciens sires de Chastellux*, p. 43.

Hercule de Chastellux connaissait fort bien la conformité de l'écusson des Montréal avec le sien; mais il pensait que c'était une branche de la maison de Chastellux, et parlait dans ce sens à M. d'Hozier de beaux titres scellés qui se trouvaient dans les archives du Chapitre de Montréal et au château de Ragny.

Au XVIIe siècle, Noël Damy, chanoine d'Auxerre, s'occupa de réunir des documents pour l'histoire de la Maison de Chastellux; que sont-ils devenus? Je lis dans les Lettres *de l'abbé Lebeuf (vol. I, p. 240), que les travaux de Noël Damy, après avoir passé dans les mains de Lebeuf, ont disparu avec les manuscrits de ce savant historien Auxerrois: le hasard ne les a pas encore rendus à la lumière, non plus qu'une généalogie complète de la Maison de Chastellux, qui existait entre les mains du père Fillion, gardien du monastère de la Cordelle de Vézelay. J'ignore si leurs travaux furent de quelque utilité au P. Anselme, lorsqu'il rédigea un article sur le maréchal de Chastellux et sa famille, dans son* Histoire des Grands-Officiers de la Couronne. *Il en communiqua une copie à Guillaume-Antoine de Chastellux, qui la lui renvoya avec quelques additions et corrections : lui-même s'occupait de recherches historiques et s'était déjà procuré des documents inédits d'Autun ou d'ailleurs ; malheureusement, il ne poussa pas assez loin ses investigations pour ajouter de nouvelles pages à son* Vieux Livre noir, *qui, toutefois, présente une utilité inappréciable.*

Moréri, La Chesnaye-des-Bois et leurs émules n'ont guère su que copier le Père Anselme ; quant à M. d'Hozier, il a dressé un arbre généalogique commençant au XIIe siècle, avec de graves erreurs: par exemple, il dit que Laure de Bazoches et de Bordeaux épousa Guy de Chastellux, puis Robert de Courtenay, Étienne de Montagu, et *enfin Jean de Bourbon, et qu'elle vécut très longtemps. Or, il se trouve que M. d'Hozier a confondu Laure de Bazoches avec sa petite-fille Laure de Bordeaux, dame de Bazoches, qui, du reste, a fourni une assez longue carrière. Il ajoutait encore que nous étions issus d'un frère de Guy de Chastellux, tandis que d'autres nous donnaient son second fils pour auteur. On voit par là les erreurs qu'engendre la similitude des prénoms.*

Après la mort de Guillaume-Antoine de Chastellux, ses enfants continuèrent à faire des recherches, mais sans aucun résultat bien saillant. La Révolution survint, et, dans son délire, elle porta une main dévastatrice sur les monuments du passé. Notre bisaïeul, obligé de s'éloigner, donna l'ordre de cacher les archives de Roussillon dans les caves du château ; celles de Chastellux furent mises sous les scellés dès 1792, et au bout de dix-huit mois une Commission, venue d'Avallon, fit entasser dans la cour du château les papiers, les tableaux et les blasons pour les livrer aux flammes. Heureusement, les effets de cette stupide ignorance ne furent point absolument irréparables (1) : une partie des titres de famille emportés en 1787, et laissés à la comtesse douairière de Chastellux, furent réintégrés au chartrier par notre grand-père César-Laurent, qui, en même temps, remplaça les pièces perdues par des copies de tout ce qui nous concernait dans les dépôts publics d'Auxerre, de Dijon et d'ailleurs. Il chargea M. Girault, avocat à Dijon, de coordonner tous les titres de notre Maison ; ce travail,

---

(1) A propos, je lis dans une lettre de la marquise de Chastellux à son fils Alfred, datée de Chastellux (25 vendémiaire an XIII): « T'ai-je mandé que ces deux in-folio qui étaient ici et qui « renfermaient les ouvrages manuscrits et les plans de cet homme célèbre (Vauban), n'ont pas « été la proie des flammes? Le préfet les a envoyés à Paris, et ils sont au Dépôt de la Guerre.

qui comprend 238 pages, prouve l'érudition de son auteur; mais en même temps on y découvre de nombreuses erreurs, notamment en ce qui touche les XIIIe et XIVe siècles : les branches de Bazarne et de Coulanges n'y sont que très sommairement mentionnées. Il est juste de dire que M. Girault avait peu de matériaux à sa disposition : il lui manquait l'inventaire très exact et très détaillé des titres de Chastellux, dressé en 1766 (1); d'un autre côté, l'idée ne lui était venue ni de consulter les archives religieuses de la Côte-d'Or, ni même d'examiner les sceaux des sires de Montréal et de ceux de Chastellux.

La notice de M. le baron Chaillou des Barres est plutôt celle du château de Chastellux, considéré dans ses rapports avec ses possesseurs; il ne faut point y chercher une histoire complète; j'en dirai autant des notices de M. Pascallet, dans la Revue biographique, *et de M. l'abbé Baudiau, dans le* Morvand.

Notre père avait commencé à rétablir l'ordre dans les archives de Chastellux et songeait à réunir de nouveaux documents, lorsque sa mort me laissa le soin de terminer cette tâche. Une circonstance imprévue vint à mon aide : en 1864, M. Ernest Petit publia dans l'Annuaire de l'Yonne un article par lequel il affirmait que nous ne descendions point en ligne masculine des sires de Chastellux, insistant surtout sur la conformité de nos armes avec celles des sires de Mont-

---

(1) Cet inventaire ne comprenait pas, toutefois, tous les titres qui existaient à Chastellux, car j'ai vu dans des lettres de Mme de Chastellux (Jubert), que je dois à l'obligeance de M. le curé d'Island, qu'il y avait dans les greniers du château trois grandes caisses remplies de vieux papiers assez difficiles à déchiffrer et à classer.

réal. Les recherches que j'ai faites alors m'ont prouvé la vérité de cette assertion.

J'ai puisé de nombreux matériaux aux Archives de l'Yonne et de la Côte-d'Or, au département des manuscrits de la Bibliothèque impériale, aux Archives de l'Empire et à celles de l'Hôtel de Ville; le hasard m'a fourni des documents sur la branche de Bazarne, et M. le comte de Saint-Phalle a bien voulu me communiquer les titres qu'il possède sur celle de Coulanges, au château de Cudot. J'ai fait photographier quelques sceaux à Dijon pour les joindre à ce volume, comme une preuve authentique de l'origine de notre famille.

Maintenant, quoiqu'il reste encore quelque chose à faire (1), je vous dédie, mes chers frères, ce travail, qui vous intéressera ainsi que les familles qui tiennent de loin ou de près à la nôtre; j'aime à croire qu'il aura quelqu'attrait pour nos compatriotes de l'Avallonnais, surtout à cause des nombreux documents qui lui font suite. Je me fais ici un véritable plaisir de remercier M. Quantin, le savant et laborieux archiviste de l'Yonne : pour répondre autant que possible aux intentions de notre père qui eût désiré le charger de ce travail, il a bien voulu revoir les épreuves et collationner les documents sur les originaux qu'il a sous la main; ses conseils m'ont été bien précieux.

En lisant l'histoire de vos ancêtres, vous ne tirerez pas une vanité

---

(1) Depuis que cette dédicace est écrite, j'ai trouvé des titres originaux et inédits à la Bibliothèque impériale (cabinet des Titres) : on y voit, par exemple, qu'en 1534 Olivier de Chastellux était chapelain de la chapelle de Sainte-Marguerite, à Coulanges-les-Vineuses.

A Chastellux, on vient de retrouver dans un grenier une partie de la liasse des fondations; il y a des chartes originales de Cure, de Quincy, des Cordeliers de Nevers, du Réconfort, etc. Cela prouve qu'il est extrêmement essentiel de ne jamais rien laisser sortir des Archives de Chastellux; autrement on s'exposerait à perdre des documents du plus grand intérêt, qu'il vaut mieux communiquer sur place.

puérile de l'ancienneté et de l'illustration de votre race ; mais vous ne vous appliquerez que davantage à lui conserver la place qu'elle a reprise dans notre pays après une longue absence. Vous comprendrez que c'est une grande obligation de conserver l'héritage d'honneur et de probité que vous tenez de vos pères, et qu'on pardonne difficilement à l'héritier d'un grand nom de mener une vie oisive, dissipée et inutile : c'est un signe de déchéance pour la famille qui a le malheur d'être ainsi représentée. Je me flatte donc que, quelle que soit votre carrière, vous acquerrez la réputation d'hommes de bien et de citoyens utiles, et que vous laisserez des souvenirs aussi honorables que ceux de nos pères.

CHASTELLUX.

Chastellux, 15 avril 1869.

HISTOIRE GÉNÉALOGIQUE

DE LA

MAISON DE CHASTELLUX.

CHAPITRE PREMIER.

ORIGINES. — BRANCHE AINÉE OU SIRES DE MONTRÉAL. — CONFISCATION DE LA TERRE DE MONTRÉAL ET ALIÉNATION DE SES DÉPENDANCES. — ÉCLIPSE COMPLÈTE DE LA BRANCHE AINÉE.

(1000-1304).

Montréal (*Mons Regalis, Mons Regius*) est aujourd'hui un bourg de l'arrondissement d'Avallon, situé sur le versant d'une colline dont le pied est baigné par le Serain ; cette rivière coule lentement dans une vallée fertile, qu'elle désole parfois par ses débordements, dont le dernier a eu lieu en septembre 1866.

La Révolution a fait disparaître les derniers vestiges d'un manoir féodal de la plus haute antiquité ; la tradition en fixait la construction en l'année 414 (1) ; il aurait même servi de demeure à la reine Brunehaut, qui y venait d'Epoisses avec son petit-fils Thierry. Ce séjour est peut-être la cause de la dénomination de *Mons-Regalis* donnée à ce lieu (2). Un vieux manuscrit dit que ce château fut ruiné

---

(1) Abbé Breuillard, *Mémoires historiques*, p. 28.
(2) On croit plutôt que la reine Brunehaut habitait au lieu nommé *Brocarica*, sans doute

par les Normands, et rebâti par Anséric Ier qui le plaça auprès de l'église, sur le sommet de la montagne ; il était auparavant à la porterie de la basse-cour appelée Belot (1).

Qu'était Anséric Ier ? Peut-être descendait-il d'un de ces commissaires royaux préposés par Charlemagne à l'administration de ses domaines, et qui en devinrent les véritables propriétaires, lorsque les successeurs dégénérés de ce prince ne voulurent plus se donner la peine de les défendre ; c'est là l'origine de la féodalité.

On ignore à quelle époque vivait Anséric Ier : était-ce au xe siècle? Son château fut attaqué plusieurs fois par Landry, comte de Nevers, qui cherchait à s'emparer des places frontières de Bourgogne pour les remettre au roi Robert, déjà maître de la ville d'Avallon, assiégée pendant trois mois. Mais le seigneur de Montréal, que nous appellerons Anséric II, repoussa victorieusement tous les assauts qu'on lui livra, et enfin Landry le laissa en paix.

Courtépée dit que la Maison de Montréal était une des plus anciennes, des plus illustres et des plus puissantes Maisons de Bourgogne, puisque dès le xie siècle elle élevait une basilique à grands frais et dotait une collégiale, preuve d'une existence distinguée et perdue dans les ténèbres de l'antiquité (2). Elle fonda à une époque reculée, à titre d'hôpital, le prieuré de Saint-Bernard : ce qui le prouve, c'est qu'en 1012 un seigneur de Talcy y fit une fondation (3).

Vers 1068, on trouve Anséric III (4), qui dota le chapitre Notre-

---

différent de la Boucherasse, hameau de Trévilly, où il n'existait aucun vestige de château. Voyez la notice sur Montréal, par M. E. PETIT.

(1) COURTÉPÉE, III, 623.

(2) Dans le *Roman de Gérard de Roussillon* il est parlé d'Ancris de Monreaul, qui se trouvait avec d'autres seigneurs à la bataille de Sens, perdue par Charles-le-Chauve (v. 5205).

(3) COURTÉPÉE, III, 620-621.

(4) Le nom d'Anséric porté sans interruption par les sires de Montréal empêche de les bien

Dame de Montréal, en faisant ratifier, deux ans après, cette fondation par le duc Robert, qui alors construisait une église à Semur, pour expier le meurtre de son beau-père. L'architecture de l'église actuelle de Montréal fait penser qu'il y en avait déjà une élevée par Anséric III ou par ses prédécesseurs (1).

Le fils d'Anséric III fut Hugues, qui faisait partie, en 1101, du conseil du duc de Bourgogne; choisi, trois ans après, comme juge d'un différend qui s'était élevé entre ce prince et l'évêque d'Autun, il donna raison au prélat. Suivant l'opinion de M. E. Petit, il était sénéchal de Bourgogne, quoique Dom Plancher ne le désigne jamais que par son prénom.

Hugues fut encore choisi comme arbitre dans une querelle de l'abbé de Flavigny contre Hugues, sire de Maligny, fils de Thibault-le-Roux (1143); il s'agissait d'un fief que Thibaut aurait reçu de l'abbé Eudes, tandis que les religieux soutenaient le contraire : ils obtinrent gain de cause, mais à condition de donner mille sous à Hugues, et dix à son frère Bouchard. Cette décision était bien propre à désintéresser les parties (2).

Peu de temps après, Pierre de Montréal, chanoine d'Autun, fils de Gautier de la Tour, ayant résolu d'embrasser la vie monastique, sollicita son admission dans l'abbaye de Fontemoy (3). Sa mère Béliarde,

---

distinguer, à moins qu'on n'ait un très grand nombre de titres et qu'on ne se donne la peine de les étudier et comparer.

(1) L'église actuelle de Montréal est du style du xii° au xiii° siècle, et à ce titre classée parmi les monuments historiques. On y admire tout particulièrement plusieurs rosaces de belle dimension et vingt-six stalles de bois sculpté ; on remarque aussi un autel portatif en albâtre, que Courtépée prétend avoir appartenu à Anséric IV, de Montréal, qui est représenté à genoux et tenant son ceinturon sur le bras. Mais M. Quantin prouve que cet autel est du xvi° siècle.

(2) Duchesne, *Histoire de la Maison de Vergy*, p. 112.

(3) Abbaye fondée, en 1104, par Anséric d'Avallon et Guy de Noyers, sur le finage de Joux-la-Ville, et transférée, en 1134, à Reigny-sur-Cure.

son beau-père Engelbert, son frère Hugues et sa belle-sœur Bonnefille donnèrent aux moines la forêt de Fresnes et celle de Sagette, avec un pré situé au milieu de cette dernière et un moulin dans le voisinage, une ouche contiguë et le droit de pêche et de pacage, le tout franc et quitte de toute redevance envers le seigneur de Montréal, qui y donna son consentement ; en outre, il fut stipulé que le moulin serait un lieu d'asile (1).

En 1119, Hugues de Montréal et Aluise, son épouse, donnèrent aux mêmes religieux la terre de Champlive, depuis un certain gué sur le Serain jusqu'à un vallon qui marquait la limite des possessions du seigneur de Noyers et des leurs ; ils y ajoutèrent le droit d'aisance tant pour les pâturages que pour la rivière et les bois, où les moines pourraient mener leurs porcs pendant la glandée; enfin, ils leur permirent de prendre du bois et du poisson, et de bâtir des moulins sur la rivière (2).

Un titre non daté parle d'un Guillaume de Talcy qui approuva la donation, faite par Landry de Praiz, de la terre d'Oudun, aux moines de Fontemoy ; cette terre était tenue en fief par Hildebert, auquel Landry devait foi et hommage. Cet acte fut passé à Montréal, en présence de Guy, sire du lieu, et de Durand, abbé de Cure (3). Ce Guy ne pouvait être que le fils aîné d'Hugues ; il mourut sans postérité, puisque nous trouvons, en 1145, Anséric IV, sire de Montréal, second fils d'Hugues et d'Aluise. Sa piété est attestée par de nombreux titres : en 1145, il

---

(1) Hugues, surnommé le Blanc, sa femme Bonnefille et leurs fils Gauthier et Hugues, abandonnèrent, en 1149, aux moines de Reigny le pré Brunon. Il est à croire que le nom de Montréal, dans cet acte, ne servait qu'à indiquer l'origine d'Hugues, sans qu'il appartînt à la famille des Anséric. C'était assez l'usage dans ce temps-là d'ajouter à son prénom le nom du lieu que l'on habitait ou dont on était originaire.

(2) Inventaire des titres de l'abbaye de Reigny.

(3) Ce Durand n'est nommé ni dans la *Gallia christiana*, ni dans la notice de M. Flandin insérée dans l'*Annuaire de l'Yonne* pour 1859.

donna à l'abbaye de Pontigny tout ce qu'il possédait de terres cultivées, incultes ou boisées, depuis le chemin de Nitry à Tormancy jusqu'à celui de Massangis à Chablis, en ajoutant le droit de pacage dans la forêt d'Hervaux et dans les champs situés entre cette forêt et le Serain. En même temps, il apaisa quelques différends élevés entre cette abbaye et celle de Saint-Germain d'Auxerre.

Sur ces entrefaites, saint Bernard se rendit à Vézelay pour plaider la cause des chrétiens de l'Orient, soumis aux plus dures vexations, et pour demander la délivrance du Saint-Sépulcre, menacé de devenir la proie des Infidèles. Avec le peu de foi qui règne aujourd'hui parmi nous, il est difficile de se figurer l'enthousiasme excité par les accents mâles et passionnés de l'illustre prédicateur. Tous les châteaux devinrent déserts; on eût rougi de rester au pays lorsque toute la noblesse s'élançait vers la Terre-Sainte, la croix sur l'épaule et l'épée au poing. Ce fut l'époque la plus prospère des abbayes; elles s'enrichirent des largesses des pèlerins qui, avant de se mettre en route, voulaient attirer sur eux les bénédictions célestes et, au besoin, la miséricorde divine, au cas où ils succomberaient pendant l'expédition. Anséric IV, sire de Montréal, accorda aux religieux de Reigny le droit d'usage dans ses domaines, de pacage dans ses bois, et de pêche dans le Serain, à l'instar de son père Hugues et de sa mère Aluise. Non content de cette libéralité, il y ajouta des terres et des prés, situés à Roche-Oger et à Tormancy, la grange de Charbonnières, avec des prés et le droit d'usage (1).

Courtépée parle d'un acte dans lequel Anséric IV prend le titre de *Pater ecclesie collegiate* : c'est une preuve de plus que la fondation de l'église de Montréal doit être attribuée aux Sires du lieu; il est aussi

---

(1) *Gallia christiana*, XII, Instr., p. 119.

certain qu'Anséric IV en augmenta la magnificence et les possessions (1).

En 1151, ce seigneur pacifia un différend qui avait surgi entre les religieux de Pontigny et son beau-père, le sire de Menessaire, au sujet d'un pré, situé au-dessus de Massangis, disputé à l'abbaye par les hommes de ce dernier. Sa décision fut favorable aux moines et l'exécution en fut jurée devant Hervé de Pierre-Perthuis, Guillaume de l'Isle et Jean d'Auxerre.

A cette époque, les comtes de Nevers suscitaient beaucoup d'ennuis à l'abbaye de Vézelay et essayaient d'y exercer une autorité qui ne leur appartenait point ; les bourgeois de la ville eurent tort de faire cause commune avec eux (2) ; aussi furent-ils excommuniés par le pape Eugène III, qui, par une lettre du 19 décembre 1152, chargea Eudes, duc de Bourgogne, Archambaud de Bourbon, Guillaume, comte de Chalon, Raymond, frère du duc de Bourgogne, Raynaud, comte de Joigny, Geoffroy de Donzy, Dalmace de Luzy, Anséric de Montréal, Salon, vicomte de Sens, et ses deux fils, Garnier et Bouchard, Guy de Vergy, et Hugues de Mont-Saint-Jean, de veiller à l'exécution de cette redoutable sentence et de leur interdire l'accès de leurs foires et marchés. Les habitants de Vézelay, peu contents des libertés qui leur avaient été accordées en 1137, voulaient opposer des digues à ce qu'ils appelaient l'omnipotence absolue de l'abbaye, et s'administrer eux-mêmes : pour parvenir à ce but, ils ne reculèrent point devant la violence et le meurtre. Les sévères remontrances du Souverain-Pontife ne servirent qu'à les irriter encore davantage : ils oublièrent totalement le respect dû à la religion et maltraitèrent les pèlerins qui gravissaient la montagne de

---

(1) Abbé Breuillard, déjà cité, p. 135.
(2) Chronique de Vézelay, *Spicilége*.

Vézelay. L'abbé Ponce, après avoir épuisé tous les moyens de conciliation, s'adressa à Anastase IV, qui venait de ceindre la tiare ; ce pontife écrivit au duc de Bourgogne et aux seigneurs cités plus haut une lettre par laquelle il condamnait énergiquement la conduite des bourgeois de Vézelay et du comte de Nevers, en leur reprochant leur révolte contre l'autorité légitime de l'Eglise ; il terminait en les menaçant d'une nouvelle sentence d'excommunication. C'était ainsi que les Souverains-Pontifes veillaient sur l'indépendance de l'abbaye, regardée par eux comme une annexe immédiate du patrimoine de saint Pierre. L'abbaye de Vézelay parvint à maintenir l'omnipotence de sa juridiction, en repoussant en matière civile et judiciaire l'intervention de tout pouvoir laïque ; enfin, elle recouvra dans l'administration de ses domaines l'entière possession de sa liberté ; mais les causes de haine qui existaient entre elle et les bourgeois de Vézelay ne cessèrent de subsister et contribuèrent à sa décadence (1).

En 1154, Anséric IV, sire de Montréal, assista comme témoin à une donation faite par Hugues, vicomte de La Ferté, à l'abbaye de Longuay (2) ; quatre ans auparavant, il remplissait le même rôle, lorsque Eudes, duc de Bourgogne, donna aux moines du Puy-d'Orbe les dîmes d'Aignay et de Berne, qu'ils tenaient déjà de son sénéchal Renier de La Roche (3).

En 1153, il confirma, de concert avec sa femme, Adélaïde de Menessaire, l'accensement fait à l'abbaye de Reigny par Yvon d'Avallon et sa famille, de la terre qu'ils possédaient entre le Creussant et le ruisseau de Montjalin.

---

(1) Voyez *Etude sur Vézelay*, par M. Chérest, publiée dans le XVIe Bulletin de la Société des Sciences historiques et naturelles de l'Yonne.
(2) Duchesne, XXI, 37.
(3) Pérard, 235.

Les comtes de Champagne confièrent à Anséric IV l'advouerie (1) de Chablis : c'était une charge qui consistait à protéger et défendre l'abbaye Saint-Martin de Tours, qui avait des biens à Chablis ; à cette charge étaient attachés le droit de gîte et le serment de fidélité, sauf celui dû aux comtes de Champagne. Or, ceux-ci avaient succédé aux rois de France dans l'advouerie, jusqu'à ce qu'Henri, comte de Troyes, la passât, en 1151, au sire de Montréal, en lui accordant également les revenus qu'il percevait à Chablis. Mais les religieux, excités par le prévôt Maurice, députèrent ce dernier vers le comte avec Absalon et Robert, chanoines, et Jean, maire de Chablis, pour le prier de revenir sur sa détermination. Henri leur répondit qu'il s'était réservé la garde proprement dite de la ville, son droit annuel de procuration et le serment de fidélité dû par les habitants, d'autant plus qu'il ne pouvait ni ne devait s'en dessaisir (2). Cette advouerie fut cédée, un siècle plus tard, à titre de sous-inféodation, aux sires de Noyers.

En 1159, des religieuses de Juilly furent appelées à Froidmanteau par Pétronille, comtesse de Bar ; Hugues, archevêque de Sens, présida à leur installation, et affranchit l'endroit de tout pouvoir laïque et séculier, en sauvegardant l'autorité de l'archevêque de Sens et celle de l'abbé de Molesmes ; en outre, pour consacrer le souvenir de cette journée, il changea le nom de Froidmanteau en celui de Franchevault, en défendant formellement qu'on fît revivre l'ancienne dénomination. Les religieuses qui venaient s'établir dans le nouveau prieuré se virent accueillies par une foule considérable qui se porta à leur rencontre : on y remarquait le comte de Tonnerre, Milon d'Ervy, Milon de Noyers, Anséric de

---

(1) Cette charge fut introduite, après le consulat de Stilicon, pour maintenir les droits et biens temporels des ecclésiastiques et des moines : ceux qui en furent pourvus étaient du plus haut rang, tels que les ducs et barons. Charlemagne fut élu avoué de l'église Saint-Pierre de Rome.
(2) *Trésor des Chartes*, J. 254.

Montréal, Rahier, vicomte de Saint-Florentin, qui leur permirent d'acquérir ou de recevoir des biens dans leurs fiefs (1).

En 1164, c'est Anséric V, époux d'Alix, que nous trouvons à Montréal : il avait deux fils, dont l'aîné s'appelait comme lui ; le second était nommé Jean, et leur sœur, Elvis. Il confirma les libéralités de ses pères et celles que Caïn et Niard de Montréal venaient de faire en faveur de l'abbaye de Reigny ; ensuite il s'engagea à faire exécuter la teneur de l'acte passé par Yvon d'Avallon, en faveur de la même abbaye, et ratifié par Anséric IV. Deux ans après, nous le voyons servir de témoin à Geoffroy Strabon de Villemaur, qui donna plusieurs bois à l'abbaye de Vauluisant, et souscrire avec d'autres seigneurs l'acte de renonciation fait par André de Montbard au droit de féodalité qu'il revendiquait contre les chanoines de Saint-Maurice de Semur sur les dîmes de Chevigny, que messire Hugues de la Tour leur avait données.

En 1168, Anséric V transigea avec l'abbé du Moutier-Saint-Jean au sujet du bois d'*Arboolem*, et des pâtures et de la justice de Marmeaux, en conservant le bois en litige et en accordant une autre pâture à l'usage des bêtes des habitants de Marmeaux, avec la faculté de prendre dans son bois ce qui leur serait nécessaire pour lier leurs gerbes. Cet accord eut lieu en présence de Narjod de Talcy, de Rénier de Chastellux, etc. (2).

La même année, Othon de Throens termina un procès qui existait depuis longtemps entre sa famille et l'abbaye de Cîteaux, au sujet des acquisitions faites par cette dernière dans l'étendue du fief des seigneurs de Throens à Tarsul : il fut convenu que les domaines situés à Tarsul et dépendant de la justice de Troens, à cause du fief de Guerry de Vergy, seraient désormais dans la part d'Othon ; en outre, ce dernier

---

(1) *Cartulaire de l'Yonne*, II, 99.
(2) Archives de la Côte-d'Or ; fonds de l'abbaye du Moutier-Saint-Jean.

donna à l'abbaye les terres, les prés, les eaux, les pâtures, les bois, les coutumes et tous autres droits qu'il avait à Tarsul, avec le consentement de son frère Guy et de son neveu Gérard ; les parties s'obligèrent, entre les mains du sire de Montréal, à observer fidèlement cette convention (1).

On trouve dans les archives de l'évêché d'Autun plusieurs titres qui attestent la munificence d'Anséric V : il confirma les chanoines de Montréal dans la possession des domaines que ses pères leur avaient donnés, en leur cédant en outre les fours de Civry et de Villiers-Tournois, le droit d'usage dans la forêt d'Hervaux, le tiers des dîmes de Sainte-Colombe et d'Athie, deux mesures de blé à prendre sur son moulin de Montréal, à condition d'entretenir une lampe devant l'autel de la Sainte-Vierge pour le repos de l'âme de sa femme Alix ; enfin, il leur confirma toutes les tailles auxquelles ils avaient droit et leur donna plusieurs femmes mariées à des hommes de leur église. On pourrait voir dans ce don un attentat à la liberté individuelle, mais il faut penser, avec M. Chaillou des Barres, que « flétrir de tels actes est superflu, mais les comprendre, à l'heureuse distance qui nous en sépare, est bien plus difficile (2). »

Cette même année 1170, Anséric V transigea avec Ascelin, abbé de Reigny (3), au sujet de la grange de Charbonnières et de ses dépendances, qui furent cédées à l'abbaye : en retour, Ascelin promit que ses religieux ne feraient aucun acte de propriété dans les terres du sire de Montréal sans son consentement. Ensuite Anséric servit de témoin à Guillaume, sire de Moylen, dans une donation faite à l'abbaye de Trois-Fontaines.

---

(1) *Cartulaire de Citeaux.*
(2) *Notice sur Pontigny,* p. 73.
(3) *Gallia christiana,* XII, 462.

En 1174, Hugues III, duc de Bourgogne, et Guy, comte de Nevers, firent connaître « à tous présents et à venir » que le comte de Nevers, déjà homme-lige d'Hugues (sauf ce qu'il devait au roi) pour un fief provenant de sa femme, lui avait aussi rendu hommage pour les autres fiefs qu'il pourrait tenir de lui, et promis qu'en cas de partage entre ses héritiers celui qui aurait la terre de sa mère serait lige. Le duc et le comte jurèrent de ne se faire aucun dommage, tant qu'ils seraient en instance pour les anciens fiefs, attendu qu'ils étaient convenus que, dans le cas où il s'élèverait des difficultés à ce sujet, ils s'en rapporteraient au jugement d'Anséric de Montréal, d'Hugues de Mont-Saint-Jean, de l'abbé de Cîteaux et de l'abbé de Clairvaux. Pour donner plus de valeur à leurs promesses, les parties convinrent que, si leurs contestations ne pouvaient être pacifiées, ils s'en rapporteraient aux titres, en mettant de côté tout esprit de chicane : si ce moyen échouait, le comte de Nevers promit de ne faire aucun tort à son adversaire avant quarante jours à partir de celui où la difficulté serait née ; il donna des ôtages et pria les évêques de Langres, d'Autun, d'Auxerre et de Nevers de le frapper d'interdit, lui et sa terre, dans le cas où il manquerait à sa parole. Il fut enfin stipulé qu'on démolirait de fond en comble les forteresses d'Argenteuil, de Saint-Cyr et de Bar, ainsi que tous les ouvrages construits du temps de l'abbé Gérard près du gué de Vézelay, et que les malfaiteurs ne pourraient traverser impunément les terres du duc et du comte (1). Cet acte eut pour témoins Gauthier, évêque de Lyon, Bernard, évêque de Nevers, Anséric de Montréal, Etienne et Hugues de Pierre-Perthuis, etc.

Le dernier acte d'Anséric V fut une promesse qu'il fit à Thomas, abbé de Molesmes, de ne plus recevoir dans ses domaines les hommes de

---

(1) PÉRARD, 247. — BREUILLARD, *Mémoires historiques*, p. 136.

Nitry et de Lichères, justiciables de l'abbaye (1). Sa femme Alix lui avait donné trois fils : Anséric, Jean et Guy. Ce dernier eut dans son lot la terre de Beauvoir, ainsi qu'on le voit par un titre de 1179.

Anséric VI était déjà marié, en 1170, à Sibylle, fille d'Hugues de Bourgogne, surnommé le Roux, seigneur de Château-Chalon, issu lui-même d'Hugues II, duc de Bourgogne, et de Mahaut (2). Sibylle apporta à son époux, outre l'illustration de sa naissance, de grands biens situés à Meursault, à Neuilly près Favernay, à Tart, à Magny-sur-Tille, etc.

Comme tous leurs prédécesseurs, les deux époux ratifièrent toutes les donations faites avant eux aux abbayes de la contrée ; en outre, ils donnèrent aux religieux de Pontigny un arpent dans la perrière de Villiers-Tournois, avec un sauf-conduit pour leurs hommes : cet acte eut pour témoins plusieurs chanoines de Montréal, parmi lesquels étaient Guerry d'Avallon, Etienne de Mailly, Etienne de Montmirail, Renaud de Rougemont (1180) (3).

Dans le but d'augmenter l'étendue de ses possessions, Anséric VI acheta une quantité considérable de bois ; pour éviter toute difficulté avec l'abbaye de Reigny, dont les domaines touchaient aux siens, il fit faire, en présence de plusieurs de ses vassaux, une reconnaissance des limites établies par ses aïeux entre la forêt d'Hervaux, le bois de Saint-Germain et celui de Philippe de Praiz.

Cette même année, il attesta qu'Anséric, fils de son prévôt de Massangis, était de libre condition (4), et accorda presque en même temps aux religieux de Clairvaux l'exemption du droit de péage qui lui

---

(1) *Cartulaire de Molesmes*, II, 37.
(2) Coll. de Bourgogne, XX, 105. Les armes de Sibylle étaient *bandé d'or et d'azur de six pièces à la bordure de gueules*.
(3) *Cartulaire de Pontigny*, n° 48. Latin, 9887.
(4) *Cartulaire de Saint-Martin de Tours*.

appartenait à Dijon (1) ; trois ans après, cette faveur fut accordée aux religieux de Fontenay.

Nous le trouvons aussi comme témoin dans un acte par lequel le voyer d'Autun accorda aux moines de Saint-Martin de cette ville le droit de pêcher dans l'étang d'Arroux, propriété des ducs de Bourgogne (2).

En 1181, il figura au même titre dans les actes par lesquels le duc de Bourgogne enrichit les abbayes de Flavigny et de Saint-Seine (3) ; trois ans après, ce fut aussi en sa présence que le prince donna à l'église de Langres sept livres par an, sur le péage de Dijon, en réparation des torts qu'il lui avait causés (4).

En 1186, Anséric donna aux moines de Pontigny, pour le repos de son âme et de celles de Sibylle et de ses devanciers, une vigne située à Chablis, afin d'y prendre le vin destiné au Saint-Sacrifice ; ce qui se fit en présence d'Hugues, doyen de Saulieu, de Guerry, chanoine d'Avallon, de Renier de Chastellux, etc.; ce dernier eut à son tour le sire de Montréal pour témoin d'une donation faite aux moines de Reigny.

Eudes de Bourgogne, fils du duc Hugues, s'engagea à garantir à l'église de Saint-Bénigne la paisible possession de ce que son père lui avait donné, lorsque la Providence l'appellerait à gouverner le duché : il promit aussi de laisser aux religieux la part qu'ils avaient sur la monnaie de Dijon, ainsi que son père la leur avait accordée en présence d'Anséric de Montréal et de Gérard de Réon (5).

Anséric donna pareillement à l'abbaye de Cîteaux, pour le repos des âmes de sa femme Sibylle et de leurs fils et de leurs filles, cinq marcs

---

(1) *Cartulaire de Clairvaux*, II, 287.
(2) BULLIOT, II, 46.
(3) PÉRARD.
(4) Coll. de Bourgogne, LXXI, 99.
(5) PÉRARD, 262.

d'argent à toucher chaque année, le jour de l'Annonciation, sur les revenus du droit de péage qu'il exerçait à Dijon. Hugues-le-Roux, père de Sibylle, avait déjà donné à l'abbaye un clos de vignes, situé à Meursault, ce qui fut ratifié par sa fille et par Anséric, Jean et Adélaïde, enfants de cette dernière; le sire de Montréal s'engagea à ne jamais s'y opposer, en présence de nombreux témoins, dont les principaux étaient Anséric, abbé de la Bussière, Hugues de Vergy, etc. (1).

Une grande révolution municipale, préparée par les excès du pouvoir féodal et par la centralisation royale, éclata au xiie siècle et jeta les bases de la société moderne. Les vieilles institutions municipales étaient ruinées : l'unité politique et la juridiction civile avaient été enlevées aux villes par la royauté, la féodalité et les abbayes. Le besoin qu'éprouvaient ces villes de se régir elles-mêmes donna naissance à la commune, association des citoyens : c'était une garantie réciproque organisée sous la foi du serment, dans un but de réforme sociale et de rénovation constitutionnelle (2). Cette révolution fut calme et paisible partout où les seigneurs accédaient aux vœux qui leur étaient exprimés; c'est ce qui arriva à Dijon, en 1187. Hugues, duc de Bourgogne, donna à cette ville une charte remplie de clauses extrêmement minutieuses : on devait garder la même forme de gouvernement qu'en celle de Soissons, sans rien perdre de la liberté dont on jouissait auparavant; dans l'étendue de la banlieue on s'aiderait mutuellement et on empêcherait qu'il fût fait tort à personne; le maire et les échevins auraient seuls droit de faire arrêter et incarcérer dans et hors la ville de Dijon, et dans la banlieue ; en outre, ils connaîtraient des forfaits commis contre le duc, et rendraient leur jugement contre les coupables, sans pouvoir être

---

(1) *Cartulaire de Citeaux*, III, 125.
(2) Augustin Thierry, Introduction à l'*Histoire d'Amiens*.

contraints de juger l'affaire ailleurs ; celui qui battrait ou blesserait un autre jusqu'au sang, devait payer une amende de sept sous, et en donner quinze au blessé ; l'homicide devait être porté à la justice du duc, et le coupable livré à son prévôt, sans pouvoir ensuite être admis ni rentrer dans la commune ; enfin le duc donna aux Dijonnais tout ce qu'il avait à Marcennay et à Fenay, avec ce que le sieur Girard des Comptes avait à Dijon ; il leur abandonna toutes les successions qui, selon l'usage et la coutume de Bourgogne, devaient lui échoir ; et leur promit de ne point hausser la monnaie, de ne point transférer les foires de la Saint-Jean et de la Toussaint, ni les marchés du mercredi et du samedi. Il termina en les exemptant de la taille pour toujours, moyennant cinq cents marcs d'argent payables à Dijon, le mardi de la Passion, ou à Bar, le samedi de Pâques. Le duc promit avec serment et fit promettre de la même manière à son fils Eudes d'observer fidèlement les stipulations qui venaient d'être formulées, en sauvegardant toutefois les droits que lui, les églises, les nobles et chevaliers pouvaient avoir dans la ville de Dijon avant l'établissement de la commune. Cette charte fut passée en présence des principaux seigneurs de la contrée, tels qu'Anséric de Montréal, Aymon de Marigny, Guy de Thil-Châtel, Guillaume de Champagne, Bertrand de Saudon, Othon de Saulx, Guillaume de Faverney, etc. (1).

En 1187 aussi, Anséric apaisa un différend qui s'était élevé entre Galon, abbé de Reigny, et les Templiers de Paris (2) ; il se trouva encore présent à une donation faite par le duc de Bourgogne aux religieuses de Tart, et ratifia lui-même une libéralité faite en faveur du prieuré de Saint-Bernard de Montréal.

---

(1) Pérard, 333.
(2) *Gallia christiana*, XII, 462.

Deux ans après, il assista comme témoin son vassal Jean d'Arcy, chevalier, seigneur de Pisy, qui, avant de partir pour Jérusalem, donna aux églises des Echarlis et de Fontaine-Jean tout ce qu'il avait au moulin de Fresnes, et dix sous de rente annuelle, du consentement de son épouse Hélissande et de ses enfants (1). Peu de temps après, Hugues et Eudes de Bourgogne, allant à Avallon, s'arrêtèrent au château de Montréal et y approuvèrent, en présence d'Anséric VI, le don que le chanoine Raoul fit au Chapitre de Notre-Dame, de la femme de Robert de Monthelon et de ses enfants (2).

Mentionnons ici la fondation du prieuré de Saint-Georges de l'Isle, attribuée à Anséric VI de Montréal.

La chute du royaume de Jérusalem, arrivée sur ces entrefaites, causa une douloureuse émotion en Europe : il n'était point possible de voir sans indignation le tombeau du Sauveur retourner aux mains des Infidèles, après leur avoir été arraché au prix de tant de sang et de fatigues. Les rois de France et d'Angleterre organisèrent une nouvelle croisade, dont de fâcheux dissentiments paralysèrent le succès. Anséric VI résolut de les suivre en Terre-Sainte, mais, avant son départ, il donna en toute propriété aux moines de Cîteaux son clos de Meursault et tout le vin qui en proviendrait, en y ajoutant trois charretées de bois à prendre, chaque semaine, dans le bois dit *Silvata* ; seulement il se réserva les chênes. Les témoins de cet acte étaient, entre autres, Jean, seigneur d'Arcy, Renaud de Corbertaut, Hugues, prévôt de Meursault, et son frère Guy (3). Sibylle de Bourgogne approuva, de son côté, la libéralité de son époux.

---

(1) *Cartulaire de l'Yonne*, II, 399.
(2) *Cartulaire de l'Yonne*, II, 400.
(3) *Cartulaire de Cîteaux*, III, 125.

Les versions sur la fin du sire de Montréal s'accordent fort peu. Benoît Brompton, dans sa *Vie de Henri II*, roi d'Angleterre, dit qu'il périt au siége de Ptolémaïs avec toute sa maison, en même temps que les vicomtes de Turenne et de Rochechouart. Courtépée est du même avis. Raoul de Dicet prétend au contraire qu'Anséric de Montréal mourut de mort naturelle devant cette place. M. Ernest Petit pense que c'est Anséric VI qu'on trouve nommé dans une charte de 1193, par laquelle Eudes, duc de Bourgogne, mettait la commune de Dijon sous la protection des seigneurs de Grancey, de Trichâteau, de Vergy, de Thil, de Marigny et de Montréal (1); et dans un acte par lequel Mathilde, comtesse de Nevers et d'Auxerre, donnait aux moines de Reigny, pour son anniversaire, tout son cours d'eau depuis celui d'Herbert de Merry jusqu'à celui des chanoines d'Auxerre (2). Dans ce cas, Anséric VI serait allé au siége de Sylves en Portugal et de là en Syrie, où il mourut.

Il n'existait plus, certainement, en 1197, ainsi qu'on le voit par deux titres de Pontigny, passés au nom de sa veuve Sibylle, qui donna aux moines l'échoite qu'elle pouvait prétendre sur Mathieu Poivrier, et tout ce qu'elle avait à Chablis en dehors du cellier de l'abbaye; en outre, elle ajouta le don d'une ouche, située à côté du cellier des moines de Reigny à Chablis. La mort de Sibylle dut arriver quelque temps après, car il n'est plus parlé d'elle à partir de 1198. Elle avait été mère de huit enfants : Anséric VII, Jean, André, Guy, Milon, Hugues, Adélaïde et Elisabeth. Cette dernière hérita de la terre de Meursault et la porta en dot à Robert de Grancey (3) : encore vivante, en 1221, elle pourvut

---

(1) Pérard, 341.
(2) Gaignières, CLXXXI.
(3) Robert de Grancey, chevalier, troisième vicomte héréditaire de Dijon, assista, en 1142, à la charte donnée par Hugues II, duc de Bourgogne, en faveur de l'abbaye de Saint-Seine. Ponce de

au repos de son âme et de celle de son frère Guy, en accordant aux religieux de Cîteaux la faculté de vendanger à Meursault sans en demander la permission ; elle y ajouta une vigne située à Tart, et toute la terre qu'elle possédait en deçà de l'église de Meursault.

Jean forma la branche de Tart, et André celle de Marmeaux. Leur frère Guy eut la terre de Beauvoir et d'autres adjacentes : il sera parlé de lui au chapitre III.

Milon eut des biens situés à Chablis : c'est pourquoi il approuva les donations faites en cette ville par sa mère ; ayant eu à cette occasion quelques démêlés avec l'abbaye de Pontigny, il eut recours à son frère Anséric VII, qui l'engagea à céder aux moines ce qu'ils possédaient sur ses domaines, moyennant une redevance annuelle (1). Milon s'étant plaint, six ans plus tard (1209), de ce que Blanche, comtesse de Troyes, avait dispensé les habitants de Chablis de lui prêter serment de fidélité, obtint réparation par l'entremise d'Eudes III, duc de Bourgogne, qui réserva toutefois pour la comtesse et ses héritiers le droit de garde et de gîte à Chablis, et en général tous les droits qu'ils pouvaient exercer dans cette ville. Milon mourut peu de temps après, en laissant ses biens à son frère Guy.

Hugues, dernier fils de Sibylle de Bourgogne, embrassa l'état ecclésiastique ; en 1213, il était archidiacre de Tonnerre, ainsi qu'on le voit par un acte passé entre l'abbaye de Pontigny et le chapitre de Saint-Martin de Tours et le prévôt de Chablis en sa présence. Suivant ce dernier, les moines de Pontigny ne devaient posséder, à Chablis, que

---

Grancey fut connétable de Bourgogne de 1193 à 1212 ; Eudes de Grancey était gouverneur de Bourgogne en 1370. Cette maison posséda les terres de Selongey, Magny-sur-Tille, Bèze, Gemeaux, etc., et se fondit dans la maison de Thil. Ses armes étaient : *d'or au lion d'azur couronné, armé et lampassé de gueules*. Le château de Grancey, après avoir donné son nom à la famille de Rouxel, appartient aujourd'hui à celle de Mandat.

(1) *Cartulaire de Pontigny*, n° 308. (Fonds latin 9887).

trente-six arpents de vigne, sur lesquels ils devaient rendre dix muids de vin, et ils en possédaient beaucoup plus, ce qui était préjudiciable aux droits de l'église de Saint-Martin de Tours ; en outre, le prévôt attaquait la vente d'une maison faite au seigneur de Noyers et la construction d'un pressoir ; de leur côté, les religieux se plaignaient de sévices et d'incendies de la part des serviteurs du prévôt. Hugues condamna ce dernier à verser vingt-cinq sous pour le bris de la vigne du nommé Fromaget, et quarante pour la destruction d'un mur ; et les moines, à se dessaisir des arpents de vigne qu'ils possédaient au-delà du nombre prescrit. Les moines s'engagèrent à laisser l'évêque prononcer sur le sort des hommes qui leur avaient fait tort ; le prévôt promit, de son côté, de ne point protéger ceux de ses gens qui s'étaient rendus coupables d'incendies ou d'autres excès semblables.

Le *Cartulaire de Vergy* nous apprend qu'en 1219 Hugues de Montréal était assis sur le siége épiscopal de Langres ; l'année suivante, il certifia que Guy, fils de Bernard d'Epoisses et chanoine de Langres et d'Auxerre, avait abandonné aux moines de Fontenay tout ce qu'il avait, à Marmagne, en hommes, en terres, en revenus, etc., moyennant dix-huit livres de Provins. Il attesta aussi que Ponce d'Odincourt, chevalier, avait donné aux moines de Grandselve tout ce qu'il possédait à *Pont-Waym* et sa part des dîmes de *Mocherem* ; enfin, il confirma les dispositions arrêtées par son prédécesseur Gautier relativement au cimetière de Saint-Michel de Tonnerre.

En 1221, il reçut l'hommage de Gautier de Vignory, ainsi que ceux de Mathilde, comtesse de Tonnerre, et des seigneurs de Vergy, de Choiseul et de Fouvens. La duchesse Alix de Bourgogne le chargea de faire connaître qu'elle s'engageait à observer le traité fait entre elle et les habitants de Dijon, et qu'elle consentait à voir ses terres mises en interdit si, dans l'espace de quarante jours, elle ne réparait point les infractions qu'elle pourrait commettre. On voit avec quel religieux respect les moindres conventions étaient alors observées.

Hugues approuva une donation faite par Guy de Corz, damoiseau, à l'église de Bissy, de tout ce qu'il possédait sur la dîme dudit lieu, mouvante en fief d'Evrard, chanoine d'Auxerre, qui y donna son approbation. Agissant au nom de l'abbé et des moines de Bèze, le prélat vendit aux habitants de Bèze le droit de main-morte : c'était un grand pas qu'ils faisaient vers la liberté ; en outre, Hugues leur promit de faire confirmer leur charte de franchise par le Saint-Père.

Il reconnut à l'abbé de Saint-Etienne de Dijon le droit d'instituer et de destituer ses chanoines, tout en stipulant que cela ne tirerait point à conséquence pour les futurs évêques de Langres. Le duc de Bourgogne ayant désiré élever une chapelle à Dijon, en dépit de ces mêmes chanoines, Hugues le détermina à réserver une prébende, pour eux, dans la nouvelle chapelle, à la condition que les titulaires ne pourraient être inhumés hors du cimetière de Saint-Etienne.

En mars 1221, il reconnut que le chapitre de Langres avait le droit de patronage sur l'église de Chassigny ; ensuite il présida à la réconciliation de Guillaume, seigneur d'Aspremont, avec l'abbé de Saint-Bénigne : ce gentilhomme s'était emparé de certains biens, situés à Cessey, mais il les restitua en y ajoutant dix sous censuels, en outre d'une somme équivalente qu'il devait déjà à l'abbé. Hugues reconnut que l'abbaye de Saint-Seine était patronne de l'église de Saint-Martin de Langres et devait y présenter un chanoine ; en outre, il donna à son Chapitre tout ce qu'il possédait à Saint-Germain, à Rochet et à Manvillé, et confirma tous les priviléges accordés par ses prédécesseurs aux habitants de Langres.

En septembre 1222, Jean-le-Rouge, de Maligny, vendit à Guy, abbé de Réôme, tout ce qu'il avait dans le *salvamentum* d'Etivey, c'est à dire en pain, en vin, en viande, en poules, etc., qu'il tenait de Jobert de Venosse ; cet acte fut passé en présence d'Hugues de Montréal (1). Ce prélat se trouva bientôt après à Ligny-le-Châtel pour recevoir l'hommage de Mathilde, comtesse de Nevers.

Dans ce temps-là, on s'occupait du procès de canonisation de Robert, abbé de Molesme, mort en odeur de sainteté. Le pape écrivit à l'évêque de Langres de prendre à ce sujet les informations les plus exactes : le résultat en fut la canonisation du vénérable religieux trente ans plus tard.

En 1223, Hugues donna l'absolution à Simon, seigneur de Clermont, qui avait fait amende honorable au Chapitre de Langres pour avoir hébergé André de Nogent, ennemi des chanoines. Au mois de juin, il fut appelé au sacre de Louis VIII, comme pair de France ; c'était une prérogative de l'évêque de Langres. Toujours préoccupé des intérêts de la commune de Bèze, qu'il affectionnait particulièrement, il en confia la défense au seigneur de Thil-Châtel et eut soin d'en instruire les habitants de Bèze ; ce n'est que l'année suivante que l'abbé de Bèze se désista du droit de main-morte, moyennant deux mille cinq cents livres, somme énorme pour le temps, il est vrai, mais que l'amour de la liberté pouvait seul faire sacrifier.

Les religieux de Grandselve ayant fait des acquisitions à Montsaugeon, Hugues y acquiesça, mais en ordonnant qu'à l'avenir il n'en serait plus fait sans son consentement ni celui de ses successeurs : quelques actes de 1225 en font foi.

Depuis de longues années, il y avait des difficultés entre l'abbaye de Molesme et les chanoines de Tonnerre : l'évêque de Langres interdit à

---

(1) Réomaus, 251.

ceux-ci l'accès de l'église paroissiale, parce que cela portait préjudice au droit qu'avait l'abbé de Molesme de présenter le curé et d'y prélever une part du casuel (1). Il eut un nouvel arbitrage à exercer à Tonnerre : il fut convenu que l'abbé de Saint-Michel et ses successeurs auraient voix au Chapitre et une stalle au chœur, comme les chanoines de l'église Notre-Dame, à condition que tous se partageraient également les prébendes et s'assujétiraient à la résidence ; en outre, que les chanoines ne pourraient se faire inhumer dans le cimetière de la paroisse ni à Vauplaine (2).

En 1224, Hugues de Montréal, à qui les religieux de Saint-Bénigne s'en étaient rapportés pour leurs élections, déclara qu'il n'entendait préjudicier en rien à leurs droits.

Cette même année, Milon de Parrecy, damoiseau, et sa femme, Sibylle de Senevoy, donnèrent aux moines de Fontenay leur part dans l'héritage de Jean de Senevoy, leur beau-père et père, à Marmagne, et en outre leurs droits sur les pâtures de Senevoy. Cet acte, passé en présence de l'évêque de Langres, fut consenti par Arembor, mère de Sibylle, et par Manassé de Senevoy, chevalier, et sa femme Agnès.

En 1225, Hugues attesta le droit de patronage que possédait l'abbé de Saint-Seine sur l'église de Francheville, et approuva le don fait par le Chapitre de Langres à la Commanderie de Brachon, en toute propriété, de ce qu'elle tenait sur les terres du Chapitre en bois, vignes, champs, prés, etc., moyennant seize émines de blé, moitié froment et moitié avoine ; mais à la condition de ne plus rien acquérir sur le même finage sans la permission du Chapitre.

---

(1) *Cartulaire de Molesme*, II, 62.
(2) Collection de Bourgogne, LXXV, 221.

En 1226, nous ne voyons d'autre acte du prélat que celui où il reconnut que l'abbé de Saint-Bénigne lui avait rendu cent marcs d'argent, desquels il s'était reconnu débiteur entre les mains de Zacharie, bourgeois de Vézelay, et en outre qu'il lui avait versé deux cents livres de Provins : sur cette somme 60 livres furent réservées à messire Guillaume Chapon, qui avait fait certaines dépenses à Rome pour les affaires de l'abbaye.

L'évêque de Langres se trouva au sacre de saint Louis, en 1227 ; peu de temps après, il approuva une donation faite par Eudes de Champcervin, chevalier, aux religieux de Grandselve, et leur donna cent sous par an pour son propre anniversaire.

Guillaume, prévôt de Chablis, se sentant poussé par sa dévotion à entreprendre le voyage de la Terre-Sainte, crut plus prudent de ne point se mettre en route avant d'avoir mis ordre à ses affaires ; il pria Hugues de Montréal de présider à un état qui fut dressé de ses biens et de ceux du Chapitre de Saint-Martin de Tours.

En 1228, l'abbé de Saint-Bénigne promit au Chapitre de Langres, en présence et de l'aveu de l'évêque, qu'il n'accepterait ni acquerrait aucune église sans leur consentement.

Rénier, seigneur de Nogent, sans doute le fils de cet André dont nous avons parlé, avait fait bâtir une tour avec des fossés sur un fonds appartenant au Chapitre de Langres ; non content de cette usurpation, il avait maltraité les hommes de celui-ci. Un procès s'ensuivit ; mais les parties s'en remirent au jugement d'Hugues de Montréal et de Nicolas de Flavigny, doyen de Saint-Mammès, en consentant à payer trois cents livres d'amende : on pense bien que Rénier de Nogent perdit sa cause. Le prélat fut encore appelé à régler un différend survenu entre la duchesse Alix et les doyen et Chapitre de Langres.

La même année, un débat ayant eu lieu, au sujet de la collation des prébendes fondées en la chapelle du comte de Tonnerre, entre Guy, comte de Nevers, et Hugues, fut terminé par une transaction passée devant l'évêque de Chalon, qui décida que le comte et le prélat se partageraient cette prérogative.

Hugues emprunta du prieur des Hospitaliers en France mille livres destinées à l'expédition contre les Albigeois : cette secte faisait alors beaucoup de mal en Languedoc.

Le duc de Bourgogne se reconnut homme-lige de l'évêque de Langres pour ce qu'il possédait à Châtillon.

Cette même année, Hugues de Montréal acquit la seigneurie de Montsaugeon et quelques autres domaines ; il échangea avec le comte de Tonnerre, contre la terre de Mussy, ses biens situés à Nicey, le fief de Griselles et la chapelle de Jully. Il assista, en 1229, à un acte par lequel Gaucher de Cades, chevalier, reconnut tenir en fief de l'abbaye de Molesme le moulin de Jancy-sous-Fresnes, à la charge de fournir aux moines quatre setiers d'orge et deux de froment, suivant la mesure d'Ancy-le-Franc ; ensuite à une cession faite par Guy, abbé de Saint-Jean et administrateur de Saint-Bénigne de Dijon, et par le prieur de cette dernière abbaye, à Aymon d'Assier. On trouve aussi une obligation de cinq cents livres passée par Lambert de Châtillon, en présence du duc de Bourgogne, et mise entre les mains d'Hugues de Montréal.

Il paraît que l'évêché de Langres possédait des fiefs sur les territoires de Lausanne et de Genève, car on voit Aymon de Faucigny en faire hommage à Hugues.

En 1230, le prélat approuva le don fait au Chapitre de Langres par Léger de Gevrey, curé de Noiron, de deux journaux de vigne au territoire de Dijon, et d'un troisième situé à Gevrey.

Il transigea avec Evrard, abbé de Longuay ; invité à la translation de saint Nicolas, il s'en excusa, attendu les affaires qui exigeaient sa présence presque continuelle dans son diocèse.

L'abbaye de Saint-Bénigne avait le droit exclusif de patronage sur l'église de Saint-Jean-de-Losne ; elle le fit reconnaître par l'évêque de Langres ; ce dernier déclara en outre aux moines de Saint-Seine qu'un de ses chanoines, nommé Brictius, avait acheté un certain héritage de trente livres tournois, seulement pour le leur laisser après sa mort.

La place de sénéchal de l'évêché était devenue héréditaire dans la famille de Marac : Hugues, voulant la rendre amovible, eut recours à Simon, sire de Châteauvillain, pour amener Renier de Marac à se désister de cette prérogative, moyennant sept livres de rente, lesquelles furent ensuite rachetées par le Chapitre.

Les hommes de l'abbaye de Molesme, demeurant à Gigny, avaient le droit de faire paître leurs bêtes dans le bois de Larrey : ce droit fut reconnu par Guy de Luzy en présence de l'évêque de Langres.

L'année 1231 est la dernière de l'épiscopat d'Hugues de Montréal ; les derniers actes que nous ayons de lui sont d'abord un acte par lequel Thibaut, comte de Champagne et de Brie, à la prière du prélat, accorda au bailli de ce dernier, Guyard Perinol, vingt livres de Provins par an, à toucher sur le revenu des foires de la Saint-Remy, à Troyes, pour lui en faire hommage, sans préjudicier en rien à la suzeraineté de l'évêque et de Clérembault de Chappes ; ensuite un autre, par lequel Hugues reconnut au Chapitre d'Avallon le droit de patronage sur l'église de Vieux-Château, sauf la donation faite de cette église à son clerc Renaud.

Hugues donna à son Chapitre la collation des cures de Chassigny, de Charmoilles, de Changey, de Noyers et de Rougecourt, et soixante mesures de froment par an pour être distribuées aux pauvres. Enfin, il dota sa ville épiscopale d'une maison de Frères Dominicains, à l'établissement desquels il avait soigneusement pourvu.

En 1232, Robert de Torotes, nouvel évêque de Langres, fonda l'anniversaire de son prédécesseur, mort le 18 mars 1231 (1) et inhumé à Clairvaux devant l'autel de Saint-Benoît (2).

Revenons à Anséric VII, l'aîné des fils de Sibylle de Bourgogne : de concert avec sa mère, il donna à l'abbaye de Reigny toutes les pâtures situées dans leur domaine de l'Isle, en présence de Renaud de Rougemont, chanoine de Montréal, de Bernard de Montbard et de Guy Besors.

En 1198, Guy de Savigny ayant donné à la même abbaye deux setiers de froment et deux d'avoine, mesure d'Avallon, à prendre sur la terre de Montjalin, et en outre des droits d'usage dans ses bois et ses prés, et quatre charretées de foin, avec l'assentiment de sa femme Marguerite et de ses enfants Guy, Sibylle et Emeniardis, cet acte fut approuvé par le sire de Montréal (3).

En 1201, ce dernier reconnut qu'il devait au prieuré de Saint-Bernard un muid de blé moitié froment et moitié grosse mouture, provenant du moulin de Montréal. Deux ans après, il aplanit quelques difficultés

---

(1) XV kalendas aprilis obiit Hugo, Lingonensis episcopus, qui dedit pro anniversario suo villam de Perrancey et omnes proventus ejusdem ville, excepta medietate decime que est aliorum anniversariorum, cujus medietatis media pars est pro Hugonis de Castellione en Bazois, canonici Lingonensis, alia medietas est pro tribus anniversariis, videlicet pro Guidone de Espissia, decano Lingonensis, et pro Andrea fratre suo, domino Espissie, et pro patre et matre eorumdem. Quam partem recepit bursa et pro ista parte decime et pro gaigeria decime de Villegusien, et pro LX libris quas recepit capitulum pro eodem capitulo de quadam alia parte decime ejusdem. Debet bursa quinquaginta solidos in anniversario dicti decani, et L in anniversario dicti Andree, et L in anniversario patris et matris eorumdem, et exceptis centum solidis quos R. episcopus de Thoreta dedit capitulo, pro quibus debet fieri memoria de beata Virgine singulis diebus et noctibus, videlicet in matutinis et vesperis, et de his x solidis in commendacionem dicti Hugonis episcopi Lingonensis...... (Fonds latin 5191).

(2) *Gallia christiana*, XII. — E. Petit, Notice sur Montréal. — Abbé Breuillard.

(3) Duchesne, LXXII, 75.

survenues entre les moines de Pontigny et son frère Milon, qui céda à ceux-ci tout ce qu'ils possédaient dans l'étendue de son domaine à Chablis, moyennant un cens de trois sous et de quelques deniers, payable à son intendant. Milon s'engagea à ratifier cet acte lorsqu'il aurait un sceau (1).

En 1207, Ansèric VII ratifia les libéralités de ses frères en faveur de l'église de Montréal.

Les sires de Montréal avaient un médecin auquel ils assuraient des revenus sur une portion de leurs domaines; on trouve, en 1203, un Ponce et, en 1210, un Thomas qui reçut d'Ansèric VII la jouissance de la dîme de Saint-André-en-Terre-Plaine (2).

Agnès de Talcy mourut vers 1212 en laissant à l'abbaye de Reigny des vignes situées à Vincelles, et d'autres acquisitions; Guillaume de Salive, son héritier, s'engagea à garantir ces dispositions contre sa mère Gualie et ses frères Henri et Haymon et sa sœur Agnès, sous peine de cent livres d'amende. Ansèric VII se rendit lui-même garant de cet accord et promit, en cas de difficulté, de consigner entre les mains des bourgeois de Vézelay des gages pour répondre de cette somme de cent livres. Vers la même époque, il fonda le prieuré de Saint-Jean-les-Bonshommes, de l'ordre de Grandmont : c'était une annexe du prieuré de Vieupou au diocèse de Sens ; son importance ne fut jamais bien grande, puisqu'il n'y avait que treize moines en 1280. Ce prieuré était entre Sauvigny-le-Bois et Avallon : les bâtiments existent encore (3).

---

(1) Fonds latin, 9887.
(2) Réomaus, p. 238.
(3) L'église, du XIIe siècle, possède une nef sans fenêtres, un chœur et un chevet disposés comme ceux de Vézelay, et éclairés par trois hautes baies à plein cintre à quatre colonnes à larges crosses au chapiteau. Dans la cour du prieuré, on voit un reste de cloître avec des arcatures à

En 1215, le sire de Montréal abandonna aux moines du Moutier-Saint-Jean, du consentement de sa femme, le droit d'usage que lui et ses hommes avaient dans les bois de Cormarin (1).

En 1217, Anséric VII confirma les libéralités faites par son père en faveur des religieux de Grandmont, établis à Charbonnières, et en ajouta des siennes : elles consistaient en bois et terres occupés par ceux-ci, en une rente de cent sous pour leur habillement, en un setier de froment payable après la moisson, en un bois situé près la route d'Avallon, en deux hommes à Sauvigny-le-Bois, nommés Martin Gobelet et Guy Dubois (2). Trois ans après, un certain Cumboz, homme des religieux de Charbonnières, ayant épousé la nièce de Guy Dubois, Anséric décida qu'il aurait une manse dans l'héritage de son oncle, servirait les moines comme ses maîtres propres, et pourvoirait aux besoins de Guy et de sa femme : enfin, après le décès de ce dernier, Cumboz devait devenir à sa place l'homme des religieux (3). Cette même année, Aynus d'Avallon, chevalier, ayant donné aux commandeurs du Saulce d'Island un sentier à Mont-Vanant et quatre deniers censuels au même lieu, s'assura de l'approbation du sire de Montréal (4).

En 1221, Alix de Vergy, duchesse de Bourgogne, pria Anséric de veiller à l'exécution de la charte de commune donnée, en 1187, à Dijon : elle consentit à être admonestée et rappelée au devoir si elle causait quelque préjudice à la commune de Dijon, particulièrement à l'époque des vendanges. Il est à remarquer que, dans cet acte, Anséric

---

plein cintre; elles portent sur deux colonnettes de front à chapiteaux à crosses simples et tailloir carré. Voyez le *Répertoire archéologique du département de l'Yonne* de M. Quantin et le *Dictionnaire d'Architecture* de M. Viollet-le-Duc.
(1) Inventaire des titres de l'abbaye de Moutier-Saint-Jean; pièce perdue.
(2) D. Martène. *Thesaurus novus Anecdotorum*, p. 864.
(3) Archives de l'Yonne, fonds du Prieuré de Vieupou.
(4) Id., fonds de la Commanderie de Pontaubert.

appelle la duchesse « sa sœur et dame » et le jeune duc Hugues « son neveu et seigneur » : ce qui ne peut s'entendre que par le mariage d'Anséric avec une sœur d'Alix, bien que Duchesne n'en parle point dans son *Histoire de la Maison de Vergy* (1). Sur la tombe d'Anséric VII et de sa femme, au prieuré de Vausse, on voit distinctement les trois quintefeuilles de la maison de Vergy, et d'un autre côté une bande brochant sur une cotte d'armes toute couverte de billettes. Pourquoi Palliot et le P. Anselme avancent-ils que les sires de Montréal portaient *d'azur à la bande ondée d'or*? Il est fort possible que leur écusson fût ainsi au xiie siècle : mais les sceaux d'Anséric VI et d'Hugues, évêque de Langres, n'en portent aucune trace. Cependant, il est certain que la commune de Montréal portait un écusson tout différent et fort peu héraldique.

En 1223, c'était Anséric VIII qui occupait Montréal, ainsi qu'on le voit par une transaction survenue entre lui et le Chapitre : il s'agissait de dix livres dijonnaises données par le feu seigneur sur les censes de la châtellenie, pour un cierge brûlant jour et nuit, et de cinquante sous, auxquels les chanoines renoncèrent en faveur d'Anséric : celui-ci les dédommagea en leur abandonnant ses droits sur les dîmes de Montréal et de Civry, du consentement d'Agnès sa femme et de leurs fils.

Cette même année, le sire de Montréal figura comme témoin, avec Guy de Saint-Pol, le sire de Montmirail, l'abbé de Saint-Martin d'Autun,

---

(1) La duchesse de Bourgogne et la dame de Montréal étaient filles d'Hugues, seigneur de Vergy, et de Gillette de Trainel, et portaient *de gueules à trois quintefeuilles d'or*. La maison de Vergy a pour souche Walon, fils puîné d'un comte d'Auxois et de Duesmois, qui, vers le commencement du xie siècle, hérita de la terre et forteresse de Vergy, et en prit le nom. Dom Plancher dit qu'aucune maison ne fut plus ancienne, plus noble et plus distinguée par ses emplois que celle de Vergy. Ses possessions étaient immenses, et ses alliances illustres ; on peut citer les maisons de Lorraine, Flandre, Nevers, Fribourg, Saulx, Frolois, la Trémoille, Coligny, Andelot, etc. La maison de Vergy a eu pour dernier représentant Clériade, comte de Champlitte, mort en 1625.

Clérembault de Chappes, Gautier de Joigny, Erard de Brienne, dans un acte par lequel Milon, sire de Noyers, devint homme-lige de Thibault, comte de Champagne, et reçut de lui en fief cinquante livrées de terre à Nitry : ce vasselage devait durer autant que la postérité de Thibaut (1).

En 1226, les moines de Reigny, ayant contesté à Anséric le droit de garde et de justice sur leur bois d'Hervaux et la grange d'Oudun, furent désintéressés par l'abandon de ces droits et par la cession du pré de Tremblay, appartenant à Taquin, ancien prévôt de Massangis.

En juin 1228, le sire de Montréal approuva le don fait par le sire de Chaseil aux chanoines d'Avallon, de son bois de Villeret. C'est le dernier acte qui nous reste d'Anséric VIII, qui avait épousé Agnès de Thil (2) : cette dame reçut en dot les terres d'Aisy et de Pont-d'Aisy, situées au pied du manoir de ses aïeux ; et en douaire celle de l'Isle : elle fit, en juillet 1235, un testament par lequel elle léguait à l'abbaye de Pontigny un muid de froment et un autre d'avoine, mesure de Précy-sous-Thil, à prendre sur ses terres d'Aisy et de Pont-d'Aisy, à condition de prier pour elle, son époux, son père Guy, sire de Thil, et sa mère Luce. Elle était encore vivante six mois après, car elle promit au comte de Champagne, roi de Navarre, que, si elle s'écartait de ses conventions avec son fils, elle consentait à la saisie de tout le fief qu'elle tenait

---

(1) PÉRARD, 329.

(2) Cette maison, d'origine bourguignonne, a pour premier auteur Milon, chevalier et comte de Thil, qui vivait du temps du roi Robert. Ses armes étaient *d'or à trois lions de gueules, 2 et 1*, mais Jean, seigneur de Thil et de Marigny, connétable de Bourgogne, ayant épousé Jeanne de Châteauvillain, leur postérité prit les armes de cette dame, à savoir : *de gueules au lion d'or, semé de billettes de même*. Cette famille, après s'être alliée aux Trainel, Beaujeu, Grandpré, Grancey, Estouteville, finit le 17 août 1507 dans la personne de Jacques, seigneur de Châteauvillain. Les ruines du château de Thil en Auxois existent encore, et ont appartenu quelque temps à la marquise de Lur-Saluces, née de Chastellux, descendante d'Agnès de Thil ; c'est aujourd'hui la propriété du comte Charles de Vogüé.

du prince. Elle fut inhumée à côté de son époux, dans l'abbaye de Pontigny.

Voici ce qu'on lit dans Duchesne, *Histoire généalogique des ducs de Bourgogne*, p. B. 34 :

« Anséric succéda à son père (le mari de Sibylle de Bourgogne) en la seigneurie de Montréal, et fut marié avec Agnès, dame de l'Isle, dont issirent Anséric, Jean et Guy de Montréal, trésorier en la même église de Langres. »

Duchesne commet plusieurs erreurs : d'abord il omet un degré entre Anséric, époux de Sibylle, et Anséric, époux d'Agnès; ensuite il confond Jean, fils de ces derniers, avec son homonyme, qui, en 1269, réclama vainement la terre de Montréal, confisquée sur son frère.

Anséric VIII et Agnès de Thil eurent donc pour enfants Anséric IX, Séguin, Jean, seigneur de Beauvoir, destiné à perpétuer la lignée masculine de sa maison, comme nous le verrons, et Guy, trésorier de l'église de Langres. Le seul acte qui concerne ce dernier en est un du mois de décembre 1252, par lequel Dieudonné l'aveugle, juif de Dijon, vendit au trésorier, pour le prix de trente-cinq livres dijonnaises, six livres et cinq sous censuels assis à Fixin, ainsi que plusieurs redevances à recevoir au même lieu (1). Guy prit dans cette nouvelle acquisition quatre livres dijonnaises pour l'anniversaire de ses parents (2), et mourut lui-même, le 20 janvier, en léguant pour le sien cent sous acquis sur les revenus de Curmont (3).

---

(1) Archives de la Côte-d'Or; fonds de l'évêché de Langres.

(2) X Kalendas marcii, commemoratio obitus patris et matris Guidonis de Monteregali thesaurarii Lingonensis, videlicet Anserici domini Montis regalis et Agnetis uxoris sue, pro quibus distribuuntur quatuor libre divionenses quas debet bursa pro camera divionensi, que percipit illa annuatim ad Fixins in censibus quos emit idem thesaurarius. (Fonds latin 5191).

(3) XIII Kalendas februarii, obiit Guido de Monteregali, thesaurarius Lingonensis, qui dedit centum solidos pro anniversario suo, quos acquisivit in redditibus de Curmont de consensu domina

C'est à cette époque qu'il faut placer la fondation du prieuré de Vausse ; l'acte en a été malheureusement perdu, mais si Anséric VIII n'en fut pas l'auteur, il fut un des principaux bienfaiteurs de ce nouvel établissement. Il lui donna : 1° l'emplacement du prieuré avec son plait, dans toute sa largeur et toute son étendue, avec pouvoir de l'entourer d'une clôture et de le mettre en culture, sans cependant pouvoir y construire de forteresse sans son autorisation préalable ; 2° une grange dite des Renneaux, avec ses dépendances et tout le champ qui se trouvait derrière cette grange, franc et libre de toutes tierces et coutumes ; 3° un muid de froment et deux d'avoine à prendre chaque année sur la dîme de Saint-André-en-Terre-Plaine. Ces concessions furent approuvées et augmentées par son fils, en 1235, comme nous le verrons bientôt. L'exemple de ce pieux seigneur devint contagieux ; chacun s'empressa d'enrichir le prieuré naissant : ainsi Guillaume de Cisery donna quatre setiers de blé, moitié froment et moitié avoine, et autant de foin que huit chariots à bœufs pourraient en contenir ; Huon de Trévilly, deux setiers d'avoine sur les coutumes de Trévilly ; Guillaume, vicomte d'Avallon, deux bichets de blé à prendre sur son domaine de la Boucherasse ; Renaud, Huet et Jean de Chérisy, sept soitures situées auprès d'une grosse borne, avec deux pièces de vigne sises à Montbelon. En outre les religieux reçurent des prés situés dans la châtellenie de Montréal, trois soitures de pré, situées près de Chérisy, etc.

La commune de Vézelay venait de se fonder au prix de luttes opiniâtres : les franchises accordées aux habitants de cette ville excitaient l'envie

---

episcopi et dictos centum solidos tenetur reddere thesaurarius Lingonensis ; debet et jurare thesaurarius qui pro tempore erit in institucione sua dictos centum solidos reddituales in die anniversarii predicti, et percipient omnes clerici de choro.

de leurs voisins, et Montréal était trop près de Vézelay pour supporter une comparaison désavantageuse pour lui. A peine Anséric VIII était-il descendu dans la tombe, que les habitants se firent donner par son fils une charte d'affranchissement, calquée, pour ainsi dire, sur celle de Vézelay. Ce fut en quelque sorte un don de joyeux avénement de la part d'Anséric IX ; de plus il était jeune et comme mineur il n'avait pas de sceau ; il pria son grand-oncle l'évêque de Langres, l'archevêque de Lyon et l'évêque d'Autun, d'apposer les leurs à cette charte qui, chose remarquable, indique les limites actuelles de la commune de Montréal. Elle est du mois d'août 1228, deux mois à peine après le dernier acte scellé par Anséric VIII.

Vers 1230, les comtes de Dreux, de Tonnerre et plusieurs autres seigneurs déclarèrent la guerre à Thibault, comte de Champagne ; ils assemblèrent leurs troupes aux environs de Tonnerre et marchèrent sur Troyes en mettant tout à feu et à sang. Saint Louis écrivit au duc de Bourgogne de secourir Thibault : cet ordre ayant été méprisé, il alla faire lever le siége de Troyes et poursuivit les assiégeants jusqu'à Langres. Hugues IV fut condamné à une amende de cinq mille marcs d'argent : il donna des pleiges, à savoir sa mère pour deux mille marcs, et le comte de Mâcon, le sire de Puisat, Guillaume de Mont-Saint-Jean, le sire de Montréal et celui de Montagu, chacun pour six cents marcs, et s'engagea à en présenter d'autres, si les premiers ne pouvaient tenir leurs engagements (1).

La même année, Anséric IX approuva une charte faite en faveur de la léproserie de Cerce par messire de Quincy et Mathilde, sa femme ; cette donation consistait en bois, terres et prés, situés entre le ruisseau

---

(1) D. PLANCHER, II, 28. — Trésor des Chartes, J. 247, I, n° 7.

de Cerce et le torrent du Creussant, ainsi que la moyenne justice sur ces fonds. Il était dû une rente de cinq livres de cire au seigneur de Montréal, qui se réservait aussi le droit de justice haute et basse (1).

En 1235, non content de ratifier ce que son père avait fait pour le prieuré de Vausse, il donna lui-même aux religieux droit d'usage en sa forêt de Vausse, avec droit de pâture tant dans cette forêt que dans celle de Châtel-Gérard, avec la faculté d'y fabriquer de la chaux et d'en extraire des pierres, sans exiger d'eux aucun droit de passage, ni les astreindre à aucune servitude ; et pouvoir d'acquérir, tant dans sa terre que dans ses fiefs et arrière-fiefs, jusqu'à concurrence de deux cents livrées de terre, à charge par eux de lui payer annuellement et à perpétuité, soit à lui, soit à ses héritiers ou ayant-cause, cinq livres de cire.

Guy d'Arcy, sire de Pisy, obtint la permission de prendre dans la forêt de Vausse ce qu'il lui fallait pour son chauffage et le bois nécessaire à la construction du château de Pisy, à condition qu'il ne prendrait point de bois vert sans en avertir le sire de Montréal (2).

En 1237, Anséric céda aux moines de Reigny tout ce qu'ils avaient acquis à Charbonnières avec la justice dudit lieu ; en outre, il donna son vidimé et son approbation à un acte par lequel Anséric VI et Sibylle, sa femme, pour éviter les embarras que pouvait causer la contiguïté de leurs domaines et de ceux de l'abbaye, avaient fait une reconnaissance des limites établies précédemment entre les bois d'Hervaux, de Saint-Germain et de Philippe de Praiz (3).

Ayant des biens dans l'Ile-de-France et dans le Bray, à cause de sa

---

(1) Manuscrit appartenant à M. Finot, d'Avallon.
(2) Archives de Dijon, ix, 17.
(3) *Cartulaire de l'Yonne*, II, 69.

femme, Anséric IX donna à l'église de Notre-Dame de Gournay dix sous parisis sur le péage de Bondies, en compensation de vingt sous que Jeanne, dame de Beaumont, avait précédemment donnés sur son cens de Montreuil par son testament (1). Le monastère de Saint-Martin de Pontoise eut pareillement part à leurs libéralités (2).

En 1239, Hugues, duc de Bourgogne, fit foi et hommage au roi à cause des châtellenies du Charolais et du Mont-Saint-Vincent, échangées avec Jean, comte de Chalon ; dans le cas où le duc viendrait à manquer à sa parole, Anséric déclara qu'il ne serait plus son vassal et qu'il viendrait immédiatement se mettre sous la foi et hommage du roi, jusqu'à ce qu'il plût à ce dernier d'en ordonner autrement. Les pleiges du duc étaient, à cette occasion, Guillaume de Vergy, sénéchal de Bourgogne, Anséric de Montréal, Milon de Noyers, Guillaume de Thil et Guillaume, sire de Mont-Saint-Jean (3).

En 1242, Anséric de Montréal donna aux Hospitaliers de Pontaubert un demi-muid de froment sur ses tierces de Sauvigny, en stipulant qu'il pourrait l'asseoir sur ses dîmes de Montréal ou de l'Isle. C'était, ajoutait-il, pour l'amour et en considération de son frère Séguin, membre de ladite commanderie (4).

En 1246, il céda au sire de Noyers le droit qu'il possédait sur la terre de Lichères, récemment acquise par Hue Pioche (5).

C'est le dernier acte que nous ayons de lui. Sa femme était Marie, fille de Guillaume V de Garlande, seigneur de Livry, et d'Alix de Châtillon (6) ; elle avait été mariée, vers août 1213, à Henri V, comte de

---

(1) Duchesne, LX, 131.
(2) P. Anselme, II, 318.
(3) Duchesne, *Histoire de la Maison de Vergy*, p. 131.
(4) Archives de l'Yonne.
(5) Archives de Dijon, recueil Peincedé.
(6) Elle portait *d'or à deux fasces de gueules*. Cette maison eut pour auteur Guillaume, seigneur

Grandpré ; et ensuite à Geoffroy de Joinville, seigneur de Montécler, dont elle fut séparée : c'est alors qu'elle épousa le sire de Montréal, tout en conservant le titre de comtesse de Grandpré. Elle mourut vers 1259, car, cette année-là, Dreux II de Mello, seigneur de Lormes et de Château-Chinon, attaqua Henri VI, comte de Grandpré, en justice, lui demandant partage en ses terres mouvantes du roi, advenues au comte par Marie de Garlande, sa mère, et dans lesquelles la femme dudit de Mello, sœur utérine du comte, devait avoir sa part, suivant les us et coutumes de France (1).

Le beau-frère de Dreux de Mello (2), Anséric X, héritier d'une race illustre, puissante et bien apparentée, avait de nobles exemples à suivre, et tout lui en faisait un devoir. Malheureusement, Anséric n'écouta que la voix de sa nature irascible et indomptée : peut-être se flattait-il de l'impunité que lui assureraient les souvenirs de ses aïeux. A peine eut-il succédé à son père, que déjà il se fit haïr de tous par sa dureté et ses insolences. Il tenta de s'emparer du domaine de Coutarnoux, appartenant à l'abbaye de Saint-Germain d'Auxerre, et maltraita cruellement un moine appelé Chuart, qui en avait la garde : l'abbé Jean de Joceval, s'en plaignit à Thibault, comte de Champagne, qui vint

---

de Garlande en Brie et de Livry, qui vivait sous Philippe Iᵉʳ. Ses fils, Anseau et Guillaume II, furent successivement sénéchaux de France ; un autre fut Etienne, évêque de Beauvais. Le dernier de cette famille fut Jean de Garlande, seigneur de Tournehan, vivant en 1336. Les alliances sont : Rochefort, France, Crespy, Montmorency, Roye, etc. Anséric IX était déjà marié en 1232, puisque cette année-là il donna, du consentement de sa femme, en hommage, à Pierre de Jaucourt, vingt livrées de terre assises aux Espaux. (DUCHESNE, LV, 184).

(1) P. ANSELME, II, 318.

(2) La maison de Mello, dont les armes sont *d'or à deux fasces de gueules et un orle de merlettes de même*, remonte à Dreux Iᵉʳ, seigneur de Mello, dont le frère Martin, chanoine de Notre-Dame de Paris, fonda l'église collégiale de Mello, en 1113. Dreux IV, seigneur de Saint-Bris, fut nommé connétable vers 1194. Charles de Mello, seigneur de Saint-Bris, de Blaigny, etc., vivait en 1490 et mourut sans enfants. Alliances : Rougemont, Saint-Verain, Noyers, Bourbon, Châteauvillain, Toucy, etc. Possessions : Lormes, Château-Chinon, Epoisses, Saint-Bris, Saint-Parise, Givry, etc.

punir le coupable (1). Ce n'était pas, malheureusement, tout : on l'accusait encore de crimes énormes : il emprisonnait des clercs et mettait des prêtres à mort ; on assurait même qu'il avait renouvelé le supplice des auges pour l'un d'eux (2). Saint Louis, ce roi si pieux et si juste, ne pouvait tolérer de tels excès ; aussitôt qu'il en fut informé, il écrivit au duc de Bourgogne de saisir les domaines d'Anséric. L'exécution de cet ordre fut suspendue à la prière de Guy de Mello, évêque d'Auxerre, et du châtelain de Noyon, Jean de Torote, dont la nièce avait épousé le coupable : craignant de voir déshériter leurs petits-neveux, ils promirent de parler à Anséric de la nécessité de changer de conduite. Leurs remontrances restèrent malheureusement sans effet ; elles ne firent que pousser plus loin le sire de Montréal dans la voie où il s'était engagé.

Saint Louis écrivit alors au duc de Bourgogne de faire garder à vue Anséric dans son château, et chargea Dreux de Montigny et Jean de Cambray de porter sa lettre au prince, qui hésitait encore à sévir contre son indigne cousin. Enfin, le duc amena des troupes considérables devant Montréal : la vue d'un appareil aussi formidable fit évanouir toutes les velléités de résistance d'Anséric, qui apposa son sceau à la charte suivante :

« Ge Anseriz sires de Montreaul, fais savoir à touz ces qui verrunt ces lettres que je ai rendu Hugun duc de Burgoinen mun chastel de Monreaul an sa velunté senz nul si. En tesmoingnage de ceste chose je en a donées mes lettres scelées de mun seel. Ce fu fait en l'an de grâce mil cc cinquante et cinc, ou mois de setempre (3). »

Par commisération pour le seigneur déchu et humilié, Hugues IV

---

(1) *Gallia christiana*, XII, 389.
(2) Olim, t. I.
(3) Coll. de Bourgogne, LXXI, 48.

lui prêta son château de Châtel-Gérard pour y mettre tout ce qui lui restait de biens : la seule condition fut qu'il le lui rendrait à la première réquisition et dans le délai fixé, moyennant un sauf-conduit pour deux ou trois jours.

Dans sa retraite, Anséric X, réduit à l'impuissance, avait encore des démêlés avec sa famille et ses amis : comme il était fort pointilleux sur son droit de chasse à l'égard de ses voisins, surtout du sire de Noyers, Henri, comte de Grandpré, et Erard de Trainel, seigneur de Poissy, lui firent signer un arrangement par lequel il était convenu que si le sire de Noyers ou son veneur menait une bête hors de ses bois, il pourrait la prendre sur les terres du sire de Montréal, qui se réservait des droits réciproques (1).

Cette même année (1260), Anséric reconnut que le château de Sauvigny-le-Beuréal était jurable et rendable au duc : Domino suo Hugoni, duci Burgundie, Ansericus Montis-Regalis dominus, salutem. Sciatis quod ego dominus de Salvineyo de vobis esse recognosco, et ego in die dominica instanti ubi mandaveritis occurrens accepturus a vobis (2). Neuf ans plus tard, il mourut sans postérité et fut inhumé au prieuré de Vausse.

Son frère Jean s'empressa de réclamer l'héritage de ses aïeux : il eût été aussi juste que naturel d'accéder à sa demande, mais le duc de Bourgogne avait déjà pris Montréal en affection et considérait cette terre comme un des plus beaux fleurons de sa couronne. Jean fut amené à traiter avec lui par l'entremise de Guy de Genève, évêque de Langres : il lui céda tous ses droits sur Montréal et sur Châtel-Gérard, en échange de la terre d'Athie, en se réservant tout ce qu'il possédait

---

(1) Peincedé, I, 443.
(2) Peincedé, IX, 27.

et pourrait posséder à l'Isle et du chef de sa mère. Le duc ajouta six cent soixante-dix livres viennoises, desquelles on déduisit dix livrées de terre inféodées à Guyot de Semur. Cet acte, passé le 9 octobre 1269 à Châtillon-sur-Seine, fut approuvé par Marguerite, femme de Jean, et par leurs enfants Jeannette, Guy, Agnès et Béatrix (1).

Jeannette mourut sans alliance; Agnès épousa Eudes Besors, seigneur de Villarnoul, fils de Guy III et d'Agnès; leur petite-fille Marie porta la terre de Villarnoul aux Jaucourt; Béatrix, héritière de Pont-d'Aisy, épousa Jacques, seigneur de la Roche-en-Brenil; en août 1296, elle acquit de Guy Permoichez, de Montréal, fils de feu Guillaume, une maison sise à Buissenet-sous-Athie et les champs adjacents, moyennant une somme de cinquante livres tournois : Jeannette de Rouvray, femme de Guy Permoichez, était présente à la vente (2).

Jean de Montréal, seigneur de Pont-d'Aisy et d'Athie, était mort en 1289, ainsi que sa seconde femme nommée Agnès, qui probablement lui avait donné Huguette ou Lucquette de Montréal, unie plus tard à Gaucher, seigneur de Saint-Florentin (3). Guy, frère de cette dernière, fit au Chapitre de Montréal une rente de six bichets de blé, moitié froment, moitié avoine, sur ses tierces d'Athie, pour le repos de l'âme de sa belle-mère Agnès (4). Quatre ans après il céda à Béatrix, veuve d'Hugues IV, duc de Bourgogne, tous les droits sur le château et la terre de l'Isle et leurs dépendances qu'il pouvait revendiquer du chef

---

(1) Coll. de Bourgogne, LXXI, 71.
(2) GAIGNIÈRES, DCLVIII, 68.
(3) Selon Duchesne, les vicomtes ou seigneurs de Saint-Florentin étaient une branche de l'illustre maison de Châtillon, commençant à Ursus, comte de Champagne, en 889, et finissant à Louis Gaucher, duc de Châtillon, mort sans enfants mâles, le 14 novembre 1762, fils du vertueux gouverneur du Dauphin, fils de Louis XV. Les seigneurs de Saint-Florentin portaient *de gueules à trois pals de vair, au chef d'or brisé d'une étoile* (alias *d'une molette*) *de sable au canton dextre*.
(4) Archives de l'Yonne.

de son père et de son oncle ; ses sœurs l'imitèrent, en sorte que Guy conserva seulement la terre d'Athie : encore la vendit-il, en 1304, au duc Robert pour la somme de 1,400 livres tournois ; il y ajouta tout ce qui lui restait à Montréal et à l'Isle, ne se réservant que le douaire de sa femme et trente livrées de terre destinées à son neveu Guy de Villarnoul, damoiseau.

Depuis ce temps, il n'est plus question de la branche aînée de la maison de Montréal : s'éteignit-elle avec Guy ou s'éclipsa-t-elle totalement (1) ? On voit, dans le Père Anselme, vol. V, que Jean de Gorrevod, seigneur de Condes et de Salins, chambellan de l'empereur Maximilien, épousa Guicharde, fille d'Anséric de Montréal et d'Alix de Pontailler : descendait-elle de Guy et de sa femme Marie de Tanlay ? C'est une question difficile à trancher, faute de documents. Cette Marie était fille de Jean de Courtenay, seigneur de Tanlay, de Joux, etc., et de Marguerite de Plancy, dame de Saint-Vinnemer ; elle fut enterrée au prieuré de Notre-Dame de l'Isle de Troyes, dont le Martyrologe mentionne son décès au 22 mars (2).

---

(1) Il y avait une maison de Montréal en Bresse et Bugey. (Voir les tables de Peincedé).

(2) P. ANSELME, I, 153. Ce Jean de Courtenay avait pour bisaïeul Pierre de France, fils de Louis-le-Gros, et époux d'Elisabeth, dame et héritière de Courtenay, de Montargis, de Château-Renard, de Champignelles, de Tanlay, de Charny, etc. Cette maison, qui a produit de nombreuses branches, tomba peu à peu dans l'obscurité, en sorte qu'elle ne put jamais se faire reconnaître comme issue du sang royal de France : on lui reprochait de porter les armes de Courtenay (*d'or à trois tourteaux de gueules*) au lieu d'avoir conservé les fleurs de lis. Cette branche de la dynastie capétienne finit avec Roger de Courtenay, abbé des Escharlis, décédé le 5 mai 1733 ; sa nièce Hélène, morte le 29 juin 1768, entra dans la famille de Beauffremont, qui a relevé le nom de Courtenay.

CHAPITRE II.

BRANCHES DE TART ET DE MARMEAUX. — PERSONNAGES DIVERS
DU NOM DE MONTRÉAL.

(1000-1400).

Anséric VI fut la souche de deux branches qui tirèrent leur nom des fiefs dont elles héritèrent : celles de Tart et de Marmeaux.

La branche de Tart commença par Jean, qui eut de ses parents une partie de la terre de l'Isle, et celles de Tart-la-Ville, de Tart-le-Château, de Neuilly et de Fauverney. Il donna à l'abbaye de Reigny le droit de pâturage dans toute l'étendue de ses domaines situés à l'Isle (1197) ; plus tard, sa piété le porta à contribuer à la fondation des monastères du Val-Saint-Lieu et de Magny-sur-Tille (1224).

En juillet 1219, il prit à vie tous les hommes qui appartenaient à l'abbaye de Tart, tant à Genlis qu'à Varanges (1). L'année suivante, en présence de son frère l'évêque de Langres, il donna à la même abbaye la terre que ses hommes occupaient près de la grange de Bauvor jusqu'au bois de Broisse, et le droit d'usage dans la forêt de Tille, avec

---

(1) Archives des Bernardines, à Dijon.

la moitié de ce qu'il ferait défricher. Il y ajouta bientôt un don de quinze sous de cens à prendre sur les censes de son château de Tart, à charge de tenir une lampe allumée pendant la nuit au chœur, près du tombeau de Béatrix, sa première femme.

En 1223, il reconnut que sa forteresse de Neuilly, près Fauverney, était jurable et rendable à la duchesse et au duc de Bourgogne ; l'année d'après, il permit à sa femme, Nicolette de Magny, d'échanger avec les moines de Cîteaux deux manses que ceux-ci tenaient à Magny de la libéralité de son père Haymon, contre quatre setiers d'avoine à prendre sur les coutumes de Tart (1).

Les deux époux donnèrent, pour le repos des âmes de leurs aïeux, aux religieux du Val-des-Choux, un lieu dit *Molia*, pour y construire une maison de cet Ordre, un bois et un cours d'eau, avec le droit de pêche le long de leurs forêts, et dix-huit setiers de froment, sans compter autant de muids de vin de Tart et autant de litres d'avoine. Ces libéralités considérables étaient une espèce de testament, car Jean n'existait plus en 1226 ; il avait eu de ses deux mariages Jean, Huon et Guy, Sibylle, Gilberte et Marguerite. Sibylle venait d'épouser Albert, seigneur de Darnay (2) ; ils avaient déjà ratifié la charte de leur père en faveur du Val-des-Choux, et après la mort de celui-ci ils reconnurent les legs qu'il avait faits : à savoir dix setiers de blé à l'abbaye de Cîteaux, à prendre sur la terre du Val-Saint-Julien, échue à Sibylle, qui pria son oncle Hugues, évêque de Langres, d'en donner une attestation scellée (3).

---

(1) *Cartulaire de Cîteaux*, III, 25.
(2) Cet Albert habitait le Bassigny. On voit dans l'*Histoire de Morimond* qu'il octroya à cette abbaye le droit de pacage pour deux cents porcs dans tous ses bois. En 1315 on trouve Jean de Darnay, écuyer, qui vendit sa terre de Mavilly au duc de Bourgogne.
(3) *Cartulaire de Cîteaux*, III, 25.

Huon de Tart eut, dans son lot, la terre de Magny-sur-Tille : par son testament de juin 1267, il donna dix émines de blé, moitié froment, moitié avoine, aux religieuses de Tart, à prendre sur ses tierces de Tart, du consentement de son frère Jean, seigneur dudit lieu.

Ce dernier reconnut, en 1275, une charte d'affranchissement que son père avait octroyée aux habitants de Tart-la-Ville et de Tart-le-Château : il en prit à témoin Robert, duc de Bourgogne. Au mois de janvier 1283, se sentant fort malade, il mit ordre à ses affaires spirituelles et temporelles par un testament où il laissait ses biens à ses héritiers naturels, pour n'en jouir toutefois qu'après l'acquittement de ses legs. Il ordonna qu'on l'ensevelît dans le cimetière de Saint-Pierre de Tart (1), devant l'autel, et qu'on donnât à l'église son cheval et son lit : en outre, il légua au curé dix livres viennoises pour son anniversaire ; à l'abbé de Saint-Etienne de Dijon vingt livres, et dix à ses moines. Ses serviteurs eurent une large part dans ses dernières dispositions ; en outre, les Frères-Mineurs de Dijon eurent dix livres pour leur pitance ; les Frères-Prêcheurs, cent sous ; les pauvres de l'hôpital de Dijon, soixante. Enfin, personne ne fut oublié dans le testament de cet homme charitable et bienfaisant, qui avait épousé Marguerite de Marigny, fille d'Etienne, sire de Perrigny, et cousine de Jean de Chalon (2). Elle était dame de Magny près Avallon.

Huon et Jean (3) de Tart ne laissèrent point d'enfants ; leur frère

---

(1) Palliot rapporte ainsi son épitaphe : « L'an de grâce mil IIe et III et IIII...... Jehans de Monréaux, chevalier...... trespassé, sires de Tar. Dex ait l'âme. Amen. »

(2) Le château de Marigny, situé sur l'Ouche, appartenait dès le XIIe siècle à cette famille, dont les armes étaient : *vairé de..... et de....* Guillaume, sire de Marigny, vivait en 1140, et devint connétable de Bourgogne. Cette famille enrichit de ses dons plusieurs abbayes, notamment celles de Saint-Bénigne et de la Bussière. Jean de Marigny se distingua en 1468 dans la guerre contre les Liégeois. Le nom de Marigny est commun à plusieurs familles de Bourgogne.

(3) Il fut du nombre des seigneurs que le duc Hugues IV convoqua en 1272 pour faire hom-

Guy n'eut qu'une fille nommée Isabelle, qui reçut dix livres de son oncle Jean.

La branche de Marmeaux eut pour auteur André, frère de Jean Ier de Tart. Le premier acte que nous ayons de lui est de 1207 : de l'assentiment de son frère Anséric VII, il donna à l'église de Montréal un muid de blé sur ses tierces de Marmeaux, à la condition d'une messe pour le repos de son âme. Il épousa, quelques années après, Gillette, fille de Pierre de Ravières et de Nicolette de Magny ; sa sœur Marguerite était mariée à Robert de Tanlay, et toutes les deux possédaient la terre de Nuits par indivis. Pierre et Nicolette avaient fondé une chapelle à Cones, sous le vocable de sainte Marguerite, en donnant au chapelain, nommé Balduin, un muid de blé sur les tierces et le moulin d'Aignay ; soixante sous assis de même ; la moitié de leur vigne de Cones, leur grange et le droit d'usage dans leurs bois de Duesmes. Cette fondation fut approuvée, sauf les droits de l'église de Curvigny, par Gillette et Marguerite et par leurs maris, le samedi après l'Ascension 1232 (1).

Au mois de décembre suivant, nous voyons cette même Gillette, devenue dame de Ravières, donner aux moines du Val-des-Choux quatre setiers de blé sur sa portion dans les tierces de Duesmes (2). Son mari abandonna lui-même au prieuré de Vausse deux parts des dîmes de Marmeaux, tant grandes que petites.

En mars 1240, les deux époux reconnurent tenir en fief de Milon de Noyers tout ce qu'ils avaient, à Nuits, en hommes, terres, bois,

---

mage et acte de reconnaissance à son fils Robert ; les autres étaient les sires de Châtillon-en-Bazois, de Barges, d'Epoisses, de Pontailler, de Chastellux, de La Roche, de Pierre-Perthuis, de Roussillon, de Saint-Aubin. (Coll. de Bourg., XXXII, 511).

(1) Archives de Dijon, layette, n° 160, liasse I, cote 3,276.
(2) *Cartulaire du Val-des-Choux*, p. 649. L'anniversaire de Gillette se célébrait le 26 juin dans ce monastère.

justice, etc., excepté les fiefs qu'ils y possédaient et la portion du sire de Tanlay : cette reconnaissance fut faite moyennant deux cents livres (1).

En 1243, André de Montréal donna aux moines de Fontenay le quart des dîmes de Ravières ; deux ans plus tard il accorda aux frères de la Commanderie de Saint-Marc le droit de pâture dans son domaine de Nuits (2).

Il laissa trois enfants : André, sire de Marmeaux, et Jean, sire de Ravières, et une fille unie à Eudes de Blacy, damoiseau. En 1263, André donna douze livres de rente à l'abbaye du Moutier-Saint-Jean, avec l'autorisation de Guy de Beauvoir, son suzerain. Cette rente était assise sur la terre de Vignes.

En mai 1252, André donna à l'abbaye de Fontenay deux moulins sis au-dessous de l'étang de Marmeaux ; treize ans plus tard, il lui vendit ce même étang avec sa chaussée, moyennant 300 livres (3).

En 1270, Jean de Marmeaux, sire de Ravières, et Alix sa femme, vendirent à Hugues, duc de Bourgogne, la part qu'ils avaient dans la succession de leur cousin Huon de Tart, seigneur de Magny-sur-Tille et de Neuilly, c'est-à-dire les terres, les prés, les hommes, les meix, les maisons, les fiefs, les bois, la justice et la seigneurie assis dans toute l'étendue de ces deux domaines. Le prince s'empressa d'abandonner son acquisition aux frères du Val-des-Choux, à titre d'aumône (4).

La veuve d'Huon avait convolé avec André de la Brosse, seigneur de Villiers-le-Bois ; ils cédèrent à Jean de Marmeaux ce que Mar-

---

(1) Reg. II des fiefs, Noyers, cote 70.
(2) Archives de Dijon.
(3) *Inventaire des titres de l'abbaye de Fontenay.*
(4) Archives de la Côte-d'Or, layette 13, liasse I, cote 35.

guerite pouvait réclamer sur les biens de son défunt mari : l'abbé de Molesme en donna un certificat (1).

En 1271, André de Marmeaux vendit à l'abbé du Moutier-Saint-Jean tous ses hommes de Montomble et de Sainte-Colombe, avec tous leurs meix et tenements, sa maison de Sainte-Colombe avec ses dépendances et son pourpris, et ses droits d'usage dans la forêt d'Hervaux. Il y ajouta toutes ses tierces au même lieu et tous les cens, coutumes et lods desdites terres, qui mouvaient du fief de Jean de Ravières et étaient tenues en arrière-fief du duc de Bourgogne : tous deux donnèrent leur acquiescement à cette vente, qui fut faite moyennant huit cents livres (2).

André de Marmeaux et Jeanne, sa femme, vendirent au duc Robert, en 1283, tout ce qui leur provenait de la succession de Jean de Tart, et, quatre ans après, le quart de la seigneurie de Tart moyennant cent vingt livres (3). Eudes de Blacy en fit de même au nom de sa femme.

En 1292, André vendit au même prince le bois nommé les Brosses de Marmeaux ou de Saint-Ambroise, sans en rien retenir, excepté la vaine pâture appartenant aux hommes de Monceau, de Châtel-Gérard et des Ranneaux, moyennant cinq cents livres. Ce bois était du fief de Jean, sire de Ravières, qui se dessaisit de tous ses droits (4).

Trois ans après, André céda de même au duc Robert, du consentement de sa femme, le vingtième denier qu'elle percevait sur la vente

---

(1) Peincedé, I, 91. — On trouve aussi dans dom Villevieille que Marguerite donna à l'abbaye de Saint-Bénigne tout ce qu'elle avait à Courcelles-le-Mont, à Flacy et à Chevannes-sous-Trichâteau (juillet 1274); elle fit amortir cette donation par son frère Guillaume, sire de Marigny, damoiseau.
(2) Archives de l'abbaye du Moutier-Saint-Jean.
(3) Peincedé, XVII, 495.
(4) Peincedé, I, 91.

de Châtillon, ainsi que les biens qui lui appartenaient dans cette ville : en retour il reçut cent livres.

La duchesse Béatrix, belle-mère de Robert, était morte à Villaines-en-Duesmois, laissant un testament dont elle confiait l'exécution à l'abbé de Cure, à Jean de Marmeaux, sire de Ravières, à Humbert de Chevannes et à Renaud de Semur, chanoine de Saint-Etienne de Troyes. Ce dernier adressa, le 28 octobre 1311, au duc de Bourgogne une espèce de compte-rendu de sa gestion : il y racontait que le duc Robert, la comtesse de La Marche et la reine d'Allemagne étant venus à l'enterrement, la reine réclama des papiers qui étaient à elle et qui se trouvaient dans un écrin : on l'apporta à Montbard, où le duc et la reine l'ouvrirent : ils le scellèrent et en confièrent la garde à Milot, dit Chevalier, châtelain de Montbard. Il est vraisemblable que ces papiers étaient relatifs à la succession des domaines de Montréal (1).

Lorsque Philippe-le-Bel eut outrepassé les limites de l'autorité royale en levant des tailles, en demandant des subventions extraordinaires et en altérant les monnaies, les principaux seigneurs de Bourgogne, après l'avoir vainement supplié de renoncer à ces mesures vexatoires, résolurent de former une union pour la défense de leurs franchises et de leurs libertés, sans aucun préjudice de la fidélité et de l'obéissance qu'ils devaient au roi. Voici les noms des seigneurs qui entrèrent dans cette ligue : Jean de Chalon, comte d'Auxerre et de Tonnerre, Erard de Lézinnes, Mathieu de Mello, sire de Saint-Bris, Jean, sire de Seignelay, Erard d'Arcy, sire de Chassignelles, Gaucher de Frolois, sire de Rochefort, Robert de Rochefort, sire de Bragelogne, Jean de Marmeaux, sire de Ravières, Hugues, sire d'Argenteuil, Richard de Savoisy, Guy

---

(1) *Bulletin de la Société des Sciences de l'Yonne*, 1865, p. 192.

de Mello, sire de Senoy, Guillaume de Tanlay, sire de Saint-Vinnemer, Ithier d'Ancy, Jean de Digoine, sire d'Arcy, Regnier de Villiers-les-Hauts, etc. (1).

Jean de Marmeaux mourut peu de temps après, dans un âge avancé : son frère André était encore vivant en 1304, puisqu'en considération des avantages qui devaient lui revenir de la cession que les religieux de Vausse lui avaient faite d'un droit d'usage dans sa forêt des Brosses, de Chamberty et autres, il leur donna et transporta en compensation, à titre de donation perpétuelle et irrévocable, une étendue considérable de terre dont il se réservait la protection, sous la condition qu'ils ne pourraient rien acquérir de plus, au finage de Marmeaux, sans son consentement ou celui de ses héritiers. Il s'obligea, par serment, non seulement à exécuter et à faire observer inviolablement ces stipulations, mais à en assurer l'exécution à ses frais et dépens, toutes les fois qu'il en serait requis : en outre, attendu que sa femme Jeanne, à l'article de la mort, leur avait donné et légué vingt sous de rente à prendre sur ses tailles de Marmeaux, pour faire son anniversaire et celui de son mari, il s'engagea à les payer annuellement et à perpétuité (2).

En 1319, c'était Milon de Montréal, damoiseau, qui possédait Marmeaux : il eut un différend avec Guy de Salmaise, prieur de Thisy, au sujet des biens d'un certain Quinquenas situés à Marmeaux, et qu'il prétendait lui appartenir pour la raison que cet homme avait péri *morte criminali*. Un accord fut fait entre eux en présence de Milon d'Ancy, d'André Rémond, de Montréal, clerc, et de Jacques Tort ; Milon conserva les biens de Quinquenas, mais à la condition que, si un homme

---

(1) Duchesne, LXIX, 64.
(2) Abbé Breuillard, p. 123.

mourant *morte criminali* laissait des biens dans la justice du prieur de Thisy, ils seraient attribués à ce dernier (1).

M. Ernest Petit parle quelque part d'un Odet de Marmeaux, frère de Milon.

En 1329, Guillaume de Marmeaux, fils de Jean et d'Alix, releva de Robert de Tanlay pour ce qu'il tenait de lui en fief à Ravières, et lui donna en même temps la déclaration de ses biens. Il laissa un fils, nommé Guillaume, qui, vers 1346, épousa Guillemette de Beaumont, à cause de laquelle il reçut l'hommage de Jacquin du Mont (2). Leur fils Pierre fut seigneur de Ravières, Cheny, Ormoy, Linant, et épousa Isabelle de Saint-Phalle (3), fille de Pierre, chevalier, seigneur dudit lieu, de Pésiancourt en Picardie, de Beaune en Brie, de Villiers-le-Bois, et de Jeanne de Montault, qui lui donna une fille. Il était mort avant le mois de mars 1386, comme il appert par titres passés entre sa veuve et Jean de Blaisy, conseiller et chambellan du roi, seigneur de Marmoillan, curateur de Jeanne de Marmeaux, sa fille, portant règlement du douaire d'Isabelle de Saint-Phalle. Celle-ci se remaria, à cette époque, à Gilbert de Beaujeu, chevalier, seigneur de Montost.

Pierre eut pour sœur Jeanne, mariée à Etienne, fils de Philippe de

---

(1) Réomaus, p. 312.
(2) Duchesne, LXII, 154.
(3) La maison de Saint-Phalle, dont les armes sont *d'or à la croix ancrée de sinople*, est originaire d'Auvergne, suivant une vieille tradition, et serait venue en Champagne à la suite de saint Phal (*Fidolus*), abbé de Moustier-la-Celle au vi[e] siècle. Sa filiation, dressée sur titres authentiques, remonte à Otran de Saint-Phalle, vivant en 1035, père de Geoffroy, sénéchal de Champagne. L'abbaye de Notre-Dame-aux-Nonnains eut, durant tout un siècle, cinq abbesses du nom de Saint-Phalle. Philippe de Saint-Phalle, chevalier, baron de Cudot, se trouva à la bataille de Mons-en-Puelle, et sauva le roi qui était serré par les Flamands, désarçonné et privé de son armure. C'est là l'origine de la devise : *A moy Saint-Phalle, c'est pour le roy!* Cette famille s'est alliée plusieurs fois aux Courtenay, Seignelay, Clugny, Briçonnet, Davout, Eon de Cely, Chabannes, Daniel de Boisdennemets, Ruolz, Becdelièvre, etc. Elle réside aujourd'hui en Nivernais. Voyez son *Histoire généalogique*, publiée, en 1860, par M. le chevalier Gougenot des Mousseaux.

Courtenay, seigneur de Tanlay, et de Philiberte de Châteauneuf, avec une partie de la terre de Ravières pour dot. Elle mourut à peu près dans le même temps que son frère, en laissant une fille nommée comme elle, et unie à Guillaume de Blaisy, et ensuite à Robert de Chalu, seigneur d'Entragues. Un tiers de la terre de Ravières appartenait aussi à Ferry de Chardennes ; en 1402, les propriétaires soutinrent un long procès contre les habitants de cette terre, relativement au droit de servitude et de main-morte, et le perdirent (1).

Jeanne de Marmeaux, fille de Pierre, avait encore des droits sur la terre d'Arcy-sur-Cure (2) et des fiefs au bailliage de l'Isle : par lettres du 21 janvier 1402, le duc Philippe-le-Hardi, étant à Paris, déclara que Pierre de Grancey lui avait fait foi et hommage pour tout ce qu'il tenait de lui en fief au bailliage de l'Isle, à cause de sa femme (3).

Marguerite, fille de Milon ou d'Odet de Marmeaux, épousa Guillaume du Bouchet dont elle était veuve en 1347 : elle fit alors hommage pour elle et ses enfants, Geoffroy et Jeanne, au duc de Nevers, de sa maison-fort du Bouchet (4).

Jusqu'au XVe siècle, on trouve différents personnages du nom de Montréal : les uns étaient des collatéraux des sires dudit lieu, et les autres des bourgeois qui prenaient ce nom pour rappeler leur origine. Nous allons les nommer en suivant l'ordre chronologique.

En 1103, Galéran de Montréal servit de témoin à Hugues, duc de Bourgogne, dont le père Eudes était mort en Terre-Sainte. Hugues voulait transférer la foire et le marché de Saint-Bénigne du territoire de Saint-Étienne, malgré l'usage immémorial, dans un clos situé au

---

(1) Peincedé, I, 795.
(2) Idem, II, 487.
(3) Coll. de Bourgogne, XXIII.
(4) Marolles, titres de Nevers.

village de Saint-Jean, dans l'intérêt des bourgeois : les réclamations des chanoines de Saint-Étienne parvinrent à le faire changer de résolution (1).

Trente ans plus tard, Guillaume de Montréal possédait, aux environs de Chablis, plusieurs fiefs sur lesquels Hugues de Maligny et Humbauld, prévôt d'Auxerre, avaient des droits qu'ils cédèrent à l'abbaye de Pontigny : celle-ci en abandonna la possession aux chanoines de Saint-Martin de Chablis, en échange des biens que ceux-ci possédaient à Ligny-le-Châtel (2).

Geoffroy de Montréal est cité comme témoin dans un grand nombre d'actes : dans une transaction entre Guy et Pierre de Gales et l'abbaye de Reigny, au sujet de l'accensement des prés de *Vaureta*; dans une donation d'Ascelin de Châtel-Censoir, approuvée par sa femme Autissiodora et leur fils Hugues, à la même abbaye, des aisances dans ses terres, situées au-delà de la Cure et du chemin d'Avallon à Auxerre par Joux et Sacy (3) ; dans la donation de la veuve de ce même Ascelin (1149) aux moines de Reigny, de concert avec ses fils Gaucher et Herbert. Or, elle avait donné aux religieux, le jour de l'enterrement de son mari, sa terre contiguë au pré de Rouvre, et le pré qu'elle possédait par indivis avec l'abbaye.

En 1151 Gilbert de Montréal est cité comme témoin dans un acte par lequel Pierre de Rouvray donna aux moines de Reigny tout ce qui était en litige sur la terre de Chevannes, moyennant deux sous ; sa fille Adeline y consentit. Il paraît que cette terre appartenait aussi à Thide-

---

(1) DUCHESNE, LXXX, 45.
(2) *Cartulaire de l'Yonne*, I, 291.
(3) *Cartulaire de l'Yonne*, II, 62. Ce titre prouve qu'on se rendait d'Avallon à Auxerre par un chemin bien différent de celui qui est suivi aujourd'hui. La plaine qui s'étend de Sacy à la Cure est appelée Vallée auxerroise.

berge d'Avallon, qui le donna, trois ans après, à la même abbaye : un de ses témoins était Bosc de Montréal.

En 1151, Humbert Armand de Dijon, fort de l'approbation de sa mère, de ses frères, de sa sœur et d'Eudes, mari de cette dernière, donna aux moines de Cîteaux tous ses biens situés à Tarsul, moyennant trois cents sous et trois setiers de froment et autant d'avoine, estimés quatre livres. Guy de Montréal et son frère Caïn furent du nombre des témoins. Caïn et son neveu Galéran (1) sont comptés parmi les bienfaiteurs de Reigny ; nous retrouvons le premier dans un acte de 1164, par lequel Jean, prieur de Vergy, vendit les biens de son chapitre, situés à Détain, à l'abbaye de Cîteaux, moyennant quarante setiers de froment et d'orge.

Geoffroy de Montréal reparaît dans de nouveaux titres, à savoir : une donation nouvelle faite par Herbert de Merry, fils d'Ascelin de Châtel-Censoir, et par sa mère, aux moines de Reigny, de la moitié de la vallée de Rouvre ; une sentence rendue par Geoffroy, abbé de Clairvaux, et Ida, comtesse de Nevers, pour trancher les difficultés suscitées entre l'abbaye de Crisenon et celle de Reigny, par leurs prétentions sur les moulins d'Arcy ; une donation faite par Gibaud et Renaud de Saint-Verain aux moines de Reigny ; un accensement fait par Herbert de Merry à ceux-ci, de son eau indivise avec l'abbaye de Vézelay, depuis la fontaine du Rouvre jusqu'à l'enclos de sa mère ; une donation faite par Marie, fille d'Arnaud de Toucy, aux mêmes religieux de Reigny, du sixième du territoire de Toire, qu'elle possédait avec d'autres personnes ; une donation faite à ces derniers par Landry de Clamecy, de douze deniers censuels payés par les héritiers de Lichères, etc.

---

(1) M. Ern. Petit lui donne un frère nommé Gauthier.

Tandis que Geoffroy de Montréal remplissait en quelque sorte l'office de défenseur de l'abbaye de Reigny, celle de Vézelay était troublée par l'indigne conduite d'un de ses cousins ou compatriotes. Parmi les ministres de l'abbé Pons se trouvait un jeune homme nommé Guillaume, fils de Pierre de Montréal. Malgré sa jeunesse, il était d'un esprit adroit et insinuant, et sut exercer un ascendant excessif sur l'abbé Pons, qui en vint à ne plus voir ni sentir que par lui. Guillaume ne pensa qu'à accroître sa faveur, son crédit et ses richesses : et lui qui était serf par sa condition et ses mœurs, il osa accuser ses maîtres, afin de les écarter. A la mort de son bienfaiteur, il négligea les devoirs funèbres qu'il avait à lui rendre, et fit main-basse sur les richesses de l'abbaye, notamment sur un candélabre d'or que l'Impératrice Mathilde, mère de Henri II, roi d'Angleterre, avait autrefois donné au monastère de Vézelay. Arrêté et mis en surveillance, il fut obligé de tout restituer et de se remettre entre les mains du nouvel abbé, qui avait été élu le jour de la mort de Pons, c'est-à-dire le 14 octobre 1161.

Peu de temps après, Guillaume se rendit auprès du comte de Nevers, auquel il débita mille mensonges et dont il sut s'assurer l'appui en lui promettant quatre-vingts livres et dix-sept tasses d'argent ; dès ce moment son insolence et son audace ne connurent plus de bornes. De son côté, le comte de Nevers ne cessait de donner des marques de malveillance à l'abbé et aux religieux de Vézelay.

Guillaume, jeté en prison, usa de ses artifices ordinaires pour sortir de ce mauvais pas ; il supplia l'abbé de Fleury et l'abbé de Paris, moyennant une confession sacrilège, de le prendre sous leur protection. Il s'engagea à se soumettre à leur décision sur les griefs allégués contre lui, si le nouvel abbé y donnait son consentement ; celui-ci voulut bien le faire, et Guillaume, amené devant lui, jura sur les reliques qu'il exécuterait tout ce qui lui serait prescrit le lendemain matin, et que jusque-là il ne prendrait point la fuite. On se repentit bientôt de l'avoir cru ; le lendemain son cachot était vide. Alors l'abbé Guillaume envoya ses serviteurs dans la maison du fugitif, pour faire enlever les grains, les vases, les étoffes, et tout le mobilier qui s'y trouvaient ; il exigea aussi des cautions de Guillaume la somme de cinq cents livres. Pendant ce temps, le parjure s'était rendu auprès du comte de Nevers, qui le ramena lui-même au monastère, au grand mécontentement de l'abbé. On convint de se réunir à Reigny pour terminer ces pénibles affaires ; le comte, en voyant tout le monde prendre fait et cause contre lui, renvoya son protégé en lui prescrivant de rentrer sous l'autorité de son seigneur légitime.

Guillaume, voyant toutes ses machinations déjouées, se soumit forcément aux ordres de l'abbé et affranchit ses cautions par l'abandon de sa maison et de quelques propriétés.

Sur ces entrefaites, une maladie extrêmement grave du comte de Nevers donna aux religieux de Vézelay l'occasion de montrer les sentiments de charité chrétienne qui les animaient : leurs prières obtinrent la guérison de leur ennemi qui, bien loin de s'en montrer reconnaissant, écrivit à l'abbé de lui rembourser une somme que Guillaume de Montréal lui devait en vertu d'un compromis ; en même temps, il chargea le porteur de sa lettre de ravager les terres de l'abbaye, si sa mission échouait. C'est ce qui arriva ; cet homme, nommé Geoffroy de Melun, ayant trouvé l'abbé inflexible, fit enlever par des jeunes gens de Châtel-Censoir les troupeaux de moutons appartenant à l'abbaye et se trouvant à Chamoux. Par un effet de la vengeance divine, Geoffroy, frappé de démence, se précipita dans l'Yonne, d'où on le retira encore vivant ; mais il mourut dans un accès de folie, après s'être déchiré de ses propres mains.

Les religieux de Vézelay, fatigués des maux que leur causait

Guillaume de Montréal, lui enjoignirent de satisfaire à ses engagements avec le comte de Nevers ou de les indemniser eux-mêmes. N'ayant fait ni l'un ni l'autre, ce misérable fut jeté dans les fers ; néanmoins, son caractère altier et avide l'empêcha de recouvrer sa liberté par le sacrifice d'une partie de sa fortune si injustement acquise : enfin, accablé de souffrances morales et physiques, il abandonna de nouveau ses propriétés et fit sa paix. Dès lors il fut comme un loup au milieu des moutons, cherchant à surprendre ses voisins, accusant les pauvres et insultant les riches.

Tel est le récit qu'en fait Hugues de Poitiers, dans toute sa naïveté ; aussi ne faut-il pas s'étonner d'y trouver certaines expressions qui semblent outrées. Il est indubitable que ce Guillaume, quoique originaire de Montréal, était absolument étranger à la famille de ce nom, puisque l'historien dit qu'il était serf de condition.

En 1173, Geoffroy, évêque de Langres, exerça un arbitrage entre l'abbé de Moutier-Saint-Jean et les religieuses de Rougemont ; sa décision fut confirmée par Etienne, évêque d'Autun, et Bernard, évêque de Nevers, qui se trouvaient au Pont-Saint-Didier : ils s'engagèrent à faire respecter les conventions consenties par les parties. Au nombre des témoins était Obert de Montréal (1).

A la fin du XIIe siècle vivait Aymon, chevalier : comme il est qualifié de *Messire*, on peut en conclure qu'il était parent des Anséric, tout en combattant l'assertion de Dom Plancher, qui le fait grand-père d'Anséric X (2). On verra par les documents que Montréal resta constamment dans la branche aînée.

Aymon assista à l'acte de bornage de la terre de Neuilly, que les

---

(1) Réomaus, p. 212.
(2) Cette erreur est partagée par l'abbé Breuillard dans ses Mémoires, p. 138.

moines de Cîteaux et de Saint-Seine avaient achetée aux chanoines de Saint-Etienne de Dijon, en 1199. Les moines de Cîteaux prétendaient avoir le droit de pâture à Bretenières et à Panges à l'occasion de cette acquisition ; ceux de Saint-Seine refusaient de le leur reconnaître ; enfin ils s'y décidèrent, moyennant des concessions également avantageuses pour les deux abbayes (1).

Eudes de Marigny avait causé beaucoup de dommages aux moines de Cîteaux dans leur grange de Détain, mais à l'instigation de la duchesse de Bourgogne, il promit de leur verser dix livres dans l'espace de quarante jours, et, s'il outrepassait ce délai, de leur laisser les pâtures de Gissey et de Barbirey pendant huit années. Cette preuve de repentir fut consacrée par la présence d'Aymon de Montréal, d'Eudes de Longwy, de Jérémie de Mont-Saint-Jean, de Jean, doyen de Dijon, etc. (2).

On retrouve pour la dernière fois cet Aymon dans un acte de 1202 par lequel Guillaume de Champlitte, vicomte de Dijon, donna à l'abbaye de Cîteaux vingt setiers de froment sur sa dîme d'Ouges, et la dispensa de celle qu'elle devait lui payer sur ses vignes de Brochon, afin d'entretenir le luminaire nécessaire à la solennité de la Chandeleur.

En 1180, vivait un certain Etienne de Montréal (3) ; il approuva les divisions établies entre le bois d'Hervaux, appartenant à Reigny, et celui de Saint-Germain, qui était à lui.

Au xiiie siècle vivait Hugues de Montréal, chanoine de Langres, mort le 1er juin ; on donna pour son anniversaire trente sous pris sur la grange de messire Ancelin de Duesme, occupée par messire Hébert,

---

(1) *Cartulaire de Saint-Seine*, LVIII.
(2) *Cartulaire de Cîteaux*, I, f° LVI, n° XIII.
(3) M. Ern. PETIT, tableau généalogique des Montréal. Inventaire des titres de Reigny.

prébendier; et quarante sous à distribuer aux desservants de l'église de Saint-Mammès (1). Peut-être était-il fils d'Ansèric VII?

Geoffroy de Montréal vivait en 1252 (2).

En 1275, on trouve au nombre des camériers du duc un Aymon de Montréal.

Henri de Montréal mourut à la fin du xiiie siècle : sa veuve Agnès passa, en mars 1298, un acte par lequel elle vendit au duc Robert tous ses biens situés à Montbard, en reconnaissant que Renaud et Jacquot, dit Brocart, de Montbard, partageaient avec elle les trois quarts des censives, lods et ventes, et les tierces situées audit finage (3).

Hugues de Montréal, écuyer, vendit au duc ce qu'il tenait de lui en la châtellenie de Lucenay-le-Duc, à cause de Comtesse, sa femme (4).

Pierre de Montréal reconnut, par acte du 21 octobre 1394, tenir en fief et hommage du duc de Bar tout ce qu'il avait en la châtellenie, terre et haute justice de Lavau en Puisaye (5).

Geoffroy de Montréal, écuyer, était pannetier du duc de Bourgogne qui, se trouvant le 12 mai 1414 à Rouvre, lui donna dix écus d'or pour venir le rejoindre; en outre il lui donna, le 17 novembre 1415, pour le récompenser de ses services, un cheval évalué à cinquante-six livres cinq sous (6).

Le nécrologe de l'abbaye de Moutier-Saint-Jean mentionne Jean de

---

(1) Kalendas junii obiit Hugo de Monteregali, canonicus Lingonensis, pro cujus anniversario dantur xxx solidi sumpti in grangia domus domini Ancelini de Duesmo, quam tenet dominus Hebertus prebandarius; et xl solidi qui de bursa de quibus distribuentur presbiteris servientibus intra ecclesiam Sancti-Mamerti, x solidi, itaque quilibet eorum percipiet XII denarios et de his distribuentur x solidi in commendaciones.
(2) M. Ern. Petit, tableau généalogique.
(3) Inventaire 1448, fol. 42, cote 5.
(4) Chambre des comptes de Bourgogne, bailliage d'Auxois.
(5) Bibliothèque impériale : Recueil des titres L. C. Bar, fiefs et dénombrements, n° 153.
(6) Chambre des comptes de Bourgogne.

Montréal, le 4 des ides de mars ; et un chantre du même nom, le 12 des calendes de mars (1).

Celui de saint Lazare d'Avallon parle de Geoffroy de Montréal, clerc, et de Guillaume de Montréal, archidiacre (2).

Un inventaire des titres de l'abbaye de Reigny, conservé aux archives de l'Empire, mentionne un titre de 1241, par lequel Luce, épouse de feu Renaud, seigneur de Luzy, assura à cette abbaye toutes les tierces du Champ-des-Chaumes et des autres lieux qui leur avaient été donnés dans la châtellenie de Montréal, de même que ce qu'ils pourraient y acquérir dans la suite. Cette Luce ne serait-elle pas la fille d'Ansérie VIII, dont la belle-mère s'appelait Luce?

---

(1) Collection de Bourgogne, IX.
(2) Idus februarii obiit Gaufridus de Monteregali, clericus, qui dedit Deo et ecclesie Beate Marie et Beati Lazari Avalonensis v solidos sitos super domum suam sitam in magno vico Avalone qui sunt Johannis Mochoul, pro anniversario suo annuatim faciendo.
    Pridie nonas maii MCCLXXXIII obiit Willermus de Monteregali, archidiaconus Avalonensis, qui dedit x libras ad operandas decimas de Sauz. (Fonds latin 5187).
    Dans le tableau généalogique de M. Petit, on voit Jean et Philippe, seigneurs de Tréclun, près Dijon : mais leur nom était Montreuil.

CHAPITRE III.

SEIGNEURIE DE BEAUVOIR. — BRANCHE DE CE NOM. — SON ÉMIGRATION A THURY ET A BORDEAUX. — GUILLAUME DE BEAUVOIR, SIRE DE CHASTELLUX.

1150-1408.

Les sires de Montréal possédaient, probablement à titre de sous-inféodation, un château situé sur les bords du Serain, à plusieurs kilomètres en amont de leur principale résidence. La vue étendue dont on jouissait du haut de ses tours lui avait fait donner le nom de Beauvoir (*Bellus visus, Bellum videre*) : cette appellation, commune à un grand nombre de châteaux, embarrasse beaucoup les recherches historiques. On lit dans le *Vieux Livre noir*, p. 102 :

« Il est aussi parlé de plusieurs Beauvoir qui paraissent d'une grande et bonne maison du Dauphiné, où il y a une terre de Beauvoir. Je ne crois pas qu'il y ait rien de commun de ces Beauvoir à ceux de Bourgogne : il faudrait de grandes preuves pour cela, et je n'en ai aucune. »

C'est dans une bulle du pape Alexandre III pour l'abbaye de Reigny, en 1165, qu'il faut chercher le plus ancien indice de l'existence de Beauvoir-en-Auxois. Niard de Montréal avait cédé la grange de Beauvoir (*de Bellovidere*) et ses dépendances à Guillaume de la Tour, qui s'en dessaisit à son tour en faveur des religieux.

En 1179, Guy, sire de Beauvoir (*de Bellovisu*) donna à l'église de Montréal un muid de blé, moitié froment, moitié avoine, sur ses tierces de Sauvigny-sur-Guillon, pour l'entretien d'un prêtre chargé de dire la messe à l'autel de sainte Catherine pour le repos de son âme et de celles de ses parents. Anséric VI, frère du sire de Beauvoir, donna son consentement à cette libéralité (1).

Guy mourut sans postérité, car son neveu et homonyme, fils d'Anséric VI et de Sibylle de Bourgogne, eut dans son lot les terres de Beauvoir, de Guillon, de Sauvigny-le-Beuréal, et celles que son frère Milon possédait à Chablis. Néanmoins, il ne prit jamais que son propre nom dans tous les actes, sans y rappeler aucune de ses seigneuries. En 1212, il donna aux moines de Saint-Martin de Chablis tous ses droits sur Perrine, femme de Joslien, habitant de cette ville ; et sur l'échoite de feu Ménard : ce qui fut approuvé par le sire de Montréal (2). En même temps, il renonça à tenir sous son autorité Parise, veuve d'Ansel Charme, et leurs héritiers. En 1214, il affranchit également Jean, fils de feu Milon, ouvrier ; cinq ans après, il eut quelques difficultés avec A. de Coleors, de l'ordre des Templiers, au sujet du banvin de Chablis, légué à ces derniers par feu Milon de Montréal. Ce banvin fut cédé au chapitre de Saint-Martin de Tours, en échange d'un pré et d'une terre situés à Chichée. Enfin Guy vendit aux moines de Chablis, moyennant deux mille livres, tout ce qu'il possédait aux environs de cette ville, excepté l'hommage dû par le seigneur de Noyers, hommage qu'il avait cédé à son frère (1216).

---

(1) Archives de l'Yonne, fonds du Chapitre de Montréal.
(2) Ibidem; Cartulaire du prévôt de Chablis.

Ces actes de vente de Guy furent faits avec le consentement de ses frères Anséric, Jean et Hugues, évêque de Langres, puis ratifiés par Blanche, comtesse de Troyes. Mais ils ne le furent guère par les habitants de Chablis, qui eussent mieux aimé s'organiser en commune ; les femmes refusèrent même de payer la redevance due pour le four banal : le prévôt de Saint-Martin de Tours, seigneur de Chablis, s'y opposa et obtint un arrêt de Philippe-Auguste, déboutant les habitants de leurs prétentions (1).

Guy de Montréal vendit aussi à Guy, père de Gaucher de Maligny, ses maisons et ses granges sises à Beine, ses vignes situées à Paisy, à Valdelongue, à Valderu, à Chandefouace, et son pré sis à Maligny. En 1241, Gaucher de Maligny en fit hommage à Miles, sire de Noyers, en présence de Gaucher de Saint-Florentin, sire de Pacy (2).

Erard de Brienne, ayant épousé une tante du comte Thibaut de Champagne, voulut faire valoir les droits de sa femme sur le comté de Champagne, bien que la légitimité en fût contestée. La querelle se vida tout à la fois par l'épée et par la justice. Erard se vit débouté de ses prétentions et mis en demeure de s'abstenir de toute revendication par voie de droit jusqu'à ce qu'il eût fait réparation pour ses violences. Guy et André de Montréal, ayant embrassé la cause d'Erard de Brienne, furent excommuniés par Haymard, évêque, par l'abbé de Saint-Jean-des-Vignes et par le doyen de Soissons, délégués du Saint-Siége : justement effrayés d'une mesure aussi rigoureuse, ils obtinrent l'absolution en se déclarant hommes liges de la comtesse de Champagne ; ils réservèrent toutefois l'allégeance qu'ils devaient au duc de Bourgogne ; ils s'engagèrent en outre à se liguer avec leur frère, le sire de Montréal,

---

(1) *Bulletin de la Société des Sciences de l'Yonne*, 1863, p. 147.
(2) PEINCEDÉ, IX, 62.

et d'autres seigneurs, contre Milon de Noyers, qui s'était déclaré pour Erard de Brienne ; ils consentirent à livrer leurs forteresses pour les besoins de cette guerre, sauf à les recouvrer ensuite dans l'état où elles se trouvaient (1).

On lit dans l'inventaire des titres du prieuré de Notre-Dame de Semur que Guy de Montréal, chevalier, donna à ce prieuré les maisons existantes dans l'île du Serain, près du pont et de la grange du pâtis à Guillon (1211).

Dix ans plus tard, l'héritage de Guy était entre les mains de son frère Anséric VII, qui déclara que la maison de Beauvoir était jurable et rendable au duc de Bourgogne : il en fit de même pour celle de Sauvigny-le-Beuréal. Alix de Vergy, régente du duché, promit que si elle réclamait Beauvoir et qu'elle y fît des dépenses, elle ne pourrait exercer aucun recours contre Anséric ni ses héritiers, mais seulement qu'elle se dédommagerait sur Beauvoir et Sauvigny. Si Anséric voulait la rembourser de ses frais, par devant deux experts, elle devait lui rendre les deux maisons susdites (2).

En 1243, Beauvoir se trouvait entre les mains de Jean, damoiseau : le rapprochement des dates permet de penser qu'il était fils d'Anséric VIII et d'Agnès de Thil (3). L'abbé de Moutier-Saint-Jean lui ayant contesté les tierces et les tailles de Sauvigny-le-Beuréal, il fut stipulé que Jean et ses héritiers paieraient sur ces tierces à l'abbaye

---

(1) Trésor des Chartes.
(2) Archives de la Côte-d'Or, B., 10471.
(3) La question de l'origine des Beauvoir-Chastellux, longtemps controversée, se réduit maintenant à savoir si Jean, sire de Beauvoir en 1243, était fils ou petit-fils d'Anséric VII et de N... de Vergy. En tous cas, ne faudrait-il pas conjecturer que son fils Guy était le grand-père de Marguerite, héritière de Beauvoir, et de Jean, seigneur de Thury, qui recueillirent sa succession, après leur père? Ce dernier ne serait-il pas Harard de Beauvoir, écuyer, qui vint à Beaune rendre foi et hommage au duc de Bourgogne, le jeudi après la Saint-Martin d'hiver 1315, en présence du seigneur d'Epoisses, d'Hugues de Vienne, de Jean de Frolois et du seigneur de Montperroux ?

treize setiers de blé, dont trois de froment et le reste d'avoine, en sus du tiers des tailles de Sauvigny, et qu'ils se réserveraient les serfs de cette terre et les riverains du chemin menant du pont de Toutry à Rouvray.

Jean de Beauvoir mourut une quinzaine d'années après, en laissant deux enfants, Guy et Jean : il est possible qu'il eut aussi une fille qui porta une partie de la terre de Guillon dans la maison de la Perrière. Cette terre appartenait aussi à Jean, chanoine et chantre de l'église de Langres : il était, en 1292, vicaire capitulaire, après le décès de l'évêque Ebroïn, avec Gérard de Grandvillars : tous les deux donnèrent au couvent du Val-des-Ecoliers un acte qui lui assurait la jouissance du bois du Vielval. Le 18 janvier 1298, Pierre de Langres, Simon de Dijon, Lambert, archidiacre, et Jean de Beauvoir, attestèrent que Jean de Vienne était venu déclarer au Chapitre qu'ayant eu de graves dommages à endurer de la part des ennemis de l'évêché de Langres, il n'entendait point en rendre celui-ci responsable (1).

Jean de Beauvoir, ayant sans doute racheté à sa sœur ce qu'elle possédait à Guillon, vendit la totalité de cette terre au duc Robert, après en avoir obtenu la permission de son frère (1305). Son obit est marqué au 1ᵉʳ juin : il légua au chapitre de Langres tout ce qu'il avait acheté à *Laanam* (2).

Guy de Beauvoir hérita de la terre de ce nom et de plusieurs autres adjacentes. Les sires de Marmeaux lui devaient foi et hommage pour la terre de Vignes, comme on le voit par un acte de 1263. Guy reconnut que Jean de Marmeaux, sire de Ravières, tenait de lui en fief ce que son frère, André de Marmeaux, possédait à Vignes, et que ce dernier

---

(1) Collection de Bourgogne, VIII, 140.
(2) Kalendas junii obiit Johannes de Bellovisu, cantor Lingonensis, qui dedit pro anniversario suo perpetuo faciendo terras, prata et alia que acquisivit apud Laannam.

avait pris douze livres de rente pour les moines de Moutier-Saint-Jean; il approuva ce don et promit de n'y faire aucune opposition. Cet acte fut scellé par Gérard, évêque d'Autun, et par Guillaume de Chassy, bailli d'Auxois.

Vingt-deux ans après, les religieux de cette abbaye, ayant prétendu que Guy les troublait dans l'exercice de la justice à Savigny-en-Terre-Plaine et dans la possession des treize setiers de blé donnés par son père, celui-ci reconnut tous leurs droits et y ajouta plusieurs pièces de vigne qu'il tenait en franc-alleu, en déclarant qu'il les tiendrait désormais en fief de l'abbé de Moutier-Saint-Jean.

Guy de Beauvoir mourut peu de temps après la vente de la terre de Guillon : il avait épousé Isabelle de Roussillon (1), qui lui apporta en dot les terres de Thury et de la Guette. Par son testament du mois de septembre 1292, cette dame fonda un anniversaire dans l'abbaye de Saint-Martin d'Autun, en donnant à cet effet trente sous de rente sur les tailles de Thury ; elle choisit sa sépulture dans l'église de Savigny-en-Terre-Plaine, si la mort la frappait au château de Beauvoir ; mais si son décès avait lieu à Thury, elle devait être inhumée dans l'église de Saint-Martin d'Autun, à côté de ses aïeux (2). Elle était mère ou grand-mère de deux enfants : Marguerite et Jean. La première porta

---

(1) La maison de Roussillon était une branche de celle de Châtillon-en-Bazois et portait : *losangé d'or et d'azur*. Elle doit son nom à une terre voisine d'Autun, et qui passa dans la maison de Chaugy par le mariage d'une autre Isabelle de Roussillon avec Jean de Chaugy : leurs descendants rachetèrent une partie de cette terre qui avait été concédée aux ducs de Bourgogne. Une branche de la maison de Roussillon subsista dans le bailliage d'Arnay-le-Duc, ou l'on trouve Girard, seigneur de Clomot, chambellan du duc en 1468; Antoine, seigneur de Savigny et de Rochetailles en 1493, Pierre, fils naturel de ce dernier, seigneur de Saint-Désert en 1538, et Louise, morte à Paris le 28 septembre 1517, épouse d'Hugues de Jaucourt, seigneur de Marrault. Alliances : Frolois, Sancerre, Semur, Toulongeon, etc.

(2) Note envoyée au comte H. G. C. de Chastellux, sans aucune indication d'origine : peut-être du château de Toulongeon, appartenant alors à M. de Vergennes (1783).

la terre de Beauvoir à Guy d'Ostun (1), seigneur d'Arconcey et de Villars-Liernais, qui déclara, en 1316, le château jurable et rendable au duc. Il possédait aussi les terres de Bierre-lès-Semur et de Ruffey, qu'il vendit, du consentement de sa femme, au duc de Bourgogne, moyennant huit cents livres de rente (2), par acte du dimanche avant la Saint-Martin 1323.

Guy d'Ostun et sa femme moururent vers 1335 : leur fils, Gérard d'Arconcey, convint avec son oncle Jean de Beauvoir qu'il ne vendrait aucune parcelle de son héritage, sous peine de mille livres tournois. Ce Gérard partagea la succession de ses parents, en 1339, avec ses sœurs Jacquette, femme de Jean d'Auxerre, et Alix, épouse d'Artaud de Beausemblant. Gérard prit pour lui la terre de Villars et la maison de la Chaux avec leurs dépendances; Alix eut la terre d'Arconcey, et sa sœur celle de Beauvoir (3).

Jean d'Auxerre était fils de Miles, seigneur de Brèves, et de Mahaut d'Arablay : il mourut vers 1354, car sa veuve Jacquette d'Ostun fit foi et hommage à Nevers, au nom de son fils Guy, pour la terre de Brèves (4).

---

(1) Son écusson, qui a été effacé, en 1867, de la grande salle du château de Chastellux, était *bandé d'or et de gueules de six pièces, au lion d'azur passant sur le tout*. On trouve dans l'obituaire de Saint-Lazare d'Avallon, le 6 des Ides d'octobre, Comtesse, femme de Renaud d'Ostun, chevalier; Etienne d'Ostun, damoiseau, mort aux Ides de mai; Gautier d'Ostun, mort le 6 des Ides de mai ; Guillaume d'Ostun, chevalier, mort le 11 des Calendes de novembre 1274. Guy d'Ostun, religieux de Fontenay, bachelier ès-théologie, abbé de Charlieu et puis de Pontigny, y mourut le 23 juin 1462.

(2) Dom PLANCHER, II, 171.

(3) Archives de Chastellux. Il est à présumer qu'Alix d'Ostun mourut sans postérité, car Arconcey se retrouve quarante ans plus tard dans la famille d'Auxerre.

(4) Les armoiries gravées sur le tombeau de son petit-fils Geoffroy, sire de Beauvoir, Presles, Arcy-sur-Cure, dans l'église de Savigny-en-Terre-Plaine sont : *de......, à la croix de...., au canton dextre d'hermines*.

Beauvoir a appartenu depuis aux maisons de Ferrières, de la Magdelaine, de Rochefort. Jean

Jean de Beauvoir hérita de plusieurs biens situés au finage de Sauvigny-le-Beuréal, de Thury et de la Guette, et fixa sa résidence à Thury. Vers 1328, il épousa Jacquette, fille de Guillaume, sire de Bordeaux, et de Simone, dame de Chastellux (1), qui lui apporta les terres de Nuas, de Painblanc et du Pâquier.

En 1333, il parut comme témoin dans un acte concernant les seigneurs de Mont-Saint-Jean et de Salmaise : il n'était encore que damoiseau (2). Son beau-frère, Guy d'Ostun, avait été chargé de payer une somme de quinze cents livres que le duc Eudes devait au comte de Bar : pour y satisfaire, il avait emprunté plusieurs sommes, notamment une de huit cent-quarante livres à Eudes de Gayes. Simon, fils de ce dernier, voulant recouvrer cette créance, saisit la terre de Villars sur Gérard d'Ostun ; elle venait d'être vendue par commission royale, lorsque Jean de Beauvoir s'engagea à obtenir, à ses propres frais, d'autres lettres patentes pour faire transférer la garantie de Simon de Gayes sur le château de Beauvoir ; il promit en outre de fournir un acheteur jusqu'à concurrence de huit cents livres, et à prêter une somme de cent livres tournois. Il se flattait ainsi que la mise en vente de Beauvoir lui permettrait de rentrer dans le château de ses pères : mais il n'en fut point ainsi, et la famille d'Auxerre continua à garder Beauvoir (3).

---

d'Auxerre donna, en 1335, le dénombrement de son fief de Semoyenne, qui lui venait de son père.

(1) La famille de Bordeaux possédait la terre de ce nom près d'Autun : on ne trouve sur elle aucun acte antérieur à 1250. On ignore si elle était une branche cadette de la maison de Chastellux, éteinte en 1331. Laure de Bordeaux, belle-sœur de Jean de Beauvoir, portait *d'or à la fasce de gueules, accompagnée de six merlettes de sable, 3 en chef et 3 en pointe* : c'étaient les armes de la maison de Chastellux. Simone de Chastellux, fille de Guy et de Laure de Bazoches, avait deux frères : l'un, nommé Jean de Bazoches, mourut en 1324 ; l'autre, aussi nommé Jean, mourut sans postérité en 1331, en laissant à sa sœur tout l'héritage de ses aïeux.

(2) Peincedé, IX, 40.
(3) Archives de Chastellux.

Dans un compte de Guillaume Farars, de la dépense faite au siége d'Aiguillon, en 1346, on voit figurer, pour deux payes, Jean de Beauvoir, pour lui et un écuyer (1).

L'année d'après, ce chevalier fit un testament en présence de Guillemet Edouard, de Couches, notaire à Autun, par lequel il élisait sa sépulture au Val-Saint-Benoît, en donnant à ce monastère une rente de cent sous tournois, à charge de célébrer trois messes par semaine pour son âme. Jacquette de Bordeaux fut présente à cet acte (2).

Tous les deux descendirent presque simultanément dans la tombe ; leurs enfants Philibert, Guillaume, Isabelle et Marie de Beauvoir furent placés sous la tutelle de Jean de Bourbon, sire de Montperroux et de Chastellux à cause de sa femme, Laure de Bordeaux, tante des orphelins. En 1350, Jean fit foi et hommage à Nevers, au nom de ses pupilles, pour les terres de Villars, la Chaux et la Guette (3).

Philibert de Beauvoir mourut quelque temps après, sans avoir contracté d'alliance; il était seigneur de Bordeaux en 1355 (4).

Isabelle fut chargée de la garde et de l'administration de son frère et de sa sœur, lorsque leur tuteur eut péri à la bataille de Poitiers : elle obtint (28 mars 1361) la saisie réelle de la terre de Villars, maison forte d'icelle et dépendances, en vertu d'un arrêt du Parlement de Paris; Artaud de Beausemblant et Alix d'Arconcey, sa femme, furent aussi cités à comparaître au parlement en ses jours du bailliage de Mâcon (5).

En 1360, plusieurs mariages se préparèrent au château de Chas-

---

(1) *Vieux Livre noir*, p. 84.
(2) Archives de Chastellux.
(3) Titres de Nevers.
(4) Dom Béthencourt, noms féodaux, art. Beauvoir.
(5) Inventaire des titres de Chastellux, chap. X, n° 6 de la liasse cotée B.

tellux : celui d'Isabelle de Beauvoir avec Gérard de Bourbon, fils de son tuteur et de Jeanne de Ternant, sa première femme ; celui de Guillaume avec Alix, sœur de Gérard ; et celui de Marie avec Jean Bréchard, seigneur de Saultrone et de Vèvre (1). Mais il n'y eut que le troisième projet de réalisé : en effet, le 4 novembre 1360, Jean Coppechol, de Montréal, clerc, juré de la cour de Mâcon, dressa le contrat de mariage de Jean Bréchard avec Marie de Beauvoir, qui prit dans la succession de ses père et mère les terres de Thury, de la Guette, de Sauvigny-le-Beuréal et de Chevannes (2). Il lui fut assuré cent livrées de terre sur la future succession de la dame de Chastellux. Le 10 juin 1389, elle reçut sur cette succession trente livrées assises sur toute la terre de Nancrais-lès-Fontenay, et donna quittance des soixante-dix autres livrées, moyennant une somme de neuf cents livres.

En 1377, le jeudi après la fête de Pâques-Charnelles, Jean Bréchard, chevalier, seigneur de Saultrone, partagea la terre de Sauvigny-le-Beuréal avec Jacquette d'Arconcey, dame de Beauvoir, ainsi que quatre deniers dus en la ville de Savigny-en-Terre-Plaine pour droit de patronage (3).

Marie de Beauvoir et son époux vivaient encore en 1407, ainsi qu'on le voit dans les titres de Nevers.

---

(1) La famille de Bréchard remonte à Raoul Bréchard, cité dans un acte de 1174 dans le *Cartulaire de la Charité-sur-Loire*, et s'est alliée aux Myard, d'Orge, Bournonville, Clerroy, etc. Pierre Bréchard, mort le 28 septembre 1570, était seigneur de Thury : cette terre n'est sortie de la famille qu'à la fin du XVIII° siècle. Les possessions des Bréchard furent, outre Thury et Saultrone, Lailly, Brinay, Lucenay-l'Évêque, Jours en Vaux, Vellerot, Saint-Pierre de Vaux. La Mère Charlotte de Bréchard, morte en 1637, fut l'amie et la coadjutrice de sainte Chantal. Les armes de cette famille étaient *d'argent à trois bandes d'azur*. Marie-Augustine-Henriette, fille de Pierre de Bréchard, seigneur de Brinay, et de Marie-Anne du Clerroy, épousa Louis-Jacques de Champs de Saint-Léger et mourut le 29 juin 1858 ; son fils aîné a relevé le nom et les armes de Bréchard.

(2) Archives de Chastellux.

(3) *Vieux Livre noir*, p. 97.

Nous avons dit que son mariage fut le seul accompli en 1360 : Alix de Bourbon, destinée à Guillaume de Beauvoir, épousa Gérard de Bourbon, seigneur de Vitry, avec lequel elle vivait en 1376 ; étant devenue veuve, elle se remaria à Pierre de Baleure avec lequel elle vivait en 1390 (1) ; son frère, le seigneur de Montperroux, prit alliance ailleurs et prolongea sa carrière jusque dans les premières années du xv® siècle : à la fin de sa vie, il était conseiller et chambellan du duc de Bourgogne qui l'envoya, le 1er janvier 1406, en Cambrésis, pour entretenir les gens d'armes qu'il devait envoyer devant Bouillon au secours de Jean de Bavière, son beau-frère. Le 24 mars suivant, ce prince l'envoya prendre la duchesse à Douai pour la reconduire jusqu'à Gand, où lui-même se trouvait (2).

Isabelle était unie, avant le second dimanche de Pâques 1376, à Philippe de Jaucourt, seigneur de Villarnoul, fils de Richard de Jaucourt, chevalier, et de Marie de Villarnoul (3) : à cette époque, elle

---

(1) Dom Béthencourt, noms féodaux, art. Bourbon.
(2) Coll. de Bourgogne, XXIII, *passim*.
(3) La maison de Jaucourt tire son nom d'une terre située près de Bar-sur-Aube ; sa filiation s'est perdue dans l'obscurité des ix®, x®, xi® et xii® siècles, et les généalogistes ne la commencent qu'à Pierre, sire de Jaucourt, pannetier de Champagne en 1224, qui était un grand seigneur. Cette famille vint au xiv® siècle en Bourgogne, où elle occupa un des premiers rangs par ses dignités et par ses nombreuses possessions, à savoir : Le Vault de Lugny, Marrault, Villarnoul, Ménétreux, Saint-Andeux, etc.; elle s'allia aux Damas, la Trémoille, la Platière, Courtenay, la Cour de Balleroy, Durfort, etc. Il est triste de dire qu'au xvi® siècle une grande partie de cette famille tomba dans l'hérésie, et qu'elle fut la protectrice des Huguenots dans l'Avallonnais. Alexandre-Charles-Bénigne de Jaucourt, baron de Cernoy, fut guillotiné le 17 floréal an II. La branche des marquis d'Espeuilles et barons d'Huban est seule arrivée jusqu'à nos jours, dans la personne de François-Arnail de Jaucourt, ministre et pair de France sous la Restauration, qui mourut le 5 février 1852. Uni à Marie-Charlotte-Louise-Perette Bontemps, il n'en eut point d'enfants ; mais tous les deux, par acte du 26 avril 1821, adoptèrent Louis-Charles-François Lévisse de Montigny, qui porte aujourd'hui le titre de marquis de Jaucourt. Son parrain et père adoptif portait : *au 1 d'hermine à la bordure engrêlée de gueules*, qui est d'*Anlezy*; *au 2 de gueules à trois léopards d'or, l'un sur l'autre*, qui est de *Montal*; *au 3 bandé d'or et d'azur à la bordure de gueules*, qui est de *Bourgogne ancien*; *au 4 d'azur à trois fleurs de lis d'or, au bâton de gueules péri en bande ; et sur le tout, de sable à deux léopards d'or l'un sur l'autre*, qui est de *Jaucourt*.

acheta à Pierre d'Asnois et à Isabelle, sa femme, la terre de Thorigny, paroisse de Bleigny-le-Carreau, appartenant précédemment à Guy de Semur, seigneur de Montille en partie. Le prix de cette acquisition fut de trois cent-cinquante francs d'or.

La dame de Villarnoul possédait déjà, du chef de ses parents et par cession de son frère, les terres de Nuas, de Painblanc et du Pâquier : le 1ᵉʳ janvier 1388, son mari donna quittance pour elle au sire de Chastellux d'une somme de six cents livres pour les arrérages de cent vingt livres faisant avec la terre de Villars la portion qui lui revenait de la succession de Laure de Bordeaux. Six ans après, Isabelle, alors veuve, reçut de son frère, en paiement de ces cent vingt livres, avec ce que celui-ci possédait encore à Villars, la terre de l'Estault pour quatre-vingts livres, et dix livrées de terre acquises de Guillaume de la Monte, écuyer, et d'Isabelle de Sully, sa femme, sur toutes leurs terres en la paroisse de Quarré et ailleurs ; pour les trente livres de reste elle reçut trois cents francs d'or.

En 1343, Simone, dame de Chastellux, acheta à Miles de Compans, écuyer, la mouvance des fiefs et arrière-fiefs dépendant de la maison-fort de Ruère, laquelle le sieur de Compans reconnut être mouvante de tout temps du fief de Chastellux. Or, Ruère appartenait, en 1383, à Philippe de Jaucourt : Laure de Bordeaux le dispensa, lui et ses héritiers, de tenir cette terre en fief des seigneurs de Chastellux. Philippe, étant tombé dangereusement malade, fit son testament le 15 août 1390 : il ordonna d'abord la réparation de tous les dommages qu'il aurait pu causer à qui que ce soit, et le paiement de ses dettes ; ensuite il demanda qu'on plaçât son corps dans l'église d'Avallon, devant l'autel qu'il avait fait ériger en l'honneur de saint Lazare et de saint Antoine. On devait chanter et célébrer à cet autel, chaque jour à l'aurore, une messe des morts pour lui, sa femme et leurs amis, en sonnant cent vingt coups de la grosse cloche, c'est-à-dire quarante coups à trois intervalles. En outre, un service solennel devait être célébré le lendemain de la fête de saint Lazare en Carême. Pour assurer ces fondations, Philippe légua sa portion du minage d'Avallon et tout ce qu'il possédait dans cette ville, ainsi que sa terre de Chassigny (1).

Isabelle vivait encore en 1399, comme on le voit par un acte de foi et d'hommage qu'elle fit au nom de ses fils Philippe et Guy à Guillaume de Mello, écuyer, seigneur de Gevrey, de plusieurs choses mouvantes en fief du château d'Epoisses et acquises par son mari, à titre d'échange, de Pierre de Thil, seigneur de Saint-Beury (2).

Guillaume de Beauvoir hérita de ses parents et de son frère les terres de Bordeaux, de Nuas, de Painblanc et du Pâquier. Bordeaux mouvait du château d'Uchon et était venu à Jacquette de Bordeaux de son frère Guillaume, mort sans postérité vers 1346. Guillaume fit foi et hommage, en 1366, au duc de Bourgogne pour ses terres de Nuas, de Painblanc et du Pâquier, et pour ce que tenait de lui Jeannette, fille d'Arvier de Sivry (3). Le 8 mars de cette même année, il reconnut, pour lui et sa sœur Isabelle, qu'ils devaient au Chapitre d'Autun cent sous pour l'anniversaire d'Hugues de Torcy, et paya vingt-cinq livres viennoises, représentant les arrérages de cinq années (4).

Guillaume de Beauvoir suivit la carrière des armes : en 1367, nous le voyons compris dans une *montre* des gens d'armes de la compagnie de Gibaud de Mello, seigneur d'Epoisses, chevalier-bachelier, faite à Dijon, le 13 mars (5).

---

(1) Archives de l'Yonne, fonds du Chapitre d'Avallon.
(2) Extrait d'un titre appartenant à M. de La Rochefoucauld, et communiqué par M. Quantin.
(3) Archives de la Côte-d'Or, fiefs du Dijonnais.
(4) *Vieux Livre noir*, p. 130.
(5) Peincedé, XXVI, 24.

Quatorze ans plus tard, le 23 juillet, le duc le manda à Bruges ; le 13 mars de la même année, le gouverneur de Bourgogne lui donna rendez-vous à Marmagne, pour aller de là en France, où le trône était menacé par des mouvements séditieux (1).

Trois ans après, Guillaume de Beauvoir hérita de la terre de Chastellux et de celle de Bazoches avec toutes leurs appartenances : il y fixa sa résidence habituelle, et ses descendants devaient en prendre le nom, au préjudice de celui de Beauvoir et du souvenir de leur origine. Jeanne de Roilly, religieuse à Marcilly, céda au nouveau sire de Chastellux ses droits d'usufruit sur une pièce de vigne, située au finage du Vault, appelée la vigne Bernard de Marigny ; lesquels droits lui avaient été légués par Laure de Bordeaux, dame de Chastellux (2). Agnès de Chevillonne, veuve de Jean Foucher, fournit en même temps à Guillaume le dénombrement de ce qu'elle possédait à Pierrefitte (3).

Le 24 février 1390, Jean de Sermizelles et Isabelle, fille de Perrenot Poulot, de Velars, et de Jeannette d'Esthain, vendirent au sire de Chastellux l'héritage laissé par Jeannette, moyennant trente livres tournois. Ces biens avaient été retenus pendant vingt-deux ans par Laure de Bordeaux, en qualité de suzeraine : à sa mort, elle en avait ordonné la restitution, si l'on prouvait l'injustice de cette possession (4).

Il paraît que Guillaume de Beauvoir avait acquis la terre de Domecy-sur-Cure, car en 1395 le duc de Bourgogne lui enjoignit (15 juin) de reconnaître cette seigneurie comme devant être tenue en fief de lui (5). On ne voit nulle part que Guillaume ait fait d'autre hommage à ce

---

(1) Peincedé, XXII, 123.
(2) Inventaire des titres de Chastellux, chap. I, n° 4 de la première liasse cotée H.
(3) Ibidem, chap. X, n° 12 de la liasse cotée B.
(4) Archives de Chastellux.
(5) Ibidem.

prince; le mercredi après la Toussaint de cette même année, il en fit un à Henri de Chalon, seigneur d'Argueil et de Cuisel, à cause de ce qu'il possédait dans la châtellenie de Lormes. Henri était le frère cadet du prince d'Orange : au moment de se rendre en Hongrie, il confia au sire de Chastellux la lieutenance-générale et le gouvernement de ses terres en Bourgogne et en Nivernais (30 avril 1396).

En 1390 et en 1404, Guillaume de Beauvoir fournit des aveux à la Chambre des Comptes de Nevers.

En 1399, il paya à l'abbé de Cure vingt-cinq livres pour l'anniversaire de Laure de Bordeaux et de ses prédécesseurs. Cette dame avait aussi donné aux religieux quinze livres tournois de rente perpétuelle pour célébrer trois messes et deux anniversaires : ces sommes ayant cessé d'être régulièrement payées, Claude de Beauvoir, sire de Chastellux, donna à l'abbaye le moulin du Pont-Saint-Didier, par acte du 15 mars 1431 (1).

Par lettres datées à Paris, le 12 octobre 1405, Philippe de Bourgogne, comte de Nevers et baron de Donzy, nomma Guillaume de Beauvoir son chambellan; celui-ci était âgé et malade, puisque ce prince lui accorda, le 5 septembre 1406, des lettres de souffrance, parce qu'il n'avait point donné le dénombrement des terres appartenant à lui et à sa femme (2).

Une note de Jean Moret, curé de Saint-Germain-des-Champs, nous apprend que le sire de Chastellux cessa de vivre le 6 juin 1408 : il fut transporté, deux jours après, chez les Cordeliers de Vézelay; sa tombe fut brisée par les Huguenots et refaite ainsi qu'il suit :

---

(1) Archives de Chastellux.
(2) *Vieux Livre noir*, p. 9 et 161.

« Cy gist noble et puissant seigneur messire Guilaume de Beauvoir
« dit de Chasteleux (*sic*), en son vivant chevalier, seigneur dudit Chas-
« teleux, vicomte d'Avallon, seigneur de Bazoches, chambellan du roy
« notre sire (*sic*), qui trespassa l'unzième (*sic*) jour de juin mil quatre
« cens et huit.

« La précédente tombe fut cassée quand l'église fut brûlée par les
« Hughenots, et l'an 1643 a esté relevée par messire Hercule de Chas-
« tellux, chevalier comte dudit Chastelux, vicomte d'Avallon, avec les
« mêmes noms, armes et figures (1). »

C'est une chose étrange et inexplicable que la persistance des généalogistes à soutenir certaines hypothèses erronées. Ainsi le Père Anselme,
Le Laboureur et autres ont prétendu que Guillaume de Beauvoir eut
un fils, nommé Georges, qui aurait été amiral de France en 1420.
Le Laboureur le fait beau-fils du sire de Chastellux, et lui donne
pour femme Alix de Bourbon; d'autres personnes pensent que cette
Alix était sa mère. Mais nous avons vu qu'après avoir été accordée,
en 1360, à Guillaume de Beauvoir, cette demoiselle épousa un de
ses cousins ; la vérité est donc que ce Georges naquit d'une première femme dont le nom est ignoré, ou qu'il n'a jamais existé,
car nous n'avons aucun titre authentique sur lui. Il faut faire observer que la tombe du maréchal de Chastellux, à Auxerre, fut refaite
au XVIIe siècle, et qu'au nom de son fils Jean on aura substitué celui
de Georges.

Nous avons vu au chapitre précédent que Marguerite de Marmeaux
était veuve, en 1347, de Guillaume du Bouchet (2), avec deux enfants.
Son fils Geoffroy épousa, en 1365, Jeanne, fille de Jean ou Hugues de

---

(1) *Vieux Livre noir*, p. 158.
(2) Ce Guillaume était fils de Guy et d'Isabelle qui vivaient en 1318, et petit-fils de Guillaume

Saint-Verain (1) et de feue Isabelle des Barres, et mourut une douzaine d'années après, en laissant un fils du même nom que lui. En octobre 1378, Jeanne acheta, pour elle et son fils, la terre de Nuars à Belleassez de Vailly, femme d'Etienne de Sancy, seigneur de Vailly, moyennant la somme de cent quatre-vingt-dix livres. Geoffroy du Bouchet possédait encore les terres de Pierrefitte et de Brèves : celle-ci acquise par son père, le 27 octobre 1371, de Guy d'Auxerre, seigneur de Beauvoir. Marguerite de Marmeaux renonça, en septembre 1379, à tout ce qu'elle pouvait prétendre au-delà de vingt florins d'or par an, en faveur de sa belle-fille et de son petit-fils.

Jeanne de Saint-Verain s'étant remariée avec Guillaume de Beauvoir, partagea, en juin 1385, avec son fils, les biens meubles et conquêts de la communauté d'entre elle et son premier mari ; cet acte lui attribua les maisons de Cosne-sur-Loire, la terre de Cosne, de la Rivière, celle de Varennes, les moulins du Pont-Saint-Didier et la place de ceux de Cosne ; en outre, elle se réserva ses droits sur les terres de Marmeaux et de Brinon-les-Allemands, et l'assiette de son douaire sur le Bouchet (2).

Elle eut la douleur de perdre son fils peu de temps après : celui-ci laissait Jeanne, épouse de Philippe de Merry, chevalier, et un bâtard nommé Jean. Il y eut quelques contestations entre les deux enfants du défunt : le bâtard réclamait vingt livrées de terre sur Nuars ou sur

---

de Pierre-Perthuis, seigneur du Bouchet, château situé près de Neuffontaines (Nièvre) et de l'Armance.

(1) *D'argent au chef de gueules.* Ce nom se retrouve sans cesse dans le *Cartulaire de l'Yonne.* Gibaud de Saint-Verain est nommé dans un accord entre Guillaume III, comte de Nevers, et l'abbé de Saint-Germain d'Auxerre, Ardouin. Geoffroy de Saint-Verain vivait en 1189 avec sa femme Agnès de Seignelay. Les ruines de leur château sont encore imposantes.

(2) Archives de Chastellux.

Brèves : sa sœur fut amenée, par l'avis du sire de Chastellux, exécuteur testamentaire de Geoffroy, à lui céder les vingt livrées en question et la maison de Nuars (1393, jeudi avant la Sainte-Madeleine).

Jeanne de Saint-Verain hérita, de son frère Jean, les terres de Pacy et de la Guerche, vers 1410 ; dix ans plus tard, le 8 janvier, elle acheta les terres de Pasilly, de Marmeaux et de Monceau-lès-Montréal à Gérard de Châteauneuf, seigneur de Villaines et de Chalaux : ces terres venaient d'Isabelle de Pacy, veuve de Jean de Saint-Verain, et avaient été l'occasion d'un procès entre Gérard et Geoffroy de Varceaulx, qui était fils de Jeanne du Bouchet, belle-sœur de Madame de Chastellux.

Le 25 mai précédent, ce même Geoffroy, se faisant fort pour Thévenotte de Conflans, sa femme, avait vendu à sa tante les terres de Quarré, de Bousson, de Champmorlin et des Granges-Rateaux, en présence de Philippe de Champlemy, chevalier, et de Guy de Jaucourt, écuyer ; le prix fut de cinq mille cinq cents livres.

La dame de Chastellux mourut en 1421 et fut ensevelie auprès de son second époux, qu'elle avait rendu père de trois enfants : Claude, Lorette et Alix. Par un acte du 5 juin 1408, il fut convenu entre eux trois que Claude délivrerait à chacune de ses sœurs quatre cents livrées de terre et cinq cents écus d'or, pour représenter leurs parts héréditaires.

Le vendredi après la Nativité de saint Jean-Baptiste 1409, en présence de Jean Quarré, notaire à Autun, et de Miles de Grancey, évêque d'Autun, Lorette de Beauvoir fut accordée à Guillaume de Grancey, seigneur de Larrey et de Praslin, fils de Guillaume de Grancey, seigneur desdits lieux, et de Marguerite de Plancy : c'était la troisième alliance qui rapprochait les deux maisons. La dot de Lorette fut assise sur la terre de Pierrefitte.

Lorette était morte avant le 25 mai 1421, ne laissant que deux filles : Marguerite, femme de Jean III de Dinteville, seigneur des Chenets, qui se battit en duel avec Forte-Epice dans les fossés de Chablis où ils se tuèrent tous deux ; et Barthélemine, femme de Jean d'Anglure, seigneur du Vault-de-Lugny.

Alix de Beauvoir fut mariée, le 16 avril 1412, par devant Jean Morot, coadjuteur du tabellion d'Avallon, à Pierre de Ragny, chevalier, seigneur dudit lieu, fils d'Eudes de Ragny et de Jeanne de Germolles (1); sa dot fut assise sur la terre de Bordeaux. Trois ans plus tard, les deux époux reçurent la terre de Beauvoir des mains de Geoffroy d'Auxerre, leur parent, qui ne tarda pas à la recouvrer, Pierre de Ragny étant décédé après 1425. Quatorze ans plus tard nous trouvons sa veuve remariée à Hugues, seigneur de Vaudrey et de la Chassaigne, comme le prouve un échange fait entre elle et noble homme Massuot Doye, surnommé Lancement, écuyer (2). Elle était dame de Marigny en partie, et avait des droits de suzeraineté sur le fief de Pasilly, comme on le voit dans le contrat de mariage passé le 3 janvier 1446 entre Jean de Bretesche, dit Polailler, et Guyotte, fille de noble homme Etienne Sardin et de Jeanne d'Athées. Alix vivait encore en 1456 ; à cette

---

(1) Issaduc de Ragny prit part, en 1230, à la fondation de l'abbaye de Marcilly. Peut-être cette alliance ne fut pas la seule : car on trouve dans le xv⁰ siècle un Bernard de Ravières marié à Marguerite, fille de Hugues, seigneur de Ragny et en partie de Pisy et de Marmeaux. Edme de Ragny, chanoine de Montréal en 1518, paraît être le dernier de cette maison, dont les armes étaient *de gueules à trois bandes d'argent*.

(2) Les armes de la maison de Vaudrey étaient *de gueules, coupé et emmanché de deux pointes d'argent*. Sa devise était : *J'ai valu, vaux et vaudray;* son château était situé près d'Arbois, au comté de Bourgogne, et comprenait de nombreux fiefs dans sa mouvance. Charles, sire de Vaudrey, jouissait de la plus grande faveur sous Hugues-1ᵉʳ, duc de Bourgogne, en 1075. Cette maison a donné plusieurs généraux à la tête des armées, en Espagne, en Allemagne et en France; des chambellans et des échansons aux ducs et comtes de Bourgogne ; des chevaliers de l'Ordre du roi ; dix-sept chevaliers de Saint-Georges. Ses alliances étaient : Andelot, Beaujeu, Clermont, Conflans, Grammont, Saint-Phalle, Montreuil, Salives, etc. Elle s'éteignit au xviiᵉ siècle : Anne-Louis de Vaudrey-Saint-Phalle vivait en 1677.

époque, elle fit refaire le terrier de Bordeaux, terre qui lui appartenait par cession de son frère (1).

---

(1) Cette terre de Bordeaux, située dans la vallée du Mesvrin, aujourd'hui sillonnée par le chemin de fer de Nevers à Chagny, comprenait plusieurs villages et hameaux, tels que le Petit-Bourdeau, Saint-Symphorien, Aulcerre, Poisot, Loul, Masandin, Lavaux, Moisy, etc. En 1722, il ne restait que quelques ruines du château, encore appelées aujourd'hui la Tour de Bourdeau. En 1520, M. de Rochefort, seigneur de la Boulaye, l'était aussi de Bourdeau, qui fut vendu en 1585 par décret, sur un certain Teret, et acquis par François de Moroges, dont la fille le reporta dans la famille de ses anciens maîtres en 1630. A la fin du siècle dernier Bourdeau était entre les mains de M. de Vergennes (*Vieux Livre noir*, p. 119).

Cette terre mouvait du fief d'Uchon : en 1445, Hugues de Vaudrey en fit hommage au nom de sa femme à Louis de la Trémoille, seigneur d'Uchon, de Bourbon-Lancy et comte de Joigny (DUCHESNE, LXII, 130).

CHAPITRE IV.

CLAUDE DE BEAUVOIR, MARÉCHAL DE FRANCE.

(1408-1453).

Claude, fils unique de Guillaume de Beauvoir et de Jeanne de Saint-Verain, hérita des terres de Chastellux, de Bazoches, de Bordeaux et de la vicomté d'Avallon, etc.; il fit foi et hommage au duc de Bourgogne de tout ce qu'il tenait dans l'étendue du duché, le 18 août 1422 (1); il s'acquitta du même devoir envers le duc de Bourbon et Jean de Chalon, seigneur de Vitteaux, à cause de leur châtellenie de Lormes (2).

Claude fit ses premières armes sous les ordres de Jean de Saint-Verain, seigneur de la Celle, son oncle maternel, ainsi que le prouve une *montre* du 16 septembre 1405 (3). Le mois suivant, il fut nommé échanson de Philippe, comte de Nevers, et plus tard (15 juin 1409) chambellan du duc de Bourgogne : c'étaient des distinctions flatteuses, eu égard à sa jeunesse.

En 1410, il faisait partie des troupes au service du duc de Bourgogne, en qualité de chevalier-banneret, ayant avec lui cinq chevaliers

---

(1) Inventaire des titres, chap. I, n° 3 de la liasse J. Pièce absente des archives de la Côte-d'Or.
(2) GAIGNIÈRES, DCLV, 139.
(3) PEINCEDÉ, XXX, 572.

bacheliers, cent dix écuyers, vingt-un archers, deux trompettes et trois ménétriers : il fut envoyé avec eux sous les murs de Paris (1).

Il se trouvait, le 28 mai 1414, à Châtillon-sur-Seine avec une compagnie de chevaliers-bacheliers, cent dix écuyers, quatorze archers, trente-un arbalétriers, deux trompettes et trois ménétriers (2), et partit de là pour faire lever le siége de la Motte de Bar-sur-Aube, bloquée par le bailli de Chaumont; ensuite il fut envoyé à l'armée de Flandre, où sa compagnie éprouva de grandes pertes ; le duc l'en dédommagea par une gratification de cent francs et par le gouvernement du Nivernais.

Claude de Chastellux était à la bataille d'Azincourt, perdue le 25 octobre 1415, et où l'archevêque de Sens, Jean de Montaigu, fut tué. Claude alla ensuite à Sens annoncer au Chapitre cathédral cette triste nouvelle (3).

C'était une époque bien lamentable pour la France : un roi fou, une reine oublieuse de ses devoirs, des princes ne songeant qu'à leurs propres intérêts, la présence de l'Anglais sur le sol français, tels étaient les maux qui accablaient le pays. Le 25 avril 1417, le duc de Bourgogne publia un manifeste contre les violences et les excès qui se commettaient à Paris et dans le royaume par la faction des Armagnacs, qu'il accusait de la mort prématurée des deux Dauphins; ensuite il vint cerner Paris avec une armée de dix mille quatre cent trente-sept hommes, composée de cent quatre-vingts chevaliers, de cinq mille huit cent quatre-vingt-six écuyers, de trois mille cent-quatorze archers, de mille cent quarante-cinq cavaliers, de soixante trompettes et de cinquante-deux ménétriers, qu'il venait de passer en revue à Beauvais (4).

---

(1) Peincedé, XXII, 440.
(2) Idem, XXVI, 268.
(3) Archives de l'Yonne, comptes de la Chambre, G. 971.
(4) D. Plancher, III, 473.

Le sire de Chastellux s'y trouvait avec le sire d'Anglure et Jean de Croy, quarante-huit écuyers, six cavaliers, deux trompettes et deux ménétriers : parmi les écuyers, on remarquait Guillaume d'Aubigny, le sire de Courcelles, Pierre de la Tournelle, Jean de Beaumont, le bâtard de Crux, Etienne de la Borde, Geoffroy de la Motte, Jean de Saulx, Henri et Pierre Lallemant, Charles et Clément des Barres, Pierre de la Brie, etc. (1).

Par lettres données à Montlhéry le 8 octobre de cette même année, Jean-sans-Peur chargea le sire de Chastellux, Guy de Bar, bailli d'Auxois, Gérard de la Guiche, bailli de Charolais, et Jean Cohen, du gouvernement des villes de Mantes, de Pontoise, de Meulan, de Poissy et du pays d'alentour (2); douze jours après, Claude de Beauvoir traita avec le sire de Blaru, capitaine de Vernon, et lui fit promettre de tenir cette place au nom du roi et du duc de Bourgogne; il obtint pareillement de Christophe d'Harcourt, gouverneur d'Étrépagny, que cette forteresse serait ouverte aux troupes du roi à la première réquisition. Arrivé à Rouen avec le bailli d'Auxois, il nomma capitaine de cette ville et du fort Sainte-Catherine Guy le Bouteiller, avec l'injonction de ne rien faire sans l'avis de deux personnes commises auprès de lui (30 janvier 1417).

Le refus des Armagnacs d'accéder au traité de Montereau envenima les hostilités : les Bourguignons reparurent sous les murs de Paris; leurs chefs étaient le sire de Chastellux, Guy de Bar et Philippe de Villiers, sire de l'Isle-Adam. Le jeune Perrinet Leclerc leur ouvrit la porte Saint-Germain à deux heures du matin : ils étaient au nombre de cinq cents hommes armés de pied en cap. Ils traversèrent la ville

---

(1) Peincedé, XXVI, 268.
(2) Gaignières, CCC XXXVI, 13.

en silence jusqu'au Petit-Châtelet, où quatre cents hommes les attendaient. Alors on entendit crier de tous côtés : *Aux armes ! Vive le roi et le duc de Bourgogne ! Que ceux qui veulent la paix se joignent à nous au plus vite !...* (1).

On ne saurait trop gémir des excès qui marquèrent la chute de la faction d'Armagnac; ils étaient la conséquence de l'effervescence de la multitude.

Ces faits furent mandés par Jean Chousat aux gens des Comptes à Dijon, en ces termes : « Le samedi auparavant, environ minuit, MM. le bailli d'Auxois, de Chastellux et de l'Isle-Adam entrèrent à Paris à toutes leurs gens, à cinq étendards, et, eux étant à l'hôtel du roi, ont détenu prisonniers le comte d'Armagnac, le chancelier de France; Monseigneur le Dauphin et le prévôt de Paris se sont retirés à Melun et ont fait rompre les ponts de Marne et de Charenton.... Par ainsi, le duc, par la grâce de Dieu, tient présentement en sa main la conquête de ce royaume, si fassent les compagnies hâtivement ferrer leurs chevaulx..... »

Le 1ᵉʳ juin, les troupes du Dauphin, formées de seize cents hommes, essayèrent de reprendre la capitale; la garnison de la Bastille favorisa leur entrée par la porte Saint-Antoine, en écartant les bourgeois par des décharges incessantes d'artillerie : mais elles trouvèrent plus loin les Bourguignons qui leur opposèrent une vive résistance; elles furent obligées de rétrograder, après avoir perdu mille hommes tués ou prisonniers (2). Le duc de Bourgogne, informé des succès de ses partisans, n'osa néanmoins se rendre auprès du roi.

Le lendemain, Charles VI, étant au Louvre, tint un conseil pour

---

(1) Religieux de Saint-Denis, livre XXXIX.
(2) D. Plancher, III, 489.

aviser aux moyens de pacification, en présence des cardinaux de Bar et de Saint-Marc. Les sires de Chastellux et de l'Isle-Adam y reçurent le bâton de maréchal et prêtèrent le serment accoutumé quatre jours après. Claude de Beauvoir remplaçait Pierre de Montfort dans cette charge : à son tour, il se la vit disputer par le seigneur de Montbron ; et plus tard il eut assez de peine à empêcher l'enregistrement d'un brevet de maréchal, accordé à Antoine de Vergy à son détriment.

Le 26 de ce même mois de juin, Charles VI établit le maréchal de Chastellux son lieutenant et capitaine-général en Normandie, en le chargeant de recouvrer le duché avec ses villes, châteaux et forteresses (1).

Il ne faut pas croire que la discipline la plus exacte régnât dans l'armée à cette époque de désordre : ce qui le prouve, c'est que les soldats de Ponce de Châtillon, rebutés de sa sévérité, parvinrent, à force de mensonges, à le faire remplacer par le maréchal de Chastellux, qu'ils reçurent avec beaucoup d'honneur (12 août), sans doute parce qu'ils le supposaient plus indulgent pour leur conduite effrénée (2). Cependant ils consentirent à le suivre sous les murs de Louviers : cette place fut enlevée aux Anglais ; mais, comme il y eut beaucoup de prisonniers, Claude fit de grandes dépenses pour les racheter ; aussi le roi l'en dédommagea-t-il (5 octobre) par le don d'une somme de 2,250 livres, à laquelle la ville de Louviers ajouta celle de six cents livres, en témoignage de sa reconnaissance.

On comprend que cette existence agitée ne permettait guère au sire de Chastellux de s'occuper de ses affaires personnelles ; aussi le duc

---

(1) Archives de l'Empire ; trésor des Chartes.
(2) Religieux de Saint-Denis, livre XL.

de Bourgogne évoqua-t-il devant son parlement de Beaune toutes les causes et contestations qui pourraient être soulevées contre celui-ci (1).

Le roi Charles VI voulut, de son côté, lui donner un témoignage de sa satisfaction en lui accordant les biens, hôtels et seigneuries confisqués sur Charles de la Rivière, avec une gratification de quatre cents écus par mois, pour le temps qu'il passerait à son service, et le nomma commissaire général des finances en Languedoc (7 février 1418). Huit jours après, il le chargea de porter au parlement des lettres par lesquelles lui-même révoquait ses ordonnances relatives aux libertés de l'église gallicane. Voici ce qu'on lit à ce sujet dans un ouvrage d'Antoine Hotman sur le droit ecclésiastique :

« Le roy envoya à Rome pour s'enquérir de cette élection (celle de Martin V) pour cependant prendre le loisir de penser à soy..., mais la vérité, c'étoit à cause que le pape portoit faveur au roy des Romains et au roy d'Angleterre, favorisant la Maison de Bourgogne. Puis fut, le 3 mars 1417, délibéré en parlement sur la reconnaissance du pape Martin, lequel fut reconnu le 14 avril ensuivant, ayant néantmoins le parlement dressé, dès le 16ᵉ de mars, très amples mémoires pour les libertés de l'église gallicane. Toutefois, parce que, selon la maladie du roy, les affaires du duc de Bourgogne volontiers prospéroient, il se trouve qu'en parlement le 15 février 1418 avant Pasques, en l'assemblée générale furent apportées lettres du roy et du duc de Bourgogne par le sieur de Chastelus, maréchal de France, pour révoquer les ordonnances concernant les libertés de l'église gallicane, disant que ladite révocation avoit déjà été envoyée à Rome où elle avoit été reçue très amiablement. L'Université de Paris en requit la publication ; la

---

(1) *Vieux Livre noir*, p. 12.

ville s'en rapporta à la Cour; le procureur du roy s'y opposa. Voilà les propres termes du registre qui porte aussi que, le 18e jour de ce mois de février 1418, le chancelier de France vint en parlement et s'excusa de ce qu'il avoit envoyé, à Rome, les lettres de ladite révocation.... (1). »

En même temps, le roi confia au sire de Chastellux la garde, défense et gouvernement de plusieurs places, parmi lesquelles Cézy et Vincelles sur l'Yonne. Peu de mois après, il l'envoya en Guyenne, mais il lui défendit d'y rien faire par une lettre du 25 juin 1419, qui lui fut apportée par le maréchal de Boucicaut et par Pierre de Villiers : aussi Claude reprit-il la route du Nord ; deux mois après, il fut nommé lieutenant et capitaine-général du roi en la ville de Saint-Denis avec six cents hommes d'armes, six cents hommes de trait, deux trompettes et deux ménétriers.

La catastrophe du pont de Montereau creusa un abîme entre le Dauphin et la Maison de Bourgogne, et aggrava les maux de la France en divisant ses forces devant l'ennemi. Le sire de Chastellux eut l'insigne honneur d'escorter le corps de son malheureux maître d'Auxerre à Avallon où il le remit à Guillaume de la Tournelle, chargé d'escorter ces dépouilles mortelles jusqu'à Dijon.

Des tentatives furent faites pour rapprocher Philippe-le-Bon et le Dauphin, mais naturellement elles furent infructueuses. C'est pourquoi le maréchal de Chastellux se rendit deux fois, en 1419 et en 1420, à Paris, pour conférer avec le comte de Saint-Pol, le chancelier et le prévôt de Paris. Il fut ensuite mandé par le duc de Bourgogne à Troyes pour assister au mariage de Catherine de France avec le roi d'Angle-

---

(1) *Vieux Livre noir*, p. 101.

terre : ainsi se consommait l'humiliation de la France, et il fallait une Jeanne d'Arc pour l'en délivrer !

Après avoir assisté au siége de Crespy, le maréchal de Chastellux vint bloquer la forteresse de Montaiguillon, qui se rendit le 10 décembre 1421.

La mort du malheureux roi Charles VI, arrivée peu de temps après celle de son gendre, changea la face des choses : l'héritier légitime du trône, brouillé à mort avec le duc de Bourgogne, était réduit à ses provinces d'au-delà de la Loire, tandis que les Anglais occupaient le reste du royaume. Chaque seigneur suivait la bannière de son suzerain, et accomplissait ainsi son devoir : il n'est donc pas étonnant de voir le sire de Chastellux combattre contre Charles VII avec le duc de Bourgogne. La France du xve siècle ne doit point être assimilée à celle du xixe : l'unité nationale ne s'est opérée que lentement et prudemment.

Tanneguy Duchâtel, poursuivi par les comtes de Salisbury et de Suffolk, s'était retiré du côté de Cravan, place que Charles VII regardait comme une des clefs de la Bourgogne, et dont le bâtard de la Baume s'était récemment emparé. Tanneguy fut bien surpris en trouvant cette place occupée par Claude de Beauvoir qui s'y était renfermé avec les sires de Boligneu, d'Usselot, de Digoine, de Presles, de Chandio et environ quatre cents hommes. Le roi ordonna donc à Jean Stuart, connétable d'Ecosse, qui venait de recevoir trois mille de ses compatriotes, d'aller renforcer la Baume et Duchâtel; et au maréchal de Sévérac, de traverser la Loire pour se joindre à eux.

Le siége de Cravan fut donc entrepris par une armée composée d'environ quinze mille hommes. Pendant cinq semaines, les Bourguignons le soutinrent avec une constance admirable, malgré le manque de vivres qui les obligea à manger leurs chevaux : enfin, les seigneurs de Chastellux et de Presles trouvèrent le moyen de faire avertir la duchesse douairière de leur position critique. Cette princesse ordonna à Jean de Toulongeon, maréchal de Bourgogne, de rassembler des troupes dans les États de son fils : elles se trouvèrent prêtes les 18 et 20 juillet 1423. Celles du duché se réunirent entre Montbard et Avallon, et celles du comté, entre Châtillon et Chaumont. Elles se rencontrèrent huit jours après, à Auxerre, avec un corps de 6,000 hommes commandés par les comtes de Salisbury et de Suffolk. Il fut convenu qu'elles partiraient ensemble le 29, sur une seule colonne, sous la surveillance de deux inspecteurs généraux ; que l'avant-garde serait composée d'un égal nombre de Bourguignons et d'Anglais ; qu'avant d'arriver au champ de bataille, tout le monde mettrait pied à terre ; que les chevaux resteraient à une demi-lieue en arrière ; que chacun se pourvoirait d'un pieu aiguisé par les deux bouts et éviterait de faire des prisonniers durant le combat. Cette ordonnance fut publiée à son de trompe, et son observation prescrite sous les peines les plus sévères.

Le 30, les deux armées sortirent de Vincelles et marchèrent contre l'ennemi rangé en bataille au-dessus de la montagne qui domine l'Yonne dans une position inexpugnable. On se garda bien de l'y attaquer : les soldats se répandirent dans les prés de la Gravelle, tandis que les Français descendaient au bord de l'eau pour en interdire le passage. On s'observa de part et d'autre : enfin, le lendemain, un corps d'Anglais força le passage du pont, et en ménagea l'accès au reste de l'armée, malgré les efforts désespérés des Français. Le maréchal de Sévérac, écrasé par le nombre, abandonna une partie du champ de bataille, où les Ecossais restèrent seuls pour soutenir le choc. Leur défaite fut complétée par une sortie du sire de Chastellux, qui s'empara du connétable Stuart : c'est ainsi que les Bourguignons demeurèrent victorieux après une journée meurtrière qui leur coûta seize cents hommes, parmi lesquels soixante gentilshommes. Les pertes de l'ennemi furent bien plus considérables; quatre à cinq mille hommes restèrent sur le carreau ou furent faits prisonniers (1).

Informé de ce succès à l'abbaye des Dunes, Philippe-le-Bon fit aussitôt chanter le *Te Deum* dans tous ses États et distribuer à chaque église mille livres de cire et cent francs.

Pendant ce temps, le sire de Chastellux s'empressait de rendre au Chapitre d'Auxerre la ville de Cravan qui lui avait été enlevée par le bâtard de la Baume : il obtint, en retour, que le 16 août de chaque année une messe d'actions de grâces, appelée la messe de la Victoire, serait célébrée dans la cathédrale d'Auxerre, pour être convertie en service funèbre après sa mort; en outre, le Chapitre lui accorda une de ses prébendes qui devait passer après lui à tous les seigneurs de Chastellux et aux maris des dames dudit lieu.

Le duc de Bourgogne, de son côté, donna à Claude de Beauvoir différentes terres qu'il avait saisies pour défaut d'hommage (2). Henri VI, roi de France et d'Angleterre, ou plutôt son oncle, le duc de Bedford, lui donna, par lettres du 15 mai 1424, le château de Saint-Fargeau, appartenant au cardinal de Bar, le quart de la seigneurie de Dracy en Chalonnais, tenue par Antoine de Vichy, et les biens de Jean Coignet aux bailliages de Troyes et d'Auxerre, jusqu'à concurrence de quinze cents livres de rente (3). Il y ajouta (9 décembre 1424) l'hôtel d'Albret, situé à Paris, rue du Four Saint-Germain (4) ; et comme la soumission du cardinal de Bar lui avait valu la restitution de Saint-Fargeau, Henri VI en dédommagea le sire de Chastellux (8 mai 1429)

---

(1) D. Plancher. Il faut remarquer que le cours de l'Yonne n'était point alors le même qu'aujourd'hui.
(2) *Vieux Livre noir*, p. 16.
(3) Peincedé, XXV, 337.
(4) Trésor des Chartes.

ne lui donnant le château de Douy, jadis à Charles de la Rivière ; celui de Courville, confisqué sur le seigneur de Vieuxpont ; les places d'Epernon et de Brétencourt, tenues précédemment par le comte de Vendôme ; la haie de la Caillardière, à Catherine du Vivier ; le château et la terre de Plers, à Florent de Plers ; la terre de Bulou, au sire de Blancmesnil ; celles de la Vove et de Beau-Français, tenues jadis par François de la Vove ; celles de Rabastens, de Dangeau et de la Choletière, jusqu'à concurrence de quinze cents livres tournois de rente (1); toutes ces terres rentrèrent, plus tard, entre les mains de leurs propriétaires légitimes.

Le bâtard de la Baume ayant surpris Mailly-le-Château en 1426, le maréchal de Bourgogne envoya reprendre cette place par Jean de Digoine et par le sire de Chastellux : celui-ci amena avec lui un chevalier-banneret, soixante écuyers et cinquante-deux hommes de trait (2). Thibaut de Thermes ayant réussi à s'emparer de Mailly pour le roi, le maréchal de Chastellux revint sous les murs de la place, qui fut emportée et rasée en décembre 1427 (3). De là il se rendit en Nivernais pour protéger cette province : ses gens d'armes détruisirent le château de Torcy, dont le seigneur était en rébellion contre le duc.

Après s'être avancé jusqu'en Charolais, Claude de Beauvoir chevaucha jour et nuit, très diligemment, pour aller combattre les ennemis du duc de Bourgogne sur les frontières de l'Auxerrois et sur les bords de la Loire (4).

Au mois d'avril 1431, huit cents hommes d'armes et de trait, parmi

---

(1) Trésor des Chartes.
(2) PEINCEDÉ, XXII, 601.
(3) IDEM, XXVIII, 45.
(4) *Journal de Paris*, II, 211.

lesquels étaient Guy de Bar, seigneur de Presles, Claude de Beauvoir, seigneur de Chastellux, et Gérard, seigneur de la Guiche, escortèrent un convoi destiné à ravitailler Auxerre (1).

Le 6 août suivant, Claude se trouva à Semur en Auxois avec sa compagnie, composée de cinquante hommes d'armes, de quarante-neuf hommes de trait, de deux chevaliers-bacheliers, et de deux écuyers, Robin de Beauvoir et le bâtard de Chastellux (2).

En 1432, le pape, touché des maux dont la France était assaillie, songea à y mettre fin : à cet effet, il y envoya le cardinal de Sainte-Croix en qualité de légat. Par lettres du 8 mai, Philippe le Bon fit connaître qu'il avait nommé l'évêque de Langres et plusieurs autres prélats, les sires de Saligny et de Chastellux et autres seigneurs, ses ambassadeurs, pour se trouver, le 8 juillet, à Auxerre, pour y traiter de la paix générale avec les ambassadeurs des rois de France et d'Angleterre (3). Claude de Beauvoir traita (10 septembre) avec l'archevêque de Reims pour l'exécution des trèves faites à Lille, et apposa son sceau au traité de paix générale, qui fut conclu trois mois plus tard.

Sur ces entrefaites, Antoine de Toulongeon étant venu à mourir, le sire de Chastellux le remplaça dans le commandement des forces échelonnées sur les frontières de l'Auxois et du Châtillonnais (4).

Un an auparavant, Antoine de Toulongeon avait fait prisonnier Jean, seigneur de Rodemach : sur la garantie donnée par Antoine de Lorraine, comte de Vaudémont, Claude de Beauvoir et Bernard de Châteauvillain, sire de Thil, Thibaut de Neufchâtel et Jean de Neuf-

---

(1) PEINCEDÉ, XXII, 680.
(2) IDEM, XXVI, 411. Ce Robin de Beauvoir n'était point de la famille du Maréchal : il était peut-être fils ou parent du sire de Beauvoir.
(3) P. ANSELME, VII, 2.
(4) PEINCEDÉ, XXIV, 120.

châtel, sire de Montagu, se constituèrent pleiges envers Antoine de Toulongeon de la somme de dix-huit florins du Rhin, exigée pour la délivrance du prisonnier. Antoine de Lorraine et Jean de Rodemach s'engagèrent à rembourser cette somme à leurs cautions : mais comme pour une raison ou une autre, ils ne voulaient pas le faire, les seigneurs de Chastellux et de Châteauvillain écrivirent à tous les princes, ducs, comtes, barons et à leurs connétables, maréchaux et gouverneurs, en les priant d'interposer leurs bons offices ou de leur permettre de pendre en effigie les deux débiteurs insolvables (1).

Pendant ces temps calamiteux, la tour et la maison de la vicomté d'Avallon avaient subi de grands dommages : le duc de Bourgogne permit au sire de Chastellux de les fortifier, par lettres données à Vézelay le 6 novembre 1433 (2); par d'autres lettres datées d'Hesdin le 7 juillet 1440, il le maintint dans le gouvernement d'Avallon et du pays d'alentour. Claude de Beauvoir et ses héritiers étaient seulement tenus de rendre au duc et à ses successeurs la maison de la vicomté, moyennant une indemnité convenable (3).

Le traité d'Arras, signé, en 1435, entre Charles VII et Philippe le Bon, avait mécontenté plusieurs chefs de compagnies, accoutumés à vivre au milieu des combats et du butin; ils résolurent de continuer la guerre pour leur propre compte. Ces compagnies, par leurs atroces excès (4), méritèrent le nom d'Écorcheurs. Ce fut, en 1438, qu'elles

---

(1) *Nouveau Livre noir*, p. 191.
(2) P. Anselme, VII, 2.
(3) Peincedé, I, 166. Cette maison s'appelait le Tripot et a donné son nom à une ruelle aboutissant à la Grande-Rue.
(4) Ern. Petit, *Les Écorcheurs dans l'Avallonnais*, article publié dans le *Bulletin de la Société d'Etudes d'Avallon*, 1864, p. 103 et suivantes. Il parle d'un Jean Bréchard, époux d'une Beauvoir, cruellement mis à mort. Mais ne serait-ce pas plutôt leur fils? Celui-ci aurait toujours eu un âge avancé, puisque le mariage de ses parents eut lieu en 1360.

envahirent la Basse-Bourgogne, sous les auspices de Robert Floquet, bailli d'Évreux : à cette nouvelle, le duc se plaignit au roi de cette infraction au traité d'Arras. Alors Charles VII écrivit, le 15 septembre 1438, à tous les chefs de compagnie qui parcouraient la Bourgogne pour leur ordonner de quitter le pays : ils répondirent par une audacieuse désobéissance. Le gouverneur de Bourgogne convoqua les principaux seigneurs de la province, tels que les sires de Joigny, de Saint-Bris, de Rougemont, de Chastellux, de Tanlay, etc., à l'effet de réunir des gens d'armes et de trait, afin de résister aux Écorcheurs. On aimerait à voir Claude de Beauvoir tenir tête à ces ennemis du duché comme dans la plaine de Cravan : malheureusement, il préféra composer à plusieurs reprises avec les chefs. Blanchefort et Brussac, ayant voulu rançonner les habitants de Mont-Saint-Jean, ceux-ci appelèrent à leur secours le sire de Chastellux, leur seigneur. Celui-ci manda Antoine de Chabannes, Stevenot, neveu de Lahire, Blanchefort, Brussac et une trentaine de capitaines au château ; ils y firent bonne chère et se promenèrent aux alentours en admirant la vallée large et fertile du Serain ; ensuite ils s'en retournèrent.

La peste et la famine chassèrent les Écorcheurs de l'Avallonnais : mais ils ne tardèrent point à y reparaître avec Fort-Épice, déjà connu par sa déloyauté et sa soif du pillage ; tous les nobles de la province furent une seconde fois convoqués ; parmi eux étaient les sires de Villers-la-Faye, de Jonvelle, de la Trémoille, de Chastellux, de Rougemont, etc. ; ils reçurent l'ordre de marcher contre l'ennemi. Le siège de Pontoise, en débarrassant le pays de ces hôtes dangereux, permit à la noblesse de retourner dans ses manoirs ; mais, au mois d'octobre 1441, plusieurs capitaines ayant quitté les bords de l'Oise pour aller se répandre dans le Tonnerrois, le duc de Bourgogne manda les sires de Tanlay, d'Ancy, de Joigny, de Saint-Bris, de Chastellux, de la Guiche et vingt-huit autres, pour résister aux Écorcheurs qui se trouvaient dans la vallée de l'Armançon : ceux-ci furent écrasés le 12 novembre près de Vézelay ; mais, au bout d'un an, ils revinrent par le Lyonnais et par le Nivernais dans un pays déjà horriblement dévasté. Le duc de Bourgogne convoqua les États, qui ne purent lui fournir que vingt mille livres, sur soixante mille qu'il demandait, pour repousser cette nouvelle invasion : les sires de Beauvoir, de Joigny, de Damas, d'Yrouerre et de Chastellux reçurent l'ordre de se tenir sous les armes avec leurs chevaliers et écuyers.

Il est à présumer que le sire de Chastellux s'acquitta mieux de son devoir dans ces circonstances, d'autant que par lettres du 27 février 1445, Charles, comte de Nevers, lui confia le gouvernement du Nivernais, pour l'exercer en son absence et en celle d'Hugues de Digoine, seigneur de Thianges (1). Le duc de Bourgogne le manda plusieurs fois auprès de lui, soit pour des expéditions militaires, soit pour des affaires secrètes (2).

Claude de Beauvoir testa le 3 décembre 1450 : il était dit dans cet acte que Chastellux avait été franc-alleu, et mention était faite de plusieurs pièces justificatives. Le maréchal était mort le 12 mars 1453 et fut inhumé dans la cathédrale d'Auxerre : sa tombe, brisée durant les guerres de religion, fut refaite dans le xviie siècle, et on y lisait l'épitaphe suivante, fort contraire à la vérité :

« Icy reposent les corps de nobles et puissants seigneurs messire
« Georges de Beauvoir de Chastellux, admiral de France en 1420 (*sic*)
« et messire Claude de Beauvoir de Chastellux, son frère, seigneur
« dudit lieu, vicomte d'Avallon, chevalier, conseiller, chambellan de

---

(1) P. Anselme VII, art. Beauvoir.
(2) Chambre des Comptes de Dijon.

« Jean, duc de Bourgogne, gouverneur de Nivernois, qui fut fait
« maréchal de France en 1418 et qui s'acquit pour luy et ses descen-
« dans masles la qualité de premier chanoine héréditaire de cette
« église, laquelle luy fut accordée par Messieurs du Chapitre d'Auxerre,
« l'an 1423, en reconnoissance du service signalé que ledit seigneur
« Claude de Chastellux leur avoit rendu en leur remettant libéralement
« la ville de Cravant qui leur appartenoit, après en avoir soustenu le
« siége formé par les Anglois (sic) à ses frais et despens pendant cinq
« semaines et avoir donné le temps, par une vigoureuse résistance,
« aux troupes de s'assembler et de gagner la bataille ditte de Cravant,
« où il se signala en faisant une sortie dans laquelle il fit prisonnier
« de sa main le conestable d'Écosse, général des assiégeans (1). »

Le maréchal de Chastellux, dans les loisirs que lui laissaient ses campagnes, agrandit ses terres par des acquisitions considérables.

Par un acte du 6 août 1423, signé Derury, il acheta à Geoffroy d'Auxerre, seigneur de Beauvoir et d'Arconcey, un sixième de l'éminage d'Avallon, indivis avec le Chapitre, et les levées de scel appartenant audit éminage ; plus une maison, sise à Avallon, avec son courtil, et tout ce qui appartenait à Geoffroy du chef de Jean de Monrecourt et de sa fille Huguette, moyennant quatre cent vingt-trois livres.

Le 15 février 1425, il acheta à Huguenin du Blé, seigneur de Courmatin, la terre de Mazignien, pour le prix de trente écus d'or.

Jean, bâtard du Bouchet, et Jeanne de Nanteuil, sa femme, lui laissèrent la terre de Maizières, sur laquelle il donna douze livres de rente à Jean Darcy, son bailli de Chastellux, suivant acte du 7 janvier 1441 (2).

Ayant hérité de sa mère la terre de la Guerche, il la vendit à Jean

---

(1) *Vieux Livre noir*, 192.
(2) *Ibidem*, p. 89.

Gamaches en cette même année, pour six cents écus d'or ; mais, un an après, il la racheta moyennant une indemnité de deux cent cinquante livres tournois (1).

Le bâtard de Chastellux se trouve trop souvent mêlé aux faits et gestes de son père pour que nous ne parlions pas ici de lui. Né en 1412 ou environ, il donna de bonne heure des preuves d'un caractère violent et belliqueux. A l'âge de dix-neuf ans, il vint assiéger le château de Beine, où résidait Marguerite, dame de Maligny, et se livra à mille excès : la châtelaine présenta une requête, en date du 27 décembre 1431, aux comtes de Nevers et de Réthel pour se plaindre des mauvais traitements que lui avait fait endurer ce jeune homme, irrité de n'avoir pu obtenir la main de sa fille (2).

On lit dans un compte de 1430 que le bâtard de Chastellux alla, lui douzième, reconnaître l'armée du duc de Bar, qui voulait assiéger Chaumont en Bassigny (3).

Pierre de Bauffremont, seigneur de Charny, gouverneur et capitaine général de Bourgogne, commandait, en 1432, un camp volant de cinq cents gens d'armes, entre Semur et Châtillon, pour arrêter les incursions de l'ennemi : il avait avec lui Gilles de Bauffremont et le bâtard de Chastellux (4). Celui-ci passa sous les ordres de son oncle Hugues de Vaudrey, dont le frère ou cousin Philibert était gouverneur de l'Auxerrois. Au mois de mars 1434, ce dernier vint sous les murs de Coulanges-les-Vineuses avec deux cent vingt-trois gens d'armes ; Guillaume de Rochefort lui en amena soixante-dix-sept, et le bâtard de Chastellux quarante-sept. Cette place était tenue par Fort-Epice, écuyer

---

(1) *Vieux Livre noir*, p. 19.
(2) Peincedé, II, 527.
(3) *Vieux Livre noir*, p. 86.
(4) Peincedé, XXII, 695.

d'écurie du roi ; il ne capitula que le 1er juin 1435, mais à des conditions fort avantageuses pour lui : Guillaume de Rochefort, le bâtard de Chastellux, Philibert de Vaudrey, Miles de Jaucourt et autres s'engagèrent à lui payer mille écus d'or.

Jean de Beauvoir possédait la terre de Courson, qui lui venait des libéralités de son père ou de sa belle-mère; il en fit hommage, en 1455, à Charles, comte de Nevers, dont il était alors écuyer d'écurie. Il faillit perdre cette terre par suite d'une aventure tragique où il joua le principal rôle. Sa cousine, Barthélemine de Grancey, avait épousé, comme nous l'avons vu, Jean d'Anglure, seigneur du Vault-de-Lugny : c'était un homme faible et crédule, qui commit l'imprudence d'accorder une confiance illimitée à son intendant Étienne Malaquin, qui n'en profita que pour le perdre; il commença par l'enchevêtrer dans des procès contre ses voisins, sous prétexte d'agrandir ses possessions ; ensuite il le força à lui constituer une rente de cent livres, et le quitta pour aller chez le sire de Charny. Jean d'Anglure, désolé de ce départ, consentit à de grands sacrifices pour ravoir son intendant, qui revint au Vault pour faire mettre cette terre en vente : il s'y arrogea une autorité absolue, en sorte que Jean et Barthélemine mouraient presque de faim. A la fin, la jeune femme manifesta son indignation à Etienne Malaquin ; celui-ci s'en vengea en l'accablant des épithètes les plus outrageantes ; il réussit même à lui aliéner le cœur de son époux. Justement blessée, Barthélemine pria son cousin le bâtard de la délivrer de cet homme. Le 18 juin 1446, Étienne Malaquin, s'étant rendu à Avallon avec son malheureux maître, pour achever sa spoliation, fut arrêté, dans l'hôtellerie de Guillemin Belin, par Jean, alors capitaine d'Avallon ; il fut ensuite conduit dans un château à trois ou quatre lieues de là et chargé de fers : loin de se soumettre à un châtiment aussi mérité, il irrita tellement les bâtards de Chastellux et de Savoisy par ses menaces et par son insolence, que ceux-ci le firent mettre sur un cheval et mener à une demi-lieue du château, sur les bords de la Cure : là, leurs valets jetèrent le coupable dans l'eau (1).

Certainement Malaquin avait mérité une sévère punition; mais il n'appartenait point aux deux bâtards d'en faire justice. Ils le sentirent si bien qu'ils sortirent du royaume : la terre de Courson fut confisquée (2). Cependant Charles VII, considérant la conduite détestable d'Étienne Malaquin, et les services et la bonne réputation de Jean de Beauvoir et du bâtard de Savoisy, leur permit de reparaître dans leur pays, par des lettres de rémission données à Rasilly le 25 octobre 1446, ainsi qu'à ceux qui les avaient aidés dans l'exécution de Malaquin (3).

Néanmoins, par un acte du 19 novembre 1448 passé entre les ambassadeurs du Roi et ceux du Duc, il fut convenu que ce dernier pourrait rentrer en possession de la terre de Courson (4).

Le bâtard de Chastellux mourut vers 1461 sans postérité, et son héritage passa à son frère.

---

(1) Trésor des Chartes.
(2) *Vieux Livre noir*, p. 87.
(3) C'étaient : « Henriet Chateveau, poure simples homs de labour, chargié de femme et d'enfans, demourant en la terre de Chastelluz ; Jehan de la Rue dit Verdereau ; Jehan l'Estonne, chargié de femme et d'enfans ; Guiot Michelet, poure simples homs de labour, chargié de femme et d'enfans, demourant en la terre de Chastelluz ; Guillaume Bien, jeune compagnon ; Andrieu Guiot, jeune compagnon de guerre, de la paroisse de Saint-Germain près Chastelluz. »
(4) Peincedé, I, 590.

CHAPITRE V.

ALLIANCES DE CLAUDE DE BEAUVOIR. — SA POSTÉRITÉ JUSQU'AU PARTAGE DE 1538.

(1412-1538).

Claude de Beauvoir se maria trois fois. Sa première union eut lieu d'une façon fort romanesque : s'il faut en croire Moréri, il surprit nuitamment Alix de Toucy dans son château du Vault-de-Lugny, et obtint ainsi sa main. Elle venait de perdre son premier mari, Oger d'Anglure, avoué de Thérouanne, dont elle avait plusieurs enfants. Son père était Louis de Toucy, seigneur de Bazarne et du Vault-de-Lugny (1), et sa mère, Guye de Mont-Saint-Jean, décédée en 1409. A peine devenu l'époux d'Alix, le sire de Chastellux reprit de fief à la duchesse de Bourbon à cause d'elle (2). Alix possédait aussi en

---

(1) La maison de Toucy était une des plus anciennes de l'Auxerrois, et une des plus riches et des plus généreuses, comme on peut le voir dans le *Cartulaire de l'Yonne*. Ithier de Toucy vivait vers 1160 : ses frères Hugues et Narjod eurent une grande part à la fondation de l'abbaye de Crisenon. Louis de Toucy, père d'Alix dont il est question ici paraît avoir été le dernier mâle de cette maison ; il fit foi et hommage, le 22 août 1382, de sa terre de Courson au comte d'Auxerre, représenté par son bailli. Ses armes étaient : *de gueules à trois pals de vair au chef d'or chargé de quatre merlettes de sable*.

(2) *Vieux Livre noir*, p. 161.

propre les terres, villes et châteaux de Jully et de Cromeaux, qui furent vendus en 1413, à Jean de Saint-Priest, dit le Petit-Maréchal, moyennant sept mille écus.

Antoinette d'Anglure, fille de Madame de Chastellux, épousa Thiébaut de Lagny, seigneur de Lussart : tous les deux transigèrent, le jour de Saint-Clément 1423, avec leur mère et belle-mère, au sujet d'une certaine somme d'argent promise à Antoinette par son contrat de mariage.

Par acte du 4 avril 1424, Alix de Toucy donna à Jean d'Anglure, son fils, les châteaux et terres de Mont-Saint-Jean, de Mairy, du Vault-de-Lugny, de Bazarne (1) et d'Echenaux, dont une partie provenait de Marguerite de Chappes, dame de Malain, sa cousine, et les villages de Creusotte et de Railly, à la condition de donner la terre de Bazarne à sa sœur Isabelle, lorsqu'il la marierait. Celle-ci épousa plus tard Philibert de Salins.

Le 9 février 1425, la dame de Chastellux testa pardevant Jean Garbet, notaire-coadjuteur du tabellion de Vitteaux : elle fonda un autel dans la cathédrale d'Auxerre, en demandant qu'il fût élevé sur sa tombe et qu'on y célébrât une messe quotidienne à perpétuité. Elle n'avait point eu d'enfants de son second lit. Par acte du 25 octobre 1427, Claude de Beauvoir acheta à son beau-fils, Jean d'Anglure, la terre de Mont-Saint-Jean et ses dépendances, moyennant seize mille six cent vingt-cinq livres, avec faculté de réméré après son décès.

Le 11 août 1427, Guillaume de La Rochette, de Bligny-sur-Ouche, dressa le contrat de mariage du sire de Chastellux avec Jeanne, fille

---

(1) Bazarne provenait de Jean de Toucy, oncle d'Alix : il avait fait, en 1362, une fondation dans l'église de Saint-Martin de Nevers, approuvée, en décembre 1363, par son frère et héritier Louis.

de Mathieu de Longwy (1), seigneur de Raon, et de Bonne de la Trémoille. Ses frères Jean et Olivier lui constituèrent une dot de cinq mille livres, sur lesquelles il y avait quatre cents livrées de terre sur la terre de Chaseu, dont jouissait leur grand-mère Henriette de Vergy. Celle-ci étant morte le 27 décembre 1427, le sire et la dame de Chastellux entrèrent en possession de la terre en question : ils la vendirent à Jean Rollin, chancelier de Bourgogne, pour cinq mille livres. La dame de Chastellux mourut sans enfants, après avoir testé le 15 avril 1434 ; elle ordonna sa sépulture dans l'église de Mont-Saint-Jean et approuva la donation faite de Courson à Jean, le bâtard de son époux. Sa succession fut partagée entre ses frères, le 14 janvier 1435 ; il y fut fait mention de cinq mille livres qu'ils avaient à réclamer contre leur beau-frère à cause de la terre de Chaseu. Il s'ensuivit de grandes contestations qui donnèrent lieu à la mise en vente de Chastellux, adjugé, le 29 octobre 1513, à Jean de Bessay, gruyer de Bourgogne, moyennant quatre mille six cent-dix écus d'or et une rente de cent écus à servir aux héritiers de Philippe de Longwy, seigneur de Longepierre. Jean de Bessay rétrocéda Chastellux, par acte du 15 février 1515, à Claude, fils aîné de Philippe, sire dudit lieu.

Le maréchal de Chastellux, n'ayant point encore de postérité légitime à cinquante ans, voulut essayer d'un troisième mariage, qui fut négocié par le duc d'Anjou, ainsi qu'on le voit par cette lettre adressée au sire de Thil :

« Très-cher et amé cousin, le sire de Chastellux est venu devers

---

(1) Ses armes étaient *d'azur à la bande d'or*. Jean de Longwy, dit de Chaussin, vivait à la fin du xiiie siècle, et épousa la fille et héritière de Mathieu de Raon. Claude de Longwy fut évêque-duc de Langres et mourut en 1562. Cette famille finit avec Antoine, fils de Christophe de Longwy, seigneur de Longepierre et de Raon, et d'Anne de Neufchâtel (xvie siècle). Alliances : Vienne, Faucogney, Villersexel, Bauffremont, etc.

« nous, et nous a dit qu'il vous a fait parler de traiter de mariage
« entre luy et Marie de Savoisy, notre cousine, et pour ce, se il vous
« semble que ce soit le bien et prouffit de notre dite cousine, il le nous
« semble pareillement, car de tant que l'avons congneu l'avons sceu
« chevalier de bien et d'honneur. Notre seigneur vous ait en sa sainte
« garde. Escrit à Dijon le 7 septembre. RENÉ (1). »

Marie était fille de Charles de Savoisy, seigneur de Seignelay, premier chambellan et grand échanson de France, et d'Yolande de Rodemach, dame d'Autry, dont la mère était Mahaut de Grancey. Son mariage eut lieu vers le 19 janvier 1435 ; sa dot fut assise sur les terres d'Autry, de Coulanges-les-Vineuses et du Val-de-Mercy, et sur les biens situés à Lainsecq ; ces conventions furent ratifiées le 15 novembre 1442 (2).

Le maréchal de Chastellux, se disposant à aller rejoindre le duc de Bourgogne en Flandre, reconnut devant Decaen, notaire à Clamecy, par acte du 19 septembre 1441, qu'il devait à sa femme une rente de trois cents livres tournois sur trois mille qui lui avaient été constituées en dot : il était fait mention d'une couronne d'or enrichie de pierres précieuses, d'un collier d'or et d'une tasse d'argent qui représentaient une partie de cette somme.

Le 4 juillet précédent, tous les deux avaient vendu, sous la garantie

---

(1) *Nouveau Livre noir*, p. 145.

(2) Parmi les vassaux du sire de Chastellux, au xive siècle, se trouvait Gautier de Savoisy, père de Guiot et de Jean, qui possédaient un fief à Villurbain et un autre à Quarré, les terres d'Urbigny, d'Athée et de Saint-André-en-Morvand, celle de Saint-Germain-des-Champs, la maison de Savoisy, Mennemois, etc. Hémonin, seigneur de Savoisy, de Bierry et de Chevigny, mourut en 1357 : c'était probablement le fils de Guiot. Henri de Savoisy fut archevêque de Sens et mourut le 13 mars 1421. Cette maison a possédé la terre de Seignelay et s'est alliée aux La Rivière, Malain, Cusance, Lugny, Melun. Son dernier représentant mâle fut Claude de Savoisy, seigneur de Seignelay, mort en 1517. Armes : *de gueules à trois chevrons d'or à la bordure engrêlée d'azur*.

du bâtard de Chastellux et d'Antoine de Montagnerot, la terre et seigneurie de Coulanges-les-Vineuses à Guillaume de Luyrieux, chevalier, seigneur de la Cueille, moyennant six mille saluts d'or ; mais, comme il ne pouvait être mis en possession de la terre, l'acheteur poussa l'audace jusqu'à s'emparer du sire de Chastellux qui se trouvait à Chalon, et l'enferma dans son château de Cuisery. Le duc, irrité de ce procédé, fit délivrer Claude de Beauvoir en condamnant son ravisseur à cinq cents francs d'amende.

Claude et Marie, son épouse, payaient, chaque année, au Chapitre d'Auxerre cent sous pour la maison qu'ils avaient louée proche la porte Pendante en cette ville, c'est-à-dire la dernière du cloître, sur la rue qui conduisait à Saint-Loup (1).

Marie de Savoisy fut élue le 12 mars 1453 tutrice de ses six enfants mineurs, de l'avis de Guy de Jaucourt, seigneur de Marrault et du Vault-de-Lugny, de Philippe de Jaucourt, seigneur de Villarnoul, d'Eudes, seigneur de Ragny, de Geoffroy d'Auxerre, seigneur de Beauvoir, de Claude d'Aulenay et du bâtard de Chastellux. Elle fournit à ce titre, le 19 juin 1456, à Antoine de Chabannes, comte de Dammartin, le dénombrement de la seigneurie de Bazarne, mouvante de celle de Toucy (2). Bazarnes appartenait depuis 1438 à Marie et à son époux, qui l'avaient eu en échange de la terre d'Autry cédée à Jean d'Anglure, seigneur du Vault, et à sa femme : un procès étant survenu entre les parties, il fut convenu, le 24 avril 1442, que le maréchal acquitterait Jean d'Anglure d'une rente de 108 livres qu'il devait aux héritiers Vivien, et lui remettrait la terre de Bazarne, et, en outre, celle du

---

(1) Abbé Lebeuf, II, 500. Cette maison était possédée, en 1861, par M. Milliaux, et fait l'angle de la rue du Département et de celle des Grands-Jardins.

(2) Peincedé, XVIII, 182.

Petit-Chastellux, située au Vault. De son côté, Jean rendit la terre d'Autry. Mais Claude de Beauvoir ayant formé une demande en rescision, obtint, par acte du 20 août 1444, la rétrocession de la terre de Bazarne, en cédant au seigneur du Vault celle de Noison, située près de Montenoison : elle ne tarda pas à revenir entre ses mains, en retour d'une rente de vingt livres stipulée le 6 octobre 1445. Ces affaires si embrouillées étaient sans doute causées par les intrigues d'Étienne Malaquin, et elles eurent pour résultat final l'aliénation de la terre du Vault en faveur des Jaucourt (1).

Le 21 novembre 1466, Marie de Savoisy, étant au lit et se croyant proche de sa fin, pourvut au partage de ses biens et de ceux de son mari entre tous ses enfants : néanmoins, elle revint à la santé, car nous la voyons traiter, en 1469, avec le Chapitre d'Avallon, au sujet des anniversaires fondés par les sires de Chastellux, et, en 1470, avec les habitants de Courson, au sujet de la garde des clefs de leur ville.

Elle n'existait plus deux ans après : ses enfants étaient Jean, Claude, Louis, Catherine, Agnès et Perrette.

Nous parlerons d'abord des cinq derniers :

Claude trouva dans l'héritage de ses parents les terres de Bazarne, de Mocque, des Barres, de Coulanges-les-Vineuses, de Bazoches, de Chalaux, de Marigny-l'Église, et une partie de celle d'Autry ; il fit hommage à Charles, comte de Nevers (14 juin 1460), de sa part et portion de la châtellenie de Chastellux, mouvante de Monceaux, de la terre de Bazoches, de celle de Champagne, de celle d'Island, mouvante de Monceaux, et de celle de Nuars. Le 23 décembre 1467, il fit foi

---

(1) Inventaire des titres, chap. X, liasse D, comprenant un grand nombre de pièces relatives à Mont-Saint-Jean, à Bazarne, à Coulanges-les-Vineuses et Autry, etc., brûlées en 1793.

et hommage à Jean, comte de Nevers, de ses terres de Bazoches et de Marigny, mouvantes de Monceaux et de Metz-le-Comte (1).

Dans un décret des États de Bourgogne du 26 août 1450, au sujet des fortifications, on voit, parmi les représentants de la noblesse, Claude de Chastellux, Ferry de Cusance, seigneur de Belvoir (2), etc.

Jean, comte d'Étampes, donna un brevet d'échanson à Claude de Chastellux, le 14 juin 1461; celui-ci remplit sa charge jusqu'au 19 septembre 1467; il reçut alors une lettre du duc de Bourgogne qui lui mandait de le suivre dans son expédition contre les Liégeois. Il se trouvait à Clamecy, le 23 novembre 1472; étant tombé malade, il choisit sa sépulture dans cette ville, et par un codicille du 5 décembre, qui précéda de quelques heures son dernier soupir, il demanda qu'on portât son corps chez les Cordeliers de Nevers. Il ratifia par ce même acte le don fait par sa mère de la terre de Sainte-Pallaye à Pierre de Gorangy, son serviteur, et de celle d'Autry à sa sœur Agnès, qu'il institua lui-même sa légataire à titre universel.

Ses fondations s'élevaient à la somme de cinq cents livres, dont les Cordeliers donnèrent quittance au sire de Chastellux en 1487 (3).

Louis de Beauvoir était ecclésiastique en 1469 (4); il n'existe, du reste, à peu près aucun document sur lui.

Sa sœur Catherine fut unie, le 20 décembre 1467, par devant Philippe Leprince et Ogier Doulcet, notaires en la châtellenie de Chastellux, à Amaury de Fontenay (5), chevalier, seigneur dudit lieu.

---

(1) Inventaire des titres, chap. VIII.
(2) PEINCEDÉ, XVII, 144.
(3) *Vieux Livre noir*, p, 25.
(4) P. ANSELME, VII, 5.
(5) La famille de Fontenay était déjà ancienne dans le Nivernais, où elle posséda de grandes propriétés, telles que Pougues, Garchizy, Livry, Uxeloup, la Collancelle. En 1194, Raoul de Pougues,

Sa dot fut composée des terres et seigneuries de Mocque, de Cours, de Villeberne, de Bourdoiseau, du Saulay, de Villardeau et des Barres, et de ce que ses parents possédaient à Cosne, jusqu'à concurrence de deux cents livres. Catherine mourut vers 1472, en laissant deux filles dont l'une, Jeanne, épousa Jean de Vieilbourg, bisaïeul de Gilbert de Vieilbourg, reçu chevalier de Malte en 1607 (1).

Agnès de Beauvoir renonça à la succession de son frère Claude (8 décembre 1472), attendu qu'il n'avait pu nommer dans son testament ses frères, qui suivaient le parti du duc de Bourgogne : elle renouvela cette renonciation le dernier jour de février suivant, en se contentant des terres d'Autry et de Bazoches, qu'elle porta en dot, le 12 mars, par contrat reçu Aubin Jean, notaire à Avallon, à Antoine du Follet, fils de Jean du Follet (2), écuyer, maître d'hôtel de Charles de Bourbon, archevêque et comte de Lyon, et de Suzanne du Breuil.

L'année suivante, les nouveaux époux firent foi et hommage à Nevers pour les terres et seigneuries de Bazoches, de Champagne et de Moissy, et plus tard pour celle de Noison. Cette dernière terre fut vendue, en 1485, au duc de Brabant, comte de Nevers, pour le prix de neuf cents livres tournois.

Antoine du Follet jouissait d'une grande faveur à la cour du duc de Bourbon, qui le nomma écuyer d'écurie, ensuite gouverneur de la baronnie de Roannois et ses dépendances, en remplacement du sei-

---

fils du grand sénéchal de Nivernais, épousa Agnès de Fontenay, et leurs descendants prirent ce dernier nom. Jean, baron de Fontenay, épousa Jeanne des Mazis, dont il eut Claude, abbesse de Crisenon, et Catherine, mariée, le 5 février 1535, à François de Montsaulnin ; leurs descendants furent seigneurs de Fontenay. Armes : *palé d'argent et d'azur de six pièces au chevron de gueules*.

(1) Arsenal, Catalogue des Chevaliers de Malte, III, 108.

(2) Armes : *d'azur à trois bandes, accompagné d'une étoile de même en cœur*. Jean du Follet, noble, demeurant à Gannat, dénombra, le 2 février 1352, d'un fief à Gannat en cens et en rentes.

gneur de Florac (10 février 1472) ; plus tard, capitaine de Chantelle (13 décembre 1486), enfin son conseiller privé (1ᵉʳ décembre 1486) (1).

Agnès de Beauvoir mourut avant le 15 décembre 1512, et son époux ne lui survécut pas longtemps. Leur fils unique, Jean du Follet, était descendu dans la tombe, sans enfants de Catherine d'Amanzé, qui se remaria à Guillaume de Nanton.

Perrette de Beauvoir prit le voile dans l'abbaye de Notre-Dame de Nevers, à la tête de laquelle Louis XI la plaça, par lettres du 7 septembre 1467. Il paraît que, plus tard, elle cumula les abbayes de Saint-Julien d'Auxerre et de Crisenon, ainsi qu'on le voit par des titres de 1486 et de 1491 : mais il est certain qu'elle mourut abbesse de Crisenon, car elle y fut inhumée avec l'épitaphe suivante :

« Cy gist madame Perette de Chastelus, en son vivant abbesse de
« céans et de Saint-Julien-les-Auxerre, laquelle a augmenté le bien
« de l'église, et trespassa le xvi d'août MDIII (2). »

Jean de Beauvoir, fils aîné du maréchal et de Marie de Savoisy, hérita de la baronnie de Chastellux, de la vicomté d'Avallon et des terres du Meix, de Bazarne, de Coulanges-les-Vineuses et du Val-de-Mercy. Il y ajouta la terre de Courson, venant de son frère le bâtard, et celle de Charny qui lui fut adjugée en 1472 ; mais il la rétrocéda à la comtesse de Roucy, qui offrit de payer pour lui une rente de vingt-quatre livres à la Sainte-Chapelle de Dijon. Il donna dénombrement de la vicomté d'Avallon le 22 avril 1486 : quant à ses autres terres, il fut dispensé d'en faire foi et hommage entre les mains du roi, et le bailli d'Auxois fut chargé de recevoir sa déclaration le 13 décembre 1485 : un nouveau délai lui fut accordé le 4 mars suivant.

---

(1) Voyez les titres de Nevers et GAIGNIÈRES, DCLIV-V, *passim*.
(2) *Vieux Livre noir*, p. 192.

Ses devoirs féodaux envers le comte de Nevers étaient remplis dès 1464.

Il recueillit également la prébende de son père dans la cathédrale d'Auxerre, et se fit recevoir au Chapitre le 2 février 1469.

Sa vie s'écoula dans la carrière des armes et à la cour du duc de Bourgogne, qui le créa son conseiller et chambellan. Le 19 septembre 1467, ce prince lui écrivit de Bruxelles :

« Très cher et bien-amé, pour résister et pourveoir à l'entreprise
« des Liégeois qui sont en intantion de prendre villes sur notre cousin
« l'evesque de Liége et de le chasser, nous faisons toute notre armée
« pour estre preste le 8 octobre prochain, ce que nous vous mandons
« afin que vous vous mettiez incontinant en armes. A Bruxelles, le
« 19 septembre 1467. CHARLES (1). »

Il lui écrivit de nouveau, l'année suivante :

« Très cher et bien amé, nous vous mandons que nous vous avons
« escrit par autres lettres de vous mettre en armes, le 8 juillet pro-
« chain, estre à l'entour de Montsaugeon ; si vous mandons encor
« qu'ainsy le faictes. A Bruges, le 24 juin 1468. CHARLES. »

La considération dont jouissait le sire de Chastellux le fit choisir par le duc pour être un des conservateurs, en Auxois, d'une trève de neuf ans, récemment conclue avec Louis XI : le comte de Roucy, maréchal de Bourgogne, était alors prisonnier et ne pouvait remplir ces fonctions.

Vaincu et humilié dans sa campagne contre les Suisses, Charles-le-Téméraire voulut s'en dédommager en marchant sur Nancy, dont il espérait se rendre maître ; mais trahi par Campo-Basso, il fut battu et

---

(1) GAIGNIÈRES, CCCXXXVI, 17 et 19.

tué dans la mêlée. Avec lui s'éteignit la seconde maison de Bourgogne : une grande partie de la noblesse reconnut immédiatement l'autorité royale : le sire de Chastellux fut de ce nombre, et s'en vit récompensé sur-le-champ par des lettres-patentes que Louis XI lui délivra, le 18 février 1476, en le nommant son conseiller et chambellan, avec un traitement de douze cents livres.

Jean résidait ordinairement à Coulanges-les-Vineuses : c'est pourquoi il fut député par le bailliage d'Auxerre aux États-Généraux qui se tinrent à Tours en 1484. Il demanda aux chanoines d'Auxerre une maison claustrale aux mêmes conditions que Claude, son père, et on lui accorda celle de feu Gérard Rotier, maître en théologie. En même temps, il demanda que son corps fût inhumé à côté de celui de son père, dans la chapelle de saint Alexandre. Ce qui prouve que c'est son nom, et non point celui de son prétendu oncle l'amiral, qui fut rappelé dans leur épitaphe : telle est l'opinion de l'abbé Lebeuf, et il n'est nullement question de Georges de Beauvoir dans cet acte.

Jean avait épousé, depuis une quinzaine d'années, Jeanne d'Aulenay (1), fille de Claude, seigneur d'Arcy, et de Charlotte de Dangeul. Mais comme Jeanne était arrière-petite-fille d'Anne de Saint-Verain, grand'tante maternelle de son époux, leur union ne pouvait être considérée comme valide, ayant été contractée à un degré prohibé de parenté. Jean, voulant assurer l'avenir de ses enfants, obtint, grâce à Hector de Salazar, seigneur de Saint-Just, des lettres de légitimation datées du château de Montils-lès-Tours en avril 1488 ; ensuite muni

---

(1) D'Aulenay portait *d'argent au lion de sable*. On trouve, dans les titres de Nevers, un Perrin d'Aulenay, écuyer, sire d'Aulenay en 1284. Aulenay est l'ancien nom d'Aunay-en-Bazois. Hector-François d'Aulenay était comte d'Arcy en 1669. On trouve au 25 mars 1725 le décès de Charles d'Aulenay, seigneur des Mourous. Les alliances de cette famille sont : Carroble, Chissey, Veilhan, Loron, etc.

d'une dispense de l'évêque d'Ostie, il procéda à un nouveau contrat de mariage qui fut dressé le 26 janvier 1488 devant Simon de Manchicourt, notaire à Coulanges-les-Vineuses; la bénédiction nuptiale fut donnée immédiatement aux nouveaux époux par Antoine de Chalon, évêque d'Autun, et leurs enfants mis sous le poële.

Veuve en 1490, Jeanne d'Aulenay vivait encore à la date du 26 décembre 1524. Elle était mère de trois enfants, Philippe, Jean et Hélène. Cette dernière épousa en 1489 Hector de Salazar (1), seigneur de Saint-Just et gouverneur d'Auxerre, fils de Jean de Salazar, dit le *Grand Chevalier*, et de Marguerite de la Trémoille. Elle en eut un fils nommé François, et une fille du nom de Jeanne, mariée à Florimond de Biencourt, seigneur de Pontrincourt; veuve le 30 avril 1502, elle convola avec Jean de Marbury, seigneur de Morvilliers. Elle n'existait plus en 1538, ayant eu deux fils du second lit; l'un était Hérard, baron de Courson en 1553.

Jean de Chastellux vendit à son frère aîné, en 1509, la part qui lui revenait dans la terre de Coulanges-les-Vineuses, moyennant une pension de cinq cents livres, qui devait lui être payée jusqu'à ce qu'il fût pourvu d'un bénéfice. Il mourut à Orléans, où il faisait ses études de théologie (2). Sa succession fut partagée entre son frère et sa sœur; un arrêt du parlement de Paris, en date du 20 janvier 1519, adjugea à Hélène les terres de Coulanges et du Val-de-Mercy; elle paya trois cent quinze livres pour le quint denier dû au roi. Jean de Marbury

---

(1) Armes : aux 1 et 4 *de gueules à 5 étoiles d'or;* aux 2 et 3 *d'or à cinq feuilles de sinople* Cette famille, qu'on croit être d'origine espagnole, s'éteignit, en août 1573, avec Annibal, fils de Louis, seigneur d'Asnois, et de Catherine de Montcoquier. Né le 8 juillet 1527, il épousa, par contrat du 8 juillet 1562, reçu Jean Boisot et Gilbert Taillandier, notaires à Clamecy, Anne de Charry, et fit son testament le 9 juillet 1573. Sa fille Henriette, née le 30 décembre 1568, se maria, le 12 septembre 1583, à Adrien de Blanchefort, et lui apporta la terre d'Asnois.

(2) Inventaire des titres, chap. X, n° 1 de la liasse cotée G.

en fit foi et hommage (1) ; on voit par cet acte qu'il avait la terre de Courson, sans doute du chef de sa femme. Il en fit aussi le dénombrement à Dijon, le 10 juillet 1520.

Philippe, sire de Chastellux, était enfant d'honneur de la maison du roi lorsqu'il perdit son père ; ce prince lui permit, le 20 septembre 1490, de différer l'hommage qu'il lui devait à cause de ses terres. Ce devoir ne fut rempli que le 4 avril 1500, pour la baronnie de Chastellux et la vicomté d'Avallon.

Peu de documents nous sont restés sur Philippe de Chastellux : on ignore même s'il se fit recevoir chanoine à Auxerre. En revanche, nous en avons davantage sur ses deux mariages.

Bien que l'union du sire de Chastellux et de Jeanne d'Aulenay eût été entourée de toutes les formalités d'usage, Antoine du Follet et sa femme prétendirent se porter pour héritiers de Jean, à l'exclusion de ses enfants, qu'ils considéraient comme illégitimes. Ils obtinrent un arrêt du parlement de Paris, du 13 août 1491, pour mettre en séquestre les revenus de Chastellux et de Bazarne, etc.; cependant, à la prière de Gilbert de Saint-Quentin, neveu du feu seigneur de Chastellux, à cause de sa femme Marie de Fontenay, les parties choisirent des arbitres pour terminer leurs différends (5 juillet 1493).

En outre, pour satisfaire la cupidité d'Antoine du Follet, il fallut lui proposer le mariage de sa fille Jeanne avec le jeune seigneur de Chastellux. Mais ce n'était point une chose facile que d'obtenir les dispenses nécessaires : l'Église, dans sa sagesse, ne les accordait alors que pour les plus graves raisons. Charles VIII voulut bien écrire de sa main au pape, au cardinal de Bénévent, et à l'évêque de Lombez,

---

(1) Archives de l'Empire, P. 14, 258. Notes de M. le comte Léon de Bastard.

son ambassadeur à Rome, en ajoutant que « les maisons qui voulaient contracter alliance de toute ancienneté avoient été bonnes et grandes (1). »

Le contrat de mariage fut donc dressé le 9 mai 1493 par Barthélemy Merlin et Antoine de Rousay, notaires à Saint-Pierre-le-Moutier, à des conditions fort avantageuses pour les du Follet : Jeanne devait posséder de son chef les terres de Bazarne, de Sainte-Pallaye, de Séry, de Prégilbert, de Bray, de Bréviandes et de Fontenay, avec leurs dépendances ; son père devait avoir droit de fief sur la moitié de la terre de Chalaux, du Meix de Chalaux et du Mont de Marigny, dix livres de rente sur la terre de Chalaux et celle de Champagne. Cinq jours après, les noces furent célébrées au château du Follet ; mais bientôt un crêpe funèbre s'étendit sur cette union. Jeanne laissa trois filles en bas âge, nommées Gabrielle, Charlotte et Catherine.

Gabrielle prit le voile à Saint-Jean-le-Grand, à Autun, en délaissant sa part de l'héritage maternel à Claude, son frère consanguin (20 février 1505), moyennant une pension de trente livres ; elle confirma cette donation par un acte du 15 décembre 1512, en y ajoutant celle de la part qui lui revenait dans la succession de son aïeule maternelle : elle quittait alors son couvent pour se retirer à Rougemont avec une pension de vingt livres. Le Père Anselme assure qu'elle mourut prieure du Mont-de-Gennes, dans le Maine.

Charlotte, sa sœur, fut mariée, au sortir de l'enfance, à Robert d'Anlezy, chevalier, seigneur de Menetou, qui la laissa veuve presqu'aussitôt (2) ; elle se remaria, par contrat du 7 novembre 1513, à

---

(1) *Vieux Livre noir*, p. 25.
(2) D'Anlezy portait *d'hermines à la bordure engrêlée de gueules*. Cette famille était fort répandue en Nivernais et en Bourbonnais, ainsi qu'on le voit dans les titres de ces deux provinces. Pierre d'Anlezy, écuyer, seigneur de Baubuart, maître d'hôtel de la duchesse douairière de

Antoine Boutillat (1), chevalier, seigneur d'Apremont, d'Arthel, de Bernières, de Sommery-les-Goths, de Sommery-les-Setarats, de Venone et de Cougny en partie. Elle reçut en dot la terre du Bouchet et l'assurance de celle du Follet, et céda à son aïeul l'usufruit de la terre de Bazoches, qu'elle tenait de sa grand'mère. Depuis ce temps, Bazoches n'est plus rentré dans la famille de Chastellux.

Charlotte ne fut pas plus heureuse dans ce second mariage, car elle resta veuve deux ans après avec une fille nommée Marie, qui mourut en 1524 ; elle contracta, vers 1518, une troisième union avec Saladin de Montmorillon (2), seigneur de Bellecagne et du Bouchet ; elle n'existait plus le 4 mars 1523, et laissa une fille nommée comme elle et mariée à Gabriel de la Perrière, écuyer, seigneur de Billy et de Dumphlun.

Catherine de Chastellux, placée sous la curatelle de son grand-père Antoine du Follet (3), épousa Philippe de Moisy, seigneur de Mons et de Châteaurenault, fils de Jean, seigneur de Mons, de Villy-le-Moutier,

---

Bourbon, fut nommé capitaine et châtelain de Saint-Germain de Laval, en Forez (1 décembre 1488); et capitaine de Lunoise (23 décembre 1505). Il fut nommé maître des eaux et forêts du Bourbonnais et capitaine châtelain de la Bruyère de l'Aubespin. Jean d'Anlezy vivait en 1357 et dénombra du lieu de Plessis. Françoise d'Anlezy vivait en légitime mariage, le 12 juillet 1543, avec Emilien de Calimus, écuyer, seigneur de Montsauche, et, le 6 février suivant, avec Georges Malain, seigneur de Champvoux.

(1) Armes : *d'argent à trois barillets de gueules, 2 et 1*. La Chesnaye-des-Bois dit que cette famille est d'origine Champenoise.

(2) La maison de Montmorillon, paraît-il, sort du Poitou et remonte à Bernard, surnommé Quatrebarbes, qui vivait à la fin du X° siècle. Le nom de Saladin, donné aux aînés de la famille, rappelle un trait de loyauté analogue à celui qui honora les Anglure. Jean de Montmorillon et son fils périrent à Poitiers en 1356. Cette maison a donné un chevalier de Malte, un grand-prieur de Saint-Martin d'Autun, des chanoines-comtes de Lyon et des chanoinesses du Chapitre noble d'Epinal. On trouve : Laurent-François de Montmorillon, prieur du grand Frenoy, de Montet-aux-Moines et de Cresset, mort à Paris le 27 août 1777, à 68 ans; Paul-Albéric Saladin, marquis de Montmorillon, mort au château de Bouton, en août 1862. Alliances : la Cour, Fougères, Saint-Trivier, Cussigny, Bouton, la Perrière, l'Essart, etc. Armes : *d'or à l'aigle éployée de gueules*.

(3) C'est donc par erreur que dans tous les recueils nobiliaires on la désigne comme fille aînée de Barbe de Hochberg.

de Travoisy et de Vergoncey, et de Jeanne d'Aule (1). Le 10 septembre 1520, elle transporta à sa belle-mère et à son frère Claude la part qu'elle devait recueillir dans les successions de son père, de sa mère et de son aïeule maternelle, c'est-à-dire le tiers des terres de Bazarne, de Bazoches, du Bouchet et du Follet, et ses droits sur Chastellux. Elle mourut avant le 19 août 1523, laissant un fils nommé Claude-François de Moisy.

Philippe, père de ces trois filles, songea bientôt à se remarier : il jeta les yeux sur Barbe de Hochberg, fille de Rodolphe de Hochberg (2), marquis de Rothelin et comte de Neufchâtel, et de Marguerite de Vienne. Leur contrat fut dressé, le 9 août 1502, à Asquins, par Simon Chandrois, notaire, en présence de Philippe de Hochberg, marquis de Rothelin, comte de Neufchâtel et seigneur de Seurre, de Saint-Georges et d'Arc-en-Barrois, et de Marie de Savoie qui, étant veuve de ce dernier, le 26 mai 1506, assigna à sa nièce une rente de trois cents livres sur la terre d'Époisses. Cette princesse était alors remariée à Jacques Assé, seigneur du Plessis.

Barbe fut nommée tutrice de ses enfants Marie, Philippe, Antoinette, Louis et Olivier, par acte du 6 août 1520, de l'avis d'Aubert de

---

(1) La famille de Moisy remontait à Guichard de Moisy, aïeul de Jean, châtelain et capitaine du château de la Colonne en 1426, et se fondit dans celle de Cléron à la fin du xvie siècle. Elle s'allia aux Choisy, Sainte-Croix, Falerans, etc. Armes : *de gueules à trois croissants d'or*.

(2) L'*Almanach de Gotha* (1830) fait sortir la maison de Bade d'Ethichon I, duc d'Alsace, qui vivait en 684. Son descendant Hermann, margrave de Vérone, épousa Judith de Bade, et laissa le marquisat de Hochberg à son petit-fils Henri. En 1490, Philippe, marquis de Hochberg, grand chambellan de France, fit une espèce de testament mutuel avec Christophe, marquis de Bade, par lequel l'une de ces branches survivante à l'autre devait en hériter. On est surpris de voir cet acte fait au préjudice d'Olivier de Hochberg, frère de Madame de Chastellux. Il mourut en 1558, le dernier de sa branche. Il était seigneur de Sainte-Croix au bailliage d'Auxonne, et abbé de la Madeleine de Châteaudun, et laissa sa fortune aux fils de sa sœur. Les alliances de la branche de Hochberg sont : Vienne, Montfort, Fribourg, Thierstein.... et ses armes : aux 1 et 4 *d'or à la bande de gueules*, qui est de Bade; aux 2 et 3 *d'or au pal de gueules, chargé de trois chevrons d'argent*, qui est de Neufchâtel.

Jaucourt, seigneur de Villarnoul, d'Adrien de Digoine, seigneur de Demain, de Philippe de Ferrières, seigneur de Presles, de Jeannot de Damas, seigneur de Ragny, de Jean de Lanvault, seigneur de la Brosse, et de Sébastien de Vésigneux. Son premier-né, Claude, avait été émancipé cinq ans auparavant, et, en outre, elle accoucha, au bout de quelques semaines, d'une fille nommée Léonarde, qui mourut au berceau. Elle reprit de fief, au nom de ses enfants, la terre et baronnie de Chastellux (6 novembre 1520); neuf ans plus tard, elle fit foi et hommage à la duchesse de Nevers pour les terres d'Athée, de Saint-André et de Villurbain, qu'elle tenait en arrière-fief.

Elle se remaria, à cette époque, à Philippe de Champignolles, seigneur de Villemolin : par un acte du 16 février 1534, ses enfants lui cédèrent l'usufruit des terres de Coulanges et du Val-de-Mercy pour lui tenir lieu de sa dot et de son douaire. Cette seconde union ne fut point heureuse : les époux se séparèrent d'un commun accord, et Barbe se retira au Val-de-Mercy où elle mourut le 6 février 1565 (*alias* 1563); sa tombe se voit encore dans l'église du lieu, devant le maître-autel.

Claude, sire de Chastellux et vicomte d'Avallon, possédait la terre de Chastellux par retrait-lignager fait en 1515. Il assista, le 25 mai 1528, au mariage de sa cousine Marie, fille de François de la Rivière, seigneur de Champlemy, et de Madeleine de Savoisy, dame de Seignelay, avec Jean d'Épernay, écuyer, seigneur de Chesnay, de Seuil et du Mangin; lui-même épousa le 22 décembre 1532, par contrat reçu Pierre Leroy et Jean Comtesse, notaires à Paris, Françoise, fille de Jean Blosset (1), chevalier, seigneur de Torcy, de Beaumont, de

---

(1) Roger de Blosset, seigneur de Saint-Pierre en Caux en 1250, était puîné de l'ancienne maison d'Esneval et vidame de Normandie. Le beau-frère de Claude de Chastellux, nommé Jean, mourut

Doudeauville, baron du Plessis-Pasté, et d'Anne de Cugnac : la dot se composa de douze mille livres assises sur la terre de Beaumont, au Perche. Veuve sans enfants, Françoise se remaria, en 1534, à Jean de Briqueville, seigneur de Coulombières.

Marie de Chastellux épousa, par contrat du 25 septembre 1524, Jacques Aux-Épaules (1), fils de Jean, seigneur de Sainte-Marie du Mont, et de Jeanne de Tilly. La tante de Jacques, Jeanne de Surienne, dame de Pisy, veuve de Richard Aux-Épaules, lui donna la terre de Pisy. La dot de Marie fut assise sur les terres de Montmardelain, d'Usy, de Serée, de Quarré, de Bousson et des Granges-Rateaux, en vertu d'un acte du 17 janvier 1534. Le 9 août 1535, Jacques reprit de fief pour les terres et seigneuries de Pisy, de Quarré et des Granges-Rateaux : il possédait aussi, en Normandie, le Hommet et Querquebu.

Jeanne d'Hochberg, dame d'Époisses, donna, le 29 août 1536, à Jacques Aux-Épaules, son cousin et maître-d'hôtel, et à sa femme, procuration pour affranchir les sujets qu'elle avait en Bourgogne.

Marie de Chastellux était morte avant le 6 janvier 1538 et fut remplacée par Christine de Ferrières : elle laissait trois enfants, Charles, François et Marie.

Sa sœur Antoinette prit le voile à Saint-Avit, près Châteaudun, où elle vivait encore en 1545.

---

le dernier de son nom ; il était chevalier des ordres du roi et gouverneur de Paris et de l'Isle de France en 1578. Les alliances de cette maison sont : Estouteville, Doublet, Le Veneur, Montberon, etc. Armes : *palé d'or et d'azur de dix pièces, au chef de gueules à la vaivre d'argent.*

(1) Cette famille était originaire de la Basse-Normandie et on peut suivre sa filiation dès le xive siècle. Elle portait : *de gueules à une fleur de lis d'or.* François Aux-Epaules, petit-fils de Jacques et de Marie de Chastellux, ayant épousé Gabrielle de Montmorency-Laval, modifia son blason de la manière suivante : *d'or à la croix de gueules, cantonnée de seize alérions d'azur, et chargée de quatre coquilles d'argent et en cœur d'une fleur de lis d'or.* Marguerite, petite-fille de François, épousa César d'Aumont, marquis de Nolay.

Quant à ses trois frères, ils possédaient par indivis les terres et seigneuries délaissées par leur père : l'aîné, Philippe, en fit foi et hommage à Nevers, le 13 mars 1535, pour ce qui concernait Chastellux, Marigny, Queuson, Courotte, etc. Cependant, pour prévenir toute contestation, les trois frères résolurent de procéder au partage de la succession paternelle : ce qui eut lieu, à Chastellux, le 17 mars 1538, en présence de Philippe Soliveau, notaire de la châtellenie.

Philippe eut pour lui la terre de Bazarne avec ses dépendances (Séry, Trucy, le Bascoin, Bray, Bréviandes, etc.), avec le droit d'action et poursuite pour le recouvrement des terres de Sainte-Pallaye, de Prégilbert, de Fontenay qui avaient été aliénées (1) : il y ajouta la prébende héréditaire dans la cathédrale d'Auxerre; or, il s'était fait recevoir chanoine le 18 juillet 1534.

Louis eut la terre de Chastellux avec toutes ses dépendances.

Olivier prit pour lui les terres de Coulanges-les-Vineuses et du Val-de-Mercy, dont sa mère était usufruitière : plus tard, il se prétendit lésé, mais une transaction du 17 avril 1550 assoupit cette affaire.

---

(1) La terre de Fontenay avait été vendue, par acte reçu Guillaume Payen et Jean Trouvé, notaires au Châtelet de Paris, le 7 avril 1537, à Philibert Vancheron, prévôt d'Auxerre, et à Germaine Tribolé, sa femme.

CHAPITRE VI.

SUITE ET FIN DE LA BRANCHE AÎNÉE.

(1538-1713.)

Philippe, second fils de Barbe de Hochberg, fut, comme son père, enfant d'honneur du roi et servait en cette qualité auprès de sa personne : aussi, par lettres-patentes du 14 mai 1562, Charles IX le déchargea « du fait et contribution au ban et arrière-ban, en quoy il pourroit estre contraint, et ce en considération des services que ledit seigneur de Chastelux avoit rendus depuis longtemps aux roys prédécesseurs et audit roy Charles, lesquels il continuoit encore chaque jour (1). »

Dans le temps que vivait son frère Claude, il s'était fait recevoir chanoine au Chapitre d'Avallon, à la place de Guillaume Frère ; mais il résigna bientôt cette prébende pour rentrer dans la vie séculière et se marier.

Par acte du 20 février 1526, reçu Montenat, Barbe de Hochberg

---

(1) Archives de Chastellux.

avait vendu la vicomté d'Avallon à Nicolas Droin, religieux sacristain de Cure, moyennant huit cents livres : la vicomté, ayant passé entre les mains du Chapitre d'Avallon, fut rétrocédée à Philippe de Chastellux, qui reprit de fief à Dijon le 28 juin 1540. Mais, le 1ᵉʳ mars suivant, il revendit la vicomté d'Avallon et la terre de Séry à Christophe d'Igny et à Sébastien de Vésigneux, moyennant mille six cent trente livres. Enfin il rentra définitivement en possession de cette terre, par acte du 11 avril 1562, où il était dit : « .... Gabriel de la Perrière, écuyer, sire de Billy, de Bazoches, etc., demoiselle de Montmorillon, sa femme, et Claude de la Perrière, leur fils, ont cédé à messire Philippe de Chastellux et à Anne Raguier, sa femme, la vicomté d'Avalon et la seigneurie de Séry en Auxois (1). »

Philippe fit une nouvelle reprise de fief le 22 du même mois. Quant à ses terres de l'Auxerrois, elles mouvaient en fief de Saint-Bris.

Il assista au procès-verbal de la rédaction des coutumes du comté et bailliage d'Auxerre, le 15 juin 1561. Il fut dit « que en la chastellenie dudict Bazarne, dépendances et appartenances d'icelle, ledict seigneur a droict d'aliéner, portant deffaulx et amende de recelé et droict de retenue quant le cas y eschet, et y est fondé en tiltre. »

Philippe de Chastellux, seigneur de Bazarne et vicomte d'Avallon, mourut, au château de Bazarne, le 5 juin 1574.

Marié le 7 octobre 1535 à Jeanne de Conflans (2), fille de Jean,

---

(1) PEINCEDÉ, IX. 266.

(2) Les Conflans formaient une branche de la maison de Brienne, dont la filiation remonte à l'an 990. Engelbert de Brienne, chevalier, troisième fils de Gautier, comte de Brienne, et d'Eustache, comtesse de Bar-sur-Seine, eut en partage la terre de Conflans en Champagne ; il en prit le nom qui passa à ses descendants ; ceux-ci ont toujours conservé les armes de Brienne, à savoir : *d'azur semé de billettes d'or au lion de même, brochant sur le tout.* La branche de Brienne-Conflans en a produit dix autres ; celle de Saint-Remy et d'Ennancourt s'est éteinte de nos jours. Alliances : Torote, Saint-Verain, Anglure, Hornes, Bournonville, d'Aguesseau, Rochechouart, Croy, etc.

seigneur de Vieilles-Maisons, et de Madeleine Lucas, il la perdit de bonne heure, car, le 8 janvier 1537, il écrivait au Chapitre d'Auxerre pour emprunter des ornements *pro faciendo servitio defunctæ suæ uxoris* (1). Le seul fruit de cette courte union fut un fils nommé Antoine, guidon des gendarmes du roi, tué dans les guerres de religion, probablement sous un des fils d'Henri II.

Philippe se remaria, le 18 janvier 1546 (2), par contrat reçu Jean et Pierre Montigne, notaires au Châtelet de Paris, à Anne Raguier, veuve de François de Hangest, seigneur de Dîmes et de Moyencourt. Elle était fille de Louis (3), chevalier, seigneur de la Motte-Asilly, d'Esternay et de Villeneuve-aux-Riches-Hommes, et de Charlotte de Dinteville, sœur de François, évêque d'Auxerre.

Anne mourut vers 1564, après avoir eu un fils et cinq filles : Olivier, Françoise, Catherine, Jeanne, Blanche et Barbe.

Olivier fut émancipé par son père, le 24 avril 1548, en présence de Guillaume Deschintres, juge en la prévôté de Bazarne, et mourut en bas âge.

Françoise était déjà, le 30 août 1571, femme de Claude de Cullon, seigneur de la Motte de Chevannes : elle lui apporta les terres de

---

(1) LEBEUF, II, 502.

(2) Cette date est-elle vraie ? On voit dans le *Bulletin de la Société des Sciences de l'Yonne*, 1848, p. 466. « Philippe de Chastellux, vicomte d'Avallon, baron de Bazarne, donne quittance à dame Charlotte de Dinteville, dame de la Mothe-Tilly, de mille six cent vingt-cinq livres tournois sur les mille huit cents que ladite dame lui doit, ainsi qu'à sa femme, demoiselle Anne Raguier, du reste de la dot du mariage de cette dernière avec son premier époux, M. de Dynes. Cinq cents livres servirent au rachat des terres de Prégilbert et de Sainte-Pallaye (28 juillet 1540).

(3) La famille Raguier, originaire de Bavière, vint en France lors du mariage de Charles VI. Hémon Raguier, contrôleur et trésorier des guerres du roi, mourut à Tours le 2 novembre 1433, et sa femme, Gillette de la Fontaine, le 19 septembre 1404 ; tous les deux furent inhumés aux Blancs-Manteaux de Paris. Jean-Charles de Mesgrigny, comte d'Aunay, épousa Angélique-Cécile, fille d'Anne Raguier, marquis de Poussey, seigneur d'Origny, et d'Angélique-Cécile de Bailleul : leur fille, Marie-Claire-Edmée, porta Aunay dans la famille Lepeletier de Rosambo, au XVIIIe siècle. Armes : *d'argent au sautoir de sable accompagné de quatre perdrix becquantes au naturel.*

Séry et de Trucy, et une partie de celle de Bazarne (1). Claude était mort en 1589.

Catherine était, en 1574, l'épouse de Louis, fils de Gérard d'Esterling, seigneur du Bouchet-lès-Mailly, et de Jeanne de Montaigu : elle lui apporta la seigneurie de Sainte-Pallaye. Elle fut mère de Louis, maître d'hôtel ordinaire de la reine Marguerite (2).

Jeanne épousa François d'Aulenay, seigneur du Lys, fils de Jean, seigneur du Lys, d'Etrizy, de Boucherot, et d'Anne de Chalon, et était veuve en 1577 : elle vivait encore en 1614.

Blanche était, en 1593, l'épouse de Bernard de Chivron (3) de Villette, seigneur de Gye et de Pontvoir ; elle avait des droits de réméré sur la vicomté d'Avallon, mais elle les céda à son cousin le sire de Chastellux. Elle était veuve en 1597.

Barbe, placée, en 1574, sous la curatelle de ses beaux-frères de Cullon et d'Esterling, et plus tard, sous celle de Gilbert de Quarreault, seigneur de la Rippe, épousa, par contrat du 13 (*alias* 16) décembre 1578, reçu Claude Bouchot, garde du scel à Avallon, Jean, fils de Celse de Choiseul de Traves (4), seigneur de la Porcheresse, de Vau-

---

(1) La famille de Cullon, d'origine Auxerroise, a toujours porté les armes et fourni un mestre de camp et des chevaliers de Saint-Louis. Aglaé-Pierrette-Adelaïde de Cullon, fille du dernier seigneur d'Arcy, vicomtesse de Rancougne, mourut, la dernière de son nom, au château d'Herbault, le 17 février 1867. Alliances : Aulenay, la Bussière, etc. Armes : *de gueules au chef cousu d'azur, chargé de trois larges d'argent, chargés chacun d'un pal de sable*.

(2) Cette famille devait être d'origine Anglaise. Son nom s'écrivait : d'Esterling, de Stirlins, Queslerlin.... Elle s'allia aux Aulenay, Veilhan, Raguier.... Armes : *d'argent à la bande engrêlée de sable, chargée de trois ardillons d'or*. Gabriel d'Esterling fut inhumé à Sainte Pallaye le 23 janvier 1704.

(3) Maison de la Savoie, dont les armes étaient *d'azur au chevron d'or chargé d'un autre de gueules, accompagné de trois lions d'or*.

(4) C'est une branche de l'illustre maison de Choiseul qu'on dit être sortie des anciens comtes de Langres, parce que Renier, seigneur de Choiseul en 1060, était le premier vassal du comté de Langres. Robert de Choiseul, fils de Raynard de Choiseul et d'Alix de Dreux, hérita de la terre

teau, du Vernay, de Châtelmoron et de Saint-Léger-sur-Dheune, et de Françoise des Aubuys, dame de Samarolle. De ce mariage naquirent Adrien, Philippe, Anne, Pierre, Antoine et Edme, qui étaient orphelins le 24 juin 1598 : leur père se remaria ce jour-là à Claude du Plessis et mourut en octobre 1605.

N'ayant plus d'enfants mâles, Philippe de Chastellux, bien que sexagénaire, contracta une nouvelle union, le 8 avril 1571 (1), avec Marthe de Cullon, fille de Georges, seigneur de la Mothe de Chevannes, et de Jeanne de Chuin : c'était la belle-sœur de sa fille Françoise. Le 5 octobre 1572, elle accoucha d'un fils nommé Antoine ; plus tard elle se remaria à Jean, seigneur de Rougemont : elle mourut en décembre 1585.

Antoine de Chastellux, son fils, hérita d'une partie de la terre de Bazarne et de la vicomté d'Avallon, qu'il vendit à son beau-frère d'Esterling en 1593. Il fut député pour la vérification des titres aux Etats de Bourgogne en 1605 et en 1608. En 1582, il essaya de se faire recevoir chanoine à Auxerre ; mais on lui prouva que, si son père l'avait fait, c'était dans le temps que la terre de Chastellux était encore en indivis ; et qu'il n'avait aucun droit à la prébende, n'étant point seigneur de Chastellux. Néanmoins ce ne fut que le 4 janvier

---

de Traves qui appartenait à sa mère : sa postérité en prit le nom, suivant l'usage du temps ; elle conserva les armes de Choiseul, en retranchant cependant deux billettes du bas de l'écu, qui était *d'azur à la croix d'or cantonnée de vingt billettes de même, cinq à chaque canton, posées en sautoir*. La branche de Traves s'est alliée aux Rougemont, Bourbon, Rabutin, Pontailler, Ragny, Tenare, Villars, et s'est éteinte, en 1718, avec François-Éléonor, comte de Choiseul-Vauteau, brigadier des armées du roi ; il ne laissa que Marie-Sophie-Éléonore, épouse de Charles-Joseph d'Andigné, comte de Vezins : elle mourut le 1er janvier 1786.

(1) Archives de l'Yonne, lambeau de minute sur lequel il y a « soixante-ung » ; mais Anne Raguier vivait encore, et ce n'est que depuis 1571 qu'on trouve Marthe de Cullon dans les baptêmes de Bazarne et des environs. On voit ainsi l'intérêt des registres de catholicité ; ils récèlent des matériaux qui ne sont point à dédaigner, soit pour l'histoire locale, soit pour celle des familles.

1608 qu'il reconnut le peu de fondement de ses prétentions et transigea à ce sujet avec Olivier de Chastellux, qui avait été son tuteur après la mort de sa mère (1).

Le 11 octobre 1611, par acte reçu Pascal Thorinon, notaire royal à Auxerre, Antoine vendit la terre de Bazarne à Anne de Giverlay, veuve de Claude Régnier, et à leur fils, Adrien Régnier, seigneur de Guerchy. Dès lors il vécut au château d'Avigneau, appartenant à sa femme Claude, fille de Guillaume de la Bussière et de Marie de Chuin (2). On perd sa trace après 1618.

Marié de très bonne heure, il eut : 1° Anne, capitaine de chevau-légers, né à Bazarne comme son père, le 28 octobre 1592 ; 2° Olivier, seigneur d'Avigneau, né le 1er mars 1594 à Bazarne, et mort sans enfants d'Anne de la Barre (3), fille d'Edme de la Barre, seigneur de la Vernière et de Gérigny, et d'Edmée de Grivel de Grossouvre ; le frère d'Anne, nommé François, s'unit, le 16 novembre 1610, à Marguerite de Chastellux, sœur d'Olivier ; 4° Marie, née à Bazarne, baptisée le 6 janvier 1599 ; 5° Louis, né au même lieu, baptisé le 25 juin 1600 ; 6° Jean, tué en Piémont ; 7° Léon, qui seul continua la lignée.

Léon était capitaine d'une compagnie de chevau-légers en Piémont,

---

(1) Inventaire des titres, chap. I, n° 7 de la liasse cotée O.

(2) Cette famille, qui a longtemps habité l'Auxerrois, portait *de gueules à la fasce d'argent chargée de trois aiglettes d'azur*. Son nom lui venait d'un fief situé sur la paroisse de Treigny. Louis de la Bussière, seigneur d'Alligny et de la Bussière, fut inhumé le 10 mars 1788 dans l'église du Val-de-Mercy, à côté de son épouse Louise-Marie de Contaud de Coulanges, inhumée le 14 juin 1780. Dans la liste des victimes de la Terreur, on trouve Henri de la Bussière, guillotiné le 25 ventôse an II, et Jean-Jacques de la Bussière, capitaine et commandant de la garde nationale, guilloitné le 16 floréal an II.

(3) Michel de la Barre, écuyer, seigneur des Troches et de Cloux, vivant en 1700, avait un fils qui prouva sa noblesse sur titres depuis Jean de la Barre, écuyer, son septième aïeul, lequel fut marié, le 13 mai 1464, avec Bonne de Marolles, dame de Gérigny. Armes : *d'azur à trois feuilles de chêne d'or, tigées de même, garnies chacune d'un gland d'or, et posées en pal, 2 et 1*.

dans le temps de la mort de son frère Jean. Il quitta le service pour se marier, sans doute à l'instigation de sa mère et de son frère aîné Olivier, qui lui firent épouser, par contrat du 26 janvier 1630, reçu Verneau, notaire royal, Anne de Moroges, chanoinesse de Remiremont. Elle était fille de François de Moroges (1), baron d'Uchon, seigneur de la Tour-du-Bos, et de Jeanne de Coulanges. François étant décédé peu après, son inventaire fut dressé, le 9 décembre 1631, en présence d'Hugues de Rabutin, seigneur de Chauvigny, d'Adrien de Choiseul de Traves et d'Antoine de Damas, baron de Marcilly. Le défunt avait laissé les terres d'Uchon et de la Tour-du-Bos à son petit-fils Antoine, à la condition de prendre son nom et ses armes : François de Chastellux-Moroges recueillit bientôt l'héritage de son frère, mort en bas âge : son père transigea en son nom avec François et Jean-Baptiste de Moroges, et Claude de Moroges, dame de Miremont et de Moroges, afin de lui assurer la paisible possession de ses terres, dont le dénombrement fut donné à Dijon, le 28 mars 1639. François assista aux États de Bourgogne en 1653 et mourut la même année, sans avoir pris d'alliance. Son père, devenu son héritier, reprit de fief, le 12 mars 1654, de la baronnie d'Uchon; il en donna dénombrement, le 27 novembre suivant, et la vendit ensuite à Françoise de Rabutin, veuve d'Antoine de Toulongeon. Il mourut le 17 février 1672, et avec lui s'éteignit la branche aînée de la maison de Beauvoir. Sa veuve fit, le 4 janvier 1675, une fondation au Chapitre d'Auxerre : d'après cet

---

(1) La terre de Moroges, en Chalonnais, a donné son nom à cette famille, qui existait dès le xiiie siècle : Jean de Moroges vivait en 1215 : Guillaume de Moroges était, en 1363, sous les ordres de Gérard de Longchamps, chevalier, bailli de Chalon; Guichard de Moroges assista à une transaction du 3 mars 1433 entre le maréchal de Chastellux et Pierre de Dyo et Guye d'Anglure, sa femme. Alliances : La Palud, Senecey, Granson, Pontailler, Beauvoisin, Trestondan, Anglure. Armes : *d'or à trois bandes d'azur, à la bordure de gueules.*

acte, un salut devait être célébré le jour de l'Immaculée-Conception, avec commémoration particulière de saint Romaric, et un *Miserere*, un *De Profundis* et un *Libera* sur sa tombe.

Anne de Moroges, décédée le 16 octobre 1683, fut inhumée à côté de son époux, dans la chapelle Notre-Dame-des-Vertus : on y lisait l'épitaphe suivante :

« Cy gisent les corps de hault et puissant seigneur messire Léon
« de Chastellux, chevalier, seigneur d'Avigneau, Uchon, la Tour-du-
« Bost, S. Symphorien et autres lieux, qui est décédé le 17 febvrier
« 1672 ; et haulte et puissante dame Dame Anne de Moroges, autre-
« fois dame chanoinesse de Remiremont, épouse dudit seigneur, qui
« est décédée le 16 octobre 1683. P. D. p. l. a. (1). »

Léon et Anne laissèrent trois filles : Jeanne, Anne et Marie.

Jeanne fut mariée, vers 1647, à François-Louis de Bougne, chevalier, seigneur de Vitry, de Villeret et de Massy, fils de Gabriel de Bougne (2) et d'Annonciade de Sainte-Colombe. Ils réussirent à faire rescinder la vente d'Uchon et de la Tour-du-Bos, que François-Louis reprit de fief le 13 juillet 1664. Ces terres passèrent à leur fille Anne-Léonore, épouse de Jean de Martigny, seigneur de Villiers, chevalier de l'Ordre de Saint-Lazare, ainsi qu'on le voit par des lettres de souffrance demandées par lui, le 12 août 1682. Jeanne de Chastellux, veuve depuis plusieurs années, mourut à Massy en 1700.

Sa sœur, Anne, fut unie, par contrat du 8 septembre 1650, reçu Rouger, notaire au bailliage d'Auxerre, à Charles Boucherat, seigneur

---

(1) Voir fonds latin, 10939, et fonds français, 8225.

(2) Cette famille fut maintenue, en 1669, sur preuves remontant à Jean de Bougne, marié, en 1530, à Jeanne de Drompenart ; mais on trouve, en 1396, un Jean de Bougne, conseiller du Conseil du duc de Bourgogne. Armes : *de sable au cerf élevé d'argent, sommé sans nombre*.

de la Rocatelle, maître d'hôtel ordinaire du roi et cornette de la compagnie d'ordonnance de M. le Prince, fils de Jacques Boucherat (1), seigneur de la Rocatelle, maître d'hôtel ordinaire du roi, écuyer, et de Gabrielle de Rémond. Elle lui apporta en dot la baronnie d'Avigneau, dont la reprise de fief et le dénombrement furent faits les 19 et 24 novembre 1658 : cette terre fut vendue, vers 1664, à Thomas Marie, écuyer. Anne mourut au château de la Rocatelle, après dix-neuf ans de veuvage, et fut inhumée le 2 août 1713 dans l'église de Rumilly-les-Vaudes, sa paroisse. La Rocatelle passa alors à Achille-Balthasar de Fourcy, conseiller de la chambre des enquêtes, fils d'Henri de Fourcy, comte de Chessy, seigneur de Chalifert, de Jablines et de Varennes, et de Madeleine Boucherat.

Marie de Chastellux, la plus jeune des trois sœurs, ayant refusé d'épouser son cousin Louis, fils du seigneur de Coulanges, fut accordée le 20 février 1656, par contrat reçu Christophe Daulmoy et Nicolas Guillaume, notaires à Auxerre, à François, fils de René de Laduz, chevalier, seigneur de Vieuxchamps, et de Marguerite de Chamigny (2).

---

(1) La famille Boucherat remontait à Pierre Boucherat, seigneur de la Forge-Valcon en 1420, grand-père d'Edmond, premier maire de la ville de Troyes en 1493. Louis Boucherat, comte de Compans, mourut chancelier de France, le 2 septembre 1699, sans laisser de postérité mâle. Alliances : Hennequin, Machault, Loménie, Barrillon, etc. Armes : *d'azur au coq d'or, crêté, becqué, barbé et onglé de gueules*. A cette famille appartenait Hélène Boucherat, abbesse des Isles d'Auxerre, morte le 29 mai 1660.

(2) On trouve dans GAIGNIÈRES (CLXXX, 223) un Maurice de Laduz, chevalier, qui vivait en 1221. Claude de Laduz, écuyer, épousa, le 10 février 1549, Geneviève, fille d'Alexandre d'Assuc et de Louise du Deffand. François de Laduz eut plusieurs enfants de Marie de Chastellux, entre autres : Edmée, baptisée le 11 juillet 1666 ; Jacques, baptisé le 25 janvier 1668 ; Marguerite, baptisée le 24 août 1672, et mariée, le 13 juin 1705, à Joseph de Racault, chevalier, seigneur de Cordeilles ; Anne, baptisée le 12 avril 1674, inhumée le 18 mai 1685. François de Laduz, fils de Marie de Chastellux, était capitaine de vaisseau et paraît avoir fixé sa demeure en Bretagne, où l'on trouve au XVIIIe siècle Anne-François de Laduz, N.... de Laduz de Saint-Clément, et Madame de Salvert, née de Laduz. Cette dernière étant décédée en 1787, le comte de Chastellux fut appelé à recueillir sa succession. Les armes de cette famille étaient *d'argent à deux lions de gueules l'un sur l'autre*. (Renseignement dû à l'obligeance de M. Le Maistre, à Tonnerre.)

Elle mourut à l'âge de 48 ans et fut inhumée le 22 mars 1693 dans l'église de Charbuy, sa paroisse. Son époux mourut, âgé de 62 ans, et reçut la sépulture auprès d'elle le 21 mai 1695.

CHAPITRE VII.

BRANCHE DE COULANGES.

(1536-1680).

Il nous reste à parler des branches issues de Louis et d'Olivier de Chastellux ; mais, pour donner plus de clarté à ce travail, nous parlerons d'abord de la branche de Coulanges, éteinte en même temps que la ligne principale. Elle eut pour auteur Olivier, le plus jeune fils de Philippe de Chastellux et de Barbe de Hochberg ; il fut reçu chanoine d'Avallon, le 2 octobre 1536, à la place de son frère aîné, mais il ne tarda point à résigner sa prébende et à rentrer dans le monde.

Peu de documents sont restés de lui : on sait seulement qu'il assista à la rédaction des coutumes du comté et bailliage d'Auxerre, faite le 15 juin 1561 ; à la fin du procès-verbal, il était dit : « Nous, commissaires susdicts, en l'advis de l'assistance, avons déclaré et déclarons que par ceste nostre présente rédaction de coustume n'entendons préjudicier à la possession immémoriale alléguée par lesdicts manans et habitans de Coullanges et du Val-de-Mercy... » On trouve aussi un acte de foi et hommage rendu au roi pour ces deux terres, le 25 février 1567 (1).

Coulanges se trouvait malheureusement sur le théâtre des guerres de religion et ne pouvait échapper à leur funeste influence. Le prince de Condé avait ordonné au sieur de Prumereaux, son lieutenant, de prendre ses quartiers d'hiver à Coulanges : ce dernier vint, le 7 février 1568, à l'entrée de la ville, qu'il trouva fermée ; quelques-uns de ses soldats furent tués. Cependant les habitants, réfléchissant à la cruelle fin de leurs voisins d'Irancy, jugèrent plus prudent d'entrer en composition avec le prince de Condé, par l'entremise de Jean de Grivel, seigneur de Pesselières, qui se trouvait, avec d'autres Huguenots, au Val-de-Mercy, auprès de son beau-frère. Coulanges obtint d'être épargnée, mais au prix des plus grands sacrifices (2).

Olivier mourut en 1575. Le 15 juillet de cette même année, le présidial d'Auxerre déchargea, vu leurs occupations au service du roi, Messieurs de Chastellux et d'Esguilly de la curatelle et co-curatelle des trois enfants mineurs issus de l'union d'Olivier avec Anne de Grossouvre (3), fille de Guillaume de Grivel, seigneur de Montgoublin et d'Ourouer, et de Marie des Champs, dame de Pesselières. Anne transigea, le 9 avril 1581, avec ses enfants Olivier, Louis et Jeanne au sujet de son douaire et de ses reprises ; elle était alors remariée

---

(1) Archives de l'Empire, P 14, 319.
(2) *Bulletin de la Société des Sciences de l'Yonne*, 1850, p. 129.
(3) La maison de Grivel était une des plus nobles et des plus anciennes maisons du Berry et du Bourbonnais. Jean de Grivel, conseiller du duc de Bourbon, reçut de ce prince la terre et maison-forte de Grossouvre, avec haute, moyenne et basse justice, en considération de ses services et de ceux de son père (1364). Claude de Grivel fut enfant d'honneur de Charles VIII. Cette famille posséda, entre autres terres, Ourouer, Montgoublin, Saint-Aubin, et s'allia aux Bourbon-Busset, Crevant, Crèvecœur, Damas, Saint-Phalle, Veilhan, etc. Son dernier rejeton mâle fut Alexandre-Auguste de Grivel, comte d'Ourouer, qui disparut dans la seconde moitié du XVIIIe siècle. Armes: *d'or à la bande échiquetée d'argent et de sable.*

à Edme de Ponville, chevalier de l'ordre du roi, seigneur des Chastelliers et de Flacy, gentilhomme ordinaire de la chambre du roi, lieutenant de cinquante hommes d'armes de ses ordonnances. Par un partage du 13 avril 1587, la terre du Val-de-Mercy fut attribuée à Olivier de Chastellux ; son frère et sa sœur conservèrent par indivis celle de Coulanges.

Louis épousa Anne, fille de Denis de Ponville (1), chevalier des ordres du roi, conseiller en sa maison, maréchal de camp, écuyer, seigneur des Chastelliers : il en eut deux filles baptisées à Villeneuve-l'Archevêque : Antoinette, le 31 mai 1589, et Marie, le 21 mai 1592. Leur père est qualifié, dans un acte du 17 décembre 1589, chevalier des ordres du roi, guidon de cinquante hommes d'armes en la compagnie de M. de Dinteville en ses armées de Champagne et Brie, écuyer, seigneur de Coulanges, du Luot et de Champois en partie. Il mourut vers 1602 : sa fille Antoinette délaissa la moitié de la terre de Coulanges, par contrat de mariage, au sieur de Vaucelles (2) ; mais cette moitié de la terre revint à Olivier de Chastellux.

Jeanne était, en 1581, femme de Jean de Giverlay (3), seigneur de Châtre, dont elle était veuve en 1602 : elle fit foi et hommage au roi de la seigneurie de Coulanges, et s'en dessaisit en faveur de son frère (1615).

Olivier devait être témoin des maux qu'entraîne la guerre civile :

---

(1) Gilles de Ponville était maître enquesteur des eaux et forêts du Languedoc, de 1320 à 1323. Son arrière-petit-fils, Pierre, épousa Suzanne de Flacy, dame et héritière dudit lieu. Cette famille, alliée aux Pisan, Poitiers, etc., se fondit dans celle de Rochechouart ; elle avait pour armes : *d'argent à trois fasces de sinople.*

(2) Armes : *d'argent au chef de gueules semé de billettes d'or.*

(3) Armes : *fascé d'or et d'azur de six pièces.* Ce Jean était fils ou petit-fils de Charles, seigneur de Champoulet et d'Aulnay, l'un des cent gentilshommes de la maison du roi, et de Claude du Pontot.

après les guerres de religion vinrent les troubles de la Ligue, à laquelle il demeura étranger, bien que les habitants de Coulanges eussent embrassé ce parti, en cédant aux suggestions de M. de Guise. Les royalistes s'entendirent avec Beaujardin, seigneur de Bellombre, et Vincent, seigneur de Vaux, pour s'emparer de Coulanges. Le 10 avril 1589, ils se présentèrent déguisés en paysans, ayant leurs armes et leurs cuirasses cachées sous leurs vêtements, et réussirent à s'introduire dans la place, où ils avaient déjà des intelligences. Les ligueurs, irrités de cet échec, envoyèrent le sieur Ferroul, capitaine d'Egriselles, avec cent cinquante hommes de pied, sous les murs de la place; cette compagnie fut repoussée avec de grandes pertes. Le 3 juin 1589, quatre compagnies, commandées par Thierriat et la Catache, arrivèrent à Coulanges avec un matériel considérable, et attendirent la nuit pour donner l'assaut : les plus hardis se précipitèrent dans la ville en tuant les gardes qu'ils rencontraient, et ouvrirent les portes à leurs camarades. Ceux-ci poussèrent le cri de : *Ville prise ! Ville gagnée !* Il n'en fallut pas davantage pour faire perdre la tête aux royalistes, dont cinquante trouvèrent la mort dans cette affaire. Le château fut livré, le 14 janvier 1591, par le sieur de la Mothe de Vaulgrenant, aux royalistes, commandés par le sieur de Marcueil, gouverneur de Mailly-le-Château. La conversion d'Henri IV mit fin à ces dissensions (1).

Olivier de Chastellux fut député aux Etats-généraux de 1614 avec Aymar de Prie, baron de Toucy ; sa mort arriva dans les dix années qui suivirent. Il s'était uni, le 19 janvier 1586, à Anne, fille de Jean du Plessis (2), seigneur d'Asnières et de la Grange-Rouge, et de

---

(1) *Bulletin de la Société des Sciences de l'Yonne*, 1850, p. 131.
(2) La maison du Plessis était originaire du Vendômois et portait : *d'argent à la croix engré-*

Louise de Vieilchastel : cette dame lui survécut quelques années. On ignore combien ils eurent d'enfants ; nous n'en avons trouvé que deux : Alexandre et Anne ; celle-ci vivait en 1611.

Alexandre devint seigneur du Val-de-Mercy et de Coulanges ; il compléta cette dernière terre par l'acquisition des portions possédées par ses cousins de Giverlay (28 juin 1645). Le roi, par lettres-patentes du 12 août suivant, lui fit remise des droits de quint et de requint, et des autres droits seigneuriaux qu'il pouvait exiger à cause de cette acquisition. Alexandre fournit dénombrement de ses seigneuries le 12 décembre 1647 (1).

Entré de bonne heure dans la carrière militaire, il servit sous les ordres du prince de Condé qui, par brevets du 21 mars 1614, lui donna une compagnie de trente carabins et une de cinquante chevau-légers. Par une lettre du 3 avril 1617, la duchesse de Nevers lui donna une somme de trois cents pistoles et de deux cents livres, primitivement destinées à l'équipement de trente chevau-légers.

En 1653, Alexandre assista aux États de Bourgogne, et fut chargé de la vérification des titres de ceux qui désiraient y être admis ; il mourut six ou sept ans après.

Le partage des biens d'Alexandre et de sa femme fut fait, le 16 mai 1662, devant Saint-Jean et Ricordeau, notaires au Châtelet de Paris (2).

---

lée de gueules, chargée de cinq coquilles d'or. Jean du Plessis, chevalier, seigneur de la Chaise, vivait en 1300. Jean du Plessis, fils de Pierre, seigneur de Perrigny et de Marguerite des Barres, eut en partage la seigneurie d'Asnières et le fief Degiex. Guillaume du Plessis, né le 25 janvier 1494, forma la branche de Liancourt dont la dernière héritière s'unit, en 1659, à François de La Rochefoucauld. Alliances : L'Espine, Plainvilliers, Poupincourt, Dinteville, Courcillon, Estampes, Raguier, Pons, etc.

(1) Cote 37 au registre II des fiefs, f° 124.
(2) Notes du comte Jean-Vincent de Saint-Phalle.

Par contrat passé le 18 octobre 1615, au château de Fessard, reçu Jean Charpentier, notaire à Saint-Maurice, Alexandre de Chastellux épousa Anne, fille de Jean de Gauville (1), chevalier, seigneur de Saint-Maurice, vicomte de Fessard et de Saint-Vincent, et de Marguerite de Piédefer. Il se produisit, à propos de cette union, un fait analogue à celui qui se passa, en 1488, pour Jean de Beauvoir et Jeanne d'Aulenay : les deux époux étaient, cette fois encore, parents du troisième au quatrième degré : l'officialité d'Auxerre voulait dissoudre leur mariage, prétextant le défaut de dispenses. Monsieur et Madame de Coulanges se hâtèrent d'en demander à Rome, ce qui leur fut accordé le 9 avril 1632 ; ensuite ils prouvèrent leur bonne foi, et la procédure se termina par une nouvelle bénédiction nuptiale qui leur fut donnée, le 18 avril 1634, dans l'église Saint-Loup d'Auxerre ; huit ou neuf enfants étaient déjà nés de ce mariage.

Roger, capitaine au régiment de Navarre, et Louis, capitaine de chevau-légers, périrent sur les champs de bataille sans avoir contracté d'alliance : cependant un mariage, celui de Louis, avait été arrêté, le 10 février 1655, avec sa cousine Marie, fille du baron d'Avigneau, âgée de dix ans ; mais celle-ci ayant refusé son consentement, ses parents furent condamnés à payer quatre mille trois cents livres à Messieurs de Coulanges, de l'avis de François de Prie, seigneur de Planes, de Jacques de la Couldre, seigneur de Vincelles, d'Auguste de

---

(1) La Chesnaye des Bois dit que la maison de Gauville avait pour nom primitif *Harenc*, nom danois, et qu'elle était connue, en Normandie, dès la plus haute antiquité. Elle y avait de nombreuses branches et de grandes propriétés. Raoul Harenc est le premier seigneur connu de Gauville : il vivait en même temps que Guillaume Harenc, seigneur de Tournedos, qui avait épousé Basile de Formoville, dame de Glisolles, au xiie siècle. René de Gauville, écuyer, seigneur de Javeroy, de Montéchard, etc., épousa, le 26 février 1518, Françoise de Longueau, qui lui apporta les terres de Fessard et de Saint-Vincent, vendues par décret en 1684. Alliances : Estampes, Beaujeu, Esterling, Plessis, Machault, Courtenay, Le Clerc de Fleurigny, etc. Armes : *de gueules au chef d'argent, semé d'hermines.*

Cullon, seigneur de Séry et de Jean de Moncorps, seigneur de Chéry (13 avril 1655).

Octave de Chastellux, mort jeune, fut inhumé, le 20 juillet 1633, dans l'église de Châtel-Censoir : ses autres frères et sœurs moururent en bas âge, et leurs noms ont péri avec les registres de catholicité du Val-de-Mercy.

Alexandre ne laissa donc que deux enfants, François et Élisabeth. François, baptisé le 28 septembre 1626 (1), marquis de Coulanges, seigneur du Val-de-Mercy, reprit de fief le 29 avril 1667. N'ayant qu'une fortune très médiocre, il passa toute sa vie dans les camps. En 1660, il était mestre-de-camp d'un régiment de cavalerie entretenu pour le service de sa Majesté, et fut nommé brigadier de cavalerie, le 20 avril 1672. Il périt au combat de Sintzheim le 16 juin 1674, et avec lui s'éteignit sa branche.

Sa sœur Élisabeth (2) demeura son unique héritière, et reprit de fief le 5 février 1676 : elle était alors veuve de Claude de Saint-Phalle, seigneur de Villefranche, de Dicy en partie, de Francheville, etc., qui était le fils de Claude, capitaine des mousquetaires du roi, et d'Éléonore de Grossouvre : il avait porté les armes dès sa jeunesse, et avait été capitaine dans le régiment d'Oisonville. Grièvement blessé à la bataille de Nordlingue en 1645, il rentra dans la vie privée et se maria, par contrat du 13 décembre 1650 (3), passé devant Jean

---

(1) GAIGNIÈRES, DCLVIII, p. 180; extrait du registre des baptêmes de la paroisse du Val-de-Mercy. Le parrain fut messire François de Joumard, seigneur de Mailly et de Soufferte, écuyer ordinaire de la grande écurie et gentilhomme de la chambre du roi; la marraine, Anne du Plessis, aïeule de l'enfant.

(2) Les généalogistes la nomment Catherine, la confondant sans doute avec une de ses sœurs morte jeune.

(3) On trouve ailleurs les dates du 13 novembre, 3 novembre..... Remarquons que cette alliance était la seconde : en 1380, Isabelle de Saint-Phalle épousa Pierre de Marmeaux. A propos

Messant, notaire royal au bailliage d'Auxerre en la résidence de Merry-le-Sec. En considération de ce mariage, Françoise de Grossouvre, veuve de Louis de Saint-Phalle, assura à son neveu la terre de Montgoublin, dont il prit possession le 1er avril 1653.

Élisabeth, veuve depuis le 3 janvier 1674, mourut le 17 août 1680, âgée de quarante-neuf ans, et fut inhumée dans l'église de Villefranche. Elle avait eu huit enfants : Alexandre, baptisé le 7 décembre 1651, tué en 1706 au siége de Turin; François, baptisé le 24 octobre 1658, chevalier de Malte en 1666; François et Edme; Eustache, baptisé le 15 février 1665; Anne, baptisée le 5 août 1663, morte le 26 mars 1736; elle était chanoinesse de Remiremont, ainsi que sa sœur Catherine, baptisée le 16 mars 1661 ; et Charles, le seul dont la postérité existe encore.

Alexandre de Saint-Phalle hérita, sous bénéfice d'inventaire, des terres de Coulanges et du Val-de-Mercy, grevées de dettes contractées au service par Alexandre et François de Chastellux. En 1676, un terrible incendie consuma Coulanges, et il n'en fût resté que l'emplacement, si Élisabeth de Chastellux, alors à Coulanges, n'eût fait défoncer trente feuillettes de vin, qu'on jeta sur les flammes ; c'est ainsi que le quart de la ville échappa à la destruction.

Alexandre, Charles, Edme, Catherine et Anne de Saint-Phalle se partagèrent la succession de leur mère le 17 février 1682. Pour

---

de cette branche, il n'est pas sans intérêt d'ajouter quelques détails, tirés des notes de Dom Villevieille, à ceux que nous avons déjà donnés plus haut :

Jean, fils d'André de Marmeaux, chevalier, Étienne et Jacques, damoiseaux, fils de feu Jean de Beaumont, chevalier, seigneur de Saint-Péreuse, Agnès et Isabelle, leurs épouses, avouèrent tenir en fief du comte de Nevers ce qu'ils avaient à Saint-Péreuse, sauf ce qu'ils tenaient de Dreux de Mello, chevalier, 1285. (Chambre des comptes de Nevers).

Jean de Poissons, écuyer, pour et au nom d'Hugues et d'Érard, ses enfants, fit foi et hommage aux héritiers de feu Guillaume de Marmeaux, écuyer, pour ce qu'ils tenaient d'eux en fief, le mardi après la Sainte-Luce 1384. (Titre appartenant au curé d'Ouagne).

payer les dettes de leur aïeul et de leur oncle, ils morcelèrent leur héritage : c'est ainsi que Henri-François Daguesseau, plus tard chancelier de France, reprit de fief, le 16 janvier 1706, de la seigneurie de Coulanges-les-Vineuses ; il la vendit, le 22 février 1712, devant Baudin et Dupont, notaires à Paris, à Jean Contaut, écuyer, demeurant à Paris, employé pour les affaires du roi en Languedoc, Dauphiné et Savoie, pour les vivres et fournitures de l'armée ; cette vente eut lieu moyennant la somme de cent cinquante mille livres.

David de Saint-Phalle, seigneur de Villefranche, fils d'Alexandre, vendit les derniers débris de l'héritage de son aïeule Élisabeth de Chastellux à Jean Contaut, qui, dès lors, se trouva seul seigneur du Val-de-Mercy et de Coulanges-les-Vineuses (1)

---

(1) Voyez le recueil de Peincedé et la généalogie de la maison de Saint-Phalle.

CHAPITRE VIII.

LOUIS ET OLIVIER DE CHASTELLUX.

(1534-1617.)

Louis, troisième fils de Philippe de Chastellux et de Barbe de Hochberg, fut seigneur et baron de Chastellux, de Quarré, et de Marigny ; il racheta aussi les terres qui avaient servi d'assiette aux dots de ses sœurs. Il s'acquitta de ses devoirs féodaux envers le duc de Nevers en 1540 (1), et envers le roi à cause de son duché de Bourgogne, le 20 juin 1541 (2).

Nommé, le 7 avril 1534, gentilhomme en la maison de Jeanne de Hochberg, duchesse de Longueville, sa cousine, il passa plus tard dans la compagnie de M. d'Aumale, à raison de quoi il fut exempté de l'arrière-ban en 1543, 1544 et 1554.

Par lettres-patentes du 14 décembre 1549, dûment enregistrées, le duc de Nevers investit le sire de Chastellux du gouvernement de ses terres situées en Champagne, à savoir : l'Isle, Chaource, Saint-Flo-

---

(1) Titres de Nevers, p. 444.
(2) Peincedé, XVIII, 771.

rentin, Ervy, Dannemoine... (1). Louis entra en fonctions un mois après.

A quelque temps de là, il eut la lieutenance d'une compagnie de cent hommes d'armes placée sous les ordres de M. de Bourdillon, et fut reçu dans cette charge, le 25 avril 1555, par Guillaume de la Grappière, chevalier, seigneur dudit lieu, par François Ogier, commissaire et contrôleur ordinaire, et Jean Gonnart, payeur ; à la même époque, il était bailli de l'Autunois et avait conduit l'arrière-ban en plusieurs occasions ; sous ses ordres, on remarquait Jean de Loron, seigneur de Domecy-sur-Cure, Christophe de Thenay, seigneur de Chevigny, Pierre de Blanchefort, seigneur du Château-du-Bois, etc. (2).

Le sire de Chastellux était bien vu à la cour : Henri II le nomma son pannetier (13 janvier 1557), et voulut qu'il jouît des mêmes priviléges que s'il était couché sur l'état des gentilshommes, officiers et domestiques de sa maison (3). Charles IX lui donna (28 novembre 1562) un brevet de gentilhomme de sa chambre ; plus tard, il le nomma (26 juillet 1567) gouverneur de la citadelle de Marsal en Lorraine, occupée par une garnison de quatre cents hommes de pied.

Louis de Chastellux fut lieutenant-général en Piémont, sous les ordres du maréchal de Bourdillon, et pour le roi à Verdun et dans le pays d'alentour : il commanda en cette qualité en Nivernais ; Henri III, par lettres du 21 janvier 1579, ordonna qu'il fût payé sur les revenus du domaine de Saint-Léger-de-Foucheret d'une somme de trois mille trois cent quatre-vingt-douze francs qui lui était due pour ses services (4).

---

(1) *Vieux Livre noir*, p. 31.
(2) *Ibidem*, p. 54.
(3) Grand inventaire des titres, chap. X, n° 4 de la liasse cotée L.
(4) PEINCEDÉ, III, 366.

Nommé gouverneur de la citadelle de Metz le 27 avril 1570, il exerça cette charge depuis le 28 mai suivant jusqu'à sa mort, arrivée le 14 octobre 1580. Il fut enterré à Quarré ; mais son cœur fut placé dans la chapelle Saint-Germain, aujourd'hui église paroissiale de Chastellux, où son mausolée existe encore : il est représenté à genoux sur un prie-dieu à ses armes ; son épitaphe est ainsi conçue :

« Ci-gît le cœur de hault et puissant seigneur messire Loys de Chas-
« tellux, seig^r dudit lieu, v^{te} d'Avallon, 1er chanoine hér^{re} de la
« cathédrale d'Auxerre (*sic*), chevalier de l'ordre du roi, gentilh^{me} de
« sa chambre, gouv^r de Marsal et de la citadelle de Metz.

> « Passat, tel fut mō corps que monstre ma figure.
> « Si tu vas à Quarré, tu trouverra mes os.
> « Mō esprit est vivat, mō los en escripture
> « Et mō cœur est dedans ce petit lieu clos.
> « Il trépassa le xiiii octobre 1580.

Louis de Chastellux avait été marié deux fois : d'abord avec Jeanne de la Roëre, fille de François, seigneur de Chamoy, de Sommeval, de Villejuif, de Vaulsemain et du Saint-Sépulcre, et d'Hilaire Raguier (1). Le contrat fut passé, au château de Chamoy, le 31 décembre 1540, devant Pierre Hugot et Guillaume Rogier, notaires audit lieu ; la cérémonie nuptiale eut lieu le 7 février, ainsi qu'on le voit par le récit suivant :

« *Nota hic*, du mariaige de Mg^r Loys de Chastellux, baron et seigneur dudit lieu de Chastellux... faict et sollempnisé avec demoiselle

---

(1) Dans les preuves pour Malte de César de Chastellux, il est dit que les La Roëre étaient « d'une maison ancienne, fort fameuse en noblesse, assise en Champagne, proche Troyes, tenue et réputée telle de toute antiquité. » Cette famille portait : *d'argent à la croix ancrée de sable, chargée en cœur d'une losange d'argent.* La terre de Chamoy appartenait, au xviiie siècle, à la maison de Rousseau.

hanne de la Rouère, fille de noble seigneur Françoys de la Rouhère, seigneur de Chamoy près Troys en Champaigne. Et fut faicte la dicte sollempnité audit Chamoy, le lundi 7ᵉ jour de febvrier 1540; et le festin de la bienvenue de mad. demoiselle fut faict audit Chastellux les sabmedi, dimanche et lundi gras, mardi, jour Caresme-prenant, et mercredi, jour des Cendres, à grant triumphe et joye; où estoient les père et mère de madite demoiselle, Philippe et Olivier de Chastellux, seigneur de Baisarne et Colanges, frères de mondit seigneur; le seigneur de Villarnoul, le capitaine Bourdillon, le seigneur de la Brosse, et plusieurs seigneurs et gentilhommes du pays tant de Bourgogne que Nyvernoix, en gros nombre et notable compaignye, qui faisoit tout beaul veoir tant en armes que aultrement. Lesquelx furent très bien et richement servyz et de bonnes vyandes. Et illec furent rachetées par mondit seigneur les terres d'Usy, Seris, Quarré, Bosson et aultres que le seigneur de Pisy, à cause de feue Marie de Chastellux, sa femme, tenoit de mondit seigneur, pour cinq mille livres tournois qui luy furent payées. Et fut led. dimanche gras, le 27ᵉ dudit moys de febvrier 1540, auquel temps madite demoiselle estoit eagée de dix-huit ans seullement (1). »

Que les joies de ce monde sont courtes ! La jeune femme dont l'arrivée excitait tant d'allégresse à Chastellux, tomba dangereusement malade, en l'absence de son mari, alors à l'armée : elle fit son testament, le 21 septembre 1549, en demandant sa sépulture dans l'église des Cordeliers de Vézelay, et en laissant son cœur à celle de Saint-André en Morvand, où elle avait fait une fondation six ans auparavant. Elle mourut le 29 octobre, quinze jours après le retour de son époux.

---

(1) Archives de l'Yonne, E, 61. Justice de Chastellux.

Celui-ci fut nommé, le 5 février suivant, tuteur et administrateur de ses enfants mineurs Olivier, Claude et Edmée.

Claude fut mariée, par contrat du 6 janvier 1560, à Jacques d'Esguilly (1), seigneur de Chassy, du Chemin, de Saint-Sernin, du Deffand et de Lucenay, fils de Claude d'Esguilly et de Lorette de Varigny. Elle fut mère de Françoise qui fut mariée, le 7 février 1578, à François de Choiseul, seigneur de Chevigny et de Fresnoy, chevalier de l'ordre du roi, et gentilhomme de sa chambre : leur fils Jean de Choiseul forma la branche d'Esguilly, éteinte en 1733. Claude de Chastellux donna quittance, le 25 septembre 1615, à son petit-neveu Hercule, de neuf cents livres, reste de sa dot.

Edmée, sa sœur, fut unie, le 8 octobre 1564, par contrat reçu Philippe Regnard, notaire, à René, fils de Barthélemy de Meun, seigneur de La Ferté-Aurain, de Millebert, de Chevry et de Challement, et de Françoise du Verne (2). René fut lieutenant du roi en la ville et citadelle de Metz et servit sous le marquis de Ragny.

Louis de Chastellux, veuf depuis dix-huit mois, songea à une nouvelle union qui pût lui rendre son bonheur domestique : son choix s'arrêta sur Anne de Loges, fille d'Hugues, chevalier, seigneur de la

---

(1) On trouve, dès 1370, des membres de cette famille, qui posséda les fiefs de Thénissey, de Fontaine-en-Duesmois, etc., et qui s'allia aux Drée, Ruffey, Cussigny, Cléron, etc. Armes : *d'or à trois pals d'azur;* ce sont aussi celles de la maison de Saudon, en Chalonnais, à laquelle appartenaient Marguerite, femme d'Artaud III, sire de Chastellux, et Claire-Perrette, femme de Claude d'Anstrude en 1698.

(2) Théodun, comte de Meun, vivait en 1139 ; son fils Landurey épousa Agnès, fille de Jourdain de La Ferté, seigneur d'Aloxe et de La Ferté-Aurain, et se croisa en 1147. Jean de Meun, chevalier, et Jacquette Garreau, sa femme, se voyant sans enfants, substituèrent le nom et les armes de Meun à Jean de La Ferté leur proche parent (1480). Hubert, chevalier, sire de La Ferté-Hubert, mort en 1092, est le premier membre connu de cette famille qui posséda de nombreux fiefs en Bourgogne et en Nivernais, et dont les alliances sont : Coligny, La Rivière, Charry, Cullon, Aulenay, Damas, Comeau, Bréchard, Clermont-Tonnerre, Molé, Noailles, etc. Armes : aux 1 et 4 *d'hermine au sautoir de gueules;* aux 2 et 3 *contre-écartelé d'argent et de gueules.*

Boulaye et de Chailly, lieutenant pour le roi en Bourgogne, et de Charlotte du Mesnil-Simon (1). Elle habitait alors au château de Montoillot chez son beau-père, Henri d'Esguilly, chevalier; c'est là que son contrat de mariage fut passé le 22 avril 1551; la célébration en fut différée d'un an.

La jeune femme possédait, par indivis avec son frère Simon, les terres et seigneuries de Vergoncey, de Saint-Pierre-de-Vaux et de Montegoux, qui furent vendues, le 1er avril 1554, à Antoine Delacroix, notaire à Autun, moyennant quatre cent cinquante écus. Louis de Chastellux traita, le 23 août 1563, avec son beau-frère, au sujet d'une somme de mille six cents livres provenant de cette vente; il consentit à ce que ces terres fussent rachetées seulement à son décès : c'est ce qui arriva; elles furent revendues, le 13 mars 1587, à Désirée Garnier.

Anne de Loges était dame d'Alonne et de Bordeaux, ce qui se voit par un procès-verbal du 18 décembre 1560, qui constate que « Claude Nectoux, de Vesle, s'était présenté à noble seigneur messire Louis de Chastellux, chevalier, baron dudit lieu, seigneur d'Alonne et de Bordeaux, pour faire allouer une acquisition qu'il avait faite dans sa directe d'Alonne. »

Par un acte passé le 13 janvier 1579, Claude de Sainte-Maure, femme de René de Bellingien, seigneur de Beauvoir, vendit à Monsieur et à Madame de Chastellux les terres, justices et seigneuries de Précy-le-Mou et de Menades (2).

---

(1) La maison de Loges quitta, vers 1400, la Bresse, son pays natal, pour s'établir en Bourgogne : Guillaume de Loges épousa Agnès de Bourbon, qui lui apporta la terre de la Boulaye, érigée en marquisat au mois d'avril 1619, en faveur d'Edme de Rochefort, marquis de Pluvault. Alliances : Nagu, Courcelles, Trestondan. Armes : *d'or au sautoir d'azur*.

(2) Inventaire des titres, chap. X, n° 28 de la liasse cotée L.

Un décret ayant été mis sur les biens de Pierre de Thenay, co-seigneur de Chevigny, de Lucenay et de Bordeaux, cette dernière terre fut adjugée à Anne de Loges, dame d'Alonne (28 juillet 1581). Elle était alors veuve, et se remaria bientôt à Antoine de Veilhan, chevalier de l'ordre du roi, capitaine de cinquante hommes d'armes, seigneur et baron de Giry et de Merry-sur-Yonne. Elle ne survécut que dix ans à son premier mari, car l'inventaire de ses meubles fut fait le 1er décembre 1590 au château d'Alonne, où elle était morte.

Elle avait donné à Louis de Chastellux deux filles, Antoinette et Claudine.

Antoinette fut mariée, le 4 mars 1578, à Anatole-Louis, fils de Paul de Pontailler (1), chevalier de l'ordre du roi, gentilhomme ordinaire de sa Chambre, sire et seigneur de Châtillon-en-Bazois et de Bernière, et d'Humberte de Grammont. Elle mourut jeune, en laissant une fille, Jacqueline, mariée, le 5 août 1588, à Edme de Rochefort, marquis de Pluvault, et unique héritière de son aïeule, Anne de Loges.

Claudine mourut jeune et fut inhumée chez les Cordeliers d'Autun : sa tombe était à côté de celle de dame Louise-Choiseul de Traves, femme de messire Pierre du Vouchot, décédée le 12 juin 1659 : son épitaphe était en ces termes :

« Cy-gît noble demoiselle Demoiselle Claudine de Chastellux, fille
« de noble seigneur Louis de Chastellux, seigneur et baron audit

---

(1) Cette maison paraît être issue de Guillaume de Champlitte, des comtes de Champagne, seigneur de Pontailler, vicomte de Dijon, conquérant de la Morée et mort prince d'Achaïe, en 1210. Son arrière-petit-fils, Guillaume IV, céda la vicomté de Dijon au duc Robert II en 1276. Jean de Pontailler, premier du nom, eut pour fils Guy, maréchal de Bourgogne. Jean-Louis de Pontailler, baron de Talmay, fut tué à la bataille de Montcontour. La maison de Pontailler s'éteignit au xviie siècle, après s'être alliée aux Vergy, Chandio, Ray, Villerslafaye, Thomassin, etc. Armes : *de gueules au lion d'or, couronné de même, armé et lampassé d'azur.*

« lieu et d'Alonne, chevalier de l'ordre du roi, gouverneur pour Sa
« Majesté de la citadelle de Metz et capitaine de quatre cents hommes
« de guerre à pied, français, ordonnés pour la garde d'icelle, et dame
« Anne des Loges, femme et espouse dudit seigneur; laquelle tres-
« passa à l'âge de douze ans au lieu de la Boulaye, le xxi⁰ jour de
« febvrier 1572. Priez Dieu pour son âme (1). »

Claudine avait un frère unique, né de Jeanne de la Roëre et nommé Olivier : ce fut lui qui continua la lignée. En 1575, on le trouve au service du prince de Condé, qui lui donna (1ᵉʳ octobre 1576) une somme de trois mille livres à prendre sur les droits seigneuriaux de sa terre de Chevry, et trois mois après le gouvernement de Brouage. Il paraît qu'Olivier suivait une ligne de conduite politique différente de celle de son père; car Catherine de Médicis écrivit au sire de Chastellux pour se plaindre « des mauvais déportements de son fils » et l'engager à le détourner de cette voie. Louis répondit au roi :

« Sire, le plus grand regrect que j'euz jamais estoit de veoir mon fils hors de votre obéissance ; je loue Dieu de sa réduction à votre service, remerciant très humblement Votre Majesté de l'honneur qu'il a receu quant je vous ai baizé les mains. Le plus grand et exprès commandement que je luy ay jamais donné a esté le très humble service que le très fidel subject doibt à son roy. J'espère que à l'advenir il en fera son debvoir, qui me faict très humblement supplier Votre Majesté lui pardonner sa désobéissance. Car quant à moy quelque instance qu'il me face de le pardonner, ne suis délibéré y entendre que premièrement je n'en aye votre commandement, ne

---

(1) *Vieux Livre noir*, p. 159.

l'ayant jamais nourry à aultre intention que vous vouer et desdier sa vie comme j'ay toujours faict la mienne. Sire, il y a une petite abbaye auprès de ma maison, nommée Saint-Martin-de-Chore, qui ne sçauroit valloir douze cens livres de rente. L'abbé (1) est vieil, qui me faict supplier très humblement Votre Majesté m'en donner la réserve qui me sera plus grand moyen de vous faire toute ma vie très humble et très fidel service, vous baizant très humblement les mains. Sire, je supplie notre Seigneur vous donner en très bonne santé et très parfaite prospérité, très heureuse et très longue vie. De la citadelle de Metz, ce xxviiie septembre (1577).

Votre très humble, très obéissant et très fidel subject.

CHASTELLUX (2). »

Cette lettre prouve qu'Olivier servit dès lors la cause royale, et il se distingua assez pour que le roi l'exemptât du ban et arrière-ban (4 janvier 1588). Il refusa d'entrer dans la Ligue, regardant Henri IV comme le légitime héritier du trône, bien qu'il fût encore dans l'hérésie : ce prince lui donna dès son avénement les biens meubles du sieur Leclerc, lieutenant au bailliage d'Auxerre, rebelle, pour le rembourser des frais d'entretien occasionnés par les garnisons de Chastellux et du Vault (19 août 1589) ; il lui donna encore une somme de six mille écus (17 juillet 1590) avec le droit de chasse dans la forêt de Saint-Léger-de-Foucheret ; enfin il lui accorda l'abbaye de Reigny, en le chargeant d'en pourvoir une personne capable : ce fut le sieur Bourdillat qui fut désigné pour gouverner le monastère (27 juillet), et ensuite Claude de Denesvre en 1597.

---

(1) Il s'agissait d'Octavien Abondio, qui fut remplacé par François Guierry, chanoine de Vergy et aumônier du roi.

(2) Ve Colbert, IX. Notes du comte Léon de Bastard.

C'était certes une lourde charge que les garnisons de Chastellux et du Vault, dans un pays sans cesse parcouru par des bandes ennemies, si l'on en juge par des lettres-patentes du 28 janvier 1596, dont la teneur était qu'il fût passé dans le compte du receveur du bailliage d'Auxerre le payement que ledit receveur avait fait au baron de Chastellux pour les états et soldes en garnison dans son château de Chastellux. Ces places étaient tellement sûres et importantes, que l'abbesse de Crisenon, chassée de son monastère, vint y chercher un asile contre la fureur des sectaires : elle amena avec elle les demoiselles de Chastellux, confiées à ses soins.

Néanmoins, Olivier avait encore des forces assez considérables pour aller au loin : c'est ainsi qu'en 1590 il fut employé pour le service du roi aux siéges de La Rochelle et de Saint-Jean-d'Angély, et qu'il se rendit à Limoges avec plusieurs gentilshommes (1).

Nommé gouverneur de Cravan, le 4 août 1590, il vint assiéger cette ville dévouée à la Ligue et s'en rendit maître le 18 mars 1594 ; on y trouva trois cents pièces de cendres appartenant à Thomas Morel, d'Avallon, quatre-vingts muids de vin au seigneur de Gauville, mestre-de-camp sous les ordres du duc de Mayenne, et des meubles à la dame de Luppé : tout cela fut donné par le roi à Olivier, par lettres du 20 mai 1594.

Le baron de Chastellux assuma, pour le service du roi, la garde des maison et château de Cravan appartenant au Chapitre d'Auxerre, et les rendit, le 18 février 1598, aux chanoines, qui l'avaient admis dans leur sein, le 20 octobre 1582, malgré les réclamations mal fondées du seigneur de Bazarne, chef de sa maison.

---

(1) *Vieux Livre noir*, p. 54.

Henri IV ne cessa jamais de témoigner son amitié au baron de Chastellux : il le reçut chevalier de son ordre et l'exempta de l'arrière-ban en 1594 ; deux ans après, Olivier ayant été député par les États de Bourgogne pour présenter leur adresse au roi, celui-ci le retint auprès de sa personne en qualité de gentilhomme ordinaire de sa chambre, et lui donna (21 mai 1597) le bailliage d'Autun vacant par la mort du baron de Châtillon.

Une déclaration royale du 3 juillet 1546 avait interdit le port d'armes : Henri IV fit une exception en faveur du sire de Chastellux (4 mai 1599) et étendit cette prérogative à ses gens.

Olivier avait entre les mains la totalité de l'héritage paternel, qu'il avait obtenue en désintéressant ses sœurs : il fit foi et hommage de ses terres en Bourgogne (11 janvier 1581) et en fournit le dénombrement le 11 mai 1585 ; les mêmes devoirs furent remplis à Nevers, le 31 janvier et le 10 juin 1582. Tous les vassaux du duché s'étant réunis à Nevers le 30 juin 1598, Olivier renouvela son hommage à Henriette de Clèves. Mais, comme il avait omis la mouvance de Chalaux, du Mont-de-Marigny et du Meix-de-Chalaux, et celle de Champignolles et de Vauban, il fut obligé de fournir un nouveau dénombrement en date du 19 mai 1608.

Devenu propriétaire des terres de Villarnoul et de Vermoiron, etc., suivant donation faite, le 16 octobre 1585, par Jacques de Jaucourt et Nicole de Vienne, sa femme, il en reprit de fief par procureur fondé aux termes d'un acte reçu Gaffey, notaire à Avallon, le 29 du même mois (1). Ces terres furent rachetées par les Jaucourt.

Olivier acheta la vicomté d'Avallon à son cousin de Bazarne, le 12

---

(1) PEINCEDÉ, IX, 323.

décembre 1597, pardevant Pougny, notaire à Cravan, et obtint des lettres de souffrance en la chambre des comptes de Dijon, le 26 janvier suivant.

Il se maria, par contrat du 6 avril 1583, reçu Jean Thireul et François Herbin, notaires au Châtelet de Paris, à Marguerite, fille de Jacques de Clermont d'Amboise (1), chevalier de l'ordre du roi, marquis de Reynel, baron de Bussy, de Vauvray, de Maulvic et de Perrigny, et de Catherine de Beauvau. Elle fit son testament le 11 novembre 1605, et mourut le 18 du même mois : son corps fut transporté en l'abbaye de Crisenon, mais son cœur demeura dans la chapelle du château de Chastellux.

Devenu veuf, Olivier obtint le revenu de l'abbaye de Reigny (28 juin 1607), et en jouit pendant six ans ; il la remit à Philippe Piot. Il assista pareillement aux États de Bourgogne en 1608, et fut alors chargé de la vérification des titres : il avait déjà paru aux Assemblées de 1587, 1590 et 1596, comme son père à celles de 1575, 1576, 1579.

Il fit son testament le 8 janvier 1610, et bientôt un second, par lequel il partageait ses biens entre ses enfants encore vivants. Décédé

---

(1) Ce Jacques appartenait à une maison d'origine Angevine. Le Laboureur en commence la filiation à Louis, seigneur de Clermont, chevalier de l'ordre du Croissant en 1448. Son fils René était seigneur de Gallerande, et c'est par ce nom que cette maison s'est distinguée de ses homonymes. Georges, cardinal d'Amboise, archevêque de Rouen, donna à Jacques de Clermont, son neveu, les terres de Bussy, de Vauvray, etc., situées près de Vitry en Champagne, à la charge de l'usufruit pour sa sœur Renée d'Amboise, et, pour le donataire, de porter le nom et les armes de la maison d'Amboise, avec substitution, à défaut d'enfants mâles de Jacques, de Jean, son frère, qui toutefois se fit religieux. Henri de Clermont, petit-neveu de Madame de Chastellux, ayant été tué en duel, en 1627, sans postérité, le nom d'Amboise fut relevé par Antoine de Clermont, cousin de Jacques ; cette branche a subsisté jusqu'à nos jours. Marguerite, dame de Chastellux, avait pour sœur Renée, mariée à Jean de Montluc, seigneur de Balagny, maréchal de France ; elle se signala à la défense de Cambrai, et mourut de douleur avant la reddition de cette place, le 9 octobre 1595. La maison de Clermont-Gallerande, à laquelle appartenait Charles-Georges, pair de France, né le 30 juillet 1744, mort le 19 avril 1823, portait : *d'azur à trois chevrons d'or, celui du chef brisé*. La branche d'Amboise écartelait des armes du cardinal-archevêque de Rouen : *palé d'or et de gueules de six pièces*.

en sa maison d'Avallon le 15 janvier 1617, il fut inhumé à Quarré auprès de son père ; son cœur fut réuni à celui de sa femme.

Outre Hercule, son fils aîné et son successeur, Olivier avait eu douze enfants : nous allons parler d'eux pour finir ce chapitre.

César de Chastellux fut présenté à l'ordre de Malte, et le procès-verbal d'information sur sa vie, son extraction et ses mœurs, se fit le 13 juin 1599, à la Madeleine de Dijon : trois cents écus furent payés pour son droit de passage (16 avril 1600). Il mourut, neuf ans après, pendant un voyage dans le Levant qu'il faisait sur les galères de la religion. Le grand-maître de l'Ordre en informa le grand-prieur de Champagne par une lettre du 7 septembre 1610 ; en même temps, il lui mandait de recevoir les preuves d'Alexandre de Chastellux, présenté le 30 août. Il est à croire que ce jeune homme ne se souciait point d'aller prendre la place de son frère, et qu'il préféra jouir des terres de Quarré et de Bousson que son père lui avait données. Par son testament du 8 janvier 1616, il institua sa sœur Minerve son héritière universelle, et mourut victime de la déplorable manie des duels qui régnait alors. S'étant battu devant la Bastille, à la suite du roi, avec son neveu Claude-Alexandre de Choiseul, baron d'Esguilly, il resta sur le carreau. Son meurtrier périt lui-même six ans après, au siége de Negrepélisse.

Jean de Chastellux, étant allé en Italie dans le cours de 1607, n'avait pas encore donné de ses nouvelles en 1632.

Achille de Chastellux, seigneur de Marigny et de Monloy, était majeur en 1618 ; son frère aîné Hercule lui rendit alors ses comptes de tutelle. Par son testament du 15 mai de la même année, il légua l'usufruit de ses biens à l'abbesse de Crisenon, sa sœur, et la nue-propriété à son autre sœur Minerve. Par acte du 13 octobre 1620, il constitua une rente au principal de deux mille cent quinze livres envers le seigneur de Briquemaut ; par un autre, du 12 novembre 1622, il fit donation, à cause de mort, au nommé Boisseau, sergent de la compagnie de M. de Briquemaut, d'une somme de deux cents livres dont Boisseau fit l'abandon à M. de Briquemaut. Achille résidait à Marigny chez Jean Robin, qui fut sommé, le 23 octobre 1624, de représenter les meubles de son hôte, alors décédé.

Auguste de Chastellux, seigneur de Marigny-la-Ville et de Courotte en partie, terres dont il donna dénombrement le 8 avril 1619, était, dès 1613, capitaine de cent hommes d'armes au régiment d'infanterie de M. de Rambures ; cette compagnie ayant été supprimée, il fut chargé de la remettre sur pied, pour aller au siége de Saint-Jean-d'Angély. Atteint d'un coup de mousquet à travers son hausse-col, à la tranchée de cette place, il mourut le 9 juin 1621, six jours après avoir fait ses dernières dispositions en faveur de son neveu César-Pierre de Chastellux.

Diane de Chastellux, nommée abbesse de Crisenon le 31 janvier 1590, fut obligée de renoncer à sa crosse, parce que la cour de Rome se refusait à ratifier les nominations accordées par un Huguenot, car alors Henri IV était encore engagé dans l'erreur. Elle fut mariée à Guy de Chaugy (1), seigneur de Marrey, fils d'Hugues, baron de Rous-

---

(1) On n'a point une connaissance certaine de l'origine de cette maison, que quelques-uns font sortir d'un bâtard de Pierre de France, sire de Courtenay : néanmoins, elle devait être fort ancienne, puisqu'en 1318 Georges de Chaugy était chanoine et comte de Saint-Jean de Lyon, dignité pour laquelle il fallait prouver 400 ans de noblesse. Elle tire son nom d'un fief situé en Bourbonnais et avait droit de sépulture dans le prieuré d'Ambierle. Bertrand de Chaugy, feudataire du sire de Grancey, vivait en 1208. Jean, seigneur de Chaugy et du Chesnay, épousa Isabelle de Roussillon, qui lui apporta une partie de la terre de ce nom. Michaud de Chaugy, surnommé le Brave, fut honoré de la confiance de Philippe-le-Bon, duc de Bourgogne, et de Louis XI : il obtint, on ignore à quelle occasion, le privilége de surmonter son écu d'une couronne royale semblable à celle des enfants du roi. Ses neveux formèrent de nombreuses branches répandues dans l'Autunois, le Tonnerrois, l'Avallonnais, etc. Alliances : Chauvigny, Culan, Chandio, Faillans,

sillon, seigneur du Monceau, de la Bussière, de Gien-sur-Cure, etc., chevalier de l'ordre du roi, et de Catherine de la Tournelle. Le contrat fut passé le 17 février 1602 à Chastellux, en présence de Jean Borot, notaire à Avallon, et d'Hugues Gaudry, notaire à Montcimet. Diane et Guy acquirent la seigneurie d'Anost, qui appartenait à leur oncle Jacques de Chaugy, seigneur de Lantilly en Auxois, suivant acte reçu Bruello, notaire, le 4 juillet 1625 : cette terre consistait en quelques cens particuliers, et relevait pour le surplus de la baronnie de Roussillon. C'est pourquoi il en fut fourni dénombrement le 12 juin 1626 (1). Devenue veuve, Diane transigea, le 17 novembre 1632, avec son frère Hercule, au sujet des successions de leurs frères et sœur décédés : puis elle abandonna ses droits sur Roussillon à son fils Hugues, qui en fit le dénombrement, comme donataire de sa mère, le 23 juillet 1638 (2). Diane assista, en 1640, au mariage de sa nièce la baronne de Joux, et dès lors on perd la trace de son existence.

Angélique de Chastellux prit l'habit, le 12 septembre 1595, dans l'abbaye de Crisenon, dont Yolande de Montsaulnin était supérieure : elle fit sa profession le 10 janvier 1600 et prit possession de l'abbaye le 10 avril 1602, par suite de la résignation d'Yolande, agréée à Rome le 17 juillet 1601. Ce n'était point une tâche facile qui était

---

Fougères, Lantages, Du Châtelet, Drouard de la Croisette, Bousseval, Broc, Chevigny, Cléron, Fussey, Blanchefort, Bourbon, etc. Michaud de Chaugy le Brave, fit peindre ses armes dans la Sainte-Chapelle de Dijon, à savoir : aux 1 et 4 *écartelé d'or et de gueules,* qui est Chaugy ; aux 2 et 3 *d'azur à une croix d'or cantonnée de vingt croisettes de même,* qui est Montaigu (?). Devise : *Vous m'avez, vous m'avez.* Le nom de Chaugy était porté au commencement de ce siècle par Louise-Charlotte de Chaugy, baptisée à Vezannes le 24 mai 1742, morte le 1er février 1813 à Autun c'était la dernière abbesse de Saint-Andoche. Son frère, l'abbé Claude-Alexandre de Chaugy, fut l'un des derniers mâles de ce nom, du moins en Bourgogne.

(1) Peincedé, II, 450.
(2) Idem, II, 471.

dévolue à la jeune abbesse : les Huguenots avaient porté une main sacrilége sur Crisenon, et la pauvreté des religieuses ne leur avait point permis de relever tant de ruines. A force d'ordre, d'économie et d'habileté, Angélique remit les bâtiments conventuels en bon état et augmenta les revenus de sa communauté. Cependant Gilles de Souvré, évêque d'Auxerre, ayant voulu transférer les religieuses à Auxerre, pour les avoir sous sa surveillance, rencontra une résistance énergique, quoique respectueuse, chez l'abbesse, confiante en son bon droit.

Cette lutte fut très longue : l'abbesse repoussait vivement les prétentions de l'évêque, en objectant le droit de juridiction de l'abbaye de Molesme sur la sienne. L'évêque d'Auxerre vint donc à Crisenon, le 30 juillet 1629, et s'engagea à différer de trois mois sa visite des lieux, afin que les religieuses pussent produire les titres qui les en exemptaient : ce qu'elles firent le 29 octobre suivant. Huit jours auparavant, Claude de Loys, prieur de Molesme, était venu à Crisenon et avait reconnu les améliorations opérées par Angélique de Chastellux. Gilles de Souvré n'insista plus ; cependant, il avait peut-être raison de vouloir placer les religieuses dans sa ville épiscopale, car, peu d'années après, un certain relâchement s'introduisit dans le monastère : trois professes prirent la fuite en 1642, emportant leurs meilleurs meubles, malgré l'abbesse qui les conjurait de rentrer dans la voie de l'obéissance : elle eut alors recours à Ferry de Loys, grand prieur de Molesme, qui, s'étant transporté le 2 juin 1643 à Crisenon, y établit la clôture sous des peines très sévères, en permettant à l'abbesse de faire venir d'ailleurs des religieuses pour remplacer les fugitives. Pierre de Broc, alors évêque d'Auxerre, s'émut de ces désordres et de la fuite de toutes les religieuses dans la nuit du 10 au 11 août ; il ordonna à Gilberte de Saint-Martin et à Aimée de Montsaulnin, qui avaient partagé la faute de leurs compagnes, de se retirer chez les Ursulines d'Auxerre, jusqu'à ce que l'abbaye de Crisenon fût complétement réparée : enfin il exigea que la communauté fût transférée à Auxerre (26 août). Cette mesure échoua complétement contre l'énergique protestation des religieuses, fidèles à l'autorité de l'abbé de Molesme (1). Au reste, rien ne pouvait empêcher la décadence des ordres religieux, déjà frappés au cœur par la commende : Dieu se réservait de les purifier par de terribles épreuves.

Angélique de Chastellux mourut le 18 août 1656 et fut inhumée auprès de sa mère : elle s'était donné pour coadjutrice Claude Larcher, personne d'une vertu exemplaire, que Louis XIV nomma abbesse le 30 avril 1657.

Marie-Hélène de Chastellux, placée avec ses sœurs dans l'abbaye de Crisenon, fut nommée coadjutrice de l'abbesse (2) : sa grande jeunesse fit exercer cette charge par une autre personne dont elle eut beaucoup à souffrir; mais ces épreuves, dans l'ordre de la Providence, étaient destinées à rendre sa vertu plus solide. Obligée de quitter Crisenon, elle retourna chez son père et ne le quitta plus tant qu'il vécut; à peine eut-il rendu le dernier soupir, qu'elle se rendit à Moulins, où la mère de Bréchard avait fondé un couvent de la Visitation : elle y prit l'habit le 8 juillet 1647, et fit sa profession le 22 juillet 1648. Nommée assistante et maîtresse des novices, elle alla remplir cette charge à Nevers pendant deux ans. A son retour à Moulins, elle prit la place de la mère de Bréchard. Quatre ans après, l'évêque d'Autun, qui connaissait les vertus de la mère de Chantal et de ses filles spirituelles, voulut les établir dans sa ville épiscopale.

---

(1) Collection de Bourgogne, III, 336 et suivantes.
(2) Dans un baptême fait à Cravan, le 7 juillet 1607, elle est dite prieure de la Vernée.

A sa demande, la mère de Chastellux arriva, le 7 novembre 1624, à Autun, où une foule considérable de gentilshommes se porta au-devant d'elle. Mille obstacles imprévus retardèrent l'inauguration du monastère jusqu'en 1628. Mais alors une peste effroyable s'abattit sur l'Autunois : la mère de Chastellux réunit le Chapitre et proposa aux sœurs d'user de la liberté laissée par le concile de Trente, en quittant le couvent pour se retirer toutes ensemble dans un château que Madame de Roussillon, sa sœur, mettait à leur disposition. Mais toutes les sœurs se récrièrent, en protestant qu'elles ne voulaient pas rompre la sainte clôture, et qu'elles craignaient seulement la peste de l'âme ; et, s'embrassant les unes les autres, elles se jurèrent de se soigner réciproquement jusqu'à la mort. Elles furent bien récompensées de leur héroïque détermination par une lettre que la mère de Chantal leur écrivit pour les en féliciter.

Quelque temps après, la vénérable fondatrice, se trouvant au château d'Alonne, chez sa fille, Madame de Toulongeon, écrivit à la mère de Chastellux d'accepter l'hospitalité que lui offrait l'abbé de Toulongeon, dans un de ses prieurés, et de lui donner de ses nouvelles : la chose étant impraticable, Marie-Hélène se rendit dans un champ, pour y attendre la mère de Chantal et lui parler d'affaires urgentes : mais à peine celle-ci l'eut-elle aperçue, qu'elle invoqua le secours de Dieu et faisant le signe de la croix : « Approchons-nous, au nom de Dieu » dit-elle. Et, marchant à grands pas vers la mère de Chastellux, elle l'embrassa et la fit monter en voiture : elles se rendirent ensemble au château de Roussillon, car la sainte avait une grande affection pour Diane, sœur de Marie-Hélène. Cette dame, en voyant arriver ses hôtesses, fut saisie de crainte, et se jetant à genoux devant la sainte : « Madame, lui dit-elle, si votre sainteté ne me mettait hors de crainte, je tremblerais et laisserais ma maison à ma sœur ; mais j'ai confiance qu'aucun mal n'arrivera à qui que ce soit ; donnez-moi le bien de votre bénédiction (1). »

Il n'était point dans la destinée de la mère de Chastellux de demeurer dans un lieu fixe : elle fut élue supérieure du couvent de Bourg en Bresse, et y arriva le 19 août 1631 ; sa réputation de sainteté la fit désigner pour établir une nouvelle maison à Saint-Amour, le jour de la Trinité 1633 : elle se rendit ensuite à Annecy, pour voir la mère de Chantal et lui rendre compte de son administration.

A peine était-elle revenue à Bourg, que ses supérieurs la rappelèrent à Moulins. Sa longue absence avait causé beaucoup de préjudice au couvent ; Marie-Hélène remit les choses dans leur premier état. En 1641, elle quitta Moulins pour la dernière fois et alla prendre le gouvernement de la maison nouvellement fondée à Semur en Auxois. Le comte de Chastellux, voyant sa sœur si près de lui et voulant satisfaire sa piété, fonda une maison à Avallon, où les Visitandines s'installèrent, le 17 avril 1645, avec la mère de Chastellux. Elles eurent la douleur de se séparer d'elle, car l'évêque de Chalon la manda dans sa ville épiscopale pour lui confier la direction de la maison récemment fondée : arrivée le 23 juin 1654, Marie-Hélène se rendit éminemment utile au prélat, nonobstant quelques persécutions. A peine revenue à Avallon, elle repartit pour Bourbon-Lancy : l'évêque d'Autun, mécontent des religieuses de cette ville, était persuadé que la mère de Chastellux seule pourrait les détourner de la mauvaise voie où elles marchaient. Ce fut là le dernier voyage de Marie-Hélène ; il ne manquait plus que celui de l'Éternité : épuisée par l'âge et les

---

(1) *Vie de sainte Chantal*, par l'abbé Bougaud, chap. xxv.

fatigues, elle s'endormit à Avallon, le 3 mai 1663, dans la soixante-douzième année de son âge, au milieu de ses sœurs (1).

Minerve de Chastellux avait été destinée par sa mère à la vie religieuse (2) : après avoir passé quelques années à l'abbaye de Crisenon, elle reconnut que la Providence l'appelait à vivre dans le monde. Son père, loin de la contrarier, lui permit de se retirer au château de Roussillon. Son beau-frère lui procura un parti plus riche que brillant : Robert Pouffier, seigneur et baron de Longepierre (3), demanda la main de Minerve et les paroles furent échangées le 10 avril 1610. La mort brisa bientôt ces nœuds à peine formés, et Minerve se trouva veuve sans enfants au bout de dix mois. Par son testament du 27 janvier 1611, Robert lui avait légué l'usufruit de tous ses biens, qui devaient passer après elle à Pierre Bourdin, seigneur de la Borde, dont la femme était Pouffier : il exigea qu'après leur décès la terre de Longepierre appartînt à l'aîné des Pouffier. Minerve renonça à son

---

(1) *Vie de la mère Marie-Hélène de Chastellux*, écrite par les religieuses de la Visitation en 1693. On y trouve des lettres de Saint-François de Sales et de la mère de Chantal.

(2) C'est un usage contre lequel on a beaucoup crié, sans savoir pourquoi : il faut lire, à ce sujet, ces quelques lignes de la vicomtesse de Noailles dans la *Vie de sa grand'mère :* « Je ne suis pas bien sûre qu'une jeune fille mise en naissant dans une communauté, qui devenait sa famille et où elle vivait sans regret, puisqu'elle ne connaissait pas mieux, ne fût pas à la fois plus heureuse et plus dignement placée que ces vieilles filles des pays protestants qui se traînent dans le monde jusqu'à la mort sans position définie, prétendant toujours au mariage, ce qui les rend alternativement malheureuses et ridicules. » Dans le testament de Marguerite d'Amboise, on verra qu'elle destinait ses enfants à la vie religieuse, pourvu que leur volonté s'accordât avec son vœu.

(3) La famille Pouffier, d'origine obscure, fit fortune au temps de la Ligue ; elle fournit au parlement de Dijon plusieurs magistrats distingués, et s'éteignit, le 17 mars 1736, avec Bernard Pouffier, qui légua une partie de sa fortune au Parlement pour former l'apanage du doyen de cette cour, et l'autre, avec sa bibliothèque, à l'Académie des Sciences de Dijon dont il était fondateur. On voit encore rue Chaudronnerie, à Dijon, l'hôtel Pouffier, dont l'aspect monumental rappelle le style de la Renaissance : on le désigne sous le nom de Maison des Cariatides. Les armes des Pouffier étaient d'abord *de gueules au pot d'or supporté de trois pieds, rempli de fleurs d'argent, surmontant un croissant de même ;* et plus tard, *de gueules au vase d'or chargé d'une cotice d'azur surmonté de trois quintefeuilles herminées d'argent.* — Longepierre est sur le Doubs, non loin du confluent de cette rivière avec la Saône.

douaire (3 janvier 1612) en faveur de son beau-frère Nicolas Pouffier, moyennant une somme de onze mille cinq cents livres. Elle se remaria le 9 (*alias* 19) juillet 1616, devant Jacques Deguilly, notaire à Auxerre, à Philibert Bertrand, seigneur de Beuvron, de Goulais et d'Urset, fils de Georges Bertrand, seigneur desdits lieux, et de Charlotte de Vignolles (1). Ce contrat fut ratifié, le 5 octobre suivant, par Boitier, notaire en Bourbonnais. Minerve et son mari assistèrent au mariage de leur fils Georges avec Gabrielle Filzjehan, veuve de Louis de Fresne (30 octobre 1644).

Lucrèce de Chastellux mourut en 1606; sa sœur Cassandre entra, à l'âge de seize ans (14 septembre 1617), chez les Ursulines de Dijon; sa dot fut de quinze cents livres. Marie-Madeleine, la plus jeune des treize enfants d'Olivier de Chastellux, naquit à Avallon; elle fut baptisée le 23 août 1603, et mourut à Crisenon, le 3 juin 1622, dans le temps de son noviciat.

---

(1) La maison Bertrand, encore existante, est originaire de Bretagne et eut de nombreuses possessions en Bas-Poitou, en Berry, en Touraine et en Bourbonnais. Henri Bertrand fut témoin de deux chartes passées, au nom de Conan IV, duc de Bretagne, en 1160 et en 1170. Alliances : Bosredon, Chauvelin, Crevant, Giverlay, le Groing, Montsaulnin, la Bourdonnaye, etc. Armes ; *losangé d'hermines et de gueules.* Devise : *Potius mori quam fœdari.*

CHAPITRE IX.

HERCULE — ÉRECTION DE LA TERRE EN COMTÉ. — CÉSAR-PIERRE.

(1600-1645.)

Hercule de Chastellux, émancipé le 7 janvier 1600, porta d'abord le titre de vicomte d'Avallon, et embrassa, comme ses pères, la carrière militaire. Nommé capitaine de la compagnie Valpergue (25 juin 1610) dans le régiment du seigneur de Balagny, il passa, le 15 juin 1613, dans une des huit compagnies d'augmentation du régiment de Rambures, qui, supprimé le 10 décembre 1614, fut rétabli le 21 juillet 1615 ; pendant cet intervalle, le roi continua à Hercule le traitement qu'il recevait. Ce jeune homme passa ensuite sous les ordres du prince de Condé, qui le chargea d'établir une compagnie de cent hommes de gens de pied au château de Chastellux, et de lever une compagnie de soixante chevau-légers, avec pouvoir d'y établir un lieutenant et autres officiers. Par lettres du 14 octobre 1615, il lui donna tous pouvoirs pour faire la guerre, prendre villes, places et prisonniers, lever les tailles, subsides et impositions des élections d'Avallon, de Vézelay et de Saulieu, pour l'entretien des compagnies.

Le prince de Condé ayant été enfermé à Vincennes, Hercule passa sous l'autorité royale : Louis XIII le chargea (30 janvier 1617) d'augmenter de quarante hommes sa compagnie de soixante hommes au régiment de Rambures ; le gouvernement de la ville de Cravan étant venu à vaquer par le décès d'Olivier de Chastellux, le roi le donna (31 juillet 1617) à son fils, qui fit foi et hommage à Nevers, le 10 mai 1613, et fournit dénombrement de ses terres en Nivernais, le 8 avril 1619. La dignité de premier chanoine en la cathédrale d'Auxerre lui était aussi échue : il se fit recevoir en cette qualité le 31 octobre 1622.

Par lettres du 27 février 1618, Hercule fut convoqué aux États de Bourgogne : il y assista encore en 1629, 1633, 1639 et 1642 ; à cette dernière tenue il était accompagné de son fils le chevalier.

Le roi le chargea (27 février 1619) de remettre sur pied sa compagnie de cent hommes au régiment de Rambures, et l'invita à le suivre dans sa campagne contre les Protestants : il fut tellement satisfait de ses services, qu'il voulut ériger la terre de Chastellux en comté, par des lettres données en mars 1621 à Saint-Germain-en-Laye, et conçues dans les termes les plus flatteurs pour le nouveau comte. Celui-ci se trouvait alors dans ses terres et, avant de se rendre au siége de Saint-Jean d'Angely, il fit son testament devant Chemeau, notaire à Poitiers (28 mai 1621). Louis XIII le nomma chevalier de ses ordres et lui accorda un droit de gruerie sur toute l'étendue du comté de Chastellux, par lettres patentes datées du 8 mai 1623.

Depuis cette époque, Hercule cessa de servir, soit pour raison de santé, soit pour tout autre motif : il ne sortit de sa retraite qu'en 1629, à l'occasion suivante : une conférence ayant été indiquée pour le 24 octobre à Challement, entre le Père Scholastique et le sieur Monsenglard, ministre de Saint-Léonard, au sujet de la religion prétendue réformée, le marquis de Pluvault, gouverneur du Nivernais et du Donziois, chargea le comte de Chastellux et le baron de Chevigny d'y assister pour y faire respecter l'ordre.

Le Père Scholastique et le ministre Monsenglard discutèrent ensemble sur vingt passages différents des Pères de l'Église : le ministre fut écrasé par les raisonnements simples et lumineux de son adversaire, et refusa d'aller plus loin. La Conférence fut donc dissoute par Messieurs de Chastellux et de Chevigny (1).

Hercule de Chastellux épousa, le 27 février 1612, par contrat reçu Jean Fournier et Jacques Rozat, notaires au bailliage de Chaumont et en la prévôté de Bar-sur-Aube, Charlotte, fille de Pierre le Genevois, chevalier, seigneur de Blaigny (2), de Trémilly, de Bossancourt, etc., et de Françoise d'Anglure, veuve de Simon de Saulx, chevalier de l'ordre du roi, gouverneur d'Auxonne, baron de Torpes, seigneur de Saint-Thibault. Charlotte reçut pour dot la terre du Mesnil-Fouchard, et fit plus tard l'acquisition de celles de Bossancourt et de Dollancourt.

On peut se faire une idée de la piété du comte et de la comtesse de Chastellux par le nombre des fondations qu'ils firent.

Le 10 mars 1619, en présence de Thomas, notaire à Avallon, ils fondèrent une messe basse à dire chaque semaine par les Pères

---

(1) *Discours véritable de ce qui s'est passé en la conférence tenue à Chalement entre le R. P. Scholastique de Chastillon en Bresse, prédicateur capucin de la mission de S. Léonard en Nivernois, et le sieur Monsenglard, ministre de l'Église prétendue réformée dudict lieu, par le S. Chauveau, nommé secrétaire en la conférence pour le R. P. Scholastique.* A Nevers, par Jean Millot, imprimeur, MDCXXX.

(2) Maison originaire de Champagne. Guillaume le Génevois, seigneur de Blaigny, capitaine du château de la Motte de Bar-sur-Aube, en 1500, fut l'aïeul de Gabriel le Génevois, évêque de Noyon. La comtesse de Chastellux eut quatre neveux tués à la guerre, et un cinquième, Charles, marquis de Blaigny, mort sans enfants mâles. Les biens de cette maison passèrent dans celle de Lamoignon. Le Père Anselme parle de Mengin le Génevois, homme d'armes de la compagnie d'Alain d'Albret, seigneur d'Orval, gouverneur de la Champagne, qui épousa Bernarde de Blaigny. Alliances : Sancey, Essarts, Grollier, Lenoncourt, Vic. Armes : *d'azur à la fasce d'or, accompagnée de trois coquilles de même, deux en chef et une en pointe.*

Minimes du faubourg d'Avallon, en leur cédant une obligation de deux cents livres à employer en acquisitions de rente.

Le 31 janvier 1625, en présence de Mynard, notaire à Avallon, ils fondèrent deux anniversaires en l'église de Saint-Lazare d'Avallon au jour de leur décès, moyennant une rente de soixante-douze livres dix sols, rachetable au capital de mille livres, à charge d'entretenir le tombeau qu'ils se destinaient dans cette église.

Le 6 mars 1638, ils fondèrent une messe basse à dire par les Pères de l'Oratoire de Troyes pour eux et pour les parents de Charlotte, moyennant deux cent cinquante livres.

En 1622, ils firent construire une chapelle à l'extrémité du pont de Chastellux, et par acte du 23 septembre 1643, reçu Monin, notaire à Chastellux, ils fondèrent dans cette chapelle une messe et l'office de vêpres à dire toutes les veilles de fêtes de la Sainte-Vierge, en donnant, à cet effet, à Jean Dizien, curé de Saint-André, une pièce de pré, située au finage de la Bascule et du Vernois, appelée le Pré-Colas.

Hercule, malade depuis longtemps, mourut au château de Chastellux, le 6 avril 1645, et fut inhumé, le 10, dans l'église Saint-Lazare d'Avallon. Sa veuve, après avoir transigé, le 9 juin 1646, avec son fils, pour son douaire et ses reprises, se retira au château de Bossancourt où elle mourut le 21 (*alias* 29) janvier 1663 : on l'ensevelit à côté de son époux. Leur mausolée, placé dans le chœur, était de pierre blanche et élevé de cinq pieds avec un balustre de bois : Hercule et Charlotte étaient à genoux devant des prie-Dieu à leurs armes et à celles de leurs aïeux ; aux quatre coins du mausolée, il y avait quatre petites statues de pierre blanche qui représentaient leurs enfants. Sur la frise du mausolée, on lisait l'épitaphe suivante :

« Ci-gisent haults et puissants seigneur et dame Mre Hercule de
« Chastellux, chevalier de l'ordre du roi, gentilhomme ordinaire de

« sa chambre, premier chanoine héréditaire de l'église cathédrale de
« Saint-Etienne d'Auxerre, comte de Chastellux, vicomte de ce lieu, et
« vicomte d'Avallon, baron de Quarré, seigneur de Marigny, Bossan-
« court, Dollancourt, le Magny-Fouchard, etc., et Mad{me} Charlotte de
« Blaigny, sa femme, dame desd. lieux, qui trespassèrent, savoir :
« .... (sic) (1). »

Hercule et Charlotte testèrent plusieurs fois : d'abord devant Bache-
lin, notaire à Avallon, le 3 avril 1634, les 21 et 28 mars 1635, et
le 1er novembre 1636 ; ensuite devant Millereau, notaire à Lormes, le
16 juillet 1640 ; et enfin devant Thomas, notaire à Avallon, le 11 mai
1644 : par ce dernier acte, ils substituaient à leurs enfants mâles
ceux de Madame de Roussillon, à condition de porter les armes de
Chaugy écartelées des leurs. Charlotte fit un dernier testament, le 12
avril 1661, reçu Jacquin, notaire à Bossancourt.

Dans celui du 3 avril 1634, ils partagèrent leurs biens entre leurs
huit enfants : César-Pierre, César-Achille, César-Philippe, Georges,
Catherine, Louise, Françoise et Charlotte. Ils en avaient perdu d'autres
en bas âge, tels que Roger-Octave (2) et Hercule-César (3).

César-Pierre, comte de Chastellux, était, en 1634, capitaine d'une

---

(1) Fonds français 8239, fol. 49. En 1689, le Chapitre fit ôter la balustrade de ce mausolée qu'il changea de place, ce qui lui attira une lettre d'observations du comte César-Philippe. Il fut définitivement enfoui en 1741 et remplacé par une longue inscription en marbre qui existe encore. En 1861, on retrouva les statues d'Hercule et de Charlotte : celle du comte n'avait plus de tête et les jambes étaient séparées du corps ; celle de la comtesse était relativement mieux conservée. Ces débris ont été transportés au château de Chastellux.

(2) Mentionné par le Père Anselme et ses imitateurs.

(3) En décembre 1858, M. Alphonse Millereau, faisant niveler une pelouse située à cinquante mètres environ de la façade de son château de Vauban, trouva à un mètre de profondeur les fondations d'une ancienne chapelle et des débris épars d'ossements humains. Une plaque en plomb, enchâssée entre deux pierres, portait cette inscription en caractères grossiers : « Le 12 apvril 1624, la première pierre de la chapelle de Sainte-Catherine de Vaulban a été mise par Cæzar-Pierre de Chastellux, comte et baron, et Hercule Cæzar, son frère. Fondateur : Paul L. P. de Vaulban, puis le nom du maçon, Pomot. » Voyez la statistique de l'arrondissement de Clamecy.

compagnie d'infanterie dans le régiment d'Enghien, et, deux ans après, d'une compagnie de chevau-légers. Le 12 mai 1640, il devint sergent-major dans le régiment de cavalerie d'Enghien, comme il appert d'un brevet délivré par le comte d'Aleth, colonel général de la cavalerie (1). Nommé capitaine de cette compagnie quatre ans après, il se trouva à la bataille de Fribourg, et s'y conduisit de telle sorte que Louis XIV lui envoya un brevet de sergent de bataille (20 août 1644), accompagné d'une pension de trois mille livres. Le comte de Chastellux, récemment nommé maréchal de bataille, se trouvait à Nordlingue, le 3 août 1645, et inspectait le terrain où allait se livrer la bataille, lorsqu'un boulet l'atteignit et l'étendit raide mort (2). Son cœur fut rapporté à Chastellux et placé dans l'église actuelle, avec cette épitaphe :

« Icy est le cœur de haut et puissant seigneur mes^{re} César-Pierre
« de Chastellux, comte de Chastellux, vicomte d'Avallon, baron de
« Quarré, etc., qui fut tué d'un coup de canon à la bataille de Nord-
« lingue, fesan la charge de maréchal de bataille le 3 août 1645 (3). »

César-Achille, vicomte de Chastellux, fut pourvu, le 27 mars 1625, de l'abbaye de Reigny, mais au bout de huit ans il se rendit à Rome

---

(1) *Vieux Livre noir*, p. 41.
(2) Voici ce qu'on trouve dans les tables de la *Gazette de France* sur César-Pierre et César-Achille de Chastellux :
— Le sieur de Chastelus est un des officiers détachés avec le comte de Rantzau, pour conduire du secours à Saint-Jean-de-Lône, assiégé par Galas (19 nov. 1636, ext.).
— Le vicomte de Chastelus contribue à la défaite d'une compagnie de dragons franc-comtois qui servait d'escorte à un convoi pour Martignat (21 février 1637).
— Le sieur de Chastelus témoigne la plus grande valeur dans le combat du 18 juin entre l'armée du duc de Longueville et celle du duc Charles de Lorraine, au-dessous de Poligny en Franche-Comté (30 juin 1628, ext.).
— Le sieur de Chastelus, capitaine au régiment d'Enguien, signale sa valeur à la poursuite des Espagnols jusqu'aux portes de Turin, le 27 octobre (9 nov. 1639, ext.).
— Il se trouve au combat près de Quiers en Italie, le 20 novembre (2 déc. ext.).
(3) *Vieux Livre noir*, p. 160.

pour obtenir la faveur de la céder à son frère ; ensuite il entra au service de M. le Prince, qui le nomma (12 mai 1636) capitaine d'une compagnie d'infanterie, et, plus tard, guidon dans cette même compagnie, où il s'était concilié l'estime de ses chefs et l'affection de ses camarades. Le 22 décembre 1641, il fut tué d'un coup de canon devant Collioure : le duc d'Enghien daigna donner des larmes à cette mort prématurée et écrire lui-même au père du jeune officier (4 février 1642).

Georges de Chastellux, baptisé à Chastellux le 2 juin 1626, fut reçu chevalier de Malte par dispense d'âge, le 17 juin 1631, et paya ses droits de passage le 14 juin 1632. Ses preuves de noblesse ayant été faites le 2 juin 1633, il fut admis en la langue de France au prieuré de Champagne, le 29 novembre suivant. Il servait avec son frère le vicomte dans l'armée du grand Condé, et mourut en 1643, probablement d'une blessure qu'il avait reçue, le 22 mai 1642, au siége de Perpignan (1).

Catherine de Chastellux fut mariée, le 17 janvier 1640, par contrat reçu Millereau, notaire à Lormes, à Paul, fils de Charles de Remigny (2), chevalier, seigneur et baron de Joux-la-Ville, de Poincy, de Gigny, de Saint-Franchy, de Billy, du Bouchet, du Mont-de-Marigny, du Meix de Chalaux, commandant un régiment de cavalerie

---

(1) Tables de la *Gazette de France*.

(2) Cette famille était établie en Nivernais. On trouve, en 1303, une Jeanne de Remigny, veuve de Miles de Noyers, maréchal de France. Guillaume de Remigny, seigneur de Joux et de Fley-les-Chablis, acheta, le 23 novembre 1518, la terre d'Ouche, les étangs de la Ronce et des droits sur le moulin de la Verdière à Philippe de Chastellux, et les laissa à son fils, qui rétrocéda, le 2 mars 1526, la terre d'Ouche à Nicolas Drouin, sacristain de Cure. Cette famille était représentée à la Révolution par Angélique-Louis-Marie, marquis de Joux, capitaine de cavalerie, qui eut de son épouse, Françoise de Guigues-Moreton-Chabrillan, Angélique-Joseph-Suzanne-Charles-François, né le 6 janvier 1782, et Antoine-Aimé-François, né le 17 juin 1783; mais leur mère mourut, veuve et sans enfants, le 28 septembre 1825. Armes : *d'azur à la fasce d'or, accompagnée en chef de trois étoiles de même.*

pour le service du roi en Italie, et de Christine de la Perrière. Ils furent unis, le 19 février, dans la chapelle du château de Chastellux, mais cette union ne devait point avoir d'anniversaire ; le 27 janvier 1641, la baronne de Joux rendit le dernier soupir ; son corps fut transporté deux jours après à Joux-la-Ville, et son cœur renfermé dans un petit monument avec ceux de ses parents et de son frère Georges : il est encore dans la chapelle du château. Hercule et Charlotte, profondément affligés de cette perte, fondèrent chez les Minimes d'Avallon une messe qui devait se dire tous les samedis pour leur fille (14 décembre 1642). Paul mourut en 1680, laissant postérité de Mademoiselle de Bolacre.

Louise de Chastellux, admise, le 3 mai 1629, au couvent de la Visitation d'Autun et confiée aux mains de sa tante Marie-Hélène, fut reçue, le 8 septembre 1631, au prieuré de Foissy-les-Troyes, de l'ordre de Fontevrault, avec une pension viagère de cent cinquante livres.

Françoise de Chastellux fut reçue, le 21 mai 1630, en l'abbaye d'Origny, en Picardie, avec une dot de trois mille livres : elle y fit sa profession le 23 mai 1636 : plus tard, elle passa dans l'abbaye de Rougemont et apposa sa signature à l'acte d'union du prieuré de Saint-Julien à cette abbaye (14 octobre 1666). Elle mourut en décembre 1686 à Autun, dans l'abbaye de Saint-Jean-le-Grand (1).

Charlotte de Chastellux, baptisée le 2 mars 1624, par le curé de Saint-André en Morvand, fut admise, le 29 juillet 1637, chez les Ursulines de Troyes ; une lettre du 21 février 1661 nous apprend son existence et celle de sa sœur Louise : on ignore l'époque de leur décès.

---

(1) D'après une lettre de condoléance du 21 décembre.

CHAPITRE X.

CÉSAR-PHILIPPE. — PHILIBERT-PAUL. — ANDRÉ. — GUILLAUME-ANTOINE.

(1623-1742).

César-Philippe de Chastellux, baptisé le 23 (*alias* 28) mai 1623 (1), avait été destiné à l'état ecclésiastique, et son frère lui avait même cédé l'abbaye de Reigny : à cet effet, Louis XIII avait écrit au comte de Noailles, son ambassadeur à Rome :

« Monsieur le comte de Noailles, ayant accordé à M⁶ Cæsar de Chastelus, clerc du diocèze d'Aulthun, l'abbaye commendataire de Notre-Dame de Rigny, ordre de Cisteaux, diocèse d'Auxerre, sur la résignation que M⁶ Cæsar de Chastelus, son frère, abbé commendataire de ladite abbaye, en a faicte en sa faveur, à la réserve de mil livres de pension sur les fruicts et revenuz d'icelle, franche et quicte de toutes charges, j'escris pour cet effect une lettre à notre Saint-Père le pape, laquelle vous lui présenterez, et vous employerez envers Sa

---

(1) Le baptême eut lieu dans la chapelle de Chastellux par l'intermédiaire de Pierre Seugnot, chanoine d'Avallon, assisté de Louis Perrault, vicaire de Saint-André. Parrain : Philippe de Lenoncourt, abbé de Saint-Pierre de Rebais en Brie et de Notre-Dame de Moustiers en Argonne, doyen de Bar-sur-Aube; marraine : Hilaire de Gauville, femme de Louis d'Esterling, seigneur de Sainte-Pallaye et de Fontenay.

Sainteté à ce que son bon plaisir soit de pourvoir à ma nomination ledit de Chastelus de ladite abbaye, luy faisant octroyer et expédier ses bulles et provisions apostoliques nécessaires, suivant les mémoires et procurations plus amples qui vous en seront adressez ; ausquelz me remettant je prieray Dieu qu'il vous ait, Monsieur le comte de Noailles, en sa sainte garde. Escrit à Saint-Germain-en-Laye, le xxviiie jour de juin 1634. Signé : Louis, et, plus bas, Servient (1). »

En grandissant, le jeune abbé s'aperçut que ses goûts le portaient vers la carrière militaire, et se démit de son bénéfice en faveur de son précepteur, Jean Morizot. Le duc d'Enghien le demanda à son père pour remplir la place de César-Achille, récemment tué devant Collioure : dès lors le jeune César se trouva étroitement attaché au parti de ce prince, et devait partager sa mauvaise fortune. En 1643, il fut chargé de passer en revue la brigade du duc d'Enghien, alors cantonnée à Saulieu : deux ans après, le roi lui accorda la pension qu'il payait à son frère aîné, mort à Nordlingue. Le 7 août 1647, il devint sous-lieutenant dans sa compagnie ; il occupait encore ce grade deux ans après, lorsque, par lettres du 8 mai 1649, le roi écrivit au prince de Condé de l'appeler à l'armée de Flandre. Il fut nommé maréchal de camp (1er septembre 1650) pour servir contre le cardinal Mazarin : on était alors au temps de la Fronde, guerre plus ridicule que sanglante.

Deux ans après (15 novembre 1652), il fut nommé par le prince de Condé lieutenant en sa compagnie, en remplacement du comte de Tavannes, démissionnaire ; sa charge de sous-lieutenant fut donnée à M. de Rochefort, ainsi qu'on le voit par une feuille de route délivrée aux troupes de M. le Prince, lorsqu'elles partirent de Bordeaux, sous

---

(1) Gaignières, CCLIII, 51.

la conduite de M. de Chastellux (1). Celui-ci sortait de la citadelle de Blaye, où il avait été retenu comme prisonnier de guerre, captivité qui n'était pas bien rigoureuse, puisque, le 11 juin 1652, le comte d'Harcourt lui avait fait donner par le sieur de Folleville un passeport pour aller à Bordeaux, en attendant son échange, à la condition de ne se mêler de rien (2).

Après avoir suivi M. le Prince en Hollande, il retourna, en 1654, à Chastellux, fermement décidé à ne plus porter les armes. Le cardinal Mazarin se montra très satisfait de ce qu'il n'avait point traversé Paris (3).

Dès ce temps il vécut dans la vie privée, occupé de l'administration des terres que lui avaient laissées son père et ses frères : il en avait fourni dénombrement à Dijon, le 18 octobre 1646, après en avoir fait foi et hommage, le 21 mars précédent ; il fut reçu chanoine à Auxerre, le 31 octobre 1648 ; ses confrères écrivirent aux chanoines de Tours qu'ils devaient le recevoir dans leur sein, à cause de l'union qui existait entre les églises de Tours et d'Auxerre. Le comte de Chastellux se mêla au Chapitre d'Auxerre, en 1668, pour recevoir Louis XIV, qui se rendait en Franche-Comté ; il reparut devant ce prince, quinze ans plus tard, avec son costume mi-laïque, mi-ecclésiastique ; comme les courtisans en souriaient, Louis XIV leur dit : « N'en badinez pas, Messieurs, il n'est aucun de vous qui ne dût se faire honneur d'un pareil titre. »

Par procès-verbal du 21 février 1649, la noblesse du bailliage d'Auxois chargea M. de Chastellux de la représenter aux États-généraux

---

(1) *Vieux Livre noir*, p. 42.
(2) Inventaire des titres, chap. X, nos 20 et 21 de la liasse Q.
(3) Ibidem, n° 25.

convoqués à Orléans ; par un autre procès-verbal du 10 août 1651, elle lui donna un mandat analogue pour ceux qui devaient se tenir à Tours. On n'ignore point que ces assemblées n'eurent pas lieu : elles eussent peut-être permis à la royauté de réformer bien des abus et de prévenir les horreurs de la Révolution.

César-Philippe assista aux États de 1648, qui se tinrent à Dijon.

En 1677, il obtint que Chastellux fût érigé en une paroisse distincte de celle de Saint-André en Morvand, beaucoup trop considérable : l'état des chemins ne permettait pas toujours de se rendre à l'église. Les hameaux du Château, du Vernois, de la Bascule, de la rue de la Croix, de la rue Chenot, de la rue Perrin, de la Rivière et des Quatre-Vents composèrent la nouvelle paroisse, qui eut pour curé le savant Lazare Bocquillot, présenté par le comte de Chastellux : c'était un droit accordé à César-Philippe et à ses descendants, qui l'exercèrent jusqu'à la Révolution.

Celui-ci, étant décédé le 8 juillet 1695, fut inhumé dans le caveau situé sous l'église de Chastellux : Lazare Bocquillot fut chargé de porter son cœur chez les Cordeliers de Vézelay. Le pont de Saint-Père était alors tellement détérioré, que les chevaux du carrosse funèbre s'étant détournés malgré les efforts du cocher, tout tomba dans la Cure : heureusement Bocquillot en fut quitte pour un bain et arriva sans autre accident au monastère. En remettant son précieux dépôt aux religieux, il fit un discours où il faisait ressortir les vertus et les qualités de César-Philippe, qui jouissait d'une grande réputation de sainteté auprès de ceux qui le connaissaient (1).

César-Philippe, comte de Chastellux, se maria, par contrat du 7

---

(1) *Vie de M. Bocquillot*, p. 12.

septembre 1656, à Marie-Madeleine, fille de Nicolas Le Sueur (1), seigneur d'Osny et d'Heudicourt, et de Marie Sublet. Cette jeune femme avait été baptisée, le 22 avril 1634, dans l'église d'Osny; c'est là qu'elle reçut la bénédiction nuptiale, le 14 septembre 1656, et qu'elle fut inhumée après sa mort prématurée, arrivée à Paris le 18 janvier 1659. Son épitaphe existe encore, ainsi conçue :

D. O. M.

« Cy gissent haute et puissante dame Marie-Madeleine Le Sueur,
« dame de ce lieu, en son vivant femme et épouse de haut et puis-
« sant seigneur César, comte de Chastellux, vicomte d'Avallon, baron
« de Quarré, seigneur de Marigny, premier chanoine héréditaire de
« l'église cathédrale de Saint-Etienne d'Auxerre, âgée de 25 ans, qui
« passa de cette vie en une meilleure le 18 janvier 1659, et Nicolas
« Michel de Chastellux fils dudit seigneur et de ladite dame qui
« décéda le même (*alias* onzième) jour. Priez Dieu pour son âme (2). »

Nicolas Le Sueur étant mort à Noël 1656, sa fille apporta à son mari les terres d'Osny et d'Heudicourt, en sus de l'hôtel de Villemareul (3) à Paris : elle les laissa à son fils Nicolas-Philippe, baptisé le 9 août 1657 ; car son second fils, baptisé le 13 janvier 1659, ne lui survécut point. Nicolas-Philippe, qui vivait, en février 1661, à Bossancourt, auprès de son aïeule Charlotte de Blaigny, mourut peu de temps après : son père fonda une messe basse le premier vendredi de chaque mois, et un service complet avec grand'messe, le 18 janvier, à célébrer

---

(1) Claude Le Sueur épousa, en 1510, Geneviève de Bragelogne : leur petit-fils Guillaume hérita de la terre d'Osny, et fut le grand-père de la comtesse de Chastellux et de deux religieuses Ursulines de Pontoise : leur frère Guillaume, baptisé le 14 octobre 1632, mourut jeune. Une autre branche perpétua le nom des Le Sueur, dont les armes étaient *d'azur à trois soucis d'or*, 2 et 1.

(2) *Vieux Livre noir*, p. 157.

(3) Rue de l'Ave-Maria. — Démoli pour le prolongement de la rue des Jardins-Saint-Paul jusqu'au quai des Célestins.

dans l'église d'Osny, et il donna quatre cents livres à la fabrique (1). Les biens de Nicolas-Philippe de Chastellux passèrent à Grégoire de Varade, écuyer, et à sa sœur Marie, femme d'Antoine Jacquart, secrétaire de Monsieur, frère du roi, qui les vendirent, le 17 mars 1679, à Noël Bouton de Chamilly, lequel fit aveu et dénombrement de la terre d'Osny le 9 janvier 1680 (2).

César-Philippe se remaria, le 3 septembre 1663, à Judith, fille de Jean-Jacques Barrillon (3), seigneur de Mancy et de Châtillon-sur-Marne, président aux enquêtes du parlement de Paris, et de Bonne Fayet. Le contrat avait été dressé la veille par Lecaron et Gallois, notaires au Châtelet de Paris.

Le président Barrillon joua un certain rôle dans les troubles de la minorité de Louis XIV; la régente, mécontente, le fit transférer à Pignerol, où il mourut en 1645. Arnauld d'Andilly dit de lui « que l'ambition, ni la vanité n'avoient point de part à cette fermeté inflexible qui lui a coûté divers exils, divers prisons et enfin la vie. Sa liberté à dire son sentiment sur les affaires publiques ne procédoit que de ce qu'il étoit persuadé que sa conscience l'y obligeoit; et un peu avant qu'on l'envoyât à Pignerol, il me dit, dans notre entière confiance, que, ne pouvant changer de conduite dans l'exercice de sa charge sans trahir ses sentiments, son dessein étoit de la quitter et

---

(1) Inventaire des titres, chap. I, n° 76 de la seizième liasse cotée N.
(2) Archives de l'Empire, P 99, 2, n° 378, XL.
(3) Cette famille appartenait à l'Auvergne, qu'elle quitta pour s'établir à Paris, sous le règne de François I*r*. Pierre Barrillon était seigneur de Murat; ses enfants acquirent par alliance ou autrement les terres de Mancy, d'Antenay, de Morangis, etc., en Champagne. La comtesse de Chastellux était sœur d'Henri, évêque de Luçon, et de Paul, ambassadeur extraordinaire en Angleterre. Cette famille s'est alliée aux Du Prat, Doublet, Le Camus de Bligny, Tardieu de Maleissye, Boucherat. Ses armes étaient *d'azur au chevron accompagné de deux coquilles en chef et d'une rose en pointe, le tout d'or.*

de se retirer dans une de ses terres pour y passer avec ses livres et quelques-uns de ses amis une vie tranquille, et penser sérieusement à son salut..... M. le chancelier, me parlant un jour du dessein que l'on avoit de le reléguer encore à cause qu'on le rencontroit toujours pour obstacle dans le Parlement, me dit : « Nous ne savons plus où l'envoyer, parce qu'en quelque lieu qu'il aille, il y est reçu comme en triomphe... (1). »

Devenue veuve, Judith Barrillon vécut avec piété, courage et esprit jusqu'au 2 avril 1721 (2) ; elle touchait alors à sa quatre-vingtième année. Elle fut ensevelie à côté de son époux, qui l'avait rendue mère de quatre garçons et de cinq filles.

Philibert-Paul, comte de Chastellux, vicomte d'Avallon, baron de Quarré, seigneur de Marigny, etc., fit foi et hommage à Dijon le 1ᵉʳ mars 1697, et à Nevers le 8 juillet suivant : il fut convoqué aux États de Bourgogne par lettres du 8 juin de cette même année.

Né à Paris le 2 mai 1667, il s'engagea de bonne heure comme mousquetaire dans la compagnie de M. de Maupertuis : il devint (15 septembre 1688) lieutenant de la compagnie de Digulville dans le régiment de Normandie, commandé par le comte de Guiscard : il passa, le 29 mars 1689, avec le même grade, dans la compagnie de Pont, dont il fut bientôt nommé capitaine (9 octobre 1689). Le marquis de Sauvebœuf, colonel du régiment de Tulle-infanterie, étant venu à mourir, sa place fut donnée à Philibert-Paul, qui se trouvait au camp de Nieuport, sous les ordres du comte de Montal, le 20 août 1696.

Le régiment de Tulle ayant été réformé, le comte de Chastellux se

---

(1) Petitot, XXXIV, IIᵉ série, p. 105.
(2) *Vieux Livre noir*, p. 143.

retira auprès de sa mère, jusqu'à ce que la guerre de la succession d'Espagne lui fournît l'occasion de solliciter la croix de Saint-Louis, qui lui inspirait une noble ambition ; c'était au moment de contracter une alliance avantageuse dont sa mère s'était occupée pour lui. Il reprit du service dans l'armée du maréchal de Villars, et la suivit dans les plaines de la Lombardie, où il trouva la mort sous les murs de Chiari (1ᵉʳ septembre 1701). Ce triste événement donna lieu au chanoine Bocquillot d'écrire à la comtesse de Chastellux une lettre de condoléance, dont voici quelques passages :

« .... La perte ne sauroit être plus grande ; il n'est donc pas possible que la douleur qu'elle cause ne soit aussi grande que la perte. Ce n'est pas simplement un fils que vous perdez, mais un fils aîné, d'un naturel heureux, bien fait de sa personne, plein d'esprit, et d'un esprit orné, solide, capable de tout ce qu'il avoit entrepris... Je ne vois personne qui ait connu M. le comte de Chastellux, qui ne soit affligé de sa mort. On écrit de Dijon que tout le monde le regrette et que si l'on osoit on prendroit le deuil. De l'armée, dont j'ai vu trois relations, on écrit que de tous les officiers tués dans l'affaire de Chiari aucun n'a été si universellement regretté que M. le comte de Chastellux.... Je le sais par les relations de gens dignes de foi que j'ai lues : elles marquent toutes que M. le comte de Chastellux eut le bras fracassé, dès la première attaque, d'un coup de fauconneau ; qu'on voulut le faire retirer, mais que, persuadé que sa blessure étoit mortelle, il dit à ceux qui le pressoient : « J'aime mieux mourir aux coups qu'au camp. » Il a donc eu du loisir pour envisager la mort de près, penser aux suites, recourir à Dieu, implorer sa miséricorde et l'espérer.... (1). »

---

(1) *Vie de M. Bocquillot*, p. 142.

Henri, marquis de Chastellux, né à Paris le 30 octobre 1669, entra au régiment de Normandie, dont il devint capitaine, le 23 janvier 1690. Une blessure qu'il reçut en Allemagne, vers l'époque du traité de Ryswick, lui causa une longue et douloureuse maladie, qui l'enleva le 17 septembre 1698, dans la ville de Strasbourg. Il fut enterré dans une église de cette ville, avec l'épitaphe suivante :

« Anno 1698, die 17ª mensis septembris, post longam quinque
« mensium ægritudinem perpessam in patientia et tranquillitate ani-
« mi, mortem opetiit prænobilis D. D. marchio de Chatelu, legionis
« pedestris Normanniæ centurio, annum ætatis suæ vigesimum-nonum
« attingens, cujus anima requiescat in pace (1). »

André de Chastellux, né au château de ses pères le 16 décembre 1673, succéda à son frère Philibert-Paul dans tous ses titres : il reprit de fief à Dijon le 24 janvier 1703, et y fournit le dénombrement de ses terres le 21 février 1704. Appelé par des lettres du 16 mai 1703 aux États de Bourgogne, il le fut encore en 1706 et 1709.

André était dès sa plus grande jeunesse sur les vaisseaux de l'État : un certificat du 4 février 1690 nous apprend qu'il devait servir comme garde de la marine au département de Brest; le 26 mai 1691 il se trouvait à Rochefort, à bord du *Victorieux*, et l'année d'après au Hâvre, avec l'escadre chargée de ramener Jacques II dans ses États; ce qui l'empêcha d'assister au désastreux combat de la Hogue. Le 18 janvier 1693, le roi le fit incorporer suivant son rang et l'ancienneté dans la compagnie de Rochefort, où il resta pendant trois ans ; enfin, le comte de Toulouse le nomma enseigne de vaisseau (1ᵉʳ janvier 1696). Il servait en cette qualité sur l'*Entendu*, lorsqu'il devint le chef

---

(1) *Vieux Livre noir*, p. 159. Cette église, qui n'est point nommée, servait tout à la fois à la ville et à un couvent de religieuses.

de sa maison; un congé lui fut alors accordé. A son retour, il obtint (1ᵉʳ janvier 1703) le grade de lieutenant de vaisseau ; ensuite il fut nommé capitaine de la compagnie franche de la marine à Rochefort (28 mai 1707). Enfin le grade de capitaine de frégate lui fut accordé le 25 novembre 1712 : c'était le dernier avancement qu'il devait obtenir, car il mourut jeune encore, le 24 juin 1716. Son acte mortuaire est le résumé de sa vie :

« Messire André, comte de Chatellux, mouru dans son château de Chatellux, le vingt-quatre du mois de juin mille sept cent et seise, après avoir laissé à tous ses subjets des grandes marques de dévotion par son assiduité à la messe tous les jours; il fut placé dans son charnié de sa chapelle en présence de plusieurs prêtres.

« Signé : Pasqueau (1). »

Guillaume-Antoine de Chastellux viendra après ses sœurs.

Bonne de Chastellux, appelée Mademoiselle de Chastellux, naquit à Paris le 9 juin 1664, et fut mariée le 28 février 1687, par contrat reçu Laurent et son collègue, notaires au Châtelet de Paris, à François, fils d'Antoine de Saint-Chamans (2), baron du Pescher, seigneur de Méry, de Mériel, etc., et de Marie de Liony. L'évêque de Luçon vint à

---

(1) Greffe d'Avallon.

(2) Hercule de Saint-Chamans épousa, en 1180, Félice d'Orgnac, dame du Pescher : un de ses descendants étant mort sans postérité mâle, la terre de Saint-Chamans, en Limousin, passa dans la maison d'Hautefort. Élie de Saint-Chamans obtint du roi de porter au chef de ses armes une engrêlure en forme de créneaux, après avoir soutenu le siège de Thérouanne contre une armée formidable qui fut obligée de se retirer. Son fils Jean, presque centenaire, se battit en duel avec les seigneurs de Miées et de Lostanges : Henri IV, frappé de la singularité de ce combat, lui accorda des lettres d'abolition. Cette famille s'est perpétuée par le frère de François, dont il s'agit ici : il se nommait Antoine-Galiot et épousa Marie-Louise Larcher. Alliances : Escorailles, La Tour-d'Auvergne, Hautefort, Gimel, Le Tellier, Rougé, etc. Armes : au 1 *d'azur semé de fleurs de lis d'or à une tour d'argent maçonnée de sable;* au 2 *d'or à trois fasces de sable, deux et une en pal;* au 3 *d'or à trois chevrons de sable;* au 4 *de gueules à un lion couronné d'or, lampassé et armé d'azur* ; et sur le tout, *d'argent à trois fasces de sinople, brisé en chef d'un vivor de même.* Devise : *Nil nisi vincit amor.*

Chastellux bénir cette union, le 20 juillet de la même année. François, étant officier des gardes du corps, eut l'honneur d'accompagner, en Espagne, Mademoiselle, qui allait épouser le roi Charles II ; cette jeune princesse lui fit beaucoup de présents (1). Il mourut à Chastellux, le 10 mars 1714, et sa veuve, le 27 janvier 1736, à Méry-sur-Oise. Cette terre avait été érigée en marquisat en 1695 ; mais leur fils unique, César-Arnaud, étant mort sans alliance, l'héritage de François fut divisé entre ses filles, dont l'une était mariée à Samuel Bernard, riche financier, plus que septuagénaire.

Marie-Judith de Chastellux, appelée Mademoiselle d'Avallon, naquit à Paris le 23 mai 1668, et fit ses vœux à Poulangy, le 11 octobre 1693 ; elle y mourut en septembre 1730 (2).

Anne de Chastellux, appelée Mademoiselle de Bossancourt, naquit à Paris le 23 septembre 1672, et fut mariée, le 9 septembre 1698, à Charles, fils d'Henri de Vienne (3), comte de Commarain, lieutenant-général en Bourgogne, et de Jeanne-Marguerite Bernard, dame de Pommard. Le contrat avait été dressé la veille par Gourlet et Pichenot, notaires à Avallon. De ce mariage il ne vint que Marie-Judith, née le 29 juin 1699, morte le 29 février 1780, qui porta la terre de Commarain dans la maison de Damas. Anne mourut le 26 décembre 1744, et fut inhumée auprès de son mari, décédé le 2 février 1731. Leur épitaphe existe encore dans l'église de Commarain.

---

(1) Mathieu MARAIS, I, 375.
(2) D'après une lettre du 16 septembre 1730.
(3) La maison de Vienne était très-ancienne : on lui donne pour auteur Guérin de Monglane, qui vivait en 779, et qui aurait été aussi la souche commune des comtes de Bourgogne, des sires d'Antigny, etc. Philippe, seigneur d'Antigny, de Pagny et de Sainte-Croix, existait en 1180. Son arrière-petit-fils, Hugues III, épousa Béatrix de Vienne, et dès lors la famille de Vienne en prit le nom et les armes, qui étaient *de gueules à l'aigle éployée d'or, membrée d'azur*. La maison de Vienne a produit de nombreuses branches alliées aux Villars, Bourgogne, Longwy, Châteauvillain.

Marie-Thérèse de Chastellux, nommée Mademoiselle de Marigny, naquit le 14 août 1675, et mourut, en mars 1693, à l'abbaye de Sainte-Périne de la Villette (1).

Élisabeth-Dorothée de Chastellux, née le 13 août 1678, mourut à six ans (2).

En 1716, le nom de Chastellux ne reposait plus que sur la tête de Guillaume-Antoine, né à Chastellux le 20 octobre 1683, dernier fruit de l'union de son père avec Judith Barrillon. Tonsuré le 14 juillet 1699, il embrassa cependant l'état militaire, en s'engageant dans le corps des mousquetaires de M. de Maupertuis, avec lesquels il se trouva au combat d'Eckeren. Le 6 avril 1704 il fut nommé guidon des gendarmes de M. le duc de Bourgogne, et quitta cette compagnie pour entrer comme enseigne dans les gendarmes de M. le duc de Berry (17 juillet 1706), après avoir été témoin de la levée du blocus du Fort-Louis par les ennemis. Il devint sous-lieutenant des chevau-légers de la reine et mestre-de-camp de cavalerie par brevet du 17 avril 1707, et se trouva à Oudenarde et à Malplaquet : dans cette dernière action, il reçut une blessure qui ne l'empêcha point de servir en Flandre. Il se trouva encore au siège et à la prise de Douai, du Quesnoy, de Bouchain, de Landau et de Fribourg. Il fut créé capitaine-lieutenant de la compagnie des chevau-légers de Berry, par brevet du 30 mars 1715, et obtint, à la fin de cette même année, la croix de Saint-Louis pour laquelle son frère aîné avait fait le sacrifice de sa vie et de son avenir.

Nommé brigadier de cavalerie des armées du roi (1er février 1719),

---

Chalon, Bauffremont, etc. Celle de Commarain, restée la dernière, s'éteignit le 4 mars 1793, avec Louis de Vienne, seigneur de Châteauneuf.

(1) D'après une lettre du 9 mars 1693.
(2) D'Hozier, dossier Chastellux.

il ne cessa jamais de servir, quoique marié et père de famille ; il renonça à la compagnie de chevau-légers de Berry (14 juin 1723) pour entrer comme capitaine-lieutenant dans la compagnie des gendarmes de Flandre. Le gouvernement du château de Saint-André de Villeneuve-les-Avignon lui fut donné le 14 juin 1731, mais il l'échangea, le 1er décembre suivant, pour celui des ville et château de Seyne : il prêta serment le 23 octobre 1732, avant d'entrer en exercice ; ce gouvernement lui fut prorogé par brevet du 6 juin 1741.

Envoyé à l'armée du Rhin, le 15 septembre 1733, il se trouva au siége et à la prise du fort de Kehl et servit pendant l'hiver, comme brigadier de cavalerie, dans l'armée du duc de Lévis, en Franche-Comté, ainsi qu'on le voit par des lettres du 5 novembre. Envoyé à l'armée d'Allemagne sous les ordres du maréchal d'Asfeld, le 15 juin 1734, il obtint (1er août) un brevet de maréchal-de-camp, en se démettant de sa compagnie de gendarmes de Flandre, et servit dans l'armée des maréchaux du Bourg et de Noailles ; l'année d'après, il passa dans celles du comte de Coigny et du comte de Belle-Isle.

Nommé lieutenant-général des armées du roi (1er mars 1738), il fut appelé à commander en Roussillon pour le roi, par lettres du 9 décembre 1739, en remplacement de M. de Rocozel. Sa santé, déjà altérée, ne lui permit de prêter le serment d'usage que le 10 avril suivant ; il partit ensuite pour Perpignan. Lorsque l'infant don Philippe, gendre de Louis XV, traversa la province pour se rendre en Italie, le comte de Chastellux fut chargé de l'escorter ; ensuite, malgré la fatigue qu'il en avait éprouvée, il voulut entreprendre une excursion dans les montagnes, et y contracta le germe d'une dernière maladie, qui l'enleva le 12 avril 1742 : il fut inhumé le lendemain dans l'église Saint-Jean-Baptiste, au milieu de regrets unanimes.

Devenu le seul héritier des biens de sa maison, il fit foi et hommage, le 9 août 1718 à Dijon, et le 4 septembre 1724 à Nevers, où il avait donné son dénombrement le 15 septembre précédent. Il assista aux États de Bourgogne en 1733.

Il fut le dernier de sa famille qui prit possession de la stalle héréditaire au Chapitre d'Auxerre : cette cérémonie eut lieu le 2 juin 1732, avec beaucoup d'éclat et au milieu d'une assistance considérable, pour laquelle c'était une nouveauté; en effet, Philibert-Paul et André n'avaient pu se présenter comme chanoines. Laissons parler le *Mercure de France* :

« On a commencé, suivant l'usage, par lui faire prêter au Chapitre le serment en ces termes : Nous, Guillaume-Antoine, seigneur haut justicier de la terre, justice et seigneurie de Chastellux, promettons vivre et continuer en l'exercice de la religion catholique, apostolique et romaine, et que serons bons et loyaux à l'église et aux doyen, chanoines et chapitre de l'église cathédrale de Saint-Étienne d'Auxerre, et aiderons de tout notre pouvoir à garder et défendre les droits, terres et autres possessions appartenant à l'église et aux susdits doyen, chanoines et chapitre, pourchasserons le bien, honneur et profit d'icelle église et desdits doyen, chanoines et chapitre, et éviterons leur dommage de tout notre loyal pouvoir.

« Ensuite il s'est présenté à la grande porte du chœur, sous le jubé, pendant l'office de tierce, en habit militaire, botté, éperonné, revêtu d'un surplis, le baudrier avec l'épée pardessus, ganté des deux mains, ayant sur le bras gauche une aumusse et sur le poing un faucon, tenant de la main droite un chapeau brodé, couvert d'une plume blanche. Il a été ainsi conduit en sa place, qui est dans les hautes chaires, du côté droit, entre celle du pénitencier et celle du sous-chantre ; il lui est loisible d'assister à l'office avec ou sans surplis, mais il doit toujours avoir une aumusse et se conformer, au surplus, pour se découvrir et se recouvrir, se lever et s'asseoir, au reste du clergé. »

Cette cérémonie ne devait plus se renouveler, d'abord à cause de la mort prématurée de César-François ; ensuite à cause de celle de la duchesse de Civrac, belle-mère d'Henri-Georges-César ; et enfin à cause de la Révolution qui détruisit tant d'antiques usages : le titre de chanoine est seul resté aux aînés de la famille.

CHAPITRE XI.

LE CHANCELIER DAGUESSEAU. — CLAIRE-THÉRÈSE DAGUESSEAU, COMTESSE DE CHASTELLUX, ET SES ENFANTS.

(1722-1797.)

S'il ne fut pas donné à Guillaume-Antoine de Chastellux de contracter alliance avec une famille d'ancienne noblesse, il lui était réservé d'unir son nom à l'un des plus beaux de l'époque, en épousant la fille d'Henri-François Daguesseau, chancelier de France, et d'Anne Le Fèvre d'Ormesson. Ce vertueux et intègre magistrat est devenu, pour ainsi dire, un idéal, parce qu'il appartenait à un ordre qui faisait volontiers l'éloge de ses membres : or, cet éloge se confondait avec celui de la patrie même ; ensuite, à sa mort, on était persuadé qu'on venait de perdre le dernier écrivain du grand siècle, et on se passionnait peu pour de nouveaux noms (1). Ses travaux sont restés comme un monument : M. Boullée l'appelle le modèle et le type du véritable magistrat, dévoué exclusivement à toutes les obligations de la vie

(1) Francis MONNIER, *Le chancelier Daguesseau*, p. 20.

judiciaire ; M. Monnier cherche dans ses réformes législatives l'origine et comme la première ébauche de notre code civil. De nombreux ouvrages ont été aussi publiés sur Daguesseau, et le font connaître comme chancelier et garde des sceaux, comme homme, comme citoyen et comme père de famille.

Daguesseau appartenait à une de ces vieilles familles de robe (1) où tout était grave et austère, et les saines traditions d'honneur et de probité scrupuleusement observées. Son adolescence s'était écoulée au milieu de fortes études, qui le disposèrent à occuper une place distinguée dans la magistrature : par-dessus tout il avait appris à ne jamais transiger avec son devoir. Nommé chancelier et garde des sceaux en 1717, il vit sa charge donnée à M. d'Argenson (28 janvier 1718), et fut exilé dans sa terre de Fresnes, d'où il revint deux ans après, à la grande joie de tous les gens de bien. Mathieu Marais, grand ami du Chancelier, dit, à cette occasion : « On n'a guère su le sujet de sa disgrâce; il étoit peut-être trop vertueux, et quelquefois la vertu si rigide ne convient pas aux affaires. L'édit des princes pour la succession à la couronne contre les légitimés, qui est son ouvrage, demeurera à la postérité comme une loi fondamentale de

---

(1) Il est fait une mention honorable de cette famille dans l'histoire de Saintonge, dans le nobiliaire de Picardie, et dans l'histoire des comtes de Poitou. Jacques Daguesseau était un gentilhomme attaché au service de la reine Anne de Bretagne ; et Pierre, son arrière-petit-fils, était lieutenant-général de Saint-Jean d'Angély. Ce Pierre fut le bisaïeul d'Antoine, premier président au Parlement de Bordeaux, dont la postérité s'établit à Paris. Bien que le Chancelier eût eu onze enfants, dont huit mâles, son nom s'éteignit, le 22 janvier 1826, avec son petit-fils Henri-Cardin-Jean-Baptiste, marquis d'Aguesseau, pair de France, qui laissa une fille, Marie-Félicité-Henriette, mariée à son cousin-germain, le comte de Ségur ; leurs enfants ont relevé le nom et les armes de Daguesseau, qui sont : *d'azur à deux fasces d'or, accompagnées de six coquilles d'argent, trois en chef, deux en cœur et une en pointe.* L'orthographe de ce nom a beaucoup varié ; le chancelier et ses enfants signaient *Daguesseau*, sans l'apostrophe, mais il paraît qu'on écrivait autrefois *Aguesseau* tout simplement ; en effet, on trouve dans les registres de baptême de la paroisse Saint-Gervais à Paris, au 20 mai 1638, le baptême de Marguerite, fille de feu François Aguesseau, sieur de Lisieux, conseiller du roi, et de Catherine Godet.

l'État. Il n'y avoit qu'un aussi grand homme qui pût éclaircir une matière si haute et si souveraine (1). » Pour nous, la raison de cette disgrâce doit être attribuée à la jalousie de Law, des roués, du duc de Saint-Simon et du premier président, qui avaient peur de l'austérité, de l'esprit, de la plume et du crédit du Chancelier. Mais son éloignement n'ayant apporté aucun remède aux maux occasionnés par un agiotage effréné, on le rappela, quoique pour bien peu de temps. Une question de dignité et d'étiquette fut l'occasion d'une nouvelle et plus longue disgrâce : le régent, oubliant des promesses solennelles, voulut amener le cardinal de Rohan et le cardinal Dubois au conseil de régence, et les fit asseoir au-dessus des ducs, à la place qu'occupait le Chancelier comme représentant de la royauté. Les maréchaux et les ducs furent fort blessés de cette innovation ; Daguesseau ne le fut pas moins, et demanda la permission de ne plus se rendre au conseil de régence. Pour toute réponse, le duc d'Orléans lui signifia l'ordre de rendre sa charge et de se retirer à Fresnes. Ce second exil dura cinq ou six ans.

Si Guillaume-Antoine n'eût voulu épouser la fille d'un homme haut placé en dignité que pour faire son profit des honneurs de celui-ci, il eût renoncé à son dessein ; mais ses pensées étaient plus nobles et plus élevées : il considérait les vertus de la famille dans laquelle il allait entrer, et la disgrâce du Chancelier ne fit, pour ainsi dire, que le raffermir dans sa résolution. On assure même que le régent éloigna pour quelques semaines l'orage qui allait éclater sur la tête de Daguesseau, afin de lui donner le temps de marier sa fille.

Le Chancelier était uni depuis 18 ans à Mademoiselle d'Ormesson,

---

(1) *Journal*, I, 270.

dont Madame de Sévigné disait : « Je n'ai jamais vu d'union mieux assortie et plus désirable. » — « C'est pour la première fois, ajouta Coulanges, qu'on a vu les grâces et les vertus s'unir ensemble. » — « C'est l'alliance du mérite et de la vertu, dit M. de Harlay. » C'était parler avec sincérité ; les deux époux étaient bien faits l'un pour l'autre, et leurs enfants se montrèrent toujours dignes d'eux. Madame Daguesseau en avait déjà eu trois, lorsqu'elle accoucha, le 25 octobre 1699, d'une fille, nommée Claire-Thérèse : ce fut sur cette jeune personne que le choix de Guillaume-Antoine de Chastellux s'arrêta : il appréciait sa modestie, sa réserve, sa simplicité et ses qualités solides et sérieuses. Le mariage ayant été arrêté en janvier 1722, le contrat fut dressé les 13, 14 et 15 du mois suivant, par Hachette et Demasle, notaires au Châtelet de Paris, et signé par le roi et par les princes et les princesses du sang.

Laissons encore parler Mathieu Marais :

« Samedi 7 février 1722. — Toute la cour va chez le Chancelier lui faire compliment sur le mariage de sa fille, dont il est très content. Il doit se faire le Lundi-Gras à Saint-Roch, à midi. Le curé de Saint-Paul n'a pas voulu publier les bans du mari jusqu'à ce qu'il ait su la mort de ses père et mère. Le Chancelier lui a donné son certificat sur ce fait ; le curé l'a rejeté et a dit qu'il ne pouvoit pas certifier pour le mari de sa fille, et il a fallu que MM. Barrillon et de Morangis, maîtres des requêtes..... aient donné ce certificat ; sans quoi le curé n'eût pas publié les bans, et il est dans la règle (1). Entre les compliments, M. l'évêque de Fréjus, précepteur du roi, a dit qu'il se seroit

---

(1) Il ne l'était point d'un autre côté, à notre point de vue du moins : il ne demanda point les extraits baptistaires, en sorte que dans l'acte du mariage le comte était dit âgé de vingt-sept ans, et sa femme de vingt.

présenté pour épouser Mademoiselle Daguesseau, s'il avoit cru qu'on la donnoit à un chanoine, et que l'évêque l'auroit emporté : mauvaise plaisanterie sur le canonicat militaire d'Auxerre.

« Lundi 16. — Le mariage de Mademoiselle Daguesseau avec M. de Chastellux a été célébré à Saint-Roch en grande cérémonie, à midi. Le dîner s'est fait en particulier chez la maréchale de Chamilly, et le soir il y a eu un grand souper en famille de trente-huit à quarante personnes, précédé d'un beau concert qui a duré quatre heures. » Les présents ont été de quatre cents louis en or, qui valent, à présent, dix-huit mille livres, et de plusieurs bijoux d'or, et des nippes galantes...

« Dimanche 1ᵉʳ mars. — Le Chancelier est parti, dès sept heures du matin, avec sa famille et son nouveau gendre, pour aller à Fresnes. Le comte de Chastellux soutient cette disgrâce héroïquement et ne croyait pas voir sitôt son beau-père déplacé (1). »

Veuve après vingt années d'une union toujours heureuse, la comtesse de Chastellux se réfugia auprès de son vénérable père, dont elle aimait les conseils et l'expérience. Déjà cruellement frappée dans ses affections maternelles, elle eut la douleur de le perdre le 9 février 1751, et ne trouva de consolations que dans l'amitié de son frère, Jean-Baptiste-Paulin Daguesseau de Fresnes, auprès duquel elle vécut jusqu'à sa mort, qui eut lieu à Paris le 4 octobre 1772.

Elle avait été mère de neuf enfants : César-Henri, César-François, Philippe-Louis, Henri-Guillaume, Paul-Antoine, François-Jean, Judith-Félicité, Marie-Anne-Judith et Madeleine-Thérèse.

César-François et François-Jean auront chacun leur chapitre plus loin.

---

(1) *Journal*, II, 238, 251.

César-Henri de Chastellux, né à Paris le 8 décembre 1722, mourut à Chastellux le 18 avril 1726.

Philippe-Louis de Chastellux, né à Chastellux le 2 août 1726, fut appelé le comte de Beauvoir et, plus tard, le marquis de Chastellux. Il entra, le 1ᵉʳ mai 1740, dans la seconde compagnie des mousquetaires à cheval de la garde ordinaire du roi, commandée par le marquis de Montboissier; il fit la campagne de 1742 en Bavière et en Bohême, en qualité d'aide-de-camp du comte de Montal, sous les ordres duquel assista, seul de toute sa compagnie, à la bataille de Dettingen. Le 1ᵉʳ janvier 1743, le roi lui accorda une compagnie de cavalerie dans le régiment Royal-Roussillon, qu'il commanda à l'armée de Flandre; il occupa le camp de Courtray, sous les ordres du maréchal de Saxe, en 1744, et se trouva à la bataille de Fontenoy et à celle de Roucoux. Devenu aide-maréchal-général-des-logis de la cavalerie royale, par ordre du 15 avril 1747, il se trouva, en cette qualité, à la bataille de Lawfeld, attaché à l'aile droite, sous les ordres du marquis de Clermont-Tonnerre, qui soutenait l'attaque du village; il y fut blessé d'un coup de feu à la jambe.

Il obtint, le 1ᵉʳ février 1748, une commission pour tenir rang de mestre-de-camp de cavalerie au siége de Maëstricht, rejoignit son corps le 15 juin, et y demeura le reste de la campagne. Il fut nommé colonel du régiment d'Auvergne et gouverneur des ville et château de Seyne en Provence, à la mort de son frère (30 septembre 1749), et prêta serment le 25 du mois suivant. Il commanda son régiment au camp d'Aimeries en 1753, et à celui de Granville en 1756. Décoré de l'ordre de Saint-Louis, le 13 janvier 1757, il continua à commander le régiment d'Auvergne, avec lequel il se trouva à la prise de Minden et d'Hanovre, au camp de Closterseven, à la marche sur les ennemis vers Zell, en 1757, à la retraite de l'électorat d'Hanovre et à la bataille de Crevelt, en 1758. Menacé de perdre la vue, il se vit forcé de donner sa démission, le 31 mars 1759, tout en conservant le rang de colonel. Néanmoins, le prompt rétablissement de sa santé lui permit de servir, l'année suivante, en Allemagne, et de se trouver aux affaires de Corback et de Warbourg; et à la bataille de Clostercamp il se distingua aux deux attaques du corps de troupes du colonel Freytag près d'Osterode. Il combattit à l'affaire de Filinghausen en 1761, et fut créé brigadier par brevet du 20 février de cette même année; ensuite il obtint, le 25 juillet 1762, le grade de maréchal de camp; enfin il devint lieutenant-général le 5 décembre 1781 (1).

Il avait été admis, le 14 août 1754, dans la chambre de Messieurs de la Noblesse aux États de Bourgogne et fut élu neuf ans plus tard : des travaux importants s'exécutèrent sous sa direction, notamment la route d'Avallon à Lormes et le pont sur le Cousin. En 1764, il fut chargé de porter au roi l'Adresse de la Noblesse.

Un partage du 18 juillet 1758, reçu Dupré jeune, notaire à Paris, lui avait attribué les terres de Bossancourt, de Dollancourt, de Trannes, de Jessains et de Magny-Fouchard en Champagne, et celles de Mennemois et de Nemois, dont il fit foi et hommage à son neveu, à cause de la baronnie de Quarré. Après avoir rebâti son château de Bossancourt, il vendit ses terres de Champagne à Edme-François-Marcel de Bossancourt, chevalier, et à Madeleine-Jacobée de Vienne, par contrat reçu Dupré, notaire à Paris, le 26 février 1767, moyennant la somme de cent trente mille livres.

Un événement inattendu vint augmenter sa fortune et lui donner une belle existence en Bourgogne. Nicolas-Étienne de Chaugy, comte

---

(1) Archives de Chastellux. — PINARD, *Histoire chronologique militaire*, VII, 579.

de Roussillon, arrière-petit-fils de Diane de Chastellux, mourut, le 27 décembre 1772, au château de Roussillon, sans héritiers légitimes (1). On trouva dans ses papiers un testament par lequel il instituait le marquis de Chastellux son principal héritier, en substituant la terre de Roussillon à son fils aîné et à toute sa postérité, et, à leur défaut, à celle du comte de Chastellux. Par une clause de ce même testament, le nouveau seigneur de Roussillon était tenu de joindre le nom de Chaugy au sien, et d'écarteler ses armes de celles de cette maison. Philippe-Louis de Chastellux, marquis de Chastellux-Chaugy-Roussillon, reprit de fief à Dijon, le 6 juillet 1773, de la terre et seigneurie de Roussillon et des dépendances, à savoir : Blain, Anost, Cussy, Marey, Rolle, Siron, Aigreveau, Dront, etc. (2). Malgré cet accroissement de fortune, il ne voulut jamais contracter aucune alliance et mourut à Paris le 26 janvier 1784.

Henri-Guillaume de Chastellux, nommé le chevalier de Bossancourt, naquit à Paris le 11 décembre 1729 et y mourut le 14 août 1737.

Paul-Antoine de Chastellux, vicomte d'Avallon, naquit à Paris le 26 juin 1731, et était garde de la marine à bord du *Terrible* lorsqu'il fut appelé à faire partie d'un convoi envoyé de Brest, sous les ordres de M. des Herbiers de l'Estanduère, pour escorter une flotte de deux cent cinquante-deux navires marchands, destinée pour les colonies françaises en Amérique. Le 25 octobre 1747, étant environ à quatre-

---

(1) Il était veuf, depuis le 4 octobre 1754, de Louise-Charlotte, légitimée de Bourbon, sœur du duc de Bourbon, premier ministre; mais il s'était séparé d'elle depuis longtemps pour mener une vie scandaleuse avec une certaine Marianne Pairin, à laquelle il légua tout son mobilier, son hôtel d'Autun et ses terres de Musigny, de Longecourt, de Solonge, etc., en les substituant à deux bâtards qu'il avait encore d'elle, Marie-Thérèse de Velée et Jean-Charles de Montcimet, qui eurent pour eux un capital de deux cent cinquante-six mille six cent vingt-sept livres. La postérité de Jean-Charles subsiste encore, dit-on, en ligne masculine.

(2) Peincedé, XI, 769.

vingt-huit lieues au nord-ouest du cap Finistère, l'escadre fut attaquée par quatorze vaisseaux de guerre Anglais, commandés par le vice-amiral Hawke. A la première bordée, le jeune Paul de Chastellux fut tué raide : c'était, pour ainsi dire, le premier coup de canon qu'il entendait tirer. Une hardie manœuvre du comte de Vaudreuil assura le succès du drapeau français; mais ce ne fut point sans de grandes pertes (1).

Judith-Félicité de Chastellux, née à Paris le 2 mai 1725, y mourut le 3 février 1729.

Marie-Anne-Judith de Chastellux, née à Chastellux le 12 novembre 1732, fut mariée, en sortant du couvent, à Jean-Baptiste-Louis, marquis de la Tournelle, seigneur d'Arleuf, de Corancy, de Chaumard, etc., fils d'Antoine-François-Charles, comte de la Tournelle (2), seigneur d'Augers, de Leugny, de Senan, de Volgré, etc., gouverneur de la ville de Cravan, élu pour la noblesse des États de Bourgogne, ancien capitaine dans le régiment Royal-étranger, chevalier de Saint-Louis, et de Thérèse Baillon : le contrat fut dressé, le 7 février 1749,

---

(1) D'Hozier. *Armorial*, Registre VI, p. 375. Article de la famille de Rigaud de Vaudreuil.

(2) La maison de la Tournelle devait son nom à un château situé aux portes d'Arleuf, entre Château-Chinon et Autun. Une vieille tradition la faisait descendre des anciens ducs ou comtes de Touraine qui vivaient sous les Carlovingiens; mais, au xi° siècle, elle était déjà riche et puissante, puisque Séguin de la Tournelle fonda, en 1156, le prieuré de Guipy, pour le salut de son âme, et de celle de son père Hugues. Pierre de la Tournelle se trouva à la bataille de Bouvines et se battit avec le comte de Boulogne, général des ennemis ; il le vainquit. Gilles de la Tournelle suivit saint Louis en Terre-Sainte. Au xiv° siècle, Auxerre eut trois évêques du nom d'Auxois, que Lebeuf fait sortir de la maison de la Tournelle. Cette famille compte trois chevaliers de l'ordre du roi, cinq gentilshommes ordinaires de sa chambre, trois gouverneurs de la ville de Cravan, etc. La terre de la Tournelle fut érigée en marquisat en faveur de Charles de la Tournelle, mort le 3 juillet 1687 : son petit-fils Charles, mortellement blessé à Ramillies, mourut le 27 mai 1706, dans sa vingtième année. Cette maison s'est éteinte, le 13 novembre 1860, dans la personne de Charles-Louis-Aimé, comte de la Tournelle, mort sans enfants de Thérèse-Henriette du Coëtlosquet. Alliances : Du Bouchet, Digoine, Rabutin, Chaugy, Harcourt, Melun, Montmorency, Andrault, Bernard de Montessus, du Deffand de la Lande, Mailly, La Mothe-Levayer, etc. Armes : *de gueules à trois tours d'or*, 2 et 1.

par James et Debougainville, notaires au Châtelet de Paris. L'évêque d'Auxerre vint à Leugny bénir le mariage, qui fut célébré le 12, au milieu d'une nombreuse et brillante assemblée. Cette union, formée sous de riants auspices, ne fut point heureuse; le marquis, marié dans sa seizième année et livré à lui-même, fut la victime de sa jeunesse et de son inexpérience : l'oisiveté de la vie de garnison lui donna le goût du jeu; il y perdit un immense patrimoine, et ne conserva que la terre de Leugny. Séparé de son épouse après dix années de mariage, il profita, en 1793, de la loi sur le divorce pour briser les derniers liens qui l'attachaient à elle. La marquise de la Tournelle mourut à Paris, le 18 avril 1797, sans jamais avoir eu d'enfants (1).

Madeleine-Thérèse de Chastellux, née dans cette ville le 12 septembre 1737, y mourut le 18 octobre 1739.

---

(1) La marquise de la Tournelle a laissé un *Essai sur la vie de Mme la comtesse de Chastellux*, sa mère, imprimé par extraits dans l'édition donnée, par M. Rives, des lettres inédites du Chancelier Daguesseau et d'autres écrits aujourd'hui perdus ou passés dans des mains étrangères.

CHAPITRE XII.

FRANÇOIS-JEAN, MARQUIS DE CHASTELLUX. — ALFRED, SON FILS.

(1734-1856).

Jusqu'ici la maison de Beauvoir ne s'était distinguée que dans la carrière des armes ; elle va désormais être représentée d'une manière honorable dans la République des Lettres, en la personne de François-Jean, le plus jeune fils de Guillaume-Antoine de Chastellux et de Mademoiselle Daguesseau.

Né à Paris le 5 mai 1734, il embrassa de bonne heure la carrière militaire, car sa sage et prudente mère avait constamment refusé de porter ses enfants à l'état ecclésiastique, à moins d'une vocation bien déterminée. Le 23 mars 1747, il devint lieutenant en second dans la compagnie colonnelle du régiment d'Auvergne-infanterie, enseigne le 1er août 1749, et lieutenant le 26 février 1751. Il arriva, le 20 mai 1754, au grade de capitaine, et fut nommé aide-major général de l'armée du Bas-Rhin le 1er mars 1757. L'année suivante, il se trouva dans l'infanterie, avec le même grade, à l'armée du comte de Clermont, et fut promu (31 mars 1759) au grade de colonel dans le régiment de la Marche-infanterie ; enfin une distinction flatteuse lui fut accordée par le don de la croix de Saint-Louis (11 avril 1760).

L'année d'après, il fut chargé d'apporter au roi les drapeaux de la garnison de Wolfenbuttel, et passa, le 5 novembre 1761, comme colonel, au régiment de Guienne-infanterie, qu'avait commandé le marquis de Talaru; il fut nommé brigadier des armées du roi (22 janvier 1769). Il renonça à son régiment le 17 avril 1771, en y laissant les meilleurs souvenirs, comme on pouvait le voir dans les registres.

On aurait bien de la peine à comprendre comment une vie si active put lui laisser le temps de refaire son éducation, jusqu'alors fort négligée; mais il savait déjà le grec, le latin, l'anglais et l'italien ; jamais il ne restait oisif, et tous les moments que n'exigeait point son service étaient accordés à l'étude, même au détriment du sommeil.

Les premières productions qui le firent connaître furent une épître à Madame du Bocage, et deux éloges, celui de M. de Closen et celui de M. de Belzunce, qui avaient fait la guerre avec lui. Il avait tout ce qu'il fallait pour réussir dans le monde, doué comme il l'était de tous les avantages de la figure et de l'esprit ; il ne voulut pas s'en contenter; une vie sérieuse et occupée avait trop de charmes pour lui. Passant les trois quarts de l'année à Paris, il passait tous ses moments, soit dans la société des personnes les plus distinguées, soit dans la riche bibliothèque du chancelier Daguesseau (1), où il trouvait des

---

(1) Cette bibliothèque contenait des ouvrages rares et précieux, tels que la Bible polyglotte de Walton, tirée sur grand papier, et d'autres bibles polyglottes en toutes langues : l'Évangile en langue malabre, écrit sur des feuilles de palmier ; les meilleures éditions des Pères de l'Église; la plus complète collection de Coutumes; l'*Anthologie grecque* de Planude, imprimée à Florence en 1494, ayant appartenu à Léon X ; la première édition grecque d'Homère et celle d'Eustathe; enfin d'anciennes chroniques manuscrites relatives à l'histoire de France, d'Angleterre et des Pays-Bas, et des copies des registres secrets du Parlement. A la mort de M. Daguesseau, fils du Chancelier, arrivée le 8 juillet 1784, ses enfants vendirent cette riche collection, qui comprenait près de cinq mille six cents volumes.

matériaux abondants, qui lui servirent à composer son ouvrage de la *Félicité publique*, imprimé en 1772 sous le voile de l'anonyme. Son but était, en passant en revue toutes les nations de l'antiquité et des temps modernes, de prouver que la condition générale des hommes n'avait été, à aucune époque de l'histoire, aussi bonne que de son temps. On regrette de voir le chapitre sur l'avénement du christianisme porter l'empreinte de la philosophie du temps : l'auteur se ressentait de son contact avec des hommes irréligieux et peu disposés à rendre justice à l'Église, tels qu'Helvétius, d'Alembert, Turgot, etc. Voltaire, qui avait lu cet ouvrage en le couvrant de notes, en était enthousiasmé et le mettait au-dessus de *l'Esprit des Lois :* c'est un jugement que la postérité n'a pas sanctionné.

Le chevalier de Chastellux cultiva aussi avec succès les arts : il aimait le théâtre et la musique; il écrivit un petit traité sur l'union de la poésie et de la musique; la grande querelle des Gluckistes et des Piccinistes ne devait éclater que dix ans après, mais elle s'annonçait déjà; la musique italienne avait un chaud partisan dans le chevalier de Chastellux, dont l'écrit eut un grand succès, non seulement en France, mais à l'étranger : dans tous ses voyages il formait des liaisons durables avec les hommes les plus marquants par leur esprit, leurs talents et leur érudition.

Une place étant venue à vaquer à l'Académie française, on l'engagea à la solliciter; mais ayant appris que M. de Malesherbes s'était mis sur les rangs, il se hâta de retirer sa candidature : cette démarche, remplie de déférence pour un homme aussi considéré, assura à M. de Chastellux un éclatant succès, lorsque la mort de M. de Châteaubrun laissa un second fauteuil vacant : tous les suffrages se portèrent sur lui, et sa réception eut lieu le 27 août 1775. Le nouvel académicien prononça un discours sur le goût, que les uns trouvèrent très juste et

très éloquent, et les autres long et diffus. Buffon fut chargé de lui répondre ; il le fit en lui rappelant un trait de sa jeunesse : « Vous
« fûtes le premier d'entre nous qui ait eu le courage de braver le
« préjugé contre l'inoculation ; seul, sans conseil, à la fleur de l'âge,
« mais décidé par maturité de raison, vous fîtes sur vous-même
« l'épreuve qu'on redoutait encore : grand exemple, parce qu'il fut le
« premier. Je fus aussi le premier témoin de votre heureux succès :
« avec quelle satisfaction je vous vis arriver de la campagne, portant
« les impressions récentes qui ne me parurent que des stigmates de
« courage. Souvenez-vous de cet instant : l'hilarité peinte sur votre
« visage en couleurs plus vives que celles du mal, vous me dîtes : Je
« suis sauvé et mon exemple en sauvera bien d'autres (1) ! »

Après avoir connu les bienfaits de l'inoculation, le chevalier de Chastellux eût voulu les faire connaître aux autres, surtout aux indigents ; il publia une brochure où il proposait au gouvernement l'établissement de maisons d'inoculation pour les pauvres. Il s'intéressait de même à toutes les nouveautés utiles.

Cependant il ne perdait point de vue la carrière des armes, où déjà il avait conquis une place distinguée. Le 1er août 1778, il reçut l'ordre de servir, comme brigadier d'infanterie, dans l'armée du maréchal duc de Broglie campée sur les côtes de Normandie et de Bretagne. Pendant ce temps, les colonies anglaises de l'Amérique soutenaient une lutte acharnée contre la mère-patrie, et finirent par proclamer leur indépendance au mois de juillet 1776. Le marquis de la Fayette, cousin par sa femme du chevalier de Chastellux, partit pour l'Amérique, dans le but de prendre du service dans l'armée de Washington ;

---

(1) M. de Chastellux eut pour successeur M. de Nicolaï, qui prononça son discours de réception le 12 mars 1789.

la jeune noblesse s'émut de son exemple, et décida Louis XVI à reconnaître la nouvelle république et à lui envoyer des secours. Un corps d'armée partit sous le commandement du comte de Rochambeau ; le chevalier de Chastellux, qui avait le grade de maréchal de camp, sollicita l'honneur d'en faire partie ; il s'embarqua donc à Brest, et à son arrivée (1er mars 1780) il fut nommé major-général. Dès ce moment, il se signala par son courage, sa sagesse et son esprit de conciliation. La facilité avec laquelle il s'exprimait en anglais le mit à même d'établir promptement des rapports intimes et particuliers avec les membres de la nouvelle république, tant à l'armée que dans l'administration : ce concert fut plus d'une fois utile au succès des armes françaises et américaines. Profitant de ses moments de liberté, le chevalier de Chastellux fit trois voyages dans l'intérieur du pays ; il rédigea sur les lieux mêmes le journal de ces excursions, qui fut publié, en 1786, à Paris : c'est un tableau curieux et intéressant de l'état de l'Amérique à cette époque. On y trouve des peintures attachantes de mœurs, des détails domestiques sur les fondateurs de l'Union et des considérations élevées. Cet ouvrage fut amèrement critiqué en France par les républicains, qui n'aimaient point le ton réservé de l'auteur ; mais il fut apprécié à sa juste valeur par Washington. Le chevalier de Chastellux rentra dans sa patrie à la fin de 1782, mais il ne fut point oublié en Amérique, et une correspondance très suivie s'établit entre lui et Washington et d'autres personnages distingués.

L'Académie de Philadelphie lui envoya un diplôme de docteur ès-droit civil (22 décembre 1782) ; le même grade lui fut conféré par le collége *Guillaume et Marie* de Virginie (1er mars 1788) ; la Société littéraire de Charlestown le nomma un de ses membres honoraires (2 avril 1783) ; enfin l'Académie de Boston et la Société de Cincinnatus l'admirent dans leur sein. De son côté, M. de Chastellux obtint du roi la permission de choisir des livres que ce prince destinait en présent à plusieurs de ces Sociétés ; les Américains qui venaient à Paris étaient toujours sûrs de trouver en lui un ami et un appui.

Revenu en France, M. de Chastellux fut nommé gouverneur de Longwy le 5 décembre 1781, et fut chargé d'inspecter l'infanterie et la cavalerie sur différents points du royaume. En même temps l'Académie de Nancy tint à honneur de l'avoir pour membre.

Le 16 juillet 1783, il fit ses preuves de noblesse pour entrer dans les ordres militaires et hospitaliers de Notre-Dame du Mont-Carmel et de Saint-Lazare de Jérusalem, Bethléem et Nazareth : ces preuves remontaient jusqu'à Claude de Beauvoir, maréchal de France, septième aïeul du récipiendaire.

Ses inspections l'ayant mené, en 1787, du côté de Spa, il se décida à y aller prendre les eaux, tant pour rétablir sa santé que pour jouir des agréments de la société qu'on y trouvait. Jusqu'à ce moment, il avait refusé plusieurs alliances avantageuses, et il était arrivé à l'âge où s'éloigne la pensée du mariage ; mais le hasard lui fit rencontrer, à Spa, une jeune Irlandaise, orpheline et sans fortune, douée d'une figure agréable et spirituelle ; il s'éprit d'elle et demanda sa main. Marie-Joséphine-Charlotte Brigitte de Plunkett, c'était son nom, était née à Louvain le 8 septembre 1759, du baron Thomas de Plunkett, lieutenant feld-maréchal au service d'Autriche, chevalier de l'ordre militaire de Marie-Thérèse, et de Marie d'Alton (1). Leur contrat de mariage fut passé, le 6 octobre 1787, devant Barthélemy,

---

(1) La maison Plunkett était issue des seigneurs de Bewly, dans le comté de Louth. Patrice Plunkett, écuyer, seigneur de Bewly, eut pour fils Olivier, pair d'Irlande en 1541. François de Plunkett, frère de la marquise de Chastellux, fut tué, en septembre 1789, devant Belgrade, à l'âge de 25 ans. Alliances : Rochefort de Carrick, Hussey, Barnewall, Talbot, Geraldin, etc. Armes : *de sable à la bande d'argent, accompagnée en chef d'une tour de même.* Devise : *Festina lente.*

notaire à Liége; et après avoir reçu la bénédiction nuptiale le 13 ils partirent pour la France. La duchesse d'Orléans avait bien voulu donner à la jeune marquise une place auprès d'elle, en la désignant pour l'accompagner, et elle la présenta elle-même à la cour le 11 novembre. Le marquis de Chastellux goûtait les charmes de cette nouvelle union, lorsqu'il reçut l'ordre de faire des inspections en Normandie ; il était à peine de retour dans la capitale, qu'une maladie, jugée d'abord peu dangereuse, le conduisit au tombeau (24 octobre 1788) (1).

Il laissait sa veuve enceinte : elle accoucha, le 20 février 1789, d'un fils qui fut tenu sur les fonts par le duc de Penthièvre et par la duchesse d'Orléans, et fut nommé Alfred-Louis-Jean-Philippe; on le fit recevoir chevalier de minorité dans l'ordre de Malte, dont personne ne prévoyait encore la chute si prochaine. Il fut élevé sous les yeux de sa marraine, qui témoigna bientôt la plus entière confiance à Madame de Chastellux; Madame de Genlis en devint furieuse, et dans ses mémoires prolixes et diffus elle accusa sa rivale d'ingratitude. Les mauvais jours de la Révolution devaient prouver à la duchesse d'Orléans qu'elle ne s'était point trompée dans son choix.

Auditeur au Conseil d'État depuis le 19 janvier 1810, Alfred de Chastellux fut envoyé à Hambourg, pour y exercer les fonctions de sous-préfet, le 30 janvier 1812; ensuite il s'engagea (16 avril 1813) dans l'état-major du lieutenant-général Vandamne et devint (6 février 1814) chef d'un bataillon de garde nationale organisé par le prince d'Eckmülh. Chevalier de la Légion d'honneur le 30 août, il fut nommé, le 18 octobre, capitaine-adjoint aux états-majors de l'armée, et passa,

---

(1) Notice sur le marquis de Chastellux par sa veuve et par M. Léonce de Lavergne, dans *le Correspondant* du 25 décembre 1864.

le 10 novembre, à la suite du régiment du roi, infanterie légère, et le 1ᵉʳ mars au 73ᵉ de ligne.

Devenu aide-de-camp du comte de Flahaut (26 avril 1815), il remplit cette charge auprès du vicomte de la Tour-Maubourg (19 mars 1827), auprès du maréchal-de-camp comte de Potier (20 avril 1830), et du lieutenant-général baron Mallet (1ᵉʳ juillet 1830). La Révolution le trouva capitaine au corps royal d'état-major et lui apporta la place de chevalier d'honneur de Mademoiselle d'Orléans ; il fut nommé chef de bataillon le 18 janvier 1831 et officier de la Légion d'honneur le 20 avril suivant. Une ordonnance royale du 4 mai 1845 l'ayant appelé à siéger au Luxembourg, il prêta serment le 13 du même mois.

La marquise de Chastellux, morte à Paris le 18 décembre 1815, avait demandé que son cœur fût transporté à Lucy-le-Bois, où elle avait acheté une habitation ; malgré une fortune très restreinte, elle trouva le secret de se faire aimer des habitants de cette commune, surtout des pauvres. Leur reconnaissance se traduisit d'une manière bien touchante : les troupes alliées étant venues occuper le pays, ils ne voulurent jamais permettre qu'aucun militaire logeât dans sa maison, qu'ils regardaient comme un asile inviolable (1).

C'est aussi à Lucy-le-Bois qu'Alfred de Chastellux aimait à passer sa vie : il fut élu député de l'Yonne le 27 décembre 1832, et reélu le 21 juin 1834, le 5 novémbre 1837 et le 2 mars 1839. Une ordonnance du 16 octobre 1832 l'appela à faire partie du Conseil général de l'Yonne : ce choix fut ratifié, le 15 novembre 1833, par les électeurs des cantons de Guillon et de l'Isle-sur-Serain.

Il mourut sans postérité à Lucy-le-Bois le 2 octobre 1856 ; sa veuve,

---

(1) Note manuscrite.

Laure-Élisabeth-Françoise Bruzelin, fit construire sur sa tombe une chapelle, faisant pendant à la sacristie qu'il avait déjà aidé à établir dans l'église. Cette chapelle, terminée en 1868, est dédiée à saint Alfred et à sainte Élisabeth, patrons des deux époux.

CHAPITRE XIII.

césar-françois. — henri-georges-césar. — départ pour l'émigration.

(1723-1791.)

César-François, comte de Chastellux, vicomte d'Avallon, baron de Quarré, seigneur de Marigny, de Bossancourt, etc., premier chanoine héréditaire de l'église cathédrale d'Auxerre, naquit à Paris le 1er novembre 1723 et entra bien jeune en possession du patrimoine de ses aïeux : il en fit foi et hommage à Nevers le 6 juin 1746.

En 1742, il servit en Flandre et se trouva au siége de Menin, place forte exécutée par Vauban ; elle fut complétement rasée ; il servit ensuite sous les ordres du maréchal de Saxe. Le roi lui avait donné le gouvernement des ville et château de Seyne, qui lui fut prorogé par lettres du 13 août 1748. En outre, il lui avait accordé, en juin 1743, le régiment d'Aunis ; ensuite il le nomma colonel du régiment d'Auvergne-infanterie (26 mai 1745) et brigadier de ses armées (1er janvier 1748) (1).

---

(1) Pinard, *Histoire chronologique militaire*, VII, 469.

Tel était l'avancement militaire du comte de Chastellux à vingt-cinq ans, et ses heureuses qualités lui promettaient un brillant avenir, lorsqu'un funeste accident vint anéantir toutes les espérances de sa famille. Ayant obtenu un congé pour se rendre à Chastellux, il s'arrêta à Fresnes, afin d'y passer quelque temps auprès de son grand-père; une fièvre maligne triompha en douze jours de sa robuste constitution, et l'enleva à la tendresse des siens (29 septembre 1749).

Personne ne le regretta plus que le Chancelier, dont la santé subit dès lors une profonde altération; il se vit forcé de donner sa démission (27 novembre 1750) et rejoignit bientôt son petit-fils dans la tombe.

César-François s'était uni, par contrat du 17 février 1745, reçu Debougainville et son collègue, notaires au Châtelet, et signé, le 21, par le Roi et la famille royale, à Olympe-Élisabeth Jubert, riche héritière de Normandie; le mariage fut célébré le lendemain 22 dans la chapelle de l'hôtel de la Chancellerie.

La jeune comtesse était née à Paris le 8 juillet 1725, de l'union de Georges Jubert (1), chevalier, marquis du Thil, seigneur de Morgny

---

(1) Il existe aux archives de Chastellux une généalogie complète de la maison Jubert, dressée par l'abbé Bernard-Marie-Gabriel Jubert de Bouville, mort le 12 juin 1788 : elle commence à Pierre Jubert, qui vivait sur la fin du XIII° siècle. Pour les temps antérieurs, on prétend que cette maison était originaire du Limousin; en effet il y avait à Saint-Yrieix les restes d'un château dit des Jouberts : sur la principale porte, il y avait un écusson chargé d'une croix, blason primitif des Jubert, qui le portèrent ainsi jusqu'au mariage de Guilhem Jubert avec l'héritière du Thil-en-Vexin. La tradition racontait qu'un seigneur anglais, nommé Jubert, ou Joubert, s'établit, vers la fin du XI° siècle, dans le Haut-Limousin, et que plusieurs de ses descendants allèrent en Normandie, où la guerre de cent ans leur fit perdre leurs titres : l'un d'eux, Marin Jubert, voulant sortir de Vernon pour rejoindre ses frères, qui étaient à Beauvais dans l'armée du roi, fut arrêté et conduit à Mantes où les Anglais lui firent trancher la tête. Plusieurs Jubert ont pareillement trouvé la mort sur les champs de bataille. Cette famille compte deux chevaliers de Malte en 1631 et en 1669, et un de l'ordre du Mont-Carmel et de Saint-Lazare. Elle a possédé de nombreux fiefs en Normandie, dont le principal était la terre de Bizy, située aux portes de Vernon, et vendue au duc de Belle-Isle. On voyait dans la chapelle de Saint-Claude, paroisse Sainte-Geneviève de

de Bourguignon, vicomte de Soors, etc., capitaine aide-major du régiment Royal-Comtois-infanterie, ensuite colonel du régiment du Thil-infanterie, chevalier de Saint-Louis, avec Élisabeth-Geneviève Cousinet. Elle reçut en dot la terre du Thil-en-Forêt, vulgairement appelée Belleface, dont elle fournit dénombrement, en 1758, à M. d'Auger, seigneur de Fleury-la-Forêt. Son père étant décédé le 12 juillet 1762, elle hérita de terres considérables situées près de Bar-sur-Seine et de Meaux, telles que Varreddes, Survilliers, Bourguignon, etc. Celles de Bourguignon et de Soors (*alias Foolz*) mouvaient en fief du roi à cause de son comté de Bar ; la comtesse en fit aveu et dénombrement à Dijon les 26 mars 1769 et 13 juillet 1785. Elle mourut à Paris le 31 mai 1798, sans avoir convolé à d'autres noces. De son mariage était né à Paris, le 15 octobre 1746, un seul fils, qui fut nommé Henri-Georges-César.

Le partage du 18 juillet 1758 attribua à cet orphelin le comté de Chastellux dans toute son intégrité : il en fit foi et hommage à Dijon le 8 mai 1784 et à Nevers le 18 février 1778. Ces actes ne devaient plus se renouveler.

En 1763, Henri-Georges-César entra en qualité de mousquetaire dans la garde du roi ; deux ans après, il devint capitaine-commandant au régiment de Royal-Piémont-cavalerie. Il fut nommé (3 janvier 1770) colonel d'infanterie aux grenadiers de France, au régiment de

---

Vernon, un vitrail qui représentait Guillaume Jubert, mort le 3 août 1503, et sa femme, Catherine Daniel de Boisdennemets, morte le 3 mars 1523, à genoux, avec leurs dix-neuf enfants pareillement agenouillés derrière eux. Cette maison s'éteignit dans la personne de Marie-Alexandre-Gabriel Jubert, comte de Bouville, marquis de Clère-Panilleuse, seigneur de Portmort, de Châteauneuf, de l'Isle, d'Ecos, de Pressagny, du Val, des Thilliers, du Châtel de la Bucaille, de la Grippière, etc., maréchal-général-des-logis des armées du roi, mort le 25 mai 1793, sans enfants de Geneviève-Eléonore de Lombelon des Essarts. Armes : aux 1 et 4 *d'azur à la croix alaisée d'or*, qui est Jubert ; aux 2 et 3 *d'azur à cinq fers de lance d'argent*, 3 et 2, qui est du Thil. Alliances : Blancbaton, Croismare, Pellevé, Potier de Novion, Goujon de Gasville, Maupeou, Carvoisin, etc.

Lyonnais (18 mai 1772) et dans celui de Beaujolais (20 mars 1774). Il fut promu, le 5 décembre 1781, au grade de brigadier d'infanterie, et décoré de la croix de Saint-Louis; et le brevet de maréchal-de-camp lui fut accordé le 9 mars 1788.

Retenu loin de la Bourgogne par ses emplois, il y était toujours par le cœur, et travaillait avec zèle à tous les intérêts de cette province. Élu général de la Noblesse, administrateur des États de Bourgogne depuis 1784 jusqu'en 1787, il eut pour collègues l'abbé de la Fare, doyen de la Sainte-Chapelle de Dijon, élu général du clergé, depuis évêque de Nancy, et mort archevêque de Sens, et M. Noirot, maire de la ville de Chalon-sur-Saône. Ces trois administrateurs en chef de la Bourgogne furent appelés aux deux Assemblées des Notables du royaume, tenues à Versailles en 1786 et en 1787.

Jamais, peut-être, l'administration de la province ne développa plus de zèle et d'énergie, et n'obtint plus de succès importants que sous ces trois élus-généraux.

Le Parlement de Dijon, souvent en conflit avec l'administration des Etats, fut contenu ou replacé dans les limites de sa juridiction. L'impôt des tailles, très onéreux pour le peuple, fut sensiblement diminué. L'impôt des vingtièmes reçut une répartition plus juste. Des abus introduits dans plusieurs parties de l'administration furent réformés. Le canal du Centre, long de vingt-cinq lieues, fut creusé en trois ans, et la moitié des ouvrages d'art fut achevée. Les droits d'aides, qui pesaient encore sur les comtés d'Auxerre et de Bar-sur-Seine, furent rachetés. Des ponts et des chemins nouveaux multiplièrent et facilitèrent les communications.

Aussi, à la tenue des États de 1787, où les élus-généraux durent sortir de charge, les trois ordres de la province rendirent à l'unanimité un décret, jusqu'alors sans exemple, pour exprimer aux élus sortants leur reconnaissance pour tous les résultats et les succès de leur administration. Ils ordonnèrent que le décret fût imprimé sur-le-champ, envoyé et affiché dans toutes les communes de la province (1).

Par contrat du 18 avril 1773, reçu Marchand et son collègue, notaires au Châtelet de Paris, Henri-Georges-César de Chastellux épousa Angélique-Victoire, fille d'Émeric-Joseph de Durfort (2), duc de Civrac, seigneur de Blagnac, ambassadeur et ministre plénipotentiaire à Vienne, à Venise et à Naples, chevalier d'honneur de Madame Victoire, et d'Anne de la Faurie de Monbadon, dame d'honneur de Mesdames Victoire et Sophie ; cette jeune personne était alors à l'abbaye de Saint-Cyr, où elle fut mariée le 21, par l'archevêque de Besançon. Elle était née à Versailles le 2 décembre 1752, et avait eu l'honneur d'être tenue sur les fonts par le Dauphin et Madame Victoire. Elle fut

---

(1) Archives de Chastellux, note manuscrite.

(2) La maison de Durfort, l'une des plus distinguées du Midi, a donné son nom à plusieurs localités situées dans les départements de cette partie de la France, tels que l'Aude, le Gard, l'Ariège, le Lot et la Lozère. Foulques, seigneur de Durfort au diocèse de Narbonne, vivait en 1050. On trouve dans les archives des abbayes du Languedoc des titres innombrables qui attestent la richesse et la libéralité des Durfort. Arnaud de Durfort épousa Marquésie de Goth, nièce du pape Clément V, et héritière de la terre de Duras, qui a appartenu à la branche aînée, éteinte le 1er août 1838. Galhard, leur petit-fils, fut tué à Poitiers en 1356 ; Galhard IV, en Bourgogne, l'an 1487. Georges, dit le *cadet de Duras à grande barbe*, était l'un des capitaines les plus renommés de son temps ; il se trouva avec mille hommes de pied aux batailles d'Agnadel et de Ravenne ; il fut aussi gouverneur d'Henri d'Albret, roi de Navarre. Symphorien de Durfort fut tué à Orléans en 1563, pendant le siège de cette ville ; il avait eu le malheur de tomber dans l'hérésie et d'y entraîner sa postérité ; il fallut toute l'éloquence de Bossuet pour ramener les Duras dans la véritable religion. Frédéric-Maurice, comte de Rauzan, fut blessé à mort en 1652, pendant le blocus de Paris, près Brie-Comte-Robert, en combattant pour assurer un convoi de farines qu'on voulait faire entrer dans la ville. Son frère Godefroy fut tué à Candie le 29 juin 1669. Raymond de Durfort fut archevêque de Besançon en 1774. Jean, fils de Jean de Duras et de Jeanne Angevin, dame de Rauzan, fut l'auteur de la branche de Civrac, aujourd'hui l'aînée, dont le chef porte le titre de duc de Lorge, qui appartenait à une autre branche de la maison de Durfort. Alliances : Caumont, Périgord, Lomagne, Suffolk, Foix, Gontaut, Chabot, La Tour-d'Auvergne, Bourbon-Malause, La Rochefoucauld, Rigaud de Vaudreuil, Noailles, Choiseul, la Trémoille, Courtenay, du Bouchet de Sourches, Colbert, Nicolaÿ, Montmorency, Croÿ, Clermont-Tonnerre, Pompadour, Faucigny, etc. Armes actuelles : aux 1 et 4 *d'argent à la bande d'azur*, qui est Durfort ; aux 2 et 3 *de gueules au lion d'argent*, qui est Lomagne.

désignée pour accompagner cette princesse, qui la présenta, le 1ᵉʳ mai, à la Cour et lui assura la place de dame d'honneur, occupée auprès d'elle par la duchesse de Civrac. Celle-ci étant venue à mourir, sa fille prêta serment entre les mains du roi le 12 décembre 1786. Le duc de Civrac, chevalier d'honneur de la princesse, ayant suivi de près sa femme dans la tombe, eut son gendre pour successeur.

Honorés de l'amitié et de la confiance de Madame Victoire, le comte et la comtesse de Chastellux ne cessèrent jamais de s'en montrer dignes. Ils étaient auprès d'elle durant les néfastes journées des 5 et 6 octobre, lorsqu'une populace furieuse et égarée envahissait les cours du château de Versailles ; ils la suivirent au château de Bellevue et aux Tuileries ; mais comme l'orage révolutionnaire allait toujours en croissant, les tantes du roi, effrayées de la tournure menaçante des choses, résolurent de se rendre à Rome pour y pratiquer leur religion en toute sûreté. Madame Adélaïde choisit le comte Louis de Narbonne et la duchesse de Narbonne pour la suivre dans ce voyage ; sa sœur demanda au comte et à la comtesse de Chastellux de faire de même. Ils ne balancèrent point : se séparer de celle qui leur avait fait partager sa prospérité leur eût paru un crime : pour lui prouver leur reconnaissance, ils quittèrent leur famille, leurs amis et leurs biens, sans savoir quand ils pourraient les revoir.

Mesdames partirent donc de Bellevue, le 19 février 1791, avec des passeports délivrés par l'Assemblée nationale. Elles eurent grand'peine à se dérober à la populace parisienne qui venait les arrêter ; à Moret, elles furent bien heureuses de l'intervention de M. de Carbonnel, officier de chasseurs à cheval : ce militaire, après les avoir escortées dans la forêt de Fontainebleau, força les habitants de Moret à respecter leur liberté. Mesdames, après avoir paisiblement traversé la Bourgogne, subirent onze jours de captivité à Arnay-le-Duc, où elles ne rencontrèrent point les respects et les égards auxquels elles avaient droit. Il leur fallut de nouveaux passeports de l'Assemblée, à l'aide desquels elles arrivèrent heureusement à la frontière.

C'est bien à tort qu'on a voulu incriminer l'émigration : c'était plutôt une nécessité douloureuse qui chassait tant de familles hors de France ; elles ne cherchaient qu'à mettre leur tête à l'abri de la guillotine. L'émigration de Coblentz commit, il est vrai, une grave erreur en allant chercher du secours à l'étranger ; il eût mieux valu pour elle de ne compter que sur sa valeur et de se serrer autour du trône menacé. Les puissances étrangères n'avaient point assez de désintéressement pour répondre aux vues des émigrés : elles les gênaient bien plus qu'elles ne les servaient. On en trouve mille preuves dans les ouvrages impartiaux et justes publiés récemment sur cette triste époque de notre histoire : par exemple, on lit, dans l'*Histoire des trois derniers Condé*, que les autorités militaires et civiles de Landau étaient disposées à ouvrir les portes de la ville au prince de Condé, en arborant le drapeau blanc. Elles y mettaient pour condition que ce serait une affaire de Français à Français et que les Autrichiens s'abstiendraient de toute intervention. Mais le prince de Hohenlohe fit échouer cette combinaison, qui ne s'accordait point avec la politique de l'Autriche (1).

---

(1) Crétineau-Joly, *Histoire des trois derniers Princes de la Maison de Condé*, I, 67.

CHAPITRE XIV.

LA RÉVOLUTION. — L'ÉMIGRATION. — RETOUR.

(1791-1810).

Après s'être arrêtées à Turin et à Parme, Mesdames arrivèrent, vers la Semaine-Sainte, à Rome, et y furent reçues avec les honneurs qu'on rend ordinairement aux têtes couronnées. Malgré la tranquillité dont les augustes fugitives étaient désormais assurées dans la Ville Éternelle, elles eurent de poignantes douleurs à subir, et leur cœur fut sans cesse déchiré par des crimes qu'elles croyaient impossibles. De leur côté, le comte et la comtesse de Chastellux étaient réduits à trembler sans cesse pour ceux qu'ils avaient laissés en France : l'échafaud dévorait plusieurs de leurs proches, à savoir : la duchesse de Noailles, née Daguesseau ; sa fille, la vicomtesse de Noailles, et son beau-frère, le président Bochard de Saron ; le président d'Ormesson ; le président Molé ; la comtesse de Périgord, née de Sénozan, etc. Ce fut une espèce de miracle qui préserva la comtesse douairière de Chastellux et ses deux belles-sœurs de la hache sans cesse suspendue sur leurs têtes : mais elles eurent à subir les tracasseries de municipalités ombrageuses : toujours il fallait se présenter devant celles-ci pour justifier de leur résidence, et se résigner au sacrifice d'une partie de leur fortune pour en sauver le reste.

Agée, infirme et inoffensive, la comtesse de Chastellux avait quitté son château du Thil pour se rendre à Rouen, où elle arriva le 15 septembre 1792, dans le but d'être plus à portée des ressources de l'art; mais un ordre du 15 messidor an II, émané de Paris, décréta son arrestation et sa translation dans la capitale, à titre de mère d'émigré; elle fut écrouée (15 fructidor) au Luxembourg, et plus tard dans la maison de santé du citoyen Belhomme; mais son état s'y aggrava tellement, qu'on fut obligé de lui rendre la liberté (18 vendémiaire an III). Il régnait un tel despotisme à cette affreuse époque, qu'elle ne put reprendre quelques meubles dans son appartement de Rouen; il fallut demander pour cela une autorisation spéciale.

La comtesse de Chastellux vécut encore trois ans après son élargissement, partageant son temps entre le Thil et Paris; enfin la mort mit un terme à ses souffrances morales et physiques.

La marquise de Chastellux avait suivi Madame d'Orléans à Anet, en 1791 : elles en partirent ensemble (11 juin 1792) pour Vernon, où la princesse ferma les yeux à son père, le vertueux duc de Penthièvre. Le respect et l'affection des habitants de cette ville lui servirent pour ainsi dire d'égide; mais, après la mort de son coupable époux, la duchesse fut conduite à Paris et enfermée au Luxembourg, tandis que la marquise de Chastellux l'était dans la maison des Anglaises, rue des Fossés-Saint-Victor; sa belle-sœur de la Tournelle s'y trouvait déjà. Elle y demeura depuis le 10 frimaire an II jusqu'au 3 vendémiaire an III; alors elle fut transférée dans la maison de santé du citoyen Belhomme, située rue de Charonne, et mise, plus tard, en liberté à titre provisoire.

Nous la retrouvons, le 6 vendémiaire an V, à Pacy-sur-Eure, avec une pension modique que lui faisait la République : elle n'avait jamais séparé son sort de celui de la duchesse d'Orléans et la suivit en Espagne après le 18 fructidor ; elle passa plusieurs années auprès d'elle, tant que les intérêts de son fils ne lui firent pas un devoir de sa présence en France.

Sortis de leur pays au vu et su de l'Assemblée nationale, le comte et la comtesse de Chastellux n'en furent pas moins inscrits sur la liste des émigrés, malgré les protestations énergiques de leurs hommes d'affaires à Chastellux et à Roussillon, et leurs biens furent mis sous le séquestre. Le 5 août 1793, une commission se transporta d'Avallon à Chastellux pour présider à la destruction des tableaux et des archives, et en général de tout ce qui rappelait le passé ; les meubles furent vendus et dispersés, et les immeubles adjugés à un grand nombre d'acquéreurs moyennant 979,450 francs : quant au château, le régisseur Doullay le céda pour 8,589 francs à la comtesse douairière de Chastellux, qui le conserva ainsi à ses petits-enfants.

Roussillon était alors habité par les deux plus jeunes, Henri et Georgine, qui y avaient été élevés dès leur naissance par Mme Guillot, mère du régisseur. Ils y étaient encore le 11 mars 1793 ; mais peu de temps après, on les expulsa de leur asile ; il était déjà question de les mettre à Autun aux Enfants-Trouvés, lorsque Madame Guillot déclara son intention de les conserver à sa charge : cette femme respectable s'acquit ainsi des droits à la reconnaissance éternelle de leur famille. Elle garda donc ces deux enfants chez elle pendant les plus mauvais jours de la Révolution, et les remit plus tard à leur tante de la Tournelle.

Revenons à Mesdames. En 1796, elles se retirèrent à Albano pour éviter la présence des agents du Directoire, et envoyèrent le comte de Chastellux à Naples pour y demander un asile, qui leur fut accordé.

Le comte de Chastellux était alors ministre plénipotentiaire de Louis XVIII auprès de Sa Majesté Sicilienne, et remplit plusieurs missions auprès de Ferdinand IV. Mesdames passèrent dix-huit mois à Caserte, au milieu de leur famille, et pouvaient se croire à Versailles ; mais la Providence les destinait à de nouvelles épreuves. L'invasion des Français força la famille royale à se réfugier en Sicile ; Mesdames, n'ayant pu la suivre, firent un long et douloureux voyage de Caserte à Trieste : les rigueurs de l'hiver, les incommodités de la route et de la traversée, et les chagrins portèrent une atteinte mortelle à la santé de Madame Victoire, qui, à peine arrivée à Trieste, rendit le dernier soupir dans les bras du comte de Chastellux, qui, ainsi que sa femme et ses enfants, n'avait point cessé de l'entourer des soins les plus attentifs et les plus respectueux ; ses dernières paroles leur firent oublier tous les sacrifices qu'ils s'étaient imposés pour la suivre.

Après avoir pourvu à la sépulture de son auguste maîtresse, le comte de Chastellux fit dresser un acte de dépôt de ses dépouilles mortelles pour les rendre à la France dans des jours plus heureux (1). Il retourna ensuite dans le royaume de Naples, où il désirait faire prendre du service à son fils aîné ; à cette même époque, il fut chargé par Louis XVIII de négocier l'union du duc de Berry avec la princesse Marie-Christine, fille du roi ; mais les intrigues du ministre Acton et des raisons politiques s'opposèrent à l'exécution de ce projet (2).

A la fin de 1803, le comte de Chastellux eut la satisfaction de revoir

---

(1) Relation du voyage de Mesdames, tantes du roi, écrite par le comte de Chastellux, chevalier d'honneur de Madame Victoire, et publiée par son fils en 1816, et en 1854 dans le n° 49 de la *Revue contemporaine*.

(2) Cette princesse épousa plus tard Charles-Félix, dernier roi de Sardaigne de la branche aînée ; elle ne lui donna point d'enfants.

ses deux plus jeunes enfants, récemment arrivés de France : c'était un adoucissement aux amertumes de l'exil. Trois ans après, Naples tomba au pouvoir des Français ; alors la famille de Chastellux se rendit à Pise où elle demeura en surveillance : enfin de hautes influences et l'occasion du mariage de l'Empereur lui rouvrirent les portes de la patrie. Autorisés par un arrêté du 31 mars 1810 à résider en Normandie, le comte et la comtesse de Chastellux se mirent en route pour la France : en s'arrêtant à Roussillon et à Chastellux, s'ils furent profondément affligés de retrouver leurs foyers dévastés, ils furent touchés du souvenir qu'on conservait d'eux à Avallon. Arrivés, le 15 février 1811, au château du Thil, ils purent y reposer leur tête après tant de malheurs et de fatigues ; mais leur santé s'était profondment altérée, et ils ne devaient point survivre longtemps à de cruelles épreuves. Le comte mourut à Paris le 7 avril 1814, en emportant la consolante certitude du retour de la famille royale ; sa veuve lui survécut jusqu'au 14 novembre 1816 : pendant les derniers temps de sa vie, elle s'occupa d'appeler le souvenir et les secours de Louis XVIII sur les restes épars de la maison de Madame Victoire ; mais fidèle à cette abnégation d'elle-même dont elle avait donné tant de preuves, elle ne sollicita jamais la moindre grâce pour elle-même (1).

Inhumés d'abord dans le cimetière de Vaugirard, les deux époux furent transportés (13 mai 1825) dans le caveau que leur fils leur avait préparé dans l'église de Chastellux.

---

(1) *Journal des Débats*, novembre 1816.

CHAPITRE XV.

CÉSAR-LAURENT, COMTE DE CHASTELLUX.

(1780-1854).

Henri-Georges-César de Chastellux et Angélique-Victoire de Durfort eurent trois fils et six filles, nés à Versailles et à Meudon : ce fut d'abord une fille qui, née le 11 février 1774, mourut le 4 avril 1778 : le roi Louis XVI et Madame Victoire avaient promis de la tenir sur les fonts ; ensuite vinrent Émeric-Joseph, né le 14 janvier 1775, mort le 8 février 1777 ; Anne-Claire, née le 26 février 1776, morte le 8 août 1777 ; Agathe-Olympe-Marie, née le 3 janvier 1778, morte à Meudon le 10 avril 1779.

Le 14 février 1780 naquit César-Laurent, et le 28 février 1786, Henri-Louis ; avant de nous occuper d'eux, nous parlerons de leurs trois autres sœurs.

Louise-Pauline de Chastellux, née le 2 octobre 1781, fut mariée le 24 août 1814 à Joseph-Élisabeth-Roger, comte de Damas, lieutenant-général des armées du roi, chevalier de Saint-Louis et de Saint-Ferdinand des Deux-Siciles, et commandeur de l'ordre de Saint-Georges de Russie (contrat reçu le 20, par Boulard et son collègue, notaires, et signé le lendemain par le Roi et la Famille royale). Le comte Roger de Damas était fils de François-Jacques Damas (1), marquis d'Antigny, et de Zéphirine-Félicité de Rochechouart; il avait porté les armes avec distinction en Russie et dans le royaume de Naples. Il ne jouit pas longtemps de son bonheur domestique, car la mort le frappa, le 3 septembre 1823, au château de Cirey-sur-Blaise (2), devenu plus tard la résidence de sa veuve, décédée le 4 mai 1857.

Gabrielle-Joséphine-Simone de Chastellux, née le 11 février 1783, fut mariée le 27 mai 1817 (contrat reçu le 24 par Boulard et Moisant, notaires à Paris, et signé le lendemain par le roi et la famille royale), à Jean-Baptiste-Augustin-Madeleine de Percin, marquis de la Valette-Montgaillard, chevalier de Saint-Louis, inspecteur des gardes nationales de la Haute-Garonne. Il était alors veuf de Marie-Louise-Perrette-Sara du Cluzel : ses parents étaient Charles-Bernard-Joseph de Percin (3), marquis de la Valette-Montgaillard, maréchal des camps

---

(1) La maison de Damas sort du Forez et remonte à Elziran Damas, chevalier, qui fut témoin, en janvier 1063, de la donation qu'Amodis, comtesse de Rhodes et de Nîmes, fit à l'église de Cluny et à celle de Saint-Gilles en Languedoc. Elle prit une part distinguée aux croisades, et on raconte que saint Louis traça lui-même une croix sur le corps d'un Damas tombé en combattant. Cette maison a formé un grand nombre de branches répandues en Bourgogne et en Nivernais ; il n'en reste que celles d'Antigny, de Cormaillon et de Trédieu. Alliances : La Tour-d'Auvergne, Beaujeu, Mello, Digoine, Rochechouart, Vienne, la Magdelaine de Ragny, Dyo, La Chambre, Menou, Norry, Hautefort, la Guiche, etc. Armes : *d'or à la croix ancrée de gueules.*

(2) Cette terre est célèbre par le séjour de Voltaire chez la marquise du Châtelet, dont le fils épousa la sœur de la marquise de Damas : comme il n'y avait point d'enfants de ce mariage, le duc et la duchesse du Châtelet laissèrent leurs biens à leur nièce, la comtesse de Simiane. Celle-ci étant décédée le 9 avril 1835, pareillement sans enfants, la terre de Cirey a passé à son neveu le marquis de Damas.

(3) La maison de Percin était établie en Gascogne depuis le XIIIe siècle, et possédait des seigneuries importantes. Arnaud de Percin vivait en 1272 et était seigneur de Séran avec Arnaud d'Orsan : ils donnèrent des coutumes aux habitants dudit lieu. Bertrand de Percin était seigneur de Montgaillard en 1555. Bernard de Percin-Montgaillard, mort abbé d'Orval en 1628, était un des plus saints et des plus renommés prédicateurs de son temps. Alexandre de Percin, marquis de Montgaillard, fut substitué, en 1708, aux noms et armes de la Valette par Gabrielle-Éléonore de la Valette, veuve de Gaspard de Fieubet, premier président du Parlement de Toulouse. Cette

et armées du roi, et, Madeleine-Antoinette-Charlotte de Gontaut. La marquise de la Valette mourut en couches à Paris, le 14 août 1820, et son fils ne lui survécut point.

Georgine-Victoire de Chastellux, née à Meudon le 19 octobre 1790, fut mariée le 23 novembre 1813 (contrat reçu le 21, par Boulard et son collègue, notaires), à Charles-Angélique-François, fils de Charles-Marie-Philippe Huchet (1), comte de la Bédoyère, et de Judith-Félicité-Françoise des Barres, officier de la Légion d'honneur, chevalier de la Couronne de fer, aide-de-camp du vice-roi d'Italie et colonel du 112ᵉ régiment d'infanterie. A la Restauration, il reçut le commandement du 7ᵉ de ligne, en garnison à Chambéry, d'où il fut envoyé à Grenoble pour arrêter la marche de Napoléon, évadé de l'île d'Elbe. Malheureusement, l'enthousiasme l'emportant sur le devoir, il ouvrit à son ancien général les portes de la ville et, par conséquent, la route de la capitale. Ce moment d'égarement devait être bien cruellement expié; ayant eu l'imprudence de venir à Paris avant son départ pour l'Amérique, il fut arrêté et traduit devant un tribunal militaire, qui le condamna à mort (19 août 1815).

César-Laurent de Chastellux, emmené par ses parents à l'étranger, prit du service à Naples après la mort de Madame Victoire. Le 16 janvier 1801, il fut nommé capitaine de cavalerie, et attaché en cette

---

maison s'est éteinte, le 4 mai 1846, avec le marquis de la Valette qui, remarié en troisièmes noces, n'eut que la marquise de Juigné. Alliances : Murviel, Bassapat, Pleuc, etc. Armes : au 1 *d'azur à un cygne d'argent sur une rivière de même, surmonté de trois molettes d'or rangées en chef;* au 2 *d'azur à une tour d'argent surmontée de trois corneilles d'or ;* au 3 *d'azur à un lion d'or;* au 4 *d'argent à une bande de sable accompagnée de trois merlettes de même, posées 2 en chef et 1 en pointe.*

(1) La maison Huchet est originaire de Bretagne et a occupé une place honorable dans l'épée et dans la robe depuis 1434. Elle posséda, parmi autres fiefs, celui de La Bédoyère, dont elle porte le nom. Elle compte aujourd'hui trois branches, et porte : aux 1 et 4 *d'argent à trois huchets de sable;* aux 2 et 3 *d'azur à six billettes percées d'argent, posées* 3, 2 et 1. Alliances : Kerbiquet, Sesmaisons, Estampes, Béarn, la Roche-Lambert, etc.

qualité à l'état-major de l'armée napolitaine; le 26 juin suivant, il passa au régiment de Valdemone; il devint exempt des gardes du corps avec le grade de lieutenant-colonel, et fut employé dans l'état-major (11 décembre 1805). Il fut ensuite nommé (12 novembre 1806) adjudant-général du prince de Hesse-Philipsthal, le célèbre défenseur de Gaëte. Bientôt après, il donna sa démission pour rejoindre sa famille en Toscane et rentrer avec elle en France. Jamais il ne consentit à servir sous les aigles impériales; seulement, lorsque l'étranger eut envahi le sol de la patrie, il accepta d'entrer parmi les grenadiers du quatrième bataillon de la garde nationale sédentaire, première légion (4 février 1814). La Restauration, en comblant ses vœux et ceux de sa famille, lui permit de servir plus activement son pays; d'abord major dans la garde à cheval de Paris, il fut nommé (7 juillet) aide-major, et plus tard colonel des chevau-légers de la garde.

En janvier 1815, il se trouvait comme grenadier dans la garde nationale, et fut chargé, en avril, avec son beau-frère, Roger de Damas, d'une mission auprès du général en chef baron de Frimont, dans le but de pacifier les départements de l'Est. Il fut nommé (27 septembre) colonel des chasseurs de la Côte-d'Or, et commanda plusieurs années ce régiment, soit à Épinal, soit à Joigny.

Nommé maréchal-de-camp le 13 décembre 1821, il prit part à l'expédition d'Espagne qui avait pour but d'arracher le roi Ferdinand VII à la captivité et peut-être à l'échafaud : on lui donna (25 juin 1823) une brigade de cavalerie légère, comprise dans le corps d'armée du maréchal marquis de Lauriston. Ayant rencontré à Tramaced, le 8 octobre, une colonne ennemie, commandée par Évariste San-Miguel, il fit ce dernier prisonnier; le roi d'Espagne, charmé de ce succès, nomma le comte de Chastellux chevalier de l'ordre de Saint-Ferdinand d'Espagne (30 novembre). Des ordres supérieurs enjoignirent à celui-ci de remettre son commandement au général Nicolas : dès ce moment, il parcourut l'Espagne en simple particulier, étudiant et observant les mœurs, les coutumes et les monuments de ce pays.

A son retour en France il prit place à la Chambre des Pairs, en vertu d'une ordonnance du 23 décembre 1823. Il y prononça plusieurs discours, notamment au sujet du projet de loi sur les substitutions, et à l'occasion de la mort du duc Charles de Damas, son beau-père.

Il fut chargé (31 mars 1825) de commander la seconde brigade de la division de Sparre au camp de Lunéville, et (17 mai 1826) d'inspecter le 8ᵉ arrondissement de cavalerie. La Révolution de Juillet vint briser sa carrière militaire et politique ; il se trouvait aux eaux et ne put assister à la séance du 7 août où les droits du duc de Bordeaux furent si indignement écartés au profit du duc d'Orléans ; il adressa au Président, le baron Pasquier, la lettre suivante :

« J'étais loin de Paris, lorsque des événements qui se sont succédé
« avec une rapidité inattendue ont changé la face de la France. Je n'ai
« pu arriver à temps pour assister à une séance dans laquelle j'aurais
« mis du prix, en loyal pair de France, à exprimer mes sentiments
« en présence de mes collègues. Il ne me reste plus qu'à protester,
« autant que je le puis, contre les actes qui se sont consommés dans
« la séance du 7 de ce mois. Je ne reconnais à aucun corps de l'État
« le droit de disposer d'une couronne qui n'est pas vacante... »

Il reçut la réponse suivante :

« Paris, le 24 août 1830.

« Monsieur le Comte,

« J'ai reçu la lettre que vous m'avez fait l'honneur de m'écrire en
« date du 14 de ce mois, et malgré tout mon désir de faire ce qui

« pourrait vous être agréable, je suis forcé de vous répondre que le
« règlement, interdisant formellement toutes protestations contre les
« décisions de la majorité, je ne pourrai me permettre de mettre
« votre lettre sous les yeux de la Chambre.

« Recevez, Monsieur le Comte, l'assurance de ma haute considé-
« ration.

« Le Président de la Chambre des Pairs,
« Pasquier. »

Plusieurs décorations avaient été accordées au comte de Chastellux en considération de ses services : celle du Lys (7 mars 1815) ; la croix de Saint-Lazare (24 août 1814) ; celle de Saint-Maurice et Saint-Lazare de Sardaigne (7 mai 1824) ; en outre, le roi François Ier le nomma grand'croix de l'ordre de Saint-Georges de la Réunion des Deux-Siciles (22 juillet 1828). En France, il devint chevalier de la Légion d'honneur (18 mai 1820) et officier du même ordre (23 mai 1826), enfin Louis XVIII le nomma gentilhomme de sa Chambre le 26 novembre 1820.

Devenu par la mort de ses parents possesseur de l'ancien comté de Chastellux, César-Laurent consacra sa vie et sa fortune à renouer les rapports de sa famille avec ce pays, que la mort prématurée du comte César-François lui avait fait abandonner. Il fut nommé (18 février 1818) membre du Conseil général de l'Yonne, et présida la session de 1829 et le collége départemental, en vertu de Lettres royales du 12 octobre 1820, du 24 décembre 1823 et du 5 novembre 1827. Il fut nommé député de l'Yonne le 13 novembre 1820 et le 10 octobre 1821. Dans ces différentes circonstances, il montra tout son intérêt pour ce département, surtout en matière de vicinalité ; ce fut à lui que les habitants de Cravan s'adressèrent pour obtenir l'érection de leur paroisse en cure, et ils y réussirent. Dans la session de 1849, M. de Chastellux lut au Conseil général un rapport sur la proposition faite par le préfet de voter 30,000 francs pour les établissements ecclésiastiques dont le département attendait l'ouverture. Cette somme fut votée. Même après sa retraite de la vie publique, il s'occupait de tout ce qui concernait son pays et usait de toute son influence pour le faire réussir. C'est ainsi que nous possédons des lettres en grand nombre relatives à la route d'Avallon à Lormes (1), au chemin de Quarré à Vézelay, à la route d'Avallon à Auxerre par les vallées, etc.

Après la révolution de 1830, le comte de Chastellux vécut constamment en Bourgogne, et chercha à appeler l'industrie dans le Morvand : dans ce but, il créa un haras de juments poulinières, destiné aux remontes de cavalerie, et une féculerie sur les bords de la Cure. Le succès ne répondit point complétement à ses efforts : il réussit mieux dans la fondation du comice agricole d'Avallon, dont il conserva la présidence jusqu'à sa mort.

Toujours occupé des intérêts de l'Avallonnais, il saisissait les moindres occasions d'y contribuer pour sa part : c'est ainsi qu'en 1847, M. Raudot ayant démontré la possibilité de doter Avallon de fontaines qui lui manquaient, il concéda gracieusement à la ville le droit de prendre de l'eau au ru d'Aillon, situé dans ses propriétés ; le Conseil municipal lui vota des remercîments dans sa séance du 23 décembre 1847.

La commune de Chastellux manquait de tout : il lui procura une église, un presbytère et une salle d'école, avant de songer à la restauration de son château, qui fut parfaitement réussie. L'hiver de 1829 à 1830 ayant été d'une rigueur extrême, il se préoccupa de procurer

---

(1) Il contribua de son argent à l'établissement d'une section de cette route, et donna les terrains nécessaires à la rectification opérée entre les Grandes-Châtelaines et les Gâties. Aujourd'hui ses enfants en font autant pour la nouvelle rectification de la route.

aux pauvres les moyens de traverser cette rude saison, en leur donnant abondamment des vêtements et du bois : aussi, à son retour de Paris, put-il lire sur un transparent :

HIVER DE 1829 A 1830.
A MONSIEUR LE COMTE DE CHASTELLUX
LES PAUVRES DU MORVAND RECONNAISSANTS.

Accablé par l'âge et par les infirmités, César-Laurent mourut dans son château le 8 septembre 1854 ; on l'ensevelit dans le caveau à l'entrée duquel il avait fait graver ces paroles : *Dormiam cum patribus meis*, et où l'attendait son épouse Adélaïde-Louise-Zéphirine de Damas. Elle était née à Paris le 5 octobre 1784, du mariage de Joseph-François-Louis-Charles-César, comte de Damas, mestre-de-camp en second du régiment Dauphin-dragons, gentilhomme d'honneur de Monsieur, pair de France, etc., et de Marie-Louise-Aglaé Andrault de Langeron. Elle avait été mariée fort jeune au comte Charles-Elzéar-François de Vogüé, qu'elle perdit au bout de cinq ans à la suite d'un affreux accident. Elle se remaria le 17 novembre 1813 (contrat reçu le 10 par Boulard et son collègue, notaires) à César-Laurent de Chastellux, et mourut au château de Commarain, le 22 novembre 1838. Elle avait eu de son second mariage trois filles :

Aglaé-Angélique-Henriette de Chastellux, née à Paris le 2 octobre 1814, morte à Commarain le 22 mai 1815 ;

Caroline-Thérèse-Victoire de Chastellux, née à Paris le 20 mai 1816, mariée le 2 juin 1835 (contrat du 30 mai, reçu par Defresne et son collègue, notaires), à Romain-Bertrand, pair de France, mort le 7 mai 1867, fils d'Antoine-Marie-Amédée de Lur (1), marquis de Lur-Saluces,

---

(1) La maison de Lur, originaire de Franconie, vint en Limousin au xe siècle, et en Guyenne

sous-lieutenant au 8ᵉ Chasseurs, aide-de-camp du duc d'Angoulême, etc., et de Marie-Françoise-Geneviève de Filhot;

Adélaïde-Laurence-Marguerite de Chastellux, née à Paris le 22 juillet 1822, mariée par contrat reçu le 11 janvier 1842 par Defresne et son collègue, notaires, à son cousin Amédée de Chastellux.

---

au xvᵉ; c'est dans cette dernière province qu'elle réside. Fruin de Lur, né vers 990, donna à l'abbaye de Solignac la moitié d'un alleu qu'il avait dans la borderie de la Vateille, paroisse de Saint-Martin-de-Vic, vers 1040. En 1454, Bertrand de Lur fut un des exécuteurs testamentaires de Guillaume de Bretagne, comte de Penthièvre et de Périgord, et tuteur des enfants de ce prince. Charles de Lur fut tué à Ravenne en 1512 et Pierre de Lur, huit ans après, à la Bicoque. Louis de Lur mourut au siége de La Rochelle, ce qui le priva du bâton de maréchal dont il avait l'expectative. Alliances : Chambon, Gontaut, Cardaillac, Raguier, Chabot, Montferrand, Aubusson, etc. Jean de Lur ayant épousé, en 1586, Catherine-Charlotte de Saluces, il fut stipulé que leurs enfants prendraient le nom et les armes de la maison de Saluces, issue d'Aléran de Saxe. Armes : *mi-parti d'azur à trois fleurs de lis d'or* (écu primitif suivant l'opinion du comte O'Kelly), et *d'argent au chef d'azur*, qui est de Saluces; et sur le tout *de gueules à trois croissants d'argent au chef d'or*, qui est Lur. Devise : *Noch*.

CHAPITRE XVI.

HENRI-LOUIS DE CHASTELLUX, DUC DE RAUZAN, ET SA POSTÉRITÉ.

(1786-1868.)

Henri-Louis de Chastellux, dernier fils du comte Henri-Georges-César, ne suivit point ses parents dans l'émigration ; élevé à Autun et ensuite à Paris, il s'efforça de recueillir les débris de la fortune de ses aïeux et d'assurer des moyens d'existence à sa famille. Imitant la conduite politique de son frère, il se tint à l'écart, n'acceptant que le modeste rôle d'adjoint au maire de Chastellux. Cette terre lui venait de sa grand-mère, mais il la céda à son frère pour s'établir en Normandie au château du Thil. La Restauration favorisa ses goûts pour la diplomatie, en le nommant secrétaire d'ambassade à Rome (20 juin 1814) ; il suivit de près la négociation du concordat de 1817, qui échoua devant des difficultés insurmontables : le rétablissement du siége épiscopal d'Auxerre n'ayant point eu lieu, il obtint que l'archevêque de Sens joindrait à son titre celui d'évêque d'Auxerre. La catastrophe du 20 mars le força de quitter son poste, et il revint en France après avoir traversé l'Italie et la Suisse. Le 22 juin 1816, il fut nommé premier secrétaire de la légation française à Berlin, et occupa ce poste pendant trois ans, au milieu des rancunes et des passions les plus hostiles à la France.

Nommé colonel de la 12me légion de la Garde nationale de Paris le 23 octobre 1822, il se démit, au bout d'un an, de ce commandement, afin de se consacrer entièrement à la diplomatie. Il eut bientôt une heureuse occasion de s'initier aux affaires de l'Europe et d'étudier la marche des gouvernements ; nommé (13 novembre 1822) premier secrétaire de la légation française à Vérone, il suivit M. de Châteaubriand dans cette ville, et y recueillit des observations qui furent publiées, en 1832, dans une brochure destinée à venger la Restauration des attaques injustes dont elle était alors l'objet.

M. de Châteaubriand avait pu apprécier le duc de Rauzan (1) pendant ce congrès : aussi, un des premiers actes de son avénement au ministère des affaires étrangères fut de l'y attacher comme directeur des travaux politiques (1er janvier 1823 — 6 juin 1824).

Le duc de Rauzan fut nommé (15 juillet 1825) ministre plénipotentiaire en Portugal ; c'était un rôle aussi important que difficile, car la France était appelée à s'interposer entre les principes monarchiques et les idées libérales. Le pays était divisé entre la jeune reine dona Maria et l'infant don Miguel, qui représentait la ligne masculine des rois de Portugal ; on avait espéré concilier deux principes opposés par une alliance conjugale ; mais don Miguel fut proclamé roi, et pendant plusieurs années le Portugal fut le théâtre d'une guerre fratricide. Le duc de Rauzan, placé dans une position délicate, défendit la jeune reine et

---

(1) A l'occasion du mariage du comte Henri-Louis de Chastellux, Louis XVIII lui conféra le titre de marquis de Duras-Chastellux, à titre héréditaire (15 août 1819) ; et lui accorda le droit d'écarteler ses armes de celles de Durfort de Duras. Le jour même du mariage (31 août), à la prière du duc de Duras, il lui permit de prendre, sa vie durant, le titre de duc de Rauzan, et de jouir des honneurs du Louvre.

la nouvelle charte tout à la fois contre l'appui compromettant que lui prêtaient les passions révolutionnaires, et contre la haine des populations rurales (1). Néanmoins, il crut que sa présence n'était plus utile à Lisbonne, et rentra en France (1827). Il était nommé ambassadeur à Turin, et se préparait à se rendre à ce nouveau poste, lorsque survint la Révolution de Juillet : alors il renonça à une carrière qu'il aimait, et se renferma dans la vie privée.

Décoré de l'ordre du Lys le 26 juin 1814, il fut créé chevalier de la Légion d'honneur (24 août 1819), officier de ce même ordre (16 février 1824), et enfin commandeur (31 octobre 1827). A l'occasion de son sacre, Charles X le nomma gentilhomme honoraire de sa Chambre ; par une ordonnance du 21 décembre 1825, il l'appela à siéger à la Chambre des Pairs, après le décès de son beau-père le duc de Duras.

Nommé maire de Morgny (1ᵉʳ août 1821), le duc de Rauzan fut encore désigné pour représenter le canton d'Étrépagny au Conseil général de l'Eure ; il en présida aussi le collège départemental, en vertu d'une ordonnance du 24 décembre 18..

Dans les dernières années de sa vie, il prit part à la fondation de la Société forestière, destinée à sauvegarder les intérêts de la propriété forestière, gravement compromise par la faveur accordée à la houille et aux minerais étrangers. Il possédait lui-même une étendue considérable de bois, car la Révolution ayant détruit les substitutions perpétuelles, il possédait la terre de Roussillon par indivis avec ses sœurs mesdames de Damas et de la Bédoyère ; c'était un lien qui le rattachait à la Bourgogne : c'est pourquoi, en 1829, il présida le grand collège électoral de Saône-et-Loire.

---

(1) Notice du comte de Carné dans le *Correspondant* de mars 1863.

La mort le frappa le 3 mars 1863 : son corps fut transporté de Paris à Chastellux.

Par contrat du 28 août 1819, passé devant Boulard et Laisné, notaires, et signé le 5 septembre par le Roi et la famille royale, Henri-Louis de Chastellux épousa Claire-Henriette-Philippine-Benjamine de Durfort, fille d'Amédée-Bretagne-Malo de Durfort, duc de Duras, pair de France, gentilhomme de la Chambre du roi, chevalier de ses ordres, etc., et de Claire-Louise-Rose-Bonne-Guy de Coëtnempren de Kersaint.

C'était une alliance fort avantageuse sous le rapport de la naissance comme sous celui de la position ; en effet, la duchesse de Duras (1) exerçait une influence considérable par la manière dont elle présidait son salon où se réunissaient toutes les sommités politiques et littéraires de l'époque. On y voyait M. de Châteaubriand, qui s'y montrait tous les soirs ; MM. de Humboldt, Cuvier, Abel-Rémusat, Molé, de Montmorency, de Villèle, de Barante, Villemain, etc. (2). La duchesse de Duras publia en 1825 *Édouard* et *Ourika*, deux romans qui eurent un grand succès : Sainte-Beuve dit que « c'était l'expression délicate et discrète, la peinture détournée et adoucie pour le monde de ce je ne sais quoi de plus profond qui fermentait en elle (3). » Louis XVIII disait *d'Ourika* que c'était une Atala de salon : le mot fit fortune.

Identifiée avec des traditions aussi distinguées, la duchesse de Rauzan continua pour ainsi dire le salon de sa mère ; et le sien, pendant plus de trente ans, devint le rendez-vous de tout ce que Paris renfermait de

---

(1) Elle était fille de l'amiral comte de Kersaint, député à la Convention, qui expia sur l'échafaud (5 décembre 1793) l'horreur qu'il avait manifestée contre les crimes de ses collègues. Sa mère, Claire d'Alesso d'Éragny, était de la famille de saint François-de-Paule.

(2) Sainte-Beuve, *Critiques et Portraits*, 1836, vol. II, 495.

(3) Idem, *passim*.

plus remarquable en société, en littérature et dans les arts : on y causait, on y faisait des vers, on parlait des événements du jour, on s'occupait des pauvres. Malheureusement la santé de la duchesse de Rauzan, compromise par les souffrances morales et physiques, la conduisit bientôt au tombeau (11 novembre 1863) ; elle était née en Angleterre, le 25 septembre 1799, et avait eu quatre enfants : un fils et trois filles.

Césarine-Claire-Marie de Chastellux, née à Paris le 11 juin 1820, épousa, le 7 février 1842 (contrat reçu le 5 par Defresne et Bercéon, notaires), Jean-Baptiste-Antoine-Ernest, fils de Pierre, marquis de Lubersac (1), chevalier de Saint-Louis, et d'Armandine-Marie-Louise-Virginie Le Sellier de Chezelles, et veuf de Marie-Aimée-Gabrielle de Clermont-Tonnerre. La marquise de Lubersac, morte à Paris le 11 février 1866, fut inhumée à Faverolles, paroisse du château de Maucreux qui appartenait à sa belle-mère.

Charlotte-Henriette-Nathalie de Chastellux, née à Paris le 11 janvier 1824, fut mariée le 19 mai 1846 (contrat du 17, par-devant Defresne et son collègue) à Claude-Henri, fils de Jean-François de la Croix de Chevrières, marquis de Pisançon (2), et de Joséphine-Sabine de Vallin,

---

(1) La famille de Lubersac a toujours possédé le château de ce nom, situé dans le département de la Corrèze. Gervais de Lubersac, vivant en 1060, était le bisaïeul de Geoffroy de Lubersac, qui se croisa avec Philippe-Auguste, après avoir confié ses terres au vicomte d'Aubusson. Bernard fut fait prisonnier à la bataille de Poitiers; Pierre se signala au siége de Metz en 1558 ; Guy, capitaine de cent hommes d'armes, était fort aimé et apprécié par Henri IV. Son frère François, seigneur de Chabrignac, contribua à étouffer la conspiration du duc de Bouillon en Limousin ; son fils Charles alla rejoindre Louis XIII en Champagne à la tête de la noblesse de sa province, dont il avait le commandement. Parmi les confesseurs de la foi immolés aux Carmes en septembre 1792, se trouvait un abbé de Lubersac, aumônier de Madame Victoire. Jean-Baptiste de Lubersac était évêque de Chartres, premier aumônier du roi, député aux États-Généraux de 1789. La maison de Lubersac a formé neuf branches, éteintes à l'exception de celle de Chabrignac. Alliances : Lasteyrie, Maillé, Hautefort, Saint-Chamans, Chapelle de Jumilhac. Armes : *de gueules à un loup passant d'or*. Devise : *In præliis promptus*.

(2) Cette famille s'appelait anciennement *Guerre*, et a pour premier auteur connu Pierre de

et mourut à Paris le 22 février 1848 : son corps fut transporté à Chastellux.

Félicie-Georgine de Chastellux, née à Paris le 28 avril 1830, épousa le 3 mai 1849 (contrat reçu le 28 avril par les mêmes notaires) Étienne-Armand-Pierre-Marie-François Xavier, comte de Blacas, fils de Pierre-Louis-Jean-Casimir de Blacas d'Aulps (1), duc de Blacas, pair de France, ambassadeur à Rome, et de Félicie-Henriette-Marie du Bouchet de Sourches de Montsoreau.

Amédée-Gabriel-Henri de Chastellux, né à Paris le 20 septembre 1821, s'unit, le 13 janvier 1842, à sa cousine-germaine Marguerite de Chastellux, et ce mariage le fixa en Bourgogne ; son existence et ses intérêts s'y concentrèrent dès le premier moment. En 1845, il s'occupa

---

Guerre, noble Dauphinois, mentionné, en 1317, comme témoin d'une acquisition foncière faite par Artaud de Beaumont. Au XVᵉ siècle, elle prit le nom de Croix par substitution d'une très-ancienne famille de la province, et posséda le marquisat de Chevrières. Jean de la Croix de Chevrières acquit, vers 1585, la terre de Pisançon, qu'il laissa à son fils Jean. Une autre branche prit le nom de Sayve à cause de Marie, fille de Jacques de Sayve, seigneur d'Échigey, président à mortier au Parlement de Dijon. La terre de Thil-en-Auxois a appartenu à Marie-Victoire de la Croix de Chevrières de Sayve, morte le 9 août 1777. Cette famille s'est alliée aux La Baume-Pluvinel, Pontevès, Clermont-Montoison, du Couëdic, Robiano, etc. et porte : *d'azur au buste de cheval d'or animé de sable, au chef cousu de gueules, chargé de trois croisettes d'argent.*

(1) La maison de Blacas florissait parmi celles des hauts barons de Provence dès le XIᵉ siècle. Le roi René lui donna le sobriquet de *Vaillance de Blacas* (ce nom veut dire *chêne* en provençal), comme il le faisait pour les autres maisons de la Provence. On est parfaitement fondé à regarder cette famille comme issue de Pons, sire de Baux, vicomte de Marseille en 971, ce qui est prouvé par une transaction passée entre Guillaume, Hugues, Raymond et Pons de Baux et leur cousin Pierre d'Aulps, au sujet de leur aïeul Pons de Baux. Pierre d'Aulps fut à la première croisade et eut quatre fils surnommés *Pétraphiles*, qui périrent glorieusement à Corfou, ville assiégée par l'empereur Manuel Comnène. Blacas de Blacas, par la grâce de Dieu, seigneur d'Aulps, de Thoard, etc., surnommé le grand guerrier, l'un des neuf preux de Provence, mourut à Rome en 1235 : Sordel, jeune poëte provençal, composa en son honneur un chant funèbre dans lequel il conviait tous les rois et princes de l'Europe à venir manger du cœur de ce guerrier pour s'approprier sa bravoure et sa valeur. Le duc de Blacas, beau-père de Félicie de Chastellux, fut le loyal serviteur des Bourbons et mit sa personne et sa fortune à leur disposition pendant l'exil ; son dévouement fut imité par son fils le duc Louis de Blacas, mort en 1866. Alliances : Agoult, Montfort, Villeneuve, Vintimille, Castellane, Pontevès, Sabran, etc. Armes : *d'argent à la comète à seize rais de gueules.* Devise : *Pro Deo et pro Rege.*

avec MM. Raudot, de Vogüé, de la Ferrière-Percy et autres, de l'étude d'un chemin de fer direct de Joigny à Chagny par Avallon ; mais le Gouvernement, préoccupé de servir les intérêts de Dijon, refusa de faire vérifier cette ligne par ses agents ; du reste, à cette époque on ne songeait pas encore à couvrir la France d'un vaste réseau de voies ferrées, et on voulait desservir le plus grand nombre possible de localités (1) sans de grands frais.

Le marquis de Chastellux eut, en 1849, l'occasion d'imiter les pieux exemples de ses ancêtres et de contribuer à une grande fondation religieuse, celle du monastère de la Pierre-qui-Vire.

Le xviiie siècle avait assisté à la chute de ces antiques monastères élevés par la piété de nos pères ; mais le xixe en voit tous les jours s'élever de nouveaux, suscités par la Providence comme une digue à cette soif inextinguible de jouissances matérielles qui est le caractère distinctif de notre époque, et dans le dessein de donner par là au peuple le spectacle de la pauvreté librement acceptée et volontairement pratiquée. Un saint prêtre du diocèse de Sens, le P. Muard, frappé des tendances de la société, résolut de fonder une maison où revivrait la ferveur des premiers âges monastiques ; où le travail des mains et les labeurs de toutes sortes seraient la règle des moines. Il cherchait, pour l'établir, un lieu désert et sauvage. Son choix s'arrêta sur un coin reculé de la forêt de Saint-Léger-du-Foucheret. M. de Chastellux, qui en était propriétaire, accueillit avec empressement la demande du P. Muard, et l'autorisa à en défricher tout ce qu'il croirait nécessaire à l'installation de son monastère. On vit bientôt après

---

(1) Telle est la force des choses qu'en 1868 la ligne projetée en 1845 est en cours d'exécution jusqu'à Cravan, et atteindra bientôt Avallon, Semur et les Laumes ; il suffirait d'une autre ligne de 80 kilomètres pour descendre vers le chemin d'Autun à Chagny.

s'élever, sur le sommet d'un rocher qui domine le ruisseau du Trinquelin, une vaste demeure que le zèle et la piété de ses fondateurs rendent déjà célèbre.

En 1840, M. Chaillou des Barres disait d'Amédée de Chastellux : « C'est un jeune homme plein d'espérance, qui a merveilleusement profité des avantages de l'éducation publique, au milieu de nombreux condisciples. Il saura se faire place dans notre société nouvelle par sa valeur personnelle, et porter, avec toutes les obligations qu'il impose, le nom qu'il doit aussi perpétuer. »

C'était parler en bon prophète : en effet, la Révolution de Février permit à M. de Chastellux de prendre part à la vie publique ; il exerça les fonctions de maire dans sa commune jusqu'au coup d'État, en même temps qu'il consacrait tout son temps à l'agriculture et à la confection des chemins vicinaux. En juin 1848, suivi de quelques hommes de cœur, il se rendit à Paris pour se joindre aux défenseurs de la société, alors à deux doigts de sa perte ; des bruits malveillants ayant circulé à ce sujet, l'adjoint Augueux écrivit dans un journal une lettre où il déclarait que, loin de songer à Henri V, la petite troupe était partie aux cris de : *Vive l'Assemblée Nationale et la République* (1) !

Amédée de Chastellux fut élu Conseiller général de l'Yonne le 20 août 1848 ; il se présenta de nouveau aux suffrages de ses concitoyens, le 31 juillet 1852, mais son concurrent, M. Achille Houdaille, l'emporta. Néanmoins, cette élection ayant été attaquée et annulée, il y en eut une nouvelle le 7 août 1853 : cette fois M. de Chastellux fut réélu. Dans cette position, il s'acquit la sympathie de tous, et exerça une influence notable. On respectait ses opinions, même quand on

---

(1) *Union républicaine de l'Yonne,* 4 juillet 1848.

ne les partageait pas. On l'écoutait avec plaisir, parce qu'il ne parlait jamais sans avoir une idée sérieuse à émettre, et que, d'ailleurs, il maniait la parole avec une grande facilité. Dans plus d'une circonstance il sut parler avec un à-propos remarquable (1).

Mais ce n'était pas assez pour lui de siéger au Conseil général : il regrettait de ne pouvoir faire davantage pour son pays, et déplorait les circonstances qui le réduisaient à l'inaction. En 1856, il avait le plus grand désir de poser sa candidature au Corps législatif ; mais, plein de déférence pour son père, il en fit le sacrifice. La mort le frappa inopinément au château de Chastellux le 3 septembre 1857, à son retour d'Auxerre où il venait d'assister à la session du Conseil général. A l'ouverture de celle de 1858, le Président rendit en quelques mots hommage à sa mémoire, en s'associant aux regrets de ses collègues.

M. Raudot lui consacra dans le *Correspondant* de septembre 1857 un article dont nous extrayons les passages suivants :

« M. de Chastellux n'était pas de ces jeunes gens dont la vie se
« traîne inutile et sans but, qui ne pensent qu'à jouir en prodigues
« de la considération amassée de siècle en siècle par leurs aïeux, et
« de la fortune conservée par l'esprit d'ordre et de famille ; la vie
« était autre chose pour lui. Il regardait l'héritage d'honneur et de
« gloire qu'on lui avait laissé comme un trésor qu'il ne fallait pas
« dissiper follement, mais qu'il devait accroître à son tour. Il avait
« l'âme trop haute et un trop grand sentiment du devoir pour chercher
« à l'accroître par ces élévations qui abaissent ; il suivait la belle devise
« d'une autre illustre famille : « *Plus d'honneur que d'honneurs.* »

---

(1) Lettre de M. Chérest, avocat, ancien membre du Conseil général de l'Yonne (1ᵉʳ février 1868). Je lui en dois mille remercîments.

Quoique depuis son mariage il portât le titre de marquis de Duras-Chastellux, nom sous lequel il avait été inscrit à sa naissance, M. de Chastellux le quitta, en 1854, à la mort de son beau-père, en prenant le titre de ce dernier : il répétait qu'il attachait beaucoup de prix au nom que ses pères portaient depuis plus de trois cents ans. Aussi, ce fut sous le seul nom de Chastellux qu'il fit inscrire ses enfants, nés presque tous à Chastellux, à savoir : Henri-Paul-César, comte de Chastellux, né au château du Peseau le 3 novembre 1842 ; Jean-Laurent-Philippe, né le 1er novembre 1843, mort le jour suivant ; Bertrand-Georges-Louis, né le 4 janvier 1849 : Bernard-Léonce-Marie, né le 30 décembre 1849 ; Bruno-Charles-Guy, né le 11 février 1852, mort à Chastellux le 25 mai 1853 ; Marie-Charlotte-Félicie-Zéphirine, née le 8 octobre 1853 ; César-Jean-Marie, né le 9 février 1856.

Cette jeune génération se fait un devoir de continuer les traditions de ses aïeux et les considère comme un précieux héritage.

FIN DE L'HISTOIRE GÉNÉALOGIQUE DE LA MAISON DE CHASTELLUX.

TABLEAU GÉNÉALOGIQUE DE LA MAISON DE CHASTELLUX.

1° MONTRÉAL, SOUCHE DE LA MAISON.

I. ANSÉRIC Iᵉʳ, sire de Montréal (xᵉ siècle).

II. ANSÉRIC II, sire de Montréal (1003).

III. ANSÉRIC III, sire de Montréal (1068).

IV. HUGUES, sire de Montréal (1119), épouse Aluise.

V. GUY, sire de Montréal, mort sans postérité.   V. ANSÉRIC IV, sire de Montréal (1148), épouse Adélaïde de Ménessaire.

VI. ANSÉRIC V, sire de Montréal, mort vers 1175, épouse Alix.

VII. ANSÉRIC VI, sire de Montréal, mort en 119., épouse Sibylle de Bourgogne, morte en 119..   VII. JEAN.   VII. ELVIS.   VII. GUY, sire de Beauvoir en 1179.

VIII. ANSÉRIC VII, sire de Montréal, mort en 122., épouse N... de Vergy.   VIII. JEAN (voyez branche de Tart)   VIII. ANDRÉ (voyez branche de Marmeaux.)   VIII. GUY, sire de Beauvoir, mort en 1221.   VIII. MILON, mort en 12...   VIII. HUGUES, évêque de Langres, mort le 18 mars 1231.   VIII. ÉLISABETH, épouse Robert de Grancey, mort le 5 janvier 12...   VIII. ADÉLA

IX. ANSÉRIC VIII, sire de Montréal, mort en 1228, épouse Agnès de Thil.

X. ANSÉRIC IX, sire de Montréal, mort en 124., épouse Marie de Garlande, morte vers 1250.   X. JEAN (voyez branche de Beauvoir.)   X. SÉGUIN, commandeur du Saulce d'Island en 1242.   X. GUY, trésorier de l'église de Lan vivant en 1252, mort le 20 ja 12...

XI. ANSÉRIC X, sire de Montréal, mort en 1269, épouse la nièce de Jean de Toroté.   XI. JEAN, seigneur de Pont-d'Aisy, mort vers 1289, épouse : 1° Marguerite; 2° Agnès.

XII. GUY, seigneur d'Athie, épouse Marie de Courtenay, morte le 22 mars 13...   XII. JEANNETTE.   XII. AGNÈS, mariée à Eudes Besors, seigneur de Villarnoul.   XII. BÉATRIX, mariée à Jacques, seigneur de la Roche-en-   XII. HUGUETTE, mariée à Gau sire de Saint-Florentin.

2° BRANCHE DE TART.

. JEAN DE MONTRÉAL, sire de Tart,
épouse : 1° Béatrix ;
2° Nicolette de Magny.

- X. JEAN, sire de Tart, mort en 1283.
- IX. HUON, mort en 1267, épouse Marguerite de Marigny, remariée à André de la Brosse.
- IX. GUY.
  - X. ISABELLE.
- IX. SIBYLLE, mariée à Aubert de Darnay.
- IX. GILBERTE.
- IX. MARGUERITE.

3° BRANCHE DE MARMEAUX.

. ANDRÉ DE MONTRÉAL, sire de Marmeaux, mort en 124., épouse Gillette de Ravières.

- ANDRÉ, sire de Marmeaux, mort en 130., épouse Jeanne.
  - MILON, sire de Marmeaux.
    - MARGUERITE, morte en 138., mariée à Guillaume du Bouchet.
  - X. ODET.
- IX. JEAN, sire de Ravières, épouse Alix.
  - X. GUILLAUME, sire de Ravières, épouse Guillemette de Beaumont.
    - XI. PIERRE, sire de Ravières, mort en 1386, marié à Isabelle de St-Phalie, qui se remaria à Gilbert de Beaujeu.
      - XII. JEANNE, mariée à Pierre de Grancey.
    - XI. JEANNE, mariée à Étienne de Courtenay.
- IX. N......, mariée à Eudes de Blacy.

X. JEAN, sire de Beauvoir, vivant en 1243.

XI. GUY, sire de Beauvoir, mort en 130.., épouse Isabelle de Roussillon.

XI. JEAN, chantre de l'église de Langres, mort le 1ᵉʳ juin 13...

XII. HARARD, sire de Beauvoir.

XIII. JEAN DE BEAUVOIR, sire de Thury, mort vers 1350, ainsi que sa femme, Jacquette de Bordeaux.

XIII. MARGUERITE, dame de Beauvoir, morte vers 1330, ainsi que son époux, Guy d'Ostun, seigneur d'Arconcey.

XIV. PHILIBERT DE BEAUVOIR, sire de Bordeaux, mort en 135..

XIV. GUILLAUME DE BEAUVOIR, sire de Chastellux, mort le 6 juin 1408, marié à Jeanne de Saint-Verain, veuve de Geoffroy du Bouchet, morte en 1421.

XIV. ISABELLE, mariée à Philippe de Jaucourt, sire de Villarnoul.

XIV. MARIE, épouse Bréchard, si Saultrone.

XV. CLAUDE DE BEAUVOIR, sire de Chastellux, mort en mars 1453, maréchal de France en 1418, épouse : 1° Alix de Toucy, veuve d'Oger d'Anglure, morte en 1425 ; 2° Jeanne de Longwy, morte en 1434 ; 3° Marie de Savoisy, morte en 1472.

XV. LORETTE, mariée à Guillaume de Grancey.

XV. ALIX, mariée à : 1° Pierre de Ragny ; 2° Hugues de Vaudrey.

XVI. JEAN, sire de Chastellux, mort en 1490, épouse Jeanne d'Aulenay.

XVI. CLAUDE, mort en décembre 1472.

XVI. LOUIS, ecclésiastique.

XVI. CATHERINE, mariée à Amaury de Fontenay.

XVI. AGNÈS, mariée à Antoine du Follet, morte en 1512.

XVI. PERRETTE, abbesse de Criscnon, morte le 16 août 1503.

XVI. JEAN, b seigneur Courson, vers 146

XVII. PHILIPPE, sire de Chastellux, mort en 1520, marié 1° à Jeanne du Follet ; 2° à Barbe de Hochberg, qui se remaria à Philippe de Champignolles et mourut le 6 février 1565.

XVII. JEAN, étudiant en théologie, mort vers 1519.

XVII. HÉLÈNE, mariée : 1° à Hector de Sala 2° à Jean de Marbury.

XVIII. CHARLOTTE mariée à : 1° Robert d'Anlezy ; 2° Antoine Boutillac ; 3° Saladin de Montmorillon.

XVIII. GABRIELLE, religieuse.

XVIII. CATHERINE, mariée à Philippe de Moisy, qui se remaria à Jeanne de Mulain.

XVIII. CLAUDE, sire de Chastellux, mort en 1533, sans enfants de Françoise Bosset, remariée à Jean de Briqueville.

XVIII. PHILIPPE (voy. branche de Bazarne.)

XVIII. LOUIS PHILIPPE (voy. branche de Chastellux.)

XVIII. OLIVIER (voy. branche de Coulanges.)

XVIII. MARIE épouse de Jacques Aux Épaules, qui se remaria à Christine de Ferrières.

XVIII. ANTOINETTE, religieuse.

XIX. ANTOINE, mort au service.

XIX. OLIVIER mort jeune.

XIX. CATHERINE mariée à Olivier d'Esterling.

XIX. FRANÇOISE, mariée à Claude de Cullon.

XIX. JEANNE, mariée à François d'Aulenay.

XIX. BLANCHE, épouse de Bernard de Chivron.

XIX. BARBE, mariée à Jean de Choiseul-Traves, qui se remaria à Claude du Plessis.

XIX. ANTOINE, sire de Bazart et d'Avigneau, né le octobre 1572, marié Claude de la Bussière

XX. ANNE, mort sans alliance, né le 28 octobre 1592.

XX. OLIVIER, né le 1 mars 1594, mort sans enfants d'Anne de la Barre.

XX. JEAN.

XX. LOUIS, baptisé le 25 juin 1600.

XX. LÉON, baron d'Avigneau, mort le 17 février 1672, marié à Anne de Moroges, morte le 16 octobre 1683.

XX. MARIE, baptisée le 6 janvier 1599.

XX. MARGUERIT mariée François la Barre.

XXI. ANTOINE DE MOROGES-CHASTELLUX, mort jeune.

XXI. FRANÇOIS DE MOROGES-CHASTELLUX, mort en 1653.

XXI. JEANNE, morte en 1700, veuve de Louis François de Bougne.

XXI. ANNE, morte en août 1713, veuve de Charles Boucherat, seigneur de la Rocatelle.

XXI. MARIE, épouse Franç de Laduz, seigneur Vieuxchamp, morte mars 1693.

6° BRANCHE DE COULANGES.

XVIII. OLIVIER, baron de Coulanges-les-Vineuses et du Val-de-Mercy, mort en 1575, épouse Anne de Grivel de Grossouvre, remariée à Edme de Ponville.

XIX. OLIVIER, baron de Coulanges et du Val-de-Mercy, mort après 1614, épouse Anne du Plessis, morte après 1626.

XIX. LOUIS, seigneur en partie de Coulanges, épouse Anne de Ponville.

XIX. JEANNE, mariée à Je de Giverlay.

XX. ALEXANDRE, baron de Coulanges et du Val-de-Mercy, mort vers 1660, ainsi que sa femme, Anne de Gauville.

XX. ANNE, morte sans alliance.

XX. ANTOINETTE, baptisée le 31 mai 1589, mariée à François de Ligny.

XX. MARIE, baptisée le 21 mai 1592.

XXI. ROGER. XXI. LOUIS. XXI. OCTAVE, mort en juillet 1633.

XXI. FRANÇOIS, marquis de Coulanges, seigneur du Val-de-Mercy, baptisé le 28 septembre 1626, tué à Sintzheim, le 16 juin 1674.

XXI. ÉLISABETH, morte le 17 août 1680, veuve de Claude de Saint-Phalle, seigneur de Villefranche.

XXI. CATHERINE. XXI. N. N.

7ᵉ BRANCHE DE CHASTELLUX.

XVIII. LOUIS, sire de Chastellux, mort le 14 octobre 1580, épouse : 1° Jeanne de la Roère, morte le 20 octobre 1549 ; 2° Anne de Loges, remariée à Antoine de Veilhan, morte en 159.

XIX. OLIVIER, baron de Chastellux, mort le 15 janvier 1617, épouse Marguerite de Clermont-d'Amboise, morte le 18 novembre 1609 ; — XIX. CLAUDE, mariée à Jacques d'Esguilly. — XIX. EDMÉE, femme de René de la Ferté-Meun. — XIX. ANTOINETTE, épouse Anatole-Louis de Pontailler, remariée à Françoise de Ginot. — XIX. CLAUDINE, le 21 février.

XX. HERCULE, comte de Chastellux, mort le 6 avril 1648, épouse Charlotte le Genevois de Blaigny, morte le 21 janvier 1663. — XX. CÉSAR, chevalier de Malte, mort en 1609. — XX. ALEXANDRE, mort en 1616. — XX. JEAN, disparu en Italie. — XX. AUGUSTE, mort le 9 juin 1621. — XX. ACHILLE, mort en 1623. — XX. LUCRÈCE, morte en 1606. — XX. DIANE, mariée à Guy de Crissoun, morte le 18 août 1656. — XX. ANGÉLIQUE, abbesse de Crisenon, morte le 2 Philibert Bertrand. — XX. MINERVE morte en février 1661, épouse : 1° Hubert Bouffier ; 2° Philibert Bertrand. — XX. MARIE-HÉLÈNE, visitandine, morte le 3 mai 1669. — XX. CASSANDRE, ursuline. — XX. MARIE-MADELEINE, baptisée le 1609, morte juin 1629.

XXI. CÉSAR-PIERRE, comte de Chastellux, mort le 3 août 1646. — XXI. CÉSAR-ACHILLE, mort le 22 décembre 1641. — XXI. HERCULE-CÉSAR. — XXI. CÉSAR-PHILIPPE, comte de Chastellux, baptisé le 23 mai 1628, mort le 8 juillet 1695, épouse : 1° Marie-Madeleine le Soeur, morte le 18 janvier 1689 ; 2° Judith Barrillon, morte le 2 avril 1731. — XXI. ROGER-OCTAVE. — XXI. GEORGES, chevalier de Malte, baptisé le 2 juin 1620, mort en 1643. — XXI. CATHERINE, morte le 27 janvier 1641, mariée à Pont de Rosigny. — XXI. LOUISE, religieuse. — XXI. FRANÇOISE, religieuse, morte en déc. 1668. — XXI. CHARLOTTE, baptisée mars.

XXII. NICOLAS-PHILIPPE, baptisé le 9 août 1657. — XXII. NICOLAS-MICHEL, baptisé le 13 janvier 1659, mort cinq jours après. — XXII. BONNE, née le 9 juin 1664, morte 27 janv. 1730, V°° de François de St-Chamans. — XXII. PHILIBERT-PAUL, comte de Chastellux, né le 2 mai 1667, tué à Chiari le 1 sept. 1701. — XXII. MARIE-JUDITH, religieuse, née le 29 mai 1668, morte le 17. — XXII. HENRI, né le 30 oct. 1669, mort le 17 sept. 1698. — XXII. ANNE, née le 28 sept. 1672, morte le 20 décembre 1744, veuve de Charles de Vienne. — XXII. ANDRÉ, comte de Chastellux, né le 16 déc. 1673, mort le 24 juin 1710. — XXII. MARIE-THÉRÈSE, née le 14 août 1675, morte en 1623. — XXII. ÉLISABETH-DOROTHÉE, née 11 août 1678, morte en 168... — XXII. GUILLAUME-ANTOINE de Chastellux, né 20 1683, mort le 19 avril épouse Claire-Thérèse grammeau, morte le 4 1772.

XXIII. CÉSAR-HENRI, né le 8 décembre 1722, mort 18 avril 1750. — XXIII. CÉSAR-FRANÇOIS, comte de Chastellux, né le 1ᵉʳ novembre 1725, mort 20 septembre 1746, épouse Olympe-Élisabeth Jubert, morte 31 mai 1796. — XXIII. JUDITH-FÉLICITÉ, née le 2 mai 1725, morte le 3 février 1729. — XXIII. PHILIPPE-LOUIS, né le 2 août 1726, mort le 26 janvier 1784. — XXIII. HENRI-GUILLAUME, né le 11 décembre 1729, mort 14 août 1737. — XXIII. PAUL-ANTOINE, né le 20 juin 1731, mort sur mer le 23 octobre 1747. — XXIII. MARIE-ANNE-HENRIETTE, née le 12 novembre 1732, épouse Jean-Baptiste-Louis, marquis de la Tournelle, morte le 25 avril 1797. — XXIII. FRANÇOIS-JEAN, né le 1 mai 1734, mort le 24 octobre 1788, épouse Marie B. C. J. de Plunket, morte le 18 décembre 1843. — XXIII. MADELEINE-ÉLISABETH née le 12 septembre 1737, morte en octobre 1790.

XXIV. HENRI-GEORGES-CÉSAR, comte de Chastellux, né le 13 octobre 1746, mort le 7 avril 1814, épouse Angélique-Victoire de Durfort, morte le 14 novembre 1816. — XXIV. ALFRED-LOUIS-JEAN-PHILIPPE, né le 20 février 1789, mort le 2 octobre, épouse Laure-Françoise-Élisabeth Brunetaki.

XXV. N...., née le 11 février 1774, morte 4 avril 1778. — XXV. ÉMÉRIC-JOSEPH, né 14 janvier 1775, mort le 8 février 1777. — XXV. ANNE-CLAIRE, née le 26 février 1776, morte le 8 août 1777. — XXV. AGATHE-MARIE-OLYMPE, née le 3 janvier 1778, morte 10 avril 1779. — XXV. CÉSAR-LAURENT, comte de Chastellux, né le 14 février 1780, mort le 8 septembre 1854, épouse A.-L.-Zéphirine de Damas, veuve de Charles-E.-F. de Vogüé, morte le 22 novembre 1838. — XXV. LOUISE-PAULINE, née le 2 octobre 1781, morte le 4 mai 1857, veuve de J.-E. Roger du Damas. — XXV. GABRIELLE-HORTENSE-SIMONE, née le 11 février 1783, morte le 14 août 1850, épouse Auguste de Perein. — XXV. HENRI-LOUIS, duc du Rauzan, né le 28 février 1788, mort le 9 mars 1828, épouse Claire-H.-P.-B. de Durfort, morte le 11 novembre 1833. — XXV. VICTOIRE-GEORGINE, née le 19 1790, ve Charles H la Bédoyère.

XXVI. AGLAÉ-ANGÉLIQUE-HENRIETTE, née le 3 octobre 1814, morte le 22 mai 1819. — XXVI. CAROLINE-THÉRÈSE-VICTOIRE, née le 20 mai 1816, veuve de Bertrand de Lur, marquis de Lur-Saluces. — XXVI. ADÉLAÏDE-LAURENCE-MARGUERITE, née le 22 juillet 1822, veuve d'Amédée de Chastellux. — XXVI. CLAIRE-CÉSARINE-MARIE, née le 11 juin 1820, morte 11 février 1905, épousé J. B. A. Ernest, marquis de Lubersac. — XXVI. AMÉDÉE-GABRIEL-HENRI, comte de Chastellux, né 20 septembre 1851, mort 3 août 1857, marié à Marguerite de Chastellux. — XXVI. CHARLOTTE-HENRIETTE-NATHALIE, née 11 janvier 1824, morte le 22 février 1848, mariée à Henri-Claude de la Croix de Chevrières, marquis de Pisançon. — XXVI. FÉLICIE-GENEVIÈVE, née le mariée à F. Xavier du Rieu...

XXVII. HENRI-PAUL-CÉSAR, comte de Chastellux, né le 3 novembre 1842. — XXVII. JEAN-LAURENT-PHILIPPE, né le 1 novembre 1843, mort le 2 novembre 1843. — XXVII. BERTRAND-GEORGES-LOUIS, né le 4 janvier 1846. — XXVII. BERNARD-LÉONCE-MARIE, né le 20 décembre 1849. — XXVII. BRUNO-CHARLES-GUI, né le 11 février 1852, mort le 23 mai 1853. — XXVII. MARIE-CHARLOTTE-FÉLICIE-ZÉPHIRINE, née le 8 octobre 1853. — XXVII. CÉSAR-JEAN, né le 2 février.

FIN DU TABLEAU GÉNÉALOGIQUE DE LA MAISON DE CHASTELLUX.

Planche II

JEAN DE MARMEAUX

1292

ANDRÉ DE MARMEAUX

1292

GUY DE BEAUVOIR

1305

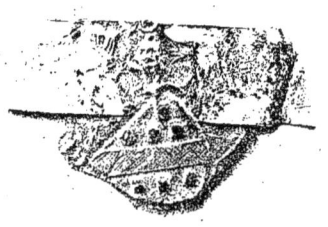

CLAUDE DE BEAUVOIR
SIRE DE CHASTELLUX

1434

APPENDICE.

APPENDICE.

ARMOIRIES. — DEVISES. — CRI DE GUERRE.

Les armes actuelles de la maison de Chastellux sont *d'azur à une bande d'or, accompagnée de sept billettes, trois en chef et trois en pointe*, posées dans le sens de la bande, *et une au canton sénestre*. Le timbre soutient la figure d'une reine nue, accostée de deux perroquets. L'écu est supporté par deux lions. Au-dessus sont deux bannières portant la devise : *A son Plaisir*. Le maréchal de Chastellux en avait une autre : *Or à Dieu pleut;* Louis de Chastellux : *Vaincre ou mourir* (1).

Au bas de l'écu se trouve ce cri : *Montréal à siere de Chastellus!* Beaucoup de maisons n'avaient, en effet, d'autre cri de ralliement que leur nom patronymique, comme Amboise, Béthune, Créqui, etc.

Ces armoiries ont beaucoup varié; au moyen âge il n'y avait point de règle fixe, et les cadets adoptaient souvent des blasons tout particuliers. Mais il est impossible de comprendre pourquoi le Père Anselme et Palliot donnent aux sires de Montréal pour armes : *d'azur à la bande ondée d'or;*

---

(1) « Je ne sçaurois, Monsieur, vous dire assurément qui a donné lieu à Louis de Chastellux de prendre la devise de *Vaincre ou mourir*. Je croy bien que ce pouroit estre quelque occasion de guerre et d'entreprise : car l'ancienne devise que je trouve icy en plusieurs endroits est : *A son plaisir*. Il me reste encore une pierre fort ancienne où sont les armes, le casque, les perroquets et les deux guidons à costé, chargés de cette devise : *A son plaisir;* et au-dessous : *Monréal à sire de Chastellux...* » (Lettre du 4 novembre 1684, adressée par le comte C. P. de Chastellux à M. de Gaignières. (Gaignières, $\frac{\text{CCCCXCIII}}{\text{B}}$)

on n'en trouve aucune preuve. Un sceau d'Anséric VI, conservé aux Archives de l'Yonne, ne présente aucun signe héraldique, mais le montre à cheval, portant un bouclier à son bras gauche. Celui de son fils, l'évêque de Langres, le représente la main droite levée pour bénir ; son contre-scel le montre à genoux (1).

Jean de Tart avait un écu fretté, *à la bordure engrêlée* (2). Son frère Guy en avait un *gironé de six pièces* (3).

Anséric VII portait *une bande accostée de billettes sans nombre*, ainsi qu'on le voit sur sa tombe à Vausse.

Anséric IX portait *d'azur à la bande d'or accompagnée de neuf(?) billettes de même* (4).

Anséric X portait *d'azur à la bande d'or accompagnée de quinze billettes de même, huit en chef et sept en pointe.*

Guy de Beauvoir portait *d'azur à la bande d'or chargée de trois (?) molettes de..... et accompagnée de vingt-cinq billettes d'or, neuf ou dix en chef et seize en pointe.*

Jean de Marmeaux avait dans son écu *une bande accostée de billettes au nombre de quinze ou seize, dont huit ou dix en pointe.*

André de Marmeaux, sire de Ravières, n'avait que *dix billettes*.

Le maréchal de Chastellux portait ses armes telles qu'elles sont aujourd'hui (5).

---

(1) Archives de l'Empire, n° 6618.
(2) Archives de la Côte-d'Or.
(3) Archives de l'Empire, n° 2957.
(4) Ibidem, n° 2955.
(5) Les sceaux des cinq derniers seigneurs se trouvent aux archives de la Côte-d'Or.

PIÈCES JUSTIFICATIVES.

PIÈCES JUSTIFICATIVES

XIIe SIÈCLE.

I.

Accord entre Hugues II, duc de Bourgogne, et les chanoines de Saint-Bénigne et de Saint-Étienne de Dijon, duquel Galeran de Montréal est témoin.

(1103 au plus tôt).

Ad memoriam presentium et posteritatis future est annotatum quod Hugo, dux Burgundie, filius Odonis ducis, in Hierosolymitano exercitu mortui, feriam Sancti-Benigni necnon et mercatum de terra Sancti-Stephani, in qua fuit ab antiquo tempore ducum et regum, voluit transferre in claustrum in vicum Sancti-Johannis instinctu burgensium et utilitate eorum, propter quam injuriam canonici ad ducem venerunt, super hoc quod facere moliebatur, apud eum conquerentes et deprecantes ne malo consilio impulsus tale quid faceret, unde suis temporibus ecclesia Sancti-Stephani detrimentum pateretur, que suis antecessoribus in maxima reverentia et honore habebatur. Tandem duce verissimis rationibus suam injustitiam atque pravum consilium agnoscente, multis precibus militumque suffragio, canonici apud eum impetraverunt, quod supradictam feriam vel quamlibet aliam feriam quandoque fortasse futuram, nec forum de loco suo, id est de terra Sancti-Stephani, amplius removeret. Testes hujus rei sunt : Warnerius, prepositus ejusdem ecclesie, et Galo, abbas Latonensis, et Guido, decanus Divionensis, et Mancrius dapifer, et Durannus, precentor, et Arnulfus, et ceteri fratres. Et ex parte ducis, Wido Rufus de Monestello, et Galerannus de Monteregali, et Aimo de Porta, et Aimo, frater Galonis, abbatis, et Hugo Canlar, et Verricus, et Hugo, filius Alenardi, et Hugo de Bessua.

(Duchesne, LXXX, 34.)

II.

Accord entre Hugues de Maligny et les moines de Flavigny, duquel Hugues de Montréal est témoin.

(1113).

Notum esse volumus posteris nostris quia anno Domini M° C° XIII convenerunt apud Sinemurum, ante presentiam domini Stephani, Eduensis episcopi, monachi Flaviniacenses, et Hugo de Merlenniaco, filius Tetbaldi Rufi, advocati in audientiam pro quadam querela, quam adversus Flaviniacensem ecclesiam ipse Hugo inclamabat, de quodam scilicet feodo quod patrem suum Tetbaldum dicebat habuisse, et hereditario tenore tenuisse ab abbate Odone, in quo feodo VIII sextaria tritici, et I mina erant, et III modii avene, et II sextaria fabarum, et I mina, et IIII solidi denariorum. At contra, monachi feodum quidem esse datum non negabant ab abbate Odone, sed ea conditione ut post obitum ipsius Tetbaldi rediret ex integro ad mensam fratrum, absque ullius heredis sui calumnia. Utrisque igitur causam suam defendentibus, placuit prefato episcopo, et his qui in tuitione cause utriusque partis convenerunt, huic querele et altercationi hanc tandem imponere finem, ut Hugo ipse hujusmodi feodum ecclesie Flaviniacensi perpetua dimitteret dimissione, ex integro, et Josbertus prior, et fratres ejusdem ecclesie, animas Tetbaldi Rufi et uxoris sue, et Richardi filii eorum absolverint ab hac culpa, et pro beneficio illi Hugoni mille solidos divionensis monete, et fratri suo Burchardo X solidos darent. Vuarpivit itaque, ipse Hugo, in manu domni Stephani episcopi querelam istam VIII videlicet sextarios tritici et I minam, et II sextarios fabarum, et I minam, et tres modios avene, et IIII solidos denariorum, et monachi, abbas Gerardus, et Gosbertus, prior ecclesie, et Petrus, et Hugo, ad laudem capituli sui, animas Tetbaldi Rufi, uxoris sue, et filii eorum Richardi, ab hujusmodi culpa absolverunt et illi Hugoni firmaverunt per designatos terminos mille solidos divionenses et palefridum; Burchardo, vero, fratri suo, X solidos. Testes autem et adjutores hujus concordie fuerunt : episcopus dominus Stephanus, Ansericus Augustudunensis prepositus, Humbaldus archidiaconus, Godfredus canonicus, Pontius comes, Aderanius de Roca, Hotmundus de Froletto, Gottefridus de Grinione, Arnulfus de Musiniaco, Hubertus de Brienna. Porro, ex parte altera fuerunt Savaricus comes, Hugo de Monteregali, Hugo de Tilio, Archenbaldus de S. Germano, Gislebertus de Grisiniaco et Tetbaldus, filius ejus, Paganus et Girardus fratres. Postea, apud Sinemurum laudavit hoc totum ille Burchardus coram Hugone, fratre suo, in presentia ducis Hugonis; et a Gosberto priore V solidos iterum recepit, videntibus ex parte sua Hugone, fratre suo, et Vuinebaldo de Seleniaco, et Tetberto preposito, et Siguino de Grisiniaco. Et ex parte nostra Pontio de Argenteolo, et Hugone Chasnart, et Gottefrido de Grinione, et Tetbaldo, preposito.

(*Hist. de la Maison de Vergy;* preuves, p. 112).

III.

Entrée de Pierre de Montréal à l'abbaye de Fontemoy, et approbation donnée par le sire de Montréal à ses dons.

(1115.)

In nomine Domini nostri Jesu-Christi, Petrus de Monteregali, clericus et canonicus Augustudunensis, filius Gauterii de Turre, cupiens de seculari conversatione ad religiosam transire vitam, contulit se ad religiosos fratres in loco qui dicitur Fontismus habitantes, et remansit cum illis : propter quam causam mater ejus, nomine Beliardis, que adhuc vivebat, vitricus ejus nomine Engilbertus, et frater ejus Hugo, cum uxore sua que vocatur Bonafilia, dederunt predictis Fontismensibus fratribus silvam quamdam et pratum atque molendinum; qui videlicet lucus binomius est, quia ex una parte propter fagorum abundantiam Fragineus appellatur : pars vero altera propter arborum rectitudinem Sagitta nuncupatur; pratum vero antiquitius ita nominari consuevit pratum inter duos boscos; et silvam quidem atque pratum sicut perfecta immunitate, et in alodio possidebant, ita perfecte et absolute dederunt. Quia vero molendinum a domino Montisregalis, nomine Hugone, tenebant et eum de casamento esse noverant et ipsum quidem perfecte similiter, et ex integro dederunt, sed doni hujus effectum a predicto Hugone concedi et confirmari petierunt; qui libentissime tale donum non solum laudavit, sed etiam fundum quemdam qui vulgari sermone Oscha dicitur, quia propre molendinum erat, prenominatis fraribus, ex parte sua, ita libere et immuniter tribuit, ut quicumque in eo deinceps habitaverint, nihil penitus servitii domino Montisregalis, neque ministris ejus vel prepositis reddant, sed potius de silvis, de planis, de aquis, de pascuis gratis sibi accipiant ea que usibus humanis necessaria sive idonea videntur, que nos aesantias vulgariter dicimus ; et quia dominus Montisregalis prefati molendini exclusam aliquando perforare solebat et pisces ibi capere, idem Hugo firmiter statuit ne hoc amplius fieret. Constituit etiam et concessit ut sepedicti Fontismenses monachi, quandocumque vellent, piscandi licentiam haberent in fluvio ejusdem molendini, tam supra quam infra, et in omnibus etiam aliis fluviis ad jus suum pertinentibus ; denique et hoc precepit atque decrevit ut, quotiescumque quelibet materia ad restaurationem molendini foret necessaria, ex circumjacentibus aquis vel fluviis libenter et secure et gratis accipiatur. Cum vero quadam die apud Montemregalem multi homines sub umbra ulmorum congregati essent, carta hec in medium allata atque coram ipso domino Montisregalis, ceterisque predictarum rerum vel possessionum datoribus seu concessoribus publice lecta, et ab ipsis laudata atque confirmata est die dominica, Kalendas Julii, luna secunda, epacta vigesima, tertia indictione, VIII concurrentibus, quarto anno decemnovellanis, cicli decimo-quarto, ab incarnatione Domini MCXV, domino Stephano cathedram Eduensis ecclesie tenente, Ludovico Francorum rege, Hugone Burgundiorum duce...

(Répertoire des titres de l'abbaye de Reigny, conservé aux Archives de l'Empire, LL, 988 *bis*, f. 147.)

IV.

Donation d'Hugues, sire de Montréal, et d'Aluise, sa femme, aux moines de Fontemoy.

(1119.)

Quoniam res geste revolutione temporum a stabilitate sua solent plerumque cadere, ut majorem firmatatem habeant, sunt scripture testimonio roborande, inde est quod ego Stephanus, Dei gracia Eduensis episcopus, notum fieri volo presentibus et futuris quod Hugo de Monteregali dominus, et uxor ejus Aluysa, dederunt Fontismensibus fratribus eorumque successoribus, terram que vocatur Campum-Leuve; que terra juxta fluvium nomine Senain in longitudine extenta incipit, ab eo loco ubi ipse fluvius a commeantibus transvadatur, et perdurat usque ad vallem illam que dividit terras duorum dominorum, id est, domini Montisregalis, et Noeriensis domini, per transversum vero ex uno latere tangit predictum fluvium, et ex alio pertendit usque ad summitatem cujusdam collis. Hii sunt testes qui presentes fuerunt quando ipse Hugo ostendit nobis et divisit et determinavit predictam terram : Rolandus, Oliverius, Hugo de Tertre, Ildebertus infans, Hugo Malamusca, Gaubertus, Asterius, Guido, Durannus, major de Insula, Constantinus cum duobus filiis suis Aurardo et Roberto, Gualterius clericus. Insuper dedit predictus Hugo, dominus de Monteregali, predictis fratribus per totam terram suam omnes usus quos nos aesantias vocamus, tam pascuorum quam aquarum atque silvarum, ad alendos porcos sive alios greges tam glandiferis temporibus quam stilicibus; dedit etiam et per totum nemus de Campo-Leuve, sive in suis aliis nemoribus, usuarium ad edificandas domos, in dicto loco de Campo-Leuve, sive ad alia necessaria, aquas vero ad pisces capiendos et ad molendinos faciendos. Preterea dedit predictis fratribus predictus Hugo, in eodem loco, quidquid habebat et possidebat pratorum et agrorum et censuum inter duo vada, et hii sunt testes : Erardus presbiter, Gauterius clericus, Andreas, Hugo de Melligniaco, Angebertus, Gualerannus. Facta sunt hec anno ab Incarnatione Domini M. C. nono-decimo, tempore Hugonis, ducis Burgundie, quinto idus aprilis. Ut autem concessio ista rata in perpetuum et firma habeatur, presentis scripture testimonio et sigilli nostri auctoritate, mandato predictorum qui hoc fecerunt, et sicut scriptum est concesserunt, fecimus roborari, mense aprili.

(Répertoire des titres de l'abbaye de Reigny, conservé aux Archives de l'Empire, LL 988 *bis*, f. 133.)

V.

Guillaume de Talcy consent à la donation de la terre d'Oudun par Landry de Praiz aux moines de Fontemoy, en présence de Guy, seigneur de Montréal.

(Entre 1130 et 1134.)

In nomine sancte et individue Trinitatis ego Willelmus de Teliciaco, laudo et confirmo donationem de terra Ulduni quam fecit dominus Landricus de Praiaco ecclesie Fontusmensi. Tenebat autem terram illam de me in feodo Hildebertus, et de Hildeberto Landricus qui eam quoque predicte ecclesie, laudantibus suis uxore et liberis, unanimiter concesserunt. Feci autem laudationem hanc apud Montemregalem, in aula videlicet domini Widonis Montisregalis domini, assistentibus et videntibus testibus subnotatis: domino Widone, domno Duranno, abbate Corensi, Rogerio monacho ejus, Landrico de Praiaco, Hildeberto, Engelberto de Rosniaco, Hugone Albo, Bernardo Bulferio, Pontio de Argentelleo, Artaldo Roge.

(Archives de l'Yonne, fonds de Reigny, liasse 1, sous-liasse 1.)

VI.

Échange entre l'abbaye de Pontigny et l'église de Chablis, de terres relevant de Guillaume de Montréal, etc.

(1133.)

Commutationem terrarum atque censuum inter nos ecclesiam scilicet Sancte-Marie de Pontiniaco et ecclesiam Sancti-Martini de Chableia habitam, litterarum apicibus dignum duximus annotare ut futuris temporibus rata et inconvulsa valeat permanere. Igitur, in primis concedit ecclesie Sancti-Martini ex parte Pontiniacensis ecclesie Hugo, ejusdem loci abbas, quidquid Hugo de Merlenniaco et Humbaldus prepositus Autissiodorensis de tenemento Hugonis Arumnensis et Willelmi de Monteregio tenebant, quod jam ecclesie Pontiniacensi concesserant. Concedit etiam tres solidos et dimidium annualis census de terra quam Arnulfus Capicerius dederat Sancte-Marie; concedit et alios septem denarios in Valle Flaiaci eo tenore ut omnia supradicta ecclesia Sancti-Martini deinceps perpetuo jure possideat. In secundo loco concedit ex parte Chableiensis ecclesie Sancte-Marie de Pontiniaco Bruno, prepositus Sancti-Martini quidquid terrarum et census ecclesia Sancti-Martini Chableiarum habebat et habere debebat in castellaria Lagniaci, exceptis duobus solidis census quos monachi Pontiniacenses Sancto-Martino debent. Concedit eo tenore, scilicet, ut ad integrum ea deinceps Pontiniacensis ecclesia perpetuo jure possideat. Hujus rei testes sunt, ex parte Sancte-Marie, monachi Garinus, Rainaldus, Bartholomeus; laici Achardus prepositus et Poardus frater ejus, Arembertus faber, Milo major Chichiaci, Stephanus de Sanctis-Virtutibus,

Joannes et Mattheus frater ejus ; ex parte Sancti-Martini Arnulfus Capicerius, Galterus cantor, Theudo sacerdos, Joannes sacerdos filius Bertranni, Theodoricus, Petrus filius Guidonis canonici Sancti-Martini ; laici : Guido major, Arembertus de Autissiodoro, Robertus decimator, Galterus molendinarius, Hugo faber, Milo cordubanarius, Engelbertus sutor. Actum Chableiis publice, in capitulo Sancti-Martini, anno ab Incarnatione Domini millesimo centesimo trigesimo tertio, die dominica secunda nonas februarii, Innocentio secundo papa, Ludovico regnante in Francia.

(Archives de l'Yonne, *Petit Cartulaire de Pontigny*, p. 93; *Cartulaire de l'Yonne*, I, 291.)

VII.

Charte de Lambert, abbé de Saint-Martin d'Autun, pour les religieux de Fontemoy.

(Antérieure à 1134.)

Notum sit omnibus tam presentibus quam futuris quod domnus Lambertus abbas Sancti-Martini Eduensis, atque universa fratrum congregatio concesserunt atque laudaverunt donum quod fecerat Fontismensibus fratribus Landricus de Preiaco, dans eis totam terram Ulduni tam planam quam nemorosam; terram autem illam tenebat in feodo de Sancto-Martino Damerius domini Pontii filius, de Ravello, et de Damerio Guillelmus de Monteregali, et de eo Hildebertus, et de Hildeberto Landricus. Sed sciendum quod hec concessio sive laudatio ut notior esset et certior, impositus est ibi census, una videlicet libra incensi quam Fontismenses fratres Sancto-Martino per singulos annos a festivitate omnium sanctorum usque ad natale sancti Martini reddituri sunt; cui rei cum plurimi testes adfuissent ob testimonium, paucos de plurimis subscribemus ; sunt autem hii : domnus Stephanus, Eduensis episcopus: Seguinus, archidiaconus; Gualterius de Cimandriis, canonicus; Rainerius..... filius, de Ravello, qui prescripti quoque doni concessor fuit atque laudator; Hugo de Colungiis ; Odo de Baarnay; Gualterius de Sancto-Symphoriano...,

(Répertoire des titres de l'abbaye de Reigny, conservé aux Archives de l'Empire, L L, 988 *bis*, f. 131.)

VIII.

Charte d'Hervé de Donzy pour l'abbaye de Reigny; témoin, Geoffroy de Montréal.

(Milieu du XIIe siècle.)

Ego Herveus, dominus Donziaci, notum fieri volo presentibus et futuris quod Guido de Galis et Petrus, frater suus, totam querelam que versabatur inter ipsos et fratres de Regniaco pro acensuasione pratorum terre inculte et inculte de Vaureta, que est ad arpentum loci illius, absque ulla pretentione, quictaverunt Deo et beate Marie et fratribus de Regniaco in perpetuum, et contra omnes homines garanciam portare singuli pro parte sua fideliter compromiserunt. Laudavit hoc Agnes, soror eorum, que habuit pro laudatione XII denarios, et maritus ejus Willermus Girad. Testes : Teobaldus senescaldus, Galfridus de Monteregali, Willermus filius ejus. Laudavit hoc Columba, soror eorum, que habuit XII denarios, et maritus ejus Stephanus Aubois. Testes : Humbaudus, capellanus de Sancto-Cyrico, magister Bernardus de Varzy, Stephanus Chassen. Laudavit hoc Amelina soror eorum, que habuit unam minam frumenti. Testes : Galfridus de Monteregali, Galfridus Galo, Martinus de Salome. Laudavit hoc Emengardis, soror eorum, que habuit V solidos et VI denarios et Petrus, maritus ejus. Testes : Normanus Porrez, Hugo Emenjo, Chotarz. Hanc autem quittationem et acensuasionem Galfridus de Minbra, de cujus casamento hoc totum erat, laudavit et contra omnes homines garantire compromisit. Pro his omnibus habuerunt inter se, de beneficio domus Regniaci, XVI libras. Testes : Durans de la Rivere, Galfridus de Monteregali, milites ; Regnaudus, Humbaudus. Porro, totam partem illam de qua Petrus Boquerellus a fratribus de Regniaco censum recipiebat, predictus Galfridus de Minbra laudavit et in omni curia garantire compromisit. Testes : Durans de la Rivere, Galfridus de Monteregali, milites, Rainaudus Humbaud. Census istius terragii debet reddi Donziaco. Ut igitur istud et stabile perpetuo habeatur, presenti scripto sigilli mei munimine feci roborari.

(Archives de l'Yonne, fonds de Reigny, xxvi, s·l. 1.)

IX.

Donation par Ascelin, de Châtel-Censoir, à l'abbaye de Reigny; témoin, Geoffroy de Montréal.

(Vers 1145.)

In nomine summe et individue Trinitatis, notum sit presentibus et futuris quod ego Ascelinus de Castro-Censurii, laudante et concedente uxore mea Autissiodorensi et Hugone filio meo, tunc vivente, dedi et concessi fratribus de Regniaco et eorum successoribus, consuetudines quasdam que vulgo æsentie dicuntur in terra mea tam plana quam nemorosa, que est ultra Coram, jure perpetuo possidendas. Hoc modo in terra mea tam plana quam nemorosa que est ultra chiminium qui de Avalone per villam de Jous et per vallem Autisiodorensem et per Saci tendit Autisiodorum, dedi solummodo pascua pecorum, sine dampno tamen passionum pratorum et segetum. In illa vero terra tam plana quam nemorosa que est intra prefatum chiminium et flumen Chore, dedi et concessi pascua pecorum sine dampno predictorum; similiter et in boscis inter eosdem terminos omnes æsantias, excepto quod nec quercum, nec fagum pro faciendo igne succident, nec boscum meum pro agriculturis extirparunt, nec venationes meas, nec accipitres meos, nec mel meum, nec ceram meam plusquam alii homines accipient. Et sciendum quod has æsantias predictas et in predictis boscis concessi solummodo ad Fontismeis et ad Porli et ad Eisars et ad Regney, alicubi autem non, excepto quod bestie Hulduni ibunt in pastura ultra chiminium sine dampno tamen, sicut determinatum est. Lecta est hec carta publice apud Maliacum, in presentia Willelmi Nivernensis comitis, et ab utraque parte concessa sub his testibus : Willelmo capellano Malliaci, Gaufrido Lurescun Autissiodorensi canonico, Teobaldo cancellario comitis et Nivernensi canonico, Hugone de Til, Hugone de Merlinni, Gaufrido de Villari, Gaufrido de Asinariis, Gimun de Castro-Censurio, Galtero Rufo, Gaufrido de Monteregali, Joscelinus de Malli, Arnulfo de Malli et multis aliis.

(Archives de l'Yonne, fonds de Reigny, liasse 1. s-l 1 ; *Cartulaire de l'Yonne*, II, 62.)

X.

Ansèric IV de Montréal donne des biens à l'abbaye de Pontigny.

(1145.)

In nomine sancte et individue Trinitatis, notum fieri volo tam futuris quam presentibus, ego Hugo, Autisiodorensis episcopus, quod Ansericus de Monteregio monasterio Pontiniacensi in manu nostra concessit, sigilloque nostro bullari precepit, quicquid habebat nemoris et terre, tam culte quam inculte, a via que ducit de Nentri ad Trementiacum, usque ad semitam que tendit de Marsengi ad Chableiam ex parte ville ; insuper et pascua dedit in nemore de Erviel absque ulla contradictione, et in omni alia terra sua si quam habet usque ad aquas Seneini. Testes sunt : Andreas de Baldament, Bernardus capellanus de Monteregio , Guido de Dompetre, Johannes molendinarius, Ollantinus cellerarius et Guillelmus panetarius. Prefatam donationem laudavit.... uxor ejusdem Anserici coram his testibus: Stephano, abbate Regniaci, Rainaudo archidiacono Autisiodorensi, Bernardo capellano de Monteregio, Bernardo de Insula. Actum est hoc anno ab Incarnatione Domini M° C° XL° V°; Eugenio papa, Ludovico rege Francorum et duce Aquitanorum.

(*Cartulaire de Pontigny*, n° 42, fonds latin 9887 ; *Cartulaire de l'Yonne*, I, 402.)

XI.

Accord entre l'abbaye de Pontigny et celle de Saint-Germain d'Auxerre, au sujet de terres données par Anséric de Montréal.

(1145.)

In nomine sancte et individue Trinitatis, ego Hugo, Dei gratia Autissiodorensis episcopus, notum volo fieri omnibus tam futuris quam presentibus, quod inter monachos ecclesie Sancte-Marie Pontiniacensis inter monachos Sancte-Germani Autissiodorensis orta fuit querela de terra et bosco quos Ansericus de Monteregali monachis Pontiniaci dederat, et monachi Sancti-Germani super eos calumniaverunt; tandem per manum nostram ita pax reformata est, ut tres solidos censuales pruvinensis monete per singulos annos in festo sancti Remigii monachi Pontiniaci monachis Sancti-Germani persolvant. Hujus rei testes sunt, ex parte monachorum Sancti-Germani, Robertus portarius, Robertus camerarius, Odo cellerarius, Benardus de Insula, Andreas lep......, Constantius de Chiri, Garnerius prepositus Sancti-Germani; ex parte monachorum Pontiniaci, Gauterius cal....., Guido de Siliniaco, monachi; Adricus, Petrus de Gay, conversi; Bernardus capellanus de Monteregali. Actum apud Villarias, grangiam Pontiniaci, anno ab Incarnatione domini M° C° XL° V°, regnante feliciter Ludovico Magnifico, rege Francorum et duce Aquitanorum.

(*Cartulaire de Pontigny*, n° 44, fonds latin 9887.)

XII.

Donation par Anséric de Montréal à l'abbaye de Reigny, en partant pour la Croisade.

(1147.)

Per testimonium hujus carte notum fieri volumus presentibus et futuris quod Ansericus de Monteregali dedit nobis omnes usus quos æsentias vocamus, cum enim idem Ansericus cum Ludovico rege Francorum, multisque aliis, pergeret Jerosolimam..... tam terram suam omnes æsantias, sicut concesserat pater ejus Hugo et mater ejus Aluisa, tam pascuorum quam aquarum atque silvarum ad alendos porcos sive alios greges, tam glandiferis temporibus quam sterilibus. Anno ab Incarnatione Domini M° CXL° VII°, epacta XVII°, concurrente II°, indictione XVII°. Hujus rei testes sunt : Bernardus archipresbiter Autisiodorensis; Euvradus, archipresbiter Avalonensis; Hermanus de Avalone ; Wildricus de Avalone; Milo de Nuceriis; Seguinus de Cruz; Hugo de Turre; Hugo de Semur; Hugo Lupus; Bernardus de Insula.

(Archives de l'Yonne, fonds Reigny ; liasse 1, s.-l. 1 ; *Cartulaire de l'Yonne*, 1. 429.)

XIII.

Donation par Hugues de Montréal à l'abbaye de Reigny.

(1149.)

Per testimonium hujus carte omnibus notum esse volumus presentibus et futuris, quod Hugo de Monteregali, cognomento Albus, dedit Deo et Beate-Marie et fratribus Regnaciensibus, coram domino Rainaudo archidiacono...... prato Brunonis ; laudantibus filiis ejus Waltero et Hugone et uxore sua Bona-Filia, anno ab Incarnatione M. C. XLIX, epacta nona, concurrente quinto, indictione duodecima ; Henrico, venerabili Eduensium episcopo ; Odone, fratre ejus, duce Burgundiorum. Hujus rei testes sunt : Euvrardus, archipresbiter Montisregalis; Bonus-Amicus de

Lusci; Petrus de Provenci, Petrus Maltalens, et Bartholomeus, nepos ejus; Hulduerius de Grosso-Bosco; Bernardus de Lisle; Thieno, filius Humberti piscatoris; Bartholomeus, cliens ipsius Hugonis; Garnerius, filius Rainaldi de Genulli; Heldebertus, faber, de Jous.

(Archives de l'Yonne, fonds de Reigny, s.-l. 1; *Cartulaire de l'Yonne*, I, 449.)

XIV.

Don par dame Auxerre à l'abbaye de Reigny; Geofroy de Montréal lui sert de témoin.

(1149.)

In nomine sancte et individue Trinitatis, ego Hugo, Autissiodorensis episcopus, notum fieri volo tam presentibus quam futuris quod domina Autissiodorensis, nostram adiens presentiam, presente etiam Herberto, filio suo, confessa est se in die qua Ascelinus, vir ejus, tumulatus fuerat, dedisse ecclesie Regniacensi et fratribus ejusdem loci, assistente Stephano abbate, terram que erat juxta pratum de Robore, et pratum ibidem quod erat ei commune cum monachis. Hoc idem donum prius apud Crisennum recognoverat Gaucherius, filius ejus, se pariter cum matre fecisse et assensu ejus, super altare, coram testibus obtulisse. Quod donum, quando recognitio ista facta fuit, predictus Herbertus concessit et, in quantum ad se pertinebat, in manu nostra tradidit; et uterque, tam mater quam Herbertus, rogaverunt nos quatinus idipsum donum posterorum memorie per scriptum traderemus et sigilli nostri impressione muniremus. Hujus concessionis et recognitionis Herberti et matris ejus hii sunt testes : Seguinus Furens-canem; Gaubertus de Salliniaco; Gaufridus de Monteregali; Petrus Rufus et Garinus, monachi Pontiniacenses, et multi alii. De dono Gaucherii testes sunt : Gaufridus Gemellus; Narjodus, canonicus; Tancredus, canonicus; Rainaldus, presbiter de Mairriaco; Odo de Dracei; Gaufridus de Monteregali; Stephanus de Bassei; Heldebertus, faber, de Jous. Facta sunt hec anno ab Incarnatione Domini M. C. XL. IX, indictione XII.

(Archives de l'Yonne, fonds Reigny, liasse 29, s-l. 1; *Cartulaire de l'Yonne*, I, 449.)

XV.

Donation par le duc de Bourgogne à l'abbaye du Puy-d'Orbe; témoin, Ansèric de Montréal.

(1150.)

In nomine Domini Jesu-Christi, ego Odo, dux Burgundie, ecclesie Beate-Marie Putei-Orbis, decimas Agnaii et Berne donavi, et solummodo custodiam retinui, quas domnus Regnerius de Rupe, senescaldus meus, a me tenuerat et eidem ecclesie in dono concesserat; et ne quis huic donationi fraudulenter obviaret, per manum Godefridi episcopi Lingonensis, domini mei, hanc donationem feci, et presenti cartula annotavi et sigillo meo confirmavi, Oliverio de Lisignis laudante. Factum est autem anno millesimo centesimo quinquagesimo ab Incarnatione Domini, his presentibus abbate Quinciaci, Gautero fratre ducis, Anserico senescalco, Petro senescalco, Matheo Castellionis, Aimone Divionis, Henrico Caulata, Humberto decano, Hugone de Riveria, Acalardo canonico, Humberto capellano ducis, Rainaudo Chavachis, Josberto vicecomite, Pontio archidiacono, Hurrico preposito de Sanctis-Geminis, Regnerio Puteriarum, Theobaldo Grisigneii et ejus filio Gisleberto, Guidone Salcii, Joscelino clerico episcopi, Petro de Rupe.

(PÉRARD, p. 235.)

XVI.

Transaction opérée par Anséric IV de Montréal, entre son beau-père et l'abbaye de Pontigny.

(vers 1150.)

Ego Ansericus Montisregii dominus, notum facio, tam presentibus quam futuris, querelam illam que versabatur inter fratres de Pontiniaco et inter dominum Manasserium, socerum meum, pro prato quod est supra Marsegni, quod etiam ipsi Manasserii homines calumpniabant, hoc modo ante presentiam meam fuisse sopitam et terminatam, quia idem predictus Manasserius et homines illius, filii Carbonelli et filii Bernardi, ecclesie Pontiniaci, et fratribus ejusdem loci, quiete et pacifice dimiserunt. Et ut ratum in posterum et inconcussum istud habeatur, ego accepi in manu mea et hujus rei me statui fidejussorem et obsidem. Testes sunt : dominus Josbertus de Bar, dominus Herveus de Petra Pertusa, et Petrus de Verdiliaco, et Guillelmus prepositus de Insula et Johannes de Autissiodoro.

(*Cartulaire de Pontigny*, n° 49, fonds latin 9887.)

XVII.

Déclaration du comte de Troyes qu'il n'a pas cédé la garde de Chablis à Ansèric de Montréal.

(1151.)

Quum preteritarum rerum memoria facile labitur et transit, ego Henricus, Trecensis comes palatinus, ad presencium et futurorum noticiam volo pervenire quod, cum redditus meos, quos in villa Chableie pro custodia ab ecclesia Beati-Martini Turonensis habeo, Anserico de Monteregali, nobili viro contulissem, Mauricius tunc prepositus Chableiarum, magister Assalon et Robertus de Vernevellis, ex parte capituli Beati-Martini Turonensis, meam presentiam adierunt. Audierant enim quod quicquid habebam apud Chableiam predicto contuleram Anserico, et ut factum meum revocarem vehementer institerunt. — Ego autem respondi eis quod custodiam predicte ville et procurationem semel in anno michi persolvendam, et hominum fidelitatem Anserico de Monteregali non contuli nec alicui conferam, cum eamdem custodiam extra manum meam ponere non possim nec debeam. Et ut hoc ratum permaneat in futurum, presentem paginam sigilli mei impressione munitam, omnium memorie commendare curavi. — Hujus rei testes sunt : Theobaldus comes Blesensis, Guillermus comes Nivernensis, Odo constabularius, Willermus de Donno-Petro, Anselinus de Trianguello. — Ex parte ecclesie : Willermus, Senonensis archidiaconus, Landricus de Traci, Mauricius prepositus Chableiarum, Assalon Sancti-Martini canonicus, Robertus de Vernevellis canonicus Beati-Martini, Johannes major de Chableia, Raembaudus, Milo, servientes Sancti-Martini de Chableia. Actum hoc est anno Dominice Incarnacionis millesimo c° li°; Eugenio papa, Ludovico rege Francorum.

(Trésor des Chartes, S. 254; Bourgogne VI, n° 44 ; *Cartulaire de l'Yonne,* I, 482.)

4

XVIII.

Donation par Pierre de Rouvray à l'abbaye de Reigny ; témoin, Gilbert de Montréal.

(1151.)

Per hujus carte testimonium notum sit tam presentibus quam futuris, quod Petrus de Rovroe dedit monachis Sancte-Marie de Regniaco eorumque successoribus, jure perpetuo, quicquid calumpniabatur in terra que dicitur de Cavannis, laudante filia sua Adelina, acceptis duobus solidis. Hujus rei testes sunt : Bovo presbiter, Hugo de Turre, Hugo Albus et armiger ejus, Siretus villicus, Febertus Bruslin, Bernardus faber, Stephanus sutor, Rainaldus clericus, Ysachar fornerius, Alaelmus famulus Andree cellerarii, Gilbertus de Monteregali.

(Archives de l'Yonne, fonds de Reigny, liasse 1, s.-l. 1.)

XIX.

Donation par Humbert Arnaud, de Dijon, à l'abbaye de Citeaux ; témoin, Gui de Montréal.

(1151.)

Ego Odo Dei gratia Burgundie dux, omnibus sancte Ecclesie filiis. Anno ab Incarnatione Domini m. c. li, Humbertus Arnaldus, de Divione, et mater ejus, collaudantibus fratribus Humberti et sorore ipsius et Odone marito ejusdem, per manum Haimonis Rufi de Divione, et Werrici de Vergiaco, dedit pro remedio anime sue et parentum suorum domui Cistercii, in jus perpetue possessionis, quicquid habebat in territorio Tarsulle, in terris, silvis, aquis, pratis, pascuis, preter particulam que dicitur de Feis, acceptis pro hoc dono ccc solidis et tribus sextariis frumenti et totidem avene qui eo tempore quatuor libras ut eo amplius valebant. Retinuit preterea censum annuum sex sextariorum frumenti et totidem avene quale in ipsa terra nasceretur, aut quale in Britiniaco si apud Tarsullam non inveniretur, ejus mensure qua anno illo Divionenses in emptionibus et venditionibus publicis utebantur. Hoc pacto, ut si Humbertus vel successor ejus, per se vel per nuntium suum notum eo die apud Tarsullam, ab illo qui tunc esset magister grangie requireret, et si per culpam predicti magistri non persolveretur, postea redderetur cum lege trium solidorum, si eam exigeret. Censum vero XII solidorum persolvendorum retinuit crastina die Omnium Sanctorum, in nundinis Divionis. Pactus est propterea predicti doni guaranciam se omnino portaturum. Hujus doni testes sunt : Willermus, abbas de Maceriis, et Willermus monachus ejus, et Robertus Girbertus monachus Cistercii; et milites : Hugo frater ducis, Wido de Vergeiaco, Josbertus vice-comes de Divione, Wido de Monteregali, et Caïn frater ejus, et Willermus de Urgel, et Wiardus, frater Haimonis de Divione, Odo de Escherei. Donum hoc iteratum est anno eodem, coram me Odone, tunc duce Burgundie, presentibus his testibus : Willermo, abbate de Maceriis, Walanno et Roberto monachis; militibus, Wiardo de Marinee, Haimone Rufo, Petro dapifero, Humberto decano de Belne, Bono-Amico preposito de Divione, Hugone de Marinee. Item, hoc donum Humbertus, Arnaldus et Odo sororius ejus, fecerunt in capitulo Cistercii, in manu Gotlewini abbatis. Hoc pactum utriusque partis ego Odo, Burgundie dux, sigilli mei impressione confirmo.

(*Cartulaire de Cîteaux*, I, f° XXIV, n° 1.)

XX.

Mandement du pape Eugène III aux principaux seigneurs de Bourgogne, et notamment à Anséric de Montréal, au sujet des habitants de Vézelay.

(1151.)

Eugenius episcopus, servus servorum Dei, dilectis filiis nobilibus viris Odoni, duci Burgundie, H. comiti, Archambaldo de Borbone, Guillelmo comiti Cabilonensi, Raimundo fratri Ducis, Raginaldi comiti de Joviniaco, Gaufredo de Donzeio, R. de Rubeomonte, Dalmatio de Luziaco, Anserico de Monteregali, Saloni vicecomiti Senonensi et filiis ejus Garnero atque Burchardo, G. vicecomiti Castrilandonis, Guidoni de Vergiaco, O. de Tilio, Hugoni de Monte-Sancti-Johannis, salutem et apostolicam benedictionem : immoderatam presumptionem et intolerabilem contumaciam perfidorum burgensium de Vezeliaco, qui violata fidelitate et juramento quod abbati et domino suo fecerant, eum de monasterio suo ausu nefario ejicere et locum ipsum, quod utique ab exordio sue fundationis beati Petri alodium et patrimonium esse dinoscitur, nobis licet in vanum auferre conantur, fraternitatis vestre notitiam latere non credimus. Quia ergo tante presumptionis audaciam, potentes ac nobiles viri, qui eidem apostolorum principi devoti existunt, impunitam tolerare non debent, per presentia scripta nobilitati vestre mandamus quatinus predictos burgenses, donec resipuerint et condignam satisfactionem humiliter exhibuerint, ab omnibus feriis terre vestre prorsus inhibeatis : imo quoscumque de ipsis homines vestri forte invenerint, tanquam perjuros et proditores et excommunicatos capi et rebus suis spoliari precipiatis. Datum Rome, apud Sanctum-Petrum, xiiii kal. januarii.

(*Chronique de Vézelay*, Ms. 106 de la Bibl. d'Auxerre, f° 52, r°.)

XXI.

Mandement du pape Anastase IV aux principaux seigneurs de Bourgogne, et notamment à Ansèric de Montréal, pour réprimer les excès de la commune de Vézelay.

(1153.)

Anastasius episcopus, servus servorum Dei, dilectis filiis nobilibus viris Odoni, duci Burgundie, H. comiti, A. de Borbone, Guillelmo, comiti Cabilonensi, Raimundo, fratri Ducis, R. comiti de Joviniaco, G. de Donziaco, R. de Rubeomonte, D. de Luziaco, A. de Monteregali, S. vicecomiti Senonensi et filiis ejus G. et B., G, vicecomiti Castrilandonis, G. de Vergiaco, O. de Tilio, H. de Monte-Sancti-Johannis, salutem et apostolicam benedictionem : ad notitiam vestram jamdiu credimus pervenisse quod pro immunitate crudelitatis et barbarice tyrannide quam perjuri et proditores burgenses de Vizeliaco in dominum suum dilectum filium nostrum Pontium, abbatem Vizeliacensem et in ipsum monasterium exercuerunt, et adhuc non desinunt exercere, a corpore Christi, quod est ecclesia, quasi membra putrida, mandato sancte recordationis Eugenii pape, sint gladio divini Verbi precisi. Quod ipsi pro nihilo reputantes, ac si adversus Dominum se fallaci potentia existiment prevalere, adhuc in sua nequitia contumaciter, non impune tamen perdurant, putantes forsitan quod apostolice sedis patrocinium aliquando eidem ecclesie subtrahatur. Nos, igitur, eorum iniquitatem districte pensantes, in ira tamen nostra misericordiam continentes, manus nostras super eos ad presens non plus duximus aggravare. Nobilitati tamen vestre per apostolica scripta mandamus quatinus predictos burgenses tanquam perjuros, proditores, et excommunicatos in nundinis et mercatis terrarum vestrarum recepi omnino prohibeatis, imo a quibuscumque vestrorum hominum poterint inveniri, capi et rebus suis precipiatis penitus spoliari.

(*Ebidem*, f° 59, R°.)

XXII.

Accensement à l'abbaye de Reigny par Ivon d'Avallon, fait en présence d'Anséric de Montréal, de sa femme et d'autres personnes.

(1153.)

Per hujus carte testimonium, ego Henricus, Dei gratia Eduensis episcopus, notum fieri volo presentibus et futuris, quod Ivo de Avalone, et uxor ejus, et soror ejus, uxor Galdrici, et Galdricus, maritus ejus, et filii eorum Hugo Catins et uxor ejus, Galdricus, canonicus Avalonensis, et Kalo, frater ejus, assensuaverunt fratribus Regniacensis ecclesie eorumque successoribus, jure perpetuo, totam terram quam habebant inter rivum de Cresseant et boscum domini Montisregalis, usque ad rivum que venit de Monte-Jalen et pratum de stagno, pro tribus *bichez de blé,* uno anno frumentum, et altero tremisiage. Hujus rei testes sunt : Hermannus archidiaconus; Hugo clericus, frater prepositi; Landricus de Draci et Hugo, clientulus ejus; Rainaudus vicecomes Tornodorensis, et Hugo Catins, frater ejus; Galdricus canonicus, et Kalo, frater ejus; Wichardus, prepositus Avalonensis; Gaufridus de Castelet; Hugo Lupus; Obertus de Atrebato. De laudatione Guidrici et uxoris ejus, testes sunt : Willelmus quondam abbas de Scarleiis ; Ansericus, dominus Montisregalis et uxor ejus Adelaïdis ; Hugo Lupus et Andreas, sororius ejus, et Ivo, sororius Gaudrici, et Hugo Aurelianensis, famulus Viterii, cellerarii, et multi alii. Facta sunt hec anno ab incarnatione Domini M. C. LIII ; epacta XXIII, indictione I, concurrente tertio.

(Archives de l'Yonne, fonds Reigny, liasse I, s-l. 1; *Cartulaire de l'Yonne,* I, 515.)

XXIII.

Donation par le vicomte de La Ferté à l'abbaye de Longuay, dont Anséric de Montréal est témoin.

(1154.)

In nomine sancte et individue Trinitatis, ego Godefridus, Lingonensis episcopus, notum facio quod Hugo vicecomes Firmitatis dedit Deo et Sancte-Marie et fratribus Longivadi omnem terram arabilem et omnia prata que habebat in fine Luxine, et quidquid reclamabat in vinea Lastriceii : hoc est anno MCLIV... tenebant et investiti erant in campis, pratis et sylvis et pasturis et usuarii libere, in perpetuum eisdem fratribus concessit : hoc donum laudavit uxor ejus Hildeberga, et Hillebaudus et Rericus et Joannes et Stephanus et Ulia, uxor Rerici : alias testes Leobaldus, sacerdos Danciveii et dominicus Albertus. Hoc donum etiam laudavit comes Henricus. Testes : Hugo de Brecis, Ansericus de Monteregali, Drogo de Pruvino....

(DUCHESNE, XXI, 37.)

XXIV.

Fondation du prieuré de Franchevault, par Hugues, archevéque de Sens, et la comtesse de Bar, en présence d'Anséric de Montréal et d'autres seigneurs.

(1159.)

In nomine sancte et individue Trinitatis, ego Hugo, miseratione divina Senonensis archiepiscopus, universis fidelibus, tam presentibus quam futuris, in perpetuum. Quanto in omni religione ecclesiastica et in universa celestis conventus gloriosa republica, virginale decus propensioris est meriti et glorie, tanto majori est a nobis prosequenda et attollenda favore : unde presentes virgines a conventu Juliacensi, ex precepto domni Guilenci, venerabilis Molismensis ecclesie abbatis, precibus et obtentu domine Petronille, Barrensis comitisse, in archiepiscopatu nostro, ad locum qui vulgari consuetudine Frigidus-Mantellus appellatur advenisse, et easdem nos suscepisse gaudemus, sperantes earum precibus et temporali nos prosperitate gaudere, et celestis vite sempiterna gaudia possidere. Nos autem, et vivorum et defunctorum utilitatibus providentes, premissum locum ab omni laïce et secularis potestatis jugo penitus absolutum, divine servituti liberum reddimus et mancipamus, salvo videlicet archiepiscopali jure, salvo nichilominus perpetuo Molismensi ecclesie dominio; cimiterium in eodem loco benedicentes, et altare in honorem Domini et gloriose genitricis consecrantes, quatinus prefixus locus sit domus orationis, sit vivorum refugium, sit sepultura defunctorum. Dispensationis igitur nostre gracia, liceat omnibus qui non propter propriam culpam excommunicati fuerint, in predicto loco omne misericordie christianitatis consequi suffragium, ex consensu tamen et permissione propriorum sacerdotum, defunctis videlicet sepulturam, mulieribus reconciliationem, reis et fugitivis impunitatem. Decrevimus etiam, et sub anathemate statuimus, ut prefatus locus nullatenus antiquo deinceps vocabulo nominetur; sed, ad declarandam circa eumdem locum mutationem, dextere excelsi Libera-Vallis appelletur. Notandum sane quod, in adventu predictarum virginum tota patria exultante et sollempni occursu ad tam celebrem processionem confluente, comes Henricus, Guillelmus Nivernensis, et Guillelmus, filius ejus, Tornodori comites, et cum eis quamplures barones occurrerunt, scilicet dominus Milo de Erviaco, Ansericus de Monteregali, Milo de Noeriis, et domina Petronilla, Barrensis comitissa, fundatrix premissi loci, que et ipsa easdem sanctimoniales ibi adduxit cum liberis suis Manasse, Tobaudo, Hemensanni, quorum omnium assensu et voluntate presens negotium terminatum est et approbatum. Concesserunt vero prelibati comites ut quicumque, de casamentis suis, pretaxatis monialibus, aliquid vel dare vel vendere voluerit, libere et sine calumpnia possideant. Comes quoque Henricus quinquaginta solidos annuatim eis largitus est. Predicta autem comitissa, premissorum liberorum suorum voluntate et assensu, concessit eis usuarium in nemoribus suis ad omnia necessaria, sicut ejusdem homines habent, et de casamento suo quicquid omnimodis acquirerent libere possidendum.

Similiter, Raherius, vicecomes de Sancto-Florentino, concessit eis quicquid de suo casamento habere potuerunt libertate perpetua possidendum. Hoc idem et omnes nobiles, qui ibi convenerant, fecerunt. Nec pretereundum quod dominus Guiardus de Nuevi concessit eisdem per manum nostram, partem suam decime de omni agricultura que omnino augeri, vel multiplicari poterit in grangia que appellatur Aigremont; et minutam decimam de parrochia de Nuevi, et decimam de Altrevile, et quatuor falcatas prati. Porro Juliacenses concesserunt prefixis sororibus suis, in separatione mutua, septem annuos solidos quos habebant pro Adelina, matre Herberti de Poisuels.

Actum est hoc apud Liberam-Vallem, anno Verbi incarnati M. C. L. IX, die octava apostolorum Petri et Pauli, ciclo solari septimo-decimo ; indictione VII, concurrente III, epacta nulla. Affuerunt nobiscum, cum predictis proceribus et vulgo communi, quamplures persone ecclesie nostre : Guillelmus, Senonensis ecclesie prepositus : Odo, decanus ; Matheus, precentor; Theo, cellerarius ; Guido, Milidunensis archidiaconus ; Hugo de Avalone, Stampensis, Manasses, Trecensis, archidiaconi ; Robertus, Theobaudus, Gauterius, canonicus. Ut autem hoc ratum et inconcussum permaneat, sigilli nostri auctoritate fecimus roborari, decernentes ut quicumque hanc nostram confirmationem, post secundam aut terciam commonitionem, violare temptaverit, a corpore et sanguine Domini alienus insistens, anathematis gladio feriatur, in membris et corpore diaboli numerandus. Data apud Liberam-Vallem, per manum Fromundi, capellani et vicarii nostri.

(Archives de la Côte-d'Or ; *Cartulaire de Molême*, II, 112 ; *Cartulaire de l'Yonne*, II, 99.)

XXV.

Sentence rendue par Geoffroy, abbé de Clairvaux, et Ida, comtesse de Nevers, pour l'abbaye de Crisenon ; témoin, Geoffroy de Montréal.

(1163.)

In nomine sancte et individue Trinitatis, ego Alanus, Dei gratia Autissiodorensis episcopus, et ego Willelmus, Nivernensis comes, notum esse volumus presentibus et futuris quod inter ecclesias de Regniaco et de Crisennone, de molendinis de Arseio controversia orta est, sed per manum Gaufridi, Clarevallensis abbatis, et Ide, comitisse Nivernensis, utriusque partis assensu, taliter terminata est ; ut de tota possessione illa quam ibi moniales tenebant, scilicet de quatuor molendinis, et uno fullone cum piscaria, et omnibus aliis ad eosdem molendinos pertinentibus, duas partes in omni jure et in omni proficuo, ecclesia de Crisennone perpetua deinceps pace, sine ulla reclamatione possideat ; tertiam autem partem similiter in omnibus predictis ecclesia Regniacensis obtineat ; molendinarios autem moniales de Crisennone duos ibi ponant fideles homines et qui fidelitatem jurent etiam Regniacensibus : similiter Regniacenses, vel qui ab eis eorum partem habuerit, unum fidelem et qui fidelitatem juret monialibus ; si servitium datum fuerit, sive vel inde dividatur similiter, ut illi tertiam partem habeant, ille duas : si querelam habuerint, vel utrique, vel quelibet pars, adversus molendinarios de reddilibus suis, in ipso loco pariter convenientes judicabunt, et, reddito capitali, de emendatione habebunt illi partem tertiam, ille duas. Si pro reparatione aliqua ibi expensas fieri oportuerit in ecclesiis vel molendinis, ponent similiter illi tertiam partem, ille duas : si autem, ad summationem monachorum, moniales expensas ministrare noluerint, monachi, si voluerint, vel qui pro eis partem eorum tenuerint expensas facient et totum redditum possessionis illius pro capitali recipient, donec rehabeant quicquid expenderint. Similiter, si ad summationem monialium, pars altera expensas ministrare noluerit, ipse, si voluerint, expensas faciant, et totum redditum pro capitali recipiant usque ad plenam restitutionem expensarum : similiter de censu moniales duas partes persolvent; monachi vero tertiam ; si Regniacenses partem suam pro pecunia vendere voluerint, habebunt eam moniales, si dederint eis eque placitam possessionem : sin autem, libere cui voluerint, partem suam Regniacenses tradent cum omni integritate possidendam sicut concessa est eis. Similiter, de partibus suis moniales ergo monachos eamdem tenebunt legem, ut, si eas voluerint vendere, non liceat nisi monachis, si tantum voluerint dare quantum alter obtulerit. Hanc compositionem Ascelinus, Regniacensis abbas, cum toto conventu suo, et Agnes, abbatissa de [Crisennone, cum toto similiter laudaverunt suo conventu et approbaverunt : quam in presentia nostra recognitam, ad petitionem utriusque partis, etiam nos approbavimus et laudavimus ; et ut deinceps inviolabilem habeat firmitatem, testium subscriptione et sigillorum nostrorum impressione, cum sigillis eorum per quos hec facta est compositio, et sigillis utriusque ecclesie, presentem cartam signari fecimus et muniri. Testes hujus compositionis : Gaufridus, abbas Clarevallensis; Ricardus, Alquerus, Bartholomeus, Jacobus, monachi ; Ida, comitissa, et Guido, puer, filius ejus ; Stephanus, cantor Autissiodorensis; Stephanus, archipresbyter ; Radulphus, capellanus comitisse; Gaufridus, clericus ejusdem; Obertus de Mairri, clericus ; de militibus quoque, Herbertus de Mairri ; Bauduinus Grossus ; Bauduinus de Migi ; Gaufridus de Monte-Regali; Nicolaus de Malliaco ; de servientibus : Rualdus, Autissiodorensis ; Milo, prepositus de Mailli ; Stephanus de Baissi ; Rainaldus, filius ejus. Actum est hoc a nobis anno ab Incarnatione Domini MCLXIII ; indictione XI, epacta XIII, concurrente I ; Alexandro tertio, Romano pontifice; Ludovico, rege Francorum.

(LEBEUF, *Mémoires sur l'Histoire d'Auxerre*, IV, n° 54; *Cartulaire de l'Yonne*, II, 146.)

XXVI.

Donation par Gibaud et Renaud de Saint-Verain à l'abbaye de Reigny, dont Geoffroy de Montréal est témoin.

(1163.)

Ego Alanus, Dei gratia Autissiodorensis episcopus, notum fieri volo tam presentibus quam futuris quod Gibaudus de Sancto-Verano, et frater ejus Rainaldus, concesserunt et laudaverunt, per manum Radulphi, venerabilis abbatis de Fonteneto, presente Theobaldo, abbate de Scarliis, et Willelmo, ejusdem loci quondam abbate, tunc monacho Fonteneti, et Gaufrido de Monteregali, et Rainaldo de Ratille, militibus, Deo et Beate-Marie de Regniaco, et Ascelino, abbati ejusdem loci et fratribus ejus, in perpetuum, quicquid fratres illi acquisierant in terra de Toire, sive proprium in manu eorum, sive de casamento eorum esset, perceptis per hoc quingentis solidis et equo uno; et gistum quod ad censum dederunt pro dimidio modio avene annuatim persolvendo, deportandoque ad Sanctum-Veranum, inter festum Sancti-Remigii et Natale Domini, et reddendo eis ad mensuram que tunc temporis, cum hec adcensuatio fieret, currebat Autissiodori; pro tali videlicet parte terre quam ipsi fratres habebant, que clauditur his terminis : videlicet a quercu de Campo-Senix sic divisa est per metas et signa per devexum montis Viennensis, et tendit ad terram de Annay, et per desubter villam sitam ad terram de Soeriis, usque ad concisum de Aquosis, et inde per et desuper puteum de Passeleriis, sicut indicium vie demonstrat, que tendit a Fossa-Gelet, ad ecclesiam de Soeriis, et sicut partitur communitatibus de Passeleriis, et tendit ad locum qui vocatur Posticiolum, inter terram Regniacensium et terram Sancte-Marie de Monasteriis, et inde usque ad predictum quercum de Campo-Senix, sicut demonstrant posite mete. Si autem predictum censum vendere, vel a se, vel aliquo modo alienare vellent, quandiu ecclesie Regniacensis tantumdem dare vellet, quantum alter obtulisset, non possent ipsum censum alteri vendere, dare, vel aliquo alio modo commutare, nisi ecclesie Regniacensi. Hanc autem donationem, vel adcensuationem, laudavit uxor domini Gibaudi, que pro hac re marcham argenti accepit, et filius ejus Gaufridus, qui quinque solidos, et filia ejus Sara, que duos solidos habuit. Nam ceteris filiis ejus, qui in cunabulis erant, et necdum loqui poterant, singulis, duodecim denarii pro hac re dati sunt. Cujus laudationis testes sunt : Johannes Roberti; Guillelmus, filius Guidonis Rufi; Gaufridus Barellus; Atoez, prepositus; Gaufridus Ferratus; Theobaldus Saunerius; Richardus de Leinsec. Ut autem donatio et adcensuatio ista rata in perpetuum et firma habeatur, sigilli nostri auctoritate roboramus. Facta sunt hec anno ab Incarnatione Domini nostri millesimo centesimo sexagesimo tertio, indictione undecima, concurrente primo, epacta vigesima-quinta; pontificatus vero domini nostri Alexandri pape tertii, anno quinto.

(Archives de l'Yonne, fonds Reigny, liasse 26, s.-l. 1; *Cartulaire de l'Yonne*, II, 152.)

XXVII.

Charte d'Alain, évêque d'Auxerre, pour l'abbaye de Reigny, dont Geoffroy de Montréal est témoin.

(1163.)

Ego Alanus. Dei gratia Autissiodorensis episcopus, notum fieri volo tam presentibus quam futuris, quod Herbetus de Merriaco dedit ecclesie Regniaci partem suam de tota terra que est in Valle-Roboris : hoc est, medietatem tocius vallis. Hujus donationis testes sunt: Gaufridus, abbas Clarevallis; Richardus, Bartholomeus, Jacobus, Alcherus, monachi; de militibus, Gaufridus de Monteregali, Guido de Asneriis. Hoc quoque donum postea concessit domina Autissiodorensis, mater Herberti, apud Bassiacum, coram hiis testibus, Gaufrido Gemello, canonico Autissiodorensi, Gaufrido de Monteregali, Guidone de Asneriis et Galterio serviente ipsius. Hoc ipsum laudavit Regina, uxor ipsius Herberti apud villam de Creven, presentibus Gaufrido Gemello, canonico Sancti-Stephani Autissiodorensis, Guillelmo Bugro, milite, de Raveriis, Gaufrido de Monteregali, Guidone de Asneriis. Datum anno Christi MCLXIII.

(GAIGNIÈRES, CLXXXI; Archives de l'Yonne, fonds Reigny, liasse 1, s.-l. 1 ; *Cartulaire de l'Yonne*, II, 151).

XXVIII.

Geoffroy de Montréal est témoin d'un accensement fait à l'abbaye de Reigny.

(1163.)

Ego Alanus, Dei gratia Autissiodorensis episcopus, notum facio omnibus presentes litteras inspecturis, quod sigilli mei impressione confirmo, quod Herbertus de Marriaco adcensivit ecclesie Regniacensis totam aquam suam quam habebat communem cum monachis Veziliacensibus, medictatem videlicet aque a rivo fontis Roboris usque ad murum domus matris sue domine Autissiodorensis, ad censum v solidorum, annuatim, in nundinis de Tanai. Hanc adcensationem laudaverunt mater ipsius domina Autissiodorensis et uxor ejus Regina. De filia ipsorum, quia parvula erat nec adhuc loqui poterat, pater et mater ejus fiduciaverunt, quod cum ad etatem venerit, eam concedere facient. Affidaverunt Herbertus et uxor ejus, quidem, in manu Gaufridi de Monteregali, uxor vero ejus in manu Gimonis Boguerelli. Post fiduciam suam dederunt eidem ecclesie fidejussores Hugonem, fratrem domini Milonis de Noeriis, pro xx libris, Iterium de Briva, Gaufridum de Arsi, pro xx libris, Savericum de Malliaco, pro x libris, Gimonem Boguerellum, pro c solidis, Hugonem Letardi prepositum Castri-Censurii pro c solidis. Testes : Gaufridus, abbas Clarevallis, Gaufridus Gemellus, canonicus Autissiodorensis, Hugo de Noeriis, Iterius de Briva, Gaufridus de Arsi, Gaufridus de Monteregali, Gimo Boguerellus, Guido de Asneriis, Savericus de Malliaco, Hugo Letardi, prepositus Castri-Censurii. Facta sunt hec anno ab Incarnatione Domini MCLXIII, indict. XI, epacta XXV, pontificatu Alexandri pape III anno v.

(GAIGNIÈRES, CLXXXI, p. 391 et suivantes).

XXIX.

Vente faite par le prieur de Vergy à l'abbaye de Cîteaux, dont Caïn de Montréal est témoin.

(1164.)

Noverint omnes Ecclesie filii tam presentes quam futuri quod Johannes, prior Vergiaci, voluntate et assensu totius capituli sui, quicquid ecclesia Vergiacensis habebat in loco qui Destannum dicitur, tam in terris cultis quam incultis, nemoribus, pratis et aquis, decimis et in omnibus que ibi possederant monachi Cistercii in perpetuum possidendum tradidit, eo scilicet tenore ut monachi Cistercienses monachis Vergiaci, annuatim quadraginta, sextarios annone reddant, ad mensuram Divionis que tunc temporis erat, medietatem frumenti et medietatem ordei tales quales terra ipsa portavit, et sciendum quod idem census infra quindecim dies post Octavas Pasche reddetur. Sed si monachi Vergiaci eum non requisierint, aut accipere noluerint, monachi Cistercii immunes erunt a culpa. Verum hoc monachi Vergiacenses sibi retinuerunt ut in nemoribus Destanni ligna acciperent ad vasa sua et proprias domos Vergiaci edificandas tam ipsi quam famuli eorum, illi dumtaxat qui cotidianas prebendas in domo eorum accipiunt. Hoc pactum laudaverunt et priorem Cistercii investierunt monachi et famuli Vergiaci; quorum hic nomina continentur : Johannes ipse prior Vergiaci, Bernardus prior Claustralis, Bernardus decanus, Guido de Valle, Agano, Petrus de Marriniaco, Radulfus, Sichardus, Richardus, Achardus, Rannulfus, Guido, monachi; famuli : Nicholaus major, Henricus major, Petrus, Lignari famulus, Arnulfus cocuus. Iterum Cistercienses et Vergiacenses monachi inter se statuerunt ne a quolibet priore Vergiaci monachi Cistercienses prefatum censum in vadimonium vel aliquam commutationem acciperent, absque consensu totius Vergiacensis capituli. Ut autem Cistercienses habere possent predictum territorium de Destanno, monachis Vergiacensibus dederunt octoginta libras et centum agnos, in principio et introitu rei. Ex his vero famuli habuerunt partes suas. Dederunt Cistercienses etiam xxv solidos ad procurationem unius prandii Vergiacensium, et pro uno quoque monachorum Vergiacensium cohabitantium ibi et morientium, Cistercienses in morte facere promiserunt sicut pro suis, et Vergiacenses similiter pro Cisterciensibus se promiserunt acturos. Promiserunt etiam Vergiacenses Cisterciensibus de hoc territorio Destanni, de eo scilicet quod ad jus suum pertinebat, legitimam garantiam portare. Et ut ea que prediximus firma et illibata permanerent, in presentia domini Henrici, tunc temporis Eduensis episcopi, recitata et confirmata sunt, et rogatu utriusque partis sigillo ipsius roborata, et nomina testium qui ibi affuerunt, videlicet apud Sedelocum inferius sunt notata : Seguinus, Eduensis decanus, Rainardus de Glene, Obertus de Tilio, Jacobus et Rainerius de Voidenai, nepotes ejus, Gaufredus, prepositus Sedeloci, Seguinus, major Sedeloci, Cainus de Monteregali, Humbertus, monachus de Channe, et Ranierius, monachus Clarevallis. Hoc idem pactum postea recitatum et confirmatum, et in presentia Hugonis ducis Burgundie, et rogatu utriusque partis sigillo ipsius roboratum ; nomina vero testium qui ibi affuerunt hec sunt : Galterius, Lingonensis episcopus, Guido, decanus de Funge, Johannes de Belna, decanus Divionis, Josbertus de Grance, Haimo Rufus, Guerricus miles Vergiaci. Facta sunt autem hec anno ab Incarnatione Domini M° C° LX° IIII; Ludovico, rege Francorum, regnante, Henrico, Eduensi episcopo, Hugone, duce Burgundie, nepote ipsius, Gilleberto, abbate Cistercii existente.

(*Cartulaire de Cîteaux*, I, f° LII, n° IV.)

XXX.

Donation par Marie de Toucy à l'abbaye de Reigny, et dont Geoffroy de Montréal est témoin.

(1164).

Pastoralis regiminis necessitate compellimur ut ecclesiarum causis potius quam curis ceteris insistamus : inde est quod ego Alanus, Dei gratia Autissiodorensis episcopus, notum fieri volo presentibus et futuris quod Maria, filia domini Arnaudi de Tociaco, sextam partem territorii de Toire, quam habebat communem cum Narjoto Alexandri, Josberto Rufo, Petro Bernardi militibus, de Tociaco; Hugone de la Forest, Richardo de Leinsec, domina Jubilina de Chessein et Beatrice matre uxoris Odonis de Lescheriis, sicut eadem terra dividitur et clauditur his terminis a quercu videlicet de Campo-Senix, sicut divisa est per metas et signa per devexum Montis-Viennensis et tendit ad terram de Annai et per desubtus Villam Siccam, ad terram de Soiriis usque ad concisum de Agnosis, et inde per desuper puteum de Passeleriis sicut judicium vie demonstrat, que tendit a Fossa Gilet ad ecclesiam de Soeriis et sicut partitur communitatibus de Passeleriis et tendit ad locum qui vocatur Posticiolum inter terram Regniacensium et terram Sancte-Marie de Monasteriis et inde usque ad predictum quercum de Campo-Senix sicut demonstrant posite mete fratribus de Regniaco et eorum successoribus libere possidendam, omni cessante reclamatione ad disponendum vel faciendum in jam dicto territorio, prout voluerint; pro salute anime sue et antecessorum suorum dedit et concessit, ad censum siquidem duorum solidorum, in festivitate sancti Remigii annuatim sibi a fratribus predicte domus reddendo eum perceptis in primo de beneficio domus Regniacensis octo libris et sex solidis et octo denariis. Hanc autem concessionem et adcensuationem laudavit pater ejus dominus Arnaldus de Tociaco, et filius ejus Stephanus de Lauda ; sed et Odo de Draciaco laudavit a quo predicta Maria tenebat. Cujus concessionis et adcensuationis testes sunt : Girardus Grossus, Theodoricus de Dana milites, Hervis Fossemorraille; Ranus de Tociaco; Seguinus de Toire. Porro de laudatione predicte Marie testes sunt : Willelmus Chacebof, Gaufridus de Monteregali, Odo de Masi. De laudatione vero filii ejus Bastart testes sunt : Stephanus de Lauda, Girardus Grossus, Ascherius. Ut autem in perpetuum concessio ista et adcensia rata et firma habeatur, presentis scripture testimonio et sigilli nostri auctoritate, mandato predicte Marie que hoc fecit, et sicut scriptum est concessit, roborari fecimus.

(Archives de l'Yonne, fonds de Reigny, liasse 1, s-l. 1.)

XXXI.

Donation par Ivon d'Avallon à l'abbaye de Reigny, en présence et du consentement d'Ansèric de Montréal et de son fils du même nom.

(1164.)

Quoniam oblivio, noverca memorie, pleraque facta solet abolere, decretum est communi commodo quod quisque ratum et inconcussum tenere voluerit cyrographo commendari. Notum sit igitur tam presentibus quam futuris quod Ivo de Avalone, quicquid habebat inter rivum de Graissant et rivum de Montegalein et nemus domini Anserici de Monteregali, et quicquid habebat ultra predictum rivum de Graissant, in pace et quiete possidendum abbati Ascelino de Regniaco, et ceteris ejusdem loci fratribus, eorumque successoribus, ad laudem heredum suorum quos ex prima uxore habuit, Willelmi videlicet, filii sui, et filie sue Armengardis et nepotum suorum Galerani, Teobaudi et Ivonis, et sororum eorumdum. Petronille et Comitisse, dederit, imposito tamen ibidem annuali censu videlicet uno anno tribus quartallis frumenti, et alio totidem tremesii. Hujus rei testes sunt : Anserieus de Monteregali, quo mediante factum est hoc, et de cujus casamento totum hoc est, in cujus manu ipse suo de hoc ipso tenendo fidem dedit, eundemque obsidem misit, et cujus sigillo ad testimonium hec firmatur cartula ; Ansericus, filius ejus, qui de hoc ipso tenendo similiter post ejus decessum futurus est obses ; Johannes, minor frater ejusdem, et eorum mater Aalidis ; Heluis, filia ejus ; Letardus, presbiter ; Seguinus de Crus ; Josbertus de Bar ; Gibaudus Milo, prepositus de Monteregali ; Bernardus de Insula, prepositus de Veteri-Castro ; Petrus de Berri, ejusdem Ivonis homo, et Obertus clericus. Hoc etiam laudavit secunda uxor ejus, Mabila. Cujus laudationis testes sunt hii : Hugo, canonicus de Sedeloco ; Obertus, clericus de Monteregali ; Petrus, prepositus de Veteri-Castro ; Martinus de Porta ; Humbertus de Monte-Sancti-Johannis ; Ranulfus, scriptor, de Vermenton. Factum est hoc anno ab Incarnatione Domini M. C. LX. IV, epacta sexta, indictione duodecima, concurrente tertio.

(Archives de l'Yonne, fonds de l'abbaye de Reigny, liasse 1, s.-l. 1 ; *Cartulaire de l'Yonne*, II, 174.)

XXXII.

Donation par Geoffroy Strabon de Villemaur à l'abbaye de Vauluisant, dont Ansèric de Montréal est témoin.

(1166.)

Approbate consuetudinis est et equitatis officio convenit ea que inter ecclesiasticas secularesve personas sollempniter, concorditerque acta sunt, ne processu temporum in oblivionem deveniant, aut alicujus infringantur calumpnia, fidei committere litterarum. Ea propter, ego Henricus, Trecensium palatinus comes, universis presentibus et futuris, notum facio contentionem que inter ecclesiam Vallislucentis et Godefridum, filium Drogonis Strabonis de Villamauri, versabatur, in presentia mea, Trecis, terminatam esse hoc modo. Siquidem predictus Godefridus Petro, abbati, et ecclesie Vallislucentis, solutum et quictum concessit, in curia mea, coram baronibus meis, quicquid eadem ecclesia comparaverat a patruo ejusdem Godefridi, Josberto scilicet, Mabile, laude et consensu patris sui Drogonis ; nemus scilicet quod dicitur Eschegiarum et nemus Faygarnem, necnon et quicquid eadem ecclesia tunc temporis possidebat de feodo patris sui in nemoribus, planis, pratis, terrisque cultis vel incultis. Hec omnia iterum coram me laudavit pater ejusdem Godefridi, Drogo ; et recognovit quod ipse et predictus filius suus ecclesiam Vallislucentis injuste vexabant. Ut hec autem omnia memoriter tenerentur, et in statu suo rata permanerent, litteris commendata sigilli mei impressione confirmare et communire curavi. Cujus rei testes sunt : Ansellus de Triagnio, Ansericus de Monteregali ; Hugo de Rumelleio ; Petrus Bursaudus ; Drogo Bristaudus ; Willelmus, marescaldus ; Laurentius, clericus comitisse. Actum est hoc Trecis, anno ab Incarnatione Domini M. C. LXVI.

(Archives de l'Yonne, fonds de l'abbaye de Vauluisant, liasse 1 ; *Cartulaire de l'Yonne*, II, 186.)

XXXIII.

Donation par Landry de Clamecy à l'abbaye de Reigny ; témoins, Geoffroy de Montréal et autres.

(1167.)

.... solent plerumque cadere ; ut majorem firmitatem habeant scripture testimonio sunt roborande ; inde est quod ego Alanus, Dei gratia Autissiodorensis episcopus, notum fieri volo presentibus et futuris quod Landricus de Clamece dedit in eleemosina Deo et Beate-Marie de Regniaco et fratribus ibidem Deo servientibus, duodecim denarios census quos per singulos annos ab heredibus de Lescheriis percipiebat absque omni contradictione, omnique in perpetuum reclamatione cessante, perceptis tamen quinquaginta solidis de beneficio domus predicte. Hoc autem laudavit filius ejus Guido, habitis inde quinque solidis. De quorum concessione patris videlicet et filii ejus predicti Guidonis et laudatione testes sunt : Gaufridus de Monteregali, Willelmus de Cavarupe, Fornerius de Droja, Hugo Letardus, Rahaudus de Autis. Porro filia ejus Johanna hoc ipsum laudavit coram his testibus : Willelmo Berault et filis ejus Willelmo et Guidone ; sed et filia ejus Ysabet de Varziaco et maritus ejus Gaufridus Fillerums laudaverunt, quorum testes fuerunt Matheus Caliga-Laxa, Willelmus Berault et Hugo Costers. Hec autem concessio et donatio facta fuit a predicto Landrico in manu nostra, apud Clamice. Ad cujus petitionem presenti scripture hoc donum commendavimus et sigilli nostri auctoritate roboravimus.

(Archives de l'Yonne, fonds de Reigny, liasse 1, s.-l. 1.)

XXXIV.

Accord entre Anséric, seigneur de Montréal, et l'abbé de Moutier-Saint-Jean.

(1168.)

Ego Ansericus, dominus Montisregalis, notum facio presentibus et futuris quod cum controversia verteretur inter me, ex una parte, et ecclesiam Reomensem ex altera, super nemore d'Arboolem, super pasturis, justiciis ville que dicitur Marmeiaus, eadem controversia pacificata est hoc modo, quod predictum nemus in proprium retinui, glandem quoque et sparnagium in eo. Aliam vero pasturam ad usum omnium pecorum hominibus predicte ecclesie qui in eadem villa manent vel manebunt, coortam quoque et ligamina gerbarum in predicto nemore concessi. Item predicte ecclesie homines in predicta villa manentes pasturam et usagium per totum finagium memorate ville pacifice habent. Ecclesia autem Reomensis in omnibus hominibus suis sepedicte ville, tam presentibus quam futuris, terris quoque mansis, pratis, vineis eorum omnem justiciam habet. Testes autem sunt hii : Narioz de Talece, Reynerius de Chateluz, Reynaudus clericus, Petrus monachus, Humbertus monachus. Actum est hoc anno Verbi Incarnati millesimo sexagesimo octavo.

(Archives de l'abbaye du Moutier-Saint-Jean à Dijon.)

XXXV.

Accord entre l'abbaye de Citeaux et le sire de Trouhans, sous la garantie d'Anséric de Montréal.

(1168.)

In nomine Domini, ego Otho de Throens presentibus et futuris notum facio discordiam que inter fratres Cistercienses et dominos de Troens diu versata est propter hoc quod de feodis et casamentis et aliis terris ad dominum de Troens pertinentibus, fratres Cistercienses apud Tarsullam adquisierant et possidebant in pace terminatam esse : quin enim ego et Guido frater meus, et Girardus nepos meus divisimus terram nostram : omnia que apud Tarsullam nostri juris fuerant propter feodum domini Werrici de Vergiaco que jam fratres Cistercienses assensu omnium nostrorum acquisiverant et in pace tenebant, cetera omnia in partem meam devenerunt. Cupientes vero beneficiis et orationibus sancti ordinis communicari, ego et frater meus Guido, neposque meus Girardus dedimus ecclesie Cisterciensi quicquid eatenus possederamus et calumniati fueramus in omni territorio Tarsulle in terris, pratis, aquis, pascuis, nemoribus et consuetudinibus et quicquid de feodis et casamentibus ad nos pertinentibus jam adquisiverant et deinceps acquirere possent, totum fratribus Cisterciensibus perpetuo possidendum concessimus, nichil penitus excipientes, preter hominium feodatorum et excepto quod homines nostri de Chevegne de nemore quod nostrum fuit, si necesse eis fuit ad usus tamen domorum suarum accipiant. Hoc et donum ut illesum et intemeratum omni tempore perseveret, per sponsionem fidei in manu Anserici domini Montisregalis singuli confirmavimus et sigillo Hugonis ducis Burgundie roborari voluimus. Actum est apud Divionem anno ab Incarnatione Domini M. C. LXVIII, in aula ducis, in presentia Gilleberti abbatis Cistercii, Galonis abbatis Buxerie, Hugonis de Corraboii, Johannis de Ladona, Stephani et Lecelini conversorum, Aymonis Rufi de Divione, Willermi de Oigeul, Humberti Arvalt, Odonis de Lonvy, Petri prepositi de Verge, Girardi presbiteri de Ysarri, Uldre Johannis magistri, Vilenchet, Andree Pavie et aliorum multorum.

(*Cartulaire de Citeaux,* I, 25, et III, 53.)

XXXVI.

Lettre d'Ansèric de Montréal qui fait plusieurs concessions au chapitre de Montréal.

(1170.)

Ego Ansericus de Monteregali presentibus et futuris notum facio quod neque in terra, neque in juribus ecclesie Beate-Marie quam antecessores mei fundaverunt et bonis propriis dotaverunt, usum vel coustumam aliquam habuerunt, nec ego habeo, quod plane cognosco. Nihil in predicta terra nec predictis hominibus antecessores mei sibi retinuerunt nec ego retineo, nisi quod eos salvos facere et custodire ut advocatus debeo. Cognosco iterum et verum est quod quilibet hominum a domino Montisregalis vel Insule casamenta tenentium, de iisdem casamentis pro voluntate sua, predicte ecclesie libere dare potest, ita quod illud non adeo procedat donum, quod in eodem casamento dominus predictus servitium vel culturam perdat; furnum autem bannalem in villa Sivriaci et de Villis-Torneis predicte ecclesie et ejusdem canonicis, ita quod nullus alius in eis deinceps possit furnum alium habere et usuarium omnibus hominibus ejusdem ecclesie ad omnia necessaria sua in nemore de Ervial, preter hoc quod fagum vernumstantes non suscidant, concedo; canonici predicte ecclesie deservientes in ejusdem ecclesie hominibus talliam et quicquid in eis et volunt et habere libere habent. Pro redemptione anime mee et predecessorum meorum do et concedo eidem ecclesie et ejusdem canonicis tertiam partem decime Sancte-Columbe, et tertiam decime de Atheis. Do iterum eidem pro salute anime Alaydis uxoris mee duos modios annone singulis annis, unum frumenti, alium grosse mosture in molendino meo de Monteregali, ita quidem quod si non plus quam hos duos modios lucrabitur molendinum, illos habeant; canonici vero oleum de nucibus in lampade una nocte et die ante altare Beate-Marie pro ejusdem Alaydis anima ardere facient. Ut autem nihil eorum remaneat quo successores mei predictam ecclesiam inquietare valeant, quatuor feminas meas hominibus ejusdem ecclesie maritatas, uxorem Guillermi, uxorem Ervei, sororem Barbini, duasque Hugonis piscatoris filias, uxorem Renaudi prepositi, et uxorem Roberticum heredibus earum, ego qui bono et puro corde pacem ecclesie desidero, eidem ecclesie et canonicis quitas clamo. Predicte vero ecclesie canonicis in perpetuum eas et Radulfum de Insula, duas ejus uxores filias Beringeri et quod in Renaudo, filio Sede de Monteregali habent, donavi et quitos clamavi. Hoc autem totum tam factum quam cognitum laudo et concedo et sigilli mei impressione confirmo. Laudat et Alaydis, uxor mea, et Ansericus et Joannes, filii mei, et Sibilla, predicti Anserici uxor. Hujus rei testes sunt Josbertus de Barro, Hugo et Guido filii sui, Philippus de Prait, Gibaudus et Bruno fratres ejus, Galeranus, Aimo Chauce-Chiens, Hugo, filius domini Aabaudi, Gaufridus filius Hugonis de Digun, Guido Fardellus. Factum autem est hoc anno ab Incarnatione Domini millesimo centesimo septuagesimo, Alexandro, summo pontifice, Ludovico, Francorum Rege, Guichardo, Lugdunensi archiepiscopo, Stephano, Eduensi episcopo.

(Archives de l'Yonne, fonds du Chapitre de Montréal, liasse 1; *Cartulaire de l'Yonne*, II, 224.)

XXXVII.

Convention entre Anséric V de Montréal et l'abbé de Reigny.

(1170.)

Ego Ascelinus, abbas Reigniaci, et ego Ansericus, dominus Montisregalis, notum fieri volumus presentibus et futuris quod querelam que versabatur inter nos, super grangia que dicitur de Charboneriis et ejus appendiciis ita composuimus, quod ego Ansericus, pro redemptione anime mee et Aalidis, uxoris mee, patris et matris mee, fratribus de Regniaco in perpetuum libere et pacifice dedi et concessi possidendum quidquid infra designatas metas continetur, salvo jure casamentorum meorum, ita quod nec essartabunt, neque ad agriculturam, neque ad prata, et concessi eis a finagiis de Sauz et de Vileroth, et a terra de Valescorchien usque ad viam qua itur de Birriaco ad Mogelen; usuarium ad Marmel, ad focum et ad pasturas, salvo tamen jure casamentorum meorum et meo si casamenta illa acquisiero; pasnagium autem, mel et ceream et foresfactum et reliqua omnia michi et heredibus meis retinui, excepto quod infra curtem domus eorum latronem non accipiam, nec fratres ad reddendum cogam. Hoc autem laudaverunt Aalaydis, uxor mea, et Ansericus et Johannes, filii mei, et Sibilla predicti Anserici filii mei uxor. Ego vero Ascelinus abbas, et totus conventus Reigniaci concessimus dicto Anserico quod nec de proprio ejus, nec de casamento, nec de tenemento alicujus villanorum suorum emptione vel clam, vel aliquo modo aliquid occupabimus, vel occupari permittemus, absque laude ejus, vel illius heredis qui jure hereditario Montemregalem possidebit. Hujus compositionis et laudacionis testes sunt magistri Willelmus et Robertus canonici, Josbertus de Barro miles, Milo prepositus Montisregalis. Factum est hoc anno ab Incarnatione Domini millesimo centesimo septuagesimo.

(Archives de l'Yonne, fonds Reigny, liasse 19, s.-l. 1.)

XXXVIII.

Charte de l'évêque d'Autun et de l'évêque de Nevers pour l'abbaye de Moutier-Saint-Jean, dont Obert de Montréal est témoin.

(1173.)

Ego Stephanus Dei gratia Eduensis, et ego Bernardus ejusdem providentia Nivernensis episcopi, notum facimus omnibus ad quorum audientiam litere iste pervenerint, quod cum causa que inter abbatem Reomaensem de monasterio Sancti-Joannis et abbatissam Rubeimontis, et sanctimoniales ejusdem loci agitabatur nobis commissa esset a domino papa, ante cetera judicavimus pacem que facta erat per Godefridum Lingonensem episcopum inter eos, de assensu partium et sigillo ejusdem episcopi confirmata, et privilegio duorum apostolicorum Eugenii et Alexandri roborata, omnino stare debere, nec per nos nec per alios delegatos judices aliquo modo posse infringi. Judicium istud factum fuit apud Pontem-Sancti-Desiderii super Icaunam, et postea inter Rubeum-Montem et Asiacum recordatum, et ex parte abbatis et predicte abbatisse collaudatum. Testes: Ascelinus, abbas Regniaci, Gaucherius, abbas Flavigniacensis, T. decanus Nivernensis, Hugo Vastini, archipresbyter, G., capellanus, episcopi Nivernensis, Dodo de Cona et Piscis, canonici Niverni, Lambertus de Seelo, M. Paganus canonicus Autissiodorensis, Obertus de Monteregali, Milo de Noeriis, Hugo de Argentolio, frater ejus, Jobertus de Anci, Columius, prepositus Tornodori, et multi alii. Actum est vero hoc anno ab Incarnatione Domini millesimo centesimo septuagesimo tertio, et sigillorum nostrorum munimine confirmatum.

(REOMAUS, p. 215.)

XXXIX.

Traité de paix entre le duc de Bourgogne et le comte de Nevers; Anséric de Montréal désigné pour arbitre.

(1174.)

Usus litterarum receptus est propter memoriam rerum: inde est quod ea que in futurum rata et inconcussa esse decernimus, litterarum memorie commendamus. Quamobrem ego Hugo, dux Burgundie, et ego Guido, comes Nivernensis, per presentem cartam notificamus tam presentibus quam futuris, pacem quam invicem fecimus, et formam pacis quam firmavimus. Ego, siquidem, Guido, comes Nivernensis in hominium ducis veni; et ego Hugo, dux in dominium redii, sicut feoda mea requirunt, que comes pro patre suo et pro uxore sua de me tenere debet hoc autem dicimus, quamquam pro feodo uxoris sue comes de feodo homo meus legius erit, salva ligietate domini Regis. Et si forte feoda in heredes dividerentur : qui terram matris haberet, ligius esset. Ego autem Guido, Nivernensis comes, juravi, et Hugo dux idem, quandiu ad justitiam mihi per te ipsum steteris in locis antique consuetudinis, sicut feoda requirunt, tibi aut terre tue nequaquam malefaciam. Quandoquidem aliquo casu de hoc ipso lis oborta fuerit, supra quatuor personas litis contentio terminanda poneretur, videlicet supra Ansericum de Monteregali et super Hugonem de Monte-Sancti-Johannis, homines nostros, et super abbatem Cistercii et abbatem Clarevallis, in hunc modum quod de iis qui laïci sunt, jurabunt, et qui abbates sunt, in verbo veritatis promittent, quod controversiam litis secundum rationem moderabunt. Itemque, si forte fortuito isti quatuor inter se discordaverint, quandiu in curia domini Regis mei, dux, ad justitiam steteris, sit in curia comitis Henrici, sopita tamen contentione que est inter me et comitem Henricum, sicut predictum est, tibi, dux, aut terre tue malum non faciam. Si vero hoc ordine lis oborta composita non fuerit, ad cartas nostras recurreretur, et secundum tenorem cartarum, remota omni contentione, lis ex integro pacificabitur, et si nec sic lis posset pacificari, donec transactis quadraginta diebus post dissidentiam, tibi, dux, vel terre tue malum non faciam. Hec omnia, sicut hic continentur, ex parte mea, ego Guido comes juravi, et perinde de duobus militibus marcis argenti obsides posui, dominisque Lingonensium, Eduensium, Autissiodorensium, Nivernensium episcopis precepi, quod si predictam formam pacis non tenerem, de me et de terra mea justitiam ecclesiasticam facerent. Ego quoque Hugo, dux, hanc formam pacis sicut tu mihi, ita et ego tibi ad majorem dilectionis tenorem, pro honore et reverentia tui, comes, ex integro juravi ; excepto quod obsides perinde non posui, nec justitiam ecclesiasticam de me aut de terra mea fieri precepi. Statutum est etiam quod firmitates de Argenteolo, de Sancto-Cyrico, de Barreio, et quicquid firmitatis factum fuerat, in vado vel circa vadum Virzeliaci, in tempore abbatis Gerardi, omnino diruantur, ita quod in eis nulla penitus defensionis remaneat machina, nec deinceps alicubi reedificentur. Et sciendum quod sacramentum vicissim fecimus, tam pro nobis quam pro hominibus et coadjutoribus nostris, et extraneos malefactores neutri nostram in terram alterius vel suorum transire patietur. De hac tandem pacis forma inter nos inviolabiliter tenenda, pari assensu in invicem nobis responsales posuimus, dominum scilicet Karolum *(sic)* regem, dominum W., archiepiscopum Senonensem, Henricum comitem Trecensem, Theobaldum comitem Blesensem. Et ut hoc ratum et inconcussum in futurum habeatur, testimonio sigillorum nostrorum, presentem cartam muniri fecimus. Hec autem pacis concordia facta est per manum Humberti Bellijoci domini, prudentissimi viri, et in presentia multorum, quorum nomina subscripta sunt. Hujus rei testes sunt: Galterus Lingonensis episcopus, Bernardus Nivernensis episcopus, Theobaldus

Nivernensis decanus, Ansericus de Monteregali, Gerardus de Reon, Guido de Virgiaco, Hugo de Monte-Sancti-Johannis, Nargodus de Thoci, Stephanus de Petra-Pertusa, Chaldero de Ferreia, Gibaudus de Sancto-Verano, Renaudus de Marchia, Hugo de Petra-Pertusa, Petrus de Corcum. Actum est apud Belnam-Castrum, anno ab Incarnatione Domini millesimo centesimo septuagesimo quarto.

(PÉRARD, 247.)

XL.

Transaction entre Anséric V de Montréal et l'abbaye de Molesmes.

(1174.)

Ego Ansericus de Monteregali, tam presentibus quam futuris notum facio quod de controversia que inter me et Thomam, abbatem de Molesmes super commendaticiis hominum quos de Nantriaco receperam, versabatur, talis compositio facta est, quod eos plane dimisi et absolvi, et deinceps neque de Nantriaco vel de Lescheriis, aliquem recipiam. Factum est autem hoc in castro quod dicitur Insula, anno ab Incarnatione Domini M. C. LXXIIII. Cujus rei testes sunt : Bernardus de Rovra et Tebaudus de Gresigni, monachi, et Galannus de Molesmes; Milo, prepositus de Monteregali; Willelmus, prepositus de Insula.

(Archives de la Côte-d'Or; *Cartulaire de Molesmes*, II, 35; *Cartulaire de l'Yonne*, II, 254.)

XLI.

Anséric VI de Montréal confirme les religieux de Pontigny dans ce qu'ils tiennent de lui.

(1177.)

Ne forte in futurum tenebrescat quod presentialiter agitur, ego Ansericus de Monteregali presentibus et futuris notifico quod ego et Sibilla, uxor mea, ecclesie Pontiniacensi et fratribus ejusdem loci laudavimus quidquid ab ecclesia Sancti-Germani Autissiodorensis et quicquid a nobis, tam de proprio quam de casamento nostro tenebant infra metas assignatas, et omnia prata sua censualia, tam infra predictas metas quam extra. Hujus rei testes sunt : Obertus, canonicus, Guido Fardellus, dominus Guibaudus, Milo prepositus, Robertus de Garart, Petrus de Virziliaco. Hoc autem apud Montemregalem factum est anno ab Incarnacione Domini M. C. LXXVII, Ludovico rege Gallie, Hugone duce Burgundie, Stephano Eduensi episcopo.

(*Grand Cartulaire de Pontigny*, p. 67.)

XLII.

Donation faite par Gui de Beauvoir, frère d'Ansèric VI de Montréal, pour célébrer une messe à l'autel de Sainte-Catherine.

(1179.)

Ea que tunc ab hominibus solent luceraque memorie commendari ne versuta malignorum malicia possint in posterum adnullari, obligo igitur ego Guido, dominus de Bellovisu, notum facio tam futuris quam presentibus quod ego dono, concedo Deo et ecclesie Sancte-Marie de Monteregali de annuo et perpetuo redditu in elemosina, pro redemptione anime mee et meorum, unum modium bladi, dimidium frumenti, dimidium avene ad mensuram Rovreti, in terciis apud Sauvigniacum desuper Guylon percipiendum, ad victum et ad utilitatem sacerdotis a canonicis constituti ad celebrandam missam ad altare beate Katherine, pro remedio anime mee et meorum, vel alio altari si in illo non potest celebrari. Facta est autem hec elemosina per karissimum dominum ac fratrem nostrum dominum de Monteregali, de cujus casamento dictum modium bladi est, et in cujus juridictione subpono me et heredes meos constringi super hoc, quali ex re cognita. Et etiam facta per manum religiosi viri fratris Willermi abbatis Reomensis ad hoc a domino Eduensi destinati, coram venerabilibus canonicis predicte ecclesie promitto super sanctum Evangelium Dei per me et meos reddere et solvere dictum bladum, annuatim, dicto sacerdoti circa quodlibet festum Sancti-Andree apostoli. Ut autem inviolabiliter observetur, ego Ansericus Montisregalis, ad petitionem dicti Guidonis fratris nostri et canonicorum, donum ipsius Guidonis nos laudantes et confirmantes huic presenti carte sigillum nostrum apposuimus et frater Willermus abbas Reomensis, ad preces dicti scilicet nostri Guidone sigilli sui apposuit firmamentum. Testibus : Guidone de Triviliaco, Guidone Burdello et Hugone, fratre suo, militibus, et multis aliis. Actum anno Incarnati Verbi M. C. LXX nono.

(Archives de l'Yonne; *Nouveau Livre noir*, p. 318.)

XLIII.

Affranchissement accordé par Ansèric VI de Montréal.

(1180.)

Ego Ansericus dominus Montisregalis omnibus presentes litteras inspecturis notum facio quod Ansericus, filius Jacquelini prepositi de Messengiaco, est liber et ab omni jugo servicii immunis. Ut autem istud notum et firmum sit presentes litteras sigilli mei munimine roboravi.

XLIV.

Permission de pêcher dans l'étang de l'Arroux, à Autun, donnée par le duc de Bourgogne à l'abbaye Saint-Martin; témoin, Anséric de Montréal.

(1180.)

In nomine sancte et individue Trinitatis, ego Hugo, Burgundie dux, presentibus et futuris innotescere volo, quod Achardus, abbas Sancti-Martini Eduensis, cum assensu monachorum suorum, et Renaudus viarius, super querela stagni per manum meam in hunc modum convenerunt: quod non licet viario, nec alicui post eum, stagnum extendere ultra pontem Sancti-Martini; calceatam etiam stagni, que et alio modo levata dicitur, non licet ei altius levare, nec aliquatenus eam augere ultra statum illum in quo erat ea die qua pax ista facta est. Debent etiam quatuor viri boni testimonii nominari ut, si forte levata pejoraretur, et viarius vellet eum reparare, in illorum cognitione sit, ne levata ducatur ultra illum statum qui dictus est. Sane, ad sex festivitates anni videlicet ad Pascha, ad Pentecosten, ad Natale Domini, ad Assumptionem Beate-Marie, et ad utrumque festum Sancti-Martini habebunt monachi piscariam in stagno cum quatuor piscatoribus et duobus navigiis ita quod ad singulas earum festivitatum tota vigilia et die ante vigiliam, tam die quam nocte, licebit eis piscari et aquam dimittere eo modo quo viarius dimittit quando pro se vel pro duce piscatur. Interim, nec viarius, nec alius pro eo ibi piscabitur nisi pro duce, si tunc forte dux apud Eduam esset. In stagno etiam habebunt monachi omni tempore duas ramatas in quocumque loco voluerint de terra ipsorum. Et in illis ramatis nec viarius, nec alius unquam nisi de mandato monachorum piscabitur. Preterea, in molendinis ibi edificatis, tam in hiis qui battatorii dicuntur quam in aliis, et si qui alii molendini aut aliud quodlibet edificium inibi edificarentur, per omnia monachi quartam partem habebunt et quartam partem fructus inde exeuntis, sine omni expensa et sine omni missione percipient. Et quoties voluerint, habebunt ibi aliquem servientem ad custodiendum portionem ipsorum. Et erit ibi arca communis cum duabus clavibus, quarum unam monachi penes se habebunt. Nec viarius unquam poterit stagnum vel edificia ibi facta vendere aut pignore obligare, nisi prius submonitis monachis si vellent ea retinere. Sed nec exinde poterit aliquatenus eleemosynam facere, nisi tantum monasterio Sancti-Martini. Et si aliquando exinde monasterio Sancti-Martini eleemosyna fieret, ego Hugo dux, ex parte mea illud approbavi, laudavi et concessi. Juravit autem viarius monachis quod de portione ipsorum semper eis bonam fidem portabit, et quotiens in molendinis molendinarium constituet, illum, videntibus monachis, faciet jurare quod ipse de omni emolumento quartam partem eis bona fide et sine malo ingenio reddet. Porro, quotiens stagnum de uno domino ad alium veniet, quod viarius juravit monachis illud idem superveniens dominus in sua novitate monachis Sancti-Martini jurabit. Et quascumque conventiones exinde viarius habet erga monachos, easdem novissimus in sua novitate monachis Sancti-Martini jurabit, et quascumque conventiones exinde viarius habet erga monachos, easdem novus dominus ergo monasterium Sancti-Martini habere tenebitur. Hec omnia, sicut dicta sunt, ego Hugo, dux, laudavi et concessi. Abbatissa quoque et conventus Sancti-Johannis nihilominus ea laudavit et concessit tam viario quam monachis Sancti-Martini, in perpetuum ; ita quod exinde ecclesia Sancti-Johannis quatuor sextarios pro censu, videlicet, duos de frumento et duos de tremiso annuatim habebit, de quibus quatuor sextariis monachi quartam partem exsolvent pro portione quam habent. Ut autem hec rata et inconcussa permaneant, presentem cartulam sigillo meo munire feci. Hujus rei testes sunt : Gaufridus, prior de Monasterio ; Guido, cantor, Hugo, monachus de Rivello, Guillelmus de Comagniaco, Rainaudus de Vizeliaco, Ansericus de Monteregali, Bernardus de Calvomonte, Guillelmus de Orgello, Renaudus de Vernaco, Bartholomeus de Rivello, Hulduinus de Igornaco, Bartholomeus de Laher, Bernardus de Alona, Philippus, serviens ducis, Johannes Bonerius, Girardus, prepositus, et Guillelmus Bonerius et plures alii. Actum Edue, anno Incarnati Verbi M C LXXX.

(BULLIOT, II, 46.)

XLV.

Donation par Ansèric VI de Montréal à l'abbaye de Pontigny.

(1180.)

Ego Ansericus de Monteregio, senescalchus Burgundie, notum facio presentibus et futuris, quod Deo et Beate-Marie Pontiniaci in elemosina dedi arpentum unum in petraria super Valesturneis, jure perpetuo possidendum, et viam securam in eundo et redeundo ad petraria per totam terram meam, tam fratribus Pontiniacensibus quam quadrigis et omni carreiamento eorum. Verumtamen, si transeuntes, euntes et redeuntes damnum aliquod alicujusmodi fecerint, restaurato catallo, fratres et res eorum in pace erunt absque occasione forifacti. Hoc concessi et laudavi, ego et uxor mea nomine Sibilla, et infantes mei Ansericus et Johannes. Id ipsum quoque concessit bona fide et laudavit totum capitulum canonicorum de Monteregio, quibus propter hoc a fratribus Pontiniaci VI denarii censuales, singulis annis in festo Sancti-Remigii reddentur. Ut autem hec elemosina, a me domui Pontiniaci facta, firma debeat ac stabilis permanere, nomina canonichorum qui hoc laudaverunt feci subscribi, et sub hac confirmatione mea meo sigillo signari et muniri precepi. Et hec sunt nomina canonicorum : Robertus, Stephanus, Werricus de Avalone, Gilo, Adam, Stephanus de Maillei, Stephanus de Montemirabili, Rainaldus de Rubeomonte. Actum anno ab Incarnatione Domini millesimo centesimo LXXX, tunc abbate Pontiniaci domino Petro.

(*Cartulaire de Pontigny*, n° 48, fonds latin 9887; *Cartulaire de l'Yonne*, II, 315.)

XLVI.

Donation par Anséric VI de Montréal et sa femme à l'abbaye de Fontenay.

(1183.)

Ego Ansericus, Montisregalis dominus, notum fieri volo cunctis hominibus presentibus et futuris, donum quod ego et Sibylla, uxor mea, fecimus Deo et fratribus ecclesie Fonteneti. Dedimus enim et concessimus predictis fratribus, tam ego quam prefata uxor mea, pro salute animarum nostrarum et antecessorum nostrorum, liberum transitum in pedagio Divionis in parte nostra, sine omni exactione, ipsis et rebus eorum. Hoc laudavit supradicta Sibylla, uxor mea, et duo filii mei Ansericus et Johannes. Testes sunt: Ansericus, supprior, Ymbertus, cellerarius, Bernardus de Rubeomonte, monachus Fonteneti; Andreas de Veteri-Castro, Josbertus de Mosa, monachi Molismi; Guerricus, clericus de Avalone; Rainaudus, clericus de Rubeo-Monte, Guillelmus, prepositus Insule. Actum est hoc apud Montemregalem, anno ab Incarnatione Domini M. C. LXXXIII.

(Archives de l'abbaye de Fontenay.)

XLVII.

Donation par le duc de Bourgogne au Chapitre de Langres, dont Anséric de Montréal est témoin.

(1184.)

Ego Hugo, dux Burgundie, presenti scripto notum fieri volo, tam presentibus quam futuris, quod pro salute anime patris mei et mee, omniumque predecessorum meorum, atque pro restitutione excessuum quos in re ecclesie Lingonensis feceram, septem libras, perpetuo, singulis annis, in pedagio Divionensi in octavis Pasche percipiendas, laudante Odone filio meo, eidem ecclesie concedo, ita tamen quod anniversarium patris mei et meum in prefata ecclesia annuatim fiat. Et ut donum istud in perpetuum ratum habeatur, sigilli impressione confirmo. Hoc autem factum est per manum domini Manasses Lingonensis episcopi, per cujus manum beneficium hoc, prelibate ecclesie confero. Hujus rei testes sunt: Girardus Lingonensis decanus, Nicolaus, capellanus meus et capelle mee decanus, Arnaudus, decanus de Chasneto, Constantius, decanus Sancti-Sequani, Ansericus, seneschalcus meus, Girardus de Reum, Aiardus Moriers, Otho de Sauz, Petrus major Castellionis. Actum est hoc anno Domini M. C. LXXXIV.

(Collection de Bourgogne, LXXI, 99.)

XLVIII.

Donation par Anséric VI de Montréal à l'abbaye de Pontigny.

(1186.)

Ego Ansericus de Monteregali, omnibus publice notum esse volo quod ad honorem Dei et Sancte-Genitricis ejus, dedi dono in elemosinam monasterio Pontiniaci, pro salute anime mee et Sibylle uxoris mee, et antecessorum nostrorum, vineam que mei juris fuit apud Chableias, que dicitur vinea Raimbaudi, que sita est in valle Wlani. Ordinavi autem per concessionem domini Mainardi, tunc Pontiniacensis abbatis, in cujus manu vineam illam Deo assignavi, ut de vino ipsius vinee eo quod album et durabile foret, ad missas per annum in abbatia ipsa ministraretur. Porro, de beneficio spirituali qued nobis, pro amore Dei et nostra devotione, in predicta domo concessum et scriptum habetur, apud eos et apud me et posteros meos, ad hoc, videlicet, ut ipsi et eorum successores fideliter nostrum memoriale apud se teneant et quod nobis pie concessum est apud Deum pro nobis solvere non graventur. Laudavit vero donum hujus vinee et concessit predicta Sibylla, uxor mea, et Ansericus et Johannes filii mei, et in rei testimonium isti vocati : fratres Hugo, decanus Sediloci, Guarricus, canonicus de Avalone, Regnaudus, notarius meus, Josbertus de Barro, Manasses de Acrio, Ochidez, Renerius de Castroluci, Petrus de Vercollo, Wuillelmus de Insula. Anno ab Incarnatione Domini M. C. LXXXVI.

(Archives de l'Yonne, fonds de Pontigny, liasse 21 ; *Cartulaire de l'Yonne*, II, 369.)

XLIX.

Eudes, fils d'Hugues, duc de Bourgogne, approuve une donation faite par son père en présence d'Ansèric de Montréal.

(1186.)

In nomine Patris et Filii et Spiritus-Sancti, amen. Quoniam sapientia Dei dicit : *Per me reges regnant, et principes obtinent terram,* nulli potiori modo principatum nostrum firmari credimus quam si beneficia, que servis Dei conferuntur, concessa nobis a Deo potestate tueamur, et congruum eis impertiamur defensionis auxilium. Ea propter ego, Odo, Hugonis ducis Burgundie filius, omnibus notum facio, quoniam eleemosynam illam quam pater meus fecit monachis in ecclesia Sancti-Benigni Deo servientibus, pro remedio anime sue et omnium antecessorum suorum, videlicet de quingentis solidis in pedagio Divionensi singulis annis ab eisdem monachis accipiendis, et ex fidelitate pedagiarii juranda, sicut in carta ejusdem patris mei exinde facta continentur, laudo et concedo, et ut Dominus ducatum mihi firmare dignetur, ipsam eleemosynam illibatam, bona fide, manutenere promitto. Preterea, de parte quam ipsi monachi in moneta Divionensi habent, sicut pater meus in presentia virorum nobilium Anserici de Montreal et Girardi de Reum, et aliorum plurimorum me presente recognovit, et carta sua exinde scripta testatur, ego laudo et approbo, et sigilli mei suppositione confirmo. Actum est hoc anno ab Incarnatione Domini M C LXXXVI, secunda ebdomade post Resurrectionem Domini, apud Divionem.

(Pérard, p. 262.)

L.

Donation par Anséric VI de Montréal à l'abbaye de Cîteaux.

(1186.)

Notum sit, tam presentibus quam futuris, quod ego Ansericus de Monteregali, pro salute anime mee et anime Sibille, uxoris mee, et animarum filiorum et filiarum nostrorum, parentum nostrorum et antecessorum nostrorum, donavi ecclesie Cistercii argenti quinque marcas redditus annualis solvendi in festo Annuntiationis dominice, ad opus conventus. Ne vero posset esse vel in querendo dispendium vel in amittendo periculum constitui quod predictos redditus apud Divionem Trecensi pondere de pedagio Divionis annis singulis persolvatur. Preterea, ne perire possit elemosina volui et constitui ut nihilominus sic alienari possit pedagium quod me predicte marce, que in pedagio assignate sunt, de pedagio persolvatur. Et hoc volo ut sciant tam presentes quam posteri, quod vineas illas quas habebam de domo Cistercii, totum scilicet clausum quod Cistercio dedit in elemosinam Hugo Rufus, pater predicte Sibylle uxoris mee, totum in qua clausum et quod continetur in clauso Cistercio, libere et quiete dimisi, et si quid juris habebam mihi possem inferre calumpniam, sine omni repagulo et sine omni calumpnia libere quictavi. Hoc autem totum scilicet donum, predicti redditus et quictationem clausi concessit et voluit, Sibylla, uxor mea, filii mei Ansericus et Johannes, et filia mea Adelais. Hec omnia que dum vixero me garantire promitto, et scripto commendata sigilli mei confirmo munimine, ne vel oblivione deleantur in posterum, vel fallaci calumpnia dissolvantur, donatio hec vinearum, et quictatio facta est in presentia Hugonis, ducis Burgundie, qui et ipse concessit, probavit et voluit, et cartam hanc sigilli sui munimine fecit communiri, scilicet et Odo, filius ejus, totum hoc concessit et voluit, et in rei testimonium suum fecit apponi sigillum, et quoniam hundans cautela non nocet nec potest firmari nimium, quod tenaci volumus memorie commendari, sigillo Stephani, Eduensis episcopi, et sigillo Manasseri, Lingonensis episcopi presentem cartam volumus confirmari. Huic rei interfuerunt ante ducem : Ansericus, abbas de Buxeria, Philippus de Corrabu, monachus Fonteneti, Pontius cellerarius Cistercii, Hugo de Verge, Hericus Rainaldus de Rucio, Hebrardus Vilons, Bonus-Amicus, dominicus Dives ; ante Odonem filium ducis quin concessit hec interfuerunt : Pontius cellerarius, Humbertus de

Porta, Renerius de Lucenai. In demonstratione terminorum dicti clausi apud Muresaut interfuerunt: Pontius cellerarius, Hugo de Cellario, Garnerius, Henricus, Hugo Rubellus, Guido Frenis. Quum domina Sibilla et filii ejus hanc donationem concesserunt, interfuerunt Pontius cellerarius, Gervasius monachus, Henricus conversus, Renaudus notarius meus, et cum eo magister Radulphus medicus, Milo de Curtis. Acta sunt hec anno ab Incarnatione Domini M. C. LXXXVI.

(*Cartulaire de Cîteaux*, III, f. 125.)

LI.

Charte de la Commune de Dijon donnée par Hugues, duc de Bourgogne, et confirmée par son fils Eudes, en présence d'Ansèric de Montréal et autres.

(1187.)

In nomine sancte et individue Trinitatis, Amen. Noverint universi presentes pariterque futuri, quod ego Hugo, dux Burgundie, dedi et concessi hominibus de Divione, communiam habendam in perpetuum, ad formam communie Suessionis, salva libertate quam prius habebant infra banleucam Divionensem, alter alteri recte secundum suam opinionem auxiliabitur, et nullatenus patietur quod aliquis alicui eorum auferat aliquid, vel de rebus ejus aliquid capiat. Credicio de pane et vino, et aliis victualibus, fiet michi Divione, quindecim diebus; et si infra prescriptum terminum credita non reddidero, nichil amplius michi credetur, donec credita persolvantur. Si quis sacramentum alicui facere debuerit, et ante adramicionem sacramenti se in negotium suum iturum dixerit, propter illud faciendum de itinere suo non remanebit, nec ideo incidet, sed postquam redierit convenienter submonitus, sacramentum faciet. Si decanus Divionensis aliquem implacitaverit, nisi clamor ante venerit vel forefactum apparuerit, non ei respondebit; si tamen testem habuerit, contra quem accusatus se deffendere non possit, emendabit. Si aliquis aliquam injuriam fecerit homini qui hanc communiam juraverit, et clamor ad juratos inde venerit, si ipsum hominem qui injuriam fecit capere potuerit, de corpore suo vindictam capient, nisi forefactum emendaverit ipsi cui illatum fuerit, secundum judicium illorum qui communiam custodierint. Et si ille qui forefactum fecit, ad aliquod receptaculum perrexerit et homines communie ad ipsum receptaculum transmiserint, et domino receptaculi, vel primatibus ipsius loci questionem fecerint, ut de eorum inimico faciant eis restitutionem, si facere voluerint, restitutionem accipient: quod si facere noluerint, homines communie auxiliatores erunt faciendi vindictam de corpore et pecunia ipsius qui forefactum fecerit, et hominum illius receptaculi ubi inimicus eorum erit. Si mercator in istam villam ad mercatum venerit, et aliquis ei aliquid fecerit injurie infra banleucam illius ville: si jurati inde clamorem audierint, et mercator in ista villa eum invenerint, homines communie ad vindictam faciendam super hoc recte secundum opinionem suam auxilium prestabunt, nisi mercator ille de hostibus dicte communie fuerit. Et si ad aliquod receptaculum ille adversarius perrexerit, si mercator vel jurati ad eum miserint, et ille satisfecerit mercatori secundum judicium juratorum communie, vel probare et ostendere poterit se ille forefactum non fecisse, communie sufficiet. Quod si facere noluerit, si postmodum intra villam Divionensem capi poterit, de eo vindictam facient jurati. Nemo propter me et senescalum meum poterit conducere in villam Divionensem hominem qui forefactum fecerit homini qui hanc communiam juraverit, nisi forefactum emendare venerit secundum judicium illorum qui communiam servant. Pecuniam illam quam homines hujus communie crediderunt, antequam communiam jurassent, si rehabere non poterunt, postquam inde justum clamorem fecerint, querent quoquomodo poterunt quod creditam pecuniam rehabeant. Pro illa vero pecunia quam crediderunt postquam hanc communiam juraverunt, nullum hominem capiant, nisi sit debitor vel fidejussor. Si extraneus homo panem aut vinum suum in villam Divionensem causa securitatis adduxerit, si postea inter dominum ejus et homines communie discordia emerserit, quindecim dies habebit vendendi panem et vinum in ea villa, et defferendi nummos, et aliam pecuniam suam, preter panem et vinum, nisi ipse forefactum fecerit, vel fuerit cum illis qui forefactum fecerunt. Nemo de villa predicta qui hanc communiam juraverit, credet pecuniam suam vel commendabit hostibus communie quandiu guerra durabit : et si quis probatus fuerit aliquid credidisse hostibus communie, justicia de eo fiet ad judicium juratorum communie : sia li-quando homines communie contra hostes suos exierint, nullus de communia loquetur cum hostibus communie, nisi licentia custodum communie. Ad hoc homines statui jurabunt, quod neminem propter amorem seu propter odium desportabunt seu gravabunt, et quod rectum judicium facient secundum suam existimationem. Omnes alii jurabunt quod idem judicium quod predicti super eos facient, et patientur et concedent, nisi probare poterint quod de censu proprio persolvere nequeunt. Universi homines infra villam Divionensem et extra, infra banleucam commorantes, in cujuscumque territorio morantur, communiam jurant. Qui vero jurare noluerit, illi qui juraverint, de domo ipsius, et de pecunia ejus justiciam facient. Si quis autem de communia aliquid forifecerit, et per juratos emendare noluerit, homines communie facient, exinde justiciam. Si quis ad forum pro congreganda communia factum non venerit, duodecim denariis emendabit. Nullus infra villam Divionensem, vel extra, infra banleucam aliquem potest capere, nisi major et jurati, quandiu justiciam de eo facere voluerint. Si quis de communia vel ipsa communia michi aliquid forefecerit, oportebit ut ego in curia Sancti-Benigni, per majorem communie ad judicium juratorum, justiciam de eo vel de ea capiam, nec eos extra predictam curiam vel placitare, vel cartam monstrare compellere potero. Bannum vindemiarum in perpetuum communie concessi. Si autem dissentio aliqua postmodum emerserit, scilicet de judicio sive de aliquo quod non sit in hac carta prenotatum, secundum cognitionem et testimonium juratorum communie Suessionis emendabitur, nec proinde communia in me forefecisse reputabitur. De justicia vero et forefactis meis ita statutum est : de sanguine violenter facto, si clamor inde fiat et probatio, septem solidis emendabitur, et vulneratus quindecim solidos habebit. Si compositio de duello, ante ictum vel post ictum fiat, triginta duos solidos et sex denarios habebo. Si duellum victum fuerit, victus sexaginta quinque solidos persolvet. Divisio similiter sicut et de duello fiet. Si homo de communia in furto deprehensus et comprobatus fuerit, si antea furtum fecisse non comprobatus fuerit, sexaginta quinque solidos persolvet: si vero antea comprobatus fuerit, in dispositione mea erit de eo. Si vero de communia non fuerit, in voluntate et dispositione mea de eo erit. De multro vero, in arbitrio et dispositione mea erit, et qui multrum fecerit, preposito meo tradetur, si major inde posse habuerit, nec de cetero in communia recipietur, nisi assensu juratorum. Infractio castri, sexaginta quinque solidis emendabitur. De forefacto fructuum et ortorum est in dispositione majoris et juratorum, nisi de nocte fiat : si vero de nocte fiat, et comprobatum fuerit, sexaginta quinque solidis emendabitur. De raptu, erit in dispositione et arbitrio meo, si mulier tamen tantum clamaverit quod a legitimis hominibus audita fuerit qui hoc probare possint. Infractio cheminii infra banleucam, sexaginta quinque solidis emendabitur. De falsa mensura septem solidos habebo. Insuper jurabit quod de conscientia sua falsam mensuram non habuerit; si autem hoc jurare noluerit, sexaginta quinque solidos michi persolvet. Si quis pedagium vel ventas extra villam Divionensem absque assensu pedagiarii vel ventarsi portaverit, sexaginta quinque solidos persolvet, si inde comprobatus fuerit. Sciendum vero quod omnia alia ab hiis que in hac carta continentur, in dispositione et arbitrio majoris et juratorum sunt. Si ego communiam submovero pro exercitu meo, ibunt mecum, vel cum senescallo meo, vel cum connestallo meo infra regnum Francie, secundum posse suum, rationabiliter, et mecum erunt quadraginta diebus. Si vero aliquod castrum infra Ducatum meum obsedero, tunc mecum erunt pro voluntate mea. Et sciendum quod homines communie famulos receptabiles pro se in exercitum meum mittere possunt. Quod autem apud Marcennayum et apud Faenay habebam sive blado, communie dedi. Sciendum vero quod communia potest retinere homines cujuscumque dominii sint, in villa Divionis, secundum consuetudines et usagium patris mei et predecessorum meorum, sive hominibus domini Salii. Monetam vero meam Divioni non possum fortiorem facere, quam ad legem quinque denariorum. Preterea, ad petitionem meam, Philippus rex Francie hunc communiam manutenendam promisit, ita quod si ab institutis hujus communie ego resilirem, emendari communie faciet, reddendo capitale, secundum judicium curie sue, infra quadringinta dies ex quo clamor ad eum inde pervenerit. Archiepiscopus quoque Lugdunensis, Eduensis, Lingonensis et Cabilonensis episcopi, ad petitionem meam hanc communiam manutenendam promiserunt, taliter quod si ego, vel alius per me, de quo posse habeam instituta communie que in presenti carta continentur, infregerit, et ex quo inde ad eos clamor pervenerit, ipsamque infractionem per majorem communie, ver per alium loco majoris, si major ire secure non poterit, et per duos alios de juratis communie quos major juramento firmaverit esse legitimos, fuerit comprobata, archiepiscopus et episcopi, ut ipsam infractionem reddendo capitale ejusdem, per se vel per nuncios suos, infra regnum Francie, me submovebunt. Si vero post submonitionem factam, ipsam infractionem infra quatuordecim dies communie non emendavero, totam terram meam interdicto supponent, preter Divionem, et usque ad determinatam satisfactionem facient observari. Et sciendum quod ego dux, vel filii mei, vel uxor mea, commendatos vel hominem taillabilem infra Divionem, vel infra banleucam habere non possumus. Dedi etiam eis quicquid dominus Girardus rationum apud Divionem habebat, et omnes *escheoites* in hominibus que ad me venire debent. Concessi similiter eis quod nundinas Sancti-Johannis et nundinas Omnium-Sanctorum in forum, sabbati et dies mercurii, non possum removere de locis in quibus erant anno quo eis hanc cartam dedi. Concessi etiam eis, quod locationem hestarum fori et nundinarum, scilicet nummulariorum mercatorum, sutorum et aliorum vendentium non possunt accrescere ultra tertiam partem locationis, que fuit anno illo quo carta hec communie data fuit. Preter hec eis concessi quod si homo de communia, pro debito meo bene et fideliter cognito, captus fuerit, vel aliquid amiserit, de meis redditibus Divionis vel de causa mea; si redditus non sufficient, redimetur, vel quod amisit ei restituetur. Concessi etiam eis quod si prepositus meus Divionensis aliquid ceperit de rebus hominum communie, reddet sine omni placito quantum homo ille probaverit, si legitimus a majore testificatus fuerit. Sciendum etiam quod pro permissione hujus communie reddent michi, vel preposito meo, homines mei de hac communia, annuatim, quingentas marchas talis argenti, quale cambitores in nundinis inter se dant et recipiunt, reddendas apud Divionem in die martis ante Ramis-Palmarum, vel in sabbato magno Pasche apud Barrum. Sub prenotatis itaque constitutionibus omnes homines meos quicunque in prescripta communia fuerint, quittos et immunes a taillia in perpetuum esse concedo. Ut autem hoc ratum et inviolabile permaneat, prefatam communiam juravi tenendam et irrefragabiliter observandam, et Odo, filius meus, juravit stabiliter, et sigilli mei impressione munivi, salvo quidem jure meo et ecclesiarum et militum, et salvis omnibus hiis que habebant ecclesia et milites, in hominibus suis, in tempore patris mei, et ante communiam qui in predicta villa aliquid juris habent, absque captione hominum. Hujus vero mee concessionis et confirmationis testes sunt : Ansericus dominus Montisregii, Aymo dominus Marrignei, Guido dominus Tilicastri, Vuillermus filius domini Odonis Campanensis, Hugo dominus Roche, Robertus Baillax, Ansericus de Ballax, Bertranus de Saudon, Simon de Bracon, Odo de Divione, Aymo de Montereyo, Kalo Sancti-Juliani, Vallerus dominus Sombernionis, Otho dominus Salii, Vuillermus dominus Faverney, Stephanus Vilanus, Yulo de Salio, Otho de Saffre, Amedeus dominus Acellis, qui etiam omnes predictam communiam se fideliter manutenendam, et ab omni infractione conservandam juraverunt. Actum publice Divione, anno Incarnati Verbi millesimo centesimo octogesimo septimo.

In nomine sancte et individue Trinitatis, amen. Noverint universi quod ego Odo, filius Hugonis ducis Burgundie, communiam quam pater meus hominibus de Divione, ad formam communie Suessionis in perpetuum habendam concessit, sicut in carta patris mei super hoc facta continetur, eisdem hominibus laudavi, concessi et tenendam juravi, ad petitionem quoque patris mei, et meam Philippus, rex Francie, hanc communiam manutenendam promisit. Ita quod si ab institutis hujus communie resilirem, emendari communia faciet, reddendo capitale, secundum judicium curie sue, infra quadraginta dies ex quo clamor ad eum inde pervenerit. Archiepiscopus quoque Lugdunensis, Eduensis, Lingonensis, Cabilonensis episcopi, ad petitionem patris mei et meam, hanc communiam manutenendam promiserunt: taliter quod si ego vel alius per me de quo posse habeam, instituta communie que presenti carta continentur infregerit, ex quo inde ad eos clamor pervenerit, ipsamque infractionem, per majorem communie per alium loco majoris, si major secure ire non poterit, et per alios duos de juratis communie, quos major juramento firmaverit esse legitimos fuerit comprobata, prefati archiepiscopi et episcopi, ipsam infractionem reddendo capitale emendent, per se vel per nuncios suos infra regnum Francie me submovebunt. Si vero post submonitionem factam, ipsam infractionem infra quatuordecim dies communie non emendavero, totam terram meam interdicto supponent, preter Divionem, et usque ad determinatam satisfactionem facient observari. Ut autem hujus mee concessionis pagina perpetuis inconvulsa maneat temporibus, eam sigilli mei attestatione roboravi. Hujus rei testes sunt: Ansericus dominus Montis Regii, Aymo dominus Marrigney, Guido dominus Tylicastri, Willermus filius domini Odonis Campanensis, Hugo dominus Roche, Robertus de Bailleux, Ansericus de Ballox, Bertrandus de Saudon, Symon de Brecon, Odo de Divione, Aymo de Montereir, Kalo de Sancto-Juliano, Valterus dominus Sombernionis, Otho dominus Salii, Villermus dominus Faverney, Stephanus Julianus, Valo de Salio, Otho de Saffre, Amedeus dominus Acellarum, qui etiam omnes predictam communiam se fide ut manutenendam ab omni infractione conservandam juraverunt. Actum publice, Divionis, anno Incarnati Verbi millesimo centesimo octogesimo septimo.

(PÉRARD, p. 333.)

LII.

Donation par Jean d'Arcy à l'abbaye des Escharlis, en présence d'Anséric de Montréal.

(1187.)

Notum sit universis, presentibus pariter et futuris, quod ego Johannes de Arcies, Jherosolimam petiturus, donavi communiter in perpetuum ecclesie Escarleiensi et ecclesie Fontis-Johannis quicquid habebam in molendino dou Fraine, redditum scilicet, dominium et dignitatem, ita ut monachi predictarum ecclesiarum sibi munerios ad suum placitum mitterent et mutarent; preterea quicquid deinceps in molendino acquirere poterunt, laudo et concedo. Donavi preterea ecclesie Escarleiensi X solidos singulis annis censualiter reddendos. Hoc totum laudavit Helissanz, uxor mea, cum liberis suis. Quod ut ratum et stabile in perpetuum habeatur, sigilli mei impressione confirmavi, anno ab Incarnatione Domini M° C° LXXX° IX. Hujus rei testes sunt : dominus Ansericus de Monteregali; Guido de Dampetro; Gaucherius, dominus Castri-Rainardi, et socio ejus Daimbertus, Henricus filius Gilonise. Actum publice Harcies, in curia ipsius domini.

(Archives de l'Yonne, fonds de l'abbaye des Escharlis; *Cartulaire de l'Yonne*, II, 399).

LIII.

Lettres d'amortissement d'une donation faite au chapitre de Montréal, par Raoul, chanoine de ladite église, en présence d'Anséric de Montréal.

(1189.)

Ego Hugo, dux Burgundie et Alboniensis comes, notum volo esse presentibus et futuris quod ego et Odo, filius meus primogenitus, dedimus et concessimus Deo et Beate-Marie Montisregalis elemosinam quam fecit eidem ecclesie magister Radulfus canonicus illius, de dono quod ei fecerat dominus Gerardus de Reon, uxorem videlicet Roberti de Monte (lon), et eorum familiam : id est filios et filias tenemento suo, et decem solidos quos a duobus hominibus censuales recipiebat; et propter hoc anniversarium domini Gerardi canonici ejusdem ecclesie facient. Testes sunt : magister Hugo capellanus meus, Hugo decamus Sedelocensis, Ansericus dominus Montisregalis, Rainaldus ejus clericus. Actum est anno Incarnati Verbi M° C° LXXXIX.

(Archives de l'Yonne, fonds du chapitre de Montréal, liasse 9, s.-l. 2; *Cartulaire de l'Yonne*, II, 400.)

LIV.

Charte d'Anséric VI de Montréal pour l'abbaye de Cîteaux.

(1189.)

Ego Ansericus, dominus Montisregalis, notum facio tam presentibus quam futuris quod profecturus Hierosolimam recognovi in capitulo Cistercii, coram conventu, quod dimiseram eidem domui, pro salute anime mee et uxoris mee, libere et sine omni retentione, clausum de Muressaut perpetuo possidendum. Quia vero domus eadem, pro amore maximo quem habebat erga me, sponte dederat mihi in vitam meam et uxoris mee, dimidium unum clausi illius, ego precavens ne domus Cistercii hac occasione posset in posterum alioquin fatigari, dimisi et guerpivi ex toto totum vinum domui memorate. Insuper, ut Dominus perscriptum faceret iter meum et me ducet ad bonam finem, dedi eidem domui in elemosinam perpetuam, ad usum domus sue de Muresaut, tres quadrigatas ligni, salvo quercu, in nemore quod vocatur Silvata, singulis septimanis in perpetuum accipiendas. Actum est hoc in capitulo Cisterciensi coram omnibus. Hoc totum laudaverunt apud Muresaut duo filii mei, Ansericus et Johannes. Testes : Pontius, cellerarius Cistercii, Rogerius, monachus, Garnerius, conversus, Johannes de Pontivo, Johannes, dominus de Arceis, Rainaldus de Corbertaut, Remondus de Corbigni, Petrus de Corcellis, Hugo, prepositus de Muresaut, et Guido, frater ejus. Ut autem hoc magis ratum esset presentem cartam sigillo meo feci communiri. Actum anno Dominice Incarnationis millesimo centesimo octogesimo nono.

(Original, archives de la Côte-d'Or, fonds de l'abbaye de Cîteaux et *Cartulaire de Cîteaux*, III, f° 125.)

LV.

Ratification donnée par Sybille de Bourgogne, dame de Montréal.

(1189.)

Ego Sibila, uxor domini Anserici de Monteregali, ad communem omnium noticiam presenti scripto transmitto quod idem dominus meus, sicut scriptum ejus testatur, recognovit in capitulo Cisterciensi, coram conventu, quod domui Cistercii dimiserat libere et sine omni retentione clausum de Murisault, perpetuo possidendum, scilicet et dimidium vinum clausi unius quod accipiebat prememoratus dominus meus dimisit et guerpivit ex toto, domui memorate. Insuper dedit eidem domui in perpetuam elemosinam ad usum domus sue de Murisaut, tres quadrigatas ligni, salvo quercu, in nemore quod vocatur Silvata, singulis septimanis in perpetuum accipiendas. Hoc totum, sicut dominus meus fecit, scripsit et sigillavit, laudo ego et concedo, bona fide, et presentem cartam sigillo meo muniri feci. Testes : Pontius, cellerarius Cistercii, Zacharias, monachus, Garnerius, conversus, Durannus, presbiter domus Dei, Hugo de Chasuel et Petrus Regino. Actum anno Incarnationis Dominice, M° C° LXXX° nono.

(Original, archives de la Côte-d'Or, fonds de l'abbaye de Cîteaux ; *Cartulaire de Cîteaux*, III, f° 125)

LVI.

Eudes III, duc de Bourgogne, met la commune de Dijon sous la sauvegarde des principaux seigneurs du pays, et notamment d'Anséric de Montréal.

(1189.)

Ego Odo, dux Burgundie, presentibus et futuris notum facio quod si ego resilirem ab institutis communie Divionensis, quam concessi in perpetuum habendam hominibus ejusdem ville, dominus Grancei, et dominus Tricastelli, et dominus Virgei, et dominus Tilii, et dominus Poncius conestabulus, et Guillermus dominus Marrigneii, et dominus Malei, et dominus Chanlite, et senescallus, et dominus Salii, et dominus Montisregalis, reciperent burgenses Divionenses in suas munitiones, et conducerent eos, et sua pro posse suo.

(PÉRARD, p. 341.)

LVII.

Anséric de Montréal sert de témoin à Mathilde, comtesse de Nevers et d'Auxerre.

(1195).

Ego Mathildis, comitissa Nivernensis et Autissiodorensis, notum facio omnibus presentes litteras inspecturis, quod pro anniversario meo in abbatia Regniaci anno quolibet celebrando, dedi fratribus ibidem Deo famulantibus, totam aquam meam contiguam aque Herberti de Merriaco, prout dividitur a rivo fontis Roboris, et prout se extendit in longo et lato usque ad aquam canonicorum Autissiodorensium. Testes sunt Stephanus, episcopus Eduensis, Ansericus, dominus Montisregalis, Johannes de Tornella, milites. Presentes litteras sigilli mei munimine confirmavi. Actum anno dominice Incarnationis M C XCV, mense augusto.

(GAIGNIÈRES, CLXXXI ; *Cartulaire de l'Yonne*, II, 468.)

LVIII.

Donation par Sibylle de Bourgogne, veuve d'Anséric VI de Montréal, à l'abbaye de Pontigny.

(1197).

Notum sit omnibus tam presentibus quam futuris quod ego Sibilla, Montisregalis domina, pro salute anime mee et domini Anserici, quondam mariti mei, dono et concedo Deo et Sancte-Marie Pontiniacensi, caducum meum quod habeo in Matheo Piperario ; et quicquid habeo infra clausuram murorum qui claudunt cellarium Sancte-Marie Pontiniaci apud Chableias ; et hoc meus laudavit Milo filius. Ut autem hoc donatio inviolabiliter observetur, huic carte sigilli mei apposui firmamentum. Actum est hoc anno Incarnationis Domini M° C° LXXXX° VII°.

(Archives de l'Yonne, fonds de Pontigny, liasse 21.)

LIX.

Charte de Sibylle de Bourgogne et de Milon de Montréal, son fils, pour l'abbaye de Pontigny.

(1197.)

Sciant presentes et posteri quod ego Sibilla, domina Montisregalis, pro redemptione anime mee et domini mei Anserici, et predecessorum meorum, dono et concedo ecclesie Beate-Marie Pontiniacensis ochiam, quam Hermanus tenuit, que est juxta murum cellerarii de Regniaco apud Chableias, absque omni occasione, consuetudine et exactione, libere et quiete, in perpetuum possidendam. Factum est hoc in presentia domini Guidonis Cisterciensis abbatis, anno Domini millesimo centesimo nonagesimo septimo, laudante Milone, filio meo. Ut autem hec donatio mea rata in perpetuum habeatur, predictam cartam sigilli mei impressione signavi.

(Archives de l'Yonne, fonds de Pontigny, liasse 21.)

LX.

Charte d'Anséric VII de Montréal et de sa mère pour l'abbaye de Reigny.

(1197.)

Ego Ansericus, dominus Montisregalis, et Sibilla, mater mea, dedimus in elemosinam jure perpetuo possidendam, Deo et Beate-Marie et fratribus Regniaci, pro salute nostra et antecessorum nostrorum, omnes pasturas per totam terram nostram que pertinet ad dominationem castri nostri Insule. Si autem pecora sua, vel ipsi fratres, vel servientes eorum, dampnum aliquod fecerunt, reddito capitali liberi erunt ab omni alia exactione et immunes. Actum est hoc anno Incarnationis Domini M C LXXXX VII. Testes sunt Rainaldus de Rubeo-Monte, canonicus Montisregalis, dominus Bernardus de Montebarro, Guido li Besor. Ut autem firmum deinceps perpetuo teneatur, ego Ansericus et Sibilla, mater mea, sigillis nostris hoc roboravimus.

(Archives de l'Yonne, fonds de Reigny, liasse 27, s.-l. 1.)

LXI.

Donation par Anséric VII et Jean de Montréal à l'abbaye de Reigny.

(1197.)

Ego Ansericus, dominus Montisregalis, et Sibylla, mater mea, dedimus in elemosinam jure perpetuo possidendam, Deo et Beate-Marie et fratribus Regniaci presentibus et futuris, pro salute nostra et antecessorum nostrorum, omnes pasturas per totam terram nostram que pertinet ad dominationem castri nostri Insule, sine aliqua retentione nobis aut successoribus nostris. Si autem pecora sua vel ipsi fratres, aut servientes eorum damnum aliquod fecerint, reddito capitali liberi erunt ab omni alia exactione et immunes. Testes sunt: Raynaldus de Rubeomonte, canonicus Montisregalis, dominus Bernardus de Montebarro, Guido li Besort. Simile donum fecit Joannes, frater meus in presentia mea et abbatis Helye. Testes: frater Guido, monachus Altecumbe, magister Raynaldus, canonicus Montisregalis, Maynfredus, presbiter, Alelinus, miles de Gaigie, Guido de Barro. Et ut donum istud firmum deinceps robur obtineat, ego Ansericus, ex parte mea, et Joannis, fratris mei, atque Sibylla, mater mea, sigillis nostris roboravimus. Actum est hoc anno Domini M° C° XC° VII°.

(*Cartulaire de Reigny*; DUCHESNE, LXXII, 63;
Cartulaire de l'Yonne, II, 482.)

LXII.

Donation par Gui de Savigny à l'abbaye de Reigny, attestée par Anséric VII de Montréal.

(1198.)

Ego, Ansericus Montisregalis, notum fieri volo presentibus et futuris, quod Guido de Savigniaco dedit in elemosinam fratribus de Regniaco, jure perpetuo possidendam, duo sextarios frumenti et quatuor sextarios avene ad mensuram Avalonis, sicut solet emi et vendi, reddendam in die Sancti-Remigii, in villa de Monjalein; dedit etiam usagium in nemoribus et pasturis ubicumque habet vel habuerit; sciendum vero est quod medietas hujus bladi, unum videlicet sextarium frumenti et duo sextarios avene, debet in vita sua persolvi et totum post obitum suum. Dedit etiam duas quarratas feni singulis annis post obitum suum reddendas, in prato assignato apud Maniacum vel Mongelein. Hoc totum laudaverunt uxor ejus Margarita, et filius eorum Guido, et filie eorum, Sibylla et Emeniardis. Testes: Stephanus, monachus Regniaci, et Guido de Bar. Et ut hoc ratum et firmum perpetuo teneatur, rogatu predicti Guidonis sigillo meo firmavi. Actum est anno ab Incarnatione Domini M° C° XC° VIII°.

(*Cartulaire de Reigny*; DUCHESNE, LXXII, 76.
Cartulaire de l'Yonne, II, 492.)

LXIII.

Transaction avec Eudes de Marigny, dont Aymon de Montréal est témoin.

(1198.)

Pateat tam futuris quam presentibus quod ego Maria, ducissa Burgundie, concordiam querens et pacem inter monachos Cistercienses et Odonem, dominum

Marignei, de excessu illo et jactura quam monachis fecerat predictis in quadam sua grangia que Destagna dicitur, effeci, Deo auxiliante et horum discretorum auxilio, quod predictus Odo illam bono animo et secundum voluntatem eorum emendavit, promittens eis decem libras reddendas de supradicto delicto, infra illud spacium temporis quod est a media Quadragesima usque ad festum Beati Johannis-Baptiste. Et nisi reddidisset illas infra predictum spacium, de cetero concessit eisdem monachis, ex bona voluntate et equo animo, pasturam de Gisseio et de Barbareio usque ad octo annos, et in fine octo annorum rehaberet predictus Odo pasturam suam, et de predictis decem libris omnino in pace esset. Et sicut predixi affiduciavit se tenendum et garantiam portare monachis de pastura erga omnes participes predicte pasture, in manu Johannis Divionensis decani, et exinde fidejussionem dedit domnum Haymonem Rufum et Willelmum de Orgeolo, quod tenet sicut affiduciaverat. Hec acta sunt anno quo Hugo, dux Burgundie, filius meus, iter suum pro remedio anime sue Jerosolimam direxit. Hujus rei testes sunt : Johannes, prior Cistercii, Jordanus, cellerarius, Arnaldus, cellerarius, Johannes de Ladona, Haimo Rufus, Ymbertus de Orgeolo, Odo de Lonwy, Haimo de Monteregali, Jeremias de Monte-Sancti-Johannis, Johannes, decanus Divionensis, Hocherius Eschoz.

(*Cartulaire de Cîteaux*, I, f° LVI, n° XIV.)

LXIV.

Transaction entre les moines de Cîteaux et ceux de Saint-Seine, dont fut témoin Aymon de Montréal.

(1199).

Sciant presentes et futuri quod G., abbas Cistercii, et H., abbas Sancti-Sequani, emerunt a canonicis Sancti-Stephani Divionensis, territorium Nuilleium cum omnibus appendiciis suis, et per emptionem istam diviserunt illud territorium. Monachi quidem Cistercienses dixerunt se habere usum pasture in territorio de Bretennera et de Paanges, occasione istius emptionis; abbas vero et monachi Sancti-Sequani contradixerunt, et super hoc querela diutius inter eos agitata est, et tandem in hunc modum pacificata : abbas enim et monachi Sancti-Sequani concesserunt monachis Cistercii pasturam pro querimonia predicta usque ad crucem que est in via que tendit a Troanz in Nuilleium, et a cruce illa usque ad pirum que secus viam est, que ducit a Paanges usque ad Sanctum-Sequanum, et ab illo piro totum rivum usque ad locum quo a terra absorbetur, et ab ipsa absorbitione totam chalmam usque ad campos arabiles, et usque ad crucem de Balma. Fratres autem Cistercii habebunt introïtum in territorium Blaseii, a rivo qui descendit a Chalmeio usque ad crucem de Balma, libere et quiete, salva restitutione dampni si forte provenerit. Abbas vero et monachi Sancti-Sequani, ad propria pecora et homines de Paanges habebunt usum pasture in parte Cisterciensi, videlicet in territorio Nuillei, salva restitutione dampni et salvo nemore. Si quis autem tractu temporis voluerit calumpniam, vel aliquam querelam movere adversus alterutram ecclesiam, videlicet Cistercii et Sancti-Sequani, pro eadem emptione, se mutuo fovebunt fideliter consilio et auxilio, absque pecunie impensa. De censu vero quam autem debebat domus Nuillei, tempore hujus emptionis, medietatem solvet ecclesia Cistercii et medietatem ecclesia Sancti-Sequani. Et ut hec conventio cunctis in posterum diebus rata et firma permaneat, ego G., abbas Cistercii, et ego H., abbas Sancti-Sequani, sigillis nostris eam confirmavimus. Hujus rei testes sunt: Pontius cellerarius Cistercii, Gerardus, capellanus abbatis Sancti-Sequani, frater Dominicus, pelliparius, conversus Cisterciencis, frater Milo, magister de Roseriis, frater Odo Chainaux, dominus Haymo, miles de Monteregali, Guillelmus, miles de Stabulis, Guido major de Paanges, Aubertus de Paanges, Gauterius, marescallus abbatis Sancti-Sequani, Petrus de Porta. Actum est anno dominice Incarnationis M° C° XC° nono.

(*Cartulaire de Cîteaux*, III, f° LXXXIV.)

XIII° SIÈCLE.

LXV.

Lettre de Gautier, évêque d'Autun, constatant le droit du prieuré Saint-Bernard de Montréal sur un muid de blé à prendre au moulin de Montréal.

(1201.)

Ego Galterius, Dei gratia Eduensis episcopus, notum facimus presentibus et futuris quod querela que versabatur inter prepositum Montisjovis et canonicos Beate-Marie de Monteregali, super molendino de Parreneio quod dictus prepositus calumpniabatur eisdem canonicis, nobis mediantibus, ad hanc finem devenit quod predictus prepositus et capitulum suum illud molendinum quictavit ecclesie Beate-Marie de Monteregali. Dominus Ansericus de Monteregali in presentia nostra recognovit se debere ecclesie Beati-Bernardi, que est apud dictum castrum sita, unum modium bladi, medietatem frumenti et medietatem grosse molture, in molendino de ponte Montisregalis annuatim persolvendum. Actum est hoc Incarnati Verbi anno M° CC° primo.

LXVI.

Donation de Guillaume de Champlitte à l'abbaye de Cîteaux, en présence d'Aymon de Montréal.

(1202.)

Ego Willelmus de Chanlite, vicecomes Divionensis, notum facio universis hanc scripturam visuris, quod ego dedi ecclesie Cisterciensi, in puram elemosinam, xx sextarios frumenti et x de tremis, ad mensuram Divionensem que eo anno erat; quod istud frumentum est singulis annis percipiendum in decima mea de Houges. Et ita hoc constitui ut quisquis hanc decimam colligerit in primis Cisterciensibus, ex integro de meliori blado illius decime, usque ad exaltationem Sancte-Crucis, elemosinam istam persolvat. Item de vineis quos Cistercienses apud Breschon possidebant, ea die qua hec elemosina facta est, de quibus decimam recipiebant, eidem domui libere et quitte totam decimam illam remisi, et in perpetuum concessi. Hanc autem elemosinam sollempniter feci in conventu et capitulo Cistercii, ut totum quod opus est in luminare Purificationis Beate-Virginis, et in missis omnibus per totum annum celebrandis, et in ceteris necessitatibus oratorii ex eadem elemosina ministretur. Quod ut ratum in perpetuum habeatur, sigilli mei appositione roborare curavi. Actum anno Incarnationis Dominice M° CC° II°, in capitulo Cisterciensi, presentibus abbate Cistercii, Egidio de Miratorio, W. Theoloci abbatibus, Haimone de Monteregali, Poncio de Muneri, Petro de Sancto-Salvatore, capellano, Bartholomeo de Ysorre, Poncio Chamlart, Hugone, preposito de Corveia, Robertus Cochi, Herberto de Arneio, Pontio, filiocomitis Richardi, Roberto de Monte-Salgium secularibus.

(*Cartulaire de Cîteaux*, I, f. cv, n° 1. Voyez aussi II, f. cv, n° 1.)

LXVII.

Anséric VII de Montréal arrange les affaires de son frère Milon avec les moines de Pontigny.

(1203.)

... Ne quod in presentiarum agitur aliquorum malignitate deleatur. Ego Ansericus, Montisregalis dominus, notum facio presentibus et futuris, quod controversia que inter domum Pontiniaci, ex una parte, et Milonem, fratrem meum, ex altera, apud Chableias movebatur, in presentia mea apud Insulam, in hunc modum sopita est. Videlicet quod Milo, frater meus, quitavit et concessit in perpetuum possidenda prefate domui deinceps et habenda, quecumque predicta domus habet apud Chableias, in terris seu aliis possessionibus dominio domini Montisregalis, seu heredum ejus pertinentibus, sub censu trium solidorum et ..... denariorum in festo Sancti-Remigii persolvendorum, servienti illius qui dominium habebit Chableiarum. Actum anno Incarnationis Dominice M° CC° III°, mense octobri, apud Insulam. Et, ut istud firmum et ratum in posterum habeatur, hanc cartam ad preces Milonis, fratris mei, sigilli mei munimine feci roborari. Et, ad majorem et firmiorem hujus compositionis cautelam et auctoritatem, Milo, frater meus, promisit quod cum miles factus fuerit, vel sigillum habuerit, ad submonitionem fratrum Pontiniaci hoc ipsum carta sua et sigillo confirmabit. Hoc totum ego Ansericus, dominus Montisregalis, de cujus casamento ipsum est, laudo et concedo, ea vero super quibus controversia movebatur sunt caducum Mathei Piperari, oschia Gerardi vicine, oschia Hermani Palmeri, oschia Theobaudi Herut : Pro hac compositione dederunt fratres Pontiniaci Miloni, fratri meo, xx libras Autissiodorensis monete.

(*Cartulaire de Pontigny*, n° 398, latin 9887.)

LXVIII.

Anséric VII approuve une donation faite par son frère André à l'église de Montréal.

(1207.)

Ego Ansericus, dominus Montisregalis, notum facio omnibus presentem paginam inspecturis, quod Andreas, frater meus, dedit et concessit ecclesie Beate-Marie de Monteregali un[um modium] bladii in terciis apud Marmeaus percipiendum, dimidium frumenti et dimidium avene, et hoc beneficium annuatim percipiet sacerdos a canonicis constitutus ad celebrandam missam ad altare Beate-Katerine pro remedio dicti fratris nostri Andree. Scilicet, quoniam dictum beneficium de casamento nostro est : ideo ad petitionem fratris nostri sepedicti et canonicorum donum ipsius Andree laudantes et ratum habentes, presenti cedule sigillum nostrum apposuimus. Actum anno gratie M° CC° VII°.

(Archives de l'Yonne, fonds du Chapitre de Montréal.)

LXIX.

Lettre d'Eudes III, duc de Bourgogne, au sujet du serment des habitants de Chablis, dont Milon de Montréal avait été frustré.

(1209.)

Ego Odo, dux Burgundie, omnibus presentibus et futuris notum fieri volumus quod, cum dilecta et fidelis nostra Blancha, illustris comitissa Trecensis palatina, Milonem de Monteregali dissaisivisset de sacramento hominum Chableiarum, Milo vero, super hoc injuriam sibi fieri quereretur, asserens se sacramentum illud habuisse tempore karissimi consanguinei nostri comitis Theobaldi, ejusdem comitisse mariti, tandem, dicta comitissa, ad instantiam precum nostrarum, dictum Milonem de sacramento illo resasivit, salva tamen dicte comitisse et heredibus suis custodia dicte ville, et salvo gistio, et salvo omni jure quod ipsis in eodem villa competit vel competere poterit in futurum, salvis etiam cartis et privilegiis, que ecclesia Beati-Martini Turonensis habet de comite Henrico, et salvo similiter jure predicti Milonis. In hujus autem rei testimonium, presentem cartam fieri volumus sigilli nostri munimine roboratam. Actum anno gratie M° CC° nono.

(Trésor des Chartes, J, 195, Champagne, III, n° 57.)

LXX.

Charte de Guillaume de Salive en faveur de l'abbaye de Reigny, approuvée par le sire de Montréal.

(1212.)

Ego Ansericus, dominus Montisregalis, omnibus presentes litteras inspecturis, notum facio quod Willermus de Salive, miles, nepos defuncte Agnetis de Talaceio, laudavit et concessit Deo et Beate-Marie et fratribus de Regniaco jure perpetuo possidendum, quicquid predicta Agnes eisdem fratribus in elemosina dederat, videlicet vineas pertinentes ad domum de Vinceles, et quicquid tam ipsa quam ipsi fratres ibi vel alibi de nummis ejus adquisiverant in edificiis; quicquid etiam de rebus ejus habebat in vino, in bestiis, in nummis, in rebus aliis. Promisit etiam se idem Willermus in hac elemosina nihil unquam reclamandum. Si autem domina Gualia de Salive, mater sua, et fratres sui Henricus de Salive miles, et Haymo, et soror sua Agnes de Salive, aliquid in supradictis reclamarent, ipse guarantiret fratres jamdictos de Regniaco. Si vero contra predictos Gualiam, et Henricum, et Haymonem et Agnetem guarantire non posset, centum libras pruvinienses redderet predictis fratribus de Regniaco. Ad supradicta vero tenenda et observanda, dictus Willermus sacramento se astrinxit in presencia mea, insuper me super hiis erga predictos fratres pro se constituit responsorem sub obligatione feodi quem de me tenet : tali conditione quod si dictus Willermus supradictis obviaret, ego Ansericus, vel heredes mei, in villa Vizeliacensi cuidam burgensi ejusdem ville, ad mandatum predictorum fratrum, infra XL dies post requisicionem eorum, tantum de vadiis nostris traderemus quod ipsi burgensi sufficiet super centum libris pruveniensibus. Et ego, vel heredes mei, dictum feodum tenemus pro guageria donec dampnum quod inde incurremus nobis restitueret. Et in hujus rei testimonium presentes litteras sigillo meo confirmavi. Actum anno gracie millesimo ducentesimo duodecimo.

(Archives de l'Yonne, fonds de Reigny.)

LXXI.

Guy de Montréal donne au chapitre de Saint-Martin de Tours certains de ses droits.

(1212.)

Ego Guido de Monteregali, notum facio omnibus presentes litteras inspecturis quod ego quitavi et dedi Deo et Beato-Martino Turonis, quicquid juris habebam in Perrina, uxore Joslanni de Chableiis, et in heredibus et in rebus eorum et in eschasura Menardi, deffuncti super qua ipsos Joslanum et Perrinam impetebam. Quod ut firmum habeatur, presentem paginam sigilli mei munimine roboravi.

Actum Incarnati Verbi anno M° CC° XII° mense junii.

(Archives de l'Yonne ; Cartulaire du prévôt de Chablis.)

LXXII.

Anséric VII de Montréal confirme le don fait par son frère Guy, à l'église Saint-Martin de Chablis, de tous les droits qu'il avait sur la veuve d'Anseau Charme et ses héritiers.

(1212.)

Ego Ansellus, dominus Montisregalis, notum facio omnibus presentes litteras inspecturis quod Guido de Monteregali, frater meus, quitavit et dedit Deo et Beate-Martino de Chableiis, quicquid juris habebat in relicta Anselli Charme, et in heredibus et in rebus ipsius relicte. Ego vero, de cujus feodo et casamento ista movebant donum et quittationem istam laudavi et eidem assensu prebui, et presentes litteras sigillo meo confirmavi, in testimonium veritatis. Anno gratie millesimo CC° XII°, mense junii.

(Archives de l'Yonne; Cartulaire du prévôt de Chablis.)

LXXIII.

Hugues de Montréal, archidiacre de Tonnerre, arrange un différend survenu entre les moines de Pontigny et le prévôt de Chablis.

(1213.)

Ego Hugo de Monteregali, archidiaconus Tornodori, omnibus ad quos presentes littere pervenerint, in Domino salutem. Noveritis quod cum inter abbatem et conventum Pontiniaci, ex una parte, et capitulum et preceptorem Beati-Martini Turonensis, Chableieque prepositum, ex altera, super diversis querelis ex utraque parte propositis contentio verteretur, die tandem ad componendum assignata, prior et cellerarius ex parte abbatis et conventus Pontiniaci, et prepositus ex parte capituli Turonensis et sua, me presente, de omnibus querelis suis sub pena quinquaginta librarum, datis utrobique fide jussoribus, convenerunt sub hac forma, quod propositis utrobique querelis suis in medium, ex parte prepositi videlicet fuit dictum, quod cum cartam a predictis monachis haberet ubi continebatur quod non deberent habere in territorio Beati-Martini Chableii, nisi triginta sex arpenta vinearum, de quibus debebant reddere annuatim decem modios vini, et plura possiderent contra cartam extra manum suam, secundum formam carte, ponerent ut exinde jus ecclesie Beati-Martini non posset deperire. Item impetebat eosdem abbatem et conventum idem prepositus super venditione cujusdam domus facta quondam domino Noeriorum. Item super pressorio quodam sito juxta murum predictorum monachorum, dicti vero abbas et conventus Pontiniaci contra dictos prepositum et capitulum tales habebant querelas, videlicet quod Petrus serviens prepositi duas quadrigas vino et racemis exoneratas effuderat et quosdam vindemiatores de vinea expulerat. Item quod servientes prepositi ad petrariam accedentes bis ignem in domibus apposuerunt et quinque domos penitus combuxerunt, alias injurias conversis ibi morantibus irrogando, ex quibus etiam quidam eorum serviens mortem, ut dicebant, fuerat consequutus. Item murum quemdam quem ad constructionem cujusdam domus edificabant, servientes prepositi in partem subverterunt. Item prepositus non permittebat eis vendere vinum tempore banni, domo sita in atrio Beati-Martini secundum conditionem, ut dicebant, aliorum ibidem manentium. Item quod eisdem impediebat quamdam vineam nomine elemosine a Johanne Fromageit sibi datam. Omnes igitur has querelas, procurante Domino, sibi ad invicem remiserunt solutis tamen a dicto preposito eisdem monachis viginti quinque solidis pro fractura vinee dicti Fromaget, et pro dirucione muri diruti quadraginta solidis, hoc tamen excepto quod mensuratis secundum formam carte triginta sex arpentis infra festum Omnium-Sanctorum, residuum infra Martinum extra manum suam ponerent de libertate atrii et possessorio quod sibi monachi vindicant per inquisitionem prudentum ad arbitrium meum utrique parti satisfiet. Promiserunt etiam quod homines quos de predictis querelis inculpant vel vellent inculpare, quandiu vellent coram me juri stare et non vexarent. Prepositus etiam non deffendit illos qui domos combuxerunt, vel qui alia enormia ibidem fecerunt. Super etiam alia compositione inter ipsos prehabita, et me presente recitata, videlicet super quittacione lapidicine et vinee a predictis monachis dicto preposito facta, promiserunt litteras abbatis et conventus infra octabas Assumptionis Beate-Marie se daturos, adhibita tamen conditione que in litteris prepositi quas penes se habuit continetur; facta vero solutione pecunie a preposito, sicut in utrisque litteris continetur, eidem preposito ad dandum litteras de simplici quittatione seu aliqua conditione tenebuntur; hoc etiam addito quod vinea sacriste quam dominus Ansericus quondam dominus Montisregalis dedit ecclesie Pontiniaci, in XXXVI arpentorum numero debet contineri. Actum anno gratie M° CC° XIII° in vigilia Beati-Michaelis archangeli.

(*Grand Cartulaire de Pontigny*, p. 807.)

LXXIV.

Charte de Guy de Montréal en faveur des religieux de Chablis.

(1214.)

Ego, Guido de Monteregali, notum facio omnibus presentibus et futuris quod ego quicquid habeo in Johanne filio deffuncti Milonis, fabri, Sancto-Martino Turonensi quicto, et dono pro remissione peccatorum meorum, et ut ratum et firmum permaneat in posterum, presentes litteras sigilli mei munimine roboravi. Actum anno gratie millesimo ducentesimo decimo quarto.

(Cartulaire du prévôt de Chablis, membre de Saint-Martin de Tours; Archives de l'Yonne.)

LXXV.

Charte d'Anséric de Montréal, par laquelle il confirme la donation faite par son père aux religieux de Grammont, établis à Charbonnières, et y ajoute deux hommes et un meix à Sauvigny.

(1217.)

Ego Ansericus, Montisregalis dominus, tam presentibus quam futuris notum esse volo quod helemosinam illam, quam bone memorie Ansericus, pater meus, quondam Montisregalis dominus, dedit Deo et Beate-Marie et fratribus Grandismontis qui morantur in Charboneriis, locum scilicet et nemus in quo ipsi fratres habitant, et terram cultam et incultam, et quicquid infra terminos exteriores vel clausuras dicti loci et nemoris eorumdem fratrum penitus continetur, cum ingressibus et egressibus suis, laudavi et concessi, et sigillo meo confirmavi eisdem fratribus, libere et quiete et pacifice, sine ulla reclamatione mei vel heredum meorum in perpetuum possidendum et utendum, omnibus modis, pro sue arbitrio voluntatis; et unum sextarium frumenti singulis septimanis in meo granario et unum modium avene, singulis annis, recipiendum in messe, et centum solidos vestiendis fratribus in festo Sancti-Johannis-Baptiste annuatim persolvendos. Preterea dedi et concessi eisdem fratribus in perpetuam helemosinam, pro remedio anime mee et antecessorum meorum, quandam particulam nemoris quam novum fossatum juxta viam Avalonis claudebat, sicut nemus antiquum a nemore tunc temporis vendito separatum erat et divisum. Dedi etiam apud Salvigniacum duos homines et mansos eorum prefatis fratribus, sicut in alia carta meo sigillo confirmata, quam ipsi fratres habent plenius continetur. Ut autem hec omnia dona rata et inconcussa in eternum permaneant, presentem paginam in testimonium sigilli mei impressione roboravi. Actum anno Incarnati Verbi millesimo ducentesimo septimo decimo, mense augusto.

(Archives de l'Yonne, fonds du prieuré de Vieupou.)

LXXVI.

Cession faite par l'ordre du Temple aux moines de Chablis.

(1219.)

Frater A. de Coleors, domorum milicie Templi in Francia preceptor humilis, universis ad quos presentes littere pervenerant salutem in Domino: noverit universitas vestra quod bannum vini vendidi apud Chableias quod dicebamus a domino Milone deffuncto de Monteregali nobis fuisse legatum, super quo etiam impetebamus capitulum Beati-Martini Turonis, prepositum Chableiarum, et dominum Guidonem de Monteregali, concedimus et quittamus dicto capitulo Beati-Martini Turonis. In cujus recompensationem predictum capitulum dedit et concessit nobis, annuente preposito Chableiarum, pratum et terram sitam in terragio et finagio et justicia Chichiarum, quam dictus prepositus emit ab Aremberto, cantore, cognomine de Chableiis, que nobis tenentur guarentire. Quitamus etiam sepedictum capitulum, prepositum et dominum Guidonem de Monteregali a causis super dicto banno adversus eos motis et movendis. Quod ut ratum et firmum permaneat, presentes litteras sigilli nostri munimine fecimus roborari. Actum anno Domini M° CC° XIX°.

(Archives de l'Yonne; Cartulaire du prévôt de Chablis.)

LXXVII.

Convention passée entre Guy et André de Montréal et la comtesse de Champagne.

(1219.)

Nos, Guido de Monteregali, et Andreas, frater ejus, notum facimus universis, tam presentibus quam futuris, quod nos devenimus homines karissime domine nostre Blanche, comitisse Trecensis, et karissimi domini nostri Theobaldi, comitis, nati ejus, salva ligietate fratrum nostrorum, ducis Burgundie, comitis Willelmi et domini de Sauz. Propter hoc autem dedit nobis dicta comitissa trecentas libras pruviniensium et triginta libras in feodum, in nundinis Barri assignatas. Fiduciavimus si quidem et juravimus quod ipsos et ipsorum heredes bona fide juvabimus de nobis et de nostris gentibus et de fortereciis nostris, contra reginam Cypri et heredes ejus, contra adjutores eorum, et contra adjutores Erardi de Brena, et Philippe uxoris ejus, et heredum suorum, ita tamen quod nec nos, nec gentes nostre iremus ad faciendum malum Erardo de Brena, cujus homines sumus, in terra sua propria. Et si domina comitissa, vel comes, nobis preceperit, nos guerriabimus Milonem de Noeriis, et trademus eis forterricias nostras ad dictum Milonem guerriandum, quas nobis restituere tenebuntur in eo puncto in quo eis illas tradiderimus. Actum anno Domini M° CC° nonodecimo, mense julio.

(Trésor des Chartes, J, 205; Champagne $\frac{XIII}{6}$.)

LXXVIII.

Hugues, évêque de Langres, certifie une donation de son frère Jean de Tart.

(1220.)

Ego Hugo, Dei gratia Lingonensis episcopus, notum facio omnibus tam futuris quam presentibus presentem paginam inspecturis, quod nobilis vir Johannes de Monteregali, dominus de Thar, frater meus, in perpetuam dedit elemosinam Deo et ecclesie de Thar, et sanctimonialibus ibidem Christo famulantibus terram quam homines sui tenebant juxta grangiam de Bauvor *des les aes* qui sunt retro grangiam, usque ad boscum de Broisse, cum dumis qui sunt infra campos; concessit eis etiam terras et prata que eis ab hominibus ipsius fuerant in elemosinam data, et que traxerant de bosco ad planum. In silvis vero Tille et de Broisse plenarium ad omnia concessit monialibus predictis usuagium, tam de fago et quercu quam de omni ligno, tam de domibus quam de grangiis, sive de aliis edificiis jam factis vel faciendis in potestate de Thar. Quod si dominus boscum vendere voluerit, ad eorum usuagium pars sufficiens debet assignari. Boscus etiam Tille a molendino de Molet pro rectitudine ad molendinum Michahelis, usque ad boscum domini de Maleio terminatur. Quod si homines jam dicti domini Johannis in bosco Tille, vel de Broisse estirpaverunt, ad faciendum prata vel campos, similiter et jam dicte moniales poterunt estirpare. Item plenariam concessit eis piscationem a fossa Alum usque ad molendinum de Malez, et a molendino de Tortena usque ad Genleium et superius. In gurgitibus vero earum, videlicet a vado de Salval usque ad veterem bennam nemo piscari debet, nisi de mandato earumdem dominarum. Esclusam etiam molendini earum nemo rumpet, quam qui ruperit reflci, et pro ruptione dicto domino solvet emendam. Hoc laudavit domina Sibylla, jam dicti Johannis filia. Pro ipsius vero, uxorisque sue et omnium antecessorum suorum animarum pia redemptione, singulis diebus missam cum sollempni anniversario sepedicte moniales promiserunt. Et ne qua super hoc in posterum possit oriri questio, ad preces supradicti fratris Johannis cum sigilli sui appositione sigilli nostri munimine presentem cartulam dignum duximus roborari. Actum est anno gratie M° CC° vicesimo, mense marcio.

(Archives des Bernardines de Tart.)

LXXIX.

Donation de Guy d'Époisses à l'abbaye de Fontenay.

(1220.)

Ego Hugo, Dei gratia Lingonensis episcopus, notum facimus presentibus et futuris quod Guido, filius domini Bernardi de Spissia, canonicus Lingonensis et Autissiodorensis, in presentia nostra constitutus, concessit et quittavit ecclesie et fratribus Fonteneti quicquid habebat apud Marmaniam, tam in hominibus quam in terris et redditibus et in omnibus aliis, pro xviii libris pruviniensibus, de quibus predicti fratres Fonteneti tenentur reddere predicto Guidoni X libras ad nundinas Barri et ad nundinas Trecarum circa festum Sancti-Remigii, viii libras. Quod ut ratum habeatur, ad peticionem ipsius Guidonis et fratrum Fonteneti, presens scriptum sigilli nostri munimine roboravimus. Actum anno Dominice Incarnacionis millesimo cc° vigesimo.

(*Cartulaire de Fontenay*, n° LV.)

LXXX.

Hugues de Montréal, évêque de Langres, confirme une décision de son prédécesseur relative au cimetière de Saint-Michel de Tonnerre.

(1220.)

In nomine sancte et individue Trinitatis, ego Hugo, Dei gratia Lingonensis episcopus, notum volo fieri omnibus presentes litteras inspecturis quod legi et propriis oculis inspexi cartam bone memorie Galterii, Lingonensis episcopi, quam composuit ecclesie Sancti-Michaelis Tornodori sub hac forma : Ego Galterius, Dei gratia humilis Lingonensis minister, dilecto Guillermo abbati eadem gracia Sancti-Michaelis Tornodorensis et posteris suis eidem cenobio regulariter substituendis in perpetuum, quoniam modernorum dicta infra beneficio scripture in perpetua vivunt memoria presentibus et futuris, presenti pagina notifico, quod controversia supra cemeterio inter ecclesias nostras Molismensis et Sancti-Michaelis Tornodorensis orta fuit, ego autem a domino papa in mandatis accepi, ut si diligentius inquirens in ecclesia Sancti-Aniani cemeterium fuisse antiquitus cognoscerem eidem cemeterio benedictionis munus impenderem, rei veritate diligentius inquisita, tum privilegiis romanorum pontificum Innocentii et Adriani, tum Lingonensium Josseranni et Gaudefredi presulum, cartis necnon et religiosorum Cisterciensis et alterius ordinis virorum, seculariumque presbiterorum et laicorum, nobilium et ignobilium, legitimis et examinatis testimoniis a dilectis fratribus nostris S.S., Eduensi ac Trecensi episcopis, S. quoque Eduensi ac Lingonensi decanis et aliis quampluribus discretis personis adhibitis et consultis, cemeterium in prefata Sancti-Aniani ecclesia nunquam fuisse, cognoscens sepedicte Sancti-Michaelis ecclesie cemeterium quod ab antiquo possidebat adjudicavi, laudavi et presentis pagine scripto et sigilli mei attestatione confirmavi ; et ne cui ecclesiastice sive seculari persone corpora trium villarum sepelienda, castri videlicet, et burgi Tornodorensis, et ville Sancti-Michaelis ad aliud quam ad cemeterium Sancti-Michaelis transferre, aut ante sepulturam in alia quam super memorata Sancti-Michaelis ecclesia missarum solemnia de defunctis celebrare, seu huic mee institutioni et confirmationi contraire liceat, divina authoritate et mea sub interminatione excommunicationis prohibui. Datum est hoc in ecclesia ville que dicitur Lelex, anno Verbi incarnati millesimo centesimo octogesimo secundo

Alexandro papa, Ludovico rege Francorum regnante. Hujus rei testes sunt : S., Eduensis episcopus; M., Trecensis episcopus; S., abbas Molodensis; M., Decanus Lingonensis; S., decanus Eduensis; Galterius, primus archidiaconus Lingonensis; R., archidiaconus Trecensis; M., magister Mormenti; P., decanus Barri et canonicus Lingonensis; Arembertus, diaconus, et Milo, subdiaconus Lingonensis, canonici; magister Humbodus, capellanus domini Lingonensis qui hanc cartam fecit; Alexander, capellanus episcopi Trecensis. Ea igitur que in presenti carta continentur, ego Hugo, Lingonensis episcopus, laudo, approbo et confirmo, et sigilli mei duxi munimine roborandum. Datum est hoc anno Verbi incarnati M° CC° XX°.

(Collection de Bourgogne, LXXIV, 219.)

LXXXI.

Charte d'Anséric, seigneur de Montréal, au sujet d'un homme appartenant aux religieux de Charbonnières, lequel avait épousé une femme de Montréal.

(1220.)

Ego Ansericus, Montisregalis dominus, notum facio universis quod cum fratres de Charboneriis, Grandismontensis ordinis, duos homines haberent apud Salvigniacum, scilicet Martinum Gobelet et Guidonem de Boscho, de dono patris mei et meo, postmodum contigit quod Cumboz, homo eorumdem fratrum duxit in uxorem neptem dicti Guidonis, ipse autem Cumboz tenere debet mansum in hereditatem ejusdem Guidonis, et serviet dictis fratribus, tanquam dominis propriis, et ipse providebit necessaria eidem Guidoni et uxori sue, pro posse suo. Post decessum autem dicti Guidonis remanebit dictus Cumboz homo fratrum, loco ejusdem Guidonis, et in manso et hereditate. Quod ut ratum habeatur in posterum, presens scriptum sigillo meo munivi. Actum anno gracie millesimo ducentesimo vicesimo, mense maio.

(Arch. de l'Yonne, fonds du prieuré de Vieupou.)

LXXXII.

Charte d'Anséric VII de Montréal en faveur du Saulce d'Island.

(1220.)

Ego Ansericus, dominus Montisregalis, notum facimus omnibus presentes litteras inspecturis, quod ego laudavi et concessi Deo et Beate-Marie et fratribus templi de Salici de Yolent, helemosinam que de meo feodo erat, quam dominus Aynus de Avalone, miles, dedit fratribus ejusdem domus de Yhelent, scilicet quamdam parvam viam quam habebat in monte Vanant, et in eodem loco IIII denarios censuales, et in ferreia VII denarios censuales, et in monte Conaut illam partem quam ibi habebat. Ut hoc stabile permaneret, presentem cartulam sigilli mei munimine roboravi. Actum anno Incarnati Verbi millesimo ducentesimo vicesimo.

(Archives de l'Yonne, fonds de la commanderie de Pontaubert.)

LXXXIII.

Ratification d'une charte de la duchesse Alix par Hugues de Montréal, évêque de Langres.

(1221).

Hugo, Dei gratia Lingonensis episcopus, universis presentes litteras inspecturis in Domino salutem ; noverit universitas vestra quod Alaydis, nobilis ducissa Burgundie, postulavit et requisivit a nobis quatinus si forte contigerit quod in aliquo resiliat a pactionibus quas habet erga communiam Divionensem usque dum Hugo, filius ejus, pervenerit ad vicesimum primum annum etatis sue, — que pactiones continentur expresse in carta ejusdem ducisse, quam dicte communie tradidit suo sigillo sigillatam in anno Domini M° CC° vicesimo, si postquam clamorem dicte communie super resulte ejusdem Ducisse recuperimus infra quadraginta dies, a nobis canonice monita ad pactiones dicte carte sue cum plena satisfactione redire noluerit, terram ejus ubicumque sit in episcopatu nostro, preter villam Divionis, districto supponamus interdicto et faciamus observari. Nos vero, sicut ipsa ducissa postulavit et requisivit a nobis, secundum formam superius comprehensam, faciemus quociens super hoc fuerimus requisiti a dicta communia, vel per majorem, vel per aliquem juratorum, vel per quemlibet alium nuntium nobis deferentem litteras de communia Divionis. In hujus rei testimonium presentis pagine sigillum nostrum apposuimus. Actum anno Domini M° CC° vicesimo primo.

(Archives de Dijon, B 1, priviléges et franchises de la Commune.)

LXXXIV.

Promesse donnée par Anséric de Montréal aux hommes de la commune de Dijon, de les protéger contre la duchesse de Bourgogne, sa belle-sœur, dans le cas où cette dernière violerait la charte de la commune.

(1221.)

Ego Ansericus, dominus Montisregalis, notum facio omnibus presentes litteras inspecturis quod si Alaydis, ducissa Burgundie, soror et domina mea, vel Hugo, filius ejus, nepos et dominus meus, vel alius, caperent aliquem, vel res communie Divionensis, seu disturbarent vineas ad vindemiandum, seu gravamen aliud inferrent dicte communie, usquedum Hugo, dominus et nepos meus, ad vicesimum primum annum etatis sue venerit, ego, interim, bona fide et pro posse meo, sub juramento meo prestito, dictam ducissam, vel filium ejus prenominatum, seu quemlibet alium ad hoc inducerem, et ad hoc laborarem, et consilium fideliter adhiberem, ut et homines seu res de communia Divionensi quas tenerent, redderent, et quod ab omni disturbatione vendemiarum, et quod ab omni gravamine inferendo dicte communie cessarent, et quod de illatis graveminibus dicte communie satisfacerent. Quod si ad monitionem et instanciam meam facere recusarent, ego omnibus de communia Divionensi, qui vellent se alibi transferre, consilium, auxilium et conductum, et eorum rebus, pro posse meo sub juramento meo premisso, ubicumque se transferre vellent, preberem. In cujus rei testimonium presenti pagine sigillum meum apposui. Actum anno Domini M° CC° vicesimo primo.

(Archives de Dijon, B 1, priviléges et franchises de la Commune.)

LXXXV.

Donation d'Élisabeth de Montréal, dame de Meursault, à l'abbaye de Cîteaux.

(1221).

In nomine Domini nostri Jesu-Christi, amen. Ego Elisabeth, domina de Muresaut cupiens fieri particeps orationum et ceterorum bonorum qui fiunt in domo Cistercii, pro remedio anime mee et fratris mei Guidonis, et animarum predecessorum meorum, concedo et dono Deo et Beate-Marie et fratribus Cistercii, in puram et perpetuam elemosinam, libertatem in villa mea de Muresaut, videlicet quod possint predicti fratres Cistercii, quicumque voluerint, annis singulis, in villa mea de Muresaut et in omni parte mea ejusdem ville, vineas suas vindemiare libere, sine precepto domini et prepositi sui, et jus quarti sextarii quod habebam in vineis sitis in Nerevans, quas Odonet Boisdons in duobus locis et Gilebons Valras in uno, homines Cistercii pro quatuor sextariis annuatim mihi reddendo a me tenebant, dictis fratribus Cistercii dono et libere quitto. Itaque, si dicte vinee ad terram arabilem aliquo casu redigantur, ad jus et proprietatem monasterii in eodem modo hominibus pertinebit. Preterea donavi sepe dictis fratribus, in perpetuam elemosinam, vineam meam que est juxta vineam de Thar, que modo est Cistercii sita inter castrum meum de Muresaut et domum Cisterciensem. Insuper donavi sepedictis fratribus totam terram meam que sita est retro Domum-Dei de Muresaut, versus orientem, sic mete que ad hoc posite et se extendunt; que terra erat de pascuis meis de Muresaut. Terram autem dictam et vineam dictis fratribus Cistercii contra omnes homines, ego et heredes mei tenemur fideliter garantire; fratres autem Cistercii tenentur facere annuatim conventui ejusdem domus pitantiam unam generalem, honorabilem pro anniversario meo. Huic donationi mee interfuerunt et presentes exstiterunt Stephanus, abbas Maciarum, Milo prior, et Milo, celerarius Cistercii, et frater Vincentius, monachus Cisterciensis, et frater Robertus, monachus Maciarum, et dominus Johannes

Betelar, miles, hanc elemosinam firmam et illibatam tenere et nunquam contravenire promitto. In hujus rei testimonium presentem paginam feci sigilli mei impressione firmari. Actum apud Muresaut anno Domini M° CC° XXI°, mense septembris.

LXXXVI.

Lettres de Hugues de Montréal, évêque de Langres, pour la donation faite par Guy de Corz de tout ce qu'il possédait dans la dime de Bissey.

(1221.)

Hugo, Dei gratia Lingonensis episcopus, omnibus presentes litteras inspecturis salutem in Domino. Noveritis quod Guido de Corz, domicellus, in presentia nostra constitutus recognovit se dedisse ecclesie Beate-Marie de Bissy et fratribus in eadem ecclesia commorantibus, quicquid habebat in decima de Bissy, quiete et pacifice perpetuo possidendum; et hanc donationem Ebrardus, canonicus Altissiodorensis, de cujus feodo dicta decima movet, laudavit et concessit. Laudavit etiam idem Ebrardus donationem quam Guido, miles de Aseio, dictis fratribus fecerat de decima supradicta, sicut ex testimonio magistri Simonis, archidiaconi Tornodorensis didicimus, et in litteris suis plenius continetur. In cujus rei testimonium presentes litteras sigillo nostro fecimus sigillari. Actum anno gratie M° ducentesimo vicesimo primo.

(Cartulaire du Val des Choux, p. 498.)

LXXXVII.

Anséric VII de Montréal reconnait que Beauvoir est jurable et rendable au duc de Bourgogne.

(1221.)

Ego Alaydis, ducissa Burgundie, omnibus notum facio quod quum Ansericus, dominus Montisregalis, juravit mihi domum de Bello-Visu reddibilem que jurabilis erat ducatus Burgundie, eodem modo quo modo frater suus, dominus Guido, eam tenebat, sic plenius continetur in carta Odonis, bone memorie ducis, mariti mei, quod dictus Ansericus habet penes se: ego similiter juravi domum illam reddere et eodem modo quo modo tenebatur eam reddere fratri suo, sic continetur in litteris supradictis, et si exigerem domum illam a domino Anserico in necessitate mea ut sua, vel etiam sine necessitate et pro defectu dicti Guidonis eam habere non possem et propter hoc opporteret me expensas facere, ego non possem me tornare de illis expensis ad dominum Ansericum de Monteregali nec ad heredes suos, sed tamen ad domum de Bellovisu et ad Sauvegnei. Si vero dictus Ansericus vellet mihi reddere expensas, ibi factas, ad consideracionem duorum proborum virorum ab utraque parte electorum ego reddam ei domum predictam et Sauvegne. Actum est hoc anno Dominice incarnacionis M. CC. vicesimo primo et uno.

(Archives de la Côte-d'Or, B, 10,471.)

LXXXVIII.

Hugues, évêque de Langres, agissant au nom des abbé et couvent de Bèze, vend le droit de mainmorte aux habitants du lieu.

(1221.)

Hugo, divina miseracione Lingonensis episcopus, omnibus ad quos littere presentes pervenerint salutem in Domino. Noveritis quod cum ab abbate et conventu Besuense haberemus potestatem vendendi jus caducorum seu manus mortue burgensibus Besuensibus, pro debito ecclesie solvendo, secundum pactiones inter nos et ipsum abbatem et conventum habitas, nos eisdem burgensibus, laude et assensu abbatis et conventus, predictum jus caducorum vendidimus pro duobus millibus et quingentis libris stephanensibus, solvendis in festo Omnium-Sanctorum usque ad tres annos. Ita quod in proximo festo Omnium-Sanctorum solvent septingentas libras, et eodem festo sequentis anni sexcentas libras, et eodem festo tertii anni sexcentas libras, et eodem festo quarti anni sexcentas libras. Ita quod a proximo festo Omnium-Sanctorum in tres annos tota predicta summa pecunie soluta erit.

Debet autem hec collecta fieri prestitis juramentis ad consideracionem burgensium et mandati nostri; et si aliquid poneretur supra hominem qui maneret extra villam et nollet solvere ad tenementum ipsius, nos teneremus si tamen valeret; alioquin burgenses perficerent de suo. Ipsi autem burgenses ubicumque opus fuerit testificari tenentur talem esse consuetudinem Besue, quod extranei manentes extra villam et qui habent tenementa sua in villa, in hujus modi empcionis libertatum tantumdem tenentur ponere ut si essent manentes in villa. Nos autem omnes emendas et actiones quos habebamus ergo eos usque ad hanc diem, plenarie quittamus eisdem burgensibus, illis exceptis qui contra predictam consuetudinem in solutionem predicte pecunie vellent esse rebelles. Tenemur etiam predictis burgensibus de predicta vendicione legitimam garantiam portare, concedentes eisdem jus caducorum tam clericorum quam presbyterorum ejusdem ville, quod ad abbatem et conventum debebat de jure devolvi. In cujus rei testimonium presentes litteras fecimus sigillo firmatas. Actum anno Domini millesimo cc° vicesimo primo, mense augusto.

(Archives de la commune de Bèze.)

LXXXIX.

Promesse d'Hugues de Montréal aux habitants de Bèze de faire confirmer leur charte de franchise par le Pape.

(1221.)

Hugo, Dei gratia Lingonensis episcopus, omnibus presentes litteras inspecturis salutem. Noveritis nos promisisse burgensibus Besuensibus quod nos bona fide laborabimus ad hoc quod empcio illa caducorum, seu manus-mortue ville Besuensis, quam fecerunt erga nos, sicut in nostris litteris continetur a domino Papa confirmetur. Actum anno Domini M° CC° vicesimo primo.

(Archives de la commune de Bèze).

XC.

Charte donnée par Hugues de Montréal, évêque de Langres, au sujet du droit qu'avait l'abbé de Saint-Étienne de Dijon d'instituer et de destituer des chanoines.

(1221.)

Hugo, Dei gratia Lingonensis episcopus, omnibus presentes litteras inspecturis, salutem in Domino. Noveritis quod nos, expectis predecessorum nostrum autenticis in quibus abbati Sancti-Stephani Dyvionensis cura ecclesiarum suarum et potestas instituendi et destituendi canonicos in eisdem plene conceditur, necnon confirmationibus romanorum pontificum ab ipso abbate super hujusmodi juridictione obtentis; considerato etiam quod si canonici in eisdem ecclesiis constituti, non possent amoveri ab ipsis, contra abbatem suum possent interdum habere materiam malignandi, sicque rebellionis et discordie causa ipsi abbati et successoribus ejus in posterum oriretur. Sicut venerabilis pater Willermus, nunc Dei gratia Remensis archiepiscopus, qui nos in medietate processit, toto tempore suo sustinuerat, nos similiter toto tempore nostro sustinebimus, ut super institutione aut destitutione canonicorum in ecclesiis suis consueta et concessa sibi a predecessoribus nostris juridictione utatur, salvo jure ecclesie Lingonensis et successorum nostrorum, post decessum nostrum. In cujus rei testimonium et munimen presentibus litteris sigillum nostrum fecimus apponi. Actum anno gratie millesimo CC° vigesimo primo.

(*Cartulaire de Saint-Étienne de Dijon*, II, IV).

XCI.

Accord entre le duc de Bourgogne et les chanoines de Saint-Étienne au sujet d'une chapelle, convenu par devant Hugues de Montréal, évêque de Langres.

(1222.)

Hugo, Dei gratia Lingonensis episcopus, omnibus ad quos iste littere pervenerint salutem. Universitati nostre notum fieri volumus quod querela illa que inter Hugonem illustrem ducem Burgundie, et canonicos ecclesie Beati-Stephani Dyvionensis, super capella ejusdem ducis apud Dyvionem construenda vertebatur, utrisque partibus coram nobis constitutis et sibi invicem ad pacis bonum conscientibus, hoc interminata est, videlicet ut ecclesia Sancti-Stephani in predicta capella annuatim unam prebendam in integritate fructuum habeat; canonici capelle in villa commorantes cimiterium nunquam facient, nec etiam alibi quam apud Sanctum-Stephanum sibi eligent sepulturas aut habitum religionis suscipient, nisi quandiu sani et incolumes extiterunt ad aliam ecclesiam migrare voluerint. Testes sunt : Manasses, archidiaconus; Petrus, decanus de Larro; Guillelmus, miles de Onul; Nicolaus, cappellanus; Wido Rufus; Aymo Rufus.

(*Cartulaire de Saint-Étienne de Dijon*, II, XXII).

XCII.

Désistement fait par Guillaume, sire d'Aspremont, des prétentions qu'il avait sur les terres de Cessey, au profit de l'abbaye Saint-Bénigne de Dijon.

(1222.)

Ego Hugo, Dei gratia Lingonensis episcopus, universis presentes litteras inspecturis notum facio, quod Willermus, dominus Asperi-Montis, de rebus ecclesie Sancti-Benigni Divionensis, quas injuste ceperat apud Saceyum, in presencia mea constitutus, fecit pacem cum Geleberto, abbate Sancti-Benigni Divionensis, et conventu ejusdem loci, ita quod dicti abbas et conventus ejusdem loci ipsum quitaverunt in perpetuum; hoc dictus Willermus dedit in elemosina ecclesie prefate Sancti-Benigni Divionensis, apud Asperum Montem pro remedio anime sue et antecessorum suorum, decem solidos stephaniensium censuales, singulis annis, in festo Sancti-Bartholomei percipiendos in nundinis Asperi-Montis, cum aliis x solidis stephaniensium censualibus, quos jam debebat ecclesie memorate Sancti-Benigni Divionensis, singulis annis percipiendos in perpetuum, ad dictum terminum, et in eisdem nundinis. Item, dictus Willermus per juramentum suum prestitum promisit se facturum pacem precise eidem ecclesia de morte Ferrici militis de Trembloy, erga uxorem suam et filios suos, erga ad progeniem dicti militis promisit per juramentum prestitum facere juxta posse suum. Actum est hoc anno gratie millesimo ducentesimo vigesimo secundo.

(Archives de la Côte-d'Or, fonds de l'abbaye Saint-Bénigne).

XCIII.

Charte d'Hugues, évêque de Langres, pour l'abbaye de Saint-Seine.

(1222.)

Hugo, Dei gratia Lingonensis episcopus, universis presentes litteras inspecturis salutem. Noverit universitas vestra nobis constare, quod abbas et conventus Sancti-Sequani habent jus patronatus in ecclesia Sancti-Martini Lingonensis, et ipsos esse in presentia presentandi personam in eadem ecclesia. Actum anno gratie M° CC° XXII°.

(*Cartulaire de Saint-Seine*, XL).

XCIV.

Vente faite à l'abbaye de Réômé ou du Moutier-Saint-Jean par Jean Lerouge, de Maligny, attestée par Hugues de Montréal, évêque de Langres.

(1222.)

Ego Hugo, Dei patientia Lingonensis episcopus, notum facimus universis presentes litteras inspecturis, quod Joannes Rubeus, miles, de Merlegniaco, vendidit Guidoni, abbati Reomaensis monasterii, quidquid habebat in salvamento de Estiveio : videlicet in pane et vino, et carne, et gallinis, et in omnibus aliis rebus. Istam autem vendicionem laudaverunt Adelina, uxor dicti militis, et Jobertus de Venosses, a quo idem miles tenebat, et dictus Jobertus tenebat in feodo ab ecclesia Reomensi. Et ne super ista vendicione questio de cetero suboriretur, ad preces utriusque partis presentes litteras sigilli nostri munimine corroboravimus. Actum est hoc anno Domini millesimo ducentesimo vigesimo secundo, mense septembri.

(Réomaus, p. 251).

XCV.

Hugues de Montréal institue le seigneur de Thilchâtel gardien de la commune de Bèze.

(1223).

Hugo, Dei gratia Lingonensis episcopus, dilectis suis in Christo omnibus burgensibus Besue, salutem in Domino. Quia scimus pro certo Dominum Tillicastri nos et villam Besuensem diligere et semper dilexisse, ideo ipsum custodem vestrum et ville vestre specialiter deputamus ut vos et res vestras custodiat loco nostri cum nos multociens in negociis et necessitatibus vestris presentes esse non possemus, et nos quod semper obedientes et fideles invenimus ipsi tanquam nobis credatis, et quod ex parte nostra vobis injunxerit, amicabiliter faciatis. Datum anno Domini millesimo ducentesimo vicesimo tertio, mense januario.

(Archives de la commune de Bèze.)

XCVI.

Aveu de Jean de Montréal, seigneur de Tart.

(1223.)

Ego, Johannes de Monteregali, omnibus notum facio quod tota fortericia mea, quam ego feci vel faciam apud Nuilley prope Faverneium, est jurabilis et reddibilis ducisse et duci Burgundie, quicumque fuerit, in necessitate, ad magnam vim et ad parvam ; ita enim quod si reddita fuerit ducisse vel duci, quicumque fuerit, quicquid ibi ceperit, execpto feno et stramine, infra quadraginta dies debet dux vel ducissa michi, vel mandato meo, restituere. In cujus rei testimonium presentes litteras sigillo meo feci sigillari. Actum anno Domini millesimo ducentesimo vicesimo tertio.

(PÉRARD, p. 329.)

XCVII.

Transaction entre le chapitre de Montréal et Anséric, seigneur dudit lieu.

(1223.)

Ego Ansericus, Montisregalis dominus, omnibus presentes litteras inspecturis notum facio quod discordia que vertebatur inter me, ex una parte, et capitulum Montisregalis ex altera, super decem libris divionensibus quas dictum capitulum habebat de elemosina patris mei in censibus de castellaria Montisregalis, pro quodam cereo ardenti die ac nocte, et pro quinquaginta solidis de quibus dictum capitulum habebat cartam meam, et super bannis que habebat in castro Montisregalis, sopita est amicabiliter in hunc modum : Dictum capitulum quitavit michi et heredibus meis, in perpetuum, omnia supradicta ; ego vero, laude et assensu Agnetis, uxoris mee, et Anserici et aliorum filiorum meorum, pro quitatione rerum istarum dedi et concessi, in perpetuum, ecclesie supradicte, quicquid habebam in decima bladi de Monteregali, scilicet terciam partem, et quicquid habebam in decima de Sivriaco, scilicet terciam partem in perpetuum possidendam, quas decimas ego teneor cum justicia garantire dicto capitulo erga omnes, quitatis ex utraque parte mobilibus de quibus questio erat inter nos; et capitulum faciet ardere dictum cereum nocte et die, in perpetuum. Actum est hoc anno Domini millesimo ducentesimo vicesimo tertio, vii° id. junii.

(Archives de l'Yonne, Chapitre de Montréal.)

XCVIII.

Miles, sire de Noyers, entre en foi et hommage du comte de Champagne, sauf la fidélité qu'il doit à Ansèric de Montréal et autres.

(1223.)

Ego Milo, dominus Noeriorum, notum facio universis presentes litteras inspecturis, quod ego deveni homo charissimi domini mei Theobaldi, Campanie et Brie comitis palatini illustris, et cepi ab eo quinquaginta libratas terre, sitas apud Neintriacum, in feodo et homagio ; videlicet quidquid habeo in eadem villa Neintriaci in omnibus modis et commodis : et teneor eidem Theobaldo comiti servire bona fide, tanquam domino meo, salva fidelitate dominorum meorum quos habebam antequam ad ejus homagium venissem: videlicet fidelitate domine ducisse Burgundie et comitisse Nivernensis, et domini Guidonis de Sancto-Paulo, et Anserici, domini Montisregalis, et domini Montis-Mirabilis, et abbatis Sancti-Martini Eduensis, domini Clerembaudi de Capis, domini Galtheri de Joigniaco, domini Erardi de Brena. Certum est autem quod ego non possum de cetero facere aliquam domum contra comitem Theobaldum nominatum : predictum vero feodum tenebitur a dicto Theobaldo comite vel ejus heredibus, si heres habuerit de corpore suo procreatos, quicumque tenebit castrum Noerii. Si vero contigerit, quod Deus avertat, dictum Theobaldum comitem sine herede sui corporis decedere, ego, et heredes mei, erimus liberi penitus, et quitti erimus a dicto homagio et omnibus istis conventionibus prenotatis. Quod ut notum permaneat et firmum teneatur, litteris annotatum sigilli mei munimine roboravi. Actum anno gratie, M° CC° XXIII°, mense marcio.

(Pérard, p. 329.)

XCIX.

Sentence d'Hugues, évêque de Langres, pour l'abbaye de Molesme.

(1224.)

Hugo, Dei gratia Lingonensis episcopus, omnibus presentes litteras inspecturis, salutem in Domino. Noveritis quod, cum requisitum esset a nobis quod in Domo-Dei de Tornodoro concederemus, canonicos seculares institui, nos dicte petitioni consensum prebuimus et canonicis ibidem instituendis concessimus ingressum ecclesie, salvo jure decimarum ecclesiarum. Postmodum vero, abbate et conventu Molismensi conquerentibus de predictorum canonicorum institutione, partibus convocatis, nobis constitit, evidenter quod in ecclesia ejusdem domus que parrochialis est, abbas Molismensis habeat jus presentandi sacerdotem, et portionem suam in jure parrochiali recipiebat, quare de bonorum virorum consilio, dictis canonicis ingressum ecclesie prohibuimus, predictam concessionem nostram de ingressu ecclesie, salvo jure vinearum ecclesiarum, secundum intentionem nostram taliter interpretantes, quod prius esset salvum jus ecclesie Molismensis et vinearum ecclesiarum, nec eisdem in canonico habitu dictam ecclesiam liceret ingredi in prejudicium Molismensis, seu cum juris lesione alieni. In cujus rei testimonium presentes litteras fecimus sigillo nostro sigillari. Actum anno Domini millesimo ducentesimo vicesimo quarto.

(Archives de la Côte-d'Or; *Cartulaire de Molesmes*, II, f° 62.)

C.

Échange conclu entre l'abbaye de Cîteaux et Nicolette, femme de Jean de Tart.

(1224.)

Nos Petrus, abbas Sancti-Stephani Divionensis, notum facimus universis presentes litteras inspecturis, quod fratres Cistercienses commutaverunt domine Nicholete, filie domini Haymonis de Maigne, de assensu et voluntate domini Johannis de Thar, mariti sui, duos mansos quos dicti fratres habebant apud Maigne, quos predictus Haymo eisdem fratribus dederat in elemosinam, videlicet mansum Theolbaudi et mansum Milonis Esborneaul, pro quatuor sextariis avene, ad mensuram Divionis singulis annis percipiendis, in costumis dicte Nicholete in villa de Thar. Ita sane, quod quicumque terram domini de Maigne tenebit, dictos quatuor sextarios avene de dictis costumis, sine dilatione ulla aut difficultate fratribus Cisterciensibus in festo Sancti-Remigii fideliter et pacifice persolvet. Hanc autem commutationem et hanc pactionem domina Nicholaa et dominus Johannes, maritus ejus, bona fide promiserunt conservare. Hec omnia supradicta Egidia, filia ejusdem Nicholae laudavit. In hujus rei testimonium nos prenominati Petrus abbas, Johannes de Thar et Nicholaa, uxor ejus, litteris presentibus sigilla nostra apposuimus. Actum anno ab Incarnatione Domini M° CC° XXIIII°, mense junio.

(*Cartulaire de Cîteaux*, III, f. 25.)

CI.

Hugues de Montréal, évêque de Langres, tranche un différend en faveur de l'abbé de Saint-Michel de Tonnerre.

(1224.)

Ego Hugo, Dei gratia Lingonensis episcopus, notum facimus universis presentibus et futuris quod de controversia que erat inter Stephanum, abbatem et conventum Sancti-Michaelis Tornodori, ex una parte, et capitulum canonicorum Beate-Marie Tornodori, ex altera, sub institutione dictorum canonicorum, coram nobis, amicabiliter compositum est in hunc modum : quod dictus abbas et successores ejus, qui pro tempore ecclesie dicte Beati-Michaelis abbates fuerint, vocem habebunt in capitulum et stallum in choro, ut canonici et fratres eorum dicte ecclesie Beate-Marie Tornodori, sicut unus ex canonicis, in omnibus, ita tamen quod omnes fructus prebende dicte ecclesie, tam in grossis quam minutis portionibus integre percipient, absque residentia facienda : tenetur siquidem idem abbas prebendam suam fundare sicut unus ex aliis canonicis quinquaginta libras usualis monete Tornodori persolvendo, vel centum solidos annui redditus assignando, quos idem abbas Stephanus ad vitam suam tenebit et post ejus obitum redditus in communitate dicti capituli redigentur; et tenetur idem abbas et successores ipsius ad juramentum fidelitatis capitulo dictorum canonicorum et ad onera dicti capituli, preterquam contra ecclesiam Molismensis; additum supradictis quod dicti canonici cemeterium quod in toto parrochiatu Tornodori, vel apud Vallem-Plenam non impetrabunt nec utentur cemeterio ab alio impetrato, et quod contra privilegia eorum seu indulgentias non venient, nec contra jus quod habent in capella Sancti-Michaelis in aliquo venient, cum ipse abbas et conventus ipsum quiete et pacifice possideant sicut antea possederunt, neque defunctorum corpora in ecclesia sua in parrochiatu Tornodori, si forte ad eum deferrentur, recipient contra consuetudinem ecclesie Beati-Michaelis superius nominate; et tenentur dicti canonici, tantum facere pro defuncto monacho ecclesie Beati-Michaelis quantum pro defuncto canonico sunt facturi, et similiter ecclesia Beati-Michaelis tenetur pro defuncto canonico, tantum facere quantum pro defuncto monacho in eadem ecclesia fieri consuevit. Tenentur siquidem eidem canonici jurare quod hujusmodi pactiones fideliter observabunt, et quod de cetero non recipient aliquem in canonicum et in fratrem, nisi prius idem hoc prestiterit juramentum. Hec autem omnia facta sunt salvis indulgentiis et privilegiis ecclesie Beati-Michaelis. Actum anno Domini M° CC° XXIV°, in festo sancti Clementis.

(Collection de Bourgogne, LXXIV, 221.)

CII.

Donation des héritiers de Jean de Senevoy aux moines de Fontenay, approuvée par Hugues de Montréal, évêque de Langres.

(1224.)

Ego Hugo, Dei gratia Lingonensis episcopus, omnibus notum facimus tam presentibus quam futuris quod Milo, domicellus de Parreci, et Sibilla, uxor ejus, filia Johannis, militis de Senevoi, et Arembor, relicta predicti Johannis, quittaverunt in perpetuam elemosinam habere quod concesserunt ecclesie et fratribus Fonteneti, quicquid juris habebant vel habere debebant ex parte supradicti Johannis, vel alio modo, in villa de Marmania, tam in hominibus quam in terris, vineis, pratis et costumis; dederunt etiam predicte ecclesie fratribus totum jus suum quod habebant in pasturis totius finagii de Senevoi, in bosco et in plano, et æsonciam aque ad usum omnium animalium et pecorum suorum ; et si forte animalia seu pecora dictorum fratrum alicui aliquod dampnum intulerint, dampnum legitime probatum sine alia emenda tantum modo restituetur, et de hiis omnibus legitimam garantiam promiserunt. Etiam laudaverunt donum et helemosinam quam Manasses, miles de Senevoi, et Agnes, uxor ejus filia domini Johannis supradicti fecerunt memorate ecclesie fratribus de omnibus que habebant apud Marmaniam, vel habere debebant, et de hoc quod habebant in pasturis tocius finagii de Senevoi. Et ut hoc ratum et firmum sit, ego Hugo, Dei gratia Lingonensis episcopus, ad peticionem utriusque partis, presenti pagine sigillum nostrum apposuimus. Actum est hoc anno Verbi Incarnati M° cc° vicesimo quarto.

(*Cartulaire de Fontenay*, LVI.)

CIII.

Hugues, évêque de Langres, reconnaît les prérogatives de l'abbaye de Saint-Bénigne.

(1224.)

Hugo, Dei gratia Lingonensis episcopus, omnibus presentes litteras inspecturis, salutem in Domino. Noveritis quod cum prior totusque conventus Sancti-Benigni Divionensis in nos unanimiter et concorditer transtulissent vota sua super electione et aliis que ad provisionem monasterii pertinebant, ut in litteris eorum super hoc confectis plenius continetur, nos eis promisimus quod per hoc nolebamus ipsis, vel ecclesie sue, in posterum, aliquod prejudicium generari. In cujus rei testimonium presentes litteras sigillo nostro et sigillo abbatis Cistercii, qui presens erat, fecimus communiri. Datum anno M° cc° xxiv°, die martis ante Nativitatem Beate-Marie-Virginis.

(*Gallia christiana*.)

CIV.

L'abbé de Bèze renonce aux prétentions qu'il élevait sur la mainmorte, moyennant indemnité, ce qui fut approuvé par Hugues de Montréal, évêque de Langres.

(1224.)

Hugo, Dei gratia Lingonensis episcopus, omnibus presentes litteras inspecturis, salutem in Domino. Noveritis quod abbas et conventus Besuensis laude et assensu nostro, burgensibus Besuensibus querelam qualemcumque habebant in caducis Besue, et quicquid juris in illis habebant si quid haberent, absque ulla reclamatione ab ipsis vel ex parte ipsorum facienda, in perpetuum quietaverunt pro duobus millibus et quingentis libris Stephanensibus. Et ipsi abbas similiter et conventus gratum et ratum habuerunt, quod nobis fieret solutio in solidum pro ipsis, et nos de predicta summa pecunie pro eisdem nos tenemus pro pagatis. Quod ut ratum habeatur, sigilli nostri munimine presentem paginam fecimus confirmari. Actum anno gracie millesimo ducentesimo vicesimo quarto, mense januario.

(Archives de la commune de Bèze.)

CV.

Charte de Jean de Montréal, seigneur de Tart, en faveur des frères du Val des Choux.

(1224.)

Ego Johannes de Monteregali, dominus de Tard, et ego Nicoleta, uxor ejusdem Johannis, notum facimus inspecturis presentes litteras quod nos dedimus in perpetuum, in eleemosynam, Deo et Beate-Marie, et fratribus Valliscaulium, pro salute animarum nostrorum antecessorum, locum quemdam qui apelatur Molia, ad construendam ibidem quamdam domum de ordine Valliscaulium, et quamdam insulam cum nemore dicto loco proximo, et aquam que fluit inter ipsam domum et nemus quod aliquo modo possit.... auferre et in qua preterea molia fratres dicti loci possent piscari ab eo loco quo dicta aqua dividitur de aqua de la Saucheuze usque ad pedem veteris molendini de Molia. Damus, preterea, ipsis fratribus piscationem perpetuam in omnibus nemoribus, non tantum in nemore quod appellatur Bessay, sed etiam in aliis nemoribus que sunt super predictam domum et insulam et levariam, exceptis les Hayes et Dumis. Damus etiam decem octo sextarios frumenti receptabiles ad mensuram divionensem, singulis annis, in perpetuum percipiendos in festo Sancti-Remigii in terris nostris tam de Tard-Castelli quam de Tard-Ville ; quod si dicte terre non sufficerent ad totum frumentum reddendum, quidquid defuerit reddatur de proventu molendini nostri de Tard-Castelli ; et si forte dictum molendinum non sufficiat, heredes et successores nostri dictarum villarum de Tard, defectum dicti frumenti fratribus reddere teneantur. Dedimus item predictis fratribus decem et octo modios vini, pro singulis annis, in perpetuum, tempore vindemie percipiendos in vinea nostra de Tard, ad quos reddendos, si dicta vinea non sufficiat, in vineis nostris de Assueris supplere id quidquid defuerit in vinea. Dedimus similiter, predictis fratribus, decem et octo litros avene pro singulis annis in perpetuum recipiendos ad festum Sancti-Remigii de abonementis et de censibus nostris tam de Tard-Castelli, quam de Tard-Ville. Si autem heredes aut successores vellent recipere aut mutare dictos census et abonementa, ipsi tenebuntur singulis annis in perpetuum, dare dictis fratribus sex sextarios avene, singulis annis, in perpetuum percipiendos in costumiis nostris de Tard-Castelli vel Ville, et octo carratas feni, singulis annis reddendas in prato nostro de Molie. Dictam eleemosynam ego Johannes feci laude et assensu filie mee Sibille et mariti sui Lamberti domini de Domeyo (*sic*), et ego Nicoleta similiter, laude et assensu filie mee Gilberte et Margarite. Quod ut ratum in perpetuum permaneat, et ego Joannes et ego Nicoleta presentem cartam sigillorum nostrorum munimine roboravimus. Actum anno millesimo ducentesimo vicésimo quarto.

(Palliot, I, 180.)

CVI.

Hugues de Montréal approuve une cession faite par le chapitre de Langres.

(1225.)

Hugo, Dei gratia Lingonensis episcopus, omnibus presentes litteras inspecturis, salutem in Domino. Noverit universitas vestra quod diligenter inspeximus cartam capituli Lingonensis quam dictum capitulum fecerat magistro et fratribus hospitalibus de Brachon, cujus carte tenor talis erat: A. decanus, totumque capitulum Lingonense, omnibus presentes litteras inspecturis salutem : noverit universitas vestra quod nos omnes possessiones illas quas magister et fratres hospitales de Brachon modo tenent in terra nostra, in nemoribus, vineis, terris, pratis et rebus aliis, et quas etiam ipsi vel predecessores eorum usque ad hec tempora adquisiverunt, quocumque modo fuerunt adquisite, concedimus eis et quittamus pro sex-decim minis bladi quarum medietas erit frumenti boni et receptibilis, et altera medietas avene annis singulis nobis vel mandato nostro in octabis Omnium-Sanctorum persolvendis; tali conditione adjecta quod dictus magister et fratres hospitales, aut eorum successores, de cetero adquirere non poterunt in terra nostra possessiones aliquas, seu res alias que pertineant ad colungiam vel ad mansum, nisi de mandato et voluntate nostra. Actum anno gratie millesimo ducentesimo vicesimo quinto. Ne autem inter capitulum Lingonense et predictos magistrum, videlicet et fratres dicti Hospitalis possit in posterum super hiis questio suboriri, nos, ad petitionem et instanciam magistri dicti hospitalis, pro se et pro fratribus, litteras nostras tenorem predicte carte verbo ad verbum continentes capitulo Lingonensi tradidimus sigillo nostro sigillatas. Actum anno Domini millesimo ducentesimo vicesimo quinto.

CVII.

Charte d'Aubert de Darnay et de Sibylle de Montréal, sa femme, en faveur des moines de Cîteaux.

(1226.)

Ego Albertus, dominus de Darne, universis presentes litteras inspecturis notum facio, quod ego et uxor mea, Sibilla, filia quondam domini Johannis de Thar, illos decem sextarios bladi, quos predictus Johannes, socer meus, reliquerat pro anima sua in testamento, in perpetuum, annuatim, domui Cisterciensi assignavimus fratribus Cisterciensibus supradictis, in redditibus nostris de Valle-Sancti-Juliani, qui locus et redditus post partitionem factam inter me et uxorem meam ex una parte, et fratres ejusdem uxoris mee ex altera, in nostram portionem devenerant, annuatim, perpetuo reddendos fratribus supradictis, de primis proventibus quinque in frumento et quinque in avena ; et promisimus nos garantire legitime et omnes homines, tam pro nobis quam pro heredibus nostris elemosinam supradictam. Et sciendum quod dicti decem sextarii debent annis singulis reddi, a festo Sancti-Remigii usque ad festum Sanctorum-Omnium, dictis fratribus vel eorum mandato. In hujus rei testimonium et munimen, de assensu et bona voluntate predicte uxoris mee, presenti pagine sigillum meum apposui, et prenominata uxor mea sigillum suum cum sigillo meo presentibus apposuit. Actum anno Domini M° CC° XXVI, mense aprili.

(*Cartulaire de Cîteaux*, III, f° 25.)

CVIII.

Accord entre Anséric VIII de Montréal et l'abbaye de Reigny.

(1226.)

Ego Ansericus, dominus Montisregalis, notum fieri volo presentibus et futuris, quod cum controversia verteretur inter me, ex una parte, et fratres de Regniaco, ex altera, super eo quod dicebam et asserebam nemus de Herviaul quod est dictorum fratrum, prout extendit se in longumque et in latum et eorum grangiam d'Odum et ejus pertinenciis, esse de mea gardia et justicia, tandem, mediantibus viris legitimis, concordavimus in hunc modum quod ego pro anniversario meo et antecessorum meorum, annuatim in ecclesia Regniaci celebrando, quictavi dictis fratribus in perpetuum, quicquid juste vel injuste in dictis gardia et justicia poteram reclamare, volens quod omnia supradicta ipsis literis remaneant et quieta, absque aliqua molestia a me vel successoribus meis in posterum inferenda, insuper concessi dictis fratribus pratum de Trambleyo, quod fuit Taquini quondam prepositi de Masengiaco, ut illud possideant tum pacifice et quiete. In cujus rei testimonium predictas litteras sigilli mei munimine roboravi. Actum anno incarnati Verbi millesimo ducentesimo vicesimo sexto, mense aprili.

(Archives de l'Yonne, fonds de Reigny, liasse 1, s.-l. 1.)

CIX.

Hugues, évêque de Langres, atteste que l'abbé de Saint-Bénigne de Dijon lui a rendu une certaine somme d'argent.

(1226.)

Hugo, Dei gratia Lingonensis episcopus, omnibus presentes litteras inspecturis, salutem in Domino. Noverit universitas vestra, quod Petrus, abbas Sancti-

Benigni Divionensis, nobis reddidit centum marchas argenti, pro quibus in manu Zacharie, burgensis Verziliaci, tenebamur pro ecclesia Sancti-Benigni Divionensis, et litteras quas dictus Zacharias de dictis centum marchis habebat dicto abbati reddere debere. Similiter, nobis persolvit ducentas libras Pruviniensium, quas abbas Galo Sancti-Benigni nobis debebat, et nos litteras quas a dicto Calone abbate super ducentis libris habebamus ei reddere debemus, et litteras quas dictus Petrus abbas de supradictis ducentis libris Petro et Duranno de Chapponay, civibus Lugdunensibus, fecerat, similiter ei reddere debemus si eas poterimus invenire; sin autem, volumus et testimonio presentium confirmamus ut de cetero nullius possint esse efficacie vel valoris. Similiter nobis reddidit LX libras pro magistro Willelmo Chapum, quas expendit in curia romana pro negotiis ecclesie Sancti-Benigni. De omnibus vero supradictis abbatem et conventum Sancti-Benigni Divionensis, debemus semper ab omnibus acquittare et servare indemnes; et in hujus rei testimonium, sigillum nostrum apposuimus huic carte. Datum Lingonis, anno Domini M. CC. XXVI, mense septembri, in crastino Sancti-Mathei.

(Pérard, p. 409.)

CX.

Hugues de Montréal, évêque de Langres, approuve un état des biens respectifs du prévôt et du chapitre de Saint-Martin de Tours à Chablis, dressé par le chancelier de Champagne, prévôt, au moment de son départ pour Jérusalem.

(1227.)

Hugo, Dei gratia Lingonensis episcopus, omnibus presentes litteras inspecturis, salutem in Domino. Noveritis universi quod cum vir venerabilis, Willermus precentor Beati-Martini Turonis et Chableiarum prepositus, causa visitandi sepulcrum Domini, transportare pararet, in nostra constitutus presentia, cum testimonio bonorum jura prepositure Chableiarum et capituli Beati-Martini Turonensis dimisit in hunc modum, quod oblationum ecclesiarum medietas est capituli Turonis et medietas est preposili Chableiarum; molendinorum medietas est capituli et medietas prepositi. Omnium decimarum de Chableiis et aliarum villarum medietas est capituli, medietas prepositi; in manu mortua medietas est capituli, medietas prepositi. Omnium censuum medietas est capituli et medietas prepositi, preterque in receptione Petri, venatoris, de qua prepositus habet LX solidos, residuum est capituli; in banno de vino vendendo medietas est capituli, medietas prepositi. Scilicet est in optione capituli utrum velit primo ponere bannum suum. Magnum pratum cum terra que contigua est, est prepositi et nichil ibi capit capitulum. Omnium aliorum pratorum medietas est capituli, medietas prepositi preter pratum quod emit a domina Maria de Autisiodoro, cujus prati tres partes sunt capituli cum saliceto, quarta pars prepositi est; scilicet in saliceto nichil habet prepositus. In banno vinearum vindemiandarum nichil habet capitulum nec in justicia. In banno aque est medietas capituli, medietas prepositi et possunt ibi piscari capitulum et prepositus. Et de anguillis molendinorum medietas est capituli, medietas prepositi; medietas insule quam dictus prepositus emit ab Adam de Barro, que est in medio aque banni est capituli et medietas prepositi. Terra quam idem emit a Gilone de Barris est tota capituli, et altera terra que est juxta domum Regniaci est tota capituli. In furno de Chableiis-Veteri habet medietatem capitulum et medietatem prepositus; furnus majoris de Bocheria, quam dictus prepositus emit est capituli; furnus Regniaci, quam idem emit est capituli; et quedam domus contigua, quam similiter ejus tres partes furni deffuncte Marie de Autisiodoro sunt capituli, et quarta pars est prepositi; quam medietatem illius furni emit prepositus antedictus in furno de magna Rua est quarta pars prepositi et quarta capituli. Boscheria est capituli quam dictus prepositus emit et fecit; medietas domorum fossatorum castri est capituli, medietas prepositi; vinea de Sicheio est prepositi, et vinea Barbate. Omnes alie vinee sunt capituli. De sanguine hominum Beati-Martini, medietas quindecim solidorum est capituli; medietas est prepositi; de cetero hominum Beati-Martini medietas centum solidorum est capituli, medietas est prepositi; medietas grangie quam dictus prepositus emit est capituli, et medietas prepositi; medietas straminis decimarum est capituli, et medietas prepositi; Willelmus vicecomes debet ministrare sufficienter mappas tam preposito quam capitulo, et de hoc ministrando habet decimas canabi, et cum dominus villarum in quibus capitulum et prepositus habent decimas. Domus que fuerunt Hersendis sunt capituli cum domo que fuit deffuncti Johannis Amitio, et stabulum quod fuit Willermi filii Aramberti que capitulo dictus prepositus dedit. Torcular quod idem fecit ante ecclesiam Beati-Martini Chableiarum cum domo que contigua est capituli Aula cum domo nova quam dictus prepositus fecit est prepositi. Medietas nemoris Bellimontis est capituli et medietas prepositi, preter justiciam que est prepositi ibi et in aliis locis. Tres solidi quos piscatores solvunt annuatim in festo Sancti-Remigii sunt prepositi, sine capitulo; prepositusque etiam solus recepit annuatim a venditoribus, panis undecumque fuerit semel in anno, unam denariatam panis. Petraria quam dictus prepositus emit a monachis Pontiniaci est capituli sine preposito; medietas cellarii quod est juxta aulam est capituli et medietas prepositi. Due partes doliorum et cupparum sunt capituli, et tercia pars est prepositi. In decimis trahendis ponit prepositus et factores et custodies, et sunt jurati prepositi et capituli et presbiterorum. In procuratione episcopi Lingonensis ponit capitulum medietatem et prepositus medietatem. Procurationem legati debent canonicis Chableiarum. In tribus sextariis olei qui debentur episcopo Lingonensi ponit prepositus medietatem et capitulum medietatem; in procuratione obedienciarii capituli, ponit medietatem prepositus et ipsemet medietatem. Quod ut ratum et firmum maneat, presentes litteras sigilli nostri munimine ad petitionem dicti prepositi fecimus roboravi. Actum anno Domini M° CC° XXVII° mense aprili.

(Archives de l'Yonne, fonds de la prévôté de Chablis, liasse 4.)

CXI.

Charte d'Anséric VIII de Montréal en faveur des chanoines d'Avallon.

(1228.)

Ego Guido, Dei gratia Eduensis episcopus, notum facimus omnibus presentibus et futuris quod nos vidimus tales litteras sigillo domini Anserici de Monteregali [in hac forma : Ego Ansericus] dominus Montisregalis notum facio presentibus et futuris quod excitabit. . . . . .
. . . . dominus Chaslii fecit erga canonicos Avalonensis ecclesie de nemore suo de Vilereto quod tenebat de me in feodo laudo, gratam habeo et concedo prefatis canonicis ; quod ut ratum habeatur presens scriptum sigillo meo feci communiri. Actum anno Domini m° cc° xx° octavo.

(Archives de l'Yonne, fonds du chapitre d'Avallon, liasse 27.)

CXII.

Charte d'affranchissement de la commune de Montréal par Anséric IX.

(1228.)

Ego Ansericus, dominus Montisregalis, notum facio universis presentes litteras inspecturis me dedisse et in perpetuum concessisse omnibus hominibus et mulieribus de Monteregali, et omnibus illis qui morantur vel in futuro morabuntur a porta Sancti-Bernardi usque ad pontem Leprosorum, et secundum quod aqua determinat et dividit usque ad finem insule que dicitur Joberti Aalaut, et a porta Frigide-Ville usque ad pedem calciate, usque ad finem prati Sancti-Bernardi, secundum quod rivus Frigide-Ville portat et redundat, et a fine predicti prati usque ad poncellum de Sauz, et a poncello de Sauz usque ad rivum de Roséreto, sicut pretendit usque ad predictum pontem Leprosorum, eamdem libertatem et consuetudinem quam habent homines Verzeliacenses in villa Verzeliaci, hoc addito quod fulcam vel rastellum, vel trossam, nec alias corveias possum ab eis petere. Preterque a quolibet homine qui habebite adrigam potero corveiam de cadriga sua per tres dies in anno, videlicet una die in vendemiis, altera die pro fenis meis adducendis, et altera die in alio termino ad meam voluntatem. Concessi etiam eisdem usuarium in aquis meis, preterque in defensis, et usuarium similiter in nemore meo de Vaucia, videlicet boscum mortuum ad calefaciendum et vivum pro marreniagio in domibus, et in aliis, infra metas predictas, ita quod a me vel a meo preposito vivum requirent, et eis a me nec a meo preposito poterit denegari. Et concessi eis usuarium in toto nemore meo in Charboneriis, preterquam in defenso. Et sciendum quod ipsi non poterunt alios homines meos, vel homines vassalorum meorum de feodo me infra easdem metas recipere vel retinere, propter quam Renaudum de Sauvigneio, Obertum de Monteregali, Guidonem de Cortroles, et uxores eorum, quibus et heredibus suis concessi eandem per omnia libertatem. Et hec omnia concessi omnibus illis, qui infra sepedictas metas morabuntur, salvis bannis meis in marcio et in augusto, et salvis consuetudinibus oschiarum, furem vero vel homicidam non nisi usque ad jus poterunt retinere. Et quociens opus fuerit ad custodiendum castrum meum scilicet Montemregalem, me, pro posse suo, bona fide juvare tenebuntur. Hec autem omnia, juramento interposito, firmiter observanda bona fide promisi, et feci jurare dominum Andream avunculum meum et alios fideles meos quod ipsi juvabunt et inducent me, bona fide, ad observationem ejusdem libertatis. Et quo cito sigillum habebo, teneor juramento interposito ipsis presentes litteras sigillare. Interim autem, usus sum sigillo venerabilis patris et domini avunculi mei Hugonis, episcopi Lingonensis, et rogavi eum quod modis omnibus, sive per excommunicacionis et interdicti sentencias vel alias, prout melius poterit, compellat me ad observandum predicta, si forte in aliquo resilirem. Et rogo similiter venerabiles patres ac dominos archiepiscopum Lugdunensem et episcopum Eduensem, quod modis omnibus, sive per excommunicationis et interdicti sentencias in terram et in personam meam, vel alias, prout melius poterint, compellant me ad observandum predicta, si forte in aliquo resilirem, et quod sigilla sua presentibus litteris apponant. Actum est hoc anno incarnati Verbi millesimo ducentesimo vicesimo octavo, mense augusto.

(Archives de l'Yonne; E, communautés d'habitants).

CXIII.

Hommage rendu par le duc de Bourgogne à Hugues de Montréal, évêque de Langres.
(1228.)

Ego Hugo, dux Burgundie, notum facio universis presentes litteras inspecturis, quod ego sum homo ligius episcopi Lingonum, post regem Francie ; teneo ab ipso episcopo in feudo quidquid habeo apud Castellionem, et in appendicibus, tam in feudis quam in dominio, et castrum Montis-Barri cum appendiciis, excepta domo mea, quam habeo in eodem castro, quam teneo ab abbate Reomaensi. Actum anno M CC XXVIII, mense januario.

(*Gallia christiana*).

CXIV.

Hommage fait par Gaucher de Cades à l'abbaye de Molesme, en présence d'Hugues de Montréal, évêque de Langres.
(1229.)

Hugo, Dei gratia Lingonensis episcopus, omnibus presentes litteras inspecturis, in Domino salutem. Noveritis quod dominus Gaulcherius, miles de Cades in nostra presentia constitutus, recognovit se tenere ab ecclesia Molismensis molendinum de Jancy sub Fraxineo, pro quo molendino tenetur ipse persolvere dicte ecclesie quatuor sextarios ordei et duos sextarios frumenti, ad mensuram Anceii Franci persolvendos annuatim, ad festum Sancti-Remigii. Ita tamen quod, post obitum dicti Galcherii, ad prefatam ecclesiam libere et quiete revertetur. Actum anno Domini M° CC° XXIX°.

(Archives de l'Yonne, fonds de l'abbaye de Molesme.)

CXV.

Donation du curé de Noiron au Chapitre de Langres, attestée par Hugues de Montréal, évêque de Langres.

(1230.)

Hugo, Dei gratia Lingonensis episcopus, universis presentes litteras inspecturis, notum facio quod dominus Leodegarius, presbiter de Gevre, curatus de Noyrom, in presentia mea constitutus donavit donatione inter vivos et concessit in perpetuum capitulo Lingonensi, duo jornalia vinee sita in territorio Divionensi quod dicitur Vetus-Foresta, et domum quam habet apud Divionem, et unum jornale vinee situm apud Gevre, in loco qui dicitur In Campo; desuper et unum jornale vinee situm in loco qui dicitur Campus Desubtus, et unum jornale vinee situm en Morter, et domum suam lapideam sitam apud Gevre, juxta fontem; et de omnibus predictis se devestiens dictum capitulum corporaliter investivit. In cujus rei testimonium, ad petitionem ipsius, has presentes litteras sigilli mei munimine roboravi. Actum anno gratie M° CC° tricesimo.

CXVI.

Donation de Guy de Luzy à l'abbaye de Molesme, attestée par Hugues de Montréal, évêque de Langres.

(1231.)

Hugo, Dei gratia Lingonensis episcopus, omnibus ad quos littere iste pervenient, in Domino salutem. Noveritis quod Guido de Luserico, miles, in mea presentia constitutus recognovit, quod homines ecclesie Molismensis apud Geigniacum commorantes habent usuarium pascuorum in nemore de Larreyo, et cum super hiis et aliis rebus querela verteretur inter ipsum ex parte, et ecclesiam Molismensem ex alia, ipse, pro bono pacis observande, recepit in feodum et hommagium ab abbate et ecclesia Molismensi quicquid habet apud Geigniacum in hominibus, terragiis et censibus, seu quibus in rebus, et etiam quicquid habet in nemoribus de Jary et de Forsolio. Ut igitur hec omnia perpetuo et inviolabiliter robur obtineant, nos, ad petitiones dicti militis, predictas litteras inibi conscriptas, ecclesie Molismensis tradimus, sigilli nostri munimine roboratas. Actum anno Domini M° CC° XXX° I°.

(Archives de l'Yonne, *Cartulaire de Molesme.*)

CXVII.

Hommage rendu par le comte de Champagne à Hugues de Montréal, évêque de Langres.

(1281.)

Theobaldus, Campanie et Brie comes palatinus, notum facit se, ad preces reverendi patris Hugonis, Lingonensis episcopi, fideli suo Guiardo Perinol, prefati episcopi baillivo, in perpetuum feodum et homagium ligium, salva ligietate jam dicti episcopi et Clarambaudi de Capis, viginti libras Pruvinensium annui redditus, in nundinis S. Remigii, Trecis, a dicto Guiardo, vel ejus heredibus percipiendas contulisse. In hujus rei testimonium presentes litteras fieri volui sigilli mei munimine roboratas. Actum anno gratie M° CC° tricesimo primo, mense novembri.

(Trésor des Chartes, J, 196, IV, n° 26.)

CXVIII.

Transaction entre Hugues de Montréal, évêque de Langres, et le chapitre d'Avallon.

(1281.)

Hugo, Dei gratia Lingonensis episcopus, universis presentes litteras inspecturis, salutem in Domino. Noveritis quod cum inter nos et predecessores nostros, ex una parte, et capitulum Avalonense, ex altera, super jure patronatus ecclesie de Veteri-Castro, quod ad se pertinere dictum capitulum asserebat, discordia fuisset diutius agitata, tandem, cartis et instrumentis ipsius capituli nobis super hoc exhibitis et diligenter inspectis, de bonorum consilio, predictum jus patronatus eidem capitulo recognoscimus, et ad ipsum confitemur plenarie pertinere, salva tamen donatione facta de dicta ecclesia de Veteri-Castro Renaudo, clerico nostro, et eidem inviolabiliter valitura. In cujus rei testimonium presentes litteras sigilli nostri roboratas munimine eidem capitulo duximus concedendas, et ad majorem securitatem, sigillum abbatis Castellionis, dilecti nostri, presentibus litteris una cum sigillo nostro fecimus apponi. Actum apud Chasseigniam, anno Domini M° CC° XXX° primo, proxima die veneris post Brandones.

(Archives de l'Yonne, fonds de l'église Saint-Lazare d'Avallon, liasse 4.)

CXIX.

Fondation par Nicolette de Magny d'une chapelle à Cones, confirmée par André de Montréal, son gendre.

(1282.)

Ego Nicholeta, domina de Maigny, notum facio tam presentibus quam futuris, quod ego et Petrus, quondam vir meus, Raveriarum dominus, bone memorie, pro remedio animarum nostrarum et voto mediante, constituimus quandam capellam in perpetuum, in villa nostra que dicitur Cones, que erat de nostro hereditario, in honore Beate-Margarite virginis ; capellano vero, scilicet Balduino in dicta capella permanenti, assignavimus unum modium bladi ad mensuram de Ayngnay, cujus medietas frumenti et altera avene, in terciis et molendino supradicte ville annuatim recipiendum. Dedimus etiam eidem capellano sexaginta solidos Divionenses, in jam dictis terciis et molendino annuatim similiter constitutos; et medietatem vinee nostre de Cones et grangiam nostram cum aliquo manso et plenum usuagium in nemoribus nostris de Duysmiis, et pasturis, et in ripparia et omnia aasantia, et necessaria in eisdem sine venditione. Sepenominati vero bladi et nummi infra octabas Sancti-Remigii debent persolvi. Hanc autem donationem et concessionem dominus Andreas de Monteregali, et Robertus, dominus Tanlay, generi nostri, et etiam filie mee, videlicet domina Gilla, uxor predicti Andree, et Margarita, uxor predicti Roberti, laudaverunt, voluerunt et bona fide concesserunt. Hoc autem factum est salvo jure ecclesie de Curvigneyo. Et ut res permaneat semper stabilior et magis integra, ego Nicholeta, et dominus Andreas, et Robertus, dominus Tanlay, supradicti, in presentibus litteris sigillorum nostrorum apponi fecimus firmamenta. Et ad preces nostras et generum meorum jam dictorum, Humbertus, religiosissimus prior Vallis-Caulium, eamdem cartulam sigilli sui munimine roboravit. Datum apud Raverias, die sabbati post Ascensionem Domini, millesimo ducentesimo xxx° secundo.

(Archives de la Chambre des Comptes de Dijon, layette n° 160, liasse 1, cote 3276.)

CXX.

Lettres de Gillette, dame de Ravières, par lesquelles elle donne aux moines du Val-des-Choux quatre setiers de blé.

(1232.)

Ego Egidia, domina Raveriensis, omnibus presentes litteras inspecturis, notum facio quod, inspirante divina gratia, dedi et concessi, laude et assensu domini Andree de Monteregali, mariti nostri, fratribus de Valle-Caulium, quatuor sextaria bladii, medietatem frumenti et medietatem avene ad mensuram Aignaii, singulis annis, post obitum meum percipienda, pro parte mea tereiarum de Duesme, circa festum Beati-Remigii confessoris, pro remedio anime mee et anime dicti Andree, domini et mariti mei, et omnium antecessorum meorum. In cujus rei testimonium presentibus litteris apposui sigillum meum, et petivi a sepedicto domino et marito meo ut apponeret simul suum. Actum fuit hoc anno ab Incarnatione Domini м° cc° xxx° ii°, mense decembri.

(*Cartulaire du Val-des-Choux*, p. 649.)

CXXI.

Lettre d'Hugues, duc de Bourgogne, au sujet de cinq mille marcs d'argent qu'il devait verser au roi parce qu'il n'avait pas voulu secourir le comte de Champagne. Le seigneur de Montréal est garant pour 600 marcs.

(1234.)

Ego Hugo, dux Burgundie, notum facio omnibus presentes litteras inspecturis, quod ego karissimo domino meo Ludovico, regi Francorum illustri, emendavi ad voluntatem suam faciendam usque ad quinque milia marcharum argenti, hoc quod ego nobilem virum Theobaldum, comitem Campanie, ad mandatum ipsius nolui assecurare. Et de predictis quinque milibus marchis teneor eidem domino regi, infra mensem Pasche, dare plegios competentes, tales scilicet : karissimam matrem meam ducissam Burgundie, pro duobus milibus marchis; comitem Matisconensem, dominum Puisati, dominum Montisregalis, Guillelmum de Monte-Sancti-Johannis, dominum Montis-Acuti, quemlibet horum pro sexcentis marchis. Et si aliquem vel aliquos illorum forsitan habere non possem, loco illorum quos ego habere non possem, teneor infra dictum terminum dare alios plegios competentes. Et sciendum quod si ego, vel plegii mei deficeremus a solutione dicte peccunie, ad voluntatem ejusdem domini regis facienda, ipse, post duos menses ex quo ex parte ejus essemus super hoc requisiti, posset ad totum feodum meum, quod de ipso teneo, sine se mesfacere assignare et in manu sua tenere, donec ipsi esset ad voluntatem suam plenarie emendatum, nisi ego, in propria persona, pro eo quod deficeret, ostagium tenerem Parisius eidem domino meo regi. Hec omnia juravi super sacrosancta, eidem domino regi, a me bene et firmiter tenenda. Juravi etiam quod eidem et heredibus ejus fidelis ero, et bene et fideliter ipsis serviam contra omnes gentes, et obediam ei sicut domino meo ligio. In cujus rei testimonium, sigillum meum duxi presentibus litteris apponendum. Actum anno Domini millesimo ducentesimo tricesimo quarto, mense aprili.

(Archives de l'Empire, trésor des Chartes, J, 247, I, n° 7.)

CXXII.

Anséric IX de Montréal approuve le don fait par le seigneur de Quincy à la léproserie de Cerce.

(1234.)

Ego Ansericus, dominus Montisregalis, notum facimus quod dominus de Quincyaco, et Mathildis, uxor ejus, dederunt ecclesie Beate-Marie et fratribus domus de Sarce, Deo servientibus, ordinis Cisterciensis, que sequuntur : inter rivum de Sarce atque torrentem de Croissant, videlicet nemus et omnes terras arabiles, aquas, pasturas, prata et mediam justitiam. Ego vero Ansericus, de cujus feudo res predicte movent, donationem laudavi et consensum benevolum concessi. Et quodcumque dicti fratres possent acquirere inter dictos torrentes sive rivos similiter laudavi. Dicti vero fratres tenentur mihi reddere annuatim, preter altam justitiam et guardiam, quinque libras cere, a festo Sancti-Remigii usque ad festum Omnium-Sanctorum. In cujus rei testimonium presentes litteras sigilli mei munimine roboravi. Datum anno Domini M° CC° XXX° IV°, mense martii.

CXXIII.

Testament d'Agnès de Thil, veuve d'Anséric VIII de Montréal.

(1235.)

Ego Agnes, domina de Insula, relicta bone memorie nobilis viri Anserici, quondam Montisregalis [domini], notum facio omnibus tam presentibus quam futuris quod ego in puram et perpetuam elemosinam, pro remedio anime mee, et pro remedio anime karissimi viri mei Anserici, quondam domini Montisregalis, necnon et pro animabus pie memorie dilectissimi patris mei, Guidonis, quondam domini Tilii, et domine Luce, dilectissime matris mee, et antecessorum meorum, legavi, dedi et concessi Deo et ecclesie Beate-Marie Pontiniaci, in qua videlicet ecclesia elegi mihi locum sepulture, juxta sepulturam dicti karissimi viri mei, unum modium frumenti et unum modium avene ad mensuram Prissiaci, in terciis meis sitis apud Asiacum et apud Pontem, que movent de capite meo. Quos duos bladi modios dicta ecclesia percipiet singulis annis in perpetuum, in festo Sancti-Remigii, ad faciendum anniversarium nostrum in dicta ecclesia in perpetuum, post obitum meum. Ut autem hec elemosina donationis mee rata et firma permaneat in perpetuum, presentes litteras sigilli mei munimine roboravi. Actum anno Domini M° CC° XXX° V°, mense julio.

(*Cartulaire de Pontigny*, n° 214, fonds latin 9887.)

CXXIV.

Pacte d'Agnès de Thil, dame de Montréal, avec le roi de Navarre, comme caution de sa parole.

(1285.)

Ego Agnes, domina de Insula, notum facio universis tam presentibus quam futuris, quod ego promisi domino charissimo meo Theobaldo, illustri regi Navarre, Campanie et Brie comiti palatino, quod si resilirem a conventionibus quas habemus inter me et charissimum filium meum Ansericum, Montisregalis dominum, sicut continetur in litteris dicti regis domini mei, quas habeo penes me, dictus rex dominus meus poterit capere et saisire, sine se mesfacere, totum feodum quod de ipso teneo : quod ut notum permaneat et firmum, presentes litteras sigillo meo sigillavi. Actum anno Domini millesimo ducentesimo tricesimo quinto, mense januario.

(CHANTEREAU-LEFEBVRE, *Traité des Fiefs*.)

CXXV.

Confirmation par Anséric, seigneur de Montréal, des donations faites par son père au prieur et aux religieux de Notre-Dame de Vausse.

(1235.)

Ego Ansericus, dominus Montisregalis, omnibus presentes litteras inspecturis, notum fieri volo quod ego, pro remedio anime mee, patris mei et matris mee et antecessorum et successorum meorum, laudo, concedo et confirmo, pro me et heredibus meis, presentibus et futuris, in perpetuum, Deo et ecclesie Beate-Marie de Vaucia, priori et fratribus ejusdem loci Deo servientibus, omnia et singula que pater meus Ansericus, dominus Montisregalis, dedit et concessit eisdem fratribus, videlicet sedem dicti loci cum plaseyo de longitudine et latitudine, et quod dicti fratres possint claudere dictam domum, et infra clausuram plaseyum facere vel ad culturam redigere. Ita quod dicti fratres non possint infra clausuram fortalium facere deffensibilem, nisi prius voluntate mea requisita. Item ego Ansericus predictus, volo, laudo ac etiam confirmo predictis ecclesie et fratribus unam grangiam, que dicitur Renneaus, cum appenditiis suis, et cum toto campo sito retro dictam grangiam, et integraliter libero ab omni tercia et costuma cum omnibus chaumis existentibus coram dicta grangia et a latere ipsius, cum omnibus arboribus sitis in predicta chauma, prout mete circomposite se comportant, scilicet super viam per quam itur a Castro-Gi- rardi, in villam Reomensem, coram grangia dictorum fratrum. Et possunt dicti fratres claudere dictam grangiam cum chaumis et campo, ut sibi melius viderint expedire, sicut predicte mete ordinantur. Item volo, laudo et confirmo donationem quam predictus pater meus fecit dictis ecclesie et fratribus de Vaucia, de tribus modiis bladi, videlicet uno modio frumenti et duobus modiis avene habendis et percipiendis, singulis annis, super parte mea quam habeo in decimis Sancti-Andree-in-Terra-Plana. Si vero predicta tria modia bladi non possint haberi nec percipiendi integraliter in dicta parte mea dicte decime, predicti religiosi deffectum accipient de aliis bladis meis in granario meo Montisregalis. Item, ego Ansericus, concedo et do dictis fratribus, omnimode, usuarium in foresta mea de Vaucia, ad calefaciendum, ad marrinagium faciendum, sive ad edificandum et ad faciendum dolia, sive marrinagium vineis aptum; et quod dicti fratres in omnibus suis mansionibus, ubicumque sint, de dicto usuario possint facere omnia que sibi viderint necessaria, sine contradictione aliqua. Et possunt etiam dicti fratres in dicta foresta calcem facere. Concedo etiam dictis fratribus quod possint accipere lapides, tam grossos quam minutos, in foresta de Vaucia, vel etiam extra dictam forestam. Concedo etiam dictis fratribus omnimodam pasturam per totam forestam de Vaucia et in finagio Castri-Girardi, sine panagio persolvendo, vel alia servitute. Et teneor dictis fratribus, pro suis animalibus pasturam garantire in quocumque finagio mea propria pecora vel hominum meorum possunt pasturare. Item laudo, concedo et confirmo hoc quod dicti fratres habent apud Cyseri, scilicet quatuor sextarios bladi, frumenti et avene per medium ad mensuram Montisregalis, quos G. de Conseri concessit dictis religiosis, annuatim accipiendos super terragium de Cyseri, et dedit dictis fratribus tantam massam feni quantam octo boves poterunt super carrum de pratis suis de Cyseri trahere vel quadrigare. Item duos sextarios avene quos Hugo, miles, dominus de Trivilli, concessit dictis religiosis annuatim habendis super costumas dicte ville. Item duos bichetos bladi, frumenti et avene, per medium, quos dominus G., vicecomes Avalonis, dominus de la Boicherace, concessit dictis fratribus, annuatim capiendos in terragio suo de la Boicherace. Item prata que habent in castellania Montisregalis, scilicet tres sicatas prati, sitas in pratis dicti Viart, juxta campum leprosorum, ex una parte, et juxta pratum Bourrot de Cherisy ex altera : quod pratum fuit Robini lou Tenneour. Item tres sicatas prati subtus Cherisy. Item septem sicatas, sitas juxta grossam metam, cum duabus peciis vinee tisis in finagio de Montelon, quas Regnaudus de Charisy, cum duobus filiis suis, scilicet Hueto et Johanne, concesserunt fratribus supradictis, in perpetuam elemosinam. De quibus pratis supradictis et peciis vinee supradicti fratres tenentur mihi annuatim solvere decem et octo denarios Dyvionenses censuales, ad festum Beati-Johannis-Baptiste. Item hoc quod dicti fratres habent apud Marmoiaux super decimam, scilicet duas partes tocius decime de Marmoiaux, tam grosse quam minute. Item ego, Ansericus, do dictis fratribus speciale privilegium quod ipsi possint acquirere in terra mea, in feodis et retrofeodis meis, usque ad ducentas libratas terre pruvignienses. Ita quod predicti fratres pro predictis omnibus tenentur et tenebuntur in perpetuum mihi et heredibus meis solvere quinque libras cere, annuatim, censuales, in festo Beati-Remigii persolvendas. Et omnia et singula supradicta ego Ansericus predictus, dominus Montisregalis, predictis fratribus de Vaucia, teneor et promitto, bona fide, pro me et heredibus meis, contra omnes qui possent vel deberent in hujusmodi rebus vel altera earumdem reclamare jus aliquod, perpetuo garantire. Et ut istud ratum et inconcussum permaneat in futurum, presentes litteras sepedictis fratribus tradidi sigilli mei munimine roboratas, anno Domini millesimo ducentesimo tricesimo quinto.

(Archives de la Côte-d'Or, série B, Chambre des Comptes de Dijon; documents relatifs aux affaires religieuses, prieuré de Vausse.)

CXXVI.

Anséric IX de Montréal donne son vidimé à une charte de son bisaieul.

(1236.)

Ego Ansericus, dominus Montisregalis, omnibus presentibus et futuris ad quos littere presentes pervenerint, notum facio quod inspexi litteras nobilis viri bone memorie Anserici, quondam domini Montisregalis, avi mei, sigillatas sigillo ipsius, verbo ad verbum sub hac forma : Notum sit omnibus presentibus et futuris quod ego Ansericus, dominus Montisregalis, pacem inter me et fratres de Regniaco reformari volens, signa et divisiones ab antecessoribus factas inter nemus fratrum de Regniaco, cui nomen est Herviau et nemus meum quod dicitur Sancti-Germani, et partes nemoris quas a Gimone Burgueriaul, Hugone et Oberto de Provence, Petro Mautalant de Ateiis, pecunia teneo obligatas, et partem monachorum de Cora, et aliud nemus Sancti-Germani, a viris legitimis et boni testimonii, quadam die constituta, michi feci demonstrari. Cum igitur vidissem divisiones signorum vetustate auctenticas, michique innotuisset hominum meorum et virorum fidelium attestatione, quod nemus determinatum esset de jure fratrum de Regniaco sicut mete et divisiones demonstrant, ego, respectu justicie et pacis conservande ne aliquo tempore inter me et inter successores meos et fratres de Regniaco de jam dicto nemore et divisionibus discordia oriretur, ipsas divisiones scripto volui commendari, et in perpetuum confirmari. Iste sunt divisiones : a lacu Corili usque ad quercum de Geneschor, et inde usque ad fagum Petre et usque ad septem Fratres, et usque ad Grossum-Cerisier, indeque ad quercum de Geneschor, et usque ad grossum fagum ; ab alia parte nemoris Sancti-Germani divisiones hec sunt : a nemore Philippi de Praiz usque ad lacum Chapotot, et usque ad agros Sancti-Germani. Nemus ergo jamdictum, prout signa facta et mete demonstrant, libere et absque retentione ulla, pro salute anime mee, pro salute patris et matris mee, uxoris mee et antecessorum meorum, ecclesie et fratribus de Regniaco concessi et laudavi, garentire compromisi et volui confirmari. Porro usuaria, et si quid aliud ego et homines mei in jam dicto nemore de jure reclamabamus, supradictis fratribus, eorumque successoribus, in elemosina perpetuo indulsi. Hujus rei testes sunt : Gauterius, monachus de Fonteneto ; magister Obertus, Josbertus de Bar, Willermus Grossumbrachium et Philippus, frater ejus ; Narioldus de Taleci ; Milo, prepositus de Monteregali ; Willermus, prepositus de Insula ; Arnulfus Malabucca. Ut igitur istud ratum et firmum perpetuo habeatur, presenti scripto et sigilli mei munimine confirmavi. Hoc etiam laudavit Sibylla, uxor mea, unde testes sunt : Gauterius, monachus de Fonteneto ; Robertus, canonicus de Monteregali ; Gibaudus, miles de Monteregali ; Milo, prepositus de Monteregali. Has autem litteras, ego videns idoneas et honestas et rationabiles, de laude et assensu fidelium meorum, eas et omnia que in eisdem litteris continentur volui, laudavi, concessi, approbavi et etiam confirmavi, et per fidem meam corporaliter prestitam promisi quod contra aliqua de predictis per me vel per alium in futurum venire nullatenus attemptabo. Omnia autem predicta, que in dictis litteris continentur, dilecta uxor mea Maria, dicta comitissa Grandisprati, domina Montisregalis, laudavit, voluit et concessit per ceraculum suum, promittens se ea in perpetuum rata et tenenda habituram, et inviolabiliter servaturam. In cujus testimonium ego Ansericus, dominus Montisregalis, et dicta Maria, uxor mea, presentes litteras sigillorum nostrorum munimine fecimus roborari. Actum anno Domini M° CC° tricesimo sexto, mense aprili.

(Archives de l'Yonne, fonds de Reigny, liasse 14, s.-l. 8; *Cartulaire de l'Yonne*, II, 69.)

CXXVII.

Anséric IX et sa femme font une donation aux religieux de Gournay.

(1236.)

Omnibus presentes litteras inspecturis dominus Ansericus, dictus dominus de Monteregali, et Maria, dicta comitissa de Grandiprato, uxor sua, salutem in Domino, notum vobis faćimus quod nos conventui et ecclesie Beate-Marie de Gornaio concessimus x solidos Parisienses monete, in pedagio de Bondies, singulis annis, in festo Beati-Remigii percipiendos, pro recompensatione xx solidorum quos nobilis mulier Johanna, quondam domina de Bellomonte, jam dictis conventui et ecclesie Beate-Marie de Gornaio, pro remedio anime sue et antecessorum in censu suo de Monsteriolo, dederat in legatus. Quod ut ratum et firmum permaneat, presentes litteras sigilli nostri munimine duximus roborandas. Actum anno Domini millesimo ducentesimo tricesimo sexto, mense maio.

(Duchesne, LX, 131.)

CXXVIII.

Charte d'Anséric IX de Montréal en faveur de l'abbaye de Reigny.

(1237.)

Ego Ansericus, dominus Montisregalis, universis tam presentibus quam futuris ad quos littere presentes pervenient, notum facio quod quicquid religiosi viri abbas et conventus, seu fratres ecclesie Beate-Marie Reigniaci, hactenus habuerunt vel acquisiverunt super me vel super homines meos, in territorio et appendiciis domus eorumdem fratrum de Charboneriis, tam in terris, pratis, usuagio quam omnibus rebus aliis eisdem fidelibus in perpetuum concedo, approbo et confirmo. Preterea ego, ob remedium anime mee et patris mei, et matris mee, fidelibus ejusdem ecclesie in perpetuam elemosinam dedi centum arpenta nemoris mei, ad mensuram de Autisiodoro, in duobus locis, ubi dicti fratres ea accipere volunt, extra terras suas de Charboneriis, ad voluntatem ipsorum fratrum penitus faciendam. Et hec omnia supradicta ego et heredes mei, tenemur garentire eisdem fratribus erga omnes et omnia ad dictam domum de Charboneriis pertinentia custodire. Omnia autem predicta dilecta uxor mea Maria, dicta comitissa Grandisprati, domina Montisregalis, laudavit, voluit et concessit. In cujus rei testimonium, ego Ansericus et dicta Maria, uxor mea, presentes litteras sigillorum nostrorum munimine fecimus roborari. Actum anno Domini millesimo ducentesimo tricesimo septimo, mense aprili.

(Archives de l'Yonne, fonds de Reigny, liasse 19, s.-l. 1.)

CXXIX.

Lettres de caution données par Anséric de Montréal pour le duc de Bourgogne.

(1239.)

Ego Ansericus, dominus Montisregalis, notum facio omnibus presentes litteras inspecturis quod cum dominus meus Hugo, dux Burgundie, per excambium quod fecit cum viro nobili Johanne, comite Cabilonensi, domino regi Francie fecerit homagium ligium contra omnes homines et feminas qui possunt vivere et mori, de Charroliis et de Monte-Sancti-Vincentii, et castellaniis et pertinenciis eorumdem, per conventiones quas habet cum eo, sicut in litteris ejusdem ducis continetur, ego, ad peticionem et voluntatem dicti ducis, erga dominum regem constitui me plegium sub hac forma: quod si idem dominus meus Hugo, dux Burgundie, vel heres vel successor ipsius, a conventionibus illis observandis defecerint, ego, cum omnibus feodis que de ipso teneo, ad dominum regem vel ejus heredem venirem et me cum ipsis tenerem, donec ad voluntatem domini regis vel ipsius heredis emendatum fuisset. Has autem conventiones predictas juravi me firmiter servaturum. Actum anno Domini M° CC° tricesimo nono, mense maio.

(Trésor des Chartes, J. 254, VI, n° 1.)

CXXX.

Hommage fait de diverses châtellenies par le duc de Bourgogne au roi, avec garantie d'Anséric de Montréal et autres.

(1239.)

Ego Hugo, dux Burgundie, notum facio omnibus quod cum excellentissimus dominus meus Ludovicus, Dei gratia rex Francie illustris, mihi concesserit escambium, de quo cum dilecto et fideli meo Johanne, comite Cabilonensi, sermonem habueram, videlicet de Charroliis et Monte-Sancti-Vincentii, et castellaniis et pertinentiis eorum ; ego eidem domino regi de predictis castris et castellaniis et pertinentiis eorum feci homagium ligium contra omnes homines et feminas qui possunt vivere et mori, et promisi ipsi, tanquam domino meo ligio, et hoc ipsum juravi, quod castra predicta ei et heredibus ejus, vel mandato ipsorum, cum litteris eorum patentibus reddam ad magnam vim et ad parvam, quotiens ex parte domini regis, vel heredis ipsius, super hoc fuero requisitus, et ad idem tenebuntur heredes et successores mei qui castra tenebunt supradicta. Preterea, promisi eidem domino regi, et ei juravi quod bonum et fidele servicium ipsi et heredibus ejus faciam tamquam domino meo ligio, contra omnes homines et feminas qui possunt vivere et mori, et quod ab ipso vel heredibus ejus, vel a fideli servicio eorum non recedam. Sciendum est insuper quod, post decessum meum, in voluntate domini regis vel heredis ipsius erit et beneplacito, quod heres meus sive successor qui ducatum tenebit Burgundie, predicta castra cum castellaniis et pertinentiis eorum teneat, vel alius liberorum meorum vel successorum meorum, si eidem domino regi melius placuerit, vel heredi ipsius. De conventionibus istis bene et firmiter a me et heredibus vel successoribus meis observandis, ego dedi plegios domino regi homines meos, videlicet Guillelmum de Vergeio, senescallum Burgundie, Ansericum de Monteregali, Milonem, dominum Noeriorum, Guillelmum, dominum Tilii, et Guillelmum, dominum Montis-Sancti-Johannis, qui eidem in tali forma tenentur quod si ego, vel heres, vel successor meus, a predictis conventionibus observandis deficeremus, ipsi, cum omnibus feodis que de me tenent ad dominum regem vel ejus heredem venirent, et se cum ipsis tenerent, donec ad voluntatem ejusdem domini regis vel ejus heredis emendatum fuisset. Istas conventiones juravi bene a me et firmiter observandas, et ad hec omnia heredes et successores mei in omnibus et per omnia tenebuntur. Promisi etiam predicto domino meo regi, quod cum in peregrinationem crucis mee iter arripiam, dicta castra custodienda committam ad beneplacitum et voluntatem ipsius. In cujus rei testimonium presentes litteras sigilli mei munimine feci roborari. Actum anno Domini M CC XXXIX, mense junio.

(DUCHESNE, *Histoire de la maison de Vergy*, p. 131.)

CXXXI.

Hommage d'André de Montréal à Milon de Noyers.

(1240.)

Ego Andreas de Monteregali, dominus de Marmeaus, notum facio universis presentes litteras inspecturis, quod ego in perpetuum accepi in feodum et casamentum a nobili viro domino Milone de Noeriis, quicquid habeo in villa et in appendiciis de Nuys, videlicet in hominibus, terris, nemoribus, justiciis, et in omnibus aliis, exceptis feodis meis que in dicta villa habeo, et excepta parte domini Roberti de Tanlay; et ego Gila, uxor prenominati Andree, de cujus capite res prenominate sunt, propria et bona voluntate mea, non coacta, laudavi et volui, et per fidem corporaliter traditam tenere promisi et concessi. Ego vero predictus Andreas, omne feodum, prout supradictum et divisum est, contra omnes usque ad jus predicto Miloni dominus Noeriorum bona fide teneor garentire; et si forte garentire non possum, prout dictum est, ego dictus Andreas teneor accipere a dicto Milone in feodum et casamentum de meo recto allodio valorem tot terre prenominate; si vero contingebat quod ego Andreas, Gila, uxor mea, vel heredes nostri, hec omnia supradicta tenere vel garentire non poteramus, nos tenemur sattiffacere dicto Miloni, vel heredibus suis, super ducentis libris divionensibus, infra mensem, per requisitionem ipsius Milonis, vel heredum suorum; quos ducentas libras recepimus a dicto Miloni occasione predicti homagii. In cujus rei testimonium ego predictus Andreas, Gila, uxor mea, presentes litteras sigillorum nostrorum muniminibus dedimus roboratas. Actum anno Domini M° CC° quadragesimo, mense martii.

CXXXII.

Hommage rendu par Gaucher de Maligny à Miles de Noyers, de différents biens provenant de Guy de Montréal.

(1241.)

Ego G. de Sancto-Florentino, miles, dominus Paciaci, notum facio omnibus presentes litteras inspecturis, quod dominus Galcherius de Mellegni in mea presencia recognovit se tenere in feodum de nobili viro milite domino Noeriorum, domus suas et granchiam de Bena, vineam suam de Paisi, vineam suam de Valdelongues, vineam suam de Valderu, vineam suam de Chaudefouace, pratum suum situm in finagio de Mellegni juxta ...... domini Girardi de Chableiis, militis, que prenominata fuerunt defunctorum Joberti et Imbaudi de Bena fratrum, et etiam terciam partem quarumcunque rerum Maria relicta dicti Joberti tenet, videlicet pro viginti libris terre proviniensibus; si vero hec predictum et nominatum valorem viginti librarum terre non valebant, dictus Galcherius de Mellegni perficere teneretur. Sciendum vero quod hec omnia supradicta dominus Guido de Monteregali, quondam bone memorie, vendidit domino Guidoni de Mellegni, quondam patri dicti Galcherii; quam venditionem dominus Ansericus de Monteregali, quondam bone memorie, frater dicti Guidonis de Monteregali, laudavit, prout in litteris dicti Anserici quas vidi et audivi, continetur. Recognovit etiam dictus Galcherius se debere custodiam apud Noerios per mensem, occasione istius homagii. In cujus rei testimonium, ad petitionem supradictorum G. domini Noeriorum et dicti Galcherii de Mellegni, presentes litteras sigilli mei munimine roboravi. Actum anno Domini M° CC° quadragesimo primo, mense novembri.

(Archives de la Côte-d'Or, layette 107, cote LXVIII.)

CXXXIII.

Charte d'Anséric IX de Montréal en faveur des commandeurs de Pontaubert.

(1242.)

Ego Ansericus, dominus Montisregalis, notum facio omnibus presentes litteras inspecturis, quod ego dedi et concessi in puram et perpetuam elemosinam, pro remedio anime mee et antecessorum meorum fratribus et domui hospitali Jerosolymitane de Ponte-Arberti, dimidium modium frumenti ad mensuram de Avalone, in terciis meis de Sauvigniaco. Ita tamen quod si voluero dictum dimidium modium frumenti dictis fratribus assedere in decimis in castellania Montisregalis, vel Insule, dicti fratres se tenebunt pro pagatis. Ego autem et heredes mei, tam presentes quam successuri, dictum dimidium modium frumenti, pro amore et honore fratris mei videlicet fratris Seguini, dicte domus hospitalis, in perpetuum promittimus et tenemur prefate domui et fratribus hospitalis guarantire. In cujus rei testimonium ut hoc stabile sit et firmum, presentes litteras sigilli mei munimine roboravi. Actum in domo hospitalis de Ponte-Arberti, anno Domini millesimo cc° quadragesimo secundo, mense junio, in crastino Penthecoste.

(Archives de l'Yonne, fonds de la commanderie de Pontaubert.)

CXXXIV.

Traité entre l'abbé du Moutier-Saint-Jean et Jean de Beauvoir.

(1243.)

Nos David, archipresbiter Avalonensis, notum facimus universis presentes litteras inspecturis quod cum discordia verteretur inter abbatem et conventum Reomensem, ex una parte, et Johannem, domicellum, dominum de Bellovisu, ex altera, super terciis et talliis de Sauvene, tandem pacificata est in hunc modum, videlicet, quod dictus Johannes, et post decessum suum heredes sui, de terciis dicte ville tredecim sextarios bladi, tres videlicet frumenti et ceteros avene, in perpetuum, annuatim, dictis Reomensibus persolvent; similiter, et terciam partem de talliis memorate ville eisdem Reomensibus in perpetuum persolvere tenentur, exceptis servientibus ejusdem ville, et hiis qui sunt in vico illo qui ducit a ponte Toutreii ad Rovretum; et sciendum quod serviens qui super hiis constituetur dictis Reomensibus tenetur facere fidelitatem. Et ut hoc ratum et stabile in perpetuum permaneat, ad instanciam utriusque partis, presentes litteras sigilli nostri munimine roboravimus. Actum est hoc anno Domini M° cc° quadragesimo tertio, mense marcio.

(Archives de l'abbaye du Moutier-Saint-Jean.)

CXXXV.

Vente faite par Déodat l'aveugle à Guy de Montréal, trésorier de l'église de Langres.

(1252.)

In nomine Domini, amen. Ego Deodatus Cecus, Judeus Dyvionensis, confiteor et recognosco me pro utilitate mea vendidisse et titulo pure, perfecte et irrevocabilis venditionis concessisse, penitusque quittasse, pro pretio triginta et quinque librarum Dyvionensium forcium, de quibus plenam perfectam et integram solutionem in pecunia numerata recepi, exceptioni non numerate et non solute mihi pecunie omnino renunciando, viro venerabili domino Guidoni de Monteregali, thesaurario Lingonensi, sex libras et quinque solidos Dyvionensis, monete censuales. Quarum Johannes Maunoinz de Fixeio et Johanna, uxor ejus, mihi vendiderunt, Parisetto filio eorum laudante, quindecim solidos supradicte monete percipiendos et habendos, singulis annis, in perpetuum, in crastino Omnium-Sanctorum, sitos et assignatos super domum eorum lapideam, et super totum mansum ad eam pertinentem, situm in villa de Fixeio, juxta mansum et vineam Martini Beliot, ex una parte, et juxta viam que ducit ad monasterium Sancti-Martini, ex altera, ante domum Andree Calon, Johannes, dictus Cheneviere de Fixino et Cecilia, uxor ejus, Perrenon relicta Geliotti Colin, Richardo, Perrino, filiis dicte Perrenon, Waltero Caille, Lamberto Alemant et Vincentio, fratre ejus, laudantibus, quinquaginta solidos monete predicte percipiendos et habendos, singulis annis, in perpetuum in crastino Omnium-Sanctorum, et sitos et assignatos super domum eorum in qua manent, et super totum mansum ad eam pertinentem, que domus sita est in villa de Fixino juxta domum Humbelotti Troienr, ex una parte, et juxta domum Johannis Challot, ex altera, et super vineam sitam retro domum predictam, juxta vineam Haymonis Beliart, ex una parte, et juxta domum Roberti Colin, ex altera, et super domum aliam ipsorum et super mansum et vineam ad eam pertinentes, que domus sita est in villa de Fixino, juxta domum Giletti Bonart, ex una parte, et juxta domum Roberti Colin, ex altera. Robertus, dictus Colins de Fixino et Parisie, uxor ejus triginta solidos monete predicte percipiendos et habendos singulis annis in perpetuum, predicto termino, et sitos et assignatos super totam vineam eorum, sitam apud Fixinum retro domum eorum juxta vineam Johannis Cheneviere, ex una parte, et juxta vineam Humbelotti, filii Milonis Truien, ex altera, et super duas petias terre arabilis, quarum una sita est in pasquerio, juxta terram Delini Grimau, ex una parte, et juxta terram Roberti Colin, ex altera, et alia es Muenex, juxta terram Lucie, filie Gaudi, ex una parte, et juxta terram Odonis de Chandoot, ex altera. Johannes Rufus de Prato de Fixino et Marguarita, uxor ejus, Vincentio et Perrenon liberis eorum laudantibus, alios triginta solidos predicte monete, percipiendos et habendos, singulis annis, in perpetuum, preditco termino, et sitos et assignatos super domum eorum et super totum mansum ad eam pertinentem, situm in villa de Fixino, juxta mansum defuncti Petri Guibert, ex una parte, et juxta domum Godini, ex altera. Vendidi insuper, concessi, quittavi, deliberavi, tradidi perpetuo dicto domino Guidoni, thesaurario, omnia jura, rationes et actiones omnes que et quas habebam et habere poteram et debebam, nunc et in posterum, in predictis sex libris et quinque solidis predicte monete censualibus, et in assignamentis earum superius divisis, et erga personas predictas, et quascumque alias assignamenta predicta tenentes pro tempore, et de hiis omnibus et singulis et de litteris, super venditionem et assignamentis eisdem confectis, ego me penitus devestiens predictum dominum Guidonem corporaliter investivi et posui in verum dominium et possessionem perpetuam, pro voluntate ipsius et suorum heredum, aut cuilibet alterius mandati ipsi, modis omnibus et omni tempore facienda. Teneor insuper et promitto, sub obligatione bonorum meorum omnium, mobilium et immobilium, presentium et futurorum, quecumque et ubicumque fuerint, et per juramentum meum, pro me et omnibus meis heredibus, quos ad hoc obligo super sanctum rotulum prestitum corporale dictas sex libras et quinque solidos censuales reddendos ei, vel ejus heredibus, aut cuilibet mandato ipsius, et assignamenta inde superius divisa et conventiones super hiis habitas in quibus ipsum verum dominum et possessorem pono et instituo, eidem et suis heredibus aut alii mandato ipsi garantire perpetuo contra omnes et in hiis omnibus eos indempnes modis omnibus conservare et in nullo de cetero per me vel per alium contra ire vel contravenire volenti in aliquo consentire. Hec autem omnia superius divisa ego Hester, uxor dicti Deodati, et nos Dex Haist et Dex Longar, et filii eorum, laudamus et rata et firma habemus et habere tenemur servare, et contra omnes dicto thesaurario et suis garantire promittimus, in perpetuum, juramento super sanctum rotulum prestito corporali, et in nullo de cetero per nos vel per alios, aliqua ratione vel occasione contra ire. In hujus igitur rei testimonium nos Deodatus, et Hester, et nos eorum filii, presentibus litteris sigilla virorum venerabilium domini Amedei, abbatis Sancti-Stephani et domini Nicatoris, decani capelle ducis Dyvionensis fecimus apponi. Actum anno Domini M° CC° quinquagesimo secundo, mense decembris.

CXXXVI.

Ordre de saint Louis au duc de Bourgogne pour confisquer les domaines d'Ansèric X.

(1254.)

Ludovicus, Dei gratia Francorum rex, dilecto et fideli suo Hugoni, duci Burgundie, salutem et dilectionem : Cum dominus Montisregalis plura gravia et enormia facta, et que nullatenus impunita remanere deberent, timore Dei postposito, commiserit, prout nobis pluries extitit intimatum, et nos mandaverimus vobis ut hec, prout decet, emendari faceretis ad plenum, nec vos adhuc super his corrigendis consilium apposueritis, prout dicitur ; interim, vobis mandamus quatenus ad emendacionem predictorum per captionem hereditatis et terre sue, seu quocumque alio modo, quantum efficacius poteritis, compellatis eumdem, tantum inde facientes quod debemus habere nos super hoc pro pagatis. Actum Parisiis, anno Domini M° CC° quinquagesimo quarto, dominica post Natale Domini.

(Collection de Bourgogne, LXXI, 43.)

CXXXVII.

Second mandement de saint Louis au duc de Bourgogne pour faire garder à vue Anséric X dans son château de Montréal.

(1255.)

Ludovicus, Dei gratia Francorum rex, dilecto et fideli suo Hugoni, duci Burgundie, salutem et dilectionem ; cum de multis enormibus et perversis actibus domini Montisregalis, qui contra Deum irreverenter asseritur commisisse, in captione videlicet clericorum et interfectione etiam sacerdotum, ac multis aliis nequissimis et intolerabilibus plurimorum injuriis ad nos frequenter querimonie multe pervenerint et clamores, et licet super hiis omnibus vos pluries requisierimus, nulla tamen inde sit emendacio subsecuta ; cum etiam ipse nuper ad nostram presentiam venerit, et de hiis auditis multorum clamoribus et querelis in ejus presentia, satisfactionem nullam vel emendacionem fecerit de qua debemus esse pacati ; et hec omnia occasione castri sui Montisregalis commissa esse noscantur, ne si predicta mala taliter impunita transeant, aliis prebeatur audacia similia perpetrandi, mandavimus vobis et vos attente requirimus, quatenus in predicto castro tales ponatis sine dilatione custodes, ne de ipso, vel occasione ipsius, mala ulterius evenire contingat, et nichilominus haberi valeat competens emendacio de commissis. Quod si ipse in predicto castro, quod tenet a vobis ut dicitur, custodes quos illuc miseritis, recipere noluerit, tantum faciatis quod castrum ipsum capiatis, nobis quid inde feceritis vel facere volueritis, per Droconem de Montigniaco et per Johannem de Cameriaco, servientem nostrum, latores presentium, ac per litteras rescribentes. Actum Sylvanecti, anno Domini M° CC° quinquagesimo quinto, die martis ante Ascensionem Domini.

(Collection de Bourgogne, LXXI, 44.)

CXXXVIII.

Anséric X reconnaît que le duc lui a prêté Châtel-Gérard.

(1255.)

Ge Anseriz, sires de Monréaul, fais savoir à touz ces qui ces letres verrunt que Hugues, dux de Borgoinne, m'a presté Chastel-Girart que il tenoit, tant cum lui plara, por moi et mes choses mettre céanz. Et se il avenoit que sa volunté fust que il le volist ravoir, il me suffreroit getier moi et les moies choses de celu Chastel-Girart, et conduroit sauvement moi et les moies choses dues jornées ou trois. Et je suis tenuz de yssir et de délivrer celu Chastel-Girart dedent le mois que il le m'auroit fait savoir. En tesmoignaige de ces choses je en a données mes letres seelées de mon seel. Ce fu fait en l'an de grâce mil cc cinquante et cinc, ou mois de setembre.

(Collection de Bourgogne, LXXI, 47.)

CXXXIX.

Arrangement entre Anséric X et ses voisins sur le droit de chasse.

(1260.)

Ge Henry, cuens de Grampré, fais à savoir à touz cels qui verront ces présentes letres, que com descords fust entre Milon, seignour de Noiers, et Anseri, seignour de Montréaul, de la chace de lor bois, et il fust mis sor moi et sor mon seignour Hérart de Treigniaul, seignour de Poissy, de lenquierre coment il cevroient user de la chace li uns sor l'autre. Nos deismes par lou consoil de bones genz que se li sires de Noiers, ou si veneour, muvoient beste quel quele fust dou bois lou seignour de Noiers ou de sa seignorie, il la porroient chacier et penre au bois et en la terre et en la seignorie lou seignour de Montréaul. Et li sires de Montréaul et si veneour porroient ausi faire ou bois et en la terre, et en la seignorie lou seignour de Noiers, senz contredit li uns de l'autre. En tesmoin de laquel chose je hai fait saeler ces letres de mon seaul. Ceu fu fait en l'an de la Incarnacion Nostre Seignour M CC et LX, ou mois de novembre.

(Archives de la Côte-d'Or; layette 62, liasse II, cote 53.)

CXL.

Guy de Beauvoir approuve un don de douze livres tournois de rente à l'abbaye du Moutier-Saint-Jean.

(1268.)

Nos Gérarz, por la grâce de Dei avesques d'Ostun, et ge Guillaumes de Chacei, chevalierz, bailliz de Aussois, façons savoir à touz ces qui verront et orront ces présentes letres, que pordevant nos et en nostre présence estaubliz Guioz de Beauvaveir, fiz monseignor Johan, qui fust sires de Beauvaveir, ha recogneu que cum Johans de Marmeaus, sires de Ravières, teigne de lui an fié ceu que messires Andrierz de Marmeaus, ses frères, chevaliers, tient et ha an la ville de Veignes, et ou terreor et ès apportenances, et de ceu lidiz Andrierz a baillé et délivré à toz iorz mais heretaublement, franchement et quittement, al labé et au covent de Motier-Sain-Jehan docez livrées de rante à tornois, lidiz Guioz por devant nos ha volu, loé et otroié ceste délivrance et ceste chose, et ha promis an bone foi que il n'an yra au contre. Et au tesmoignance de ceste chose, al la requeste et al la prière doudit Guiot de Beauvaveir, nos havons saulées ces présentes lestres de noz seaus, an l'an de l'incarnacion Nostre Seignor mil et deus cenz et sexante et trois, ou mois de marz.

(Archives de l'abbaye du Moutier-Saint-Jean, fonds de Vignes.)

CXLI.

Donation faite par André, sire de Marmeaux, à l'abbaye du Moutier-Saint-Jean.

(1263.)

Nos Hugues, dux de Borgoigne, faisons savoir à touz cels qui verront et orront ces présentes lettres, que par devant nos et en nottre présence establiz, messire Andries, chevaliers, sires de Marmiaus, a recogneu que de ce que il avoit et tenoit en la vile de Vignes, et ou terreor et ès appartenences, il a baillié et délivré à toujorzmais heretablement, franchement et quittement, à l'abé et au covent de Mout-Saint-Jehan, douze livrées de rante à tornois, et lor a promis pardevant nos à garantir ceste chose à toujorz et en ...... lui et ses heirs et touz ses biens. Et nos volons, loons et ottroions ceste chose, tant cum à nos appartient. Et en tesmoingnance de ceste chose, à la requeste et à la prière doudit Andrier, nos avons ces présentes lettres saellées de nottre seau. Ce fu fait en l'an de grâce Nottre Seignor M° CC° sexante et trois, ou mois de marz.

(Archives de l'abbaye du Moutier Saint-Jean.)

CXLII.

Donation d'Huon de Tart à l'abbaye de Tart.

(1267.)

In nomine Domini, amen. Anno Incarnationis ejusdem M CC LXVII, mense junio, ego Huo de Thar, dominus de Megneio super Tiliam, miles, notum facio omnibus presentes litteras inspecturis, quod ego considerans et attendens quod nihil est morte certius, nihil incertius hora mortis, ob hoc, diem extreme missionis operibus misericordie prevenire, et anime mee saluti et remedio providere cupiens, pro remedio anime mee et animarum antecessorum meorum, ac etiam pro una missa de defunctis in ecclesia monialium de Thar, quotidie celebranda, dedi, concessi et obtuli, in puram et perpetuam eleemosynam, Deo et abbatisse et conventui de Thar, decem eminas bladi, frumenti et avene, per medium, ad mensuram Divionensem, de annuo et perpetuo redditu, quas assedi percipiendas et habendas et dandas abbatisse, singulis annis, aut ipsarum mandato, post decessum domini Roberti, cantoris capelle ducis, reddendas et deliberandas in tertiis meis de Thar, moventibus de meo capite, et in reditibus et exitibus ipsarum tertiarum, et de ipsis decem eminis bladi in premisso percipiendis et habendis, dictas abbatissam et conventum corporaliter investivi, promittens, bona fide, contra premissa vel aliquod premissorum, de cetero, per me vel per alium non venire, tacite vel expresse. Et ad hec omnia, meos heredes et predictas tertias, cum exitibus earum, specialiter obligo. Que omnia et singula supradicta, ego Joannes, dominus de Thar, miles, frater domini dicti Huonis, de cujus feodo predicte tertie movent, laudo, volo, et concedo, et tenere, et observare perpetuo promitto, bona fide, et in nullo de cetero, per me vel per alium contra ire, tacite vel expresse. In cujus rei testimonium et munimen, litteris istis, nos Huo et Joannes, milites predicti, sigilla virorum venerabilium domini Petri, decani capelle ducis, et magistri Alberici, decani Trinitatis Divionensis, rogavimus et fecimus apponi. Actum anno et mense predictis.

(Pérard, p. 516.)

CXLIII.

Transaction entre Jean de Montréal et le duc de Bourgogne.

(1269.)

Nos Guis, par la grâce de Deu, évesques de Langres, façons savoir à tous ces qui ces lettres verront, que cun descors fust entre le noble baron Hugun, duc de Burgoingne, de une part, et monseignor Jehan de Montréaul, chevalier, d'autre part, sus ce que lidiz Jahanz demandoit sum partaige le dit duc de Montréaul, de Chastelgirart et des chastelleries desdits châteaux que li dux tient, en la fin pais en ha esté faite et accordée par nos et por autres preudomes qui s'en sunt entremis, en tele manere que la terre que li diz Jahans hot de part sa mère, doit estre prisée és bons hus et és bones costumes de Borgoingne. Après, li dis dux doit baillier et délivrer audit Jahan la mothe de Athées et les fossez et les porpris dedens les fossez, sens pris de terre, et li doit li dux asseoir Athées et les apartenances, et tant de la terre de Monréaul senz Monréaul, et sens le finaige dou plus près de Athées, sens entre deux et sens noiant retenir ; que li dis Jahans hait six cens et sexante et dis livrées de terre à viennois, avec la vaillance de ladite terre de par sa mère, laquel vaillance doit estre contée esdites six cens et sexante et dix livrées ; et la terre que li dis Jahans dona monseignor Guion de Semur en fey doit estre rabatue de ceste some ou pris de dix livrées de terre. Et doit doner li dis dux à celu Jahan, six cent livres de viennois en deniers contens por faire sa volunté, et ladite mothe de Athées, ensemble ladite terre tote doit demorer dou fyé lige le duc, sauve à celu Jehan et és siens totes eschooites qui lor porrient ne devrioient avenir dès cest accort en avant, et sauves audit Jahan et és siens sa raison et sa droicture de Lille et de la chastelerie et des apartenances, se poinx en i ha li dis Jahans, lesquex choses sunt fors dou dit acort. Et ceste pais, si cum elle est dessus devisée, lesdites parties ont promis por lor fois fiancées en nostre main, tenir et garder et asserir sens aller encontre ; sauves les issues de la terre qui n'est pas assise monseignor Jahan qui sunt levées puis que ladite paiz fu faite ; et sauves audit duc et ès siens ses raisons por quoi il n'est tenuz desdites issues randre, et sauves ses raisons que il ha, si cum il dit, en demander la peingne de six cens marcs d'argent, en laquel peingne li dux dit que cilz Jahans est enchoois, de laquele peingne se li dux la voloit demander, et il meist raisons qui ne fussunt raignaubles, et se li diz Jahans voloit demander lesdites issues, et li dux meist des colpes qui ne fussunt regnaubles, il s'en doit soffrir, se nos, et li sires de Grancé, regardont por droit que il sen doige soffrir. Por ces choses devant dites li diz Jahans, madame Marguerite, sa famme, Guiot lor filz, Jahannete, Agneles et Beatrix, lors filles, ont quitté tout le partaige et tout le droit que il ont ès devant diz chataux de Monreaul, de Chastelgirart, et ès chasteleries, et ès appendises, et es apartenances, sauves lor eschooites, si cum il est devant dit. Et ces choses ont jurées lesdites parties et ladite dame, et li quatre enfant desus nommé. Et nos, por la prière et por l'assentement de tous ces desus nomez, havons mis nostre seal en ces lettres, en tesmoignage de vérité. Ce fu fait à Chastoillum-sus-Seignes, le jor de feste Saint-Denis, en l'an de grâce mil cc sexante et nuef.

(Collection de Bourgogne, LXXI, 71.)

CXLIV.

Vente faite au duc de Bourgogne par Jean de Marmeaux, sire de Ravières.

(1270.)

Ge, Jehanz de Marmeaus, sires de Ravières, chevaliers, et ge, Aalyz, sa famme, façons savoir à tous celz qui verront et orront cels présentes lettres, que nos porveablement, senz decevance, avons doné, baillié, outtroié, délivré et quitté à noble baron, notre amé seignor Hugon, duc de Borguoine, por lui et por ses hoirs, tout queuque nos avons et poons avoir et devons, por quelque raison que ce soit, en tout l'érietaige et en touz les biens qui furent monseignor Huon de Thar, cai en arriers seingnor de Meigne-suis-Tyle, chevalier, qui morz est, ès viles et ès terreours et ès finaiges de Meigne-suis-Tyle et de Nueille, en terres, en prez, en homes, en mes, en maisons, en fiez, en bois, en aigues, en jostice, en seingnorie et en toutes choses queles que elles soient, senz riens retenir en cels choses por nos ne por nos hoirs. Et, de toutes cels choses, nos nos somes devestu et en avons revestu ledit duc, por lui et por ses hoirs, et mis en possession et en seignorie, et prometons, à bonne foi, toutes cels choses tenir et garder, et que por nous ne por autrui nous n'irons en contre, sauves à nos et à nos hoirs les convenances que li diz dux por lui et por ses hoirs nos ai, ensi come il est contenu en unes lettres cai en arriers faites que nos avons de lui, saalées de son seal. Et quant à cels choses, je, Aalyz dessus dite, renoncons à toute ayde d'avoerie et de garde, et à toutes aydes et à toutes grâces otroiées et à outroier en faveur de fammes, à toute ayde de canon et de loys, et au droit qui dit que generaux renonciacions ne vaille ; et voil que cels choses soient tenues comme por expresses. On tesmoingnaige de laquel chose nous, Jehanz de Marmeaus, et Aalyz desusdit, avons prié et requis et fait mettre en cels lettres les séaus ès honorables homes de monseingnor Amée, abbé de Seint-Estiene, de monseignor Pierre, deien de la Chapele lou Duc, et de maistre Aubri, deien de la crestienté de Dijon. Et nos, l'abbés et li deien desus dit, ès prières et à la requeste des devant diz Jehan et de Aalyz, avons mis nos seaus en cels lettres en tesmoingnaige de vérité. Ce est fait en l'an de grâce mil cc et septante, ou mois d'ahost.

(Archives de la Côte-d'Or ; Layette n° 13, liasse Ire, cote xxxv.)

CXLV.

Vente faite par André de Marmeaux aux religieux du Moutier-Saint-Jean de tout ce qu'il possédait à Marmeaux.

(1271.)

Nos, Hugues, dux de Borgoigne, faisons savoir à tous caus qui verront et orront ces presentes lettres, que messire Andriers de Marmiaus, por ce especialment establis en notre présence, non mie à force ne par paour, ne par tricherie, ne par barat, ne par losange à ce menez, maiz par son preu facent et apparissent, veut et por lou titre de preu et de parfaite vendicion, baille et laisse et ottroie frainchement lou franc-aleu au religioux, homes, à l'abbé et au couvent de Moutier-Saint-Jehan, touz ses hommes de Monthumble et de Saincte-Columne, avec touz lor mex et touz les tenemans, ce est à savoir Ogier, dit Chanmorseau, Jehan Dodale, Garnier dou Ru, Droy, dit Estharbot, la femme feu Regnard, dit Crelin, Jehan, dit Crelin, homes de Monthumble. De rechief, Jofroy, dit Londiem, Estienne lou filz feu loudit Borne, Jacques, dit Butin, les enfens du feu Seguin Huet, le fil feu Estienne et son frère, Hubelot, fil caenarriers feu audit Dyen, Benoit dit Dyen, dit Maumirri, Regnaud, dit Boche, la dite Haiete, la femme feu Jofroy dit Giraut, Guillaume, dit Guitum, Jacquet, dit Dyen, hommes de Sainte-Columne. Liquel dit home des deus dites viles estoient taillable et exploitable audit chevalier, de tous exploiz, de tailes, de coutumes, de cens et de corvées ; de rechief, sa maison de Sainte-Columne avec les appendices et lou poupris de ladite maison avec tout lou droit et l'usaige, lequel li dix chevaliers dit que il ha ès bois de Erviau. De rechief, toutes ses tierces qui sient ès finaiges et ès parrochages des devant dites viles, avec tout lou cens et les coutumes, et lou los desdites terres et des coutumes, et desdiz cens, et quecumque chose de droit d'autrui de seignorie profitable ou droite li dix chevalier ha esdites viles et ès finaiges de celes, ou puet avoir, an quelque manière que ce soit, por lou pris de viii cents livres de viennois; laquelle dite some de argent li diz chevalier a recogneu par devant nos que il ha eurt et receurt desdits religioux, an bons deniers et loiaus numbrez, par coi li diz chevalier se desvit par devant nous de toutes les choses devant dites, et an ha revestu lesdits religioux et les ha mis, de toutes les choses devant dites, an vuide et corporal possession, segurte que il ha recogneu par devant nous. Prometanz, en bonne foy et par son serment doné sur seintes euvangiles, corporelmant tenir, garder par soy et par ses hoirs, sur l'obligacion de tous ses biens, quelque part que il soient, meubles et non meubles, les devant dites vendicion, tradicion, cession et concession, devesture et envesture, et faire et doner toutes les choses, lesquelles doivent estre faictes et donées à cause de eviction an tel manière que se aucun traveloit les devant dits religioux sur les choses devant dites, ou sus aucunes de celes, laquelle chose ne venra ja, se Dieu plait, li diz chevalier deffandroit à ses despens, par sondit sermant et sur l'obligacion des susdicte, lesditz religioux, et se opposeroit contre tous caux qui riens leur demanderoient par raison desdites choses. Et ceste vendicion, tradicion, cession et concession, deveteure et investeure, obligemant et assenemant messires Jehan de Ravières, chevalier, frère dudict chevalier, de cui flé toutes les devant dites choses muevent, loe, approuve, agree et accepte, prometant en bonne foy que il ne reclamera games riens, ne par soy ne par autrui, ès choses devant dictes, par raison de fié ne par raison de nulle eschoioite que il y atende à avoir. Et nos devant diz Hugues, dux de Borgongne, de cui rière-fié ces choses muevent, loons et agréons ceste vendue et toutes ces convenances dessus dictes. Et renonceant li diz Andriers et Jehans à ce fait sciemmant et apanseemant à toute action de deception, de tricherie, de paour, de barat, à l'exception de fait li devant diz Andriers, à l'exception de pécune nommé comme mie et numbrée et non mie receue et heue, et à l'espérance de recevoir maiz ladite pecune, à l'exerpciun de ladite vendue et des choses dessus dictes non mie faites, et au droit por lou quel li anagie demandent et hunt restitutiun, quant ils sunt de ceu oultre la moictié du pris droiturier, et à tout bénéfice de restitucion li devant diz Jehans à tout lou droit de fié que il a ou puet avoir ès devant dictes choses, andui ensemble à tout droiz de canon et de loye escript et non escript, et à toutes coutumes por lesquelles ces choses contenues en ceste lie porroient estre rapelées et avanciées. Et nous devant diz dux de Bourgoigne, renunceons à tout lou droit de rère fié que noz avons ou poons avoir ès choses vendues dessus dictes, et au droit qui dit que generaus renunciacions ne vaut riens. En tesmoignaige de laquelle chose, por que elle vaile à tozjorzmaiz, nos avons mis notre seel en ces présentes. C'est fait à la prière et à la requeste des deus diz chevaliers. Ce fut doné en l'an de grâce mil deus cens septante et onze, au mois de décembre.

(Archives de Dijon, fonds du Moutier-Saint-Jean.)

CXLVI.

Charte de franchises octroyée par Jean de Montréal, seigneur de Tart, et ratifiée par son fils.

(1275.)

En nom de nostre seigneur Jésus-Crist, en l'an de l'incarnation de celuy mesme mil deux cens soixante et quinze, au mois de mars, nous, Robert, duc de Bourgoigne, faisons sçavoir à tous ceulx qui ourront ces présentes lettres que, en nostre présence, expressément establis pour ce, nostre amé et nostre féau Jean, seigneur de Tard, chevalier, ay recogneu par devant nous que messire Jean de Montréal, çai en arriers son père, qui mors est en bonne et saine mémoire, à sa vie asseveissay les hommes de Tart-la-Ville et de Tart-le-Chasteau, et leur a donné et octroyé à tousjourmais, à eulx et à leurs hoirs, franchise, comme il est contenu expressément en les présentes lettres cy-apprès : Chacun qui tient meix à Tard-la-Ville doibt chacun an au seigneur de Tard pour la rente de son meix et des aules de son meix, trois bichetz d'avoyne à la mesure de Dijon, et demy cartault pour la chauche, à payer chacun an au seigneur de Tard, dans la feste de Toussainctz et une fois, et une géline ou pris de vingt ung deniers de la monnoye courant par Bourgoigne. De cette rente sont exceptez vingt-six meix qui ne doibvent pas tant. C'est assavoir : le meix d'André Costurier, le meix Vienot Frère, le meix Perrenot au Tisserand, le meix de Nicolas, le meix Oudot-Chevalier, le meix Huguenot-Au-lidat, le meix Viennot-Maleigny, le meix de Lambert, le meix Boutequin et O. Borgne, son frère ; le meix Oudot au Moissenat ; le meix Belin au Moissenat ; le meix Emonot au Musardet, le meix au grand Serjan, le meix Erard son frère, le meix Perrinot Nemacelis, le meix Dauderon, le meix Jeannot Noise, le meix au François, le meix Arbepin, le meix Perrenin Roulot, le meix au Gibodet, le meix Viard Deniol, le meix au Coisin, le meix Bertrand, le meix Estevenin au Fildan et le meix Chavrot. Ceux qui tiennent ceux meix doibvent chacun por la rente de son meix et des aules une emine d'avoyne et demy cartault poure la chauche à payer chacun an au seigneur de Tard, dans la feste de Toussainct, une foace et une géline, ainsy que les autres dessus dictz. Encore chacun qui tient meix à Tart-la-Ville doibt chacun an, por la cense son meix, cinq solz, et par chacune beste trahant qu'il aura chez luy, cinq solz à payer au seigneur de Tart, censament le jour et feste Sainct-Rémy, sauf le meix Huguenot au Loichet dessus dit, qui ne doibt pas les cinq solz par le meix, ne la foace, ne la géline ; et celuy qui ne payeroit la cense des années dessus dictes, chacun an, dans la feste de Toussainctz, et les cinq solz por son meix et por les bestes trahans ensemble, comme il est dessus dict, le jour de feste Saint-Rémy, ilz debvront, landemain du terme dessus dit, au seigneur de Tart, sept solz d'admande, desquelz il les pourront gaiger quant il vouldroit, et de l'aveine et de la cense, et ce il ne pourroit treuver ne avoir les gaiges suffisans à ce, il peult tourner le meix de celuy en son demoine et relever cesluy et le meix et les aules du meix ou aberger ung aultre. Li admande qui est taxée à soixante cinq solz, ceulx de Tart-la-Ville en sont quietes par trente et deux solz, et doibvent les admandes qui ne montent plus hault de sept solz ne sont admoindées de rien. Chacun qui tient meix ou feu à Tart-le-Chasteau doibt au seigneur de Tard, chacun an consament, cinq solz et ung quartault d'aveyne à payer le jour de feste Saint-Rémy, et s'il ne payoit ce jour, il debvroient le landemain trois solz et demy d'amande. Les hommes de Tart-la-Ville et du chasteau doibvent mettre chacun an les messiers : et les auront mis, il les doibvent présenter au seigneur de Tard et il doibt recevoir leurs sermens, et maintenant ils sont messiers par luy. Chacune beste que le messier treuveroit en dommage doibt, par chacune fois qu'elle y sera trouvée, six deniers au seigneur de Tard de perchie et ung denier au messier, et le dommage rendre. Dez la feste Saint-George jusques à la feste de la Nativité Saint-Jean-Baptiste, et dez la feste Saint-Jean en avant, le dommage sans plus les admendes qui sont taxés à ceulx de Tard-la-Ville, sont à la moitié moings à ceulx du chasteau. Le sire de Tard peult faire prendre à Tard, touttes les fois qu'il vouldra, gélines à Tard-la-Ville, six deniers payant par la géline. Le sire de Tard doibt avoir chacun an touttes les charrues de Tard-la-Ville et du Chasteau, trois fois en l'an, c'est assavoir au semades et au guarenier les fromens, et aux quarequer les avoynes. Chacun qui tient feu à Tard-la-Ville et au Chasteau doibt chacun an, au seigneur de Tard, la courvée cinq jours, c'est assavoir ung jour pour faire ses foings et les charrettes pour le charrier, et ung jour pour moissonner ses bledz et les charrettes aussy, et ung jour pour faire plaissez autour son chasteau, et ung jour pour le roure, et un jour pour curer les biez de ses molins de paule et de fessoir ; et le doibvent encores communément les charrettes et harnois chacun an la veille de Nativitté, pour amener bois en sa maison au chasteau, et prendront le bois en ses bois de Tard qu'il vouldra ; et celuy qui deffauldra de faire ses courvées dessus dictes, quant ilz en seront requis de par le seigneur, celuy de Tard-la-Ville en sera à sa vollenté de sept solz d'admande, et celuy du Chasteau de trois solz et demy. Les hommes de Tard-la-Ville et du Chasteau ont communément leurs usages en leurs cours au bois de Tile, dez le molin Michée, en aval, à toutte manière de bois, sans vendre et sans donner. Et aussy leur usage et leurs cours au bois de Broisse, sans abattre fou et chesne. Celuy de Tard-la-Ville qui sera truivé forfassant en haie, c'est assavoir en la haie dessus Tard, dez la noe de Monin jusques à Chantevelli et au Vernot, dessus le molin de Nouot et en l'Oyotte d'Eschigé, et en l'haye de Largille et au Tarrillot et en l'haye de Bénarres, doibt au seigneur de Tard deux solz et demy d'admande, et celuy du Chasteau sept solz et trois deniers, s'il est treuvé ès dictes deffences. Celuy de Tard-la-Ville en doibt sept solz, et celuy du

Chasteau trois solz et demy. Les bestes ausdiz hommes ont leur usage à la vaine pasture par tout le finage de Tard et par tous les bois au seigneur, sauf que s'il faict vendre de ses hayes ou de ses deffens, doit ny doibvent user jusques à la quarte feulle, et la beste qui y seroit trouvée seroit en l'admande, celle de Tard-la-Ville de sept solz et celle du Chasteau de trois solz et demy, ou la beste perdue. Les hommes de Tard-la-Ville doibvent tousjours au seigneur de Tard ung homme suffisant, et celuy du Chasteau ung autre pour garantir son chasteau. Chacun qui tient meix à Tard-la-Ville doit chacun an une gerbe de froment à son portier. Les hostelier qui demeurent à Tard-la Ville debvront chacun an censament chacun cinq solz et ung quartault d'avoyne, le jour de feste Saint-Rémy, et par chacune beste trahant qu'il aura chez luy, cinq solz, et les hosteliers qui demeurront au Château, aussy chacun cinq solz et ung quartault d'avoyne au seigneur de Tard, et seront les hosteliers de Tard-la-Ville et du Chasteau des admendes ainsy comme s'il des autres, et auront leurs usages aussy comme s'il des autres. Les hommes de Tart-la-Ville et du Chasteau ne peuvent tenir en autre seigneur leur meix de Tard, ne les aules donner, mais que tant comme il demeurront à Tard-la-Ville ou Tard-le-Chasteau, ses hommes : et sy aulcungs s'en aloient de chez luy demeurer en une autre seigneurie, il peult prendre touttes les choses qu'il treuvera en meix, mobles ou non mobles, et peult tourner en son domaine les meix et les aules du maistre, ainsy garny et vestu, ce il seroient pour faire sa volonté comme de la susdicte chose. Du pescher dou chasteau doivent par leurs serrements aporter ades au pont du gouet du chasteau les poissons qu'ilz vouldront vendre, et ne les doibvent vendre fors quelques ungs, et s'il ne les pevent enquis vendre, ilz les peuvent porter vendre là où ilz vouldront fors du chasteau, et doibvent mouvoir dez ledit pont; et celuy qui ne le feroit seroit en l'admande au seigneur de seize solz trois deniers. La rivière est bannaulx au seigneur de Tard, dez le molin de Torrenois jusques à son molin du chasteau et jusques à ses vannes qui oront droict sont ou remenant. Ont leur usage communément les hommes desdictes villes par les autres rivières, sans escloire, ainsy comme devant, et celuy qui sera treuvé peschant au deffault au seigneur, de Tard dessus dit, il seroit en grand admande. Les hommes de Tard-la-Ville et du Chasteau peuvent prendre sans ocasion par tous les bois au seigneur chacun an, les lievres en moissons et les redelles, et les bornes de leur charrettes et les fourches, et les rateaux une fois en l'an. C'est assavoir en fenaisons ou en moissons; et peuvent prendre les roues de leurs charrettes et les aiguillons toutes les fois qu'ils en auront mestier. Les bouviers de Tard-la-Ville et du Chasteau peuvent faire le feu en champs et prendre le bois par tous les bois au seigneur, sans abattre bois à guoy ou à congnée. Et d'aucune chose le sire de Tard ne peut ne ne doibt efforcer les hommes de Tard-la-Ville et du Chasteau, s'il ne font le forfaict par quoy ils doibvent perdre un membre ou héritage, sauf son cry et son ost et sa chevance quant il en aura mestier. Touttes ses choses ainsy conclues sont dessusdi clos et divisées : Jean, sire de Tard, dessus nommé, ay juré devant nous à tenir à tousjoursmais, féablement, et en loux son héritage et ses hoirs, qui jureront qu'ilz en tiendront à tousjoursmais fermement ladicte franchise et toutes les choses dessus dictes, encores que les hommes de Tard et du Chasteau leur facent homage et féaulté, et encores qu'il leur paient nulles rentes. Et nous Robert, duc de Bourgoigne dessus nommé, à la prière et requeste du devant dict Jean, seigneur de Tard, avons voulu, loé et octroyé, sauf nostre fief et comme droict l'asseurement, à la franchise dessus dicte, et à la teneur des présentes lettres. En tesmoingnage et en confirmation de laquelle chose, nous avons mis notre sel à ses présentes lettres. Ce fut faict en l'an et au mois devant ditz.

(Archives de la Côte-d'Or, Chambre des Comptes de Dijon, affaires des Communes.)

CXLVII.

Testament de Jean, seigneur de Tart.

(1283.)

In nomine Domini, amen. Anno Incarnationis ejusdem M° CC° octogesimo tertio, mense januario, ego Johannes, dominus de Thar, miles, notum facio omnibus presentes litteras inspecturis, quod ego in infirmitate corporis mei detentus, tandem, per Dei gratiam, in bona et sana memoria adhuc existens, nolens decedere intestatus, testamentum meum facio, de rebus et bonis meis dispono in meam ultimam voluntatem, solam et unicam, omni alia revocata, si aliquam feci, ordino in hunc modum : In primis heredes meos instituo illos qui mihi successuri sunt ab intestato. Ita tamen quod ipsi, vel aliqui seu aliquis eorum ad divisionem bonorum meorum non accedant, et de eisdem bonis, tam mobilibus quam immobilibus, gaudere nequeant, quousque debita et legata mea inferius scripta, per manus executorum meorum, quos in presenti testamento nominabo, persolvantur, et clamores mei, si qui sint, pacificentur. Preterea eligo sepulturam meam in cymiterio Beati-Petri de Thar, ante altare dicti loci et do et lego eidem ecclesie palefredum meum et somerium meum. Item do et lego priori dicti loci decem libras viennenses, pro aniversario meo et antecessorum meorum annuatim in dicta ecclesia faciendo duobus canonicis, cum ipso morantibus, cuilibet decem solidos. Item do et lego domino abbati Sancti-Stephani Dyvionensis, viginti libras viennenses. Conventui ejusdem loci, decem libras. Henrico au Faucon. . . . , viginti libras. Guillelmo Gaudillon, viginti libras, dicto Champion, decem libras. Poinzcardo, filio Regine de Thar, decem libras, pro equo suo. Hugonino, coquo meo, viginti libras. Fratribus Minoribus Dyvionensis, decem libras, pro pictancia. Fratribus Predicatoribus Dyvionensibus, centum solidos pro pictancia. Pauperibus hospitalis . . . Beate-Marie Dyvionensis, sexaginta solidos. Pauperibus hospitalis Sancti-Spiritus Dyvionensis, sexaginta solidos. Hospitali-Divitum Dyvionensis, quadraginta solidos. Hospitali Sancti-Benigni Dyvionensis, viginti solidos. Vienneto... de quoquina mea, centum solidos. Domoigeto, somelario meo, decem libras. Vienneto, clerico, viginti solidos. Abbatisse et conventui, quindecim libras, pro pictancia... Pauperibus domus Dei de Braaschons, centum solidos, pro pictancia, quos volo distribui per manus M... dicte domus. Item do et lego domui Sancti-Anthonii de Marchia, quadraginta solidos. Nichole de domo, in qua moror, apud Dyvionem, centum solidos. Margarete, domicelle uxoris mee, quindecim libras. Andree, poterio meo de Thar, et ejus uxori, centum solidos. Operi ecclesie, capelle ducis Dyvionensis, viginti solidos. Conventui Sancti-Benigni Dyvionensis, pro pictancia, quadraginta solidos. Item do et lego monachis sancti loci de Maigni, quadraginta libras. Domino Guidoni de Thar, fratri meo, militi, quadraginta libras. Ysabelle, filie sue, decem libras. Domino Johanni, presbitero meo, sexaginta solidos. Magistro Lamberto de Thar, quindecim libras. Demoigeto, carpentario, centum solidos. Domino Humberto, canonico, centum solidos. Raymmondo, decem libras. Item volo et precipio quod redditus ementur de quinquaginta et septem libris viennensibus pro presbitero, qui pro tempore celebrabit divina ad altare ante quod ero sepultus seu positus, pro remedio anime mée et antecessorum meorum. Item confiteor et assero quod nemus quod dicitur li Chaignoy, et nemus quod dicitur li Charron, sunt et esse debent de communi usagio hominum meorum de Thar, et quod alii non habent nec habere debent in dictis nemoribus usagium, nisi solummodo homines supradicti. Hujus autem mei testamenti, ultime voluntatis mee, et dispositionis rerum et bonorum meorum, prout superius est expressum et divisum, exequutores meos instituo et facio dominum abbatem Sancti-Stephani Dyvionensis supradictum, dominum Johannem de Marmellis, dominum de Reneriis, et dominum Guillelmum de Nulleyo, milites, quibus exequutoribus, et cuique ipsorum, si duo vel tres non possent aut nollent interesse, do et concedo generalem, plenam et liberam potestatem ac mandatum speciale, omnia bona mea mobilia et immobilia quecunque sunt et ubicunque occupandi, distrahendi, vendendi, et alienandi, et de eisdem, tam in parte quam in toto, suam omnimodam voluntatem faciendi, per se vel per mandatum dicti abbatis. Si dictus abbas non posset aut nollet interesse, quotiescunque ipsi abbati placuerit pro predictis omnibus et singulis exequendis et, prout idem abbas saluti anime mee melius viderit expedire de quibus aut bonis nostris omnibus devestio me et heredes meos, et dictos exequutores meos, et quemlibet ipsorum insolidum ac mandatum dicti abbatis per traditionem presentis instrumenti corporaliter investis de eisdem et in possessionem induco. Item, in ipsos exequutores meos, et cuilibet ipsorum ac mandatum dicti abbatis transfero omnes actiones quas habeo, habere possum et debeo contra quascumque personas, et omnia jura michi pertinencia. Et volo quod ipsi possint facere omnia quecunque ego facerem vel facere possem, si viverem. Item volo quod ipsi exequutores mei, vel unus eorumdem, predicta exequantur, ad expensam bonorum meorum ; et quod ipsi vel aliquis eorumdem de dictis expensis vel de aliquo premissorum non teneantur alicui reddere rationem seu computum, sed credantur super predictis omnibus et singulis simplici verbo ipsorum, aut unius eorumdem. Et si aliquid dubium vel aliqua dubia, in hac presenti scriptura fuerit vel fuerint, volo et precipio quod interpretationi et voluntati predicti abbatis, vel ejus mandati sine contradictione stetur. Et si forte aliquis vel aliqui de heredibus meis contra predicta, vel aliquod predictorum, venire presumpserit, vel presumpserint, volo et precipio quod ab omni successione mea penitus sit privatus vel sint privati, et quod hereditas mea, que ad ipsum seu ipsos jure successionis deberet devenire, ad dominum seu dominos a quibus ipsam teneo in feodum devolvat, dumtamen dictis exequutoribus meis vel alteri eorumdem sattisfaciat. . . . . . pro portione ipsorum contingente in bonis feodalibus, desumpta que in presenti testamento, sive ultima voluntate continetur. Hanc autem meam ultimam voluntatem et hoc meum testamentum volo valere jure ultime voluntatis, vel jure testamenti nuncupati. . . . . seu jure codicillorum. Si non valent et secundum leges, volo ut valeant secundum canonicas sanctiones, et si non valent ut testamentum vel ultima voluntas, volo ut valeant jure donationis facte, inter vivos, aut alio jure quo melius valere poterunt et fulciri. In quorum omnium predictorum robur, et testimonium huic presenti testamento sigillum curie domini ducis Burgundie rogavi, supplicavi et obtinui apponi. Et ad majorem firmitatem sigillum meum presenti testamento apposui, una cum sigillo curie supradicte, in testimonium veritatis. Actum in presentia Hugonis de Cabilone, notarii Dyvionensis, magistri Lamberti de Thar, domini Nichardi, curati de Arconceyo et prioris de Thar, testium ad hoc vocatorum anno et mense predictis.

(*Cartulaire de Saint-Étienne de Dijon*, II, LXV).

CXLVIII.

Accord entre Guy de Beauvoir et les moines de Moutier-Saint-Jean.

(1285.)

En nom de l'Incarnation Notre Seignour mil deux cenz quatre vinz et cinc, ou mois de aost, je Guiz, sires de Beaulveoir, chevaliers, fais asavoir à touz ces qui verrunt et orrunt ces présentes lettres, que cum descors fust entre moi, d'une part, et religioux homes, l'abbé et lou covant de Mostier-Saint-Jehan, d'autre, sus ceu que lidit religioux disoient en jugement, par devant lou baillif d'Auxois et de la Montaigne, que je lour trobloie la saisine de la jotise et de la seignorie grant et petite sus ceu que il havoient en la ville et ou finaige de Savigny, en homes, en meys, en cens, en tierces et en costumes; de rechief, sus troze septiers de blef, trois de frumant, et dix d'avoinne, et sus la tierce partie de la taille de Savigney, lesquex choses lidiz religioux me demandoient par tel partie, cum je estois hoirs de monseignor Jehan, seignor céan arriers de Beaulveoir, mon père, douquel blé et de laquel taille lidiz religioux disoient que je estoie tenuz à aux, segon la tenour d'une lettre seaulée du seaul de David, céan arriers arcepreste d'Avalon : ala parfin dou consoil de bones genz, nos acordâmes et pacefiâmes en tel manière : Je Guiz, devant diz et lidiz religioux, que ladite jotise desdiz leux et desdites chouses est ausdiz religioux et demore dès à en avant paisiblemant, sanz contredit, et que je ne mi hoir ni poons ne ni davons rien demander, et que lidiz blez et ladite taille, lesquex je hay coigneu en jugement par devant loudit baillif que je lour devoie, lidiz religioux les hont donez à moy et à mes hoirs qui seront seignor doudit Beaulveoir en fyé. Et je ha mis en acroisance doudit fyé la vigne que fu monseignour Guy de Viezchasteaul, qui est assise en Mont-Foote, delez la vigne Androin de Monestruel, d'une part, et delez lou santier commun, d'autre. De rechief une autre vigne qui fu Jehan Bocaut, de Courterole, et siet an Mont-Foote, delez la vigne au seignor de la Perrière, et desus la vigne au clerc Jodon, et deles la vigne dou pré, lesquex vignes je tenois en franc aleoz et les ha repris de l'abbé doudit leu, et en suis entrez en sa foy ou non de l'église, avec lou blef et la taille desus dite et mi heir, seignour de Beaulveoir après moi, seront tenu de repranre lesdites chouses, c'est à savoir ladite taille, loudit blé et lesdites vignes, et de antrer en la foy de l'abbé doudit leu, qui seray selon temps ; et je et mi hoir en davons et promois, por moy et por mes hoirs desus diz, tel servise comme l'on doit généraulmant en Borgoigne por raison de fyé. Et se aucuns demandoit en dites vignes nulle autre redevance, ne cens, ne costume, ne fyé, je leur promois, por moy et por mesdiz hoirs, à garantir à touzjoursmais, sanz nulle redevance autre que ledit fyé. Et promois, por moy et por mesdiz hoirs, par mon sairemant doné sus saints Evangiles, et par sollepnel stipulation, ausdiz religioux, à tenir et à garder toutes les chouses desus dites fermemant et perdurablement, sanz venir en contre, et faire et doner totes les chouses qui poent estre faites et donées en cause de éviction, segon les bons usaiges et costumes de Borgoigne ; et renonce en cest fait por moy et por mesdiz hoirs, et par mondit sairemant, à toute action et exception de tricherie et de barat, à exception de la chouse nommée, faite, ains qu'il est dit desus, à toutes autres exceptions que je tieng especiaulemant por nombrées qui nos porrient aidier, et ausdiz religioux nuire, et au droit qui dit que généraux renunciations ne vaut riens, et vuyl que je et midiz hoirs soions contreins à tenir et à garder totes les choses desus dites, ausi que de chouse adjugié par la court monseignour lou duc de Bourgoigne, à la cui juridicion je souzmois quant à ceu moy et mesdiz hoirs. En tesmoing de laquel chouse je hay deprié et fait mettre leu seaul de ladite court en ces présentes lettres, faites et donées en la présence Pierre Noteout, de Semur ; frère Guillaume, prieur de Vauce ; Christole, dou Viler, et Raudin Valon, de Guyllon, et maistre Voisin, tesmoinz à ceu apelez en l'an et ou moys devant diz.

(Archives de l'abbaye du Moutier-Saint-Jean, fonds de Savigny.)

CXLIX.

Guy de Montréal fait au chapitre de Montréal une rente de six bichets moitié froment moitié avoine.

(1289.)

In nomine Domini, amen. Anno Incarnationis ejusdem Mº CCº octogesimo nono, mense aprilis post Pascha, ego Guido, domicellus, dominus de Atheis, filius quondam nobilis militis domini Johannis de Monteregali, domini de Ponte-Ayseii, notum facio universis, presentes litteras inspecturis, quod ego debeo venerabilibus viris, capitulo ecclesie Beate-Marie de Monteregali, sex bichetos bladi, frumenti, et avene per medium, ad mensuram Montisregalis, de annuo et perpetuo redditu, pro elemosina deffuncte Agnetis, bone memorie, uxoris quondam predicti patris mei. In quo annuo et perpetuo redditu predictus pater meus dictis venerabilibus tenebatur, tempore quo decessit. Quare ego teneor et promitto per stipulationem legitimam et sollempnem, per juramentum meum super sancta Dei Evangelia prestitum corporale, sub expressa obligatione heredum et bonorum meorum omnium, quorumcumque, solvere et reddere dicto capitulo, vel eorum mandato dictam summam bladi, quolibet anno, in perpetuum infra octabas cujusque festi Omnium-Sanctorum dictum redditum (super terci)as meas de Atheis, assedendo, et ipsas tercias dictis venerabilibus quo ad hoc specialiter obligando, renuntians in hoc facto, penitus et expresse, omni actioni, exceptioni fori, doli, mali, metus, deceptionis, lesionis et revocationis, condictioni sine causa omni auxilio et beneficio tocius juris canonici et civilis, omnibus privilegiis et gratiis, concessis et concedendis, omnibus exceptionibus facti et juris, et juri dicenti generalem renunciationem non valere. Et ad predicta omnia tenenda me volo compelli, quasi ex re adjudicata, per curiam domini Ducis Burgundie. Cujus jurisdictionis quo ad hoc totaliter suppono me et meos heredes. In quorum omnium premissorum testimonium sigillum dicte curie litteris istis rogavi apponi. Actum in presentia Guillelmi, dicti Loval, de Flavigni, clerici dicte curie publici notarii, Guidonis, domicelli, mecum commorantis, et domini Jacobi, dicti de Guyllon, presbiteri, testium ad hoc specialiter vocatorum, anno et mense predictis.

(Archives de l'Yonne.)

CL.

Vente faite au duc de Bourgogne par André, sire de Marmeaux, et sa femme.

(1292.)

Je, Andriez, chevaliers, sires de Marmeaux, faitz savoir à tous ces qui verront ces présantes letres, que je por mon evidant profict et por ma nécessité, sans force, sans cohaction, sans barat et sans fraude et sans déception nule de mon espouse, comme aussi deu consentement et de la volunctè Jehannette ma fame, vens, octroi, baille et délivre et quit perpetuelmant à très noble prince, mon trèschier signeur Robert, duc de Borgoine, et à ses hoirs, mon boix que l'on appelle les Broces-Saint-Abraise ou les Broces de Marmeaux, ansi comme il sestant de lent et de ley, en justice, en signorie, sans riens retenir, et sans la vaine pasture es honmes de Monceaux, de Chastel-Gerart et de Cheneaux, si point en havient davant la confection de ces letres. Li quiex boix se tient, d'une part, au boix que l'on appelle Monrecu, vers Châteaul-Girard, et, d'autre part, au finaige de Monceaux et de Marmeaux, et, d'autre part, au finaige de Tallecey, c'est à savoir por lou pris de cinq cens livres de petiz tornoiz, lesqueles cinc cens livres je hai heues et receues antermemant en deniers leaulmant numbrez, dou dit monsignor le duc, et man tiens por bien paiez, et an quit le dit monsignor le duc et ses hoiers à touz jours mais. Dou quel boix je me devestis dou tout au tout, et an revestis ledit monsignor le duc, por lui et por ses hoiers, an lui baillant la saisine, la possession, la proprietez, la signorie, la justice, le tréffont et tout lou proffit et les esploiz dou dit boix. Et promet leaulmant, por moi et por mes hoiers, lesquex je oblige, quant à ce, por solempnel stipulacion, et por mon sairemant doné suis saints Euvangile, et suis l'oblicacion de touz mes biens, que je ne vandrai contre ceste vandue, ne contre la teneur de ceste letre, en fait ne an dit, ne an consantement, ne en autre manière; et promet et suis tenuz garantir audit monsignor lou duc et à ses hoiers, perpetuemant, lou dit boyx, en jugemant et deffendre contre toutes persones à mes propres despans, et faire toutes les chouses qui doivent estre faites en cause de quiction ; et hai prié et pri mon chier freire et signour Jehan, chevalier des Marmeaux, signor de Ravières, de cui fyé lidiz bois est, et de cui je lou tien an fyé, que il veuille, consente et outroit la vandue dessus dite et que il devoit et quittoit perpetuement, audit mon signor le duc et à ses hoiers, le fyé dou dit boys. Et je, Jehans de Marmeaux, sires de Ravières desusdiz, por lou profit et à la requeste dou dit Andrier, signor de Marmeaux, mon frère veul, consens et otroi la vandue desusdite, et quit et otroi monsignor lou duc et à ses hoiers lou fyé doudit boys, por tant come à moi an appartient, sans ce que vers nulles gens je ne sui tenuz de portair nulle garantie. Et je, Jehanne, desus nomée, fame dou dit Andrier, dou consentement et de l'auctoritez doudit Andrier, mon mari, veul, otroie, rattifie et confirme la présante vandue doudit boys, et renunce en cest fait, par mon sairemant donez, à toute l'ayde dou droit de canon et de loy antroducte en la favour des fames, soit por doaire ou por mariaige ou por assignemant de deniers ou d'autres choses, faites ou otroiées por droit ou por covenances. En tesmoignaige de laquel chose nos, li diz Andriers et Jehans, freire dessusdit, havons mis nos seaux en ces présantes letres. Et nos, lidiz Andriers et Jehanne sa fame, havons prié et requis à honoraule et decrest l'official de la court de Laingres, que il mete lou seaul de ladite court en ces présantes letres, en tesmoignaige de vrai. Et nos, officialis capituli Lingonensis, sede vacante, ad preces et requisitionem dicti Andree, militis, et Johanne, ejus uxoris, sigillum predicte curie presentibus litteris duximus apponendum, in testimonium veritatis. Datum et actum anno Domini millesimo ducentesimo nonagesimo secundo, mense Julio.

(Archives de la Côte-d'Or; layette n° 26, cote II, B. 983, avec trois sceaux.)

CLI.

Renonciation d'Agnès de Montréal, dame de Villarnoul, à la succession de son père et de son oncle.

(1293.)

A touz ceaus qui ces lettres verront et orront, Agnes de Montreaul, saluz: Saichient tuit que comme je, de la volonté mon seignour Eude Bazort, chevalier seigneur de Ville-Ernoul, mon mari, qui m'a doné auctorité et commandement ès choses qui s'enseuguent, ehusse fait aiourner ès jours à Troies noble dame Beatrix, jadis femme de noble baron Heugue, duc de Bourgogne, et li eusse fait demande dou chatel de Lille-soz-Montreaul, de la chatellenie et des appartenances, en tant comme je disois que à moi apartenoità cause d'enfanz, selon la costume dou pays, tant pour raison de la descendue qui m'estoit venue de monsegnour Jehan de Montreaul, mon chier père, quant par l'escheoite qui estoit venue de monseignour Anseri, seignour de Montreaul, frère mon père, audit monseignour Jehan, mon père, comme à droit hoir. Et ladicte duchesse, qui sur ce havoit ehu jour de conseil et jour de vehue, demanda jour d'avoir sum garant, c'est à savoir excellent prince et puissant Philippe, par la grâce de Dieu roi de France, et haute dame et puissante madame Jehanne, par cette mesme grâce royne de France et de Navarre; li quel roy et royne receurent et prirent la garantie sur eus, et fut jours assenez au parlement à Paris ensevant, pour aler avant selonc les arremanz avec les parties. Auquel jour assené, le plaiz fut entamez et fait proposé d'une partie et d'autre, et article fait et auditoart doné. Et sur les faiz proposez de par le roy et de par la royne, à la defense de ladicte duchesse, haie ehu conseil à mes amis et à plante de bonnes genz, et haie veu et cogneu le droit que li roys et la reyne haveint en aus et en ladicte duchesse défendre, vint li diz Eudes mes mariz, au pallement à Paris, qui commença ès trois semaisnes de la feste de tous sains, ce fut l'an de grâce mil deuz cens quatre vins et doze; et illeuc de ma volanté et de mun assentement, il renunça en nom de moi et pour moi à la demande que je havois faite sur les chosses dessus dictes, au plait et à tous les arrangements que je maintenois contre les diz roy et royne, pour raison de cest plait. Et je encor renuncce à la demande au plait et à tous les arremanz davant diz. Et se je havoie aucun droit, en quelque menere que ce fût, au chatel de Lille-soz-Montreal, en la chatellenie et es appartenences, si le

45

quitte-je et hai quittié esdiz roy et reyne et à la duchesse et à lour heirs à toiours. Et je, Heudes Bazors, chevaliers davent diz, mariz de ladicte Agnès, qui done et hai doné auctorité et commandement à ladicte Agnès, ma femme, quant ès choses dessus dictes, et quant ès choses ensevans, recognoi que je hai renuncé en nom de ladite Agnès et en sa volanté ou dit pallement à Paris, à la demande, au plait et à toz les aremans davent diz; et si je havoie aucun droit en quelque menere que ce fust ou dit chatel de Lille, en la chatellenie et ès apartenances, si le quitte-je et hai quitté es diz roy et reyne et à la duchesse et à lour heire, à toiours. Et promctons nous, Eudes et Agnès davent dit, bien léalement, que jamais contre ceste quittance nous ne venrons ne venir ne ferons por nous, ne por autre. Et se li dit roys et reyne et duchesse, ou leur heir haveient cous et domaiges pour la défanse de nostre quittance, ou par leschoison des convenences dessus dictes, nous et notre heir, lour serciens tenu à rendre; desquels cous et domaiges ils sercient creu par leur plain dit. Et à ce tenir fermement, havons nous obligié et oblijons par noz foiz, financies, nous et noz heirs et tous noz biens, meubles et non meubles ou qu'il soient, et especialement tout ceu que nous tenons de noble baron Robert, duc de Bourgoigne. En seurté de laquel chose nous havons prié et requis révérent père en nostre Seigneur, Heugue, par la grâce de Deu evesques d'Ostun, que il mest sum scel en ces presentes lettres; et nous, Heugues, evesques d'Ostun davent diz, à la prière et à la requeste des davent diz Eude et Agnès havons ces lettres saelées de nostre seel, l'an de grâce mil deux cenz quatre vins et treize, le premier jour dou mois de juin.

(Trésor des Chartes, 254, n° 20, A. I.)

CLII.

Jean de Beauvoir atteste que Jean de Vienne a fait une transaction avec l'évêché de Langres.

(1298.)

Universis presentes litteras inspecturis, Petrus Lingonensis, Symon Divionensis magister, Lambertus Laticensis archidiaconus et Johannes de Bellovisu, cantor in ecclesia Lingonensi, salutem in Domino. Notum facimus, quod anno Domini M° cc° nonagesimo octavo, die dominica, in festo cathedre Beati-Petri, apostoli, in capitulo Lingonensi, ipso sedente, et ad hoc specialiter congregato, nobilis vir dominus Johannes de Vienna, miles, ibidem veniens, dixit et proposuit quod ipse damna gravia, injurias etiam non modicas, sustinuerat et habuerat in episcopatu Lingonensi, ab inimicis ipsius episcopatus, dicebat tamen quod domino episcopo et capitulo displicebat... Deo nichil requirebat nec volebat requirere ab eisdem, occasione injuriarum et damnorum predictorum, quia nec poterat de ratione, cum non venisset in episcopatu predicto ad requisitionem episcopi, nec etiam capituli Lingonensis, sed intuitu quorumdam canonicorum ipsius eclesie de genere suo, dixit etiam quod si ipse loco et tempore poneret consilium, qualiter illud quod contra eum factum fuerat emendare posset, nolebat quod aliquis posset predictis episcopo et capitulo imputari, nec propter hoc in aliquo inquietari : presentes fuerunt magister Humbertus de Gebenno, Gemondus de Gebenno, Petrus de Brandovillari, notarii curie Lingonensis, Guillelmus Perdrizet et Huo de Ocudeloco, servientes domini regis; in cujus rei testimonium sigilla nostra presentibus litteris duximus apponenda. Actum in dicto capitulo, anno et die supradictis.

(Collection de Bourgogne, VIII, 140.)

CLIII.

Vente faite par Agnès, veuve d'Henri de Montréal, au duc de Bourgogne.

(1298.)

Universis presentes litteras inspecturis, ac eas audituris, officialis Lingonensis, salutem in Domino. Notum facimus quod in presentia magistri Guidonis de Castellione-super-Secanam, clerici et jurati nostri, et quoad recipiendum et audiendum loco nostro ea que scienter commisimus et committimus vices nostras, et cui super hiis et majoribus fidem plenariam adhibemus, personaliter constituta Agnes, relicta defuncti Henrici de Monteregali, confessa fuit perinde, coram nostro mandato, se, pro utilitate et necessitate sua, vendidisse, quittavisse et tradidisse in perpetuum nobili principi ac potenti domino Roberto, duci Burgundie, pro se et heredibus suis, domus suas contiguas sitas, apud Montembarrum, cum fundis et pertinentiis dictarum domorum, que sita sunt in dongione Montisbarri, juxta grangiam domini predicti ducis, inter castrum Montisbarri ; item, vineam suam sitam in finagio Montisbarri, in loco qui dicitur dou Quart, juxta vineam viri discreti magistri Renauldi de Montebarro, canonici S.-Stephani Trecensis, et juxta vineam Jacobi de Montebarro, dicti Brognart; item tres partes censivarum cum laudibus, vendis, et omni commodo dictarum terciarum partium dictarum censivarum quas habet eadem Agnes, habere potest et debet quacumque ratione, actione, titulo vel causa, in villa et finagio de Montebarro, que parciuntur cum predicto Jacobo. Item, tercias dicte Agnetis quas habet in finagio de Montebarro, in loco qui dicitur Luco, et parciuntur cum predictis Renauldo et Jacobo. Item ortum suum situm in castro Montisbarri, juxta ortum Hugonis, filii domini Homani. Et hec venditio facta est pro pretio sexties-viginti et decem librarum turonensium parvorum, de quibus eadem Agnes a dicto domino duce omne integrum recepit pagamentum, in pecunia numerata, prout ipsa confessa fuit coram mandato nostro antedicto; devestiens se itaque dicta Agnes de predictis omnibus et singulis venditis, pro se et suis heredibus, ipsumque dominum ducem pro se et suis investivit per confectam et confessionem presentis instrumenti nichil juris proprietatis, possessionis vel droiture in premissis venditis vel altero ipsarum, pro se vel suis, in posterum retinendo proprietatem, possessionem, et saisinam in ipsum dominum ducem totaliter differendo ; promisitque dicta Agnes, coram dicto mandato nostro, stipulante solempniter, sub obligatione bonorum suorum omnium, mobilium et immobilium, presentium et futurorum, et per juramentum suum prestitum super sancta Dei Evangelia, corporaliter prestita, pro se et suis heredibus, quos ad hoc obligavit, omnia predicta et singula vendita dicto domino duci et suis perpetuo garantizare et deffendere contra omnes personas in judicio et extra, quociens quanto super hoc fuerit requisita, at in nullo de cetero contra ire per se nec per alium verba, facta, consensu tacito vel expresso, ipsosque inde modis omnibus servare indempnes et in se litis omnis suis perpetuo sumptibus suscipere, si qui callumpniatores, quod absit ! apporterent; et facere et prestare quicquid in causa evictionis debet fieri et prestari. Renuntiavit insuper dicta Agnes, coram dicto Guidone, in hoc facto ex certa scientia, exceptioni non habite et non numerate pecunie, exceptioni dicte venditionis non sic facte vel sine causa, conditioni ob causam, beneficio, subsidio et privilegio, cartis fori, et restitutionis in magistrum, exceptioni doli, mali, circonventionis vel lesionis; et in factum legi Julie de fundo dotali non aliquando omni juri in favorem mulierum introducto, et omnibus exceptionibus, deffensionibus et allegationibus, tam juris quam facti, que contra presens instrumentum seu factum possent objici, seu dici, et juri dicenti generalem renuntiationem non valere; volens se compelli dicta Agnes et suos ad observanciam omnium premissorum tanquam ex re adjudicata, per officialem curie Lingonensis qui pro tempore erit, cui juridictioni quoad hoc supposuit se, bona sua et heredes suos sine reclamatione alterius curie seu fori, ubicumque se transferant, vel disvertant. In cujus rei testimonium ad requisitionem dicte Agnetis, et ad relationem dicti magistri Guidonis clerici, super hiis fidem plenariam dictum est adhiberi, litteris istis sigillum curie Lingonensis duximus apponendum. Actum in presentia dicti magistri Guidonis, Milains, dicti Cher, et Milains dicti de Ferram, testium ad hoc vocatorum, anno Domini millesimo ducentesimo nono octavo, mense martio.

XIVᵉ SIÈCLE.

CLIV.

Vente de la terre d'Athie au duc de Bourgogne.

(1304.)

Nos Bartholomeus, permissione divina Eduensis episcopus, notum facimus universis presentes litteras inspecturis, quod in presentia nostra, propter hoc specialiter constitutus, nobilis vir, dominus Guido de Monteregali, miles, dominus de Atheis, versus Montemregalem, publice et in judicio confessus est coram nobis, se prehabita deliberatione diligenti, propriam utilitatem et commodum in hoc faciens, provide, rite, recte, legitime, perpetuo et irrevocabiliter vendidisse, tradidisse et deliberavisse illustri principi ac reverendo karissimo domino suo, Roberto, duci Burgundie, pro se et suis heredibus et successoribus, et causam ab eis habituris, omnes possessiones et hereditagia quas et que tenet, habet et possidet vel quasi possidet in dicta villa de Atheis, finagio, territorio et pertinentiis ejusdem, et extra finagium et territorium dicte ville, in tota castellania Montisregalis et de Insula, in quibuscunque rebus existant, sive in domibus, terris, pratis, vineis, salicetis, nemoribus, tailliis, corveiis, costumis, tertiis, justicia magna et parva, mero imperio sive mixto, juridictione et cohertione quacumque, commoditatibus et explectamentis universis quas in rebus aliis quibuscumque, et quocumque nomine censeantur, cum usagio in nemore d'Arviaul pro hospicio de Atheis et habitantibus dicte ville, exceptis tamen et penitus defalcatis de dictis rebus venditis triginta libratis terre ad turon., quas Guido de Villa-Arnulphi, domicellus, debet percipere, levare et habere annuatim et in perpetuum, post decessum ipsius domini Guidonis, super dictam terram de Atheis, et exceptis quadraginta solidatis terre quas capitulum Montisregalis ex annuo et perpetuo redditu habet super ipsam terram et percipere consuevit, et exceptis sex bichetis bladi, frumenti et avene, per medium, ad mensuram Montisregalis, debitis, super ipsam terram, ex annuo et perpetuo redditu, religiosis monasterii Verziliacensis, et salvo dicto militi et retento usufructu in dictis rebus venditis, quandiu vitam duxerit in humanis; quem usumfructum, idem miles confessus est coram nobis se tenere in feodum a dicto duce, et ratione ejusdem ususfructus se teneri et obligari ad sustentandum et tenendum in bono statu res predictas venditas, sicut usufructarius tenetur et debet. Preterea ab hominibus dicte ville de Atheis, dictus miles annuatim, quandiu vixerit, ultra summam centum decem librarum turonensium ratione tallie, nec aliquid aliud nisi debitas servitutes et redebencias levare non poterit vel debebit, confitendo omnia predicta vendita esse, et ab antiquo fuisse de legio feudo dicti ducis, et salvo et retento super predictis rebus venditis dotalicio nobilis mulieris domne Marie de Tanleyo, nunc uxoris ejusdem domni Guidonis, si ipsam contingat dicto viro suo supervivere, capiendo ab eadem tunc temporis secundum consuetudinem Burgundie in talibus observatam super rebus venditis supradictis, precio videlicet mille et quatercentum librarum turon, eidem domno Guidoni, a prefato duce legitime et integre solutarum, et in utilitatem suam propriam conversarum, prout idem miles confessus est coram nobis. Post mortem antedicti domni Guidonis usufructus predictarum rerum venditarum sui morte finis et extinctus, proprietati consolidabitur, et ad dictum domnum ducem et suos tanquam proprietarios pleno jure, integre et libere revertetur seu etiam remanebit, ita quod ex tunc predictus dux et sui predicta vendita poterunt accipere, et ea pleno jure et pacifice retinere et tenere, nulla sibi exceptione super pocessione, vel proprietate contra cum vel suos ab heredibus seu successoribus dicti venditoris proponenda : et si proponerent, vult dictus venditor, quod ipsis omnis audiencia denegetur et..... heredes usufructarii post mortem ejusdem in rebus usufructar..... nichil juris pocessionis vel proprietatis valeant reclamare. De quibus rebus sic venditis dictus domnus Guido se coram nobis devestivit, et prefatum domnum ducem, pro se et suis heredibus, investivit, per traditionem presentium litterarum, pocessionem, proprietatem, cum utili et directo dominio dictarum rerum venditarum in eosdem penitus transferendo, promittentes per juramentum suum super sancta Dei Evangelia, coram nobis corporaliter prestitum, et sub expressa obligacione omnium bonorum et heredum seu successorum suorum, vendicionem predictam cum tenore presentium tenere, complere et firmiter observare, garentire, que prefato domno duci et suis predicta sibi vendita contra omnes, in judicio et extra, facereque et prestare quicquid in causa emtionis debet fieri et prestari. Hanc autem vendicionem nobilis mulier domna Maria, uxor predicti domni Guidonis, in presentia nostra propter hoc specialiter constituta, de consensu et authoritate predicti mariti sui, laudavit, approbavit per juramentum suum super sancta Dei Evangelia, coram nobis corporaliter prestitum, et penitus confirmavit, renuncians omni juri et actioni quod et quam habet vel habere posset in futurum in dictis rebus venditis quacumque causa, titulo, vel actione, salvo sibi et retento super ipsis rebus venditis dotalicio suo, modo superius declarato. Hec autem omnia et singula supradicta predicti conjuges confessi sunt, presente Galterino, Monachi, preposito Avalonis, procuratore dicti domni ducis, coram nobis pro dicto domno duce existente, quam predicti conjuges tanquam procuratorem dicti domni ducis admiserunt, ita quod confessiones et recognitiones predicte valeant, ac si essent in presentia dicti domni ducis confessate ; volentes se compelli ad premissorum observantiam per nos et per successores nostros , per excommunicationis sententiam et per quamcumque justiciam dictus domnus dux malluerit quasi ex re adjudicata, ubicumque maneant vel existant. In quorum premissorum testimonium sigillum nostrum litteris presentibus, ad requisitionem dictorum conjugum, duximus apponendum. Datum anno Domini millesimo trecentesimo quarto, mense junii.

(Collection de Bourgogne, LXXI, 175.)

CLV.

Consentement donné par Guy de Beauvoir à ce que son frère Jean vende au duc de Bourgogne ses biens de Guillon.

(1305.)

A touz cels qui verront et orront ces présentes lectres, je, Guyz de Beaulvoir, fais savoir que toutes les choses que messires Jehans de Beaulvoir, chanoines et chantres de Lengres, mes chiers sieurs, tient en la ville de Guylon et ès apartenances qui sont de mon fyé, vuil qu'il les puisse vandre ou eschangier à très ault et noble prince mon redoté seignor monseignor Robert, duc de Borgoigne, et quitte à touz jours mais lou fyé des dites choses et touz les droiz dou dit fyé. Et promet en bone foy, pour moi et meshoirs, que jamais ancontre ces choses ne viendrai. Ou tesmoignaige de laquelle chose je hai mis mon seaul en ces présentes lectres, donées l'an de grâce mil trois cent et cinc, au mois de marz.

(Chambre des Comptes de Dijon, série B. Domaine B. 983; Châtellenie de Châtel-Gérard.)

CLVI.

Compte rendu au duc de Bourgogne de ce qui s'était passé après la mort de la duchesse Béatrix.

(1311.)

A très haut, très noble et très puissant prince, son très chier et redouté seigneur monseigneur le duc de Bourgogne, Regnaus de Semur, chanoine de Saint-Estienne de Troyes, ses chers, service et obéissance. — Sire, comme vous m'aiez mandé par vos lettres que je vous rescripsisse dessous scel autentique la vente des choses que lon dit qui furent prises à l'Ille sous Montreaul, après la mort de madame la duchesse B., dont Diex ait l'âme, savoir vous fais que la vérité dou fait est tele : ladite madame la duchesse, en sa plaine santé, fist son testament et ordena certains exequteurs, c'est à savoir l'abbé de Cuere, monseigneur Jehan de Marmeaux, seigneur de Ravières, frère Humbert de Chavannes, de l'Ordre des Jacobins, et moi..., et après ce en sa derrenière maladie dont elle mourut, elle, en la présence de monseigneur Hugues d'Arcy, adonc evesque d'Ostun, fist un codicille dessous le scel doudit evesque, par lequel codicille elle establit monseigneur vostre père (cui Diex pardoint), son exequteur par dessus les autres dessus nomez, et pour l'exeqution de son testament accomplir, se devestit en la main doudit evesque, au nom de monseigneur vostre père, de tous ses biens et li bailla ses clers, et vost que des l'eure que elle trespasseroit li diz messire li dux cust en sa main toute sa terre, tous ses biens et sesdites clers pour faire laditte exeqution. Laquelle trespassée, li diz messires li dux vostre pères, par la vertu doudit codicille prist et host en sa main toute la terre, les biens et les clercs de laditte madame, et au retour de l'enterrement d'iceli furent à Vilaines, où elle fut morte, li diz messire li dux vostre pères, madame la reyne d'Alemaigne qui se faisoit fort pour madame d'Allay, sa suer, li procureur madame la comtesse de la Marche, et li dit executeur dessus nomé, et furent veu li bien meuble qui y estoient. Or disoit madame d'Alemaigne que ladite madame la duchesse li gardoit lettres, lesquelles ne furent pas trouvées à Villaines. Si suplia audit monseigneur vostre pères, qui lesdits biens tenoit, que sesdittes lettres li vouslit delivrer. Si fu enqui, ordené et acordé de l'assentement de laditte reyne par lui et par la partie madame d'Allay, son procureur, et madame de la Marche et desdits exécuteurs, que messire vostre père envoieroit à l'Ille pour vooir se on y trouveroit les dittes lettres; un po de temps après li diz messire li dux envoia à l'Ille pour cette chose Jehan Desgranges, et li bailla les clés, et me commanda que je alasse avec lui, nous y feusmes, et y prist li diz Jehans un coffre que il en fist porter à Montbard sus une charrette, ou quel escrin je ne say qu'il avoit. Lequel escrin porté à Montbard, li diz messire li dux et madame la reynne ensemble ouvrirent, et des choses qui dedens estoient prist laditte reynne ce que il lui plut, et puis fu refermez et sellez de leurs deux seaux et bailliez à Milot, dit Chevalier, adonc chastelain de Montbard, et li fu enjoint par ledit monseigneur le duc, que il le gardast pour ladite reynne. Des enqui en avant je ne suis maintenant avisiez que fait en fut ne que devint li dis coffres. Et pour ce sur que vous m'avez mandez que je vous certifiasse les choses dessusdites sous scel autentique, je ai requis Pierre Dorliens, garde dou scel de la prévosté de Troyes que il voulsit metre en ces présentes lettres le scel de laditte prévosté de Troyes avecques le mien, à plus grant cognoissance d'icelui. Et je, Pierre Dorliens dessus diz, à la relacion de Hemeri de Vezelai, tabellion de Troyes, ai mis en ces présentes lettres le scel de laditte prévosté de Troyes avecques nos seignez. Ce fu fait l'an de grâce mil trois cenz et onze, le juesdy jour de feste saint Simon et saint Jude.

(Collection de Bourgogne, LXXI, 203.)

CLVII.

Association de la noblesse de Bourgogne contre les empiètements de Philippe-le-Bel, où figure Jean de Marmeaux.

(1314.)

A tous ceux qui ces présentes letres verront et orront Jehanz de Chalon, cuens d'Auceurre et de Tourneurre, li noble et li communs des contez dessusdites pour nous, pour nos aliez et adjoinz, estanz dedanz les poinz dou royaume de France, salut. Comme très excellent et très puissant princes nostres très chiers et redotez sires Philippes, par la grâce de Dieu roys de France, hait fait et levé plusieurs tailles, subvencions, exauctions non dehues, chaingement de monnoies, et plusieurs autres choses qui hont esté faites, par quoy li noble et li communs hont esté mout grevé et apovri, et à mout grant meschief pour les choses dessusdites, et ancour sont. Et n'apert pas qu'il soit tornez en l'oneur ne ou profict du Roy ne dou royaume, ne en la défension dou profict commun, es quelx griés nous avons plusieurs foiz requis et souploié humblement et dévotement ledit nostre seigneur le Roy que ces choses voussit deffaire et delaissier, et riens n'en ha fait. Et ancour en ceste année présente courant par l'an mil trois cenz et quatorze, li diz nostres sires li Roys ha fait impositions non dehuement sus les nobles et sus le commun dou royaume et subventions, lesquelles il s'est efforciez de lever d'iceux, laquelle chose nous ne povons soffrir ni soustenir en bonne conscience, quar ainsint perdrions nous nos honneurs, nos franchises et nos libertez, et nous et cil qui après nous venront. Pour lesquelx choses dessusdites nous, Jehanz de Chalon, cuens d'Aucerre et de Tournerre dessusdiz, et li noble desdictes contez dessusdit, pour nous, pour nos aliez et adjoinz en la manière que dessus est dit, avons juré et promis par nos sarremenz, loialment et en bonne foy, pour nous et pour nos hoirs, pour nos adjoinz et aliez en la manière que dessus est dit, aus nobles et au commun de Champaigne, aus aliez et adjoinz à aus estanz dedanz les poinz dou royaume de France, que nous en la subvencion de ceste présente année et en touz autres griés et novalitez non dehuement faiz et à faire en temps présent et avenir, que li roys de France nostres sires ou autres leur voudroit faire, leur aiderons et secorrons à nos propres couz et despens, selon la quantité et l'estat que la besogne requerroit. Et l'aide dessusdicte et li secours, la quantité et la manière sera regardée par douze chevaliers des leur et par six chevaliers des nostres, telx comme il et nous voudrions eslire, par lesquelx doze et six l'aide et li secours sera mandez et feiz suffisamment. Et avons ancour promis et juré pour nous, pour nos aliez et adjoinz, si comme dessus est dit, et pour nos hoirs et successeurs, que nous ou aucun de nous ne se desoindra ne departira de ceste ordonnence, ne ne fera acort sanz assentement des autres. Toutes lesquelx choses dessusdites avons nous juré et promis et par nos sairemenz à tenir et à garder bien et fermement à touziours mais, pour nous et pour nos hoirs aus dessusdiz nobles et commun de Champagne, aus aliez et adjoinz à aus, si comme dessus est dit. Et volons que ces choses, convenances et aliences, soient tenues perpetuelment et à touz iours aus dessusdiz nommez et à leurs hoirs. Et est à savoir que en ceste chose faisant nous avons retenu et retenons, volu et volons que toutes les obéissances, feautez, leautez, hommaiges jurées et non jurées, et toutes autres droitures que nous devons au roy de France, nostre seigneur dessus dit, et à nos autres seigneurs et à leurs successeurs, soient gardées, sauvées et réservées pour aus, lesquelles nous n'entendons, volons, ne pensons de riens enfraindre ne aler encontre ou temps présens ne avenir. Et pour ce que ceste chose soit ferme et estable pour nous adjoinz et aliez, à la prière et à la requeste dou commun des nobles desdites contez d'Aucerre et de Tournerre, nous ci emprès nommé, avons scellé ces présentes lettres de nos séaus. C'est à savoir nouz, Jehanz de Chalon, cuens desdites contez d'Aucerre et de Tournerre; Erarz, sires de Laisines; Mahes de Merlo, sires de Saint-Bris; Jehanz, sires de Saillenay; Erarz d'Arcies, sires de Chassignelles; Gauchiers de Frolois, sires de Roichefort; Robert de Roichefort, sires de Bregeloinne; Jehanz de Marmeaux, sires de Ravières; Hugues, sires d'Argenteil; Jehanz Allignan, sires de Maleresine; Guillaume d'Arsy; Gilles de Corcou et Richard de Savoisy, tuit chevalier; Jehanz, sire d'Ancy, chanoigne de Laon; Guillaume de la Rippe, chanoigne d'Auceurre; Guioz de Merlo, sires de Senay; Guillaume de Tanlay, sires de Saint-Vinemer; Jaque, sire de Pacy; Ithiers d'Ancy; Estiennes, sires de Cusy; Jehanz de Digoine, sires dou chasteau d'Arsy; Guioz de Digoine; Jehanz de Vincelles; Regniers de Villiers-les-Auz, tuit escuyers. Ce fu feiz en l'an de l'Incarnacion Nostre Seigneur, l'an mil trois cenz et quatorze.

(Duchesne, LXIX, 64.)

CLVIII.

Accord entre Milon de Marmeaux et le prieur de Thisy.

(1319.)

In nomine Domini, amen. Anno Incarnationis ejusdem millesimo trecentesimo decimo nono, die Martis in crastino festi Beati-Mathie apostoli, nos Guido de Salmasia, humilis prior Tisiaci, ex una parte, et Milo de Marmellis, domicellus, ex altera, omnibus notum facimus quod cum lis esset inter nos priorem et Milonem, de bonis que li Quinquenas in justitia de Marmellis, ipsius Milonis, tempore mortis sue possidebat, que ego Milo dicebam esse mea, pro eo quod idem Quinquenas morte criminali succubuerat, inter nos pro bono pacis in hunc modum concordatum est et ordinatum quod omnia bona mobilia et immobilia, in justicia dicti Milonis existentia, que fuerunt ipsius Quinquenas, dicto Miloni perpetuo remanebunt, et de ipsis suam faciet voluntatem. Si vero contingeret aliquem hominem ipsius Milonis mori morte criminali, omnia bona ipsius morte criminali mortui in justitia dicti prioris existentia priori Tisiaci, pro tempore existenti, remanebunt perpetuo, quecumque sint vel fuerint, et de ipsis suam faciet omnimodam voluntatem. Promittentes per juramenta nostra super sacra Evangelia corporaliter data, et sub obligatione omnium bonorum heredum et successorum nostrorum, concordiam et ordinationem nostram in perpetuum tenere firmiter et immobiliter observare, et contra non venire, nec contravenienti consentire aliqua consuetudine generali vel speciali in contrarium faciente, non obstante. Renunciamus autem omnibus iis et singulis que contra presentes litteras, vel ipsarum tenorem dici possent vel opponi, et precipue juri dicenti generalem renunciationem non valere; volentes nos compelli ad premissa, quasi ex re adjudicata, per curiam domini ducis Burgundie, nos et nostros heredes ac successores ejus jurisdictioni supponendo. In cujus rei testimonium sigillum dicte curie litteris presentibus rogavimus et obtinuimus apponi. Actum in presentia Andree Remondi, de Monteregali, clerici dicte curie jurati, Joannis Picardi, de Santigny; Jacobi Torte et Milonis de Anceio, testium ad premissa vocatorum, anno et die predictis.

(Réomaus, p. 312).

CLIX.

Accord entre Gérard d'Ostun dit d'Arconcey et Jean de Beauvoir.

(1335.)

In nomine Domini, amen. Anno millesimo trecentesimo trigesimo quinto, die Jovis post festum Inventionis Sancte-Crucis, ego Girardus de Arconceyo, quondam filius domini Guidonis de Edua, militis, recognosco quod ex pactione inter me et dilectum meum avunculum, nobilem virum Johannem de Bellovisu, domicellum, non debeo vendere aliquid de bonis meis mobilibus, neque hereditagiis, sub pena millium bonorum parvorum turonensium, et ipsi dono omnia donatione irrevocabili inter vivos...

(Gaignières DCLVIII. — *Nouveau Livre noir* p. 128.)

CLX.

Partage de la succession de Guy d'Ostun.

(1339, lundi après la S. Barnabé.)

..... Je, Jacote, fille feu mons. Guy d'Ostun, chevalier, femme Jehan de Auceurre, écuyer, lou dit Jean, mon mary, présent.... Je, Girars, frère germain de la ditte Jacotte..... et je, Alemain de Beausemblant, frère germain et procureur de Artaud de Beausemblant, et de damoiselle Alips, sa femme, suer germaine des dessusdits Jacote et Girard..... Je, Jacote, dessusdite..... ensemble toute la terre, rentes, issues, profits, émoluments appartenants à ladite maison de Beaulveoir, tant prés, vignes, champs, bois, revenus, homes, femmes, tailles, censives, coutumes, justice, seigneurie. . . . . Je, Girard, dessusdit a emporté pour mon léal partage et division franchement. . . . . de Villers Liénas et la maison de Lachaut, ensemble toute la terre, issues, émoluments, apartenantes esdites maisons tant en justice. . . . . . et je, Allemains, dessusdit, pour et au nom de la ditte Alips, je hast emporté, pour la ditte Alips et ses hoirs, toute la terre d'Arconcey. . . . . En présence de Jehan de Beaulvoir, chevalier. . . . . et du coajuteur du tabellion d'Avalon.

(Archives de Chastellux ; *Vieux Livre noir*, p. 116. Gaignières, DCLVIII ; — *Nouveau Livre noir*, p. 129.

CLXI.

Transaction entre Jean de Beauvoir et Simon de Gayes.

(1340.)

Nos Girardus de Villanova, domini nostri regis Francie clericus, sigillum commune regium in villa Matisconensi baillia constitutum, notum facimus universis presentes litteras inspecturis, quod in presentia Hugonis de Ruillon, clerici, authoritate regia notarii publici, juratique ipsius domini regis et nostri, propter hoc specialiter constituti, nobilis vir dominus Johannes de Bellovisu, miles, ex una parte, et Simon, filius quondam defuncti domini Odonis de Gayes, ex altera, palam et presentes confessi fuerunt, et in veritate recognoverunt se, die mercurii decima septima die mensis maii nuper elapsi, inter se fecisse et habuisse pactiones et conventiones infra scriptas in hunc modum : Videlicet quod executio et venditio terre de Villers Lienas, facta per Johannem Guiardum, de Edua, commissarium regium virtute commissionis regie sibi directe, pro debito in quo dominus Guido de Edua, miles, defunctus, tenebatur dicto domino Odoni de Gayes, tempore quo vivebat, in litteris sub sigillo curie domini ducis Burgundie confectis, remanet in puncto et statu quibus erat ipsa die mercurii ; teneturque et promisit dictus Simon, ad requestam Girardi, filii quondam dicti domini Guidonis, militis, seu ejusdem Girardi domicelli procuratoris, cum commissionibus et expensis dicti domini Johannis procurare erga dominum nostrum regem Francie, seu in camera computorum regiorum, particularem commissionem regiam ad faciendam executionem dicti debiti super bonis Jacquete, sororis dicti Girardi, domicelli, videlicet supra domo forti de Bellovisu, terra et pertinentiis ejusdem, ad dictam Jaquetam domicellam spectantibus. Post quam commissionem per dictum Simonem, ut dictum est, impetratam, dictus dominus Johannes debet et tenetur mutuare, et tradere dicto Simoni, centum libras turonenses ; tenetur etiam idem miles ministrare dicto Simoni, et commissario regio cui dicta commissio dirigetur, emptorem dictarum domus fortis et terre et pertinentiarum, ita quod de venditione facienda de predictis pro summa octies centum et decem librarum turonensium, debitarum in dictis litteris a dicto domino Guidone, milite. Dictus emptor, quem dictus Johannes miles ministrabit, remanebit quitus erga Simonem et commissarium regium ad hoc deputatum, pro quatuor centum libris turonensibus ; erunt quoque et remanebunt dicte centum libre mutuate a dicto domino Johanne milite, dicto Simoni, quitte et remisse dicto Simoni, pro penis et laboribus ipsius Simonis ; eritque dictus Simon quittus et immunis erga dictum Girardum domicellum, et alios heredes dicti domini Guidonis militis, defuncti, de omnibus expensis et commissionibus quas eidem Simoni ministraverunt commissarii regii in persecutione dicte executionis pro ipso Simone, ejus equo et valleto. Item de quadraginta septem libris et tredecim solidis turonensibus quas Johannes Guiardus, commissarius regius, eidem Simoni asserit tradidisse, preterea totum emolumentum quod haberi poterit et levari a Petro Hardi et Richardo Bretini et Johanne Guiadini, olim commissariis regiis deputatis ad dictam executionem faciendam, et eorum complicibus, de his que habuerunt et levaverunt de bonis pertinentibus ad heredes dicti Guidonis ultra gagiam suam, rationabiliter debitam una cum utilitate expensarum factarum per dominum Odonem et Simonem in curia regis et ducis Burgundie, a tempore preterito usque ad dictam diem mercurii, applicabitur omnino domino Johanni militi supradicto. Acto et concordato quod expense faciende supra dictis domo forti de Bellovisu, terra et pertinentiis, ad dictam Jacquetam spectantibus ab ipsis domino Johanne milite et Simone, per medium persolventur, ita quod si contingat dictum Simonem aliter accedere.... occasione dicte executionis, dictus dominus Johannes, miles, sibi mutuaret dimidiam partem expensarum ob hoc faciendarum deducendam de dictis quatuor centum libris turonensibus, protestato per dictum Simonem, quod omnes obligationes, littere, commissiones, processus, executiones, et acta ipsius Simonis remaneant in suis virtute et robore quousque omnia supradicta penitus sint completa : cui protestationi dictus miles consensit, protestatoque per dictum dominum Johannem, quod in casu in quo dicta executio non posset fieri supra dictis domo forti de Bellovisu, terra et pertinentiis, dicte centum libre mutuate dicto Simoni deducentur de pretio venditionis terre de Villers-Lienas, videlicet quod dictus miles solvet dicto Simoni de dicta venditione terre de Villers-Lienas, quatuor centum libras turonenses una cum dictis centum libris turonensibus mutuandis, ut dictum est, quas quatuor centum libras turonenses, illo casu dictus miles reddet et solvet dicto Simoni, ad annos per Hugonem Coleti et Guilelmum Rohardi clericos super hoc assignandos ; cui protestationi dictus Simon consensit, juraveruntque dicte partes, ut asserunt, premissa omnia et singula tenere, attendere penitus et complere, presentibus Johanne de Divione, commissario regio, ad dictam executionem faciendam, Guillelmo ejus valletto, Hugone Coleti et Guilelmo Rohardi, testibus tunc vocatis.... Datum die veneris post festum Beati-Barnabe, apostoli, anno Domini millesimo trecentesimo quadragesimo, presentibus [testibus supradictis, Guilelmo dou Verne, Perrino, filio quondam defuncti Johannis Regnaudi, de Nanto sub Tilio].

(*Vieux livre noir*, p. 78; *Nouveau Livre noir* p. 53 et 128.

CLXII.

Testament de Jean de Beauvoir, seigneur de Thury, Bordeaux, etc.
(1347.)

Universis presentes litteras inspecturis, nos officialis Eduensis, notum facimus quod in presentia Guilemetti Odardi, de Colchiis, jurati et notarii curie nostre

Eduensis, cui in his et majoribus fidem plenariam adhibemus, et cui propter hoc commisimus vices nostras specialiter, hoc propter constitutus vir nobilis dominus Joannes de Bellovisu, miles, publice confessus est, et in veritate recognovit quod ipse in ultima voluntate sua seu testamento, omni alia voluntate seu testamento super hoc revocatis, suam elegit et ex nunc eligit sepulturam in ecclesia de Valle-Sancti-Benedicti, ordinis Vallis-Caulium, dans et concedens pro remedio anime sue et domine Jacquete, uxoris sue, et antecessorum eorumdem religiosis viris, priori et conventui dicti monasterii de Valle-Sancti-Benedicti in perpetuum, quolibet anno, ad festum Omnium-Sanctorum, centum solidos parvorum turonensium de annuo et perpetuo redditu donatione irrevocabili, inter vivos, tali pacto et conditione quod dicti religiosi tenentur et debent qualibet hebdomada, in perpetuum, post decessum dicti militis, celebrare aut celebrari facere in ecclesia supradicta tres missas, videlicet feria secunda de deffunctis, feria quinta de Spiritu-Sancto, et sabbato de Virgine-Maria, nisi fuerit feria, pro dicto milite et suis benefactoribus universis. Quos quidem solidos turonenses reddituales, dictus miles assedit, assignat et assignavit dictis religiosis, et eorum successoribus, in perpetuum, pro dictis missis celebrandis, super omnia mobilia, hereditagia et bona sua futura ubicumque existentia; que quidem bona sua et hereditagia, una cum heredibus et successoribus suis qui dicta bona sua et hereditagia tenebunt de cetero et possidebunt, dictus miles obligat propter hoc dictis religiosis in perpetuum, penitus et expresse, volens et precipiens idem miles coram dicto jurato nostro, quod ille seu illi post decessum suum bona sua predicta tenebunt, vel possidebunt quoquo modo, quod dictum annuum redditum, annis singulis, dictis religiosis in perpetuum reddere et solvere teneantur, et ad terminum supradictum; et in casu in quo heredes dicti militis et dicti religiosi aut alter ipsorum poterunt acquirere certa hereditagia precio quinquaginta librarum turonensium solvendarum ad terminum duorum annorum, super et in quibus dicti centum solidi possint assederi et assignari ad utilitatem dictorum religiosorum et animarum dicti militis et suorum in perpetuum, dictus miles voluit et ordinavit quod heredes aut successores ejusdem erga dictos religiosos de dictis centum solidis redditualibus sint quitti pariter et immunes. Voluit etiam dictus miles et ordinavit, coram jurato nostro supradicto, quod heredes aut successores sui, quos quantum ad hoc obligavit, dictos centum solidos turonenses dictis religiosis quolibet anno reddant et solvant, quoad usque fuerint bene et legitime assessi et assignati, prout superius est expressum, ad terminum supradictum. Item voluit et ordinavit dictus miles, quod die obitus sui, pro lecto, armis et equis, heredes sui, seu causam ab eodem habentes, pro decem libris turonensibus solvendis dictis religiosis erga dictos religiosos sint quitti, salvis tamen luminario, oblationibus, pecuniariis, paramentis equorum et armorum que dictis religiosis totaliter remanebunt; promittens autem dictus miles per juramentum suum super sancta Dei evangelia datum, et sub obligatione omnium bonorum suorum ubicumque existentium, pro se et suis heredibus seu causam habentibus ab eodem, quos et que propter hoc obligat et obligavit penitus et expresse, premissa tenere, adimplere et inviolabiliter observare, prout superius sunt expressa, volens se compelli dictus miles, heredes aut successores suos seu causam habentes ab eodem, ad premissorum observantiam quasi ex re adjudicata, per curiam nostram Eduensem et per officialem Eduensem qui pro tempore fuerit, per sententiam excommunicationis, cujus juridictioni quoad hec supponit se, heredes suos et omnia bona sua. Renuntians dictus miles ex certa scientia, in hoc facto, omnibus exceptionibus, barris et allegationibus totius juris et facti tam canonici quam civilis, que contra tenorem presentium litterarum possent de cetero dici vel opponi ; et specialiter et expresse juri dicenti generalem renuntiationem non valere..... Datum in presentia dicti jurati nostri, Joannis de Rossillon, Guilelmi du Verne, domicellorum, domine Jaquete de Bourdeaux, uxoris dicti militis, et prioris de Valle-Sancti-Benedicti, consentientium in omnibus supradictis, testium ad hoc vocatorum specialiter et rogatorum. In cujus rei testimonium, ad preces et requisitiones dicti militis, nobis per dictum juratum oblatas, sigillum magnum curie nostre Eduensis, presentibus litteris duximus apponendum, die veneris ante dominicam diem qua cantatur in ecclesia Dei *Letare Jerusalem*, anno Domini millesimo trecentesimo quadragesimo septimo.

(Archives de Chastellux, *Vieux livre noir*, p. 132 ; Inventaire des titres, chap. X, n° 5 de la liasse cotée B.)

CLXIII.

Mariage de Jean Bréchard et de Marie de Beauvoir.

(1360.)

L'an MCCCLX, le mercredy après la feste de Toussains, nous Jean Broichart, seigneur de Vevre, chevalier, d'une part, et Guillaume de Beauvoir, escuier, Marie et Isabeaul de Beauvoir, demoiselles, ses sœurs germaines, enfans furent de noble homme Mons. Jehan de Beauvoir, chevalier, et de Madame Jaque, sa femme, d'autre part : sçavoir faisons qu'ou pourparlé du mariage de noble Jean Broichart et de ladite Marie, et partages entre nous Guillaume, lesd. Marie et Isabeau, frère et sœurs, demourez du décès de nosdits père et mère, et aussy sur la succession des biens à nous apartenant, ou cas que notre très chère et amée tante, Madame Lore de Bourdeaux, dame de Montperroux et de Chastelux, trespassera avant nous, ledit Jean Broichart espouse ladite Marie qui a des biens de ses père et mère la terre de Turey, la Gucite, Sauvoigny le Buruart et Chevannes et les apartenances, moyennant elle en quitte son frère et sa sœur, avec qui elle accorde que ladite Lore dame de Montperroux et de Chasteluz jouira encor deux ans desdits biens, et que ladite Lore mourant, ladite Marie aura seulement de sa succession cent livres de terre assises où il plaira audit Guillaume son frère. Elle et

Jean Broichart promettent après leur mariage ratifier les contraulx naguères traités et pourparlez de et sur les mariages dudit Guillaume de Beauvoir et de Alips de Bourbon, fille de Mons. Jehan de Bourbon, chevalier, et de Girart de Bourbon (1), et de ladite Isabeau de Beauvoir, et des quatre assemblement. Ledit Jean Broichart doue ladite Marie de son chastel de Sautrone et de la moitié de toute sa terre. Fait en présence de Jehan Coppechol, de Montréaul, clerc juré. . . , de Guillaume Dubois, Millot de Compan, Millot de Champelois, Hugues de Poussain, escuiers, les an et jour dessus dits.

(Gaignières, DCLVIII ; *Nouveau Livre noir*, p. 131 ; voir une autre analyse ou copie, p. 189.)

CLXIV.

Dénombrement fourni par Guillaume de Beauvoir, seigneur de Painblanc, de Nuas et du Pâquier.

(1366.)

Universis presentes litteras inspecturis, nos officialis Eduensis, notum facimus quod coram dilecto nostro Petro, presbitero, curato de Plainbain, presbitero, curie nostre notario et jurato, videlicet nostra in hac parte fungente, propter hoc personaliter constitutus nobilis vir Guillelmus de Bellovisu, scutiffer, confitetur et publice recognoscit se tenere ab altissimo et excellentissimo principe ac domino duce Burgundie, de feodo et in modum feodi, totam terram de Nuhois, de Plainblein et de Pascua, cum justicia alta et bassa, tailliis, coustumis, redditibus bladi et pecunie, gallinis et aliis exitibus, nemoribus, rippariis, pratis et taliis, redditibus quibuscumque; que quidem hereditagia sita sunt in bailliagio Divionensi. Item teneo et confiteor tenere in retrofeodum totum hereditagium quod quondam fuit Arviero de Syvrey, quod tenet Johaneta quondam ejus Arvieri filia. Quas quidem villas que pertinent universis, sicut refert idem scutiffer, tenetur et promittit bona fide per juramentum suum, dicto domino duci Burgundie, et fideliter deservire secundum Burgundie bonos usus, omnibus racionibus, allegacionibus, barris et dissensionibus tocius juris et facti canonici et civilis, cessantibus in premissis. In cujus rei testimonium sigillum curie Eduensis ad contractus istis litteris duximus apponendum, in cujus se, suos heredes, et omnia bona sua quoadhoc supponit. Datum presentibus dicto jurato nostro, Guillelmo de la Tornelle, scutiffero, et Petro Sancti-Reveriani, testibus ad hoc vocatis, die Mercurii post festum Assumpcionis Beate-Marie Virginis, anno Domini M° CCC° sexagesimo sexto.

(Archives de la Côte-d'Or, Chambre des Comptes de Dijon, Féodalité, B, 10515.)

---

(1) Ce Gérard épousa Béatrix de Traiuel, dont il était veuf en 1399. Voyez dom Villevieille, au mot CHISSEY.

CLXV.

Traité entre Guillaume de Beauvoir, sire de Bordeaux, et le chapitre d'Autun.

(1366.)

In nomine Domini, amen. Anno Incarnationis ejusdem millesimo trecentesimo sexagesimo sexto, die lune octava, die mensis Martis, nos, capitulum Eduense ex una parte, et Guilelmus de Bellovisu, dominus de Bordellis, ex altera, notum facimus universis, quod cum questio seu discordia verteretur inter nos predictas partes, super eo quod nos dictum capitulum Eduense, dicto Guilelmo, tam suo quam nomine Isabelle de Bellovisu, ejus sororis, pro arreragiis tempore preteritis centum solidorum viennensium, pro quodam anniversario Hugonis de Torceio, ex annuo et perpetuo redditu in dictis, et dictus Guilelmus et ejus soror, ratione terre de Bordellis, in castellania de Huchon existentis, nobis dicto capitulo tenebantur, viginti quinque librarum viennensium pro quinque annis jam elapsis, et centum solidorum viennensium pro anno presenti, una cum pluribus expensis factis contra dictum Guilelmum ad persecutionem cause ipsius facti, et est actum et concordatum inter nos predictas partes quod, de cetero, ego predictus Guilelmus, tam meo quam nomine sororis mee dictos centum solidos viennenses et pro arreragiis predictis viginti quinque librarum viennensium, pro dictis quinque annis, una cum centum solidis pro anno presente, ipsos me confiteor debere et recognosco dictis venerabilibus capitulo Eduensi, causis predictis, quos promitto nomine quo super, rius, per juramentum meum propter hoc ad sancta Dei evangelia corporaliter datum, et sub obligatione omnium bonorum meorum, mobilium et immobilium, presentium et futurorum quorumcumque, reddere et solvere dictis venerabilibus capitulo Eduensi, aut eorum certo mandato latori presentium, ad hos terminos, videlicet centum solidos viennenses pro dictis arreragiis ad festum Beati-Martini Hyemalis proximo venturum, et residuum ad octavas nundinarum Biffracti inde sequentium et venturarum, cum omnibus damnis, missionibus et expensis propter hoc inde factis, habitis etiam cumque omnibus exceptionibus totius juris et facti que contra tenorem presentium litterarum possent dici vel opponi jurique, dicenti generalem renuntiacionem non valere ; volens me ad premissa tenenda compelli quasi ex re adjudicata per curiam domini ducis Burgundie, cujus juridictioni et cohibitioni quoad hec suppono me, heredes meos et omnia bona mea. In cujus rei testimonium litteris istis presentibus sigillum dicte curie rogavi et obtinui apponi. Actum in presentia domini Johannis Bixosti, presbiteri, notarii Eduensis pro dicto domino duce, domini Petri de Grimone, et Joannis de Viletta, presbiteris, testium ad hoc vocatorum et rogatorum, anno et die predictis.

(Archives de Chastellux, *Vieux Livre noir*, p. 130 ; *Nouveau Livre noir*, p. 59.)

CLXVI.

Vente de la seigneurie de Thorigny, paroisse de Bleigny-le-Carreau, à Philippe de Jaucourt et à Isabelle de Beauvoir.

(1376.)

A touz ceux qui verront ces présentes lettres, Jehan Regnier l'aisné, et Geoffroy Trové, gardes du scel de la prévosté d'Aucerre, salut : Saichent tous que en la présence Jehannin Garchi, clerc tabellion, commis juré en la court de ladite prévosté, pour ce establi en propres personnes, Pierre d'Asnois et Isabeaul, sa fame, demeurans à Aucerre, et recogneut et confessé en droit, y venant ledit juré, et mesmement ladite Isabeau de la licence, gré, congé, assentiment, licence et autorité dudit Pierre, son mary, à elle donnée et par elle agréablement recehue, pardevant ledit juré, quant à ce faire, gréer, passer, octroyer, acorder et consentir les traictez, accors et convenances qui cy-après s'enssuivent, eux avoir vendu, quitté, cessé, délaissé et ottroyé, et en la présence dudit juré, vendent, quittent, cessent, délaissent et octroyent à tous jours et sanz espoir d'aucun rappel, à noble homme Monseigneur Philippe de Jaucourt, chevalier, et à noble dame madame Isabeaul de Beauvoir, sa fame, pour eux, leurs hoirs et les aians cause d'eux sur ce perpétuellement, et à touzjours, toutes les choses et une chacune d'icelles cy-après spéciffiées et esclercies : c'est assavoir toute la terre de la ville de Thorigny-les-Aucerre et qui est en la paroisse de Bleigny, touz les proffictz, yssues, revenues et émolumens que lesdiz vendeurs avoyent et povoyent avoir en ladite terre, revenues et yssues d'icelle, en toute justice haulte, moyenne et basse, en cens, tailles, coustumes et toutes autres redevances, maisons, terres, vignes, prez, saulces, bois, fours et autres héritaiges, débites et redevances quelconques, tant celles que ja pieça ledit Pierre disoit avoir acquises de noble homme Guiot de Semur, seigneur de Montilles en partie et de Sublenes en tout, comme toutes autres choses quelconques que ledit Pierre vendeur dessus dit peut avoir acquises, tant depuis la vente faite par ledit Guiot de Semur, seigneur dessus dit, audit Pierre, comme paravant ycelle, excepté meubles que lesdiz vendeurs pourroient avoir audit lieu, soient bestes ou autres meubles qui en ceste vente en rien ne sont mis ne compris, mais demorent iceux meubles comme les leurs auxdiz vendeurs; et avecque ces choses recognenent et confessent lesdiz vendeurs, et mesmement ladite fame, de la licence et autorité dessus dite, eux avoir vendu, quitté, cessé, délaissé et octroyé, et en la présence dudit juré vendirent, quittèrent, cessèrent, délaissèrent et octroyèrent perpétuellement et à touz jours, et sans espérance d'aucun rappel, aux dessus diz Monseigneur Philippe de Jaucourt et à Madame Isabeaul, sa fame, pour eux, leurs hoirs et les ayens cause d'eux, la some de dix livres tournois, de annuelle et perpétuelle rente, que lesdiz vendeurs disoient avoir sur la maison où demore Anxelot, séant au bour Sainct-Père d'Aucerre, tenant d'ung costé à la place Robin Anxelot et d'autre costé à la maison Jehan Villeloup, et sur toutes autres choses qui lesdites lettres sur ce faites sont contenues, et cent solz tournoys de annuelle et perpétuelle rente, que lesdiz vendeurs si disoient avoir et à eux estre dehue chascun an, de Thévenin et Perrin Boissanté, frères, sur une maison assise et estant en la ville d'Aucerre, au bour Sainct-Eusèbe, laquelle maison jadiz fut à Regnaut le Champenois, et se tient ladite maison à la maison Jehan Regnier le jeune, d'une part, et devant au chemin commun. Toutes ces choses dessus dites ainsi vendues, comme dit est, pour le prix et somme de dix et sept vins et dix frans d'or du coing du roy, mesure de bon or et de bon pois, auxdiz vendeurs leurs quittez et ja paiez, si comme lesdiz vendeurs disoient et s'entendront pardevant ledit juré pour bien paié, contant et agréé, et lesdiz acheteurs pour eux et leurs hoirs en quittèrent à touz jours et renoncent expressément à l'exception et sur ladite somme non avoir heue ne receue, et ad ce que elle leur soit encoir à paier et bailler. Desquelles choses dessus dites et d'une chascune d'icelles ainsi vendues, comme dit est, lesdiz vendeurs et chascung d'eulx, et mesmement ladite fame, de la licence et auctorité dessus dites, se devestent et dessaisinent pardevant ledit juré, en nom et tiltre de leaul rençon, et lesdiz acheteurs pour eux, leur hoirs et les aiens cause d'eux en furent vestis et saisis par le bail et tradition de ces présentes lettres, en nom et tiltre de léaul achat, en signe et en coraige, si comme lesdiz vendeurs disoient de transpourter de eux èsdix acheteurs, en leurs hoirs et es ayans cause d'eux, sur ce perpétuellement et à touz jours, tout le droit, toute caution réelle et personnelle, la péticion, la prétencion sur le demoyne, la seignorie, la propriété et la saisine que il avoient, pouvoient et devoient avoir ès-choses dessus dites et chascune d'icelles, aux vendeurs, comme dit est, par quelconques cause, tiltre ou raison que ce feust ou peust estre ; et promirent lesdiz vendeurs pour leurs foiz eues et données en la main dudit juré, et mesmement ladite fame, de l'autorité dessus dite, que contre ceste présente vente, cest octroy, ceste quictance et ces convenances jamais ne viendront, ne seront ou consentiront à venir par autres, ne es choses dessus dites ainssi vendues comme dit est, ne en aucunes d'icelles, jamais aucune chose de fait ne de droit ne demanderont, ne réclameront, ne feront demander ne réclamer par autres, et à tout le droit que ladite Ysabeaul, femme dudit Pierre, avoit et pouvoit avoir es choses dessus dites, et chascune d'icelles avoir vendues, comme dit est, feust à cause d'acquest et donnation et don de noces et convenances de mariaige et douaire ou autrement, pour quelque cause que droit y eust ou peust avoir ycelle Ysabeaul, de l'auttorité et licence dessus dite, renonça et a renoncé par devant ledit juré, pour et au proffit desdiz acheteurs et leurs hoirs et des ayens cause d'eulx, sur ce perpétuellement et à touz jours, et les choses dessus dites et chascune d'icelles, ainxi vendues, comme dit est, garentiront et deffendront lesdiz vendeurs et promettront garentir et deffendre ausdits acheteurs, à leur hoirs et aux ayans cause d'eux sur ce, touteffoiz que requis en seront, sanz autre dénonciation faire soit, la chose convienne ou non convienne, franchement et quittent de touz frais, de toutes charges en jugement et dehors servitutes, obligations, aliénations et de tout autre exaction, quelles seront fait que des débittes et coustumes à paier d'ancien temps, comme menans et estans de faire alept, et de tout fié et arrière fié de quelconques personnes que ce soient. Promettent encore lesdiz vendeurs par devant ledict juré, rendre, bailler et délivrer auxdiz acheteurs, toutes lettres de vendue que il ont et pevent avoir des choses dessus dites, tant dudit seigneur de Sublenes et de Montilles, comme toutes autres lettres touchans touz autres, desquels ils pevent avoir au temps passé, aucunes choses acquises au lieu, terroir, justice et finaige de ladite ville de Thorigny et appartenances d'icelles, et promettent encore, lesdiz vendeurs, par devant ledit juré, ratiffier, signer, consentir et confirmer ceste présente vente et ces conventions, par Perrin d'Asnois, fils dudit Pierre d'Asnois, et icelluy Perrin faire renoncier à tout le droit quelconque qu'il avoit et pouoit avoir, pour quelque cause, tiltre ou raison que ce fust et peust estre ès choses dessus dictes, et chascune d'icelles ainssi vendues que dit est, et audit Perrin faire promettre et garentir les choses dessus dites et chascune d'icelles, en la forme et manière que dessus est dit, et que promis l'ont lesdiz vendeurs ; et avecques toutes ces choses promettent encore lesdiz vendeurs, par leurs dites foiz données, en la main dudit juré, et mesmement ladite fame, de l'autorité et licence dessus dit, rendre et paier auxdits acheteurs, à leurs hoirs et ayans cause d'eux, sur ce touz couz, domaiges, intérestz et despens qui seroient fait ou sostenu pour deffense de la garentie dessus dite non pourter, et des autres convenances dessus dites ou d'aucunes d'icelles non tenues, gardées et accomplies en la forme et manière dessus dites et desclarées, sur lesquelx il promist encore lesdiz acheteurs, leurs hoirs et ayans cause d'eux, ou le pourteur de ces lettres, par son simple serment, sans autre preuve adioustez et senz aucun plait sostenu ou movoir. Pour laquelle garentie portée et autres conventions dessus dictes et chascune d'icelles plus fermement tenir, garder entières et acomplir en la forme et manière dessus dites et desclarées, lesdiz vendeurs en obligent et ont obligié pardevant ledit juré, et mesmement ladite fame, de la licence et auctorité dessus dites auxdiz acheteurs, à leurs ayans cause d'eux sur ce, touz leurs biens et les biens de leurs hoirs, meubles et non meubles, présens et advenir, où que ils soient vehu, seu ou trovée, et yceux soubzmist pardevant ledit juré, et mesmement ladite fame, de l'autorité et licence dessus dites, à la juridiction et cohersion de la court de ladite prévosté, ou que il fasse mansion pour estre contraint en justice, par la prise et vendue desdiz biens, et renoncent lesdiz vendeurs, pardevant ledit juré et par leur dite fois, et mesmement lesdictes fames, de l'authorité et licence dessusdites, à tout ayde de droit de canon et de loy, au privilège de la croiz prise ou à prendre, à toute exception de décevance et fraude et barat, et d'oultres la moitié au juste prix, ad ce que il puisse dire que à faire les choses dessus dictes ou aucunes d'icelles, ilz, ne aucun d'eux ait esté induiz ou menez par force, contraincte, séduction ou encomiencion mauvayse avenue à la chose ainssi non faite ou faite, sanz cause ou pour cause non juste, au bénéfice de velleyen, à touz droiz, faiz, donnez et establiz et introduiz en la faveur des fames; et généralement à toutes aultres choses tant de fait que de droit, escript et non escript, contre ces présentes lettres et les choses en icelles contenues ou aucunes d'icelles pouroient estre dictes, objicés ou opposées. En testmoing de ce nous, à la relation dudit juré, avons scellées ces lettres du scel de ladite prévosté. Donné l'an de grâce mil trois cenz soixante et seize, le dimanche après le dymenche que l'on chante en saincte Église *Quasimodo*.

(Archives de l'Yonne, fonds de Saint-Germain ; *Nouveau Livre noir*, p. 307.)

CLXVII.

Testament de Philippe de Jaucourt.

(1390.)

Au nom de notre Seigneur, amen. Saichent tuit que en l'an de l'Incarnacion de Nostre-Seigneur mil trois cens quatrevins et dix, le jeudi, jour de la feste de l'Assumpcion-Nostre-Dame, je Phelippes de Jaucourt, chevalier, seigneur de Villarnoul, estans au lit malades et en grant enfermeté de maladie, sains et bien avisié de pansée, de parole et de entendemant, considérans et actendens en moy qu'il n'est riens plux certain de la mort, et chouse plus incertaine que de l'eure de la mort, et pour ce désirans de tout mon povoir de proveoir au remède et salut de l'âme de moy, afin que la mort ne me survigne in promtu, non volens départir de cest siècle intestat, confesse avoir fait et ordonne et enquore fais et ordonez mon testament, ordonance et dernière volunté, et de moy et des biens que Dieux m'a donnez j'ai ordonné et ordonne, en la manière qui s'en suit, en révocant et rappallant et mectant au néant tout aultre testament et ordonance par moy par avant fait : et premièrement je recomande l'âme de moy à Dieu, le Père tout puissant, à la glorieuse Vierge Marie, sa mère, et à tous les sains et saintes de Paradis, et à toute la court céleste ; item je vuil que mes debtes, mes malfais, mes malvais acquests et extorcions soient amandés, rendus et restitués à ligiens prové, ou cas que les conquérans seront de bonne vie et renummée. Item je eslis ma sépulture en l'église collégial de Nostre-Dame et de Saint-Ladre-d'Avalon, devant l'autel que j'ay fait faire et esten en ladicte église, qui est et sera fais en l'oneur de saint Ladre et de saint Anthoigne. Item vuilz et ordonne que par les chanoines de ladicte église soit chantée et célébrée audit autel ou faite célébrer chascun jour, à l'heure du point du jour, à toujours mais perpétuellement une messe des trespassés pour le remède des âmes de moy, de dame Ysabel de Belveoir, mon amée fame et compaigne, et de tous les amis de moy et et de elle trépassés et en vie. Laquelle messe, avant qu'elle soit encomansée de chanter, lesdis chanoignes seront tenu de copeter ou fere copeter la grosse cloiche de l'église six-vins coups à trois intervalles, c'est assavoir à chacun intervalle quarante coups, affin que les bonnes gens qui la vouldront oir y puissaint mieux aler à heure. Item je vuil et ordonne que par lesdis chanoignes soit fait chacun an, en ladite église, un anniversaire sollempne le landemain de la feste Saint-Ladre en karesme, pour le remède des âmes de moy et des dessus diz. Item je laisses et donnes auxdis chanoynes et à ladicte église, pour célébrer ladicte messe et ledit anniversaire, les héritaiges, possessions et chouses qui s'ensuiguent, ou cas toutevoie et avant tout ouvre qui plaira à mon très redoubté signeur monsigneur de Bourgogne, lequel consentement mes héritiers seront tenus procurer et porchacier envers ledit monsigneur de Bourgogne, à leurs coux, missions et despens : c'est assavoir toute ma partie et portion que j'ay et puis avoir, en quelque mainière que ce soit ou minaige d'Avalon, tant des quinze livrées que Jehan de Montrécourt, escuyer, me doit de rente et est tenuz chacun an, sa vie durant, à moy, à cause dudit minaige, comme de ce qui doit avenir à moy et à mes héritiers à cause dudit minaige et levée de scel, après le trespas dudit Montrécourt, et généralement toutes mes maisons, meix, levée de scel et tous aultres héritaiges, rentes et possessions que j'ay et puis avoir en laditte ville d'Avallon, comant qu'elles soient nomées, dictes ou appelées, et toute ma terre de Chassigney, ensemble tous les profits, yssues, rentes et émolumens d'icelle, soient maisons, mex, homes et femes, serfs, prés, bois, ripvière, justice et aultre chouse quelcunques, sans riens en retenir. Et vuil ou cas dessus dit que desjay lesdis chanoynes en soient vestis et saisis en telle menière que moy et mes héritiers demorent quittes envers lesditz chanoynes de tout ce qui leur est dehu de rante ny aultrement, sur ma vigne appellée la vigne Seguin, séant au finage de Vassy. . . . . . En tesmoing desquelles chouses nous, c'est assavoir : je testateur et je Isabel dessus dit, avons requis et obtenu le scel de la cour monsigneur le duc de Bourgogne estre mis et plaqué à ces présentes lettres de testament doublées comme dit est ; à la jurisdiction et contrainte de laquelle cour monsigneur le duc, en espécial, nous soubmettant nous, nos héritiers et tous nos biens, quant à fere et accomplir les chouses dessus dictes en la forme et manière que dessus est divisié. C'est fait en la présence de Guillaume Monein de Rovroy, clerc juré de laditte court monsigneur le duc de Bourgogne, coadjuteur de Andrier Niscot, tabellion de Semur, messire Laurent Jobert, curé de Savigny-en-Terre-Plane ; Jehan de Boisselier, l'esné ; Hugues Mongeart ; Guillaume Ligier, d'Anthio ; Regnaut Thiébert ; Guillaume le Quehu, de Mostier-Saint-Jehan ; Perrenot Calot, et de Huguenot dit de Columbiers, tesmoings ad ces chouses appelés et requis, l'an et le jour dessus dit.

(Archives de l'Yonne, fonds du Chapitre d'Avallon.)

CLXVIII.

Accord entre Guillaume de Beauvoir et Madame de Villarnoul.

(1394.)

En nom de Dieu, amen. L'an MCCCXCIV, le jeudy, veille de la feste Saint-Vincent, nous Guillaume de Beaulveoir, chevalier, seigneur de Chastelus, pour moy d'une part, et Isabeaul de Beaulveoir, dame de Villarnou, seur germaine dudit mgr de Chasteluz, fut femme de mons., Philippe de Jaucourt, chevalier, mon feu seigneur et mary, d'autre part; comme entre iceluy feu messire Philippe, et moy, ladite Isabeau sa fut femme, d'une part, et moy ledit sieur de Chastellux et ma très chère et amée compaigne Jehanne de S. Verain, ma femme, de mon autorité, d'autre part, eut esté traité du gré de feu noble mémoire Madame Lore de Bourdeaulx, lors dame dudit Chastelux, et vivant tante de nous Guillaume et Isabeaul de Beaulveoir, frère et seur, que pour le droit dudit Philippe à cause de ladite Isabeaul, par la mort de ladite Lore et ses biens, tant en la comté de Nevers, bailliage de Donzy, que duché de Bourgogne et ailleurs, il luy devoit six-vins livre de terre ; pour quoy luy cède tout ce qu'il a à Villiers-Lienas et Leschault, tant de succession que d'acquisition de Simonin de Vaulx, escuier audit Villiers-Lienas. . . plus dix livres tournois de rente par luy acquises de Guillaume de la Moute, escuier, et d'Isabeaul de Suilly, demoiselle, sa femme. . . . . à Quarrées, Guillaume de la Moute, Jean le bastard du Boschet, Guiot Bien, escuier, tesmoins. . . .

(GAIGNIÈRES, DCLVIII. — *Nouveau Livre noir.* p. 132.)

XVᵉ SIÈCLE.

CLXIX.

Transaction passée entre Pierre de Grancey et Jeanne de Marmeaux, sa femme, et les co-seigneurs de Ravières d'une part, avec les habitants du même lieu.

(1402.)

A tous ceulx qui ces présentes lettres verrunt, Jehan Tribole, licencié en lois, lieutenant général de noble homme monseigneur Gasselin du Bos, seigneur de Raincheval, chevalier et chambellan du roy, nostre sire, bailli de Sens et d'Aucerre, salut : savoir faisons comme descors et débaz soient de longtemps entre les seigneurs de la ville de Ravières, d'une part, et les manans et habitans de ladicte ville de Ravières, d'autre part, à cause de ce que lesdiz seigneurs disoient lesdiz manans et habitans estre leurs hommes de corps, de serve condicion taillables à volenté, hault et bas, de poursuite de mainmorte et d'autres servitutes, et pour telz les vouloient tenir, et lesdiz manans et habitans disoient le contraire, et que supposé que ilz fussitrez sen povoient-ilz du tout estre et affranchir tant par la bourgoisie du giste de Crusy, comme par plusieurs autres moyens raisonnables dont ilz avoient usé de tous temps, de et sur lesquelles choses plusieurs procès aient esté et soient entre lesdiz seigneurs et habitans, ou les plusieurs d'iceulx en diverses qualités, tant en parlement aux requestes du palais et pardevant nous, comme en autres cours. Aujourdui se sont pour ce comparuz par devant nous, en jugement, noble et puissant seigneur mons. Robert de Chalus, chevalier, chambellan du roy nostre sire, seigneur d'Entraigues, et aussi à cause de madame Jehanne de Thanlay, sa femme, seigneur de Thanlay et de Ravières, pour lui en sa personne, Jehan d'Argentenay et Pierre Colin, ou nom et comme procureurs de ladicte madame Jehanne de Thanlay, dame desdiz lieux, et Pierre Oger, demourant à Senz, au nom et comme procureur de noble homme messire Ferry de Chardoigne, chevalier, tant en son nom come aiant le bail, gouvernement et administracion de ses enfens, et aussi ledit Pierre Oger comme procureur de nobles personnes Pierre de Grancey, escuier, et de damoiselle Jehanne de Marmeaux, sa feme, à cause d'elle, seigneurs et dames de laditte ville de Ravières, pour tant come à chascun d'eulx touche et puet toucher, d'une part; et Andrier, maistre Humbert et Jehan de Margilly, ou nom et comme procureur desdiz manans et habitans de ladicte ville de Ravières, d'autre part; yceux procureurs fondez de procuracions suffisans, desquelles saines et entières d'escripture, de seaulx bien cogneuz il a deuement apparu à nous et ausdites parties, et d'icelles les teneurs s'ensuignent de mot à mot en la forme qui s'ensuit : A tous ceulx qui ces présentes lettres verront, Robert de Chalus, chevalier, seigneur d'Entraygues et de Ravières, chambellan du roy nostre sire, et Jehanne de Tanlay, sa feme, salut : Savoir faisons que nous, c'est assavoir nous Jehanne devant ditte, de l'auctorité, volunté et consentement de nostre dit seigneur et mary, avons doné et octroyez pour faire passer et accorder ce qui s'ensuit, laquelle chose nous, Robert dessus dit, confessons estre vraye pour nous et en noz noms, tant conjoinctement come divisement avons fait, constitué, ordenné et establi, et par ces présentes faisons, constituons, ordonnons et establissons noz procureurs généraulx et certains messages espéciaulx, maistres Jehan Tribole, Jehan Surreau et Giles Petit, licenciez en lois, Estienne le Dedonné, Jehan de Tremonay, Pierre Colin et Guillaume Touelle, ausquelx tous ensemble et à chascun d'eulz por soy et pour le tout portant ces letres, avons donné et donnons plain povoir, auctorité et mandement espécial de compromectre, transiger, pacifier et accorder en et de toutes noz causes, querelles, questions, controverses et débas que nous avons avec ou contre les habitans dudit lieu de Ravières ou les aucuns d'iceulx, en quelconque manière que ce soit, et de passer, octroyer et consentir par devant mons. le bailli de Senz ou son lieutenant ou autre part où bon leur semblera, certain accort et traictié fait en noz noms et ès noms de messire Ferry de Chardeigne, chevalier, Pierre de Grancey, escuier, et damoiselle Jehanne de Marmeaux, sa feme, seigneurs dudit Ravières, avec les manans et habitans dudit lieu, sur les débaz et questions qui estoient entre nous et les dessus nommez, d'une part, et lesdiz habitans, d'autre part, sur ce que nous et les autres seigneurs dessus diz les disoient estre noz hommes sers, taillables à volunté hault et bas de poursuite, courvéables et de main morte, et lesdiz habitans disoient eulz estre franches persones, por lequel accord nous nous délaissons et départons avec les autres seigneurs dessus nomez desdiz servitutes et d'autres dont nous disions lesdiz habitans estre tenus, lesquelx en demourront quittes et frans, saucunement en estoient tenus et demeurent bourgois de nous et desdiz autres seigneurs de Ravières, et nous paieront chascun an cinq solz tournois un chascun d'eulz et autres quelxconques pour chascune maison, grange ou autre habitacion à feste qu'ilz auront en ladicte ville, et deux solz six deniers tournois pour chascun appentiz, et avec ce chascun feu cinq solz tournois. Et de promettre et faire avec lesdiz autres seigneurs, en tant que mestier sera, ledit accord consentir par monsieur le conte de Tonnere et tous autres seigneurs à qui il pourra appartenir, et d'en acquiter et délivrer lesdiz habitans, et ou cas que ilz ne le feront et que lesdiz habitans en seront aucunement empeschez, et se de ce nous et les autres seigneurs ne les délivrent, ledit accord est nul et réputé come non fait; et de adiouster, diminuer, déclarer et corriger sur ledit traictié et accord, et nous soubzmettre et obligier pour nous par icellui, par la manière que bon leur semblera, et généralment de faire en ce fait et ès dependences d'icellui autant comme nous pourrions faire se présens y estions, ja soit ce que le cas requeist mandement especial, et promettons en bonne foy et soubz la caucion et obligacion de touz noz biens, avoir agréable, ferme et estable à tousiours, sans rappel, tout ce que par nos devant diz procureurs ou l'un d'eulz sera dit, fait, passé, consenti, accordé, ordonné, procuré ou autrement, besongne ou fait dessus dit et ès dépendences d'icellui, et rendre et paier le jugement se mestiers est. En tesmoin de ce nous avons mis nos seaulx à ces présentes qui furent faictes le XIIIe jour de décembre l'an mil quatre cens et deux. Et par lesdictes lettres de procuracion estoit ennexé un *approbamus* scellé du scel de la prévosté de Paris, dont la teneur est telle : A tous ceulx qui ces lettres verront, Guillaume, seigneur de Cugnonville, chevalier, conseiller, chambellan du roy, nostre sire, et garde de la prévosté de Paris, salut. Savoir faisons que par devant Guillaume de la Porte et Richart de Varly, clers notaires, jurez du Roy, nostre dit seigneur, de par lui establis en son chastellet de Paris, furent présens Thonnet de la Marete, escuier, et Pierre Colin, clerc, lesquiex affirmèrent, tesmoignèrent, jurèrent par leurs sermens et foys, et pour vérité recongnurent et confessèrent par devant lesdiz nottaires, que les lettres parmi lesquelles ces présentes sont ennexées estoient et sont sellées des propres et vrays seaulx de nobles personnes mons. Robert de Chalus, chevalier, seigneur d'Entraygues et de Ravières, chambellan du roy, nostre dit seigneur, et de madame Jehanne de Tanlay, sa femme, desquelz ils usent, ont acoustumé et les ont veu user en toutes leurs besongnes, et ce au tesmoin-gnage et par la confession des dessus nomez, certiffions nous à tous par la teneur de ces présentes lettres, esquelles nous en tesmoing de ce, à la relacion desdiz notaires jurez, avons mis le scel de ladicte prévosté de Paris, l'an de grâce mil quatre cens et trois, le samedi xxie jour d'avril après Pasques. Ainsi signé : R. de Varly; G. de la Porte. — Item. A tous ceulx qui ces présentes lettres verront et orront, Thibaut de la Fontenue, garde du scel de la prévosté de Waissy, salut. Saichent tuit que par devant Robin Desclaron et Jehan de Maignus, clers jurés establis ad ce faire de par le Roy, nostre sire, en la chastellerie dudit Wais-sy, vint en sa propre personne especial pour ceste chose noble homme monsieur Ferry de Chardoigne, chevalier, seigneur de Risocourt et de Ravières en partie, tant en son nom comme aient le bail, gouvernement et administracion de Jehan et Marie de Chardoingne, ses enfens ; lequel chevalier ès diz noms a fais, ordonnés, constitués et establis, et par ces présentes fait, ordonné, constitué et establit honorables hommes et saiges maistre Jehan de la Haie, maistre Jaque Lefer, Philippe Silote, Estienne Rossetaing, Guillaume Bequart, procureurs en parlement de Sens, Guillaume Tenelle, Pierre Oger, Jehan Fauvelet, Estienne Guillole, Jehan Gourre et Jehan de Laignes, ses procureurs généraulx et certains messaiges espéciaux, auxquels tous ensemble et à chascuns d'eulz par soy et pour le tout, portans ces letres il a donné et donne plain povoir, auttorité et mandement espécial de compromettre, transiger, pacifflier et accorder en et de toutes les causes, questions, querelles, controverses et débas qu'il a avec ou contre les habitans dudit lieu de Ravières ou les aucuns d'iceux en quelxconques manières que ce soit, et de passer, octroier et consentir par devant mons. le bailli de Sens ou son lieutenant où bon leur semblera, certain accord et traictié fait par ledit chevalier, constituant, et messire Robert de Chalus, chevalier, ou nom de lui et de madame Jehanne de Tanlay, sa femme, et Pierre de Grancey, escuier, et damoiselle Jehanne de Marmeaux, sa femme, seigneurs dudit Ravières, avec les manans et habitans dudit lieu, sur les débaz et questions qui estoient entre eulz et lesdiz habitans, sur ce que lesdiz seigneurs les disoient leurs homes sers taillables à volenté, hault et bas, de poursuite courvéables et de mainmorte, et lesdiz habitans disoient estre franches personnes, par lequel accort lesdiz seigneurs et dames se délaissent et départent desdittes servitutes et d'autres dont ilz disoient estre lesdiz habitans, lesquelx en demeurent quittes et frans saucunement en estoient tenus et demourront bourgois desdiz seigneurs et leur paieront chascun an cinq solz tournois un chascun d'eulz, et autres quelxconques, pour chascune maison, grange ou autre habitacion à feste qu'ilz auront en laditte ville, et deux solz six deniers tournois pour chascun appentis, et avec ce chascun feu cinq solz tournois, et de promettre et faire avec lesdiz autres seigneurs, en tant que mestier sera, ledit accort consentir par mons. le conte de Tonnerre et tous autres seigneurs à qui il pourra appartenir, et d'en acquiter et délivrer lesdiz habitans, et ou cas qu'ilz ne le feroient et que lesdiz habitans en seront aucunement empeschiés et de ce lesdiz seigneurs ne les délivrent, ledit accort est nul et réputé come non fait, et de adjouster, diminuer, déclarer et corriger sur ledict traictié et accort, et lui soubzmettre et obliger par icellui par la manière que bon leur semblera, et généraulment de faire en ce fait et ès deppends d'icellui autant come pourroit faire ledit mons. Ferry ès dis noms se présens personnelment y estoit, jaçoit ce que le cas requeist mandement especial; promettans ledit mons. Ferry, chevalier, ès diz noms, par sa foy pour ce corporelment donée ès mains desdiz jurés, et soubz la caucion et obligacion de tous ses biens et des biens de ses hoirs, meubles et héritaiges présens et avenir, lesquelx quant ad ce il a soubmis et obligé à la juridicion et contrainte du roy, nostre sire, et de sa gent, de tenir, garder et avoir ferme, estable et agréable à touiours, sanz rappel tout ce que par ses diz procureurs ou l'un d'eulz sera fait, dit, passé, consenti, accordé, ordonné, procuré ou autrement, besoingne ou fait dessus dit et ès deppend d'icellui, et à rendre et paier l'adjugé se mestier est. En tesmoignaige de laquelle chose je, Thibaut de la Fontenue dessus dit, à la relacion desdiz jurés, avec leurs seignes et saingz manuelz, ay seellé ces letres du scel de ladicte prévosté de Waissy, et de mon propre seel encontre seel, sauf tous drois. Ce fut fait l'an de grâce mil quatre cens et deux, le XIIIe jour de janvier. Ainsi signé : G. Desclaron, J. de Maignis. — Item. A tous ceulx qui verront et orront ces présentes letres, Pierre le Rannier, prestre, garde du seel de la prévosté de Crusy, salut. Saichent tuit que par devant Guillemot Sanchet le jeune, de Ravières, clerc tabellion, commun juré de la court de ladicte prévosté pour ceste chose especialment, vindrent en leurs propres personnes noble home Pierre de Grancey, escuier, et damoiselle Jehanne de Marmeaulx, sa femme, seigneur et dame en partie de la ville de Ravières, ladicte damoiselle de l'auctorité, congé et licence dudit escuier son mary, à elle par lui données et par elle receues aggréablement en la présence dudit juré, pour faire passer et accorder les choses qui s'ensuignent, lesquelx mariez, tant conjoinctement comme divisément ont fait, constitué et establi, et par ces présentes font, constituent et establissent Pierre Oger ; Guillaume Bodot; Dénisot le Pelletier, de Sens ; Nicolas Mathiet ; Estienne Charretier ; Estienne Fucien, de Joigny; Jehan de Dicy ; Colot Mamurce, de la Villeneuve-le-Roy; Micheaul Maulduit ; Estienne Vilem, d'Aucerre; Thomas Fourny, d'Avroles; Pierre Dovost, de Saint-Florentin ; Perrenet Colin, de Monfau, et Jehan Lorite, de Cheny, leurs procureurs généraulx et certains messagés especiaulx, auxquelx tous ensemble et à chascun d'eulz par soy et pour le tout, pourtant ces lettres, ilz ont donné et donnent plain povoir, auttorité et mandement especial de comprometre, transiger, pacifier et accorder en et de toutes leurs causes, querelles, questions, controverses et débas qu'ilz ont avec ou contre les habitans dudit Ravières ou les aucuns d'iceux, en quelxconques manières que ce soit, et de passer, ottroier et consentir par devant mons. le bailli de Sens, ou son lieutenant, ou autre part où bon leur semblera, certain accort et traictié fait par ledit escuier, ou nom de lui et de sa dicte feme, et messire Robert de Chalus, ou nom et à cause de madame Jehanne de Tanlay, sa feme, et messire Ferry de Chardeignes, chevaliers, seigneurs dudit Ravières, avec les manans et habitans dudit lieu, sur les débas et questions qui estoient entre eulz et lesdiz habitans, sur ce que lesdiz seigneurs les disoient leurs homes sers, taillables à volenté, hault et bas, de poursuite courvéables et de mainmorte, et lesdiz habitans disoient estre franches personnes; par lequel accort lesdiz seigneurs et dames se délaissent et départent desdiz servitutes et d'autres dont ilz disoient estre lesdiz habitans, lesquelx en demorent quittes et frans s'aucunement en estoient tenus, et demorent bourgois desdiz seigneurs, et leur paieront chascun an cinq solz tournois un chascun d'eulz et autres quelxconques pour chascune maison ou autre habitacion à feste qu'ilz auront en ladicte ville, et deux solz six deniers tournois pour chascun appentis, et avec chascun feu cinq solz tournois, et de promettre de faire avec lesdiz seigneurs, en tant que mestier sera, ledit accort consentir par mons. le conte de Tonnere et tous autres seigneurs à qui il pourra appartenir, et d'en acquiter et délivrer lesdiz habitans : et ou cas qu'ilz ne le feront et que lesdiz habitans en seroient aucunement empeschez, et de ce lesdiz seigneurs ne les délivrent, ledit accort est nul et réputé comme non fait; et de adiouster, diminuer, déclarer et corriger sur ledit traictié et accort, et eulz soubzmettre et obliger par icellui par la manière que bon leur semblera; et généraulmant de faire en ce fait et ès dépendences d'icellui autant come pourroient faire lesdiz mariez se présens y estoient, jaçoit ce que le cas requeist mandement especial, promettans yceulz mariez en bonne foy, soubz la caucion et obligacion de tous leurs biens, avoir aggréable, ferme et estable à touiours, sanz rappel, tout ce que par leurs diz procureurs ou l'un d'eulz sera dit, fait, passé, consenti, accordé, ordonné, procuré ou autrement, besongne en fait dessus dit et ès despendances d'icellui, et rendre et paier le jugiement se mestier est. En tesmoin de ce, laquelle chose nous garde dessus dit au rapport dudit juré par son saing manuel, avons seellées ces lettres du scel de laditte prévosté. Ce fut fait et donné l'an de grâce mil quatre cenz et deux, le samedy xviiie jour de novembre, présens : Tonnot de la Marete, Jehan d'Argentenay, messire Guillaume Essaley, prestre, et plusieurs autres. Ainsi signé : E. Gauchet *ita, est*. — Item à tous ceulx qui verront et orront ces présentes lettres, Pierre le Rannier, prestre, garde du scel de la prévosté de Cruisy, salut. Saichent tuit que par devant Guillemot Sanchet, le jeune, de Ravières, tabellion commun juré de la court de ladicte prévosté, pour ceste chose esprès, furent présens en la ville de Ravières : Guillaume Symonin ; Andrier ; maistre Humbert Guillemin ; maistre Humbert; Nicolas le Duchet; Andrier Cusant; Jehan le Malart; Jehan

Lambert; Giles Blanche; Andrier Cheville; Perrin le Guiserat; Simon le Chacon; Lambert Caillet; Millot de Grancerot; Thomas de Bellenol; Robert le Regnaudet; Guillaume Cheville; Jehan Martin; Guillaume Destouzu; Jehan Blaisot; Jehan le Gruenois; Jehan de Margilly; Perrinot Girardot; Jehannote, vefve de feu Pierre Martin; Jehan le Genevois, alias de la Nane; Jehannote, femme Huguot Espinote; Perrinot Espinote; Guillaume Lemoinne; Jehan Cotheron; Jehan le Caillet; Jehan Robinot; Jehan Estrilart; Perrinot Gauvain; Guillaume Rigault; Jehan Maistre; Humbert; Guillaume Laubercet; Thévenin le Bergerot; Huguenin le Put; Frère-Guérin Caillot; Perrinot le Bornetet; Jehan Podesquest; Evrardot Annote; Guillemin Guchin; Perrinot Laubereet; Guillaume Dantrain; Regnaud, de Chastel-Villain; Perrinot Joliot; Perrinot Cusant; Guérin Gautherin; Perrinot Didot; Jehan Royer, de Stivey; Jehan le Muot; Jehan Moelle; Robert le Muot; Adam Cocheron; Jehan Girart; Guillemot le Sourdat; Johannete, feme Jaquot, bourgoise; Droin Joaul; Guillaume Galois; Guillaume Lone; Jehan Corsenin; Guillaume le Prince; Girardin le Chaton; messire Girart Misy, prestre; Jehan le Bornetat; Guiot, filz d'Esgriny; Thomas Deyon; Andriez Laniet; Robert le Coninat; Jehan Laurent; Tenem Hélie; Jaquot Surtin; Jean Petit Esalcy; Estienne de Langres; Jehan le Grant; Jehan Perisot; Guillaume Champlost; Jehannote la Perdue; Parisot Joly; Perrinot Sanot; Marguerite, vefve de feu Jehan Maugier; Ysabeau, femme de Girart Cholot; Jehan Roussel; Jehan Vauchet; Jehan le Limonnier; Guillemin le Berton; Thévenin Budeire; Perrinot Budeire; Thomas Joly; Jehan Saugart, le jeune; Huot Denis, alias Lepicart; Perrinot Parisot; messire Guillaume Essalcy, prestre; Nicolas la Lampe; Guillemin le Contet; Guillemin filz Jehan Larent; Regnaud Despert; Jehan Loichot, *alias* de Ruperun; Jehan Mole; Jehan le Contet; Jehan le Debloisot; Guillemot Gaucher; Nicolas le Grox; Guillaume Rigaut; Girart Rigaut; Guillaume Farnec; Buvardot le Bimestier; messire Jehan Essaley, prestre; Guillemin le Forestier; Jehannete, vefve de feu Michel Bridene; Jehan le Reyeier; Perrinot Dormoy; Lambert Godier; Estiene filz Jehan Odost; Perrinot le Forestier; Jaquot le Forestier; Tevenin Belle; Jehan Saugart; Jehannote vefve de feu Perrinot Saugart; Guillaume Godier; Jehan de Livant; Guillaume Ricoteau; Estienne Roidot; Perrinot Aubert; Martin du Soub; Jehan Odost; Jehan de Vaulgines; Jehan Maistre; Miles Droin; Monin Michau; Maulgras; Jehan Quasse-Feur; Huguenin Saugart; Jehan Droynot; Jehan Langue; Jehan de Buin; messire Jehan Morel l'aisné, prestre; messire Jehan Morel le jeune, prestre; Jehan Damenot; tous manans et habitans de laditte ville de Ravières, assemblez ensemble en la hale dudit lieu, en la présence et par le comandement, congié et licence de honorable homme Jehan d'Argentenay, gouverneur de la justice de ladicte ville pour les seigneurs d'icelle ville, à eulz faiz et donnés en la présence dudit juré, et aussy par adjournement yer fait à eulz et à tous les autres habitans de laditte ville, de huys en huys, de post en post, et avec ce par cry général fait en icelle par Andrier Cheville, dit Lavocat, sergent desdiz seigneurs, qui ainsi le relata de boiche, publiquement, en ladicte assemblée, en la présence dudit juré audit gouverneur. Lesquelx habitans et manans dessus nomez, faisant la plus grant et seigne partie des manans et habitans de ladicte ville, comme vérité fust que seulement en fussent absens Lingot Espinote, Adam Martin, Ysabeau vefve de feu Laurent Huot, Agnelot vefve de feu Perrinot le Lisardat, Guillaume Donant et Guillaume Droynot, habitans de laditte ville, qui en ladicte assemblée ne se sont pas comparus, et sy les y avoit adiournez ledit sergent par la manière dessus dicte, si comme il disoit et relatoit, tant pour eulz comme pour lesdiz absens, ou nom d'abitans et comme habitans de ladicte ville, ont, du congié et licence et en la présence dudit gouverneur de justice à eulz donné présentement par devant ledit juré, fait, constitué et establi, et par ces présentes font, constituent et establissent leurs bien amés Guillaume Symonin, Andriers Maistre, Humbert, Jehan le Bornetat, Robert le Conniat, Droin Monins, Thomas Deon, Nicolas la Lampe, Jehan de Margilly, Guillemot, Gauchet l'aisné, Nicolas le Duchat, Thévenin le Bergerot, Guillaume le Contet, dessus nommés, tous de Ravières; honorables hommes et saiges maistres Rogiers Labbat, Jehan Dubois, Jehan de la Haye, Pierre de la Rose, Jehan Fourquant, Lorant Surreaul, procureurs en parlement; Pierre Oger, Guillaume Truelle, Jehan Fauvelet, Guillaume Bodot, Estienne Oger, Denisot Lepeletier, demorans à Sens; Estienne Guillole, Philippon Valon, demourant à la Villeneuve-le-Roy; Estienne Villain, Jehan Robigneau, Pierre Odenaux, Guillaume des Bordes, Erart Baudrey, Jehan Chachere, Pierre Villemet, demourant à Aucerre; Jehan de Laignes, demourant à Chassignelles; Jehan Gourrey, demourant à Fulvy; Estienne Narney, demourant à Cruisy; Euvart Lermite, demourant à Tonnerre, et Estienne Cerveau, demourant audit Tonnerre, leurs procureurs généraulx et certains, messagés especiaulx, tous ensemble et un chascun d'eulz par soy et pour le tout, pourtans ces letres, en telle manière que la condicion de l'un ne soit pire ou meilleure de l'autre, mes ce que l'un d'eulz aura comancer, les autres après bien puisse s'ensuigre et mener à fin en toutes leurs causes, querelles et besongnes réelles et personnelles, ou mixtes et autres, meues et à mouvoir, tant en demandant come en deffendant contre toutes personnes quelxconques, et par devant tous juges ordinaires ou extraordinaires, arbitres, commissaires et autres quelxconques d'église ou séculiers, de quelxconques pouvoir ou auctorité qu'ilz usent. Auxquelx leurs procureurs devant només et à chascun d'iceulx, por soy et pour le tout, pourtant ces letres, lesdiz constituans ont donné et donnent plain pouvoir, auttorité et mandement especial d'estre pour eulz et représenter leurs personnes en jugement, et dehors de demander et faire demandes de demander garent, veue et tous autres délais de court, de......., de cognoistre, de faire tous sermens que ordre de droit requiert, de produire tesmoins, lettres, instrumens en manière de prouve; de veoir, jurer et reproucher et contredire ceulz de parties adverse; de conclure en cause, dons droiz, arrests, intellocutenes et sentences deffinitives, d'appeller, ... appel ou appeaulx et y renuncer se mestier est, de demander, ... et recevoir despens s'aucuns leur en sont adjugés ou tauxez ; et avec ce de compromettre, transiger, pacifier et accorder, et baller deuement le compromis, et de passer, octroier et consentir par devant mons. le bailli de Sens, ou son lieutenant, ou autre part que bon leur semblera, certain traictié et accort fait par lesdiz constituans avec les seigneurs de ladiite ville de Ravières sur les débaz et questions qui estoient entre eulx et lesdiz seigneurs, sur ce que yceulx seigneurs les disoient leurs hommes, sers, taillables à volenté, haut et bas, de poursuite, courvéables et de mainmorte, et lesdiz habitans disoient estres franches personnes : par le accort, lesdiz seigneurs se délaissent et dévestent desdites servitutes et de toutes autres quelxconques dont ils disoient estre lesdiz constituants, et en demorent frans et quittes, yceulx constituans s'aucunement en estoient tenuz et demorent bourgois desdiz seigneurs, et leur paieront chascun an cinq solz tournois un chacun d'eulx, et autres quelxconques pour chacune maison, granche ou autre habitacion à feste qu'ilz auront en ladicte ville, et deux solz six deniers tournois pour chascun appentis, et avec ce chascun feu cinq solz tournois, exepté les prestres, soubz condicion que lesdiz seigneurs, en tant que mestier sera, feront ledit accort consentir par mons. le conte de Tonnere et tous autres seigneurs à qui il pourra appartenir, et seront tenuz d'en acquiter et délivrer lesdiz constituans, et que ou cas que ilz ne le feront et que se lesdiz constituans en estoient aucunement empeschez, et lesdiz seigneurs ne les en délivrent, ledit accort est nul et réputé pour non fait ; et de adjouster, diminuer, déclarer et corriger sur ledit traictié et accort, et eulz soubmettre et obliger par icellui par la manière que bon leur semblera. Et aussi d'eulz obligier et les biens de la communauté à paier auxdiz seigneurs, c'est assavoir : à mons. Robert de Chalus, messire Ferry de Chardeignes, chevaliers, et Pierre de Grancey, escuier, seigneurs de laditte ville, la somme de deux cens livres tournois qui leur ont donnée, et les acquiter de certains despens contre eulx ou aucuns d'eulx obtenuz en parlement par Andrier, maistre Humbert, et autres ses consors habitans dudit Ravières, et en oultre d'eulz obliger envers ledit Andrier et ses consors en la somme de quatre-vins livres tournois pour lesdiz despens, et de faire et passer des dictes obligacions et promesses, telles lettres que il appartiendra, et à paier lesdites sommes à telz termes qu'ilz accorderont, pourveu que toutes icelles obligacions soient faictes soubz condicion telle qui soit, ou cas toutevoies que ledit accort tenra par la manière devant dite et non autrement ; et encore avec ce que dit est, pour ce que plusieurs desdiz habitans sont bourgeois dudit mons. le conte à cause du giste de Cruisy, à cause de laquelle bourgoisie ilz doivent audit mons. le conte redevance d'argent, et aussi avec ceulx qui ont bestes trayans doivent avoine, et se paier leur convient la redevance de laditte bourgoisie seront plus chargez que les autres habitans qui ne sont pas bourgois ; lesdiz constituans ont voulu et consenti, veulent et consentent par ces présentes eulz et leur communauté, estre tenus à paier audit mons. le conte la redevance que luy doivent lesdiz bourgois à cause de ladicte bourgoisie, et d'en acquiter lesdiz bourgois, sauve leur porcion de l'impost que pour ce sera fait, et de ce promettre et accomplir et en obliger laditte communauté envers lesdiz bourgois, ont donné et donnent à leurs diz procureurs puissance, auctorité et mandemant especial, et se mestier est et mieulx semble à leursdiz procureurs ou à l'un d'eulz, ils leur donnent povoir et auctorité, et à chascun d'eulz pourtans ces lettres, de traictier, acorder et composer sur ce audit mons. le conte à finance pour une foiz, ou à certeine rente ou redevance annuelle ou perpétuelle sur ladicte communauté, telles que ilz verront estre plus profitables auxdiz constituans et à leur communauté, pourveu que ce ne monte à plus de douze deniers tournois par an pour chascun feu, en ce non compris les présentes, et d'en passer et faire lettres et obligacions telles que bon leur semblera ; donnent encore lesdiz constituans à leurs diz procureurs et à chascun d'iceux, puissance de substituer autres procureurs, ung ou plusieurs qui ait ou aient leur semblable pouvoir dessus dit ou partie d'icellui, ceste procuracion ce nonobstant demeurant en sa vertu ; et généraulment de faire autent en toutes les choses dessus dictes et en une chacune d'icelles, come eulz mesmes pourroient faire se présens y estoient, jaçoit ce que elles requeissent mandement especial ; promettans lesdiz constituans en bonne foy, soubz l'obligacion de tous leurs biens et de ladicte communauté, avoir aggréable, ferme et estable à touiours, sanz rappel, tout ce que par leurs diz procureurs ou l'un d'eulz ou les substituz d'iceux ou de l'un d'eulz sera dit, fait, ordonné, promis, obligé ou autrement, procuré et besoigné ès choses dessus dites et en chascune d'icelles et en leurs despendances, et rendre et paier le jugié se se mestier est. A ce furent présens et tesmoins appellez par ledit juré : Tonnet de la Marete, escuier ; Estienne li Debonne, demourant à Senz ; Jehan Roidot de Nuiz ; Jehan Choeseau, sergent du roy, nostre sire, et Jehan Lorite, de Cheny. En tesmoin de laquelle chose, nous garde dessus diz, au rapport dudit juré, avons scelées ces présentes lettres du scel de ladicte prévosté, sauf le droit dudit mons. le conte. Ce fut fait et donné audit lieu de Ravières le vendredi après la saint Clément, xxive jour de novembre, l'an de grâce mil quatre cens et deux. Ainsi signé : G. Gaucher. *Ita est.*

Lesquiex messire Robert de Chalus et procureurs dessus nomez et fondez comme dit est nous ont dit et affermer que pour pacifier lesdiz discors, débaz et procés, lesdites parties par le moien de plusieurs sages, leurs bien vuillans et conseillers avoient plusieurs foiz assemblé et pourparlé de l'accort, et à la parfin par la délibéracion et conseil desdiz sages, et moyennant le congé du roy, nostre sire, à eulz sur ce octroié par ses letres patentes, par eulz à nous exhibées contenant ceste forme : Charles, par la grâce de Dieu roy de France, au bailli de Sens ou à son lieutenant, salut ; receu avons la supplicacion de notre amé et féal chevalier et chambellan Robert de Chalus, et de Jehanne, sa femme, à cause de elle, de Ferry de Chardeine, chevalier, de Pierre de Grancey, escuier, et de Jehanne de Marmeaux, sa femme, à cause d'elle, seigneurs et dames de ladite ville de Ravières, consors en ceste partie, contenant come pour occasion de ce que lesdiz supplians maintenoient les manans et habitans de ladicte ville de Ravières estre leurs homes de corps, de condicion serve, taillables hault et bas à voulunté, de poursuite et de mainmorte, en tous biens, meubles et héritages, et avec ce courvéables de charrues à charier leurs foins, vendanges et autrement; lesdiz habitans disans au contraire : c'est assavoir que ilz n'estoient pas de la condicion devant dite, et supposé que aucune chose en feust, si avoient-ilz le privilége ou franchise de la bourgoisie du giste de Cruisy, qui tel estoit que touttefoiz que varlet et pucelle conjoincs ensemble par mariage, aloient le soir de leurs noces gésir au giste de Cruisy, et se avouoient bourgois du conte de Tonnerre, ilz et leur postérité estoient et demoroient à tousiours frans et quittes desdictes servitutes et devenoient franches personnes ; et lesdiz supplians maintenoient le contraire. Sur quoy plusieurs débas et procès estoient advenus par devant vous et ailleurs entre lesdiz supplians ou aucuns d'eulz d'une part, et aucuns desdiz habitans, d'autre part, et estoit espérance que plusieurs advenissent, toutevoyes lesdictes parties pour bien de paix et pour eschever lesdiz débas qui sont moult hayneux, veu que c'est entre seigneurs et subgez, et aussi pour eschever plusieurs fraics, missions et despens que pour ce convendroit faire à l'une partie et à l'autre, en la déduction desdiz procès, ycelles parties accorderoient vouluntiers ensemble et se mettroient hors de court et desdiz procès, esquelx n'a point de appellacion, et lesquelx ne nous touchent en riens se sur ce leur voulions donner congié et licence, si comme ilz dient, requérans ycelles. Pourquoy, nous qui désirons à notre povoir à eschever tous débas et procès entre les subgez de notre royaume, afin que ilz puissent vivre en paix et tranquillité, aux parties devant dites avons ottroié et ottroions de grâce espécial par ces présentes, auttorité, congié et licence que de et sur leurs débas et procès dessus diz ilz puissent accorder ensemble et yssir de court, sans blasme ou repréhension aucunes par rapportant devers vous l'accord qui par elles sera sur ce fait. Si vous mandons, et se mestiers est, commettons, que de notre présente concession et ottroy vous faictes, souffrez et laissez lesdittes parties joir et user paisiblement et à plain, sans les molester ou empescher aucunement, au contraire; et l'accord qui entre ycelles parties sera fait et passé faictes tenir et garder, et le confirmez et auctorisez de par nous en y interposant votre auttorité et décret, car ainsi nous plaist-il estre fait de grâce espécial par ces présentes. Donné à Paris le XVIIe jour de janvier l'an de grâce mil quatre cens et deux, et le XXIIIe de notre règne. Ainsi signé : par le roy à la relacion du conseil, G. Rémon. Ilz avoient de et sur yceux descors, débaz et procès, traictié et accordé ainsi et par la forme et manière que contenir estoit en une cédule sur ce de commun accort, consentement et volenté desdittes parties, et par bon conseil faite et escripte, si comme ilz disoient, et par ledit messire Robert et

49

lesdiz procureurs, de commun assentement, avons bailléc de la teneur qui s'ensuit : Sur les débaz et questions qui dès ja pieçà ont esté et estoient entre les seigneurs de la ville de Ravières, en la conté de Tonnerre, d'une part, et les manans et habitans de laditte ville, d'autre part, pour raison de ce que lesdiz seigneurs disoient et maintenoient que lesdiz manans et habitans estoient leurs hommes de corps et de serve condicion, taillables hault et bas, à volenté, de poursuite et de mainmorte en tous biens tant meubles comme héritages, et aussi courvéables de charrues et à charroier leurs foins et vendanges et autrement, et lesdiz manans et habitans disoient le contraire ; et par especial que supposé que ilz fussent desdites condicions que non avoient-ilz le privilége ou franchise de la bourgoisie du giste de Cruisy, qui estoient telz que quant varlet et pucelle conjoincs par mariage aloient le soir de leurs noces gésir au giste de Cruisy, et eulz advoer bourgois de noble et puissant seigneur mons. le conte de Tonnerre, eulz et leur postérité estoient et demoroient à touiours quittes et exemps de toutes lesdittes servitutes et devenoient franches personnes, et que telle estoit la coustume et l'usance de ladicte conté, et mesmement en avoient joy lesdiz habitans; et lesdiz seigneurs disoient que par chartre qu'ilz avoient, ledit mons. le conte ne povoit acquérir, recevoir ne retenir en son adveu leursdiz hommes, et n'en avoient yceulx hommes aucunement joy, au moins tellement que en ce peussent avoir prescript contre lesdiz seigneurs, et par especial que toujours ne fussent mainmortables, pour lesquelles choses plusieurs procès estoient soubz diverses formes et qualitez entre lesdiz seigneurs et habitans ou les aucuns d'eulz, tant en la court du roy comme autre part; pour bien de paix, et avoir et nourrir amour et concorde ores et pour le temps avenir à toujours entre yceulx seigneurs et habitans qui sont à présent, et pour le temps à venir seront, et pour le prouffit et utilité d'une chascune d'icelles parties, et mesmement pour eschever les missions et travaulx de procès et les doubtes des jugemens, est accordé entre nobles hommes messire Robert de Chalus, chevalier, ou nom et à cause de madame Jehanne de Tanlay, sa femme, chier seigneur de ladicte ville de Ravières, et messire Ferry de Chardenne, chevalier, tant en son nom comme aiant le bail et gouvernement de Jehan et Marie, ses enfens, et Pierre de Grancey, escuier, ou nom et à cause de damoiselle Jehanne de Marmeaux, sa femme, seigneurs aussi en partie dudit Ravières, et en ce féaulx et vassaulx dudit messire Robert, pour eulz trois comme seigneurs de laditte ville, pour tant comme à chascun touche d'une part, et lesdiz manans et habitans pour eulz, d'autre part, en la manière qui s'ensuit : c'est assavoir que lesdiz seigneurs se devestent et délaissent au prouffit desdiz manans et habitans, de toutes lesdites servitutes et reddevances desquelles ilz les disoient et maintenoient estre tenuz envers eulx et de tous abonnages de taille dont les aucuns leur povoient estre tenuz, et avec ce de la mainmorte qu'ilz povoient avoir en aucuns des héritages de leur dite terre, qui leur doivent chars, blé et argent, ou de ces trois choses les deux; et de toutes ycelles servitutes lesdiz manans et habitans, pour eulz et leurs successeurs, sont et demorent quictes et frans à toujours s'aucunement en estoient tenuz, et sont mis au néant tous procès qui pour ce estoient meuz entre eulz ou aucun d'eulz; et pourront lesdiz habitans et les nez ou attraiz de laditte ville, quelque part qu'ilz demorent, qui sont de linage l'un à l'autre, succéder les uns aux autres, mes se ceux qui sont de la nativité de ladicte ville et qui seroient demourans hors d'icelle moroient sanz héritiers qui fussent desdiz habitans ou des nez ou attraiz de laditte ville, en ce cas lesdiz seigneurs pourront, se bon semble, eulx en porter héritiers à cause de mainmorte. Et veulent et consentent yceulx habitans pour eulx et leurs diz successeurs, estre et demorer bourgois desdiz seigneurs, et que eulz habitans et manans et aussi tous autres de quelxconque estat ou condicion qu'ilz soient, sanz aucun excepter, qui en ladicte ville ont et tiennent ou auront et et tenront maisons, granches ou autres habitacions, paieront et rendront et seront tenuz rendre et payer ausdiz seigneurs, chascun an, perpetuelment, le landemain de Noël, pour chascune maison, granche ou habitacion à feste qu'ilz ont ou auront en laditte ville, cinq solz tournois, et pour chascun appentiz qu'ilz y ont et auront, deulz solz six deniers tournois, oultre et avecques les débites réelles dont lesdites maisons et habitacions estoient et sont chargées; toutevoies d'un petit logis soit à feste ou à appentiz qu'ils auront par manière de four à porceaux, ils ne devront ne paieront aucune chose; et avec ce ung chacun feu desdiz manans et habitans de quelque estat ou condicion qu'ilz soient, excepté seulement les prestres, rendra et paiera, et sera tenuz rendre et paier à yceulx seigneurs, chacun an perpetuelmant, le dymenche jour de Quasimodo, cinq solz tournois; lesquiex prestres pour leur feu qu'ilz tenront sans fraude, n'en paieront aucune chose; et lesdiz seigneurs sont et demourent tenuz et chargez de faire consentir ce présent accort en tant que mestier est, ou sera, tant par ledit mons. le conte come par tous autres seigneurs quelxconques à qui il puet appartenir, et d'en acquitter, garentir et délivrer du tout lesdiz habitans; et ou cas qu'ilz ne le feront et que par ledit mons. le conte ou aultre seigneur à qui il pourroit appartenir seroient en ce aucunement empeschez, et que dudit empeschement lesdiz seigneurs de Ravières ne les délivrent, l'accort et promesses dessus diz seront et demourront et dès maintenant pour lors oudit cas sont et demourent pour non faiz, et seront lesdiz seigneurs et habitans l'un envers l'autre sur les choses dessus dites, tant de procès comme autrement, en tel estat comme ils estoient par avant lesdiz accort et traittié. Et en ce cas ceux et celles desdiz habitans qui cependant se marieront et qui se vouldront aidier dudit giste de Cruisy, seront réputez comme s'ilz avoient esté audit giste pour eulz aidier de telle franchise qu'ilz pourroient par ce avoir acquise, sauf auxdiz seigneurs de débatre et contredire contre eulz que ce ne leur doit préjudicier, ainsi que faire pourroient de présent, et se ainsi est que yceux accort et traictié tiengnent et sur lesdittes reddevances desdiz festages et feux ou aucun d'iceux en la manière de les lever ou paier, ou quelle habitacion poroit ou devroit estre réputée pour ung feste ou appentiz ou pour plusieurs, ou sur aucune occulte et doubte d'aucuns desdiz articles ou poins ou aucunement débat ou question interviengnent, lesdiz seigneurs et habitans veulent et consentent que sommièrement et sanz procès en soit déterminé par mons. le bailli de Sens, ou son lieutenant ou commis, veuz les lieux desdites habitacions se mestier est, pardevant lequel mons. le bailli ledit accort sera passé par lesdiz trois seigneurs et ladite madame Jehanne de Tanlay, femme dudit messire Robert, et par ladite damoiselle Jehanne de Marmeaux, femme dudit Pierre de Grancey ou par leurs procureurs, d'une part, et par lesdiz manans et habitans ou leurs procureurs ou procureur, d'autre part, et à le tenir et garder chascun en droit soy seront lesdictes parties condempnées. Ainsi signé : E. le Débonnaire. Lesquiex traittié et accort ledit messire Robert, et lesdiz procureurs ès noms que dessus, passoient, gréoient, voloient et consentoient, et les ont passez, greez, vouluz et consentiz pardevant nous, en nous requérant que nous les vousissions conferrer et auctoriser et condempner lesdictes parties à les tenir et garder. Et nous, oyes lesdittes parties, c'est assavoir ledit messire Robert et lesdiz procureurs en ce que dit est dessus, vues les procuracions, letres royaux et cédule dessus transcriptes, lesquelles nous avons fait lire de mot à mot pardevant nous en jugement, en la présence dudit messire Robert et desdiz procureurs qui par paroles expresses ont ledit accort passé pardevant nous et voulu qu'il ait et sortisse effect par la manière dessus dite contenue en laditte cédule : A leur requeste, en obtempérant auxdites letres réaux, avons ledit accort en tant que à nous puet appartenir, tant de notre office come par vertu d'icelles lettres réaux, conferné et auttorisé, et par ces présentes conferrmons et auttorisons de par le roy, nostre dit seigneur, et en icellui avons mis et mettons notre décret et assentement, et à ce tenir et garder sanz contrevenir aucunement avons lesdittes parties chascune en droit soy, pour tant que toucher li puet ou pourra, condempné et condempnons par ces présentes. Lesquelles en tesmoin de ce nous avons sellées du seel dudit bailli et de notre propre en contre-seel. Ce fut fait et donné en jugement au siége de Sens, à ce présens : maistre Gile, lieutenant dudit mons. le bailli ; Pierre d'Ostun, advocat ; Jehan de Laignes, procureur en la court dudit mons. le bailli ; Guillaume Gauchet le jeune, de Ravières ; Thonnet de la Moirete ; Gilbert du Monal ; Jehan de Sauvoigny, escuiers, Estienne le Débonnaire, clerc juré du bailliage de Sens, et plusieurs autres, le samedy après Quasimodo, xxviiie jour du mois d'avril, l'an mil quatre cens et trois.

(Archives de la Côte-d'Or, layette 128, liasse I, cote 28.)

CLXX.

Mariage de Guillaume de Grancey et de Lorette de Beauvoir.

(1409.)

En nom de notre Seigneur, amen... L'an MCCCCIX, le vendredy après la nativité Saint-Jean-Baptiste, nous, Miles de Grancey, chevalier, seigneur de Larrey, par la grâce de Dieu évesque d'Ostun; Guillaume de Grancey, chevalier, seigneur de Larrey; Guillaume de Grancey et Pierre de Grancey, chevaliers, frères, enfans du dit Guillaume, d'une part; et je, Jehanne de Saint-Verain, dame de Chastelux, vefve de feu noble et puissant seigneur, nous, Guillaume de Beaulvoir, chevalier, sire dudit Chastelux, ayant le bail et gouvernement de Claude et Lorette de Beauvoir, mes enfans, d'autre part.....

Ledit Guillaume de Grancey fils épouse ladite Lorette, douée de 400 livres de rente, 200 livres à présent et 200 livres après la mort de Jeanne, sa mère, assignées sur la terre de Pierrefite, moyennant quoi elle renonce au profit de son frère, Claude de Beauvoir... Son mari la doue de 300 livres de rente. Ledit Pierre de Grancey renonce, au profit de son frère Guillaume, à la terre de Larrey, en présence de Jean Quarré, demeurant à Autun, notaire.

(Gaignières, DCLVIII; *Nouveau Livre noir*, p. 155.)

CLXXI.

Jean, duc de Bourgogne, commet le sire de Chastellux au gouvernement de la ville de Mantes et du pays d'alentour.

(1417.)

Jehan, duc de Bourgogne, comte de Flandres, d'Artois et de Bourgogne, palatin, seigneur de Salins et de Malines, à tous ceux..... comme pour l'honneur et service de mons. le roy, nous ayons entrepriz certaine poursuite, et que plusieurs villes nous ayent promis de nous y ayder, et qu'entre icelles, les villes de Mante, Pontoise, Meulent et Poissy, et plat pays d'environ, nous ayent requis les prendre en nostre garde : savoir faisons que, recognoissant leur loyauté, nous à plain certené de grand prudomie .... de nos amez et féaulx chevaliers, conseillers et chambellans, messire Glaude de Chastelus, gouverneur de Nivernois, messire Guy de Bar, bailly d'Auxois, messire Gérard, seigneur de la Guiche, bailly de Charolois, et messire Jehan de Cohem, par grant avis et délibération, avons aujourd'huy de par mondit seigneur iceux et chacun d'eux, commis et establissons capitaines, gardiens et gouverneurs dudit plat païs, et leur donnons plein pouvoir et auctorité pour le garder et conserver. . . . . Si mandons aux habitans et bourgeois. . . . . sous le scel secret en l'absence du grant. . . . A Montlhéry, le viii octobre mccccxvii.

(Gaignières, cccxxxvi, 13; *Grand Inventaire des Titres*, chap. X, liasse O, n° 18.)

CLXXII.

Claude de Beauvoir est nommé lieutenant-général du roi en Normandie.

(1418.)

Charles, par la grâce de Dieu roy de France, savoir faisons à tous présens et advenir, que, comme pour obvier à l'entreprinse de noz ennemis et adversaires, tant Anglois comme Armagnacs, lesquels ont mis et s'efforcent de mectre notre royaulme et seigneurie, et qui ont mis notre pays et duché de Normandie en grant subjection, et icelluy ont occuppé et occupent de fait par le moyen de feu Bernart, conte d'Armignac et de ses aliés, satellites et complices, et, d'autre part, occuppent et détiennent nosdits adversaires, satelites dudit d'Armignac, plusieurs noz villes, chasteaulx et forteresses, oultre noz gré et voulenté, et illec mis plusieurs estrangiers, Gascons, Espaignos et autres, qui gâtent et destruisent nosdits royaulme et seigneurie, nous, voulans pourveoir à ce que plus grans inconvénient ne surviengnent à nosdits royaulme et seigneurie, voulans miséricorde, ainsi que tout temps nous et noz prédécesseurs avons acoustumié de faire estre préférée à rigeur de justice : confians à plain des sens, loyaulté, proudomnie et bonne diligence de la personne de notre amé et féal conseiller, chevalier et chambellan Claude, seigneur de Chastelluz, notre mareschal de France, icelluy avons commis, ordonné et estably, ordonnons, commettons et establissons par ces présentes notre lieutenant et cappitaine général, en et par toute notre duchié de Normandie et les pays d'environ, pour recouvrer tous lesdits pays, villes, chasteaulx et forteresses ou ce qu'il pourra, et iceulx mectre en notre subjection et obéissance. Et lui avons donné et donnons par ces présentes povoir, auctorité et puissance de rappeller et assembler avecques luy toutes manières de cappitaines, gens d'armes et de tant nobles et non nobles, communes qui ont acoustumé et puent porter armes pour fere ce que dit est et ce qui en puet despendre. Et en oultre voulons et à notre dit mareschal avons donné et donnons plain pouvoir et auctorité par ces présentes, mesmes que tous ceulx qui se vouldront rendre et venir à notre obéissance amiablement, ou par manière de composicion ou autrement, il puisse recevoir, composer et accorder, leur donner rémissions et pardon général, deschargier toutes manières de cappitaines et autres des foy et sermens qu'ils nous ont fait en quelque forme que ce soit; et ceulx qui seront rebelles, contredisans ou endemeurés, les contraindre de faire abatre, démoulir et arraser les forteresses, places, lieux qui contre nous se vouldront tenir par rébellion, et aussi celles qui ne seroient pas tenables par nos subgets contre nos ennemis et adversaires ; et en ce et ès choses, qui sont en ceste partie convenables et necessaires en leurs circonstances et deppendances faire tant que la force nous en demeure et que nous ferions se présens y estions en notre propre personne ; et les lettres qui, sur les choses dessus dites, seront données par notre dit mareschal, nous confermerons dedens ung an si requis en sommes. Sy donnons en mendement par ces présentes au bailli de Rouan, et à touz nos autres justiciers, officiers, commis et députés en ce faisant obéissent et entendent diligemment et luy facent faire plaine ouverture par toutes nos villes, chasteaulx et forteresses pour illec demorer, aler, venir, séjourner, passer, repasser ainsi que bon luy semblera ; sachans certainement que se vous ou aucun de vous estes trouvez faisant le contraire, nous vous en pugnirons ou ferons pugnir, si et par telle manière que ce sera exemple à touz autres. En tesmoing de ce, nous avons fait mectre notre seel à ces présentes. Donné à Paris le xxvi jour de juing, l'an de grâce mil quatre cent et dix-huit ; et de notre règne le trente-huitième, scellées soubs notre seel ordinier en l'absence du grand.

(Archives de l'Empire ; Trésor des Chartes, JJ 70, f. 153, v°; n° 151.)

CLXXIII.

Cession faite, par le sire de Chastellux, de la ville de Cravan au Chapitre d'Auxerre.

(1423.)

A tous ceulx qui verront ces présentes lettres, Glaude de Beauvaiz, seigneur de Chasteluz, salut en Notre-Seigneur, sçavoir faisons que, comme naguères, la ville de Crevan, héritaige et de toute ancienneté appartenante aux doyen et chapitre de l'église d'Auxerre, fust occupée, pryse et détenue de larrons, pilleurs et robeurs, tirans mauvais, et se chose licite est de dire ennemis de Dieu, de l'Eglise, du roy, du royaume et du monde, et pour recouvrer icelle et mettre hors de leurs mains, pour l'onneur et révérence de Dieu, de la très-glorieuse vierge Marie, et du benoit Saint-Estienne, premier martir, patron d'icelle église, et pour nous acquiter loyaument envers le roy, notre souverain seigneur, nous soyons employez de puissance d'armes aveques nos bons parens et amis et aliez, en telle manière que par la grâce Dieu, notre benoit créateur, icelle avons recouvrée à grands périls et souffreté de nos corps, frais, missions et despens, depuis laquelle recouvrance avons en icelle ville été assegiez par les dessusdiz ennemis et aultres l'espace de cinq sepmaines et plus à grant pouvreté et misère de vivres et autres biens, tant que contraints avons esté de illeques mangier nos chevaux en très grant partie, et aultres bestes, souffert aussi plusieurs assaulx, jusques à ce que le siége devant nous apposé par lesdiz ennemis en très grant nombre et multitude de gens comme de quinze mile et plus a esté, par la proesce et secours de très haulz et puissans seigneurs les contes de Salisbury, de Suffort et de Joigny, le mareschal de Bourgoigne, les seigneurs de Couches, de Thy et de Marcilli, messieurs Anthoine de Vergi, Guillaume de Vienne, Renier Pot, Jacques de Courtiambles, et plusieurs aultres nos bons et loyaulx parens et amis, levé et départi par bataille à iceux ennemis faicte et livrée par les dessusdiz seigneurs ou lieu et place où tenoient leur dit siége, en laquelle bataille ont esté de quatre à cinq mil hommes mors, pris et emmenez; plus, toutevoye, comme fermement espérons, par miracle, et les mérites, prières et oraisons desdiz de chapitre que autrement; considérans et attendens les grans bénéfices, curialitez et biens espirituelz que lesdiz doyen et chapitre en faveur de ladite recouvrance nous ont gracieusement et libéralment fait et ottroyé, c'est assavoir les fruiz et revenues d'une prébende de leur église pour nous tant que vivrons et nos successeurs héritiers masles, seigneurs de Chasteluz, successivement l'un après l'autre, ainsi que l'un des chanoines d'icelle église, toutes et quantes fois que irons en ladite églize et serons à une des heures chantées en icelle, soit à tout labbit et surepliz de l'église s'il nous plaist ou sanz surepliz ainsi que miqulx nous plaira; et ou cas que la seignorie de Chasteluz vienne en filles, le mari de celle qui sera dame de Chasteluz aura le droit de la prébende dessus dite, et si ladite seignorie de Chasteluz étoit divisée en deux ou plusieurs parties, l'ainsné filz ou le mari de l'ainsnée fille aura le droit dessuzdit, sanz ce toutevoye que filles non mariées ou vesves aient aucune chose en la prébende dessus ditte, et aveques ce une messe perpétuele du Saint-Esperit, appellée la messe de la Victoire, laquelle sera dite perpétuelment chacun an en ladite église le lendemain de l'Assompcion Notre-Dame pour nous et les nôtres tant que vivrons, et après le trespassement de nous Glaude susdit, sera convertie ladite messe en un obit fait et célébré solennelment et à perpétuité en ladite église à tel jour que trespasserons, ou au plus prouchain jour convenablement que faire se pourra, pour le salut des âmes de nous et de nos parens trespassés; et, en oultre, que nous Glaude susdit puissions eslire notre sépulture en icelle église où bon nous semblera convenablement, aveques la fraternité et participation de tous les biensfaitz, prières, oraisons et suffrages faits et à faire en icelle église, nous tous iceulx biens espirituels par lesdiz doyen et chapitre à nous ainsi ottroyés, avons acceptables et agréables pour nous et pour nos successeurs, seigneurs de Chasteluz, comme dit est, et les recevons bénignement en regraciant Dieu piteusement et lesdiz doyen et chapitre de très bon cuer; et en contemplacion de ce et pour lonneur et révérence de Dieu, notre benoît créateur, de la très glorieuse Vierge Marie et du benoît Saint-Estienne, patron de ladite église, leur baillons et délivrons purement, plainement et simplement par ces présentes leur dite ville de Crevan, aveques toute leur seignorie et droiz que d'ancienneté ont accoustumé d'avoir en icelle sans y jamais riens demander, ne requérir pour ocasion d'icelle délivrance; et en tant qu'il nous touche, promettons en bonne foy les en tenir, faire tenir quittes et les habitans d'icelle envers tous et contre tous; et, pour mieulx entretenir les choses dessus dites, avons fait serement ausdiz doyen et chapitre, aux Sains-Euvangiles de Dieu par nous touchées manuelment, que serons bons et loyaux à l'église, doyen et chapitre d'Auxerre, aiderons de notre pouoir à garder et défendre les droiz, terres et possessions et autres revenues appartenans auxdiz doyen et chapitre, pourchasserons le bien, honeur et proufit des dessusdites église, doyen et chapitre, et éviterons leur domaige de tout notre loyal pouoir, lequel serment seront tenuz faire pareillement nosdiz successeurs, seigneurs de Chasteluz, à leur première récepcion à ladite prébende, l'un après l'autre, ainçoit que aucune chose puissent recevoir de ladite prébende. En tesmoing de ce, nous avons fait signer et soubzescrire ces présentes par notaire publique, apostolique et impérial, à plus grant fermeté et tesmoignage de vérité; donné sous notre scel, l'an mil quatre cens vint et troiz, le XVIe jour du mois d'aoust. Présens et appelés R. P. en Dieu l'abbé de Saint-Martin de Nevers; nobles homes et seigneurs Gui de Jaucourt, seigneur de Villarnoul; Girart de Chasteauneuf, Saladin d'Anglure, chevaliers; Jehan du Boschat, escuier; maître Guillaume Fusée, official de Sens, et Jean Pinart, advocat, aveques plusieurs autres ad ce tesmoings.

(Archives de l'Yonne, fonds du Chapitre d'Auxerre; Palliot, t. I; *Grand Inventaire des Titres*, chap. I, liasse O, n° 2; *Lebeuf*, II, 317.)

CLXXIV.

Concession du titre de chanoine héréditaire de la cathédrale d'Auxerre à Claude de Beauvoir et à ses successeurs.

(1423.)

Ad perpetuam rei memoriam universis presentes litteras inspecturis, decanus et capitulum ecclesie Autissiodorensis, salutem in Domino sempiternam : Non solum rationi congruum, imo de justitia naturali necessarium arbitramur, ut illis nos et ecclesiam nostram obnixe affectos reputemus a quibus cognoscimus beneficia accepisse, alias enim de ingratitudinis vitio (quod abbominabile merito judicatur et quod a quibusvis fidelibus presertim viris ecclesiasticis debet effectualiter abhorreri), possemus non immerito reprehendi. Sane, recolentes et pia meditatione revolventes in animis quanto qualique discrimine et quo periculo vir nobilis et potens dominus Claudius de Beauvoir, miles, dominus de Chastellux, seipsum corporaliter, suaque bona universa suos etiam cum non modica consanguineorum aliorumque nobilium bellicosa comittiva exposuit, et ob honorem Dei gloriosissimeque Genitricis ejus, Virginis Marie et beatissimi prothomartiris Stephani, quorum res acta est, dimicaverit et militaverit singulorum vita curisque omnibus temporalibus quantumlibet fructuosis, aut utilibus post positis, non sine magno et ingenti rerum suarum consumptione et exhaustu, ob recuperationem ville nostre de Crevano per predones et tirannos ecclesie, regis et regni inimicos, furtive nuper occupate ac volenter detente. Quam, omnipotente Deo, qui suorum manus docet ad prelium causam suam protegente ac tuente, non tam victoriose quam miraculose (ut pie creditur), ab eisdem hostibus Deo (si fas est dicere), et toti orbi odilibus liberavit penitus et substraxit, in quaquidem villa licet quinque ebdomadarum spatio et amplius, ipse dominus Claudius, cum prefata sua nobili comitiva per predictos inimicos obsessus fuerit, insultusque plurimos atque mirabiles, non absque grandi victualium aliorumque necessariorum penuria et usque ad equorum suorum, pro majori parte, aliarumque esum bestiarum (ut refferunt), perpessus fuerit et sustulerit nihilominus villam nostram predictam cum omni domino et jure quod antea habebamus in eodem, pure, plane ac simpliciter sua gratia nobis et ecclesie predicte restituit, liberavit et tradidit, nos igitur ea moti consideratione, volentes eidem, quantum nobis est possibile, spiritualia pro temporalibus ac celestia pro terrenis pie commutare, nos in recompensationem premissorum et ad ingratitudinis vitium evitandum exhibere favorabiliter liberales, suis potissimum exigentibus gratuitis servitiis, deliberatione proinde inter nos habita, eidem domino Claudio, tanquam ecclesiastice rei indefesso protectori et augmentatori industrio, concessimus et ex nunc concedimus per presentes, quod a modo et deinceps, perpetuis temporibus, dictus dominus et sui successores heredes masculi domini temporales dicti loci de Chastellux, successive habeant et percipiant fructus et redditus unius prebende nostre ecclesie sicut et ceteri canonici ejusdem ecclesie, dum et quoties idem dominus Claudius, et sui post ipsum, ut prefetur, successores, ad ipsam nostram ecclesiam personaliter accesserint et in eadem ecclesia interfuerint alteram horarum dicte ecclesie decantando quam intrare licebit eisdem, cum superciliosos vel absque supercilicio aut stare quo maluerint pro sualibet voluntate ; si vero dicta terra et dominium de Chastelux ad heredes filias, cessantibus masculis, devenire contingerit, maritus dicte domine dicti loci de Chastelux jus in eadem prebenda percipiet et habebit ante dictum. Aut si dicta terra, aut dominium de Chastelux, in duas aut plures in posterum partes dividatur, antiquior heres seu maritus filie senioris antedicti loci jus ipsum in prebenda modo premisso possidebit : per hoc tamen nullatenus intendimus filias aut viduas jus aliquod habere sive pretendere in prebenda supradicta; preterea, ut ad bonum et utilitatem ipsius ecclesie suppositorumque ejusdem eo libentius animetur, quo inde spiritualia commoda se consequi perpexerit, volumus et ordinamus unam missam de Sancto-Spiritu anno quolibet in perpetuum, in dicta nostra ecclesia celebrari in crastino Assumptionis beatissime et gloriosissime Virginis-Marie, ut Deus prosperum faciat inter dierum suorum ipsum custodiat, incolumem quamdiu vixerit in humanis; et nuncupabitur missa Victorie; que quidem missa post ejus obitum in anniversarium solemne convertetur, perpetuo in ipsa ecclesia celebrandum, die qua ipsum ab hoc seculo migrare contigerit, pro remedio et salute animarum ipsius domini Claudii et suorum. Indulgemus etiam eidem domino Claudio quod sibi liceat in eadem nostra ecclesia, ubi voluerit, suam decenter eligere sepulturam ; insuper pro omnium consideratione premissorum ipsum dominum Claudium, suosque fecimus precum, orationum, suffragiorum et bonorum omnium dicte ecclesie participes ; ipse autem dominus Claudius juramentum ad sacrosancta Dei evangelia per ipsum corporaliter tacta Deo primum, nobis et ecclesie fecit et prestitit secundum formam cedule verbis gallicis nunc in libris ac registris scripte cujus tenor sequitur et est talis : « C'est le serment qu'a faict noble et puissant seigneur, monsieur Claude de Chastellux, et feront ses successeurs masles, seigneurs de Chastellux, aux doien et chappitre de l'esglize d'Auxerre et à leurs successeurs, avent qu'ilz puissent prandre ne percevoir aulcune chose des fruictz de la prébande à eulx octroiée par lesdictz doien et chappitre pour la recouvrance de la ville de Cravent : premièrement, ils jureront à leur première réception qu'ils seront bons et loyaux à l'esglize, doien et chappitre d'Auxerre. Item ayderont à leur pouvoir à garder et deffendre les droictz, terres, possessions et aultres revenus appartenans auxdictz doien et chappitre de ladicte esglize. Item, pourchasseront le bien, honneur et profficts des dessusdictz esglize, doien et chappitre d'Auxerre, et éviteront leur dommage de tout leur loyal pouvoir. » Et idem juramentum facere et jurare tenebuntur hoc predicti successores, dum successive per obitum ad eamdem prebendam pervenerint. Quas quidem ordinationes, voluntates et concessiones nostras perpetuis temporibus inviolabiliter et inconcusse, pro nobis, et modo in eadem ecclesia futuris successoribus, tenere et adimplere promittimus, bona fide et contra quacumque ex causa, non venire quomodolibet in futurum. In cujus rei testimonium presentes litteras sigillo nostro munitas per notarium publicum subscriptum fieri mandavimus signari. Datum et actum in dicta Autissiodorensi ecclesia, anno Domini millesimo quadringentesimo vigesimo tertio, die sexta mensis augusti, institutione prima pontificatus sanctissimi in Christo patris et domini nostri domini Martini, divina Providentia pape quinti anno sexto, presentibus venerando ac nobilibus viris dominis et magistris, abbate Sancti-Martini Nivernensis ; Guidone de Jaulcourt, domino de Vilernoux ; Girardo de Chasteauneuf, Saladino d'Anglure, militibus; s. Johanne Bouschat; scientifico Guillermo Fusée, officiali Senonensi ; Johanne Pinart, advocato, et pluribus aliis testibus ad premissa vocatis specialiter et rogatis.

(Archives de l'Yonne, fonds du chapitre d'Auxerre ; *Grand inventaire des Titres*, chap. I, liasse O, n° 1.)

CLXXV.

Don fait à Claude, seigneur de Chastellux, de l'hôtel d'Albret, situé à Paris.

(1424.)

Henry, par la grâce de Dieu, roy de France et d'Angleterre, savoir faisons à tous présens et advenir que par considération des grans services que nous a fais notre amé et féal chevallier Claude, seigneur de Chastelluz, et pour le récompenser d'aucuns hostels qui lui avoient esté donnez en notre bonne ville de Paris par feu notre très chier sire et ayeul (que Dieu absoille), desquels hostels il n'a peu avoir la possession ne joissance, obstant certain empêchement, si comme il dit, et icellui notre chevalier avons, par l'advis de notre très chier et très amé oncle Jehan, régent notre royaume de France, duc de Bedford, donné, cédé, transporté et délaissé et par ces présentes de notre plaine puissance, auctorité royal et grâce espécial, donnons, cédons, transportons et délaissons, pour lui et pour ses hoirs masles, légitimes, venans de lui en directe ligne, un hostel nommé l'ostel d'Alebret, assis en notre dite ville de Paris, en la rue du Four, tenant d'une part à l'ostel qui fu feu maistre Jehan de la Croix, et d'autre part à ung nommé Guillaume le Prévost, brodeur, aboutissant d'un bout derrière à une ruelle où est l'ostel de Behainie, et d'autre bout sur ladite rue du Four, avecques toutes ses appertenances et appendances, qui jadis fut et appartint à Charles, seigneur d'Alebret, et naguères à son fils, lequel hostel, avecques lesdites appertenances et appendances, est à nous forfait, acquis et confisqué par la rébellion, désobéissance du fils dudit seigneur d'Alebret, pour d'icellui hostel, avecques lesdites appertenances et appendances, joir et user plainement et paisiblement par lui et par ses dits hoirs masles légitimes, comme dit est, à tousjoursmais perpétuelment et héréditablement, pourveu qu'il n'ait esté donné à autre par feu notre dit seigneur et ayeul, par l'advis et délibéracion de notre très chier sire et père (cui Dieu pardoint), ou nous par l'advis de notre dit oncle; et parmi ce qu'il en payera les charges et fera les devoirs pour ce deus et acoustumez. Si donnons en mandement par ces présentes à nos amés et féaulx gens de nos comptes, trésoriers et généraulx gouverneurs de toutes noz finances en France, les commisseres sur le fait des confiscations et forfaictures, au prévost de Paris et à tous nos autres justiciers et officiers, ou à leurs lieux tenans présens et advenir, et à chacun d'eulx si comme à lui appartiendra, que ledit Glaude de Chastellux et sesdis hoirs masles légitimes facent, souffrent et laissent joir et user plainement et paisiblement dudit hostel et de sesdites appertenances et appendances, à tousjoursmais perpétuelment, comme dit est, lui fere ou donner ne souffrir estre fait ou donné ores, ou pour le temps advenir, aucun empeschement ou destourbier. Et afin que ce soit ferme chose et estable à tousjours, nous avons fait mettre notre seel à ces présentes, sauf en autres choses notre droit et l'autruy en tout. Donné à Paris le ixᵉ jour de décembre, l'an de grâce mil quatre cent et vingt-quatre, et de notre règne le troisiesme.

(Archives de l'Empire ; Trésor des Chartes, JJ, 173 ; f° 73, v°, n° 147 ; *Grand Inventaire des titres*, chap. X, liasse C, n° 17.)

CLXXVI.

Mariage de Claude de Beauvoir et de Jeanne de Longwy.

(1427.)

En nom de Notre-Seigneur, amen. L'an MCCCCXXVII, le lundy après la Saint-Laurent, xi aoust, mariage entre noble Claude de Beaulveoir, chevalier, sire de Chastelux, d'une part, et noble Jehanne de Longvy, demoiselle, fille de feu noble et puissant seigneur mons. Mathey de Longvy, seigneur de Raon, et de noble dame madame Bone de la Trimouille, dame dudit Raon, d'autre part ; par l'advis de noble et puissant seigneur mons. Guy de la Trimouille, seigneur d'Uchon, comte de Joigny et seigneur d'Antigny ; de mons. Regnier Pot, seigneur de la Prime et de la Roche de Noulay ; de mons. Guy d'Amoinge, chevalier, bailly d'Amont au comté de Bourgogne, et autres parens de ladite demoiselle ; de Guiot de Jaucourt, seigneur de Villernoul ; mons. Jaq. de Villers, chevalier, seigneur dudit lieu ; et d'Odart de Lespinace, seigneur de Champallement, pour la partie de noble ledit de Chastelux. Pour contemplation dudit mariage, nobles Jean et Olivier de Longvy, chevaliers, seigneurs de Raon, frères de ladite Jeanne, promettent luy payer pour tous ses droits 5,000 livres tournoiz, mil francs de rente, et les quatre après la mort de madame Henriette de Vergy, dame de Paigny, grand'mère desd. frères et sœur. Pour ce que ladite dame tient le chastel et terre de Chaseul près Ostun, pour son douaire, icelle morte, icelle terre sera baillée à ladite Jeane, notre seur, pour ladite somme de 4,000 livres. Ledit de Chastelux la doue de son chastel et terre de Chastelux et 500 livres de rente. . . . .

En présence de Guillaume de la Roichette, de Beligny-sur-Ousche, coajuteur du tabellion de M. le duc. Présens les susnommez et mons. Jehan Praldoye, chevalier, seigneur de Combeton ; Aubert Lobbe, escuier, seigneur de la Rivière ; Pierre Desnerey, escuier. . . .

(GAIGNIÈRES, DCLVIII. ; *Nouveau Livre noir*, p. 156.)

CLXXVII.

Lettres patentes d'Henri VI, roi d'Angleterre, en faveur du maréchal de Chastellux.

(1429.)

Henry, par la grâce de Dieu roy de France et d'Angleterre, sçavoir faisons à tous présens et à venir que comme pour considéracion des grans, notables et aggréables services que notre amé et féal chevalier Claude de Beauvoir, seigneur de Chastelluz, a fait le temps passé à feux noz très chers seigneurs aïeul et père les roys Charles et Henry, derrenièrement trépassez (que Dieux absoille!) ou fait de leurs guerres et ailleurs, en plusieurs et diverses manières; considérans aussi que ledit chevalier a perdu grant partie de ses terres et revenues estans oultre la rivière de Loire, lesqueles noz adversaires tiennent et occupent, et pour autres causes et considéracions à ce nous mouvans, eussions par l'advis et délibéracion de nostre très cher et très amé oncle Jehan, régent nostre royaume de France, duc de Bedford, donné, cédé, transporté et délaissié les chastel, terre et revenue de Saint-Fargeau en Puisoie, appartenant à nostre très cher et amé cousin le cardinal de Bar, et aussi la quarte partie du chastel, terres et appartenances de Dracey en Chalonnois, que tient Anthoine de Vichy, chevalier, et la terre et revenue de Jehan Coingnet, assise ès bailliages de Troyes et d'Aucerre, jusques à la valeur de mil et cinq cens livres tournois de revenue par an, en regard et considéracion au temps de l'an mil cccc et x, pour joir des choses dessus dites par ledit sieur de Chastelluz et ses hoirs masles venant de lui en directe ligne, perpétuellement, héréditablement et à tousiours, si comme par noz autres lettres, données sur ce le xvᵉ jour de may, l'an mil cccc xxiv, ces choses peuvent plus à plain apparoir. Et il soit ainsi que de nouvel nostre dit cousin le cardinal de Bar soit tenu par devers nostre dit oncle, en la présence duquel icelui nostre cousin a jurée la paix final, et tant pour lui et en son nom propre comme pour et au nom de nostre très cher et amé cousin le duc de Bar, son neveu, nous a faiz en la personne de nostre dit oncle les foy et hommages des terres et possessions que iceulx noz cousins le cardinal et duc de Bar tiennent de nous à cause de nostre couronne et royaume de France, moiennant lesquelz devoirs ainsi faiz nous, par l'advis de nostre dit oncle, avons rendu, restitué et délivré à nostre dit cousin le cardinal de Bar, toutes les terres et seigneuries à lui appartenant en nostre dit royaume de France, tant celle dudit Saint-Fargeau, à laquele ledit seigneur de Chastelluz a renoncé ès mains de nostre dit oncle, et à tout tel droit qu'il pouvoit avoir en icele par le don à lui fait, comme dit est, comme autres, et en avons osté tout empeschement au prouffit de nostre dit cousin le cardinal. Pour et en récompensacion desquelz chastel, terres et revenues de Saint-Fargeau, ainsi délaissiez par ledit seigneur de Chastelluz, ait supplié et requis à nostre dit oncle que oultre ladite quarte partie du chastel, terres et appartenances de Dracey, et la terre et revenue de Jehan Coingnet, nous lui vueillons donner et octroier le chastel de Douy, qui fu à Charles, jadis seigneur de la Rivière; le chastel de Corville, qui fu au seigneur de Vielzpont, les places de Esparnon et Brétencourt, qui furent au conte de Vendosme; la Haye de la Caillardière, qui fu à Katherine du Vivier; le chastel, ville et chastellenie de Plers, qui fu à Florent de Plers, chevalier; la terre de Bulou, qui fu au seigneur de Beaumesnil et à ses hoirs ou aians cause; la terre de la Vove et Beaufrançois, qui furent à feu François de la Vove ou à ses aians cause; la terre de Rabustan, qui fu à feu Joffroy de Chourses ou à ses hoirs et aians cause; et la terre Dangeau et de la Choletière, à Giles Jehan et Pondiz les Choles, lesqueles choses nous appartiennent et pieçà nous sont escheues par confiscacion pour cause de la rébellion et désobéissance commise par les dessus nommez seigneurs et détenteurs des choses dessus dites, et derrenièrement lesditz chastel et terres de Douy et de Courville, par le trespas de feu nostre cousin de Salsebury, et la terre d'Esparnon, par le trespas de feu Lancelot de Lisle, en défault de hoirs masles, sont escheues en nostre main, pour en joir par ledit seigneur de Chastelluz, ses hoirs et aians cause, jusques à la valeur de mil et cinq cens livres tournois de rente. Pour ce est-il que nous, aians considéracion aux choses dessus dites, et mesmement à ce que ledit sieur de Chastelluz, en faveur de l'appointement fait de par nous avec nostre dit cousin le cardinal, ès noms que dessus, a libéralement renoncié au droit qu'il avoit en ladite terre de Saint-Fargeau; et pour certaines autres causes et considéracions à ce nous mouvans, voulans le don autreffois fait audit seigneur de Chastelluz, en tant que touche ladite quarte partie du chastel, terres et appartenances de Dracey en Chalonnois, et la terre et revenue dudit Jehan Coingnet, demeurer en sa force et vertu, à icelui seigneur de Chastelluz, par l'advis de nostre dit oncle, avons donné, cédé, transporté et délaissié, et par la teneur de ces présentes, de grâce espécial, plaine puissance et auctorité royal, donnons, cédons, transportons et délaissons les chasteaulx, terres et revenues dessus dites de Douy, de Courville, d'Espernon, de Brétencourt, la Haye de la Caillardière, Plers, Bulou, la Vove, Beaufrançois, Rabustan, Dangeau et la Choletière, avec leurs appartenances, pour en joir par ledit sieur de Chastelluz et ses hoirs masles venans de son corps en loial mariage, perpétuellement, héréditablement et à tousiours, jusques à la valeur de mil et cinq cens livres tournois de revenue par chacun an; en ce comprise la valeur de ladite quarte partie du chastel, terres et appartenances de Dracey et de la terre et revenue dudit Jehan Coingnet, eu regard à ce que les choses dessus dites valoient l'an mil cccc et dix, en faisant et paiant les droiz et devoirs pour ce deuz et acoustumez, pourveu que les choses dessus dites ne soient de nostre domaine ancien et ne appartiennent à autres par don fait par nostre dit feu seigneur et ayeul, par l'advis de nostre dit feu seigneur et père, ou par nous par l'advis de nostre dit oncle, avant la date de ces présentes. Et donnons en mandement à noz amez et féaulx les gens de nos comptes à Paris, aux trésoriers généraulx gouverneurs de noz finances de France, aux bailliz de Sens et de Chartres et de Saint-Père-le-Moustier, et à tous noz autres justiciers et officiers, ou à leurs lieuxtenans et à chacun d'eulx, si comme à lui appartiendra que ledit seigneur de Chastelluz et ses hoirs masles venans de lui, comme dit est, facent, souffrent et laissent joir et user de nostre présente grâce, dou cession et transport, sans les travailler, molester ou empescher aucunement au contraire. Et afin que ce soit ferme chose et estable à tousiours, nous avons fait mettre nostre scel à ces présentes, sauf en autres choses nostre droit et l'autruy en toutes. Donné à Paris le huitiesme jour de may, l'an de grâce mil quatre cens vingt-neuf, et de nostre règne le septiesme.

(Trésor des Chartres, JJ, 174, vol. LVII, f° 131.)

CLXXVIII.

Transaction entre les religieux de l'abbaye de Cure et le sire de Chastellux, qui leur donne le moulin du Pont-Saint-Didier.

(1431).

A tous ceulx qui ces présentes lettres verront, Ferry, par la grâce de Dieu, humble abbé de l'esglise et monastère de Saint-Martin-de-Chore, et tout le couvent de ce mesme lieu, salut : comme feue noble et puissant dame madame Lorette de Bourdeaux, jadis dame de Chastelluz, pour une singulière amour et dévocion qu'elle avoit en son vivant en nostre dit monastère, et pour le remède de son âme et des âmes de ses prédeccesseurs et successeurs, eust ja pieçà donné à notre ditte esglise quinze livres tournois de rente annuelle et perpétuelle, pour célébrer en icelle notre esglise, chacune sepmaine, perpétuellement, trois messes à l'autel de Sainte-Katherine, et faire et célébrer deux anniversaires chacun an, lesquelles quinze livres tournois de rente icelle feue dame heust assis et assignées sur aucune partie de ses terres et seignories mouvans du fyé de monsieur le conte de Nevers et baron de Donzy; lesquelles terres et seignories depuis, à l'occasion de la guerre, soient diminuées en valeur et revenues, tellement que lesdittes quinze livres tournois de rente y estoient et sont très mal assises, et avec ce par plusieurs fois aient esté empeschées par les gens et officiers de mondit seigneur le conte à l'occasion dudit fyé, disans que icelle rente ne pouions tenir sans amortissement et le consentement exprès de mondit seigneur le conte : parquoy lesdittes messes et anniversaires estoient en avanture de demourer, et par conséquant l'entencion et bonne volunté de laditte feue dame fraudée, et il soit ainsi que noble et puissant seigneur messire Glaude de Beaulveoir, viconte d'Avalon, seigneur dudit Chastelluz et de Mont-Saint-Jehan, mehu d'une singulière et présente dévocion, voulant enssuir le bon vouloir de laditte feue dame Lorette, de laquelle il a cause, et ad ce que lesdittes messes et anniversaires ne demeurrent, mais soient célébrées perpétuellement en notre ditte esglise, à la bonne entencion d'icelle feue dame, nous aist par plusieurs fois présenté pour et en récompensacion desdittes quinze livres tournois de rente, ung molin, dit le molin du pont Saint-Didier, assis sur la rivière d'Yonne, appartenant audit seigneur, ensemble les aisances et appartenances, lequel molin ledit seigneur disoit estre de franc-alleu, franc et quicte de toutes charges, réservé certaine charge de blé, deuu chacun an à l'abbesse et couvent de Notre-Dame du Confort, savoir faisons que nous tous asemblez ensemble en notre chappitre au son de la cloiche, en la manière acoustumées, pour traictié des besoignes et afaires de notre ditte esglise, bien et dehument informés et cersiorés de noz drois, de la valeur et revenue dudit molin et de la charge deue à laditte abbesse et couvent, pour le cler et évidant prouffit de notre ditte esglise, de nous et de noz successeurs, en lieu et pour récompensacion desdittes quinze livres tournois de rente à nous données comme dit est, avons pris et accepté, prenons et acceptons de mondit seigneur de Chastelluz, présent et nous baillant ledit molin, ensemble ses appartenances de franc alleu, franc et quitte de toutes charges, réservé celle que dit est, et par le moyen dudit bail nous sommes tenus et tenons pour bien paiez, assignés et comptans desdittes quinze livres tournois de rente; ledit seigneur, ses hoirs et aians cause en avons quicté et quictons perpétuelmant, et d'icelles avons deschargez et deschargeons toutes les terres et seigneuries dudit seigneur, tant dudit Chastellus, Bazoiches et comme autres, et promectons lesdittes messes et anniversaires faire chanter et célébrer perpétuelmant par la manière que dit est, selon la volunté et ordonnance de laditte feue dame Lorette; promectans en bonne foy, sur le veu de notre religion et sur l'ypothèque et obligacion des biens de notre ditte esglise, de nous et de nos dits successeurs présens et advenir quelxconques, lesquelx quant ad ce nous avons soubzmis et soubzmectons ès juridictions, cohercitions et contrainctes des cours du roy, notre seigneur, de mondit seigneur le conte, de Monsieur l'évesque d'Ostun et de toutes autres cours temporelles et esperituelles, par lesquelles et une chacune d'icelles nous voulons et nos dits successeurs estre contrains, l'une non cessant pour l'autre, contre les choses dessus dittes jamais non venir ne faire venir obliquement ne directement par nous ne par autres, mais tout ce que dit est tenir et entretenir de point en point, renoncans quant ad ce à touttes excepcions d'excepcions, cautelles, cavillacions, et à toutes autres choses quelconques de fait et de droit que l'on pourroit dire ou alléguer contre la teneur de ces présentes, mesmement au droit disant général renunciacion non valoir se l'espécial ne précède. En tesmoing de ce nous avons scellées ces présentes de noz seaulx. Fait et donné en notre dit chappitre, le quinziesme jour du mois de mars l'an de grâce mille quatre cens trente et ung.

(Archives de Chastellux, *Grand Inventaire des Titres*, chap. I, n° 14 de la 5ᵉ liasse cotée N; original en parchemin, scellé de cire jaune.)

CLXXIX.

Claude de Beauvoir promet de rendre au duc de Bourgogne la maison de la vicomté d'Avallon à sa première réquisition.

(1434.)

Nous Glaude, seigneur de Chastelluz et de Mont-Saint-Jehan, vicomte d'Avalon, chevalier, conseiller et chambellan de mon très redoubté seigneur monseigneur le duc de Bourgoingne et de Brabant, savoir faisons à tous que comme mondit très redoubté seigneur nous ait, de sa grâce et pour les causes contenues en ses lettres patentes sur ce faictes, octroyé, accordé et donné congié et licence de faire emparer et fortiffier et mectre à deffence notre hostel et maison de la vicomté de la ville d'Avallon, nous, considérans la grâce que en ce nous a faicte mondit très redoubté seigneur, voulons, comme tenuz sommes, obéir à ses commandemens, promectons sur la foy et serment de notre corps et sur notre honneur, que toutes et quantes fois qu'il plaira à mon dessus dict seigneur ou à ses hoirs, successeurs ou aians causes, dux ou duchesse de Bourgoingne, avoir de nous ou de nos hoirs notre devant dict hostel de la vicomté d'Avalon, que nous ou nos dits hoirs le baillerons, rendrons et mectrons sans délay ou contredit, aussitost que en serons de par mondit très redoubté seigneur ou sesdits hoirs requis, en leurs mains ou ès mains et povoir de ceulx qu'il leur plaira y commectre et ordonner, parmy et moiennant récompensacion raisonnable que mon dessus dit très redoubté seigneur ou ses dits hoirs seront tenus de faire à nous ou à nostres, quant il leur plaira ainsi prandre nostre dit hostel; et à ce obligeons nous, nos dits hoirs, et tous noz biens meubles et immeubles, et de nos dits hoirs présens et advenir quelxconques. En tesmoings de laquelle chose nous avons escript de notre main notre nom à cestes, et les fait sceller de notre scel armoiez de nos armes, le XVIe jour de septembre l'an mil quatre cent trente quatre.

CHASTELLUZ.

(Terrier de la Châtellenie d'Avallon, fos 115-116.)

CLXXX.

Claude de Beauvoir investi du gouvernement d'Avallon.

(1433-1440.)

Philipes, duc de Bourgogne..... La ville d'Avalon ayant esté prise par nos ennemis et ruinée et reprise par nous... avons à nostre amé et féal chevalier, conseiller et chambellan messire Glaude, seigneur de Chastelux et vicomte dudict Avalon, donné congié de fortifier la tour et maison de sa dicte vicomté..... A Vézelay, le VI novembre MIIIIcXXXIII.

Philipes, duc de Bourgogne . . . . . . à nostre très cher et féal cousin et mareschal de Bourgogne le comte de Fribourg et ses gens tenant nostre conseil à Dijon, de la part de nostre amé et féal conseiller et chambellan le seigneur de Chastelux, nous a esté exposé que dès le recouvrement que nous fismes de nostre ville d'Avalon, luy donnasmes la capitainerie, garde et gouvernement de ladicte ville et pais d'environ, ordonnons qu'on le fasse jouir plainement dudict gouvernement. A Hesdin, VII juillet M IIIIᶜ XL.

(GAIGNIÈRES, CCCXXXVI, 15.)

CLXXXI.

Poursuites exercées par MM. de Chastellux et de Thil, relativement à la rançon de Jean de Rodemach.

(1438.)

A tous princes, ducs, contes, barons, ou à leurs connestables, mareschaux et gouverneurs de leurs pays, seigneuries, chastellenies, et escuyers à qui ces présentes seront montrées, nous Claude, seigneur de Chastellux, Bernard de Chasteau-Villain, seigneur de Thil, nous recommandons très humblement à vous, ainsy qu'à chacun de vous appartient, et vous plaist sçavoir comme il soit ainsy que au mois de juillet l'an mil CCCC XXXI, à la seurté et fiance de messire Anthoyne de Lorraine, comte de Vaudemont, nous lesdits Claude, seigneur de Chastellux, et Bernard de Chasteau-Villain, avec Mʳᵉ Thibaut, seigneur de Neufchastel, et feu messire Jehan de Neufchastel, jadiz seigneur de Montagu, feusmes et nous constituasmes chacun de nous pleiges envers feu messire Anthoyne de Toulonjon, jadiz mareschal de Bourgongne, de la somme de XVIII fors fleurains de Rin, pour la rançon et délivrance de Jehan, seigneur de Rodemac, pour lors prisonnier en grand danger ès mains dudit messire Anthoyne de Toulonjon, et de ladite somme de XVIII fors fleurins de Rin, pour la cause dessus dite, lesditz messire Anthoine de Lorraine, comte de Vauldemont, et Jehan, seigneur de Rodemac, sont tenus et obligez à nous et chacun de nous et ès dits autres pleiges sur leurs fois, loyautez et honneurs et aultrement, si amplement que faire se peult, de nous en acquicter envers lesdits feu messire Anthoyne de Thoulonjon, ses hoirs ou ayans cause, ains nous restituer tous pertes, interestz, dommaiges et despens qui pouront avoir et soustenir à l'occasion de ladite pleigerie. et deppendent d'icelle ; et par plusieurs et diverses foiz depuis ladite pleigerie, mesmement au mois d'octobre dernier passé, nous, lesdits Claude, seigneur de Chastellux, et Bernard de Chasteau-Villain, seigneur de Thil, avons sommé et requis par escript et autrement deuement lesdits messires Anthoine de Lorraine, comte de Vauldemont, et Jehan, seigneur de Rodemac, que une fois pour toutes sur leurs fois, loyautez et seremens, nous acquitassent totalement envers Jehan de Thoulonjon fils, héritier et ayant cause quant à ce dudit messire Anthoine de Thoulonjon, son père, de ladite somme de XVIII fors fleurins, que laquelle somme pour ladite pleigerie, quelque sommation ou requeste que en ayons faicte ausdit messire Anthoine de Lorraine, et Jehan, seigneur de Rodemac, n'en avons esté acquitez en tout, ne n'en avons receu aucune, ains par le moyen d'icelle pleigerie avons porté et portons chacun tous plusieurs grands fraiz, cousts et dommaiges, et sommes en voye de plus estre en dangier de notre honneur et chevanse, car ledit Jehan de Thoulonjon procède contre nous continuellement à toute rigueur de justice et autrement, à l'encontre de noz honneurs ; et qui plus est, depuis peu de temps en cà ledit messire Thibaut, seigneur de Neufchastel, nous demande et quiert l'y disant en ceste partie avoir droict par transport à luy faict par ledit Jehan de Thoulonjon, la somme de IIII^m XIII et XIIII fors fleurins de Rin deus par lesdits Jehan, seigneur de Rodemac, et messire Anthoine de Lorraine, son principal pleige, et restant à payer du principal desdictz XVIII fleurins, avec la somme de III et VII^c fleurins, tant pour l'intérest de luy et dudit Jehan de Thoulonjon, et de ce nous a sommé et requis ledit messire Thibault, seigneur de Neufchastel, par ses lettres de requeste, dont appert clerement quant mestier sera, pourquoy de rechef et d'abondant envoyons présentetement par deux poursuivans d'armes sommer et requérir ceste fois et dernière pour toutes, lesdits messire Anthoine de Lorraine, comte de Vauldemont, et Jehan, seigneur de Rodemach, chacun d'eux par foy que sur leur fois, loyautez et honneurs, ils et chacun d'eux nous acquictent et libèrent envers lesdits messires Thibaut, seigneur de Neufchastel, et Jehan de Thoulonjon, de ladite somme de IIII^m VII^c XIIII fors fleurins restans à payer par eux desd. XVIII florins susd. que pareillement nous acquictions et fassions tenir paisiblement ausdits messire Thibaut, seigneur de Neufchastel, et Jehan de Thoulonjon et chascun d'eux de III et V fleurins d'or qui nous sont querellés et demandés pour leursdictz intérestz, comme dict est, ensemble nous restituer et restablir la somme de mil saluz d'or pour les intérestz de notre part, avons heuz et qui par nous ont esté faictz et soustenuz pour raison de ladite pleigerie, tout ce dedans quarante jours continuellement suivans après la réception ou audicion du contenu des sommations et requestes que leur envoyons, ausquelles toutes ces choses lesditz messires Anthoine de Lorraine, conte de Vauldemont, et Jehan, seigneur de Rodemac, sont tenuz et obligiez à nous comme dict est. Et outre plus envoyons sommer et requérir lesd. messires Anthoine de Lorraine, comte de Vauldemont, que incontinant ladicte sommacion et requeste que ly envoyons, par luy receue, il nous envoye son scellé d'onneur et obligacion de nous faire et accomplir les choses dessus dites dedans le terme dict XL jours, ainsy que tenu et obligé y est, et en deffault de ce que ne seroient totallement acquictez de ladite somme de IIII^m VII^c XIIII fors fleurins pour l'intérest et principal tenuz en dépost et acquict desd. III et VII^c fleurins d'or pour les intérets desd. messires Thibaut, seigneur de Neufchastel, et Jehan de Thoulonjon, et aussy restituez à restablir desdits mil salus d'or pour leursdits perds, despens et dommaiges, requérons comme dessus audit messire

Anthoine de Lorraine, conte de Vauldemont, que dedans un terme de quarante jours, il nous rende et restitue en noz mains ledit Jehan de Rodemach en personne, au lieu de Dijon, audit hostel d'eux, et ses enffans par manière de hostaige, sans que lesdits seigneur de Rodemach ou sesdictz enffans en partent sans notre gré, congié et licence ou de l'un de nous jusqu'à l'entèrinement et accomplissement des choses dessus desclarées, et chacune d'icelles comme en tout, et ledit messire Anthoine de Lorraine est entièrement tenu et obligié à nous et chacun de nous, comme dict est, en lettres faites et passées soubz le scel de la court de nostre dit très redoubté seigneur monseigneur le duc de Bourgogne, desquelles envoyons la coppie faite soubz saing de notaire, avec lesdites sommations ausdiz messire Anthoine de Lorraine, conte de Vauldemont, et Jehan, seigneur de Rodemac, affin que nulle cause d'ignorance ne puissent dire ou prétendre au contraire, leur signiffiant à chacun d'eux par lesdites sommations, que si aucunement sont dilayans ou reffusans de faire et accomplir les choses dessus dites et chacunes d'icelles, par la manière que leur requérons et que tenus y sont, que plus nullement ne le soufferons, mais en leur deffault procéderons contre eux et chacun d'eux par tiltre de leurd. obligié, au grant deffault de leurs personnes et à son et ranversement de levée armée, comme on peult et doibt faire en tel cas. Si vous supplions et requérons humblement, ainsy que à chacun de vous appartient, que en aide de droit d'onneur. . . . que lesd. messire Anthoine de Lorraine, conte de Vauldemont, et Jehan, seigneur de Rodemac, ou l'un d'eux seroient deffaillans et reffusans à nous tenir, faire et accomplir les choses dessus desclarées, que leur requérons par eux estre faict dedans lesdits quarante jours, comme dict est, nous donner congié chacun de vous en voz pays, contrées, bonnes villes et seigneuries iceux, XL jours passez et excluz, porter et attachier en paincture, ez portes de voz citez, chasteaux et bonnes villes, penduz et déshonnorez iceux messire Anthoine de Lorraine, conte de Vauldemont, et Jehan, seigneur de Rodemac, et chascun d'eux deffaillans ad ce comme n'en ayans tenu leurs promesses et manty leurs fois et loyautés envers nous, pour la cause et par la manière dessus devisées et desclarées ; vous suppliant derechef qu'il vous plaise en ce nous estre aydans et confortans, ainsy que raison, droit et honneur le requiert, et en ce faisans seroient tenuz de vous en faire service et plaisir. Et affin que soyez acertene que c'est chose bien meue et procède de nous, je led. Claude, seigneur de Chastellux, avec mes saing manuel et scel armoyré de mes armes, et je ledit Bernard de Chasteauvillain, en l'absence de mon scel armoyé de mes armes, ay faict mettre à ces dites présentes le scel de ma chastellenie dudit Thil, le XXVIᵉ jour du mois de may, l'an M CCCC XXXVIII.

(GAIGNIÈRES, DCLVIII; *Nouveau Livre noir*, p. 191.)

CLXXXII.

Contrat d'échange entre Alix de Chastellux et Massuot Doye, dit Lancement.

(1439.)

En nom de Nostre Seigneur, amen. L'an M CCCC XXXIX, le seiziesme jour de may, je, Alips de Chastelus, dame de Raigny et de Marrigney en partie, femme de noble seigneur messire Hugues, seigneur de Vauldrey, la Chassaigne et desdits lieux de Raigny et Marrigney, chevalier, sçavoir fais que je, ladite dame, baille, cède et délivre à titre de change, à noble homme Massuot Doye, alias Lancement, escuier, présent et acceptant la somme de XV escus d'or d'annuelle rente, qui me compète et appartient à cause des deniers à moi donnés en traittant le mariage de moi ladite dame, et de feu noble seigneur messire Pierre de Raigny, chevalier, jadis mon mary, et icelle somme prendre et percevoir sur la terre de St-Bris et de Vandenure, appartenant à noble seigneur Charles de Mellou, et en récompensation d'iceux quinze escus d'or, ledit Massuot m'a baillé ce qui lui peut appartenir en la tour de Champdoiseaul et ez appartenances d'icelle, au four bannal dudit Champdoiseaul, et en toutes autres choses qu'il a et peut avoir et qui lui sont échues par la mort et trespassement de furent Henry et Margueritte, enfans de fut noble homme Simon Doye, escuier, jadis son frère-germain à son vivant seigneur de lad. tour et desdites appartenances, et aussi dudit four bannal, et tant en hommes qu'autres choses, selon le contenu des lettres d'acquets sur ce faites audit feu Simon par feu Pierre de Broiches, réservé en ce le douhaire de damoiselle Jeanne de la Croix, veuve dudit feu Simon, à présent femme de Guillaume Hene, dit Langlois.... Faites et passées en la présence de Thiebaut Petit, Perreaul, clerc notaire juré. Présens : honnorables hommes et saiges messires André Justot, clerc licentié en loiz, procureur de monseigneur le duc au bailliage d'Auxois, messire Jean Poillevey, Jean Clément, demeurant à Semur, et autres tesmoins.

(PALLIOT, t. I.)

CLXXXIII.

Transaction entre le chapitre de la cathédrale d'Auxerre, et Monsieur et Madame de Chastellux.

(1444.)

A tous ceulx qui ces présentes lettres verront, Germain Trové, conseiller de monseigneur le duc de Bourgongne, et Jehan Baron, gardes du seel de la prévosté d'Aucerre, salut; savoir faisons que pardevant Estienne Champfremeux et Guillaume Musart, tabellions jurez en la cour de ladite prévosté, establiz en leurs personnes vénérables et discrettes personnes messeigneurs les doyen et chappitre de l'église d'Aucerre, eulx pour ceste cause assemblez en leur chappitre, chappitrans et chappitre tenans au lieu et en la manière acoutumez, pour eulx et pour leur dicte église, d'une part, et monseigneur Claude de Beaulvoir, seigneur de Chastelluz, de Colanges-les-Vineuses et de Baiserne, et madame Marie de Savoisy, sa femme, pour ce en la présence desdiz jurez, suffisamment auctorisée de son dit mary, pour eulx, d'aultre part; disans lesdictes parties comme procès et descort feust meu ou espéré de mouvoir entre eux à cause de la maison canoniale séant ou cloistre de ladicte église, près et atenant de la porte appellée Porte-Pendent, tenant icelle maison et appartenances, d'un costé à ladite Porte-Pendent et aux murs de la vielle cité d'Aucerre, d'aultre costé à l'ostel épiscopal de monseigneur l'évesque, par devant et par derrière à deux rues communes; laquelle maison canoniale ledit monseigneur de Chastelluz tenoit et tient de ladite église pour cent solz tournois de rente ou pension qu'il en estoit tenu de paier chascun an et icelle maintenir et soustenir en estat deu, et à cause de ladite rente ou pension de ladite maison de termes passez et eschauz, estoit deu ausditz vénérables la somme de cent livres tournois, et avec ce en ladite maison estoient à faire plusieurs repparations bien nécessaires, dont lesdiz vénérables entendoient à faire poursuite contre ledit de Chastelluz qui en ce estoit tenuz. Et pour eschever ledit procès et trouver aucun bon appointement sur ce et autres choses dont question estoit entre lesdites parties, icelles parties avec aucuns leurs conseillers et affins d'un costé et d'autre avoient et ont assemblé ensemble, et finablement, pour bien de paix et pour éviter toute matière de débat et descort, lesdictes parties entre les autres choses avoient traictié et accordé, et en la présence desditz jurez traictièrent et accordèrent ce qui s'ensuit: C'est assavoir que lesditz vénérables, voulans complaire et faire le gré et plaisir dudit monseigneur de Chastelluz, et à ce qu'il ait ladite église et les faiz d'icelle pour recommandez, luy ont quicté, remis et donné ladite somme de cent livres tournois qu'il devoit pour lesdiz arrérages écheuz du temps passé à cause de ladite rente ou pension de ladite maison qu'il tient de ladite église. Laquelle rente ou pension ledit Chastelluz sera tenu de payer doresnavant chascun an, aux termes que l'on a acoustumé payer les pensions des autres maisons canoniales de ladite église, et avec ce sera tenu ladite maison mettre, maintenir, soutenir et lessier en bon et suffisant estat de toutes choses nécessaires et convenables. Et en faisant et passant ce présent traictié fut accordé desdiz vénérables audit monseigneur de Chastelluz que, de la prébende qu'il a et doit avoir en ladite église, luy et ses hoirs joiront en et par la forme et manière que contenue est ès lettres faictes et passées sur ce. Et ainsi et par ceste manière a esté passé, consenti et accordé desdites parties, promectant en bonne foy toutes les convenances dessus dictes fermement tenir, garder, entériner et accomplir de l'une partie à l'autre, sans jamais venir encontre, sur peine de rendre et restablir de la partie deffaillant à la partie non deffaillant tous coustz, dommages, missions, intérestz et despens qui pour deffault de ce seront faict ou soustenu, obligans quant à ce l'une partie à l'autre, eulx et leurs biens, et mesmement lesdiz vénérables le temporel de leur dicte église, qu'ilz soubzmistrent à la juridiction de la court de ladicte prévosté et à toutes autres, pour estre contrainz et justiciez par la prise et explectation desdiz biens; renonçans en ce fait à toute excepcion de décepcion, de fraude, de barat, à toute lésion et circonvencion, à la chose ainsi faicte, au bénéfice de restitution; et mesmement ladicte dame Marie, au bénéfice du saige velleyen, et à tous autres bénéfices et priviléges faiz et introduiz en la faveur des femmes, et généralement chascune desdites parties à toutes autres choses tant de fait comme de droit qui contre ces lettres pourroient estre dictes ou opposées. En tesmoing de laquelle chouse, nous, gardes dessus diz, au rapport desdiz jurez, avons scellé ces lettres dudit seel de ladicte prévosté d'Aucerre. Donné le lundi xxviii° jour de septembre, l'an de grâce mil quatre cens quarante quatre.

(Archives de l'Yonne, fonds du grand Chapitre d'Auxerre, liasse 36, s.-l. 6.)

CLXXXIV.

Acte de foi et hommage fait pour la terre de Bourdeau.

(1445.)

En nom de Nostre-Seigneur, l'an de l'Incarnation d'icelluy MCCCCXLV, je Hugues, seigneur de Vaudrey et de Bourdeaul, chevalier, tant en mon nom comme de Alips de Beauvoir, ma femme, confesse tenir à cause de mad. femme en fief et homaige de noble et puissant seigneur monseigneur Louys de la Trimouille, seigneur d'Uchon, de Bourbon-Leusiez et comte de Joigny, à cause de son chastel et chastellenye dudit Uchon, les choses qui ensuivent et premièrement ma maison de Bourdeaul....

(DUCHESNE, LXII, 130.)

CLXXXV.

Lettres de rémission accordées à Jean, Bâtard de Chastellux.

(1446.)

Charles . . . . . savoir faisons . . . . nous avoir receue l'umble supplicacion de notre amé Jehan, bastard de Chastelluz, escuier, aagé de trente-quatre ans ou environ, que certain temps a Berthélemine de Grancey, femme de notre amé et féal chevalier Jehan d'Angleure, seigneur du Vau-de-Lugny, et cousine germaine dudit suppliant, à cause du sire de Chastelluz, son père, manda plusieurs foiz le dit suppliant aler devers elle, ce qu'il fist pour l'onneur d'elle, et lui illec venu, lui dist et raconta ladite Berthélemine comme fort doulente et courroucée et en plorant que feu Estienne Malaquin, qui estoit natif du païs de Bourgongne, estoit homme déceptif, orgueilleux et injurieux, plain de cautelle, de mauvais langaige, et autres deshonnestes vices, et que sept ans avoit ou environ il estoit venu demourer ou service dudit Jehan d'Angleure, son mary, et que tantost après ledit Malaquin, voyant et congnoissant que ledit d'Angleure, son maistre, estoit simples homs et se fyoit bien en lui de ses besongnes et affaires, avoit tant fait pour soy enrichir qu'il avoit eu la charge de receveur des diz seigneur du Vau et Berthélemine et tout le gouvernement de leur hostel. Et, pour mieulx trouver moyen d'avoir le leur, les avoit fait mectre et envelopper en grans involupcions de procès avec plusieurs seigneurs et autres du païs, disant et faisant entendre ausdiz seigneur du Vau qui, comme dessus est dit, est homme simple, que, s'il le vouloit croire, il lui feroit avoir de grans seigneuries : lequel seigneur du Vau adjoustoit foy à ses dictes parolles, cuidant qu'il dist vérité ; et que quant ledit Estienne avoit veu qu'il avoit mis son dit maistre ès diz procès sans cause, et que pour iceulx poursuir il avoit jà vendu de sa chevance tellement qu'il n'avoit plus guères du sien pour y fournir sans vendre des principaulx membres de sa chevance, lui avoit dit qu'il ne se mesleroit plus de son fait, s'il ne lui donnoit cent livres de rente, et qu'il perdroit son temps avec lui ; lequel seigneur du Vau, son maistre, les lui avoit octroyez, et lors lui promist ledit Malaquin qu'il le feroit venir au-dessus de ses besongnes, et, quant il se vit asseuré des diz cent livres de rente, laissa et habandonna ledit seigneur du Vau, son maistre, pour du tout le déshériter et destruire, et se mist par certaine espace de temps ou service du sire de Charny ; et fist tant que ledit seigneur du Vau, son maistre, paciffia et accorda à son dommaige avec l'une de ses parties au prouffit dudit sire de Charny ; et, qui plus est, abusa telement ledit seigneur du Vau, son maistre, qu'il consenty et passa une condempnacion ou obligacion au prouffit d'aucuns marchans de Paris, ausquelz il n'avoit eu jamais aucunement à besongner, d'une très-grosse somme de deniers et de rentes, et tantost après trouva manière ledit Malaquin, que pour lesdites somme et rente lesdiz marchans firent mectre en criées et subhastacions ladicte terre et seigneurie du Vau, ensemble toute la chevance de son dit maistre, et fut lui-mesme commis de par nous et du consentement desdiz marchans au gouvernement des dictes terre et chevance ; et, par ce moyen, gouverna la dicte terre et seigneurie du Vau par l'espace de trois ou quatre ans, pendant lequel temps il tint lesdits seigneur et dame en tel destroit qu'ilz n'avoient que boire ne mangier sinon à son bon plaisir, et ne leur eust pas baillé ung seul denier pour leur neccessité qu'il convint que ladicte Berthélemine alast vivre cheux son père par aucun temps, et que ledit seigneur du Vau, son mary, demourast seul en son hostel avec ung varlet et ne leur faisoit ledit Malaquin boire que d'un bruvage appellé despense ; et, qui plus est, trouva manière icellui Malaquin, que ledit seigneur du Vau vendy audit seigneur de Charny cent livres de rente sur toute sa chevance, dont ledit Malaquin print les deniers, ou au moins la pluspart, et les employa en ses affaires ainsi que bon lui sembla, à cause de laquelle rente ledit seigneur du Vau estoit cheu en grans arrérages envers ledit sire de Charny dont il y fait à présent demande ; et, depuis, ladite Berthélemine ayant regard aux terres et seigneuries que son dit mary et elle tenoient et qu'elles leur souloient estre de bonne et grant valeur et renomée, dont ilz vivoient et maintenoient bien et honnorablement leur estat, et véant aussi la povreté et misère où ilz estoient tumbez par le moyen dudit Malaquin qui les tenoist du tout en sa subjection, remonstra comme fort desplaisante et courroucée des choses dessus dictes, une foiz puis trois ans en çà audit Malaquin qu'il faisoit mal et péché de ainsi les déshériter et qu'elle avoit des amys à qui il en pourroit desplaire et s'en pourroit bien repentir ; lequel lui répondi rudement qu'elle ne véoit riens et qu'il lui feroit mal quérir son pain et à son dit mary avant qu'il les laissast, et ne prisoit ung bouton quatre-vins des meilleurs amys qu'elle eust, et que combien qu'elle soit née et extraicte de grant et noble lignée, bien renommée, et se soit tout son temps bien et notablement gouvernée comme bonne preude femme avec son dit mary, et ayent eu ensemble belle et notable lignée, ce nonobstant, pour ce qu'elle continua ung peu en parolle avec ledit Malaquin comme plus doulente et courroucée que devant de la response dudit Malaquin, icellui Malaquin, de sa voulenté désordonnée pour trouver manière de la faire murdir et mutiler à son mary, l'appella en la présence de son dit mary orde, vieille putain, et lui nomma de qui, disant telz parolles ou semblables en effect : « Monseigneur, vous cuidez que cest enfant soit vôtre (lequel estoit illec présent), mais vous n'y avez riens : il est à ung tel ; » et par le moyen de ce a mis ledit seigneur du Vau en tel point qu'il a bien esté par l'espace de demy-an ou environ sans parler ne gésir avec ladicte Berthélemine, sa femme, ne oncques puis n'eut amour à elle comme paravant, et telement creoit icellui seigneur du Vau ledit Malaquin, que ses parens et amis ne l'en pouvoient desmouvoir en aucune manière, et de fait estoit ledit seigneur du Vau prest de bailler et transporter audit Malaquin tout ce qu'il avoit vaillant, mais que seulement il feust assuré de sa vie, et estoit content de lui en fere et passer lettres, et aussi disoit icellui Malaquin en plusieurs lieux que mais qu'il veist ledit seigneur du Vau entre deux yeulx il lui feroit fere tout ce qu'il vouldroit, et, en effect le fist en la ville de Chenaulx en laquelle ledit seigneur du Vau avoit esté mené par aucuns ses parens pour doubte qu'il ne fist aucun traictié à lui dommageable avec ledit Malaquin, lequel Malaquin vint audit lieu de Chenaulx à ung certain jour environ heure de mynuit, et arriva en l'ostel où estoit ledit seigneur du Vau, qui lors estoit couchié avec ses dits parens, auquel il dist ces paroles : « Levez-vous et vous en venez » et lors se leva ledit seigneur du Vau, et s'en ala avec ledit Malaquin, disant icellui Malaquin qu'il estoit le petit Merlin et qu'il faisoit ce qu'il vouloit, et aussy estoit et est commune renommée ou pays qu'il usoit de sort et que, supposé que les parens et amis de ladicte Berthélemine qui sont des plus grans seigneurs du païs, comme le sire de Villarnoul, Jehan de Dinteville, Ferry de Grancey, Mile de Grancey, Philebert de Salins et plusieurs autres, tous frères et oncles, eussent remonstré et fait remonstrer audit Malaquin par plusieurs foiz et à plusieurs journées, en la ville d'Avalon, qu'il se voulist depporter de faire telz traictiez et, de plus, deshériter lesdits du Vau et sa femme, mais il leur respondy qu'il n'en feroit riens pour eulx et feroit ce qu'il avoit entreprins, et en deust-il morir. Et, qui plus est, à ung certain jour passé que ledit Malaquin estoit en la grosse tour du chastel du Vau où il se tenoit, vist la dicte Berthélemine qui aloit après ung de ses serviteurs en aucuns ses affaires, dist audit serviteur par manière de mocquerie et desrision telz parolles : « Tu maines ung vieil panneau après toy » et ladicte Berthélemine lui répondist : « M'appelles-tu vieil penneau ? tu t'en pourras bien repentir » et adonc lui dist ledit Malaquin qu'il ne la craingnoit elle ne tous ses amys, et, à cette cause, ladicte Berthélemine veant son dit mary et elle comme du tout desranz, désers et déshéritez, et elle diffamée et villenée par ledit Malaquin, son serviteur, qui estoit homme de bas estat, et ledit seigneur du Vau, son mary, ainsi abusé, à quoy elle ne ses diz parens et amis n'avoient peu ne ne pouoient rémédier par parolles ne autrement, avoit à ceste cause plusieurs foiz mandé ledit suppliant, son cousin-germain, venir par devers elle, auquel elle pria et requist bien affectueusement que sur ce il voulsist mectre remède, autrement elle estoit en voye de mourir povre femme, deshonnourée et villenée sans cause, et de ce menoit grant dueil, plourant et lamentant en la présence dudit suppliant et de Henry, bastard de Savoisy, aussi son parent, lequel elle avoit semblablement mandé venir devers elle pour ceste cause. Lesquelz suppliant et de Savoisy informez des choses dessus dictes et d'icelles courroucez et desplaisans de tout leur cuer, mesmement ledit suppliant, cousin-germain de ladicte Berthélemine, lequel ledit Malaquin avoit autrefoiz villené, saichans icellui Malaquin estre en ladite ville d'Avalon, traictant avec ledit seigneur du Vau du deshéritement de lui et de ladicte Berthélemine, sa femme, et de leurs hoirs, eulx accompagnez de quatre des varletz dudit suppliant, se transportèrent le samedi dix-huitième jour de juing dernièrement passé en ladicte ville d'Avalon, en l'ostel de Guillemin Belin, hostelier, où estoit ledit Malaquin, lequel environ quatre heures après midy, ilz prindrent et le menèrent prisonnier en ung chastel, à trois ou quatre lieues près dudit Avalon, et en icellui le detindrent enferré jusques au lundi ensuivant, environ heure de prime ; pendant lesquels jours icellui Malaquin, combien qu'il feust prisonnier, usoit de grosses et rudes parolles et menaces contre eulx, disant que, voulsissent ou non lesdiz suppliant et de Savoisy, il s'en yroit, et se repentiroient de ce qu'ilz l'avoient prins, et qu'il avoit de bons amys acquis qui l'en vengeroient ; et à tant usa des dites menaces que lesdits suppliant et de Savoisy furent plus esmeuz et eschauffez en courroux contre lui que devant, et de fait prindrent derechef ledit Malaquin tout enferré, le firent confesser et faire son testament, signé de sa main, et après ce monter tout enferré de costé sur ung cheval, le menèrent environ demye lieue loing de la dicte place, et le gectèrent ou firent gecter en la rivière de Queure, et en icelle noyer par lesdits varletz ; pour occasion duquel cas, ledit suppliant doubtant rigueur de justice s'est absenté du païs et n'y oseroit jamais retourner, ni seurement demourer, se noz grâce et miséricorde ne lui estoient sur ce imparties, humblement requérant que, actendu les abusions, sédicions, injures, villaines menaces et autres choses dessus dictes faictes et commises par ledit feu Malaquin ausdiz seigneur du Vau et Berthélemine, la povreté et misère où ilz sont cheuz par le mauvaiz gouvernement et sédicion dudit feu Malaquin que lesdiz suppliant et Savoisy, meismement ledit suppliant, ont fait ledit cas pour la pitié qu'ils avoient de la dicte Berthélemine et pour lui complaire, aussi qu'il avoit autrefoiz villené ledit suppliant, et que, lui estant en prison, jettoit de telles parolles et menaces contre lesdits suppliant et de Savoisy, disant qu'il en partiroit, voulsissent-ilz ou non, et s'en repentiroient, dont ilz furent plus esmeuz et courroucez que devant, aussi que ledit Malaquin estoit comme l'on dit coustumier de prendre nos sergens et autres noz officiers en faisant et exerçant leurs offices, que ledit suppliant est jeunes homs, vaillant de sa personne en fait de guerre, et que, en tous autres cas il a toujours esté homme de bon fame, vie renommée et honeste conversacion, sans oncques mais avoir esté actaint ou convaincu d'aucun autre villain blasme ou reprouche, il nous plaise lui impartir icelles : Pourquoy nous, ce considéré, voulans estre en ceste partie miséricorde préférée à rigueur de justice, audit Jehan bastard de Chastelluz, suppliant pour ces causes et considéracions, et aussi en faveur d'aucuns des seigneurs de notre sang qui de ce nous ont requis et supplié, avons ou cas dessus dit quicté, remis et pardonné, et par la teneur de ces présentes de grâce especial, plaine puissance et auctorité royal, quictons, remettons et pardonnons le fait et cas devant diz avec toute peine, amende et offense corporelle, criminelle et civile en quoy il pourroit à ceste cause estre encouru envers nous et justice ; et l'avons restitué et restituons à son bon fame et renommée au païs, et à ses biens non consfisquez, et sur ce imposons silence perpétuel à notre procureur, satisfacion faicte à partie civilement, tant seulement se faicte n'est. Si donnons en mandement par ces mesmes présentes, aux bailliz de Sens, Saint-Pierre-le-Moustier, de Berry, et à tous noz autres justiciers ou à leurs lieuxtenants, présens et à venir, et à chacun d'eulx, si comme à lui appartendra, que de noz présens grâce, quictance, pardon et rémission ilz facent, seuffrent et laissent joir et user plainement ledit suppliant, sans lui fere mectre ou donner, ne souffrir estre fait, mis ou donné aucun arrest, destourbier ou empeschement ores, ne ou temps à venir en aucune manière, en corps ou en biens, aincois se fait, mis ou donné y avoit esté ou estoit, l'ostent ou facent oster, tantost et sans delay, et tout mectre à plaine délivrance.

Et afin..... nous avons..... sauf..... Donné à Razilly, près Chinon, ou mois d'octobre, l'an de grâce mil quatre cent quarante six, et de notre règne le vingt-cinquiesme.

(Archives de l'Empire, Trésor des Chartes J. J, 178, f° 38, verso, n° 62.)

CLXXXVI.

Contrat de mariage entre Jean de la Bretèche et Guiotte Sardine, où il est fait mention d'Alix de Chastellux.

(1446.)

A tous ceux qui ces présentes lettres verront, Jean de Gommenies, escuier, prévost de Sens, et Jean Marentin, licencié en loiz, garde du sel de ladite prévosté, sçavoir faisons que pardevant Pierre des Vergers, clerc, commis juré en l'absence de Huguet de Cosserey, clerc, tabellion juré, furent présens en leurs personnes nobles hommes Girard de Germigny, escuier, et damoiselle Jeanne d'Athées, sa femme, pour eux, d'une part, et Jean de Bretesche dit Polailler, pour lui, d'autre part; lesquelles parties reconnurent et confessèrent qu'en traittant du mariage futur et qui se fera si Dieu et sainte Eglise s'accordent, entre ledit Jean de Bretesche et Guiote Sardine, fille de feu noble homme Estienne Sardin et de ladite damoiselle Jeanne d'Athées, jadis femme dudit feu Estienne, icelles parties avoient fait les convenances et accords qui s'ensuivent : c'est à savoir que ledit Jean de la Bretesche a promis prendre à femme ladite Guiotte, et lesdits Girard et damoiselle Jeanne ont promis que ladite Guiotte prendra à mary ledit Jean de la Bretesche : et pour contemplation dudit mariage, ont donné à ladite Guiotte la moitié de leur terre et seigneurie d'Athées et de toutes ses appartenances, icelle séant entre Semur en Auxois et Flavigny en Bourgogne, tenue et mouvant en fief du R. P. Monsieur l'abbé de Saint-Pierre de Flavigny; ladite terre venant du costé de ladite Jeanne; avec ce ont donné leur fief et appartenances d'icelui, séant à Pasilly, tenu et mouvant en fief de noble dame madame Alips de Chastelus, dame de Raigny, à cause de sa terre de Marmeaulx, lequel fief appartient jadis à feu Alips la Gelée, mère de ladite damoiselle Jeanne d'Athées et grand'mère de ladite Guiotte, et aussi ont donné le revenu de la terre de Grignon. Ce fut fait le tier jour de janvier, l'an M CCCC XLVI.

(PALLIOT, t. I.)

CLXXXVII.

Mariage d'Amaury de Fontenay et de Catherine de Beauvoir.

(1467.)

En nom de Notre-Seigneur, amen... L'an MCCCCLXVII, le XX décembre, Marie de Savoisy, dame de Chastelux et de Colanges-les-Vineuses, vefve de feu noble et puissant seigneur mons. Claude, en son vivant chevalier, sire dudict Chastellux et vicomte d'Avalon, Jean, seigneur dudit Chastellux, chevalier; Lois de Chastellux, escuier, et Caterine de Chastellux, frères et seur, enfans dudit chevalier et d'elle, pour nous et nous faisant fort pour noble seigneur Claude de Chastellux, escuier, seigneur de Baserne et Basoiches, frère de nous, d'une part, et Emaurry de Fontenay, chevalier, seigneur dudit lieu, d'autre part...

Ledit de Fontenay épouse ladite Caterine; il la doue de la moitié de son château de Fontenay et de 200 livres tournois de rente, et lesd. dame et ses enfans donnent à ladite Caterine, pour droits paternels et fraternels et autres, les terres et seigneuries de Mocques, Cones, Villeberne, Bourdoiseaul, le Saulay, Villardeau, les Barres..... Au chastel de Chastellux, en présence de Me Philippe le Prince et Ogier Doulcet, notaires de ladite châtellenie, révérend père en Dieu messire Aubert de la Chasse, abé de Vézelay, noble homme Philibert de la Platière, escuier, seigneur des Bourdes...

(GAIGNIÈRES, DCLVIII; *Nouveau Livre noir,* p. 157.)

CLXXXVIII.

Partage de la succession de Claude de Beauvoir et de Marie de Savoisy.

(1472.)

En nom de notre seigneur, Amen. L'an MCCCCLXXII, le dernier février...... Nous, Jean de Chastellux, chevalier, seigneur dudit lieu, vicomte d'Avalon et seigneur de Coulanges-les-Vineuses et de Corson, el je, Agnez de Chastellus, demoiselle, fille de feu noble et puissant seigneur messire Claude de Chastellux, vivant chevalier, sire dudit Chastellux, vicomte d'Avalon et seigneur de Colanges-les-Vineuses et de Corson, et de feue noble et puissante dame Made Marie de Savoisy, sa femme, dame desd. lieux, joissant de mes droits, savoir faisons que nous partageons ainsy : je le dit, Jean de Chastelux cède à ladite Agnez, ma sœur, pour tous ses droits de père et de mère et de la succession de feu noble et puissant seigneur Claude de Chastelux, seigneur de Bazoches, naguère décédé, la terre et châtellenie d'Autry au comté de Champagne, et le châtel et seigneurie de Bazoiches et dépendances .... à la charge qu'elle luy reviendra, elle mourant sans enfans; moyennant quoy elle renonce aux successions de père et de mère, de Claude leur frère, et à la succession de noble et puissant seigneur Loys de Chasteluz, aussi leur frère, quand le cas y escherra, au profit dudit Jean, fors mon droit de succession de Marie et Jeane de Fontenay, mes nièces, filles de noble et puissant seigneur Amaury de Fontenay, chevalier, seigneur dudit Fontenay et de feue noble et puissante dame Caterine de Chastelux, sa femme, ma sœur, si elles meurent sans hoirs..... présens, noble homme Claude d'Olenay le jeune, escuier et autres.....

(GAIGNIÈRES, DCLVIII; *Nouveau Livre noir*, p. 146.)

CLXXXIX.

Mariage d'Antoine du Follet et d'Agnès de Beauvoir.

(1472.)

En nom de Notre Seigneur, amen. L'an M CCCC LXXII, le XII mars, je, Agnez de Chasteluz, demoiselle, dame d'Autrey, fille de feu noble et puissant seigneur messire Claude de Chasteluz, vivant chevalier, sire dudit lieu, vicomte d'Avalon, seigneur de Colanges-les-Vineuses et de Corson, et de feue dame Marie de Savoisy, sa femme, dame desdits lieux, et noble homme Jean, seigneur de Follet, escuier, et Antoine de Follet, son fils, escuier d'escurie de M. le duc de Bourbon et d'Auvergne, gouverneur de Rouanois, pour mon dit seigneur le duc.....

Ledit Antoine épouse ladite Agnez; il la doue de 400 livres tournois de rente et de la maison fort de Follet, après la mort de son père. Feu demoiselle Suzanne du Breulz, femme dudit Jean et mère dudit Antoine, Philibert de Follet et Denise, frère et sœur dudit Antoine.....

Jean, sire de Chastellux, vicomte d'Avallon, seigneur de Coulanges-les-Vineuses et Courson, donne à ladite Agnès, dit sa sœur, pour ses droits, la terre et seigneurie et revenus de Bazoches.....

A Chastellux, par devant Aubin Jean, clerc notaire à Avallon, présens, noble homme Louis du Breulz, seigneur du Bos, Jean Brehart, seigneur de Chevenon, Jean de Pierrepont, seigneur de Balem, Daniel de Fontenay, secrétaire de M. le duc de Bourbon, Geoffroy du Brouillart, seigneur d'Arcy, Jean Tuffonneaul, Mathieu Savereault, Claude d'Aulenay le jeune.....

(GAIGNIÈRES, DCLVIII; *Nouveau Livre noir*, p. 157.)

CXC.

Jean de Beauvoir est établi conservateur d'une trève entre le duc de Bourgogne et le Roi.

(1475.)

Charles, par la grâce de Dieu, duc de Bourgogne, de Lothier, Brabant...... comte de Flandres, d'Artois..., à nostre amé et féal chevalier, messire Jean de

Beauvoir, sire de Chastellux, salut : Comme naguère, trêve a esté prinse, conclue et accordée entre le Roy, et nous, pour le temps et terme de neuf ans, commençant le XIII janvier du mois de septembre dernier passé, entre autres conservateurs nommés et esluz de notre part pour faire, garder, et accomplir de point en point par les gens de notre part ladite trêve selon leur forme et teneur, ayons nommé et esleu pour nos duché et comté de Bourgogne, villes et places des environs estans en notre obéissance, notre amé et féal cousin et mareschal de nos dits pays de Bourgogne, le comte de Roucy et de Charny, tant pour entendre et vaquer comme conservateur des choses faites ou actemptées au contraire d'icelle trêve, et en faire réparacion selon le contenu des articles d'icelle, comme aussy pour commettre en chacun lieu, particulièrement ez lieux et places de nostre dit pays de Bourgogne où il seroit besoin et nécessaire ; toutefois au moyen de ce que nostre dit mareschal, puis naguères, fut prins des François et mené hors de nos dits pays, et depuis n'est retourné en iceux nos pays, il n'en peut entendre ny besongner ez choses faites et entreprises au préjudice d'icelle trêve, ne aussy commettre aucun en son lieu pour y entendre en son absence, qui est à nostre très grand préjudice, et dommage et aussy de nos sujets, sur lesquels aucune chose en ce est faite au préjudice d'icelle trêve et plus pouvoit estre, se sur ce n'estoit pourveu ou remède de justice ; pour ce, est-il que nous, les choses dessus dites considérans, désirans icelle trêve estre gardée et entretenue selon sa forme et teneur et, jusques à la venue de nostre dit mareschal, nos dits pays estre pourveus de conservateur en son lieu, pour cognoistre de plainte et dolléance qui seront faites contre les infracteurs d'icelle trêve, par l'advis et délibération de noz amez et féaux conseillers les gens tenans nos jours et parlemens de Beaune et de Saint-Laurent, à plain informez de vos sens, loyauté, prudence et diligence, vous avons commis, ordonné et député, commettons, ordonnons et députons, par ces lettres, conservateur d'icelle treuve en nostre bailliage d'Auxerre, au lieu de nostre dit mareschal et jusque à ce qu'il sera retourné en nos dits pays de Bourgogne. Donné en nostre parlement selon scel d'iceux, le IIIᵉ jour du mois de novembre MCCCCLXXV.

(GAIGNIÈRES, CCCXXXVI, 23 ; LE MÊME, DCLVIII ; *Nouveau Livre noir*, p. 188 ; *Grand Inventaire des Titres*, chap. X, liasse F, n° 5.)

CXCI.

Lettre du duc de Bourgogne au sire de Chastellux, au sujet de la rupture d'une trêve.

(1475.)

De par le duc de Bourgogne. Très cher et bien amé, vous sçavez comment, à la très grande requeste et poursuite des députez des trois estats de nos duchié et comté de Bourgongne, envoyés par devers nous, puis deux ans en çà, nous accordasme trefve avec nostre adversaire pour nos dicts pays, et que pourtant nostre dict adversaire ne veut tenir, et l'enfreignant voulons y pourveoir. Et pour ce, très cher et bien amé, vous prions et requérons que en nostre absence, vous employez à la garde et deffense de nos dicts pays ....., à Bruxelles, le XXI février.

(GAIGNIÈRES, CCCXXXVI, 21.)

CXCII.

Lettres de légitimation accordées à Philippe, Jean et Hélène de Chastellux, dont les père et mère étaient parents au quatrième degré.

(1488.)

Karolus, Dei gratia Francorum rex, ad perpetuam rei memoriam. Quos virtus mores bone vite honnestos decorat et complectitur, illegitime genitos mortales nature labes minime dedecorat, natalium quidem deffectus generositatem parentum illiciti amplexus probitatem, aliasque artes bonas haud cuiquam capere neque labefactari possunt, notum (*sic*) enim e prole non a sanguine, non a carne que omnibus una est generositas procedit, sed a virtute et recte factis. Itaque virtutis decor geniture maculam auffert pudorque ipse originis moribus bonis abolitur. Notum igitur facimus universis presentibus et futuris, quod licet dilecti nostri Philippus, Johannes et Helena de Casteluz, filii naturales Johannis, domini de Casteluz, et Johanne d'Aulenay, ex illicità coppula videlicet, exsolutis in tercio parentum gradus existentibus traxisse dicantur originem, nos tamen actendentes quod post nacionem dictorum filiorum prefati dominus de Chasteluz et Johanna d'Auleney, dispensacione a sancta romana ecclesia per eos obtenta ad quincionem matrimonii intenderunt, vestigia proborum imitando, et sic de bono in melius ad virtutum opera sunt intenti, propterque in ipsis macula geniture abstergi videtur, ut didiscimus multorum fide dignorum : hiis actentis, ad supplicacionem dilecti et fidelis consiliarii ac cambelani nostri Hectoris de Salazart, domini de Sainct-Just, qui super hoc nos instanter rogavit, quia, ut profert, conlocutus est ad nupciarum sui et dicte Helene de Chastelluz convolacionem, de gratia speciali, auctoritate regia, dictos filios naturales ex predicta coppula genitos ad actus seculares honoresque quoslibet que ad temporalia tenore presentium legitimavimus et legitimamus, et legitimacionis titulo decoramus per presentes ; volentes ut ipsi Philippus, Johannes et Elena de Chasteluz de integro in judicio et extra pro legitimo censeantur et habeantur, ac eisdem concedentes et cum eis dispensantes ut quamquam ipsi de dampnato cohitu traxerint originem, bona tamen mobilia et immobilia, feuda et retrofeuda, mobilia, aliasque possessiones mobiles quascumque acquirere et jam acquisita retinere et paciffice possidere possint et valeant, ac de eis disponere inter vivos in testamento et alias ad eorum libitum voluntatis, ad successionesque dictorum patris et matris ceterorumque parentum et amicorum carnalium suorum quorumlibet, ex testando vel ab intestato, dummodo de eorum processerit voluntate et nisi aliud jus jam foret questum. Et ad quoscumque honores officia et actus legitimos admictatur (sic) ac si essent de legitimo matrimonio procreati usque etiam eorum liberi, si quos in futurum habeant, totaque eorum posteritas de legitimo matrimonio procreata et procreanda in bonis suis quibuscumque hereditario jure succedant et succedere valeant atque possint, nisi aliud quam deffectus hujus modi natalium, repugnet predicto deffectui quem prorsus abolemus jure, constitutione, edicto, usu generali vel locali regni nostri ad hoc contrariis non obstantibus quibuscumque. Et sine quod ipsi Philippus, Johannes et Helena de Chateluz, occasione predicta aliquam financiam nobis seu nostris nunc ac quomodolibet in posterum solvere teneantur. Quamquidem financiam nos in favorem [dicti domini de] Sainct-Just, necnon consideratione quem plurimorum obsequiorum jam..... per ipsum..... suos nobis et predecessoribus nostris in factis guerrarum et alias impensarum et que impens..... Eisdem dedimus et quictavimus, damusque et quictamus de nostra ampliori gratia per presentes manu nostra sigillatas..... quocirca dilectis et fidelibus gentibus computorum nostrorum et thesaurariis, ballivo Theodoren..... justiciariis nostris aut eorum loca tenentibus presentibus et futuris et eorum cuilibet, prout ad eum pertinuerit tenor presentium, damus in mandatis quathinus dictos Philippum, Johannem et Helenam de Chasteluz et eorum posteros nostris presentibus legitimacione, concessione, dono, quictancia et gratia uti et gaudere faciant et permictant absque quovis impedimento. Quod si illatum foret, id reparent, et ad statum pristinum et debitum reducant seu reduci faciant judicate visis presentibus. Quibus ut perpetue stabilitatis robur obtineant, nostrum jussimus apponi sigillum, nostro in aliis et in omnibus quolibet alieno jure semper salvo. Datum apud Montilia prope Turonis, mense aprilis, anno Domini millesimo quadracentesimo octuagesimo octavo, regni vero nostri quinto.

(Archives de l'Empire, Trésor des Chartes, JJ. 219, f° 50, n° 82 ; *Grand Inventaire des Titres*, chap. X, liasse F, n° 10).

CXCIII.

Lettre de souffrance accordée par Charles VIII au sire de Chastellux.

(1490.)

Charles, roi de France...... A nos amés et féaux les gens des comptes de Dijon, trésoriers et baillifs de Dijon, Ostun, Mascon, Auxois..... L'umble suplication de notre cher et bien aimé enfant d'honneur de notre maison, Philippe de Chastelux, chevalier, sire dudit lieu, avons receue, contenant que pour raison dudit son chastel, terre et seigneurie de Chastelux, Coulanges et autres, ès pais de Bourgogne, Auxois et Nivernois, il soit tenu nous faire foi et hommage, ce qu'il ne peut à cause de son occupation à notre service : pour faute de quoy, ne voulons luy être mis aucun empeschement..... xx septembre mccccxc, de notre règne, le viiie.....

(Gaignières, dclviii; *Nouveau Livre noir*, p. 148.)

CXCIV.

Contrat de mariage de Philippe de Beauvoir, sire de Chastellux, avec Jeanne du Follet, sa cousine.

(1493.)

A tous ceux qui ces présentes lettres verront, Jehan Bauderuel, bourgeois de Saint-Pierre-le-Moustier et garde du scel aux contracts estably par le Roy, nostre sire, en la prévauté dudit lieu : Comme procès feust meu et encore pendant aux requêtes du palais à Paris, en matières possessoires, entre noble homme Antoine du Follet, escuyer, seigneur dudit lieu, de Bazoches et du Bouchet, et demoiselle Agnès de Beauvoir, sa femme, demandeurs et complaignans, d'une part ; et dame Jehanne d'Aulnay, soy-disant veuve de feu messire Jehan de Beauvoir, en son vivant, chevalier, seigneur de Chastellux, vicomte d'Avallon, seigneur de Colanges-les-Vineuses, de Baserne et de Courson, comme soi-disant avoir le gouvernement de Philippe et Jehan de Beauvoir, enfans dudit deffunt et d'elle, pour raison et à cause de tous les biens, meubles et immeubles, terres, seigneuries et chevances demeurés du décès dudit feu messire Jehan de Beauvoir, frère germain de ladite demoiselle Agnès de Beauvoir, laquelle prétendoit et prétend être la plus proche héritière dudit deffunt son frère, et que lesdits Philippe et Jehan n'étoient enfans dudit deffunt, au moins nés en loyal mariage, ny suffisamment dispensés pour recueillir ladite succession, ny icelle veuve avoir longuement été conjointe par mariage avec ledit deffunt, ny suffisamment ny aucunement dispensée de contracter le dit mariage avec le dit deffunt, auquel elle attachoit un *proprio gradu consanguinitatis* ; ladite veuve, audit nom défaut au contraire. Auquel procès tant a été procédé que par arrêt de la cour du parlement a été que lesdits biens d'icelle succession seroient rétablis, séquestrés et gouvernés par commissaires, lequel arrêt dudit séquestre a été mis à exécution par maistre Jehan Brinon, conseiller en ladite cour, qui a commis commissaires, c'est à savoir : Jehan Loubard, lieutenant du bailly de Saint-Pierre-le-Moustier, Pierre Pinon et Etienne de Brye, et sur le principal de la nouvelleté a été procédé èsdite requeste du palais, tellement que de présent, lesdites parties sont appointées à faire leur examain et..... ou enquester. Pour mettre fin auquel procès, ledit Philippe de Beauvoir, agé de vingt ans ou environ, doutant l'issue dudit procès, et pour la grande amitié et affection générale à la dite damoiselle Agnès, sa taute, a fait prier et requérir lesdits du Follet et sa dicte femme, qui n'ont qu'un fils et une fille, avoir leur alliance, et qu'il voudroit bien pacifier ladite succession de sondit feu père par le moyen d'icelle alliance ; à quoi lesdits du Follet et sa dite femme, pour toujours entretenir ladite maison de Chastellux en son entier, et qu'ils puissent vivre ensemble en bonne paix et amour, libéralement se y sont condescendus, et pour y parvenir, et pour ce que ledit Philippe et ladite fille sont en degré prohibé et deffendu, a été obtenu de notre Saint-Père le Pape une dispense par laquelle ils ont été et sont dispensés de contracter ledit mariage ; savoir faisons que aujourd'hui, date des présentes, par devant Berthelemy Merlin et Antoine du Rousay, clercs jurez du roi nostre sire, et notaires du scel, auxquels quant à ce nous avons commis notre pouvoir, personnellement establis lesdits du Follet et la dite demoiselle Agnès de Beauvoir, sa femme, à son autorité, d'une part, et ledit Philippe de Beauvoir, d'autre part ; icelles parties, par le conseil et délibération de plusieurs leurs parens et amis, pour toujours eulx entretenir en plus grand amour, et éviter à la périlleuse et dangereuse issue que pourroit venir à l'une et à l'aultre desdites parties dudit procès, auquel il est question de grande chose en l'honneur de tout le vaillant dudit Philippe et de sondit frère, icelles parties ont fait les transactions, promesses et accords qui s'ensuivent : c'est à savoir que de l'autorité et par vertu de la dispense de notre Saint-Père le Pape, ledit Philippe de Beauvoir a promis et promet prendre à femme et épouse, ladite damoiselle Jehanne du Follet, et semblablement ladite demoiselle Jehanne, de l'autorité dudit Antoine de Follet, son père, a promis et promet de prendre à mary et époux ledit Philippe de Beauvoir, écuyer, Dieu et notre mère saincte Esglise à ce consentant ; en faveur et pacification dudit mariage et pacification dudit procès, ledit Philippe de Beauvoir a consenti et consent lesdits Antoine du Follet et demoiselle Agnès sa femme, être maintenus et gardez en possession et saisine du châtel, terres et seigneuries de Bazarne, Sainte-Palais, Séry, Prégilbert, Bray, Bréviande et Fontenay, justice, rivière et autres droits, appartenances et dépendances d'icelles ; et à semblablement en tout le droit de fief qu'il pourroit prétendre en la moitié des seigneuries de Challaux, du Meix de Challaux et du Mont-de-Marigny à cause de la seigneurie de Chastellux, et en dix livres tournois de rente que ledit feu seigneur de Chastellux avoit sur la moitié de la terre de Champagne, à présent appartenant audit du Follet, lequel droit de fief et rente, et tous les arrérages dus par ledit du Follet à cause d'icelle rente, lui demeureront et seront confus en lui pour le droit de la succession par lui prétendue ès-biens dudit deffunt, et aussi, que certains hommes de serve condition, demeurent en ladite terre de Bazoches, appartenant audit du Follet, et qui étoient hommes de condition de ladite seigneurie de Bazoches ; aussi s'il y a aucun des hommes de servile condition de Bazoches, demeurant en ladite terre et seigneurie de Chastellux, et que touchant icelles terres et seigneuries, et les droits de fiefs et rentes des susdits, ensemble lesdits hommes, ledit Philippes a consenti que ledit du Follet et sa femme en ayent main-levée. Et d'abondant, ledit Philippes a cédé et transporté audit du Follet et sa dite femme, pour eulx, leurs hoirs et ayans cause, pour le droit et propriété qui lui peult compéter et appartenir et à sondit frère, en icelles terres et seigneuries, ainsi qu'elles s'etendent et comportent, ensemble les droits de fiefs et ladite rente de dix livres avec les arrérages, promettant lui rendre certaine obligation de trois cent livres tournois d'écus à cause desdits arrérages, et aussi lesdits hommes de serve condition, pour être du propre héritage de la dite demoiselle Agnès, sa tante, et des siens, promettant de lui garantir et défendre envers tous et contre tous, en jugement et dehors de tous troubles et empêchemens quelconques, et moyennant ce, lesdits du Follet et sa femme se sont désistés et départis de tout le droit possessoire et pétitoire qu'ils prétendoient et pouvoient prétendre en tous les autres biens meubles et immeubles de ladite succession et demeurez du décès dudit feu messire Jean de Beauvoir, pour et au profit seulement dudit Philippe de Beauvoir et des siens, sous les conditions ci-après déclarées, et ont consenti qu'ils en aient main-levée pour le tems et avenir, et que les fruits, si aucuns en ont été levés par lesdits commissaires, lui seront rendus et restitués, et qu'aussi que ladite Jeanne d'Aulenay et ledit Jean de Beauvoir, son frère, voudroient venir contre cette présente transaction, appointement et accord qu'en icelui eut ledit Philippe de Beauvoir, soit subrogé audit procès possessoire, au droit et au lieu desdits du Follet et sa femme ; et semblablement lesdits du Follet et sa femme, soient subrogés, touchant lesdites terres à eux délaissées, et autres droits ci-dessus déclarés audit procès possessoire, au droit et au lieu dudit Philippe de Beauvoir, sous telles conditions toutes fois qu'au cas que ledit Philippe ira de vie à trespas sans hoirs descendans de son corps en loyal mariage, ou ses hoirs sans hoirs, que la maison, terre et seigneurie de Chastellux et la vicomté d'Avallon, ensemble toutes ses autres terres et seigneuries et biens meubles et immeubles reviendront, seront et appartiendront, et retourneront au cas susdit à ladite demoiselle Agnès de Beauvoir, sa tante et sœur germaine de son feu père, et aux siens. Item, et en faveur dudit mariage et pour icelui faire et accomplir, lesdits du Follet et ladite demoimoiselle Agnès, sa femme, de l'autorité que dessus, ont donné et donnent à la demoiselle Jeanne, leur fille, future espouse, pour elle et les siens par manière d'apanage et pour héritage perpétuel à elle et les siens, ladite maison-forte, terres et seigneuries de Bazarne, Sainte-Palais, Prégilbert, Séry, Bray, Bréviandes, Fontenay, justice, rivière et garenne, bois, buissons, terres et domaines, droits, meubles, dépendances et appartenances des dictes terres et seigneuries, et ce, pour tout droit et succession desdits père et mère, sans qu'elle puisse jamais demander aucune chose ès-succession de sesdits père et mère, tant qu'ilz auront hoir mâle en droite ligne : de plus a été accordé par ledit Philippe, futur époux, qu'au cas que douaire aura lieu, audit cas il a voulu et veut que ladite demoiselle Jeanne du Follet, sa future épouse, soit douée, et la doue du chastel et maison forte de Chastellux, ensemble de 300 livres tournois de rente rendable, et de prise en toute justice et directe seigneurie, la justice pour rien comptes. Et s'il avenoit ledit Philippe aller de vie à trespas, ayant enfant ou enfans de ladite demoiselle Jeanne du Follet, sa femme, audit cas, ladite demoiselle ne sera douée que de la moitié dudit chastel et maison fort dudit Chastellux, de 200 livres tournois de rente rendable, et de prise en lieu bien gisant, en toute justice et directe seigneurie, ladite justice pour rien compenser. Item et ledit mariage fait et solemnisé en sainte église, seront ungs et commungs en tous biens, meubles déjà faits, meubles et conquêts à faire, durant et courant leur dit mariage.

Car ainsi a été accordé entre lesdites parties à l'autorité que dessus en faveur dudit mariage, et pour icelui faire et accomplir, de nourrir paix et amour entre elles, nonobstant us, stiles, coutumes, usances du pays à ce contraires ; promettant lesdites parties et chacune d'icelles en tant que lui touche, par les sermens en la main desdiz jurez, pour ce donnez corporellement, et sous l'obligation et hypothèques de tous et chacuns leurs biens, meubles et immeubles, présens et avenir quelconques, que contre le contenu en ces présentes ils ne viendront à aller ny venir, feront par eux ny leur hoirs, ny par autres en aucune manière, le tems et avenir : au contraire, mais ledit contenu tiendront, garderont et accompliront fermement et loyallement sans corrompre nullement, sur peine de rendre et restituer l'une partie à l'autre et ès-siens tous coûts, frais, intérêts, missions et despens qui seront faits ou encouru par défaut d'accomplissement des choses dessusdites et de chacune d'icelles. Et quant à ce, lesdites parties et chacune d'icelles ont obligé et obligent l'une partie à l'autre et ès-siens, eux et leurs biens, meubles et immeubles, et de leurs hoirs, présens et avenir quelconques, en les soumettant du tout en tout à la cour, juridiction et compulsion du roi, notre dit sire et de sondit scel ; voulans par icelle cour et juridiction être pour ce contrainte et compellez par prise et vente et exploitation de cesdits biens, en renonçant à toutes actions, déceptions et autres qui tant de droit que de fait pourroit être dit, proposé ou allégué au contraire de ces présentes, mesmement au droit disant générale renonciation non valoir, si l'especiale n'est précédente. En tesmoin de ce nous, à la réquisition desdits jurez, ledit scel royal avons mis et apposé à ces présentes. Faict le neuvième jour de mai, l'an mil quatre cent quatrevingt treize, présens noble et puissant seigneur, Jean de Bressolles seigneur de Thory, et mesire Pierre Bourbaignois, prêtre-vicaire de Cure, tesmoins à cestes présens et appelez.

(Manuscrits de la bibliothèque impériale ; copie du xviiie siècle, tirée assez négligemment sur l'original, coté 2 de la liasse H, au chap. X de l'Inventaire des Titres de Chastellux).

CXCV.

Acte par lequel la marquise de Rothelin assigne 300 livres de rente à sa nièce Madame de Chastellux sur la terre d'Époisses.

(1506.)

En nom de Notre-Seigneur, amen. L'an de l'Incarnacion d'icelluy courrant mil cinq cens et six, le vingt-sixiesme jour du mois de may, nous, Marie de Savoye, marquise et dame de Ruptelin, vefve de feu très hault et puissant prince et seigneur messire Philippe de Hocberg, à son vivant marquis de Ruptelin, conte de Neufchastel et seigneur de Seurre, de Sainct-George et d'Arc-en-Barrois, savoir faisons à tous présens et advenir qui ces présentes lettres verront et ourront, que comme en traictant, passant et accordant le mariage lors futur et advenir, et depuis solenisé et accomply entre noble et puissant seigneur messire Philippe de Chastellux, chevalier, seigneur dudict lieu et viconte d'Avalon, et de noble et puissant dame dame Barbe de Ruptelin, sa femme, entre autres choses contenues et déclairées en icelluy, nous ladicte dame marquise, avons donné, accordé et promis payer à ladicte dame Barbe, oultre et par-dessus la somme de quatre mil livres tournois à elle promise par feu mondict seigneur le marquis, mondict seigneur et mary, en faveur et contemplacion dudit mariage, la somme de trois mil livres tournois qui seroit par nous payée ausdits seigneur de Chastellux et dame Barbe, sa femme, à certains termes à plain contenuz et déclairez ès lettres de traictié dudit mariage, desja passez et expirez. Et ce en récompense et rémunéracion de bons et aggréables services à nous faiz et à faire par ladicte dame Barbe ; laquelle somme de trois mil livres tournois seroit assignée à icelle dame Barbe par ledit seigneur de Chastellux, en la recevant comme de ces choses et autres peult apparoir plus à plain par lesdites lettres de traictié dudict mariage sur ce faictes, passées, consentues et accordées au lieu d'Asquyen soubz Vézelay, receut par maistre Symon Chamdrois, notaire publique, datées du neufiesme jour du mois d'aoust, l'an mil cinq cens et deux. Et soit que de ladicte somme de trois mil livres tournois n'ayons encoires fait aucun payement ne solucion ausdits seigneur de Chastellux et dame Barbe, sa femme, ainsi que tenue y estions, ainsi est que nous, ladicte dame marquise, pour nous acquicter d'icelle somme de trois mil livres tournois envers lesdits seigneur de Chastellux et sadicte femme, de noz bons grey, certaine science, franche, pure et libérale voulenté, sans force, contraincte ou induction aucune, mais pour ce que ainsi nous plaist, avons en tant que besoing seroit, louhé, ratiffié, approuvé et émologué, et par ces présentes louhons, ratiffions, approuvons et émologuons le contenu ès dites lettres de traictié de mariage dessus mencionnées, et icelles avons eu et promectons avoir pour aggréable, sans jamais contrevenir en quelque manière que ce soit. Et pour ce que ne pourrions présentement faire solucion et payement ausd. seigneur et dame de Chastellux d'icelle somme de trois mil livres, nous dès maintenant avons baillé, constitué et assigné, et par cesdites présentes baillons, constituons et assignons perpétuellement pour nous, nos hoirs et ayans cause de nous ou temps advenir, ausdits seigneur de Chastellux et dame Barbe de Ruptelin, sa femme, présens, stipulans et acceptans pour eulx, leurs hoirs et ayans cause, la somme de trois cens livres tournois de rente annuelle et parpétuelle, à les prendre, lever et parcevoir chacun an, perpétuellement, par iceulx seigneur et dame de Chastellux, leursdits hoirs et ayans cause ou leur certain commandement, sur le revenu de la terre et seigneurie d'Espoisse, membres, deppendences et appertenances d'icelle à nous appertenant, des plus clers deniers d'icelle terre et seigneurie, par les mains du receveur commis et estably en icelle terre et seigneurie, et ses successeurs oudit office, à deux termes par moitié, c'est assavoir ès premiers jours de jung et de décembre, assavoir à chacun desdits termes la somme de cent cinquante livres tournois, et commencera le premier terme et payement audit premier jour de décembre prouchainement venant, le second terme au premier jour de jung qui sera en l'an mil cinq cens et sept après ensuyvant, et d'illec en avant chacun an de terme en terme; auquel receveur présent et à sesdits successeurs nous avons ordonné et ordonnons par ces mesmes présentes faire payement chacun an, perpétuellement, ausdits seigneur et dame de Chastellux, et leursdits hoirs et ayans cause, aux termes que dessus, desdits trois cens livres tournois de rente, en prenant quictance d'eulx, signée de leurs mains de l'un d'eulx ou de notaire ayant ordonnance ou commandement de ce faire de par iceulx seigneur et dame de Chastellux, leursdits hoirs et ayans cause, sans ce qu'il soit besoing en avoir sur ce autre mandement de nous plus especial ou de nosdits hoirs et ayans cause, en supportant par nous ladicte dame marquise, nosdits hoirs et ayans cause, toutes charges de fied que à cause desdictes trois cens livres tournois de rente l'on pourroit cy-après quereller ou demander ausdits seigneur et dame de Chastellux, leursdits hoirs et ayans cause. Et pour la seurté d'icelle rente, nous, ladicte dame marquise, avons ypothéqué et obligé, ypothéquons et obligeons expressément par cesdites présentes ladicte terre et seigneurie d'Espoisse, ensemble ses membres, appertenances et deppendences, par ypothèque especial et généralment touz et singuliers noz autres biens présens et advenir quelzconques, pour à yceulx recourir chacun an perpétuellement, au deffault d'un chacun payement d'icelle rente, après ung chacun terme passé, moyennant et soubz condicion toutesvoyes que toutes et quanteffois que nous, ladicte dame marquise, ou de nosdits hoirs et ayans cause, payerons, baillerons et délivrerons ou ferons payer, bailler et délivrer ausdits seigneur et dame de

Chastellux, ou à leursdits hoirs et ayans cause, ladicte somme de trois mil livres tournois pour une fois, ensemble les arréraiges qui lors seront deuz à cause desdits trois cens livres tornois de rente; en ce cas ladicte rente sera totalement extaincte, abolie et acquictée, et nous, nosdits hoirs et ayans cause, ensemble ladicte terre et seigneurie d'Espoisse, membres, appertenances et deppendences d'icelle et autres noz biens pour ce obligez et ypothéquez, serons et demeurerons perpétuellement quictes, paisibles et entièrement deschargez d'icelle rente, et en recevant ladicte somme de trois mil livres tournois par ledit seigneur de Chastellux, il sera tenu de l'assigner bien et convenablement au prouffit de ladicte dame Barbe, sa femme, selon et ensuyvant la forme et teneur dudit traictié de mariage dessus mencionné. Dont et desquelles choses dessus dictes et chacune d'icelle, nous, ladicte dame marquise, sumes et nous tenons pour bien contente et promectons pour nous, nosdictz hoirs et ayans cause, en bonne foy, par notre serment pour ce donné aux sainctz euvangilles de Dieu, et soubz l'ypothèque et obligacion expresse de tous et singuliers noz biens, tant meubles comme héritaiges présens et advenir quelzconques, lesquelz quant à ce et pour ceste cause nous subzmectons et obligeons à la juridicion et contraincte de la court de la chancellerie du duchié de Bourgoingne, et à toutes autres cours et juridicions quelzconques, pour en estre contrainct, compellié et exécuté par icelles et chacune d'icelles, l'une desdictes cours pour l'autre non cessant, ainsi comme de chose adjugée, notoire et manifeste, les choses dessus dictes et chacune d'icelles avec tout le contenu en ces présentes lettres avoir et tenir perpétuellement ferme, estable et aggréable, sans jamais contrevenir, faire, dire, procurer ne consentir que autres y viennent taisiblement ou en appert directement, ou par voye oblique en jugement, ou dehors ne autrement, en quelque manière que ce soit, mais ladicte rente de trois cens livres tournois par nous baillée et assignée sur ladicte terre et seigneurie d'Espoisse, comme dit est, conduyre, garentir, deffendre et faire en paix tenir ausdits seigneur et dame de Chastellux, leursdits hoirs et ayans cause, envers et contre tous, en jugement et dehors à noz propres fraiz, missions et despens, et les autres choses dessus dictes et chacune d'icelles faire, entretenir et accomplir de point en point, ainsi que cy-devant sont escriptes, sur peine de rendre tous coustz, interestz, missions et despens que sur ce pourroient estre faiz, encoruz et soustenuz, au deffault d'accomplissement des choses dessus dictes et d'une chacune d'icelles, et faire et prester tout ce que en tel cas compete et appertient, en renoncçant, quant à ce et pour ceste cause, nous, ladicte dame marquise, par notre dit serment et soubz l'obligacion que dessus à toutes et singulières excepcions, decepcions, fraulldes, baratz, cautelles, cavillacions, subterfuges, causes, raisons, allégacions, à tous droiz et loix faiz et introduictz en la faveur des femmes, et à toutes autres choses quelzconques que tant de droit comme de fait et de coustume pourroient estre dictes, alléguées ou obiciées contre la teneur et effect de ces présentes lettres ou d'aucunes des choses y contenues, et mesmement au droit disant que général renunciacion ne vault se l'especial ne précède. En tesmoing desquelles choses nous avons requis et obtenu le scel aux contractz de la court de ladicte chancellerie dudit duchié de Bourgoingne estre mis à ces présentes lettres faictes et passées au lieu de Dijon, pardevant et en la présence de Nicolas le Féaul et Pierre Euvrard, demeurans audit lieu, notaires royaulx jurez d'icelle court; présens : noble homme Nicolas de Pluvot; honorable homme et saige maistre Jehan Favier, licentié ès droiz, et Humbert Callot, notaire royal, tous demeurans audit Dijon, tesmoings à ce appellez et requis les an et jour dessus dits.

(Archives de Chastellux; pièce originale cotée n° 9, dans la liasse cotée J, au chapitre X de l'*Inventaire*.)

CXCVI.

Mariage d'Antoine Boutillac et de Charlotte de Chastellux.

(1513.)

Noble seigneur messire Antoine Boutillat, chevalier, seigneur d'Aspremont, d'Arteil, de Brenières, de Fomery-les-Gaulx, Fomery-les-Setarats, de Brenault, Venone, et de Cogny en partie, et noble et puissant seigneur messire Antoine du Follet, chevalier, seigneur dudit Follet, de Bazoches et du Bouchet, et noble dame dame Charlotte de Chastelux, fille de noble et puissant seigneur messire Philippe de Chastelux, chevalier, seigneur dudit Chastelux, de Colenge-les-Vineuses et vicomte d'Avalon, et de feue Jeane du Follet, jadis femme dudit seigneur de Chastelux et fille dudit seigneur du Follet; ladite dame Charlotte vefve de feu noble seigneur messire Robert d'Anlezy, chevalier, seigneur de Menetou. . . .

Ledit de Boutillat épouse ladite Charlotte; ledit du Follet lui donne la terre et seigneurie du Bouchet. Ledit d'Aspremont la doue de 200 livres tournois de rente sur la seigneurie de Brenières, et après la mort dudit du Follet, la terre et et seigneurie de Bazoches en Nivernois viendra à ladite Charlotte de Chastellux ... VII novembre MDXIII. Présens: noble seigneur Guillaume de Nanton, seigneur de Pesay; nobles hommes Aubert de Serre et Jean Jobart, escuiers, témoins.

(GAIGNIÈRES, DCLVIII; *Nouveau Livre noir*, p. 158.)

CXCVII.

Acte de tutelle des enfants de Philippe de Chastellux et de Barbe de Hochberg.

(1520.)

A tous ceulx qui ces présentes lettres verront et ourront, nous, Thibault Barbette, conseiller du roy, nostre sire, et lieutenant au siége et ressort d'Avalon de hault, puissant seigneur et saige messire George de la Trémoille, chevalier, seigneur de Jonvelles, de Dracy-Sainct-Loup et de Courcelles-lez-Semur, conseiller, premier chambellan du roy, nostre sire, en Bourgoingne, et son bailly d'Auxois, salut. Sçavoir faisons que cejourd'uy, datte de cestes, pardevant nous, séant par jugement devant le chastel de Chastellux, se sont présentez et comparuz en leurs personnes, assçavoir : honnorable homme et saige maistre Pierre Suchon, conseillier du roy, nostre sire, et son procureur fiscal ou bailliage d'Auxois, demandeur en daction de tutelle et curatelle, d'une part, et noble dame dame Barbe de Hochberg, vefve de feu bonne mémoire messire Philippes de Chastellux, en son vivant chevalier, baron et seigneur dudit Chastellux, vicomte d'Avalon, avec elle honnorable homme et saige maistre Jehan Guenyot, licentié en loix, bailly dudit Chastellux, nobles et puissans seigneurs messires Aubert de Jaulcourt, chevalier, seigneur de Villernoul; Adryen de Digoyne, seigneur de Demain; Philippes de Ferrières, seigneur dudit lieu et de Praelles; Jehannet de Damas, seigneur de Raigny; Jehan de Lanvault lesné, escuyer, seigneur de la Brosse; Sébastien de Vezeigneul, chevalier, seigneur dudit lieu, et Pierre de Lanvault, escuyer, tous parens, amys, voisins et affins de Marie, Philippes, Anthoinette, Loys et Olivier de Chastellux, pupilles et moindres d'ans, délaissez du décèz dudit feu bonne mémoire messire Philippe de Chastellux, par luy procréés au corps de ladite dame, et ad ce dehuement adjournés par Jehan de Tranchay, sergent royal, comme il nous a judiciallement rappourté.

Lesquelles parties ainsi pardevant nous comparans de la part dudit procureur du roy, nostre sire, nous a esté dict et remonstrer que puys nagueires ledit feu messire Philippes de Chastellux est allé de vie à trespas, délaissant lesdits Marie, Philippes, Anthoinette, Loys et Olivier de Chastellux, pupilles, lesqueulx n'ont sens ny discrétion par leurs corps, biens, causes, querelles, négoces et affaires nourrir, régir et gouverner come mestier leur est, et que à ceste cause il a fait convenir et adjourner ladite dame, ensemble les aultres adjournez à comparoir pardevant nous pour accepter ou délaisser par ladite dame, si bon luy semble, la charge de balisterie desdits pupilles, selon la géneralle coustume de ce duchié de Bourgoingne, et les aultres seigneurs adjournez pour par eulx eslire entre eulx l'ung d'eulx ou aultres ydoines et suffisans à estre curateurs desdits pupilles pour leurs causes, querelles, négoces et affaires régir, conduyre et deffendre ainsi qu'il appertient, nous requerant d'iceulx adjourner et d'ung chacun d'eulx prandre les sermens ad ce pertinens et y pourveoir ainsi que raison veult et enseigne; laquelle requeste ainsi faicte ladite dame nous a requis, par la voix de sondit bailly, ung peu de délay pour penser audites affaire, ce que luy avons octroyé, nous déclairant qu'elle est ensaincte et que en ce eussions esgard tel que de raison. Ce fait desdiz seigneurs adjournez et d'ung chacun d'eulx avons prins les sermens par eulx et chacun d'eulx donnez corporellement aux sainctz euvangilles de Dieu, de eslire entre eulx l'ung d'eulx ou aultres ydoines et suffisans à estre curateurs desdiz pupilles; lesqueulx l'ont ainsy jurez, et avec ladite dame se sont retirés à part et asses tost retournés et nous ont dict et rappourté, mesmement ladite dame par la voix de sondit bailly, qu'elle accepte la charge de baliste desdiz Philippes, Anthoinette, Loys et Olivier, pupilles, et dudit postume, à la charge et condicion de ladite costume du duchié de Bourgoingne, nous remonstrant par elle et par lesdiz adjournés que ladite Marie est hors leaige de pupillarité, et qu'il suffit à icelle discerner curateur, et qu'ilz avoient au surplus esleu et choisir entre eulx pour curateurs desdiz Marie et aultres pupilles, ensemble dudit postume, ledit Jehan de Lanvault lesnel, seigneur de la Brosse, du costé paternel, et du costé maternel noble et puissant seigneur Olivier de Hochberg, seigneur de Saincte-Croix, absent, pour les causes, querelles, négoces et affaires desdiz Marie, pupilles et postume régir, conduire et deffendre come il appertient, et ont juré aux sainctz euvangilles de Dieu, mesmement ladite dame baliste desdiz pupilles et postume de bien norrir, régir, gouverner et alimenter lesdiz pupilles et postume, et en faire selon la forme de ladite costume, et semblablement a juré aux sainctz euvangilles de Dieu ledit seigneur de la Brosse, et de bien et convenablement conduire, régir, gouverner et deffendre les causes, querelles, négoces et affaires desdiz Marie, pupilles et postume, et y faire ainssy que à office de curateur appertient, disant qu'il accepte ladite charge parmy ce que ledit seigneur de la Croix la viendra accepter come luy et non aultrement. Et avons ordonné et appoincté que ledit seigneur de Saincte-Croix, par luy ou par procureur spécial pour luy, viendra accepter ladicte charge de curateur desdiz enffans dessus nomez, et en ceste qualité, lesdiz baliste et curateur avant nommez et chascun d'eulx ont constitué, nomé, ordonné et establi, et par la teneur de ces présentes constituent, nomment, ordonnent et establissent leurs procureurs généraulx et certains messaigiers especiaulx, asçavoir : l'ung d'eulx constituant l'aultre, et l'aultre l'aultre, et avec ce honnorables hommes Jehan Barbier, Jehan Jomard, Philippes Soliveaul, et ung chacun d'eulx seul et pour le tout, en telle manière que l'ung d'eulx ne soit en riens pire de l'aultre, mais tout ce que par l'ung d'eulx aura esté fait, l'aultre puisse moyenner, terminer et mettre à fin en toutes les causes, querelles et actions que lesdiz Marie, pupilles et postume ont ou pourroient avoir pardevant tous juges, tant d'esglise come séculliers, en demandant et en deffendant contre toutes leurs parties adverses, en donnant et octroyant par cestes à leursdiz procureurs et à ung chacun d'eulx plain pouvoir, auctorité et mandement espécial d'estre et comparoir pour eulx en jugement, et dehors, de faire toutes actions, bailler, libeller, demander raisons, positions et articles, respondre, proposer, repplicquer, dupplicquer, tripplicquer et quadrupplicquer, faire litiscontestacion en cause ou causes, jurer et faire tous sermens que ordre de droit veult, requiert et enseigne, faire et bailler posicions et articles, respondre à ceulx de parties adverses, produire tesmoings, mettre lettres, actes, instrumens et aultres loyaulx enseignemens en forme de preuve contre leurs parties adverses,

affermer par serment tous les faictz et articles par eulx posez, répondre par parolle, de croire ou non croire aux faictz et articles de leurs parties adverses pardevant tous juges et comissaires quelz qu'ilz soient, dire contre tous tesmoings, actes, tiltres, instrumens et aultres choses que seroient produictes par leurs parties adverses, saulver les tesmoings et aultres choses produictes de la part d'iceulx, conclure et rémérer en cause ou causes, oyr droitz, arrestz, sentences interlocutoires et deffinitives d'icelles et de toutes aultres tortz et griefz qui leur seroient faictz, appeller, poursuyr et relever leur appel et iceulx relever se mestier est, insinuer, intimer et innouver, demander, avoir et obtenir despens, jurer sur iceulx, les veoir et ouyr, adjuger, déclarer et taxer, les recepvoir et en donner quittance, demander et avoir provision et reco. . . . . . pour lesdiz baliste et curateurs oudit nom, renvoy vehu de lieu prandre charge de garentir et tous aultres délays de court, et généralement de faire, dire et procurer toutes choses que bons et loyaulx procureurs peullent et doibvent faire, et que lesdiz constituans ès diz noms feroient et faire pourroient si présens en leurs personnes y estoient, jaçoit ce que le cas requist mandement especial ; et ont juré et promis lesdiz constituans, ès diz noms, en bonne foy, par leurs sermens donnez corporellement aux sainctz euvangilles de Dieu, et soubz l'expresse ypothecque et especial obligacion de tous et chacuns leurs biens meubles et immeubles, présens et advenir quelconques, lesquelx quant ad ce ilz ont obligé et soubmis à la contraincte et juridicion dudit bailliage et de toutes aultres cours, pour par icelles estre contrainctz, compellés et exécutés comme de chose adjugée, avoir et tenir perpétuellement ferme, estable et aggréable tout ce que par lesdiz procureurs et chacun d'eulx sera faict, dict, procurer et besoigner ès choses dessus dites, circumstances et deppendances, les relever de toutes charges de satisfaction, ...
ester à droit et payer l'adjuger se mestier est. Et ad ce les avons condempné et condemnons. En tesmoing desquelles choses dessus dictes nous avons fait seeller ces présentes lettres et les semblables d'icelles du seel aux sentences estably en ladicte court dudit bailliage, le sixiesme jour du moys d'aoust l'an mil cinq cens et vingt ; présens discrettes personnes messires Didier Chevillotte, curé de Sainct-Germain-des-Champs ; Pierre Filzjehan, prebtres ; noble homme Pierre de Léoville, capitaine de Girolles ; honnorable homme et saige maistre Georges Filzjehan, licentié en loix, et aultres tesmoings.

(Archives de Chastellux ; *Grand Inventaire des Titres*, chap. X, liasse J, n° 12. Original en parchemin.)

CXCVIII.

Accord entre Philippe de Moisy et Barbe de Hochberg.

(1523.)

En nom de notre Seigneur, amen. L'an MDXXIII, le XIX aoust, Philipes de Moisy, escuier, seigneur de Monts et de Chastelregnault, au nom et comme père et bailliste de Claude-François de Moisy, mon fils, et de feu demoiselle Caterine de Chastelux, jadis ma femme, ledit Claude-François ayant le droit d'icelle d'une part ; et Barbe de Hochberg, vefve de feu noble seigneur messire Philipes de Chastelux, vivant chevalier, sire dudit lieu, au nom et comme mère et bailliste et ayant la garde-noble de noble escuier Claude de Chastelux, et me faisant fort pour mes autres enfans, procès estant entre nous, s'accordent à cause des prétentions qu'il pouvoit avoir à cause de ladite Caterine de Chasteluz, par devant Gerar Fevret, notaire royal...

(GAIGNIÈRES, DCLVIII; *Nouveau Livre noir*, p. 159.)

CXCIX.

Mariage de Claude de Chastellux et de Françoise Blosset.

(1532.)

A tous... Jean de la Barre, chevalier, comte d'Estampes, vicomte de Verets, seigneur dudit lieu de la Barre...... conseiller et chambellan ordinaire du roi, premier gentilhomme de la chambre et garde de la prévosté de Paris, par devant Pierre le Roy et Jean Contesse, notaires au Chastelet de Paris... Claude de Chastelus, escuier, seigneur dudit lieu, d'une part ; et noble et puissant seigneur messire Jean Blosset, chevalier, seigneur de Torcy, et dame Anne de Cugnac, sa femme, et demoiselle Françoise Blosset, leur fille, d'autre part........ Ledit Claude épouse lad. Françoise sous le bon plaisir de très haute et puissante dame Jeanne de Hochberg, duchesse de Longueville, comtesse de Neufchastel, et de très haut et puissant prince, messire Louis d'Orléans, chevalier de l'ordre du roi, duc de Longueville, comte de Dunois, son fils, et de Philippe, duc de Nemours, et aussi de messire Ollivier de Hochberg, seigneur de Sainte-Croix, oncle maternel dudit sire de Chastellux ; promettent lesd. de Torcy à leur fille 12,000 fr. et laissent audit futur, pour sûreté, la terre et seigneurie de Beaumont au pays du Perche, diocèse de Chartres ; ledit de Chastelux doue ladite future de 400 fr. de rente.... MDXXXII, dimanche XXII décembre.

(GAIGNIÈRES, DCLVIII; *Nouveau Livre noir*, p. 160.)

CC.

Réception de Philippe de Chastellux dans le chapitre d'Avallon.

(1533.)

Anno Domini millesimo quingento trigesimo tertio, die vero vigesima secunda mensis Junii, hora nona de mane illius diei, venerabiles et circonspecti viri decanus et canonici ecclesie collegialis beatorum Marie et Lazari de Avalone, congregati et capitulantes pro eorum negociis, post presentacionem litterarum institutionis, collationis sive provisionis nobilis ac scientifici viri magistri Philippi de Chastellus, clerici presentis, receperunt in canonicatum et prebendatum dicte ecclesie collegialis dictum Philippum de Chastellus loco et ut vaccatione per mortem seu obitum venerabilis viri magistri Guillelmi Frere, illorum ultimi et paciffici possessoris dum viveret, post juramentum per ipsum de Chastellus in talibus fieri solitum, factum ut moris est in dicta fieri, nemine opponente seu contradicente. Quiquidem Philippus de Chastellus, post dictam receptionem sic factam, ut dictum est, per dominum magistrum Emedum Bongars decanum dicte ecclesie, positus fuit in realem, actualem et corporalem possessionem dicte prebende et canonicatus ipsius ecclesie, et hoc per assignationem loci in capitulo stalli in choro, cum distribucionibus solitis et assuetis, ut moris est fieri in dicta ecclesia, nemine opponente seu contradicente, ut dictum est; presentibus ibidem discretis viris dominis Tossano Gauffroy, Alberto Grimoulle, Petro Perraul, Petro Choppard presbiteris, honorabilibus ac sapientibus viris magistris Georgio Filzjehan, Petro Blancho, Johanne Chalmeaulx, in legibus licenciatis, Johanne Odebert, Philippo Soliveaul, Petro Garnier, et pluribus aliis testibus ad premissa vocatis et rogatis.

(Registre capitulaire de l'église Saint-Lazare ; *Nouveau Livre noir*, p. 327.)

CCI.

Réception d'Olivier de Chastellux dans le Chapitre d'Avallon.

(1536.)

Anno Domini millesimo quingento trigesimo sexto, die vero secunda mensis octobris, hora nona de mane ejusdem diei, in mei notarii publici testiumque infrascriptorum presentia, venerabiles viri domini capitulum et canonici ecclesie collegialis beatorum Marie et Lazari de Avalone, in eorum capitulo congregati et capitulantes pro eorum negociis, post sonum campane, ut moris est fieri in tali casu, supervenit nobilis juvenis Olivierius de Chastellux qui quidem insequendo possessionem prebende seu canonicatus dicte collegialis ecclesie jam factam et acceptam per honorabilem virum Philippum Soliveaul suum procuratorem, qui Soliveaul acceptus est et accepit possessionem virtute litterarum appostolicarum, seu a domino legato in Francia emanatarum, per resignationem sibi factam per nobilem et scientificum virum magistrum Philippum de Chastellux, illius canonicatus et prebende ultimi et immediati possessoris paciffici, et hoc per introitum chori et per assignationem seu sedem in quadam cathedra in camera capitulari ejusdem ecclesie existente, ut constat litteris dicte possessionis in data undecima mensis decembris, anno Domini millesimo quingento trigesimo quarto, signatum J. Therot, de quibus idem Olivierius de Chastellus justificavit, necnon de dictis suis litteris appostolicis, et obtulit prestare juramentum ad sancta Dei evangelia, in tali casu fieri solitum et assuetum in manibus discreti ac scientifici viri magistri Johannis Champion, presbiteri, canonici dicte ecclesie, ad hoc per preffatos dominos depputati, et in vim dictarum litterarum apostolicarum in quantum opus esset de novo fuit positus in veram, actualem et naturalem ac corporalem possessionem dicte prebende seu canonicatus, fructuumque, jurium et emolumentorum ejusdem per assignationem loci in capitulo stalli in choro et distribucionibus solitis et assuetis, et ut moris est fieri in dicta collegiali ecclesia, nemine opponente seu contradicente; de quibus omnibus supradictis dominus Olivierius de Chastellux petiit a me dicto notario instrumentum seu instrumenta, unum vel plura sibi fieri et tradi, quod et que sibi concessi sub hac forma, presentibus discretis viris dominis Alberto Gruvelle, Petro Perreaul, Petro Beauljehan, Petro Coquelet, Petro Louvet, presbiteris, et aliis testibus ad premissa specialiter vocatis et rogatis, die et anno predictis.

(*Registre capitulaire de l'église Saint-Lazare; Nouveau Livre noir*, p. 328.)

CCII.

Partage de la succession de Philippe de Chastellux.

(1538.)

L'an mil cinq cens trente et huict, le dix-septiesme jour du moys de mars, nous parties cy-après escriptes, assavoir Philippe de Chastellux, Loys de Chastellux et Olivier de Chastellux, frères-germains, enffans de feu bonne mémoire messire Philippe de Chastellux, en son vivant baron et seigneur dudict Chastellux, de Collanges-les-Vyneuses et de Basarne, viconte d'Avalon, mesmement nous lesdictz Loys et Olyvier de Chastellux, des loix, licences, congié, consentement, auctorité et voulunté de noble seigneur Claude d'Aulenay, seigneur d'Arcy-sur-Chore et de Lye, notre curateur à nous décerné par arrest de la court monsieur le bailly d'Auxois, ad ce présent et nous auctorisant quant ad ce qui s'ensuit : sçavoir faisons à tous que nous avons faict et faisons entre nous ensemble les partaiges et divisions desdictes baronnies, terres, chevances et seigneuries à nous délaissées, escheuttes et advenues par le décez et trespas de nostre dit feu seigneur et père, que Dieu absoille, le tout par l'advis, délibéracion et conseil de noble dame dame Barbe de Hochberg, nostre mère, de nobles seigneurs Jehan de Lanvault, escuier, seigneur de Crain et de Mons-lez-Monceaul-le-Conte, de noble escuier Loup de Sainct-Quentin, seigneur de Forronne, et de Jaques-aux-Espaulles, escuier, seigneur de Pisy, tous noz prochains parens et amys, pour ce expressément assemblez en la manière qui s'ensuyt : et premièrement, la part et portion de moy, ledict Philippes de Chastellux, est advenue pour mon partaige la terre, chastellenye et seigneurie de Basarne, ou conté et bailliage d'Auxerre, ainsi qu'elle se compourte, membres et deppendances d'icelle comme Céry, Trucy, le Bacoyn, Bray, Brevyande et aultres, en toutes justices haulte, moyenne et basse, maisons fortes, fossez, colombiers, fourges, molins, rivières, pressoirs, garennes, bannaulx, preys, terres, boys, buissons, hommes et femmes. . . . . . . censes, rentes, grains, cyres, gélynes, dem. . . . que aultres droiz quelconques, sans en aulcune chose réserver ne retenir que le droict d'action et poursuyte pour le recouvrement des terres de Saincte-Palaye, Preygilbert, Fontenay et de toutes les pièces qui ont estez par cy-devant alyénées, deppendant desdictes terres, villaiges et seigneuries ; aussy me demeure par droict d'aisnesse le droict de la prébende de l'église cathédralle de Sainct-Estienne d'Auxerre, pour en jouyr selon la teneur des bulles d'icelle prébende. Et à la part de moy ledict Loys de Chastellux est advenu pour mon partage la baronnye, terre, chevance et seigneurie dudict Chastellux, membres et deppendances d'icelle, tant du costé de Bourgongne que de Nyvernoys, en ce qu'elle consiste, tant en maisons fortes, justices haulte, moyenne et basse, granges, métairies, fours, molins, rivières, estangz que . . . . columbiers, hommes et femmes de condicion servile et aultres hommes de quelques condictions qu'ilz soyent, censes, rentes, tailles et bourdellaiges, boys, buissons, forestz, revenues, cyres, gélynes, chappons, oiysons, que aultres droiz quelxconques, sans en faire aultre plus ample déclaration ny sans en aulcune chose réserver, avec tous les droiz et facultez des réachatz des pièces deppendant de ladicte seigneurie, tant du costé de Bourgongne que de Nyvernoys, qui ont estez distraictes et alyénées par cy-devant, tant contre noble homme Philippe de Moisy, tenant et occupant les villages d'Islan, le Mex, Monmardelin, Sainct-Germain-des-Champz, Roissotte, Chezelles et aultres, envers noble seigneur Jaques-aux-Espaulles, seigneur de Pisy, tenant et occupant les villages d'Usy, Sérée et partye de Montmardelin, Quarrées, Bousson, les Granges-Ratheaulx et aultres ; envers noble seigneur messire Sesbastien de Vizeigneul, occupant Chalaux, Moncrecon, la Vernée, Bargies, Sainct-Germain-des-Champz, en ce qui provient de l'achat faict de noble homme Odet de Marcheseul, avec le droict de réachat de la terre et seigneurie d'Osches, acquise de feu noble seigneur Didier de Mandelot, et tous aultres réachatz prouvenans desdictes seigneuries, meubles et deppendances d'icelles ; demeurent aussi à moy, ledit Loys, les vignes du Vault-de-Lugny et de Seuvre, ainsi qu'elles se compourtent ; aussi demeure à moy, ledict

Loys, la querelle, action et poursuite de la métairie de Boys-Rigault, assise en la la parroche d'Asnières, dont procès est pendant pardevant monsieur le bailly d'Auxerre ou son lieutenant, contre Hubert Galne, de Crain. Et à moy, ledict Olyvier de Chastellux, pour ma part et portion desdictes terres, chevances et seigneuries, est escheutte et advenue la baronnye, terre, chevance et seigneurye de Collanges-les-Vyneuses et du Vaul-de-Marcy, membres et deppendances d'icelle, tant en maison forte, droiz de ville, hommes et femmes, ... vignes, censes, rentes, cyres, droiz de halanges et d'astullanges, justices haulte, moyenne et basse, fourt bannal, halles, franchises et aultres droiz quelxconques, sans en aulcune chose retenir, exepter ne réserver, et pour ce qui appartient à ladicte dame de Hochberg, nostre dicte mère, par accord et appoinctement faict avec elle, elle tient, possède et occupe par manière d'usuffruict ladicte baronnye, terre et seigneurie de Collanges. Est traicté et accordé entre nous, lesdictz Philippes et Olyvier de Chastellux, que je, ledict Philippes, suis et seray tenu et promectz par cestes doresenavant durant la vye de nostre mère, payer audict Olyvier, mondict frère, la somme de trois cens livres tournois par forme et manière de pension, assavoir de quatre moys en quatre moys cent livres à prandre et compter au jour de Sainct-George prochainement venant; aussi promectz acquicter ledict Olyvier, mondict frère, sa vye durant, de tous les arrérages tant escheuz que à escherre des cent livres parisis chacun an dehuz à l'Université de Paris. Item aussi promectz je ledict Philippes acquicter ledict Olyvier, mondict frère, de dix livres tournois dehus chacun an aux religieuses, abbesse et couvent des Ysles, ensemble de tous arréraiges tant escheuz que à escherre, jusques ad ce que ledict Olyvier soit rendu jouyssant par effect de la terre et seigneurie de Collanges et non plus avant. Aussi demeurent à moy, ledict Olyvier, tous droictz de réachatz, si aulcungs y en a sur ladicte seigneurie de Collanges, avec le droict de poursuite de la terre et seigneurye de Linsect, dont procès est mehu et pendant pardevant monsieur le bailly de Sens. Et demeurent lesdictes terres ainsi partaigées entre nous, lesdictz frères, chargées et affectées de leurs charges et ypothecques, sauf lesdictz droictz de recouvrement et réachatz et profflctz féodaulx qui pourroient estre dehuz, tant activement que passivement, accause desdictes terres qui demeurent à chacun de nous sur sa portion desdictes terres et seigneuryes que dict est, dont nous, lesdictz frères, demeurons chargez, chascung en nostre esgard, selon lesdictes charges escheues sur icelles nosdictes terres et seigneuries; et demeure la querelle d'Appremont comme entre nous lesdictz frères par tiers. Item demeure à la charge de nous, lesdictz troys frères, la pension de Anthoinette de Chastellux, nostre sœur, religieuse en l'abbaye et monastère de Sainct-Avit-les-Chasteauldung, par tiers et esgales portion. Aussi serons tenus, nous, lesdictz frères, et promectons suppourter et payer par tiers et esgalle portion tous debtz personnelz faiz tant par nostre dict feu seigneur et père, par feu Claude de Chastellux, nostre feu frère que par nostre dicte mère, du temps qu'elle a esté en nostre maison, et pour la commodité d'icelle et iceulx qui. . . . . . . particulièrement seront payez par celluy ou ceulx qui les auront faiz; et quant aux deniers escheuz ès dictes terres et seigneuries. . . . . eschuz. Est aussi accorder que à moy, ledict Philippes, sera et demourra nehument le droict de réachat et toutes aultres actions qui nous appartient, comme le recouvrement de la viconté d'Avalon, laquelle je pourray réacheter pour moy et à mon singulier profflct; et aussi demeure à moy, ledict Philippes, l'action, profflct, droict et poursuite de l'exécution de l'arrest obtenu en la cort de Parlement à Paris, en laquelle court est le procès pendant sur la licquidation des levées, dommaiges-interestz et despens contre le seigneur de Morvilliers et feue dame Hélène de Chastellux, sa femme, tant en levées, despens que dommages et intérestz contre eulx adjugez à cause de la détemption et occupation qu'ilz avoient faicte de la terre et seigneurie de Collanges, et semblement la poursuite, droict et action des despens, levées, dommaiges et intérestz, et aultres choses adjugées à nostre mère et nous, à l'encontre du seigneur de Prye, avec l'action que nous avons à l'encontre de feu seigneur de la Rivière et damoiselle sa femme, pour raison desdictz cent livres parisis de rente, adjugez à ladicte Université sur ladicte terre de Collanges, de laquelle lesdictz de la Rivière et sa femme sont tenuz suppourter le tiers, et pour lesqueulx on a par cy-devant faict poursuyte à l'encontre de nous seulz, et la poursuite qui s'en fera à iceulx demeurera à la descharge de ladicte seigneurie de Collanges, et aussi... je, ledict Philippe, demeuray quitte et deschargé, et nous, lesdictz Loys et Olyvier, quictons et deschargeons nostre dict frère Philippe des levées par luy faictes despuis le mariage de nostre dicte mère, desdictes terres de Chastellux, Basarne et Collanges, desquelles je, ledict Philippes, ây faict mon singulier profflct, et aussi de tout ce que je puis debvoir à mesdictz frères pour raison de la vente que j'ay faicte des boys de Basarne et Chastellux, moyennant que je demeure redebvable pour lesdictz délaissements des actions dudict viconté et aultres actions dessus dictes qui me demeurent particulièrement, et de ladicte vente de boys, desquelz je ne leur ay faict compte, envers mesdictz frères Loys et Olyvier, en la somme de six mil livres tournois, de laquelle je, ledict Olyvier, faiz cession et donnation voulontaire à mondict frère Loys pour la portion qui m'y appartient; moyennant laquelle cession je, ledict Philippes, promectz payer à mondict frère Loys ladicte somme de six mil livres tournoiz, aux termes qui s'ensuyvent, assavoir à la feste Sainct-Martin d'yvert, trois centz livres tournois, à la feste Sainct-George prochainement venant en ung an, mil livres tournois, à l'aultre feste Sainct-George prochainement après s'ensuignant, aultres mil livres, et à l'aultre feste Sainct-George prochainement après s'ensuignant deux mil livres tournoiz, et à l'aultre feste Sainct-George prochainement après s'ensuignant mil sept cens livres tournois, et demeurerons nous, lesdicts frères, quictes les uns envers les aultres de toutes choses personnelles tant d'argent presté de deniers levez que aultres, jusques aujourdhuy, hors mises les sommes de deniers contenues au présent traictié. Et quant à la querelle de la conté de Rodemach, la poursuite, action et profict en demeurera à nous, lesdictz frères, par tiers. Item est accordé entre nous, lesdictz frères, que les subjectz et deppendans desdictes terres et seigneuries seront et demeureront à chacun de nous, chacun en sa seigneurie, dont ilz seront mouvans et deppendans, assavoir les deppendances dudict Basarne et aultres villages en deppendans, à moy ledict Philippe; ceulx qui deppendent de la viconté d'Avalon, encoires à moy, ledict Philippes; ceulx qui deppendent dudict Chastellux et des aultres terres alyénées qui se peulvent réacheter par moy, ledict Loys, comme le Mex, Chalaux, Barges et aultres, sont et demeurent à moy, ledict Loys. Et ceulx qui deppendent dudict Collanges-les-Vineuses à moy, ledict Olyvier. Item seray tenu et promectz, je, ledict Philippes, acquicter ledict Loys, mondict frère, envers la vefve Jehan Delyes, d'Auxerre, de la somme de cent livres tournois à elle échuz, et moyennant ce, je, ledict Loys, cedde et délaisse audict Philippes, mondict frère, mon droict de concin de la somme de six cens livres tournois qui a esté mise ès mains de Bénigne Sarre ou de Nicolas Ramier ou d'aultres où il se trouvera avoir esté conciné contre Jehan Desomery le jeune et sa femme, à la poursuyte de la seigneurie de Marcheseul; et promectons, nous, lesdictz frères, garentir lesdictz partaiges les uns aux aultres, pourvehu toutesfoys que icelluy de nous qui sera poursuivi sera tenu s'en deffendre jusques à fin d'éviction, dont et desquelz partages et aultres choses dessus dictes, nous, lesdictz frères et chacun de nous sommes et nous tenons pour bien contans, promectant et c... obligeant, etc... renunceans, etc... Faict audict chastel de Chastellux, présens : noble homme Pierre Loron, bastard de Domecy; honnourables hommes et escuyers maistres Jehan Quenyot et Jehan Chalmeaulx, licenciés en loix; honnourables hommes André Fillon, Jaques Odebert, Sesbastien Seigneur, et aultres tesmoins ad ce requis.

(Archives de Chastellux; pièce cotée n° 12 dans la liasse cotée L (chap. X de l'*Inventaire*). Original en parchemin, vidimé par Jean Boursault, notaire royal, et scellé du sceau de la chancellerie de Bourgogne.)

CCIII.

Contrat de mariage de Louis de Chastellux et de Jeanne de la Roëre.

(1540.)

A tous ceulx qui ces présentes lettres verront, Nicole Favier, escuier, licentié ès loix, prévost de Troies et garde du seel aux contractz de ladicte prévosté, salut; Sçavoir faisons que pardevant Pierre Hugot et Guillaume Rogier, clercs notaires jurez, et ad ce faire de par le roy, notre sire, ordonnez et establiz ès ville, bailliage et prévosté dudict Troyes, furent présens en leurs personnes Lois de Chastellux, escuier, seigneur et baron dudict lieu et illec demeurant, d'une part ; noble seigneur François de la Roëre, seigneur de Chamoy, damoiselle Hillaire Raguier, demeurans audict lieu, et damoiselle Jehanne, leur fille ; lesdites femme et fille licenciées en ceste partye par ledict François de la Roëre, lesquelles licences elles prindrent et receurent en elles agréablement, d'aultre part ; et recongneurent lesdictes parties et chacune d'elles endroict soy, avoir faict et font par ces présentes les traictié, promesses, accordz et renunciacion qui s'ensuivent, par l'advis, comme ilz disoient, de révérend père en Dieu maistre Jehan Raguier, abbé commendataire de Sainct-Jacques-de-Provins, seigneur de Romilly-sur-Seyne, frère de ladicte damoiselle Hillaire ; noble seigneur Anthoine de Berthunce, seigneur de Cougy, cousin dudict de la Roëre, et damoiselle Françoise Ysorey, sa femme ; et en présence et par l'advis de noble seigneur Philippes de Chastellux, seigneur de Bazarne ; Olivier de Chastellux, seigneur de Coullanges, frères dudict Loys ; Lois de Ferrières, seigneur de Malligny ; Loup de Saint-Quentin, seigneur de Fourronne ; Jehan d'Aullenay, seigneur de Bugnon ; Jehan de l'Aigle, seigneur dudict lieu ; Pierre Loron, seigneur de la Chaulme ; Jacque de la Roëre, escuier, filz desdictz François de la Roëre et de damoiselle Hillaire, hommes d'armes de la compagnie de monsieur le Daulpin, et damoiselle Hillaire Raguier, vefve de feu Anthoine de Pied-de-Fer, en son vivant escuier, seigneur de Champlost, niepce d'icelle damoiselle Hillaire, femme dudict de la Roëre, et aultres leurs parens et amys, c'est assavoir que lesdictz Loys et damoiselle Jehanne, de la licence que dessus promettent et ont promis par ces présentes prandre et avoir l'un l'aultre par ordre de mariage, et iceluy solempniser en face de saincte église, le plus tost que commodément faire se pourra, après lequel mariage faict et consommé, iceulx futurs mariés seront et demeureront ungs et communs en tous biens meubles, debtz et conquestz immeubles qu'ilz acquerront, constant leurdict futur mariage, en quelque lieu qu'ilz soient lors demeurans, et quelque part que lesdictz biens soient trouvez, scituez et assis. Touteffois a esté accordé par exprès que si ledict Loys survit ladicte damoiselle Jehanne, sa future femme, jaçoit que dudict mariage y ait enffans ou non, iceluy Loys aura et prendra par préciput et advantaige, ses habits, habillemens, chevaux et harnois, et réciproquement s'il va de vye à trespas avant ladicte damoiselle Jehanne, aussy que dudict mariage y ait enffans ou non, icelle damoiselle Jehanne prendra hors part ses robes, cottes, habillemens, bagues et joyaux avec sa haquenée, et se au temps du trespas du premier morant n'y avoit enffans dudict mariage, le survivant d'eulx, si bon luy semble, aura et emportera pour lui tous lesdictz meubles, ensemble les debtz actifs qui demeureront par le décedz du premier descedant, en paiant et acquittant par ledict survivant les debtes passives, obsecques, funérailles et laiz piteux, aux choix et option touteffois de prandre ou délaisser par elle dedans quarante jours après ledict trespas lesdictz meubles et debtz, sans aulcune diminution du douaire préfix d'icelle damoiselle Jehanne et droict cy-après est parlé, et quant aux acquestz par eulx faictz, le survivant en prandra la moictié, et les héritiers du premier morant l'aultre moictié, hormis les réachaptz du propre dudict Chastellux, et à cest égard seullement, et nonnobstant ce qui dict est, s'il y a enffans dudict mariage au temps du descedz dudict premier desceddant, lesdictz biens meubles, debtz et acquestz et conquestz immeubles se partiront par moictié et égal portion entre le survivant et lesdictz enffans. Pour considération et faveur duquel mariage, lesdictz de la Roëre et sa femme seront tenuz et ont promis et promettent par ces présentes rendre et payer ausdictz Loys et Jehanne la somme de quinze mil livres tournois en deniers, sçavoir est douze mil cinq cens livres tournois dedans le jour desdictes espousailles, et le parfaict montant à deux mil cinq cens livres tournois, deux ans après la consommation dudict mariage, et de habiller ladicte damoiselle Jehanne, leur fille, bien et honnestement, selon son estat, et payer pour tous les fraictz des nopces et espousailles : de laquelle somme de douze mil cinq cens livres tournois, ledict Loys sera tenu et a promis et promect par ces présentes mettre et employer dheument au mieulx commodément, et plus tost que faire se pourra, la somme de sept mil cinq cens livres tournois en héritages qui sortiront nature de propre à ladicte damoiselle Jehanne, ses hoirs et ayans cause, soict ès héritages qu'il racheptera allienez, engagez ou desmembrez de la maison dudict Chastellux et ses appartenances, par appanage ou aultrement, ou aultres héritages s'il en trouve et achepte, jusques à quatre cens cinquante livres tournois de revenu franchement ; et pour seuretté de ce, la terre, justice et seigneurie dudict Chastellux, sesdictz appartenances et deppendances, appartiendront en propre héritage à ladicte damoiselle Jehanne jusques à la valleur et estimation de ladicte somme de sept mil cinq cens livres tournois revenant à revenu annuel à ladicte somme de quatre cens cinquante livres tournois franchement ; et n'en joira ledict Loys, durant ledict mariage, que par nom de précaire et soubz le tittre, nom et possession de ladicte Jehanne, jusques ad ce qu'il ait faict ledict achapt desdictes sept mil cinq cens livres tournoiz, vallant de revenu ladicte somme de quatre cens cinquante livres tournoiz. Et le cas advenant qu'il n'y ait enffans dudict mariage ou que ladicte damoiselle Jehanne voulsit alliéner lesdictz héritages qui ainsy seront pour elle acquis, ou que y eust enffans d'eulx qui tous allassent de vye à trespas, en chascungs desdictz cas lesdictz héritages acquis seront réacheptables par les héritiers dudict Loys en payant et remboursant préalablement, pour une fois et comptant, à ladicte damoiselle Jehanne, ladicte somme de sept mil cinq cens livres tournoiz, avec le revenu et fruictz escheuz à portions de temps, fraiz, impenses, méliorations nécessaires, et aultrement n'aura lieu ledict réachapt ; et auront les enffans desdictz futeurs mariez semblable droict de réachapt, après le trespas d'icelle Jehanne, sur les enffans d'autre lict, si aucuns en y a, en l'esgard de leurs portions ; et quant au reste desdictz quinze mil livres tournoiz qui sont sept mil cinq cens livres tournois, sortira nature de meubles pour lesdictz futeurs mariez, et pour raison de laquelle totalle somme de quinze mil livres tournois lesdictz Loys de Chastellux et damoiselle Jehanne avoient et ont renoncé et renoncent par ces présentes de ladicte licence, et par l'advis des parens et amis d'elle, et en temps que justice est ou seroit, ont dès à présent ceddé et transporté, ceddent et transportent par lesdictes présentes, à perpétuitté, au prolfictz des futures successions desdictz de la Roëre et damoiselle Hillaire, sa femme, ce acceptant, la part et portion qui à icelle Jehanne pourroit dhuire et escheoir, competter et appartenir par les trespas et sucessions de sesdictz père et mère et d'un chascung d'eulx et des enffans masles desdictz de la Roëre et sa femme, s'aucuns descédent avant ou après lesdictz père et mère ou l'un d'eulx, ung d'iceulx masles survivant de tous biens, meubles, héritages, seigneuries, possessions et droictz quelconques qui appartiennent de présent ausdictz de la Roëre et sa femme, ou d'aultres qui leur pourroient escheoir ou qu'ils acquerront en quelque ligne, sorte ou moyen que ce soict ou puisse estre, et que lesdictz biens, héritages et droictz soient sictuez et assiz, sans aulcune chose escripte y prétendre ny quereller par yceulx futeurs mariez ni leurs hoirs; et ou lesdictz enffans masles seront tous décédez, ladicte damoiselle Jehanne ou ses enffans viendront ausdictes sucessions en faisant tel rapport que de raison. Et sera le présent traictié, pour les rendre seur et vallides, décretté et authorisé par justice dheument, comme justement faict pour ce que lesdicts de la Roëre et sa femme ont faict, évalluant en calcul, en présence et par l'advis de leurs parans et amis de ladicte Jehanne, de tous leurs biens meubles, debtz, actifs, héritages, terres et aultres droictz quilz ou il trouve que la future portion héréditaire de ladicte damoiselle ne monte qu'à la somme de dix mil livres tournoiz au vray et pour le plus ; et ainsy l'ont affirmé par serment lesdictz de la Roëre et sa femme, en présence desdictz notaires, le surplus et par-dessus desdictz quinze mil livres tournoiz, qui est cinq mil livres tournoiz, est donné pour la récompense et augmentation que lesdictz de la Roëre et sa femme et chacun d'eulx pourront faire cy-après durant leurs vies en tous leurs biens quelconques et futures sucessions, tant d'eulx que desdictz enffans masles ; et aultrement lesdictz de la Roëre et sa femme ne se fust abstrainct de tant donner, ce qu'ilz ont faict par l'advis et conseil que dessus, et aultrement ne l'eussent faict ny baillé lesdictz cinq mil livres tournois, oultre lesdictz dix mil livres tournoiz. Lequel Loys de Chastellux, pour la bonne amour qu'il dict avoir à ladicte damoiselle Jehanne, sa femme, avoit, et a doué et doue icelle Jehanne de la somme de quatre cens cinquante livres tournoiz de douaire préfix, à les prandre chacun an durant sa vie franchement; quant son douaire aura lieu par les mains de fermiers ou procureurs en et sur les terres, justices et seigneuries d'Usy, Serée, Montmardelin, Islain, Saint-Germain, le Mex, les Granges-Ratheaux, Chezelles, Quarrée, Bousson et leurs appartenances et deppendances, en tous droictz et revenuz, et d'une chacune partye et portion pour le tout; et où ilz ne seront suffisans pour percepvoir ladicte somme de quatre cens cinquante livres tournoiz de douaire préfix ; franchement comme dict est, icelluy douaire sera prins et perceu par ladicte damoiselle Jehanne ou ses procureurs sur ladite terre, justice et seigneurie de Chastellux, ses appartenances et deppendances, de prochain en prochain au choix d'elle, en ce qui est assis au duché de Bourgogne ; et où il ne seroit suffisant, ladicte Jehanne prandra le surplus, aussy de prochain en prochain, sur le reste de touttes les aultres terres et seigneuries dudict Chastellux, le tout selon la commune extimation et prisée du pays où sont assis lesdictz héritages et droictz, sans préjudice desdictz quatre cens cinquante livres tournoiz de revenu en propre, dont dessus est faict mention : et oultre ledict douaire préfix, ladicte damoiselle Jehanne tiendra en douaire le chastel et maison-fort dudict Chastellux, jusques ad ce que ledict Loys de Chastellux ou ses hoirs ayent satisfaict et fourny à touttes les réparations qu'il conviendra faire en la maison seigneurial et closture dudict Meix, et jusques à ce qu'elle soict en bon et suffisant estat de quatre chambres, granges, colombier, garennes et usaiges au bois pour la couverture de son hostel et entretenement de ladicte closture et fourniture de ladicte maison du Meix, avec la moitié des vignes du Vault-lez-Avallon ; et où ladicte damoiselle convoleroit en secondes nopces, sera tenue de laisser la demeurance dudit Chastellux, et pour icelle prandre et soy contanter de ladicte maison seigneurial dudict Meix, appartenances et appendances d'icelle, et en la mettant par ledict de Chastellux, ses hoirs et ayant cause pour luy, une fois en estat suffisant. Et oultre en faisant ledit traictié, a esté dict et accordé entre lesdictes parties et par l'advis que dessus, que sy ladicte damoiselle Jehanne survit ledict Lois, son futur mary, elle aura quarante jours, après le descedz de sondict mary, d'accepter ou renoncer aux biens, supposé qu'elle soit au lieu où il sera descedé ou absente, sans ce que par ce ne aultrement elle perde sondict douaire, préfix ou divis, et le tout ce qui dit est, nonnobstant les coustumes du duché et pays de Bourgongne, contraires et dérogeans aux clauses, poinctz et conditions cy-devant spécifiées et déclarées respectivement. Ausquelles coustumes et communes observances rédigés au livre desdictes coustumes soubz le chappitre ou rubrique des droictz appartenans à gens mariez et de la condicion d'iceulx, commençans : le premier chappitre par ces motz : SI CONSTITUEZ DE DOUAIRE, PRÉFIX, etc. ; le second commençant : LE MARY OU SES HÉRITIERS PEULVENT AVOIR ; et le tiers commençant : ENTRE GENS MARIEZ, LA FEMME QUI VOUDRA DEMEURER QUITTE ; le quart : ET SI ELLE N'EST AUDIT LIEU ; et le cinquiesme commençant : EN CE FAISANT COMME DESSUS ; et le sixiesme, lequel est dict : QUE LA FEMME NE PRAND DOUAIRE OU ELLE PRAND ASSIGNAL ; et le septiesme : LA FEMME NE PARTICIPPE POINCT. Et en tant que touche et conserve le propre qui sera achepté pour ladite Jehanne ou rachepté des propres du mary pour la somme de sept mil cinq cens livres tournoiz ; chacun article de laquelle coustume cy-dessus touchez ont esté leuz de mot à mot ausdictz futeurs mariez, en présence desdictz parentz et amis, et donné à entendre par leur conseil et les saiges appellez à ceste fin, et après ce, lesdictz futurs mariez, comme dheument certiorés et informez, y ont dérogé et renoncé, dérogeant et renonçant par ces présentes en ce qui est touché cy-dessus; et aultrement ledict futur mariage n'eust sortyr ny sortiroit aucung effectz, sy comme toustes lesdictes parties disoient; dont elles se tindrent pour bien contentes; et promirent, lesdictes parties, par les foy et serment de leurs corps par elles donnez corporellement ès mains desdictz notaires, soubz l'obligation et hipothèque de tous et ungs chacuns leurs biens et des biens de leurs hoirs, meubles et immeubles présans et advenir, lesquelz quant à ce elles ont dict, tous soubzmis et obligez à touttes courtz, justices royaulx et jurisdictions quelconques, pour estre contrainctes, icelles parties et chacune d'elles en droict soy, à tenir, entretenir ferme et stable et avoir pour agréable, faire, parfaire, entériner et accomplir et avoir, lesdictz de la Roëre et sa femme, payé le contenu en ces présentes. Tout ainsy et par la forme qu'il est cy-dessus dict et déclaré, sans jamais aller ne venir au contraire en aulcune manière, sur peine de rendre et restituer l'une à l'aultre, sans aulcung plaidz ou procès, tous coustz, despens, dommages et intérests qui par défault de ce ensuivre s'en pouroient; renonçant en ce faisant par icelles parties, à tous us et coustumes de pays, à tout retour de chastellenye et de prévosté, à la dispense de leur serment, et à touttes choses, à ces lettres contraires leur contenu, effect et exécution, et au droit disant général renonciation non valloir, mesmement ladicte demoiselle Jehanne, au droict de velleyan à l'especial.... dont elle esté certioré par lesdictz notaires, et à tout aultre droict faict et introduict en la faveur des femmes. En tesmoing de ce nous, ledict Favier, prévost et garde dessunommé, avons scellé ces présentes des scel et contrescel de ladicte prévosté, par le rapport de Nicolas Prudot, commis du tabellion royal dudict Troyes, avec son seing manuel cy mis au rapport desdictz Hugot et Guillaume Rogier, notaires susdicts, qui ont signé de leurs seings manuelz le bref ou notte de ces présentes. Ce fut faict, passé et stipullé audict lieu de Chamoy, en l'étendue dudict bailliage, le trente uniesme et dernier jour de décembre, l'an mil cinq cens quarante.

(Archives de **Chastellux**, *Grand Inventaire des Titres*, chap. X, n° 16 de la liasse cotée L. Expédition sur papier de 1631.)

CCIV.

Tutelle des enfants de Louis de Chastellux et de Jeanne de la Roëre.

(1549.)

Georges Filsjean, licencié en droit, conseiller du roi, notre seigneur, et lieutenant au bailliage d'Auxois, siége d'Avalon, sçavoir faisons que ce jourd'hui, V février MDXLIX, nous, séant par jugement au chastel de Chastelux, a comparu honorable homme, messire Symon Suchon, procureur du roi, notre seigneur, audit bailliage, d'une part ; et noble seigneur, messire Loys de Chastelux, chevalier, seigneur dudit lieu ; dame Barbe de Hochberg, mère dudit sieur de Chastelux ; noble seigneur Philipes de Chastelux, seigneur de Bazarne; Olivier de Chastelux, seigneur de Colanges ; demoiselle Charlotte de Montmorillon, dame de Billy et Bazoches ; François de la Roëre, seigneur de Chamoy ; demoiselle Ilaire Raguier, sa femme ; Jacques de la Roëre, escuier ; François de la Rivière, seigneur de Courvol et de Dambernart ; demoiselle Marguerite de la Roëre, sa femme ; messire Jean de Jaucourt, chevalier, seigneur de Villarnoul ; Jaques-aux-Espaules, seigneur de Pisy et de Praesles ; Loup de Saint-Quentin, seigneur de Forrone ; Jehan d'Aulenay, seigneur de Beulgnon ; Jean d'Aulenay, seigneur de Lie, noble et sage personne Esme Raguinot, archidiacre de Cézane, diocèse de Troye. . . . puis trois mois en çà ou environ, noble dame Jehane de la Roëre, espouse dudit seigneur de Chastelux, seroit allée de vie à trespas, audit lieu de Chastelux, délaissant à elle survivants, Olivier, Claude et Esmée de Chastelux, ses enfans, et dudit Lois de Chasteluz. . . . . . . Ledit seigneur de Chastelux en a la garde noble, balisterie et administration, et pour curateurs, du côté paternel, lesdits de Bazarne et Colanges, et du maternel, François de la Roëre, seigneur de Chamoy, leur ayeul maternel, et Jaques de la Roëre, son fils, leur oncle maternel, ce qu'ils ont accepté.....

(GAIGNIÈRES, DCLVIII; *Nouveau Livre noir*, p. 163.)

CCV.

Transaction entre Olivier de Chastellux et ses frères.

(1550.)

.... L'an MDL, XVII avril, après Pasques......, nobles seigneurs Philippes de Chastelux, seigneur de Bazarne ; Loys de Chastelux, seigneur dudit lieu, et Olivier de Chastelux, seigneur de Collanges-les-Vineuses, frères germains...disant lesdites parties qu'elles estoient en procez par devant le bailly d'Auxerre ou son lieutenant, parce que ledit Olivier prétendoit que, par le partage fait entre eulx des terres à eux advenues par les successions de feuz messire Philipes de Chasteluz, chevalier, leur père, et Claude de Chastelux, leur frère, la propriété de Colanges et Val-de-Mercy. . . . chargé de l'usufruit envers dame Barbe de Hochberg, leur mère .... il auroit esté déçu et blessé voere d'oultre moitié, et qu'il fust procédé à nouvel partage... se sont, pour ce, soubmis au jugement de révérend père en Dieu, messire François Dinteville, evesque d'Auxerre ; messire Humbert de la Platière, chevalier, seigneur de Bordillon ; François de la Rouère, seigneur de Chamoy ; Jacques-aux-Espaules, seigneur de Pisy et de Praesles ; Jean de Jaulcourt, chevalier, seigneur de Villarnoul, et Marc de Langhac, dit de l'Espinasse, seigneur d'Esnon, par eux choisis pour amiables compositeurs :

disoit, ledit Philipes de Chastelux, avoir esté mis en procez par messire Jehan Bothillac, chevalier, seigneur de Resson, ou son fils ayant transport et droit de luy, pour le payement d'arrérages deus à cause de rente constituée pieça par feu messire Philippes de Chastelux, leur père, à Antoine Bothillac, seigneur d'Aspremont ; et, après avoir, sur ce, conféré avec madame Barbe de Hochberg, leur mère, vefve dudit défunt leur père, et à présent femme séparée de Philipes de Champignolles, seigneur de Villemolin, de son consentement, entièrement, ont icelles parties, accordé et convenu, tiennent le partage et feront jouir ledit Olivier des terres de Colanges et Val-de-Mercy, par devant André Fillon, notaire royal de la coutume de Bourgogne.

(GAIGNIÈRES, DCLVIII ; *Nouveau Livre noir*, p. 173.)

CCVI.

Mariage de Louis de Chastellux et d'Anne de Loges.

(1551.)

En nom de notre Seigneur, amen. L'an MDLI, le XXII avril, après Pasques, en la maison seigneuriale de Montoillot, bailliage d'Auxois, païs de Bourgogne, noble seigneur Loys de Chastelux, chevalier, baron et seigneur dudit lieu, d'une part ; et noble demoiselle Anne de Loges, fille de feu haut et puissant seigneur messire Hugues de Loges, vivant chevalier, seigneur de la Boulaye et Chally en l'Auxois, et lieutenant pour le roi en ses païs et duché de Bourgogne, et de noble dame Charlotte du Mesnil-Simon, femme en premières noces dudit seigneur de Loges, et en deuxièmes de noble seigneur messire Henry d'Esguilly, chevalier, seigneur de Montoillot, d'autre part. . . . Ladite Anne épouse ledit Louis ; elle est mariée pour tous ses droits échus par partages faits entre elle et noble seigneur Simon de Loges, seigneur de Chailly, bailli d'Autun et de Montcenis, présent, le XIII avril MDLI, après Pâques, par devant Corsere et Hugues Point, notaires jurés de la chancellerie de Bourgogne. Présens, noble seigneur messire Henry d'Esguilly, chevalier, seigneur de Montoillot, de Rouvre et de Grosbois ; noble seigneur Jean de Loron, seigneur de Domecy ; noble Remond de la Coste, capitaine du châtel de Regnaud d'Ostun ; noble et sage messire François Allixant, lieutenant et bailli et chancelier d'Autun, et Pierre de Clugny, licencié ès-droit, demeurant à Avallon....

(GAIGNIÈRES, DCLVIII ; *Nouveau Livre noir*, p. 162.)

CCVII.

Mariage de Jacques d'Esguilly et de Claude de Chastellux.

(1560.)

L'an MDLX, le VI janvier, noble seigneur messire Loys de Chastelux, chevalier, baron et seigneur dudit lieu d'Alonne et leurs apartenances, et demoiselle Claude de Chastelux, sa fille, et de feue demoiselle Jehanne de la Roëre, sa femme en premières noces, d'une part ; et noble seigneur Jaques d'Esguilly, seigneur de Chassy, du Chemin, et Saint-Sernin, du Deffend et de Lucenay, usant de ses droits. . . . Ledit Jacques épouse ladite Claude par l'avis de noble seigneur Olivier de Chastellux, seigneur de Coulanges-les-Vineuses ; messire Simon de Loges, seigneur de la Boulaye, de Chailly et bailli d'Autun ; messire Guy de la Tournelle, chevalier, seigneur dudit lieu ; Balthasar de la Tournelle, seigneur de Monjardin ; Jean de Loron, seigneur de Domecy-sur-Cure ; François de Bertholon, seigneur de Villars ; Pierre de Bongars, seigneur de la Grenolière, et autres. Ledit sieur de Chastellux donne à sadite fille, pour tous ses droits, 9,000 livres escheuz et à eschoir.....

(GAIGNIÈRES, DCLVIII ; *Nouveau Livre noir* p. 162.)

CCVIII.

Mariage de René de Meun avec Edmée de Chastellux.

(1564.)

En nom de notre Seigneur, amen... L'an MDLXIV, le VIII octobre, haut et puissant seigneur messire Loys de Chastelux, chevalier, baron et seigneur dudit lieu et d'Alonne, gentilhomme ordinaire de la chambre du roi et lieutenant de la compagnie de cent hommes d'armes du sieur de Bordillon, maréchal de France, et demoiselle Esmée de Chastelux, sa fille et de feue dame Jehanne de la Roëre, en présence de nobles et puissants seigneurs messires Philipes et Olivier de Chastelus, seigneurs de Bazarne et de Colanges, et de noble seigneur Jaques de la Roëre, seigneur de Chamoy et du Saint-Sepulchre, et Haldebert de la Roëre, chevalier de l'ordre de Saint-Jean de Jérusalem, oncles d'icelle demoiselle, d'autre part ; noble seigneur Reyné de Meung, fils de noble seigneur Barthélemy de Meung, dit de la Ferté, seigneur de la Ferté-Aurain, Millebert, Chevry et Chalement, et de demoiselle Françoise du Verne, par procurations dudit seigneur et demoiselle, aportées par noble seigneur Mre Adrien de la Rivière, chevalier, seigneur de Champlemy, et Pierre de Chenuz, seigneur de Charentonnet et de Carisey, avec Regné et Jean de Meung, frères, seigneurs de Doys et Boisjarden ; Charles et Jean de Trousschois, frères, seigneurs de Villegenoul. . . . . Ledit René épouse ladite Edmée, au château de Chastellux, par devant Philippe Regnard, notaire royal d'icelle cour, en présence desdits seigneurs parens, et de nobles seigneurs messires Simon de Loges, chevalier, seigneur de la Boulaye, Chailly en Auxois et bailli d'Autun ; Saladin de Montmorillon, seigneur de Vésigneux et de Saulx ; Jean de Loron, seigneur de Domecy-sur-Cure; François de la Rivière, baron dudit lieu ; Jean d'Aulenay, seigneur de Lys.....

(GAIGNIÈRES, DCLVIII; *Nouveau Livre noir*, p. 163.)

CCIX.

Foi et hommage par Olivier de Chastellux de ses terres de Coulanges-les-Vineuses et du Val-de-Mercy.

(1567.)

Charles, par la grâce de Dieu roy de France, à noz amez et féaulx les gens de noz comptes à Paris, au bailly d'Auxerre ou son lieutenant, et à noz procureurs et receveurs ordinaires audit lieu, ou leurs substituz et commis, salut et dilection. Sçavoir vous faisons que notre cher et bien-amé Ollivier de Chastelus, chevalier, seigneur de Collanges-les-Vineuses et du Val-de-Mercy, nous a, cejourd'huy, faict au bureau de notre Chambre desditz comptes, les foy et hommaige qu'il nous estoit tenu faire pour raison du chastel, ville fermée et chastellenie dudict Collanges-les-Vineuses et du chastel et bourg du Val-de-Mercy, leurs appartenances et dépendances, le tout tenu et mouvant de nous à cause de notre conté d'Auxerre, et audict de Chastelus, appartenant par le trespas et succession de feu messire Philipes de Chastelus, son père ; à quoy il a esté receu sauf notre droict et l'aultruy. Sy vous mandons et à chacun de vous si comme à luy appartiendra que sy, pour cause desdictz foy et hommaige non faictz, les choses cy-dessus desclarées ou aulcunes de leur dictz appartenances et deppendances sont ou estoient mises en notre main, ou autrement empêchées, vous les mettez ou faictes mettre ausdit de Chastelus ou de leur (*sic*) incontinent et sans deslay, pourveu que dedans temps deu il en baille par escript en notre Chambre des comptes ses adveux et dénombrement, faict et paye les aultres droictz et devoirs saulcuns nous sont pour ce deulz, si faictz et payez ne les a. Donné à Paris le vingt-cinquième jour de février, l'an de grâce mil cinq cent soixante-sept, et de notre règne le septième.

(Archives de l'Empire, P, 14, f° 319.)

CCX.

Mémoire des frais funéraires de Philippe de Chastellux, seigneur de Bazarne.

(1575.)

Ce sont les services et oubsèques faictz en l'église de Bazarne au trespas et depuis pour nouble et puissant seigneur messire Philippe de Chastellux, chevalier, en son vivant seigneur de Bazarne, Sainte-Pallaye, Prégilbert, Séry, Trucy-sur-Yonne, Fontenay, Bray, Bréviandes, vicomte d'Avallon, chanoine héréditaire de l'église cathédrale Monseigneur Sainct-Estienne d'Auxerre, iceulx faictz ès frais et diligence de ma noble damoyselle Marthe de Culon, veuve dudit seigneur, lequel décedda en son chastel dudict Bazarne, le sabmedy cinquiesme jour du moys de juin, l'an 1574, envyron six heures du matin; fut inhumé en l'église dudict lieu, près le grand autel, le jour ensuyvant, jour de feste de la très Sainte Trinité, sixiesme dudict moys.

Cedict jour fut célébré ung service solennel de trois haultes messes et trois basses par les curés de Sainte-Pallaye, Séry, Prégilbert, Fontenay, messire Guillaume Berthelot et messire Jacques Lelièvre, avec le curé de Bazarne. Sont aussy esté célébrées audit service vigiles et recommandations, et le psaultier : 37 sous 6 deniers.

Ma dicte damoyselle a fait célébrer en l'église dudict Bazarne une messe basse par chacune sepmaine ung an durant, avec vespres de mortz par chacun sabmedy, et chacun dimanche ung *Libera me Domine*, sur la fosse de mondit seigneur : 14 livres.

Ont été célébrées trente-six messes basses par divers jours en l'église dudit Bazarne, pour le salut de mondit seigneur, ès quelles ou à grande partie d'icelles ont assisté mesdemoiselles de la Mothe, du Bouchet, de Lye et autres : 4 livres 10 sous.

Le jeudy, xie jour de juillet l'an que dessus, fut célébré ung aultre service solennel en l'église dudict lieu, pour le remède de l'âme de mondit seigneur, de vigilles, recommandans, trois haultes messes et trois basses messes par lesdits curez et aultres : 32 sous 6 deniers.

Item quarante jours après le susdit service, en fut célébré ung semblable en ladite église pour le salut de mondit seigneur : 32 sous 6 deniers.

Item le cinquiesme jour du moys de juin l'an 1575 ou environ la fin de may, ung tel et semblable service : 32 sous 6 deniers.

Item le cinquiesme jour du moys de juin l'an 1576, ung service fut célébré en l'église dudit Bazarne pour le salut de l'âme de mondit seigneur, de vigilles, recommandans, deux haultes messes et une basse, par les curez de Cravant, Sainte-Pallaye et Bazarne : 24 sous.

(Note du sieur Coqueray, curé de Bazarne, conservée aux archives de l'Yonne.)

CCXI.

Mariage d'Anatole-Louis de Pontailler et d'Antoinette de Chastellux.

(1578.)

Advis sur le mariage passé au chastel et maison-fort de Chastelux, le quatriesme mars dernier, entre noble seigneur Anathoile-Lois de Pontaillier, fils de haut et puissant seigneur messire Paul de Pontailler, chevalier de l'ordre du roi, gentilhomme ordinaire de sa chambre, gouverneur pour Sa Majesté en la citadelle de Metz, et capitaine de 400 hommes de guerre à pied, françois, ordonnez pour la garde d'icelle, et Anthoinette... Louis, seigneur de Chastelux et d'Alonne, et noble dame Anne de Loges, espouse dudit sieur de Chastelux, d'autre part....

A Dijon, le XIII may MDLXXVIII.

(GAIGNIÈRES, DCLVIII; *Nouveau Livre noir*, p. 164.)

CCXII.

Mariage de Jean de Traves et de Barbe de Chastellux.

(1578.)

...XIII décembre MDLXXVIII... Pardevant Claude Bouchot, garde du scel à Avallon, noble seigneur Jean de Traves, fils de défunt noble seigneur Celse de Traves, usant de ses droits, de l'autorité de messire Charles de Saint-Ligier, chevalier de l'ordre du roy, seigneur de Rully et Saint-Ligier; noble seigneur Jean de Saint-Ligier, son fils, présent, son procureur; demoiselle Barbe de Chastelux, fille de feu noble seigneur Philippe de Chastellux, chevalier, seigneur de Bazarne, et de feu noble Anne Raguier. Présens : haut et puissant seigneur Lois de Chastellux, chevalier de l'ordre du roi, sire et baron dudit lieu et d'Alone, et dame Anne de Loges, son espouse; noble seigneur Jacques d'Esguilly, seigneur de Chassy; demoiselle Claude de Chastelux, son espouse, demoiselle Jehanne de Chastelux, vefve de feu noble seigneur François d'Olenay, seigneur de Lye, sœur de Barbe, et noble seigneur Gilbert de Quarreault, seigneur de la Rippe, curateur de ladite Barbe ....

(GAIGNIÈRES, DCLVIII; *Nouveau Livre noir*, p. 217.)

CCXIII.

Accord entre la dame de Coulanges et ses trois enfants.

(1581.)

Comparurent en leurs personnes : noble dame Anne de Groussouve, femme de noble seigneur messire Edme de Ponville, chevallier de l'ordre du roy, seigneur des Chastelliers et Flacy, gentilhomme ordinaire de la chambre du roy, lieutenant de cinquante hommes d'armes de ses ordonnances, et sufizament auctorisée dudit sieur de Ponville, présent, d'une part; et noble seigneur Olivier de Chastellux, seigneur de Collanges; Jehan de Giverlai, seigneur de Chastel, et damoizelle Jeanne de Chastellux, sa femme, aussy celuy suffisamment auctorisée, enfans héritiers pour les deux tiers de feu noble seigneur Olivier de Chastellux, vivant sieur dudit Collange, du Val-de-Mercy; et laditte dame Anne de Groussouve, vefve en premières nopces dudit deffunt sieur de Collanges, d'aultre part; lesquelles parties, mesme cesdittes dame et damoizelle, de leur auctorité et consentement de leursditz mariz, suivant l'advis de noble seigneur messire Claude du Temple, chevallier de l'ordre du roy, sieur de la Ferté-Imbault; messire Claude de Regnier aussy chevallier dudit ordre, sieur de Guerchy, gentilhomme ordinaire de la maison du roy, et messire Gaspard de Visernay, aussy chevallier dudit ordre, sieur du Vault-Lamore, que lesdittes parties ont dit avoir esté assemblés au lieu de Champoulet, le vingt-sixiesme febvrier dernier passé, pour terminer et asseurer pluzieurs différends quy estoient et mouvoient entre elles, concernant le douaire de laditte dame Anne de Groussouve, par stipulations et conventions matrimonialles portée par le contrat de mariage, dudit deffunt sieur de Collange, et de la gestion et administration des biens et droitz tant meubles que immeubles délaissés par icelluy deffunct, deniers par luy receus, des droitz et biens proceddant d'icelle dame, nouriture, entretenement et advancement de leurs enffans, et génerallement tout ce quy peult estre contentieux entre lesdictes parties, non-seullement pour ces choses cy-dessus spécifiées, mais de toute aultre quelquonque, sans aulqune réserve ny exeption, encorre par l'advis desditz sieurs de Guerchy, de la Ferté, et de messire Francois Conquand, lieutenant audit bailliage du Val-de-Mercy, et de messire Loys Tubold, proquereur fiscal présidial, lesdictes parties ont acordé et transigé en la forme qui s'ensuit: C'est que lesditz sieurs de Chastellux, de Giverlai et sa femme ont dit et desclaré bien savoir et entendre tout le contenu de ces présentes avant que l'avoir esté rédigées par escript, c'est assavoir que laditte dame, de l'auctorité et consentement dudit sieur de Ponville, renonce aux droictz de balliaz et à l'autentique sy qu'à articles et aultres droictz introduitz en la faveur des femmes, à elle desclarée par le juré soussigné, et telle que femme ne peult obliger, vendre, alliéner ny ipotecquer, ny semblablement interséder pour aultruy, mesme pour sondit mary, sans expresse renonciation desditz droitz ausquels elle a renoncé, et renonce et quitte audit sieur Olivier de Chastellux, Jean de Giverlay et sa femme, enfans dudit deffunt et d'elle, ledit doyre à elle accordé par son traité de mariage par somme de trois cent livres tournoiz de rante, et en la jouissance par forme d'usufruictz de la maison seigneurialle dudit Val-de-Mercy, ensemble tous précipuz et conventions matrimonialles à elle deues par ledit contrat, et tous arrérages et intérestz qu'elle pourroit prétendre contre sesditz enfans pour n'avoir elle ledit doyre et préciput paiés depuis le décepds dudit deffunt jusque à présent. Comme aussy elle remet et quitte tous les deniers receuz par ledit deffunct, procédant de ses droictz propres et par acord et composition desditz droitz. véritablement la dernière, par l'advis du sieur de la Couldre, à cause de la vente à luy faitte de pluzieurs éritages à elle appartenant, encorre que lesditz deniers aient esté employés pour lesditz enfans, lesquelz ont à elle quitté de tous frais faitz et deniers desboursés pour leur nouriture, entretenement et advancement; encorre leur dellaisse les méliorations, réparations avec les acquisitions faittes tant du vivant dudit deffunt sieur de Collange que depuis son décepds, à la charge des rentes et redebvances dont lesdites aquizitions seront chargées, sans que d'icelles elle soit tenue d'aulqune garantie envers sesditz enfans, à la réserve toutefois de la métairie de Bonnoz et aultres esritages aquis par laditte dame de feu messire Olivier Fodriac, lieutenant particulier au bailliage d'Auxerre, et sa femme, que ladite dame s'est réservé par lad......, et acquite lesditz enfans des arrérages de la rente deue à l'Universitté de Paris, jusques au vingtiesme aoûtz dernier passé includs, et de toutes closes par elle créées depuis le décepds dudit deffunt sieur de Collanges; et quant aux debtes créés pandant sa viduitté, elle entend en demeurer quitte, sy aulquns se trouvat encorre deulz, forz et exepté de celle qui a esté paiée et aquittée par laditte dame depuis le décepds d'icelluy deffunct, dont lesditz enfans demeurent quittes, soient debtes personnelles, rentes constituées ou aultres, et de celles debtes quy n'auroient esté paiés ny aquittés, la promet aquitter envers et contre toutes personnes; en oultre leur dellaisse, laditte dame, le rachapt et son principal des rentes constituées à son proffit pendant sa viduitté, avec les arrérages quy en pouroient cy-après eschoir; plus leur délaisse, laditte dame, tout le bestial soieuz, bestes chevallines, à laines que aumaille estant audites deulx métairies dudit Val-de-Mercy, emplement spésifiés par le bail et admodiation fait à Edme Saulnier, de la terre du Val-de-Mercy, moyennant la somme de quarante esqus soleil, que lesditz enfants sont tenus luy en paier pour la portion que laditte dame a et peut prétendre audit bestial. Lequel paiement à laditte somme se fera par les mains dudit Saulnier, sur et en desduction du prix de son admodiation, au terme quy escherra au jour de Noël prochainement venant, deuz, et en ce faisant, icelluy Saulnier demeurera quitte d'aultant; et encore laisse, dellaisse icelle dame, six challitz et deulx tables quy en tirent, dont l'une est au chastel dudit Collange et l'aultre audit Val-de-Mercy; deux buffetz, une couverture et la moytié de la vaisselle d'estain estant au Val-de-Mercy; le tout ce que desus, tant meuble que immeuble, debtes actives et passives, constituée, aquizitions, métairies, que nulle choze cy-desus est en ces présentes et desclarée, tant d'une part que d'aultre par les parties, pourront et appartiendront ausdictz sieur de Collanges, de Chastres, et sa femme, quy sont les directeurs, et sans préjudice de l'aultre tiers apartenant à Loys de Chastellux, l'ung des enfans dudit deffunt et de laditte dame, de présent mineur, moyenant que ledit sieur Olivier de Chastellux, et Giverlay, et sadite femme seront tenus de paier à laditte dame, par chacqun an, la somme de quatre cent livres tournois, quy est à chacqun d'eulx la somme de deulx cent livres, laquelle ilz ont assigné et assignent sur le droit quy leur comporte et appartient sur les fours bannaulx dudit Collanges, l'estant lesditz fours ce monte par an, sinon sur le minage et boucheries dudit lieu, et généralement sur tout ungs et chacqun leurs biens, sans que la généralité fasse préjudice à la spécialité, ny la spécialité à la généralité. Produict pardevant Comanevant, au jour de Toussaint proche venant et d'illec en avant, et ce quy paiera par les mains des admodiateurs et receveurs contables qui seront establis en deffault d'admodiation, et le tout durant la vie de laditte dame de Pontville seullemant, moyenant aussy qu'elle demeure quitte et deschargée des fraicz et levée des droictz desditz enfans et desditz meubles et de toute la charge et administration qu'elle a sy-devant euz d'eulx et de leursditz droitz, et sans qu'il en puisse ny après faire instances à l'encontre dudit sieur de Pontville ou elle, et ce pour la part et portion desditz Olivier et Jeanne de Chastellux, demeurant au surplus à laditte dame tous les aultres meubles cy-dessus non déclarés, avec toutes les debtes qui sont et se trouveront créés à son proffit pandant sadite viduité, mesme les deniers deubz par ledit sieur de la Rivière aux....... et Champêtre, jusque audit jour vingtiesme aoust, et par Edme Saulnier, desquels elle veut estre chargée à l'expiration dudit bail; et encorre luy demeureront soixante et dix arpans de bois taillis, apellez les bois Fromages, avec la maison quy soulloit appartenir à Pierre Bressuat et Olivier Gussenat, assis audit Val-de-Mercy, ensemble deux arpans de terre ou environ, atenant ladite maison; lesquelz éritages laditte dame a réservés et exeptez du marché cy-desus fait à ses enfans, et ce à leur esgard pour en jouir par elle par forme d'usufruit, sa vie durant seullemant, toute poursuitte et acte généralemant quelquonque, sans aulquns en réserver ny exepter, combien que mention n'en soit faitte par lesdittes présentes, respectivement quitte et remize; lesdittes présentes seullement demeureront seulles en toute force et vertu, le tout par les portions quy sont les deux tiers desdits sieurs Ollivier et Giverlay et sa femme, comme dit-on. Car ainsy, obligeant..... Faict et passé avant midy en la maison seigneuriale dudit Val-de-Mercy, en présence de honorables hommes Jean Sollot, Sébastien Foudriat, marchand, bourgeois demeurant audit Collanges-les-Vineuses, et honorable homme Edme Saulnier, admodiateur de la terre et seigneurie du Val-de-Mercy, demeurant audit lieu, tesmoings, le neufiesme jour d'avril, l'an mil cinq cent quatre-vingt-et-ung.

(Archives de Cadot; *Nouveau Livre noir*, p. 332.)

CCXIV.

Contrat de mariage d'Olivier de Chastellux et de Marguerite d'Amboise.

(1583.)

A tous ceulx qui ces présentes lettres verront, Anthoine Duprat, chevalier de l'ordre du roy, seigneur de Nantoillet, Précy, Rozay, et de Formeries, baron de Thoury et de Viteaulx, conseiller de Sa Majesté, son chambellan ordinaire, et garde de la prévosté de Paris, salut. Sçavoir faisons que pardevant Jehan Thireul et François Herbin, notaires du roy, nostre dit seigneur, en son Chastellet de Paris, soubzsignez, furent présens en leurs personnes hault et puissant seigneur messire Jacques d'Amboise, chevalier de l'ordre du roy, marquis de Reynel, baron de Bussy, Vauvray, Maulru et Perrigny, estant de présent en ceste ville de Paris, logé en la maison du Pillier-Verd, assis rue des Jardins, paroisse Sainct-Paul, ou nom et comme stippulant en ceste partye pour damoiselle Marguerite d'Amboise, fille de luy et de défuncte dame Catherine de Beauvau, son espouze, d'une part; et seigneur Olivier de Chastelluz, seigneur et baron dudict lieu, gentilhomme ordinaire de la chambre du roy, demeurant audit lieu de Chastellux, pays de Bourgongne, estant de présent en ceste ville de Paris, en son nom, d'autre part; lesquelles partyes, de leurs bons grez, en la présence et par l'advis de noble homme et saige messire Jehan Danguechin, conseiller du roy, et son procureur général en sa court des aydes, amy et conseil dudict sieur de Bussy, et de messire Françoys de la Magdalene, chevalier de l'ordre du roy, gentilhomme ordinaire de sa chambre, sieur de Raigny; messire Joachim de Rochefort, aussy chevalier dudict ordre, gentilhomme ordinaire de sa chambre, sieur de Plimont; Anne de Rochefort, escuier, sieur de Marcul; Jehan-Loys de Sainct-Quentin, seigneur de Fourronnes, gentilhomme ordinaire de la chambre dudict sieur; Pierre de Blanchefort, escuier, sieur de Dannoys, cousins dudict sieur de Chastelluz; René de Meung dit de la Ferté, escuier, beaufrère, et noble homme messire Pierre Dilac, advocat en la court de Parlement, amy et conseil dudict sieur de Chastelluz, recongnurent et confessèrent avoir faict, feirent et font ensemble de bonne foy les promesses, accords et conventions qui ensuivent: C'est à sçavoir ledit sieur de Bussy avoir promis et promect donner et bailler par nom et loy de mariaige, ladicte damoiselle Marguerite d'Amboise, sa fille..... présente et de son consentement, audict sieur de Chastelluz qui icelle a promis et promect prendre à sa femme et espouze, et icelluy mariage solempniser en face de saincte église appostolicque et romaine, dedans le plus brief temps que faire ce pourra, et qu'il sera advisé et délibéré entre eulx. En faveur et contemplation duquel futur mariaige, et pour icelluy parvenir, ledict seigneur de Bussy a promis et accordé ausdictz sieur de Chastellux et damoiselle, la somme de treize mil trois cens trente-troys escus ung tiers, à prendre sur les denyers proceddans de la vendition qui a esté faicte à monsieur le duc de Joyeuse de la terre, seigneurie et baronnye de Saxefontaine ; et oultre ce, luy a promis et accordé la somme de trois mil troys cens trente-trois escus : un tiers à prendre après son décedz et non plus tost, sur tous ses héritaiges et biens aultres que ceulx dudict Saxefontaine, et ce oultre et par-dessus ce qui peult appartenir à ladicte Marguerite d'Amboise à cause de la succession d'icelle défuncte dame Catherine de Beauvau, sa mère ; à la charge, touteffois, que ledict seigneur de Bussy joyra, sa vye durant, du profflct de ladicte somme de treize mil troys cens trente-trois escus ung tiers, à la raison du denyer vingt, qui est chacun an six cens soixante-six escus deux tiers, par les mains dudict sieur de Chastelluz, lequel sera tenu, en recevant ladicte somme, bailler caution suffizante, agréable, audict sieur de Bussy, en ceste ville de Paris, de Victry, Chaulmont ou Troyes, qui s'obligera avec ledict seigneur de Chastellux, ung seul et pour le tout, sans division ne discution, au payement et continuation desdictz six cens soixante-six escus deux tiers ; et où ladicte somme ne pourroict estre receue sur les pris de la vendition dudict Saxefontaine, sera asseuré sur tous et chacuns les biens dudict sieur de Bussy, pour l'avoir et prendre, après son décedz, sur lesdictz biens que à ceste fin il a obligez et ypotecquez, oblige et ypotecque par ces présentes, à la charge aussy que lesdictz seize mil six cens soixante-six escus deux tiers sortiront à ladicte future espouze et aux siens, nature de propre, dont sera faict assiette par ledict sieur de Chastelluz en recevant ladicte somme sur ses terres de proche en proche, et de laquelle somme en demourera audict futur espoux, troys mil trois cens trente-troys escus ung tiers, qui luy seront ameublis et sans retour, pourveu qu'il survive ladicte damoiselle, sa future espouze, sans enfant lors vivant, et non aultrement ; et de manière que s'il décède le premier, toute ladicte somme de seize mil six cens soixante-six escus deux tiers demourera propre à icelle damoiselle, comme dict est. En contemplation duquel mariaige futur, ledict sieur de Chastellux a doué et doue ladicte damoiselle Marguerite d'Amboise, sa future espouze, de cinq cens escus d'or soleil de rente en douaire préfix, à l'estimation de dix années l'une, à les avoir et prendre sur toutes les terres, seigneuries, héritaiges et biens dudict sieur futur espoux, telz que bon semblera à icelle damoiselle, de proche en proche, avec ses habitz et bagues cy-après déclairez, et telle maison et pourpris qu'elle vouldra prendre et choisir pour sa demeure, tant que douaire viaiger aura lieu, oultre lesdictz cinq cens escus de douaire. Seront lesdictz futurs mariez, si bon semble à ladicte damoiselle, ungs et commungs en tous biens meubles et conquestz immeubles, et mesmes ès acquectz faictz par ledict sieur de Chastelluz, auparavant le présent mariage ; et pourra ladicte damoiselle future espouze, revenir à la succession paternelle avec ses aultres frère et sœur en rapportant ou moings prenant, au cas que ledict seigneur de Bussy n'en aict disposé entre vifs, par testament ou aultrement. En oultre est accordé que ledict sieur de Chastelluz pourra, recevant les denyers cy-dessus, les mectre en quelque aultre terre, au profict de ladicte future espouze, commode ausdictes partyes, et par leur consentement et advis; en quoy faisant, son bien sera deschargé de l'assignat. Et quant à la succession paternelle et maternelle de ladicte future espouze, ne pourront lesdictz futurs espoux les vendre, synon à la charge de les remployer à l'instant en aultre assiette de terre commode ausdictes partyes, et par leur advis et consentement. Lequel remploy ainsy faict sortira nature de propre à ladicte future espouze; et si ledict sieur de Chastelluz, futur espoux, vend de ses héritaiges propres, seront les denyers pareillement remployez en aultres héritaiges pour luy sortir pareille nature; synon seront les denyers reprins sur les acquestz. Ledict sieur de Chastelluz a promis donner à ladicte damoiselle, sa future espouze, auparavant le jour des espouzailles, pour mil escus de bagues, qui demoureront à icelle damoiselle par préciput en cas de survivance par elle ; et pour l'asseurance que ledict sieur de Chastelluz et ladicte damoiselle, sa future espouze, ont de l'honnesteté et bons offices qu'ilz espèrent recevoir l'ung de l'autre, se réservent puissance et pouvoir de donner et gratiffier l'un l'aultre de donnations, et ce pour satisffaire à la coustume de Bourgongne par laquelle on ne peult donner après, s'il n'est expressément réservé par le contract de mariaige. Car ainsy a esté le tout cy-dessus dict, convenu et expressément accordé entre lesdictes partyes, ausquelles a esté notifyé le controlle des présentes suivant l'eedict; lesquelles partyes ont promis et juré, chacune d'elles endroict soy, par les foy et serment baillez, mis et jurez corporellement ès mains desdictz notaires, comme en la nostre souveraine, pour le roy, nostre dict seigneur, ces présentes et tout le contenu en icelles avoir et tenir pour bien agréables, fermes et stables à tousiours, sans jamays aller au contraire, sur peyne de tous despens, dommaiges et intérestz payer, soubz l'obligation de tous et chacuns leurs biens meubles et immeubles présens et advenir qu'ils, chacun endroict soy, en ont soubzmis et soubzmectent pour ce du tout à la justice, jurisdiction et contraincte de ladicte prévosté de Paris et de toutes aultres justices et juridictions où seanz et trouvez seront, pour le contenu cy-dessus accomplir; et renoncèrent en ce faisant, par leursdictz foy et serment, à toutes choses généralement quelzconques à ces lettres contraires, et au droit disant générale renonciation non valloir. En tesmoing de ce nous, à la relation desdictz notaires, avons faict mettre le scel de ladicte prévosté de Paris à cesdictes présentes lettres qui, faictes et passées furent triples en ladicte maison du Pillier-Verd, l'an mil cinq cens quatre-vingtz-troys, le mercredy, après midy, sixiesme jour d'avril. Cestes pour servir audict seigneur de Chastelluz, lequel de Chastelluz, ledict seigneur de Bussy et tous les dessus nommez, ont signé en la minutte des présentes estant vers ledict Herbin.

(Archives de Chastellux, *Grand Inventaire des Titres,* chap. X, n° 42 de la liasse cotée M. Grosse en parchemin.)

CCXV.

Mariage d'Olivier de Chastellux et d'Anne du Plessis.

(1586.)

... Dimanche XIX janvier MDLXXXVI noble seigneur Olivier de Chasteluz, seigneur de Coulanges, fils de deffunt noble et puissant seigneur Olivier de Chastelux, vivant seigneur de Coulanges-les-Vineuses et du Val-de-Mercy, et de noble dame Anne de Grossouve, assisté de Jean de Guiverlay, seigneur de Chastres, son beau-frère; Loys d'Avantigny, seigneur de la Brunellerye, gentilhomme ordinaire de la chambre du roi; Sulpice le Pavot, seigneur de Villiers-le-Sec, gentilhomme de la chambre de M. le duc de Nivernois; Loup de la Ferté, seigneur de Fourrolles et de Putau, gentilhomme servant dans la maison du roi; Gabriel d'Assigny, seigneur de Saully, escuier d'escurie de madame de Nevers; François de la Couldre, seigneur dudit lieu et de Burlande; Jehan de la Roche, seigneur du Puy de Saisi; Olivier de Carreau, seigneur de la Rippe en partie, parens, amis et aliez dudit seigneur de Coulanges, d'une part; et noble demoiselle Anne du Plessis, fille de feu noble et puissant seigneur Jean du Plessis, vivant seigneur d'Asnières, la Grange-rouge, et de noble dame Loyse de Vieilchastel, à présent espouse de noble et puissant seigneur messire Cristofle de Tenance, chevalier de l'ordre du roi, seigneur dudit lieu, Champignelles ..... Présens: noble et puissant messire Charles du Plessis, conseiller, maistre d'hostel du roi, seigneur de Perrigny, Malicorne, Moncorbon, Haultefeuille, et la Court-Alexandre, son oncle paternel, Guy de Roffignac, seigneur de Meausse et de Sainquaise, son cousin; Jean du Malortis, seigneur de Cermont, cousin maternel; Odet de Courtenay, seigneur de Bellard; Charles de Courtenay, seigneur du Parc-Vieil, et autres parens et amis......

(GAIGNIÈRES, DCLVIII ; *Nouveau Livre noir*, p. 174.)

CCXVI.

Partage de la succession de M. de Coulanges.

(1587.)

A tous..... Nicolas Tribole, licencié ez lois, advocat au bailliage d'Auxerre et bailly de Colanges-les-Vineuses et du Val-de-Mercy, et garde du scel ausdits lieux: pardevant Pierre Loyset, notaire ausdits lieux, nobles seigneurs Olivier de Chastelux; Jehan de Giverlay, seigneur de Chastres; demoiselle Jehane de Chastelux, sa femme, autorisée dudit seigneur son mary, et noble seigneur Edme de Pontville, chevalier de l'ordre du roi, seigneur des Chastelliers, Flacy et Linard, gentilhomme ordinaire de la chambre du roi et lieutenant de cinquante hommes d'armes de ses ordonnances, au nom et comme tuteur et curateur de noble seigneur Loys de Chastellus, tous enfans de défunt noble seigneur Olivier de Chastellux, vivant seigneur de Coulanges-les-Vineuses et du Val-de-Mercy, et de noble demoiselle Anne de Groussouve, jadis sa femme, à présent femme dudit seigneur de Pontville; lesquelles parties, de l'advis de nobles seigneurs messire Claude Regnyer, chevalier dudit ordre, seigneur de Guerchy, gentilhomme ordinaire de la maison du roi; Jacques de Mung dit de la Ferté, chevalier dudit ordre, lieutenant de cinquante hommes d'armes de ses ordonnances, seigneur de Boisjardin, Escollives et Belleombre; Loup de la Ferté, seigneur de la Ferté, tous parens et amis desdites parties..... partagent les seigneuries de Colanges et Val-de-Mercy à eux avenus par le décez dudit défunt : audit Olivier, le manoir, chastel....... du Val-de-Mercy...... la haute justice, terre et seigneurie dudit lieu..... et à Jeanne et Louis de Chastelux, la terre, justice et seigneurie de Coulanges-les-Vineuses, entr'eux deux par indivis.... Lundy XIII avril MDLXXXVII.

(GAIGNIÈRES, DCLVIII; *Nouveau Livre noir*, p. 175.)

CCXVII.

Donation de l'abbaye de Reigny à Olivier de Chastellux par le Roi.

(1589.)

Aujourd'hui, huictiesme jour de novembre mil cinq cent quatre-vingt neuf, le roy estant au camp d'Estampes, désirant reconnoitre les bons et agréables services faits à Sa Majesté par le seigneur de Chastellux, lui accorde et fait don des fruits et revenus de l'abbaye de Rigny, près Cravant, au diocèse d'Auxerre, vaccant par la rébellion des titulaires d'icelle, pour les avoir et prendre et en joyr, à la charge de faire desservir laditte abbaye par personnes capables, y faire célébrer le service divin ordinaire et accoutumé en icelle par les religieux, avec leur nourriture et entretenement, payer et acquitter toutes les charges estant en icelle, ainsi qu'un bon et vrai administrateur doibt et est tenu de faire, attendant que Sa Majesté ait reconnu de quoi elle se devra prévaloir pour ses affaires, suivant le règlement sur ce fait, et jusques à ce que par elle autrement en soit ordonné. M'ayant commandé lui en expédier les provisions nécessaires, et ce pendant le présent brevet qu'elle a signé de sa main et fait contresigner par moi, son conseiller et secrétaire d'Etat.

HENRY. POTHIER.

(*Anecdotes avallonnaises*, in-4°, p. 777; bibl. d'Avallon.)

CCXVIII.

Acte de profession d'Angélique de Chastellux à Crisenon.

(1595.)

Ce jourd'huy mardy douziesme jour de septembre l'an mil cinq cens quatre-vingt quinze, damoyselle Angélicque de Chastellux, fille de hault et puissant seigneur messire Olivier de Chastellux, baron dudict Chastellux, gentilhomme de la chambre du roy, gouverneur pour Sa Majesté en sa ville de Cravant, et de madame Margueritte d'Amboyse, sa femme, ses père et mère, a prins et receu l'habit de religieuse céans en ceste maison, église et monastère Nostre-Dame-de Crisenon, ordre de Sainct-Benoist, dyocèse d'Auxerre, en présence de ladicte dame d'Amboyse, ayant procuration dudict sieur de Chastellux, son mary, pour cest effet, datté du dixième du présent moys et an, présantement exhibée sobz l'obéissance de sœur Olande de Montsaunin, abesse dudict lieu et de toutes les dames dudict abaye, qui l'ont humainement receue pour l'une de leurs seurs religieuses, ... estant ladicte de Chastellux asistée, avec ladicte dame sa mère, de messire Anthoyne de Chastellux, seigneur de Baserne, vicomte d'Avalon, et damoiselle Claude de la Bussière, sa femme; noble seigneur Philippes du Basscoin, et Claude de Lanty, escuyer, dont ladicte dame d'Amboyse nous a requis ce présent acte et procès-verbal pour luy servir ainsi que de raison, à elle octroyé en présence de M° Georges Ducrot, advocat au bailliage d'Auxois, de M° Jacques de Blosseville, prebtre dudit abaye; Jacques Guilly, greffier, avec moy, Rembert Tallnod, métayer, qui tous ont signé la présente pour rendre tesmoignage de ce que dessus.

(Archives de l'Yonne; fonds Crisenon; *Nouveau Livre noir*, p. 522.)

CCXIX.

Acte de remise du château de Cravan au Chapitre d'Auxerre par Olivier de Chastellux.

(1598.)

Ce jourd'huy mercredy, dix-huictiesme du mois de febvrier l'an mil cinq centz quatre-vingtz dix-huict, pardevant nous, Estienne Legeron, licentié ès-loix, advocat au bailliage et siége présidial d'Aucerre, lieutenant au bailliage de Cravant, en la maison et chastel de Cravant, s'est adressé hault et puissant seigneur messire Olivier de Chastellux, chevalier, seigneur, baron dudit lieu, gentilhomme ordinaire de la maison du roy, bailly d'Austun, vicomte d'Avallon, qui nous a dict que cy-devant, suyvant la volunté de Sa Majesté et mandement de monseigneur le maréchal de Biron, gouverneur de Bourgongne, à l'occasion des troubles qui ont régné en ce païs et lieux circonvoisins, il s'estoit chargé de la garde de ladicte maison et chastel pour le service de sadicte Majesté, et que à présent, recognoissant lesdictz troubles estre apaisez, et qu'il importe aux sieurs vénérables doien, chanoines et chapitre de l'église cathédrale Sainct-Estienne d'Aucerre, seigneurs dudit Cravant, qu'icelle maison et chastel soict remise en leurs mains pour en joir, user, s'en servir et posséder ainsy que auparavant, comme à eulx apartenant. A ceste occasion, et aussy suyvant aultre mandement de mondit seigneur le maréchal, et pour le désir qu'il a d'entretenir et maintenir l'amitié et confédération qui a tousjours esté entre ses devanciers seigneurs de Chastellux et lesditz sieurs vénérables de Chapitre, leur a remis et remect ladicte maison et chastel en leur possession, estant en tel et meilleur estat qu'elle estoit lorsqu'il s'en estoit chargé, à cause mesmes des réparations qu'il y avoit faict faire pendant le temps de la charge qu'il en avoit eue. Lesquelles réparations de mesme il remect et quicte voluntairement ausdictz vénérables de Chapitre. Ce que lesdictz sieurs vénérables de Chapitre, comparant par nobles et scientifiques personnes maistres Pierre Bérault et Gaspard Damy, chantre et chanoine de ladite église, députez et expressément envoyez pour cest effect, ont accepté. Lesquelz ont remercié très affectionément ledit sieur de Chastellux de la fidelle garde et remise qu'il leur a faicte de leur dicte maison et chastel. De laquelle remise et acceptation avons ausditz sieurs de Chastellux et de Chapitre, ce requérans, donné acte. Lesquelz sieurs de Chastellux, Bérault, chantre, et Damy, chanoine, députez, ont signé l'original du présent acte avec nous lieutenant, les dits jour et an que dessus.

(Archives de l'Yonne; fonds du grand Chapitre d'Auxerre; liasse cotée $\frac{3 \text{ G}}{6}$, sous-liasse 6; *Grand Inventaire des titres*, chap. X, liasse O, n° 6.)

XVIIe SIÈCLE.

CCXX.

Contrat de mariage de Guy de Chaugy et de Diane de Chastellux.
(17 février 1602.)

Au nom de Dieu, amen. Furent présens en leurs personnes hault et puissant seigneur messire Hugues de Chaugy, seigneur et baron de Rossillon, et noble seigneur Guyd de Chaugy, seigneur de Marrey, son fils, et de deffunte noble dame Caterine de la Tournelle, sa mère; ledit Guyd dehuement authorisé dudit sieur de Rossillon, son père, pour eulx, d'une part; hault et puissant seigneur messire Olyvier de Chastellux, chevalier de l'ordre du roy, seigneur et baron dudit lieu, vicomte d'Avalon et gouverneur pour Sa Majesté en la ville et chastel de Cravant, haute et puissante dame madame Marguerite d'Amboyse, sa femme et compagne, et demoiselle Diane de Chastelux, leur fille ; lesdittes dame et demoiselle dehuement authorisées dudit seigneur de Chastelux, leur mary et père, d'autre part. Lesquelles parties, des authorités avant dites prises et acceptées par lesdits sieur de Marrey, dame et demoiselle de Chastelux, et par l'advis et consentement de noble sieur messire Jaques de Chaugy, seigneur d'Anoz et Lantilly en Auxois, frère dudit sieur baron de Roussillon ; noble seigneur messire Paul de la Perrière, chevalier, seigneur de Bonesson, Nuarre, Chitry et du Bouchet, cousin dudit seigneur de Chastelux ; messire François de Choyseul, chevalier, seigneur de Chevigny et Frenoy ; Jaques de Loron, escuier, seigneur de Domecy-sur-Chores ; noble George de Clugny, seigneur de Préjouhan et en partie d'Estaule, conseiller du roy et juge pour Sa Majesté en la prévosté d'Avalon ; noble Philbert Venot, seigneur de Drosson, vierg antique et advocat à Ostun ; vénérable et scientifique personne Me Claude Denesvre, abbé commandataire de l'abaye Nostre-Dame de Rigny et chanoyne audit Avalon, et autres notables personnages cy-après nommez, ont fait et font entr'eux le traité de mariage, société et renonciation qui s'ensuivent, sçavoir que ledit sieur Guyd de Chaugy et laditte demoiselle de Chastelux ont promis et promettent d'eulx prendre à mary et femme, loyaulx espoux et espouse, selon Dieu et sainte église catholique, apostolique et romaine, déans temps deub et convenable ; en faveur et contemplation duquel futeur mariage, ledit seigneur de Rossillon a donné et donne en dot de mariage et en toute propriété audit Guyd de Chaugy, son fils, les terres et seigneuries de Marrey, Gyen-sur-Cures et Vésignereux, avec la portion de la terre et seigneurie de Rossillon, du costé de Cussy, à prendre le long du grand chemin pavé, venant d'Ourou et tendant à Ostun, avec la mestairie et domaine de la Chaume, tant en ce qu'est dedans lesdittes limittes que dehors d'icelles, y compris les terres qui sont de l'antien domaine de laditte baronnie de Rossillon, lesquelles sont à présent cultivées et labourées par le mestayer estant audit domayne de la Chaume, lesdites terres et seigneuries, en toute justice haulte, moyenne et basse, et autres droits seigneuriaux, ensemble tout ce qui peut deppendre desdites seigneuries, soit en boys de haute fustaye, tailliz que autrement, comme encores tout le bestial qui est de présent et luy appartient en tous les lieux susdits, lequel bestial il a promis faire valoir jusques à la somme de deux mil escuz, et néantmoins après l'estimation qui en sera faite s'il se treuve de plus grande valeur, demeurera audit sieur de Marrey ; outre quoy luy a donné et délaisse, promis et promet de mettre en main tous les papiers qu'il peut avoir concernant ce qui luy est dehub par noble seigneur Hugues de la Tournelle, seigneur de Musigny, à la caution de Me Pierre Blandin et Claude Brinaudet, avec ce qui luy est deub par Jehan Vaucoret, gruyer de Chastel-Chinon, et ce qui se treuvera aussy luy estre dehu par les héritiers de deffunt Pierre Delye, d'Auxerre, lesquels debtz dez à présent il a délaissez audit sieur de Marrey, son fils, pour en faire poursuittes, s'en faire payer et en disposer comme bon luy semblera, avec promesses de conduire, garantir et faire valloir le contenu en l'obligation dudit Delye en ce qui en reste à payer, et aussy l'obligation dudit Vaucoret, gruyer, susdit, jusques à la somme de six cents escus seulement, le surplus dudit Vaucoret, gruier, demeurant audit sieur de Marrey pour s'en faire payer s'il peut. Seront lesdits futeurs mariez uns et communs en tous biens meubles et acquests qui seront faits constant leur mariage ; pour laquelle communauté acquérir, laquelle somme de deux mille escus, promis par ledit seigneur de Rossillon, sera confondue en icelle. Et de la part de ladite demoiselle de Chastelux, lesdits seigneur et dame, ses père et mère, luy ont constitué en dot et mariage d'eulx la somme de six mil escus soleil à soixante livres tournois pièce, payables, sçavoir : trois mil escus le lendemain de la bénédiction des nopces, mil escus un an après, avec l'intérest d'icelle somme de mil escus, autres mil escus soleil un an après, et les autres mil escus parfaisans ladite somme de six mil escus ung autre an après, et le tout à tel jour de bénédiction ; lesquels derniers deux mil escus sortiront nature de meubles en ladite communauté ; et à faute de payement à chacun desdits termes, porteront, lesdits deniers, intérests au feur de l'ordonnance, jusques à l'extinction du sort principal, qui se pourra néantmoins répéter ; laquelle somme de six mil escus ledit sieur de Marrey a consenti et consent qu'elle soit touchée et receue par ledit sieur de Rossillon, son père, pour acquiter le dot par luy constitué à la demoiselle de Menesserre, sa fille, sans qu'il les puisse répéter audit sieur de Rossillon, son père, en considération des terres à luy délaissées par le présent contract cy-dessus mentionnées ; duquel dot, quatre mil escus tiendront lieu d'antiens héritages propres à ladite demoiselle de Chastelux, ses hoirs et ayans cause, à l'effect de quoy, ladicte somme sera employée en chevance et fonds de terre, et à faute de ce, ladite somme de quatre mil escus est expressément et spécialement assignée sur les terres avant dites, que ledit sieur de Rossillon a promis et promet de faire valloir jusques à cinq cents escus de revenu annuel, tant pour ledit assignat que douhaire qui sera cy-après spécifié : ledit assignat néantmoins racheptable suyvant la disposition de la coustume, sans que les levées qui seront ou pourront estre faites, tant par ladite demoiselle que ses hoirs et ayans cause, puissent estre précontées au sort principal de ladite somme, pour quelque temps qu'ils en ayent jouy, dérogeans, quant à ce, à la disposition de ladite coustume ad ce contraire, en considération duquel dot, ladite demoiselle de Chastelux, de l'autorité avant dite, a renoncé et renonce aux successions futures de ses père et mère, et successions collatérales escheues et à escheoir au proffict d'iceux père et mère, lesquelles renonciations ledit sieur de Marrey, futur espoux, a promis de faire ratiffier à ladite demoiselle de Chastelux, sa future espouse, lorsqu'elle aura atteint l'âge de vingt-cinq ans. En cas de douhaire, ladite demoiselle douhera du chastel de Marrey, colombier, vergier, pourpris, aisances et apartenances de ladite maison, sans estre précomptés audit assignat, et outre ce, de la somme de deux cens escus par chacun an, à les prendre et lever sur le revenu desdites terres, que lesdits seigneurs de Rossillon et Marrey ont promis et promettent garantir et faire valloir comme dit est, avec l'assignat susdit, qui est de trois cens escus de revenu annuel ; outre laquelle somme de six mil escus promis en dot à ladite demoiselle, lesdits seigneur et dame de Chastelux, ses père et mère, ont encores promis et promettent luy donner des bagues et joyaux jusques à la somme de six cens soixante-six escus deux tiers d'escu, laquelle somme ladite demoiselle et les siens, en cas de dissolution dudit mariage, prendront par préciput et avant tout partage; nonobstant lesquels joyaux, ledit sieur de Marrey a promis et promet d'en bailler à ladite demoiselle pour semblable somme de six cens soixante-six escus deux tiers, laquelle somme elle prendra et lèvera aussy de préciput en cas de survye, ou lesdites bagues où elles se trouveront, à son choiz. Davantage, ledit seigneur de Rossillon père a promis et promet après ledit mariage consommé, de recevoir en sa compagnie et maison lesdits futeurs espoulx, iceux nourrir avec leur train, serviteurs, servantes et chevaux, et entretenir iceulx serviteurs et servantes, et encore payer par chacun an ausdits futeurs mariés, pour leur entretenement, la somme de deux cens escus ; durant laquelle demeure, nourriture et entretient susdits, ledit seigneur de Rossillon père s'est réservé et réserve le revenu et usufruict desdites terres à son proffit particulier. Et au cas qu'il arrive lesdits futeurs mariez sortir hors de la maison et compagnie dudit seigneur de Rossillon père, sera ladite pension de deux cens escus extinte, comme aussy la nouriture et entretenement d'eux et de leur train, et jouyront en ce cas iceux futeurs mariez, du fruict et revenu desdites terres et de toutes choses qui en dépendent, soit bois de haute fustaye, tailliz, que autres droicts et debvoirs seignoriaulx, ensemble et tout le surplus délaissé audit sieur de Marrey, comme il est cy-dessus exprimé, et en toute propriété et possession, et d'autant que les meubles que ledit sieur de Rossillon père possède à présent sont de valeur et extimation de beaucoup plus que lesdits deux mil escus ameublez du dot de ladite future espouse. Il est accordé que la succession eschéant dudit seigneur de Rossillon père, durant la communaulté desdits futeurs mariez, que ledit sieur de Marrey prendra sur les meubles de ladite communauté la somme de deux mil escus solz, si les meubles dudit sieur de Rossillon se treuvent excéder et valloir plus que lesdits quatre mil escus ameublez par lesdits futeurs espoux, et non autrement ; et si aucungs héritages ou chevances procédans de l'estoc desdits futeurs mariez, sont venduz et alliénés constant ladite communauté ou rentes réacheptées, les deniers en provenans seront remployez en mesme nature d'antiens, au proffit de celluy dont lesdits héritages seront ainsy vendus, et néantmoins, si ledit remplassement ne se fait par ledit sieur de Marrey, ne pourront estre repris les deniers proccedez desdites ventes sur les biens de ladite demoiselle future espouse, soubs le nom desquelles rentes et alliénations sont compris les bois de haute fustaye venduz constant laditte société; lequel sieur de Marrey ledit seigneur de Rossillon a déclaré que pour la bonne et sincère affection paternelle qu'il luy porte, et pour les bons et agréables services qu'il a receuz de luy avec l'honneur et respect du fils au père, de la preuve de quoy il l'a relevé et relève, il a icelluy sondit fils nommé et nomme pour son seul et universel héritier, et en tous et chacuns ses biens pour iceux appréhender et prendre après son décedz et telz qu'ils seront à l'heure d'icelluy, et dont il moura vestu et saisy; demeure à la liberté entière et libéralité desdits futeurs mariez de faire entre eulx toutes sortes de donations et précipuités, nonobstant la disposition de droit et coustume ad ce contraire, ausquels droits et coustume ils ont spécialement dérogé et dérogent pour ce regard. En cas de survye par ledit sieur de Marrey, il emportera de préciput les habits servans à sa personne, armes et chevaulx, et où ladite demoiselle survivra, elle emportera aussy par préciput les habits servans à sa personne, carrosse, quatre chevaux de traict et acquenée, oultre sa précipuité de bagues et joyaux; le survivant desquels futeurs mariez prendra encores de préciput la chambre plus précieusement garnie, ou pour icelle la somme de quatre cens escus soleil; le surplus du présent contract, non compris ès clauses y contenues, sera et demeurera réglé selon et conformément à la coustume de ce duché de Bourgogne. Car ainsy a esté dict et accordé en passant ces dites présentes, qui furent faites et passées au chastel et maison-fort dudict Chastelux,

rière ledit duché de Bourgongne, pardevant nous, Jean Borot et Hugues Gaudry, notaires royaulx jurez aux contraux de la chancellerie dudit duché de Bourgogne, résidens, sçavoir : ledit Borot en la ville d'Avalon, et ledit Gaudry à Montcymet-lez-Ostun ; promectans lesdites parties cy-dessus nommées, par leurs serments, soubz l'hypotecque de tous et chacungs leurs biens, chevances et seignories, meubles, héritages et immeubles présens et à venir qu'elles ont, pour l'acomplissement du contenu au présent contract, obligés et obligent par la cour de ladite chancellerie et toutes autres de de ce royaulme, l'une non cessant pour l'autre, avoir et tenir à jamais pour aggréable, ferme et stable, ledit présent contract, en toutes et chacunes les clauses y portées, sans aller, venir ou faire venir directement ou indirectement au contraire, renonceans à toutes choses contraires à ces présentes; mesmement lesdites dame et demoiselle de Chastellux, mère et fille, des authorités des seigneurs de Chastellux et de Marrey, aux sénatus-consulte, velleyen à l'auctentique *si quæ mulier* à elles exprimés estre telz que femme ne peult vallablement s'obliger ny intercéder pour aultruy, ny pour son mary, sans expresse renonciation ausdits droits, et encore à la loy Julia, prohibant à la femme de vendre son fonds dotal, comme aussy à tous autres droits, loix et statuts faits et introduits en faveur des femmes; et lesdites parties au droit disant générale renonciation non valloir si le spécial ne précedde.

Fait le dix-septiesme jour du mois de febvrier mil six cens et deux, à huit heures du matin, ès présence de noble

Mᵉ Lazare Morot, abbé commendataire de l'abaye de Saint-Pierre de Challon-sur-Saone, doyen et chanoyne audit Avalon ; Albert de Chalon, escuier, sieur de Sully ; François de Lanty, escuier, sieur de Molan ; Jacques de Montceau, escuier, seigneur de Blannay en partie ; Charles de la Bruère, escuier, seigneur de Sonnette ; Mᵉ Symon Ducrot, lieutenant, et Inossent Duthil, greffier au bailliage dudit Chastellux ; Claude Jossyer et Lazare Charron, notaires audit bailliage, tesmoins requis ; lesquelles parties, parens et tesmoings se sont soubsignez en la minutte demeurée ez mains dudit Borot, l'ung desdits notaires.

(GAIGNIÈRES, CCCIV, 352 ; *Nouveau Livre noir*, p. 231.)

CCXXI.

Prise de possession de l'abbaye de Crisenon par Angélique de Chastellux.

(1602.)

Ce jourd'huy dixiesme jour de d'apvril, l'an mil six cens et deulx, avant la messe, en la présence de moy, Jehan Armant, notaire apostolique au diocèse d'Aucerre, et des tesmoings cy-après nommez, noble et religieuse dame Angélicque de Chastelux, religieuse de l'ordre Sainct-Benoist, pourvue de l'abbaye Nostre-Dame-de Crisenon, dudit ordre Sainct-Benoist, diocèse d'Aucerre, s'est transportée par devers les personnes de vénérables sœurs Claude de Montsaunin, Marguerite de Sailly, prieure d'icelle abbaye ; Gabrielle Destut, chantre, et Anthoinette Cothier, toutes religieuses professes d'icelle abbaye, assemblées en leur parloir, au lieu cappitulaire, au son de la cloche acoustumée. Ausquelles ladicte dame de Chastelux a dit et remonstré que suivant la résignation cy-devant faicte en sa faveur par venérable dame sœur Claude de Montsaunin, cy-devant abbesse de ladicte abbaye, elle auroit esté bien deuement et canonicquement pourveue d'icelle par nostre sainct père le Pape et sainct-siége appostolicque, comme appert par le certificat et attestation de noble homme Mᵉ Françoys Sensey, bancquier, bourgeois de Paris et solliciteur d'expéditions de court de Romme, du dix-sept juillet dernier passé, présenté et exhibé ausdictes dames assemblées comme dict est. Et d'aultant qu'il est impossible, jusques à présent, audict sieur de Sansey d'avoir les bulles de provisions de ladite abbaye au nom de ladite dame de Chastelux, pour quelque difficulté survenue par les chemins, et que pour la vallidité de ladicte résignation et conservation de son droict, il est besoing d'icelle résignation publier : c'est pourquoy elle auroit dict et déclaré ausdictes dames assemblées l'admission de ladicte résignation faicte en sa faveur par nostre sainct père le Pape, ad ce qu'elles n'en puissent à l'advenir prétendre cause d'ignorance. Et oultre, en attendant qu'elle recepvroit ses bulles et provisions de ladicte abbaye, pour en prendre possession réelle et actuelle, avec les solempnitez requises et accoustumées, elle entendoit présentement, par vertu et en conséquence dudict certificat, prendre une possession de droict d'icelle abbaye et de ses fruictz et revenuz. Ce que entendu par lesdictes dames assemblées, ont dict et faict responce qu'elles n'ont moyens d'empescher ladicte prinse de possession, et la consentent à leur esgard, satisfaisant par ladicte dame aux charges d'icelle abbaye et administration du divin service. Ce faict, et par vertu dudict certificat dessus datté, ladite dame de Chastellux s'estant transportée en l'église de ladicte abbaye, elle a prins et appréhendé ladicte possession d'icelle à la conservation de ses droictz, par l'entrée de ladicte église, touchant les portes, entrant en icelle, prenant et aspergeant de l'eaue béneiste, faisant ses prières devant l'image du crucifix et hostel de ladicte abbaye, baisant ledict hostel, prenant place des chaires affectées à l'abbesse de ladicte abbaye, sonnant la cloche, touchant les livres et pelpitres, monstrant et représentant aux assistans ledict certificat, mesmes par l'entrée et sortye de ladicte église et maison abbatialle, et par autres cérémonyes et solempnitez requises en tel cas, gardées et observées. Laquelle prinse de possession a esté par moy, notaire susdict, sur ce requis de la part de ladicte dame de Chastelus, publiée et déclarée à haulte voix, ensemble la résignation faite en sa faveur par ladite dame de Montsaunin, ad ce que personne n'en puisse cy-après prétendre cause d'ignorance. A laquelle prinse de possession nul ne s'est opposé. Dont et de toutes lesquelles choses cy-dessus, ladicte dame de Chastelus nous a requis un ou plusieurs actes luy estre délivrés, à elle acordé le présent pour lui servir et valloir en temps et lieu, ce que de raison. Ce fut faict, prins, appréhendé, dict, déclaré, requis et octroyé audict lieu de Crisenon, où je me suis exprès transporté les an et jour que dessus, ès présence de vénérable et discrette personne maistre Jacques de Blosseville, prebtre, aulmosnyer de ladicte abbaye; noble homme Jehan de Bousselet, escuyer, seigneur de la Court-lez-Mailly-la-Ville; Albert de Challons, escuyer, seigneur de Cheully; Claude de Vataire, escuyer, sieur de Champs-Corneille; Jacques de Montsceaux, escuyer, seigneur de Blannay; David de Challons, aussy escuyer; Ramonet Crevier, capitaine de la ville et chasteau de Cravant; messire Pierre Thierry, procureur au bailliage d'Auxerre, demeurant audict Crisenon; Gabriel Lefol, sergent royal au bailliage dudit Auxerre; Symon Buffet, marchand demeurant à Vermenton; M⁰ Jehan Jodelard, procureur de la seigneurie de Lucy-sur-Cure; Jehan Jazu, demeurant à Chastelux; Gilbert Jousset, demeurant audit Crisenon; Alexandre des Vaulx, hermite de l'hermitage Saint-Thibault-lez-Crisenon; M⁰ Jehan Maigny, praticien demeurant à Sementron, et Thoussainct Tabart, laboureur, demeurant à Prégilbert, tesmoings.

(Archives de l'Yonne; fonds de Crisenon, liasse 1.)

CCXXII.

Testament de Marguerite d'Amboise, dame et baronne de Chastellux.

(1605.)

Au nom de la très saincte et individue Trinité du Père, du Filz et du Saint-Esprit, amen. Le unziesme jour du mois de novembre mil six cens cinq, avant midy, comparut personnellement haulte et puissante dame madame Marguerite d'Amboise, espouse de hault et puissant seigneur messire Olivier, baron et seigneur de Chastellux, vicomte d'Avalon, chevallier de l'ordre du roy, gentilhomme ordinaire de sa chambre, laquelle ayant supplié et requis ledict seigneur, son espoux cy-présent, luy bailler l'authorité requise pour faire le testament et ordonnance de sa dernière volonté, luy a librement et volontairement octroyé et accordé. A ce moyen, ladicte dame, saine de son esprit et entendement, bien que son corps soit affligé de maladie, a recogneu que la mort estant certaine et indifférente à tous hommes et créatures, l'heure d'icelle néanlmoings incertaine, elle veult et désire, soubz l'authorité dudict seigneur son espoux, disposer par testament de sa dernière volonté en la forme et manière qui s'ensuit : Premièrement, elle a recommandé et recommande son âme à Dieu, qu'elle supplie d'ung sainct zèle et dévotion la recevoir en son sainct paradis, avec les âmes des bienheureux, pour jouyr de la vie et félicité éternelle, le suppliant très affectueusement et humblement luy pardonner ses faultes et offenses, selon sa divine bonté, clémence et pitié paternelles, sans avoir esgard à la fragilité humaine d'elle pécheresse indigne de comparoistre devant sa saincte majesté qu'avec l'assurance de sa saincte miséricorde, invocquant à cet effect la saincte Vierge Marie, mère de Nostre Seigneur et Rédempteur Jésus-Christ, et tous les sainctz et sainctes du paradis. Ce faict, elle a déclaré et déclare son désir et intention estre que son corps, après la séparation de l'âme, soit conduit en l'abbaye de nonnains de Nostre-Dame-de-Crisenon, diocèse d'Auxerre, et inhumé en telle place qui sera advisé, remettant la cérémonie des funérailles de sondict corps et du divin service pour le salut de son âme à la discrétion et volonté dudict seigneur de Chastellux, son cher mary et espoux, asseurée qu'elle est qu'il s'en acquictera dignement, selon la qualité d'elle ; auquel seigneur son espoux, à monsieur et madame la marquise de Nesle, son nepveu et sa niepce, elle recommande très affectueusement tous et chascungs ses enffans, pour en avoir le soing, les instruire et former à la crainte de Dieu et à la vertu, affin qu'ilz ne dégénèrent de la noblesse et générosité de leurs prédécesseurs paternelz et maternelz ; particulièrement elle supplie de tout son cœur lesdictz seigneur et dame, ses nepveu et niepce, et pour sa dernière prière, de faire par leur faveur qu'une de ses filles, vouée et dédiée au vœu de religion, soit receue et ayt place en l'abbaye d'Origny, dont madame Catherine de Montluc, sa niepce et leur sœur, est abbesse. Et pour la disposition de ses biens temporels et mondains, elle veult et entend que ledict seigneur de Chastellux, sondict espoux, en jouysse de tous, tant meubles que immeubles, quelque part où ilz soyent assiz et situez, sans aulcune chose réservée, et par forme d'usuffruict, sa vie naturelle durant, à la charge de les nourrir et entretenir, et pour ses héritiers légitimes à luy succedder, elle nomme Hercule, César, Alexandre, Jehan, Achiles et Auguste de Chastellux, ses enffans naturels et légitimes, naiz du mariage d'elle avec ledict seigneur de Chastellux, qu'elle veult luy succedder, sçavoir : ledict Hercules, leur filz aîné, au tiers de tous ses biens immeubles, fondz et chevances de terres, quelque part qu'ilz soyent assiz et situez, et encore en tous et chascungs ses meubles, en tant que ledict seigneur de Chastellux, son espoux, ne veuille se servir de la coustume de ce pays et du duché de Bourgougne ; audict Alexandre, l'aultre tiers desdictz immeubles, fondz de terre et chevances ; audict Cæsar, chevallier, la somme de cent livres tournois de pension annuelle, jusques à ce qu'il soit pourveu de commande, et ausdictz Achille et Auguste, l'aultre tiers de sesdictz biens immeubles, fondz de terre et chevances, soubz la mesme condition que dessus, et de l'usuffruict donné audict seigneur ; tous sesdictz héritiers chargés, chascung à proportion de ce qu'elle leur institue, de la pension dudict chevallier, leur frère, comme aussy de satisfaire à mesme proportion la moictié de tous les debtz contractés pendant la communaulté dudict seigneur de Chastellux et d'elle, aultant de ceulx où elle n'est obligée que aux aultres, pour lesquels elle entend et veult sesdictz biens estre affectez et hipotecqués, et bien que son contrat de mariage soit passé soubz le scel du Chastellet de Paris, son intention et volonté est que sesdictz enffans ne se serviront du privilége dudict scel contre ledict seigneur, leur père, et pour le regard dudict Cæsar, Jehan, madame Diane, espouse du sieur baron de Roussillon, Angélicques, Helayne, Mynerve, Lucresse, Cassandre, Marie-Magdeleine de Chastellux, ses aultres enffanz, légitimement procréés dudict mariage, elle veult aussy et son intention est que ledict chevallier se contante à ladicte pension, attendu les fraiz qu'il a convenu faire pour sa promotion à ladicte chevallerie, et que ledict Jehan, voué et dédié à l'église, se contante de tel bénéfice qui luy sera donné par monsieur son père ou aultre, et à faulte de se contanter à icelluy, qu'il retourne à la succession de ladicte dame sur le tiers de ses biens immeubles qu'elle a donné cy-dessus ausdictz Achiles et Auguste. Lesdictes Diane et Angélique ayant cy-devant renoncé aux successions paternelle et maternelle, soubz le dot constitué à icelle Diane, auquel dot ladicte dame entend aussy ses biens estre obligés et affectez pour sa part, comme de faict elle est par le contract de mariage de ladicte Diane avec ledit seigneur baron de Roussillon, et ladicte Angélique, par le vœu et promotion de l'abbaye Nostre-Dame-de-Crisenon, dont elle est pourveue et jouyssante ; et à l'esgard desdictes Helaine, Mynerve, Lucresse, Cassandre et Marie-Magdelaine, son intention est qu'elles demeurent au vœu et proffession de religion auquel elles ont esté vouées par ledict seigneur son espoux et elle, sans estre reffractaires de leur volonté et intention, à la charge de leur donner par tous sesdictz héritiers cy-dessus nomez et à mesme proportion que dict est, pension à chascune, telle qu'il sera advisé par ledict seigneur leur père, et au cas qu'elles ne vouldroyent suyvre ledict vœu et proffession de religion, ains troubler et inquiéter leursdits frères sus-nommez, il sera par eux donné et à mesme proportion qu'ilz héritent, à chascune d'elles, ce qui leur pourra compatir et appartenir pour leur simple légitime, selon et conformément à la costume de ce pays et duché de Bourgongne. Oultre, ladicte dame veult et entend qu'il soit donné et distribué par forme de legs, à la Bruère, sa demoiselle ordinaire, la somme de soixante-douze livres tournois pour une fois ; à Françoise, femme de maître Nicolas Guignan, maître thailleur d'habitz, la somme de cent livres tournois ; à Agnès, sa servante domestique, douze livres tournois ; à Claudine, la marmitonne, six livres tournoiz. A déclaré et déclare en vérité devant Dieu, ce l'assistant, que pour fournir au payement de partye du dot de mariage de ladicte dame de Roussillon, sa fille, elle avoit prins à intérestz la somme de six cens livres tournois de monsieur d'Amboise, maître des requestes ; de la somme de neuf cens livres, aussy à intérestz, de monsieur ...., conseiller du roy en la cour des généraulx, à Paris ; mais c'est aussy la vérité que les principaulx et arrérages ont esté payez et remboursez par Phillibert Poulot et Jehan Pommot, marchans, lesquels ont reprins et eu le payement de la pluspart desdictes sommes des mains des recepveurs de Bazarne et de Reigny, qui doibvent avoir en leur puissance les acquictz de ce qu'ilz ont payé, sy bien que ayant faict compte verbal avec lesdictz Poullot et Pommot, il s'est trouvé estre deu de reste à iceulx, la somme de deux cens livres tournois, leur payant laquelle somme, ils sont aussy tenuz de rendre et restituer le contractz desdictes rentes endossez du remboursement et extinction d'icelles. Au surplus, ladicte dame commande et ordonne à tous sesdictz enffans avoir pour aggréable sa présente disposition, sans aulcunement contrevenir à icelle ; leur commande aussy la concorde, amitié et le debvoir fraternel qu'ilz doibvent avoir les ungs envers les aultres pour la manutention de leur maison, à peyne de désobéissance contre l honneur et respect qu'ilz lui doibvent dez maintenant et après son décedz. Moyennant laquelle disposition, elle a révocqué et révocque toute aultre testament et ordonnance de dernière volonté qu'elle pourroit avoir faict cy-devant, lesquels elle entend estre nulz et de nul effet, et que sans y avoir esgard, sa dicte présente ordonnance ayt lieu et soit suivie et exécutée en tous ses poinctz ; et d'aultant que par disposition de tous droictz et costumes, la tutelle des enffans moindres est plus naturellement légitimement deue aux pères qui survivent leurs espouses qu'à nulz aultres, pour l'affection naturelle et paternelle qu'ilz doibvent avoir et porter à leurs enffans : elle supplie très humblement ledict seigneur de Chastellux, son cher mary et amy, d'accepter la charge tutellaire de sesdictz enffans, s'assurant qu'il ne manquera de l'office d'ung bon père pour avoir soing de leurs mœurs, de leurs personnes et administration de leurs biens, ce que ledict seigneur a accepté dez à présent et promet de satisfaire à sa dicte volonté. Et pour curateurs, elle a aussy nommé et nomme ledict seigneur de Roussillon, son gendre, et noble George de Clugny, sieur de Préjouan et en partye d'Estaulles, conseiller du roy et juge pour Sa Majesté en la prévosté d'Avalon, lesquelz elle prie affectueusement avoir le soing et prendre garde sur sesdictz enffans, ausquelz elle commande d'habondant de leur porter honneur et obéissance. Au reste, à ce que sondict testament soit suivy, elle nomme ledict seigneur de Chastellux, son cher espoux, pour exécuteur d'icelluy, et le supplie très humblement en accepter la charge, et pour y satisfaire, veult que tous ses biens meubles luy demeurent en main pour l'accomplissement d'icelluy testament; et à l'entretenement de tout le contenu cy-dessus, ladicte dame a obligé et oblige tous ses biens quelzconques, meubles, héritages et immeubles, par la cour de la chancellerie. Ce faict et passé audict Avalon, au logis dudict seigneur de Chastellux, présent, révérend père en Dieu messire Claude de Denesvre, prêtre, abbé commendataire de l'abbaye de Reigny; honorable homme maistre Jehan Morot, procureur au bailliage dudict lieu; messire Lazare Jamonnot, chirurgien; messire Guillaume Curé, appoticquaire, tesmoings requis.

(Archives de l'Yonne. Archives de Chastellux; *Grand Inventaire des Titres*, chap. X, n° 55 de la liasse cotée M.)

CCXXIII.

Mariage de Robert Pouffier et de Minerve de Chastellux.

(1610.)

Nous, mesire Olivier de Chastellus, seigneur et baron dudit lieu, vicomte d'Avallon, chevalier de l'ordre du roy, gentilhomme ordinaire de sa chambre, abé commandataire de Rigny, avons donné toute puissance, authoritté à notre cher et bien aymé fils Guy de Chaugy, baron de Rousillon, gentilhomme ordinaire de la chambre du roy, de gérer, traitter et négotier toutes sortes, accordz de mariage entre Robert Poffié, seigneur et baron de Longepierre, et notre chère et bien aymée fille Minerve de Chastellus, et avoir le tout pour agréable, comme sy moy-mesme y estoyt en personne, voullant que la présente aye lieu comme si elle estoyt passée pardevant notaire royal, promettant la faire passer en temps et lieu que besoin sera. Fait à Chastellus le dixiesme avril mil six cens et dix, soubz notre saing.

Je, Robert Poffié, sieur et baron de Longepierre et de Tenay...... promet prendre pour femme et loyalle espouze damoiselle Minerve de Chastellus, et le plus tôt que faire se pourra; et moy, Minerve de Chastellus, par la permission de monsieur de Chastellus, mon père, celle de monsieur le baron de Roussillon, mon beau-frère, et de madame de Roussillon, ma seur, promet audit sieur de Longepierre de le prendre réciproquement pour mary et loyal espous. En tesmoin de quoy nous avons signé la présente en présence de mondit sieur le baron de Roussillon, mon beau-frère, de madite dame de Roussillon, ma seur, de monsieur de Melay, de messire Louis Duvernoy, messire Laurent Barat, prebstres curé et vicaire de Blain, soubsignés.

Fait à Roussillon ce dixiesme apvril MDCX.

(GAIGNIÈRES, DCLVIII; *Nouveau Livre noi* p. 190.)

CCXXIV.

Contrat de mariage de François de la Barre et de Marguerite de Chastellux.

(1610.)

Contrat de mariage de François de la Barre, écuyer, fils d'Edme de la Barre, écuyer, seigneur de Gérigni et de la Vernière, et de feue demoiselle Edmée de Grossove, sa femme, assisté de François de Meung, dit la Ferté, écuyer, seigneur de Villiers-le-Sec; Gabriel de Meung, dit la Ferté, écuyer, seigneur de Doye; Hubert de Grossove, écuyer, seigneur de Pesselierre, de Montcobelin, du Coudrai et de Quincize; Jean de la Barre, chevalier de l'ordre de Saint-Jean de Jérusalem; et Giles de Thibault, écuyer, seigneur de l'Epinoi, acordé le 16º de novembre de l'an 1610 avec demoiselle Marguerite de Chastellus, fille de messire Antoine de Chatelus, chevalier, seigneur de Bazarne et d'Avigneau, et de noble dame Claude de la Bussière, sa femme, assistée de dame Jeanne de Pont, dame de Carré; Loup de la Ferté, écuyer, seigneur de Meri-le-Sec, de Pierrefite, du Rosselet et de Miseri, et demoiselle Marie de la Borde, sa femme; Roger de Quirestrelaing, écuyer, seigneur de Sainte-Palais, de Prégilbert et de Fontenai; Guillaume de Culon, écuyer, seigneur de Séri, demoiselle Louise de la Bussière, sa femme; Adrien de Traves, écuyer, seigneur de Vautheau; Anne de Chastellus, écuyer; Olivier de Chastellus et Léon de Chastellus, frères de ladicte future; Guillaume de la Bussière, écuyer, seigneur de Vauldoisi; Gabriel d'Assigni, écuyer, seigneur de Saulli; Lazare d'Assigni, écuyer, seigneur de Pestau en partie; Jacques de Mauni, écuyer, seigneur de Ribordin; messire François le Bourgoing, chevalier, seigneur de Faulin, de Chanlevrier, de Charentenai, de Colanges-sur-Yone et de la Grange-folle; et dame Edmée d'Assigni, femme de messire René de Pric, chevalier, seigneur de Chastenai-le-Vieux. En faveur duquel mariage le père dudict futur lui fait une donation: savoir, des terres et seigneuries de la Vernière, du Chesnai au Val-de-Vergi, plus d'un droit de dîme sur la terre et seigneurie de Narci, conjointement avec le prieur de la Charité, plus des terres et seigneuries de Chaillot et de Vezilli, dans lesquels ledit sieur de la Barre, père, avoit droit de justice haute, moyenne et basse, plus d'un droit de dixmes dans les paroisses de Trigni et de Puisaie, plus de la moitié de la terre et seigneurie de Maupas, située dans la paroisse d'Argenon, et indivis avec les seigneurs de la Maison-fort. Par ce mesme contrat, le père du susdit futur fait une donation à Edme de la Barre, le jeune, son autre fils, savoir : de la terre et seigneurie de Gérigni, située dans la paroisse de Saint-Pierre de la Charité, et d'un domaine en dépendant, qu'il avoit eu par échange de Jacques Devaux, marchand à la Charité, et situé au Fort-des-Dames, dans la paroisse de Beulzi, plus de la terre et seigneurie de la Villoble, située dans la paroisse de Varennes-lez-Narci, et de plusieurs cens à la charge de l'usufruit et des droits apartenans à noble damoiselle Marie de Quinquet, ayeule dudit donataire, et à condition par chacun desdits frères de suporter par moitié les frais de la réception de Jean et Pierre de la Barre, leurs frères, dans l'ordre de Saint-Jean-de-Jérusalem, et pour la profession religieuse d'Anne et Edmée de la Barre, leurs sœurs ; auxquels Jean, Pierre, Anne et Edmée de la Barre, s'ils ne vouloient point estre desdites religions, lesdits François et Edme de la Barre, donataires, payeroient à chacun la somme de 3,000 livres, de mesme qu'à demoiselle Marie de la Barre, leur sœur aînée, et une pension de 150 livres auxdits Jean et Pierre de la Barre, entrans dans ledit ordre de Saint-Jehan-de-Jérusalem, et 100 livres à leursdites sœurs, si elles n'étoient point religieuses. En faveur du mesme mariage, les père et mère de la dite future lui constituent en dote la somme de 18,000 livres, moyennant quoi elle renonce à leurs successions, et sur laquelle somme il lui fut payé celle de 5,000 livres en une obligation sur dame Michelle de Chazerai, dame de Courson. Préciput mutuel, 1,200 livres. Ce contrat passé dans la maison seigneuriale d'Avigneau, devant Edme Paris, notaire royal au bailliage et siége présidial d'Auxerre, garde-note héréditaire au bailliage de Meri-le-Sec, en présence de maistres François Coquard et Thomas Gisard, praticiens aux lieux de Bazarne et de Prégilbert.

(Archives de Chastellux. Ce contrat est rappelé en entier dans le contrat de mariage d'Edme de la Barre avec Henriette de Saint-Étienne, le 27 avril 1615.)

CCXXV.

Contrat de mariage entre Hercule de Chastellux et Charlotte de Blaigny.

(1612.)

A tous ceulx qui ces présentes lettres verront, Nicolas Bégat, escuyer, garde des sceaulx du roy, nostre sire, à Bar-sur-Aube, salut. Sçavoir faisons que pardevant maistres Jehan Fournier et Jacques Rozat, notaires royaulx hérédi-taires au bailliage de Chaumont et prévosté dudict Bar, comparurent en leurs personnes noble seigneur Hercules de Chastelux, viconte d'Avalon, filz aisné de hault et puissant seigneur messire Olivier de Chastelux, chevallier de l'ordre du roy, gentilhomme ordinaire de sa chambre, seigneur et baron dudict Chastelux, et de feue dame Marguerite d'Amboise, assistée de messire Michel de Chaugy, chevallier, seigneur de Savigny-le-Bois, ung des cent gentilzhommes en la maison du roy, ayant charge et pouvoir dudict seigneur de Chastelux, à l'effect du présent contract, et par lequel d'habondant il a promis de le faire ratiffier incontinant, et auparavant l'accomplissement d'icelluy, à peyne de tous despens, dommages et intérestz, d'une part ; et damoiselle Charlotte de Blaigny, fille de hault et puissant seigneur messire Pierre de Blaigny, chevalier, seigneur dudict Blaigny, Trémilly, Bossancourt et autres terres, et de feue haulte et puissante dame dame Françoyse d'Anglure ; ladicte damoiselle licenciée et auctorisée dudict seigneur de Blaigny, son père, à ce présent pour cest effect, et encore assisté de haulte et puissante dame Anthoinette de Blaigny, femme et espouze de hault et puissant seigneur messire Charles de Lenoncourt, chevalier, seigneur de Collombey-les-Deux-Esglises, Maignein, Sevizières, Soncourt, Marbeville, et de noble seigneur Léonard de Blaigny, baron dudict lieu, sœur et frère de ladicte damoiselle, d'autre part ; recongnurent ledict sieur viconte et ladicte damoiselle Charlotte de Blaigny, de la licence et auctorité que dessus, que, le nom de Dieu premièrement invocqué comme le plus sôlide et ferme fondement des mariages, ilz ont promis et promettent, pour le singullier amour qu'ilz se portent l'un l'autre, de se prendre en mariage, et le solempniser le plus tost que faire se poura, ainsy qu'il est accoustumé en l'église catholicque, apostolicque et romaine, et ledict mariage consommé, veullent, entendent estre ungs et commungs en tous biens meubles et acquestz qu'ilz feront pendant ledict mariage, pour estre partagez par moictié entre le survivant et les héritiers du premier déceddé ; et néanlmoings, avant que faire ledict partage, ledict survivant prendra par préciput ses habitz, chambre garnie de tapisserie, litz et autres meubles convenables à leur maison et qualité ; et encores, ledict sieur viconte, s'il survit ladicte damoiselle, ses chevaulx et armes, avecque celles qui sont pour la deffance de la maison et chasteau dudict Chastelux ; et si c'est laditte damoiselle, son caroce, et chevaulx, bagues et joyaulx, jusques à la somme de trois mil six cens livres, pour laquelle ledict sieur viconte a promis donner à ladicte damoiselle lesdittes bagues et joyaulx incontinant ledict mariage consommé ; et douaire ayant lieu, sera ladicte future espouze douée de douze cens livres tournois par chacun an, au cas qu'il n'y ayt enffans vivans à la dissolution dudict future mariage, et où il y auroit enffans, de la somme de mil livres, et sy elle jouyra en usufruict, sa vie durant, du chasteau et maison dudict Chastelux, collombier, et de ce qui est en l'enclox de ladicte maison et basse-cour dudict Chastelux, à la charge de l'entretenir comme il est accoustumé aux douairières ; et pour le chauffage de ladicte maison seigneurialle, poura prendre du bois ès bois dudict Chastelux ; moyennant lequel douaire préfix a ladicte future espouze renoncé au coustumier auquel elle desroge pour cest effect. En faveur et contemplacion duquel mariage, ledict seigneur de Blaigny, père, a donné à ladicte damoiselle sa fille, pour tous biens paternelz et maternelz escheuz et à escheoir, auquel, moyennant ce, elle a volontairement renoncé au profflct dudict sieur baron, son frère, tout ce qui luy compète et appartient en la terre, justice et seigneurie du Mesgnil-Fouchard, suyvant l'acquisition qu'il a cy-devant faicte par décret faict sur Jehan et Françoys les Saintours, sans en rien retenir ny réserver, deschargée de tous debtz et hipotecques, mouvant pour les trois quartz et demy de la baronnye de Jaucourt, et pour l'autre demy-quart, du chastel de Vendeuvre; et outre ce, la somme de quarente-deux mil livres tournois, savoir : trois mil livres quatre mois après la consommation dudict futur mariage; pareille somme de trois mil livres ung an après lesdictz quatre mois expirez ; six mil livres sur la fin de l'année suyvante; le tout prochain venant, et le reste, montant à trente mil livres tournois, se prendra sur les biens tant meubles que immeubles dudict seigneur de Blaigny, après son décedz ; à quoy dès à présent demeurent lesdictz biens spécialement affectez et obligez ; de laquelle somme de quarente-deux mil livres, sera emmeublée la somme de sept mil livres et le surplus employée en fondz qui demeureront avec ladicte terre du Mesgnil-Fouchard, propre à ladicte damoiselle ; et où le remploy n'en seroit faict, il en sera faict reprinse sur les propres dudict sieur futur espoux ; et quant audict seigneur de Chastelux, il a, par ledict seigneur de Chaugy, son procureur en cette partie, et se portant fort, comme dict est, faict donation pure et irrévocable audict sieur viconte, des seigneuries et choses cy-après déclarées, avec assurance que lesdictes terres et seigneuries vaillent à présent en revenu la somme de quatre mil livres par an, sçavoir : de la maison et chasteau de Chastelux, basse-court, collombier, jardins, vergers, la thuillerie, les garennes, domaynes qui sont proches de ladicte maison, avec les canons, balles, pouldres, munitions de guerres et armes qui sont en icelles, et outre ce, les villages et seigneuries de Queuson, du costé dudict Chastelux, Villache, Vernois, la Basculle, Attés, Urbigny, Sainct-André-en-Mourvant, Meullant, la rue Chenot, la rue de la Croix, le Montat, avec les tailles serviles sur les subiectz taillables desdictz villages, tant forains que habitans; les estans, bois de haulte futaye, tailliz, buissons, terres, preiz, et tout ce qui appartient audict sieur de Chastelux entre les rivières de Chores et Challaux, sans rien réserver ; les villages de la Rivière, Ouche, la Ronce, Montmardelin, Lingault, Sainct-Germain, Ruissotte, la maitairie, le Marchaiseuil, moulins bannaulx dudict Chastelux, ceulx de l'estang Sainct-Germain et dudict Lingault, la rivière bannalle à prendre où s'assemblent lesdictes rivières de Cores à Challault, jusques au molin dudict Sainct-Andrey, avec le droict et passage dessus et dessoubz le pont dudict Chastelux, les bois de haulte futaye, buissons, thailliz, estangs, domaines de terres et preiz qui sont dans les territoires desdictz villages, censes, rantes, subiectz, courvées, coustumes, bourgeoises, poulles et tous autres droictz et redevances quelconques deppendant desdictz lieux, le tout en haulte justice, moyenne et basse, avec le tiltre de baronnie, droictz de bailliage, de guet et garde deue audict chasteau par tous les habitans des villages dépendant de ladicte baronnie, sinon au cas que les frères dudict sieur vicomte bastiront maisons fortes ès terres et seigneuries que ledict seigneur de Chastelux leur a données en partage par son testament; auquel cas leur subiectz seront exemptz dudict droict de guet et garde deue audict chasteau de Chastelux pour rendre ledict debvoir ès maisons de leur seigneurie particullière; le droict de scel, institution des notaires et congnoissance des contraulx receuz soubz ledict scel pour demeurer au bailly dudict Chastelux par prérogative et droit de ressort et d'assize sur toutes les terres données par ledict seigneur à ses autres enffans par ledict partage, fiefs, arrières-fiefz, mouvances dudict chasteau, droictz de grurye en tous lesdictz bois et haulte justice sur la Grange-Loyselot, lesdictes terres mouvans en fief, sçavoir, ledict chasteau et seigneurie scituée au duché de Bourgongne, du roy, en sa chambre des comptes à Dijon, à cause de sondict duché; et ce qui est en Nivernois, de monseigneur le duc de Nevers. Aussy a esté donné par mesme donation audict sieur vicomte la vicomté d'Avalon avec tous les droictz et devoirs qui en deppendent, à la charge néantmoings qu'elle demeurera à tousiours à celuy qui sera seigneur dudict chasteau de Chastelux, portant le nom et les armes, et sans qu'elle en puisse estre désunye; ladicte vicomté mouvant en plain fief de sadicte majesté à cause du duché dudict Bourgongne; la prébande qui appartient audict seigneur en l'église cathédralle Sainct-Estienne d'Auxerre, suyvant la concession et don faict à ses prédécesseurs par les vénérables doyen et chanoynes en ladicte église; le clos de vigne de Seuvre, la maison et pourpris qui sont audict village, appartenant audict seigneur, le petit prey assis au village de Nommecy, à la réserve toutesfois de cinquante ouvrées de vigne qui sont au-dessus dudict lot, communément appellés les Acquisitions ; le bestial de la basse-court dudict chasteau de Chastelux, et maitairies assizes ès territoires des villages cy-devant déclarez, sans rien réserver, fors celuy qui est en la maitairie d'Ouche, que ledict seigneur a retenues à soy; le buffet d'argent doré, la tapisserie de la salle basse dudict Chastellux, la garniture de la chambre de derrière, de celle du meilleu, et salle haulte, sçavoir : la tapisserie que l'on a accoustumé d'y tendre, deux litz de velours cramoisy en broderie d'or, le lict de damas, tapis de velours de Turquie et tous autres meubles servant ès dictes chambres et salles, les ornements destinez et servant à la chapelle qui est dedans le donjon dudict chasteau, le linge damassé de ladicte maison, pour, de tout ce que dessus, jouir et disposer par ledict sieur vicomte, son filz, dès à présent, comme de chose à luy appartenant; et sy encores ledict sieur luy a faict donation de la moictié de tous autres meubles, tant de vaisselle d'argent, d'estain, ustancilles de maison, bled, vin, bestial qu'autrement, qui se trouveront appartenir audict seigneur à l'heure de son décedz; et comme le tout est amplement déclaré par le testament dudict seigneur, faict le huictiesme janvier mil six cens dix, auquel, à l'effect de ladicte donation, a esté desrogé pour les charges y contenues concernant ledict seigneur viconte, qui en demeure dès à présent deschargé, fors qu'il sera tenu de payer pour une fois, en l'acquict dudict seigneur, à ses créanciers, la somme de quatre mil huit cens livres tournois, à cent livres tournois par chacun an, à Alexandre de Chastelux, son frère, durant la vie de madame Jehanne de Pons, dénommée audict testament. Ladicte donation néanlmoings faicte par ledict seigneur soubz la rétention de l'usufruict sa vie durant, du village et bois de Montmardelin, proche Avalon, du ban-vin du mois de may en ladicte ville d'Avalon, d'une chambre en laquelle il a accoustumé se loger audict chastel, cabinet et des meubles qui y sont, escurie et grenier dans ladicte maison et chasteau de Chastelux, et de la moictié d'un grand prey de Queuson, et après sa mort, estre ledict usufruict consolidé à la propriété et le tout demeurer audict seigneur viconte comme les autres biens de ladicte donation, par laquelle n'a esté desrogé aux substitutions faictes par ledict testament, qui demeureront en leurs force et vertu pour les advantages dudict sieur viconte seullement, les biens duquel, tant de ladicte donation que tous aultres qui luy pourront advenir cy-après, demeureront spéciallement affectez et obligez à ladicte damoiselle pour son douaire, préciput et aultres reprinses à elle accordées par le présent contract, sans qu'elle y puisse estre empeschée par lesdictes substitutions; et moyennant ladicte donation, s'est ledit seigneur viconte déporté de tous biens maternelz escheuz et paternelz à escheoir, sans y pouvoir plus rien demander ny quereler. Sy ledict sieur viconte vend des propres de ladicte damoiselle, sa future espouze, il sera tenu les remplacer en autres héritages, et sy ledict remploy n'avoit esté faict des deniers qui en sont provenuz, se reprendront sur les fondz et héritages dudict seigneur viconte, comme il est dict cydessus, de ses deniers dotaulx; et sy ledict seigneur futur espoux vend des siens, il en poura faire le remplacement pendant ledict mariage, sinon la future espouze n'en sera poinct tenue, ny sa part des biens de la communaulté aulcunement diminuée. Tout ce que dessus ainsy traicté et accordé entre lesdictes partyes, nonobstant toutes coustumes à ce contraires, auquel les partyes, pour ce regard, ont renoncé et desrogé, renoncent et dérogent, sy comme elles disoient, dont elles se sont tenues et tiennent pour bien contant; et promettans lesdictes parties et donateurs, tenir, entretenir et avoir pour agréable, satisfaire et fournir et enthièrement accomplir le contenu au présent contract, mesmement icelluy faire ratiffier comme dict est, soubz l'obligation respectivement de tous et ungs chacuns leurs biens qu'ilz ont pour ce obligez à toutes courtz et jurisdictions quelzconques, renonçans comme dessus et généralement à toutes choses contraires à la teneur des présentes. En tesmoing de quoy, nous, garde susdict, avons scellé ces présentes du scel royal de ladicte prévosté et de nostre contre-scel, à la relation et rapport dudict Rozat, notaire et tabellion royal audict Bar, qui a signé ces présentes à la minutte avec le rapport dudict Fournier, qui a avec luy signé ladicte minutte. Ce fut faict et passé au village d'Yeville, prévosté de Bar-sur-Aube, ressort du bailliage de Chaumont, après midy, au-devant de l'église dudict lieu, le vingt-septiesme jour de febvrier mil six cens douze. Les partyes, donateurs et assistans ont signé la minutte en présence de Gilbert de Savigny, seigneur de Prénivange; Hannibal de Marigny; Michel de Chaugy; Philippe de Corbonne; Olivier de Ranty; nobles hommes et sages Jehan de Bonnefont, conseiller du roy, lieutenant général au bailliage de Bar-sur-Seyne; messire Pierre Baillot, advocat au bailliage de Chaumont; Pierre Legras, sieur d'Argentolle, et Germain Delicy, soubzsignés à ladicte minutte.

(Archives de Chastellux; *Grand Inventaire des Titres*, chap. X, n° 36, dans la troisième liasse cotée O. Grosse en parchemin.)

CCXXVI.

Commission pour lever cinquante chevau-légers, adressée au sieur de Coulanges.

(1614.)

Henry de Bourbon, prince de Condé, duc d'Anguien, marquis de Chasteauroux, comte de Clermont, Soissons et Vallery, baron de Crau, Rocheffort, la Chastre, Bonniac et Saint-Maur-des-Fossez, premier prince du sang, duc et pair de France, gouverneur et lieutenant général pour le roy mon seigneur au païs et duché de Guyenne, au sieur de Coulanges, salut. Sçavoir faisons qu'estant deuement advertis que plusieurs arment en divers endroictz de ce royaulme, ce quy ne peult estre entrepris qu'au préjudice du service du roy, bien de son Estat et du repos public, à quoy nous sommes obligez de nous opposer par le rang que nous tenons, pour remédier au mal quy en pouroit arriver; à ces causes, à plain confians en vostre fidélité, valleur et expérience au faict des armes, nous avons, de l'advis de plusieurs princes et officiers de la couronne, donné et donnons par ces présentes pouvoir, mandement et commission de lever une compagnie de cinquante chevaulx-légers, pour estre par vous commandés; en laquelle nous vous permettons de prendre tel lieutenant et autres chefs que vous adviserez. Et icelle levée, conduicte et amenée au lieu quy vous sera ordonné, affin d'obéyr aux commandemens que nous vous ferons pour le service de Sa Majesté et de l'Estat. En tesmoing de quoy nous avons signé ces présentes, et icelles faict contresigner par un de nos conseillers et secrétaires ordinaires et faict apposer le cachet de noz armes. Faict à Maizières, le vingt-unguiesme jour de mars mil six cens quatorze.

(Archives de Cudot, original en parchemin; *Nouveau Livre noir*, p. 338.)

CCXXVII.

Commission pour lever trente carabins, adressée au même.

(1614.)

Henry de Bourbon, prince de Condé, duc d'Anguien, marquis de Chasteauroux, comte de Clermont, Soissons et Vallery, baron de Crau, la Chastre, Bonniac et Sainct-Maur-des-Fossez, premier prince du sang, duc et pair de France, gouverneur et lieutenant général pour le roy mon seigneur au pais et duché de Guyenne, au sieur........, salut. Sçavoir faisons qu'estant deuement advertis que plusieurs arment en divers endroictz de ce royaulme, ce quy ne peult estre entrepris qu'au préiudice du service du roy, bien de son Estat et du repos public, à quoy nous sommes obligez de nous opposer, par le rang que nous tenons, pour remédier au mal quy en pouroit ariver. A ces causes, à plain confians de vostre fidélité, valleur et expérience au faict des armes, nous avons par ces présentes donné et donnons pouvoir et commission de lever une compagnie de trente carabins, pour estre par vous commendée; en laquelle nous vous permettons de prendre tel lieutenant et autres chefs et membres que vairez bon estre, et icelle levée estre conduict au sieur de Coulange et amenée au lieu quy vous sera ordonné pour obéyr aux commandans que nous vous ferons tous deux pour le service de Sa Majesté et de l'Estat. En tesmoing de quoy nous avons signé ces présentes, et icelles fait contresigner par un de noz conseillers et secrétaires ordinaires, et apposer le cachet de noz armes. Faict à Mézières, le vingt-unguiesme jour de mars mil six cens quatorze.

(Archives de Cudot, original en parchemin;
Nouveau Livre noir, p. 337.)

CCXXVIII.

Lettres patentes de Louis XIII en faveur d'Olivier de Chastellux, seigneur de Coulanges.

(1615.)

Louis, par la grâce de Dieu roy de France et de Navarre, à noz amés et féaulx conseillers les gens de nos comptes à Dijon, présidans et trésoriers généraulx de France audict lieu, et à chacun d'eulx, salut. Désirant gratiffier et honorablement traicter le sieur de Coullange, en considération de ses services, nous luy avons faict et faisons don par ces présentes, signées de notre main, de tous et chascuns les droictz seigneuriaulx à nous deubz et escheus, tant à cause du délaissement faict par la damoiselle de Chastellu de la moictyé de la terre et seigneurie de Coullanges-la-Vineuse au sieur de Vausselle, par son contract de mariage, moyennant la somme de deux mil francz, et quicte de toutes debtes par la vente depuys faicte par le sieur de Vausselle, de ladicte moictyé au sieur baron de Plancy, que par la vente que les frères et sœurs du sieur de Chastre luy ont faicte de ladite moictyé de ladite terre, par contrat qu'ilz ont promis ratiffier quand ils seront en aage, ladite terre et seigneurie de Collange relevant de nous à cause de notre comté d'Auxerre, à quelque somme que lesdictz droictz se puissent monter et revenir, sans les desduire ny retenir aulcune chose pour le dixiesme denier destiné à l'ordre et milice du Saint-Esprit, dont nous l'avons deschargé et deschargeons. A ces causes, nous vous mandons, ordonnons et enjoignons que par le recepveur de notre domaine, à Auxerre, ou auquel de noz recepveurs qu'il appartiendra, vous faictes payer, bailler et délivrer comptant audit sieur de Coullange, la somme à quoy se montent lesditz droictz, et pour passer et allouer en la despence des comptes du recepveur qui payé les aura et rabattu de sa recette par bons quittancés de notre part. Vous mandant ainsy le faire sans difficulté, en raportant par luy ces parties et quictances dudit sieur de Collange sur ce suffisante seullement, nonobstant que lesdits deniers soient ailleurs destinés, que la somme n'en soyt y spécifiée, et quelconque ordonnant ledict sur l'ordre et distribuant de noz finances, mandements, deffenses et lettres à ce contraires, ausquelles nous avons desrogé et desrogeons de notre plaine puissance et authorité royalle, car tel est notre plaisir. Donné à Paris le XIIIe jour de mars, l'an de grâce mil six cens quinze, et de notre reigne le cinquième.

(Archives de la Côte-d'Or; registre III, 878.)

CCXXIX.

Contrat de mariage d'Alexandre de Chastellux et d'Anne de Gauville.

(1615)

Le dix-huictiesme jour d'octobre, l'an mil six cent et quinze, après midy, estant au chastel de Fessard, furent présents en leurs personnes Alexandre Chasteluz, escuier du Val-de-Mercy, filz unique et principal héritier de et hault et puissant seigneur mesire Olivier de Casteluz, chevalier, seigneur de Coullange, baron du Val-de-Mercy, et de dame Anne du Plessis, ses père et mère présents, assisté de noble seigneur mesire Guillaume du Plessis, chevallier, seigneur d'Anière, de la Grange-Rouge, son oncle maternel; noble homme Jehan de la Roche, escuier, seigneur dudict lieu, et ses parens et amis, pour luy, d'une part, et damoiselle Anne de Gauville, fille de hault et puissant seigneur mesire Jehan de Gauville, chevallier, seigneur de Sainct-Maurice, viconte de Fessard et Sainct-Vincent, et de dame Marguerite de Pieddefer, ses père et mère, assistée de haut et puissant seigneur Gaulcher Raguier, escuier, seigneur d'Estresle, son oncle, et de dame Hillaire de Gauville, femme de hault et puissant seigneur messire Louis de Questerlin, mestre d'ostel ordinaire de la feu royne Marguerite, et capitaine de ses gardes; et de dame Louise de Pieddefer, femme de hault et puissant seigneur messire Louis de Rochonard (*sic*), escuier, seigneur de la Broise et Bazouche, en partie de Monteny; et de dame Elizabeth de Pieddefer, femme de hault et puissant seigneur François de Raguier, seigneur de Chaulmoyran et de Baouche en partie, pour elle, d'aultre part; lesquelles parties ont recognut et confessent avoir faict et font entre eulx les traictez, accordz et promesses de mariage qu'ensuivant : ont, iceulx Alexandre de Casteluz et ladicte Anne de Gauville, de l'octorité et advis et assistés comme dequel, ont promis et promectent prendre et avoir l'un l'aultre par foy et loyaulté de mariage, selon Dieu et la saincte Eglise apostollicque et romaine. Seront lesdictz futeurs espoux ungs et commungs en tous biens meubles et immeubles, aquestz et conquetz, présent et advenir, et demeurant au dernier survivant tous les meubles et conquetz en propres, au cas qu'il n'y ait poinct d'anfant ou enfant; et s'il y a enfant, ce partiront, entre lesdictz enfans survivant, par moitié, et sy ladicte future espoux veult renoncer à la communaulté, prendra ses habitz, bagues et joiaulx, carrousse et chevaux, comme au quart pareille, ledict seigneur espoux prendra ses armes, abiz et chevaux; et en faveur dudict mariage, ledict seigneur de Coullange et du Val-de-Mercy a promis donner et donne dès à présent audict Alexandre de Chasteluz, son filz unique, tous chascuns ses biens et maisons qu'il a de présentes et auroict à l'advenir, à la réserve de la moitié du revenu qu'il les retient pour en jouir en usufruictz, sa vie durant, et de dame Anne du Plessis, avec la maison du Val-de-Mercy; et ledict futeur espoux doyne et donera à ladicte futeure espoux, de la somme de six cent livres de rentes en font de terre, du revenuz de douaire preffix avec la maison seigneurialle dudict Val-de-Mercy; et durant la vie dudict seigneur et dame de Coullanges, n'aura pour demeure que la maison de Champignelle avec lesdict six cent livres de rente en font de terre et revenuz de douaire preffictx; lequel douaire préfict demeure et exprès aux enfant issus dudict mariage. Néantmoings, a esté acordé entre lesdictes parties, qu'advenant la dissolution dudict mariage, et que ledict douaire et lieu sera au choix dudict Olivier de Chastelux et des enfant issus dudict mariage, baille et accorde et baillera à ladicte future espoux ledict douaire preffictx ou le douaire coustumier des biens cy-dessus, oblige en tout au choix, et optans dudict Olivier de Chastelux et enfant; comme aussy a esté acordé qu'en quas qu'il aye enfant et que ladicte future se remarye, en son quart, elle prendra la moictié de son douaire et la demeure de la maison; en cas que les enfant meure après qu'elle sera remarryée, aura ladicte futeure ledict douaire entièrement; et ont ledict seigneur de Fessard et ladicte de Pieddefer, sa femme, promis et donné à ladicte Anne de Gauville, leur fille, en avancement du droict sur leurs successions, la somme de trois cent livres de rentes par chacun an, assicz et assuré sur tous et chacuns leurs biens, commençant le premier terme, au jour de la bénédiction nuptialle, et en ung an revenant, à charge, par ladicte espouse, après la mort desdictz père et mère, à l'esgeard

de ses autres frère et sœurs, suivant la coustume des lieux où les biens seront sytuez et assis, et ont dès et à présent, lesdictes parties comparant comme dessus, institué et constitué leur paire le porteur des présentes pour demander et requerir l'insignuation du présent contract par toutes justices au besoing. Car ainsy et promettant, obligeant, renonçant....
Faict en présence de vénérable discrète personne messire Nicolas de Lausserod, prestre curé dudict Sainct-Maurice, et mesire Charles Thierry, prestre vicaire dudict Sainct-Maurice, tesmoingt.

(Archives de Cudot; *Nouveau Livre noir*, p. 339.)

CCXXX.

Don fait à M. de Coulanges par la duchesse de Nevers.

(1617.)

Nous, Catherine de Lorraine, duchesse de Nivernois et de Réthelois, recognoissons avoir donné, ceddé et transporté par ces présentes au sieur de Coulanges, la somme de trois cens pistolles et deux cent livres que nous aurions faict mettre ès mains de carrefour pour trente chevaulx légers qu'il nous avoit promis de mettre sur pied pour le service du roy en l'occasion du mouvement dernier, à quoy ledict carrefour n'a satisfaict, donnant pouvoir audict sieur de Coulanges de faire le recouvrement desdicts deniers comme il advisera bon estre à faire. Faict à Nevers, ce troisiesme jour d'avril 1617.

LA DUCHESSE DE NEVERS.

(Archives de Cudot; *Nouveau Livre noir*, p. 342.)

CCXXXI.

Entrée de Cassandre de Chastellux aux Ursulines de Dijon.

(1617.)

L'an de grâce mil six cens et dix-sept, le treiziesme jour du moys de septembre, avant midy, à Dijon, pardevant moy, Jean Blanche, notaire royal et gardenotte héréditaire audit lieu, furent présens messire Anthoine Dubuisson, procureur fiscal en la terre et seigneurie de Quarrée et dépandances, demeurant au Mont-de-Champelois, paroisse dudit Quarrée, au nom et comme procureur spécial de hault et puissant seigneur messire Hercule de Beauvoir de Chastelux, gentilhomme ordinaire de la chambre du roy, gouverneur, puur Sa Maiesté, de la ville de Crevant, seigneur et baron dudit Chastelux, viconte d'Avalon, segnour dudit Quarrée, Magny-Fouchard en Champagne et dépendance, premier chanoine héréditaire de l'église cathédralle Sainct-Estienne d'Auxerre, demeurant en son chastel et maizon-fort dudit Chastelux, par procuration du neufiesme jour du présent moys, receu et signé Morizot, notaire roial demeurant à Saint-André-en-Morvant, cy-après incéré pour cet effect deument entre les mains de moy, ledit notaire, d'une part, et dame Françoise de Xainctonge, mère et supérieure des dames de Saincte-Ursule, en ladicte ville de Dijon, assistée de dame Catherine de Montholon, dame de Sausollier, fondatrice de la maison desdictes dames, demeurant en icelle ; de dame Jacqueline de Graffard, Jehanne Massaiger et Marguerite Lesieur, aussy dames d'icelle, d'autre part ; lesquelz, après que ledict sieur Dubuisson, audict nom, a déclaré que damoiselle Cassandre de Chastellux, âgée de seize ans et plus, fille de feurent hault et puissant seigneur messire Olivier de Chastellux, seigneur dudict lieu, chevallier des ordres du roy, et de dame Marguerite d'Amboise, ses père et mère, sœur germaine dudict seigneur Hercule de Beauvoir de Chastellux, a, despuis six mois, en ça, supplié instamment sondict frère et tuteur de luy permettre d'estre en la compaignie desdictes dames Ursules, en laquelle de longtemps elle a vouhé toute son affection, pour y servir Dieu, vivre et mourrir selon les règles de l'ordre de ladicte maison, et auroit despuis trois mois en çà, réitéré lesdictes supplications, il la vouloit introduire en ladicte religieuse maison, en laquelle elle vit de présent comme pensionnaire despuis lesdiz trois mois ; comme aussy auroit prié sondict frère de l'assister de moyens qu'il convient porter en ladicte maison pour l'appuy de sa vye, comme les autres dames d'icelle, et autres fraiz nécessaires pour son entrée en ladicte maison, ayant despuis ledit temps de trois mois goutté la saincteté de la compaignie desdites dames et la forme de vivre d'icelles, qu'elle juge en son âme pouvoir supporter le faiz, les charges de ladite religion, et qu'icelle damoiselle aussy en sa personne, assistée desdites dames, a aussy déclaré de sa propre bouche avoir faict lesdites supplications, et en tant que besoing est les faict et réitére de rechief ; que ledit seigneur de Chastellux, son frère, l'a admenée en ceste ville à grandz fraiz, accompaignée de madame de Chastellux, sa belle-sœur, et autres ses parentes, que ledit Buisson est venu exprès en ceste ville de Dijon, à deux diverses fois, à son instante prière et requeste, affin d'estre installé et receue en la compaignie desdites dames Ursules, où ledit seigneur de Chastellux, son frère, a fourny plusieurs meubles pour ses nécessitez en ladite compaignie, comme lict garny, vaisselle, linge et habitz ; lesdites partyes ont faict et font entre elles les traictiés, accordz et donnations qui s'ensuyvent : assavoir que ledit sieur Hercule de Beauvoir de Chastellux sera tenu, comme l'a promis et promect ledit sieur Dubuisson, en vertu de sadite procure, payer auxdictes dames Ursules, présentes et acceptantes, en leur maison audit Dijon, la somme de quinze cent livres tournoiz, la veille du jour que ladite demoiselle Cassandre de Chastellux fera la profession et sera rendue et receue en la compaignie desdites dames ; et encore la somme de cent livres pour la pension et nourriture de ladite damoiselle de Chastellux pour l'année de son approbation seullement, laquelle pension de cent livres pour ladite première année, icelle passée demeurera estainte, et ledict seigneur deschargé d'icelle moyennant ledict payemant. Et au regard du présent accoustumé faire en la chappelle desdictes dames Ursules, icelluy demeure à la dévotion dudict seigneur, et moyennant ce, ladicte damoiselle Cassandre de Chastellux sera receue, nourrie et entretenue sa vie durant en la compagnie desdictes dames. Dont et de quoy lesdictes partyes sont contantes, promectans l'entretenement à peyne de tous despens et intérestz ; à la sûreté de quoy, ledict Dubuisson, en vertu de sadicte procure, a obligé tous et ung chacun les biens dudict seigneur de Beauvoyr-Chastellux, et lesdictes dames, les biens temporelz de ladicte maison, par la cour de la chancellerie du duché de Bourgongne. Quoy faict, ladicte damoiselle Cassandre de Chastellux, laquelle, en tant que besoing seroyt, de l'authorité desdictes dames cy-présentes, et encores dudict sieur Dubuisson, en vertu de sadicte procure, de son bon gré, pure, franche et libérale volonté, et pour ce que ainsy luy a pleu et plaist, a faict et par ces présentes fait donation dez à présent entre vif pure, parfaite et irrévocable, par la meilleur forme que donation entre vif peut vailloir, à damoiselle Catherine de Chastellux, sa niepce, fille esnée dudict seigneur Beauvoyr de Chastellux et de dame Charlotte de Beligney, absente, ledict Dubuisson présant, stipulant et acceptant pour ladicte damoiselle, en vertu de ladicte procure, de tous et ung chacun ses biens meubles et immeubles, présens et advenir, paternelz et maternelz, escheux et aultres à escheoir, droictz, noms et actions quelconcques, de quelque nature et qualité qu'ilz soyent, sans aulcune chose en réserver. Pour, par ladicte damoiselle Catherine de Chastellux, en jouyr cy-après, elle et les siens, à perpétuité, comme à elle appertenant, au proffict de laquelle, ladicte damoiselle Cassandre, des dessus dictes authorités, a renoncé et renonce dès à présent, à la charge toutes fois que sur lesdictz biens donnés, ledict seigneur de Beauvoyr de Chastellux, son frère, sera remboursé, tant de ladicte somme...... promis et s'est obligé payer pour elle ausdictes dames de Saincte-Ursule, par le présent contract et pour les causes et considérations y contenues, que de tous aultres fraiz par luy supportés pour la faire recepvoir en ladicte compagnie ; veult et entend que la présente donation et disposition sorte son plain et entier effect par la meilleur forme qu'elle peult subsister et vailloir. Et pour plus grande seurté d'icelle, veult qu'elle soyt insignuée au bailliage dudit Avallon et aultres lieux où il appartiendra. Auquel effect ladite damoiselle donataire a nommé et constitué ses procureurs généraulx et spéciaulx, tous pourteurs des présentes, pour requérir ladicte insinuation ; et ledict sieur Dubuisson, pour et au nom de la dicte damoiselle Catherine de Chastellux, et en vertu de sondict pouvoyr, aussy tous pourteurs des présentes, pour accepter icelle insignuation, jurer et affirmer en l'âme de ladicte damoiselle Cassandre de Chastellux, comme elle a faict ès mains de moy, ledict notaire, que la présente donation a esté par elle faicte en son plain gré, sans y avoir esté sollicitée et que si icelle estoyt à faire, qu'elle feroit encore par elle présentement faicte. Promettant, ladicte damoiselle, dessus dictes authorités, avoir le tout pour agréable, sans y contrevenir, à peyne de tous despens, dommages et intérestz ; à la seurté de quoy elle a obligé tous et ung chacun ses biens meubles et immeubles, présens et advenir quelconques, par la cour de la chancellerie du duché de Bourgongne et aultres royalles, renonceant à toutes choses à ces présentes contraires, faictes, leuées et passées audit Dijon, en la maison desdictes dames Ursules, paroisse Sainct-Michel, les an et jour avant dictz, en présence de M⁰ Jehan Vallon, prebtre chanoine en l'église de la Saincte-Chappelle du roy audit Dijon ; Humbert Roguers, menuisier, et Claude Borne, demeurans en ladicte ville de Dijon, paroisse Sainct-Michel, appellés et requis.

(Archives de l'Yonne ; Registres des insinuations du bailliage d'Avallon.)

CCXXXII.

Erection de la terre de Chastellux en comté.

(1621.)

Louis, par la grâce de Dieu, roy de France et de Navarre, à tous présens et advenir, salut. Ce n'est pas sans cause que les roys, noz prédécesseurs d'heureuse mémoire, ont tousiours heu en singulière recommandation ceux qui, par leurs vertueuses actions, se sont renduz utilz à eulx et à cet Estat, les gratiffiant, oultre les bienfaictz dont ilz les ont récompensez, de qualités honnorables, haultz tiltres ou dignitez, pour faire cognoistre à la postérité la satisfaction qu'ilz ont heue de leurs services, car oultre que telles rémunérations contenoient leurs bons services en leurs premiers bons offices, et les incitoient à mieux faire, elles obligeoient encore par une doulce contraincte plusieurs aultres grandz et vertueux personnages à faire le semblable; en quoy désirans les inviter et faire paroistre par effect à chacun l'envie de récompenser noz bons serviteurs et les eslever en dignitez, tiltres, prérogatives et prééminances condignes à leurs vertus et mérites, à ce qu'eux et leurs successeurs paroissent en honneurs et dignitez dont ils soit mémoire à tousjours : A ces causes, sçavoir faisons que nous, ayant mis en considération les fidelz et recommandables services que les prédécesseurs de notre amé et féal gentilhomme ordinaire de notre chambre, capitaine d'une compagnie de l'un de noz régimens, Hercule de Chastelus, vicomte d'Avallon, baron dudit Chastelus et premier chanoine héréditaire en l'esglise d'Auxerre, ont cy-devant à noz prédécesseurs, à la conservation de cet Estat, sans avoir perdu aucune ocasion qui se soit offerte pour nostre service, ains tousiours rendu asseuré tesmoignagne de leur fidélité et affection en grandes et notables charges où ilz ont esté employez, tant pour le faict de noz guerres et maintenance de ceste couronne que près les personnes des roys noz prédécesseurs, selon l'antiquité et noblesse de leur maison de Chastelus, de laquelle ledit sieur baron et l'esné en porte le nom et les armes, ayans Guillaume, Claude, George, Jean, Philippe, Louys et Olivier de Chastelus, ses père et ayeulz, esté grans chambelans, mareschaux et admiraux de France, lieutenans de roy, gouverneurs de places importantes, chevaliers de l'ordre, et pourveuz d'autres belles et notables charges, soubz les règnes des roys Louis VI et VII, Charles VI et VII, Louys unziesme, Charles VIII, François premier et autres roys noz prédécesseurs, et encores ledit Claude, pour un service très signallé faict à l'esglise, est honoré, luy et les siens portans le nom et les armes de Chastelus, du tiltre de premier chanoine héréditaire en l'esglise d'Auxerre; cognoissans aussy ceux que ledit sieur baron de Chastelus nous a cy-devant rendus au faict de noz guerres, imitant les vertus de ses prédécesseurs, et que nous espérons qu'il continuera à l'advenir; voulant pour ceste cause perpétuer son nom et mémoire, et faire cognoistre à un chacun combien nous avons en recommandation les personnes qui en sont dignes; bien informé que la baronnie, terre et seigneurie de Chastelus, à luy appartenant, est une des plus anciennes baronies de nostre pays et duché de Bourgogne, de très grande estandue, de bon et grand revenu, dont despend jusques au nombre de quarante-cinq ou cinquante villages et parroisses justiciables de la haulte, moyenne et basse justice de ladite baronnie, et plusieurs fiefz et arrière-fiefz, oultre qu'elle est accompagnée d'un beau chasteau qu'on tient par tradition dans ledit pays estre basty du temps de l'empereur Jules-César; la structure et assiette duquel tesmoigne assez avoir esté plus tost basty par délices que par nécessité; y ayant aussy un bon bourg proche dudit chasteau, quantité de boys de toute sorte, garennes, rivière, moulinz subiectz et vassaux, tenans de luy, subiectz au guet et garde dudit chasteau; foires et marchez, oultre qu'elle est accompagnée de péages et plusieurs aultres droictz, le tout tenu de nous à cause de notre duché de Bourgogne; et davantage qu'il y a auprès de ladicte baronnye, la baronnye de Carrée et ladicte viscomté d'Avallon, d'où despend plusieurs belles terres et un bon nombre de villages, toutes lesquelles choses unies et incorporées ensemble peuvent rendre un revenu annuel suffizant pour recevoir et entretenir le nom, tiltre et dignité de comte. Pour ces causes, et avec grandes et bonnes considérations, de notre propre mouvement, certaine science, grâce spécialle, plaine puissance et auctorité royale, nous avons joinct, uny et incorporé, joignons, unissons et incorporons, du voulloir et consentement dudit sieur de Chastelus, ladite baronnye, terre et seigneurie de Carré et viscomté d'Avallon, leurs appartenances et despendances à ladite baronnye, terre et seigneurie de Chastelus, et icelle baronnye de Chastelus avec lesdites terres et seigneuries cy-dessus dictes, fiefz et arrière-fiefz,..... maisons, fermes, bois, rentes et revenuz quelconques qui despendent de ladite baronnie, terre et seigneurie de Chastelus, et de quelque qualité qu'ilz soient, créé, érigé et eslevé, créons, érigeons et eslevons par ces présentes signées de notre main, en nom, tiltre, dignité et prééminances de comté, pour, dorénavant, ledit seigneur de Chastelux, ses hoirs, successeurs et ayant cause, et de masle en masle, tant que la lignée masculine durera, en jouir et user et estre censez, réputez et appellez comtes dudit Chastelus, et telz se puissent dire, nommer et appeller et instituer en jugement et dehors. Voulons qu'ilz jouissent du nom, tiltre et qualité de comte plainement, paisiblement et perpétuellement, mesme de tous droictz, prérogatives, prééminances, franchizes, libertez et haultesses en faict de guerre, assemblées de nobles et aultrement, tout ainsi qu'en jouissent et usent et ont accoustumé jouir et user les aultres comtes de notre royaume, pays, terre et seigneuries de notre obéissance, sans que lesdictes baronnyes, terres et seigneuries, fiefs et arrière-fiefz et autres choses en despendans ainsy unies puissent estre distraictes, séparées ny alliénées dudit comté de Chastelux, auquel elles demeureront à perpétuité unies et incorporées inséparablement. Voulons en oultre que les vassaux, arrière-vassaux, hommes et subiectz, de quelque qualité et condition qu'ilz soient, tuteurs et curateurs, tenans noblement et roturièrement dudict comté de Chastelus, faisans leurs hommages et baillans leurs adveuz et dénombremens et déclarations audit sieur de Chastelus ou à ses successeurs, les fasent et baillent audit nom de comte, et semblables en tous les aultres actes et recognoissance, les appellant et réputant comte dudit Chastelus, laquelle comté sera tenue et mouvante de nous à une seulle foy et hommage à cause de notre dit duché de Bourgogne, laquelle foy et hommage il sera tenu de nous faire et prester de nouveau audit tiltre et qualité de comte de Chastelus, sans toutefois que pour ladite mutation du tiltre et qualité il soit tenu de plus grandes charges envers nous que celles qu'il nous debvoit auparavant ladite érection, comme à semblable sesdits vassaux, subiectz et tenanciers, et aultres plus grands debvoirs que ceux qu'ilz ont rendus jusques à présent; voullant que la justice tant civille que criminelle y seroit doresnavant administrée ou en tel aultre endroict qu'il sera par luy advisé, soubz le nom et tiltre de comte, et qu'iceluy seigneur de Chastelus puisse instituer et establir telz juges et officiers nécessaires pour l'administration de la justice, ainsy qu'ont faict et peuvent faire les autres comtes de notre royaume, resortissans leurs appellations pardevant les juges, magistratz qui en doibvent conoistre, à la charge qu'advenant faulte d'hoirs masles en ligne directe, colatérale ou aultrement, ladicte qualité de comte demeurera esteincte et suprimée, sans que nous et noz prédécesseurs (*sic*) puissent à ceste occasion prétendre ladicte comté de Chastelus, réunie et incorporée à notre couronne, en conséquence des édictz et ordonnance des années MDLXVI et LXXVII, ou aux tiltres et déclarations faictes sur semblables érections, sans laquelle condition et réservation ledit sieur de Chastelus n'eust voulu accepter notre présente grâce et faveur, ny consentir en aucune sorte ladicte érection. Sy donnons en mandement à nos amez et féaux les gens tenans notre cour de parlement et chambre des comptes à Dijon et tous autres noz officiers qu'il appartiendra, ces présentes ilz facent enregistrer, et du contenu souffrent et laissent ledit sieur de Chastelus, ses hoirs et ayans causes, jouir et user plainement et paisiblement, sans souffrir leur estre faict ou donné aucun empeschement à ce contraire; car tel est notre plaisir, nonobstant les édictz et ordonnances et quelconques lettres à ce contraire, ausquelles d'abondant nous avons desrogé et desrogeons en ces présentes, ausquelles et afin que ce soit chose ferme et stable à tousiours, nous avons faict mettre notre scel, sauf en autre chose notre dit droict, et l'autruy en toutes. Données à Saint-Germain-en-Laye, au mois de mars l'an de grâce mil six cens vingt-un, et de notre règne le unziesme.

(*Grand Inventaire des Titres*, chap. I^r, liasse J, n° 21. Archives de la Côte-d'Or ; Registre III, 492.)

CCXXXIII.

Angélique de Chastellux prie Son Altesse de la soutenir contre les prétentions de l'évêque d'Auxerre.

(1629.)

A Son Altesse,

Suplie humblement seur Angélique de Chastellux, abbesse de Grisenon, diocèse d'Auxerre, disant que de tout temps immémorial, son abbaïe auroit esté de la jurisdiction et obéissance de l'abbaïe de Molesmes, comme elle est encore à présent ; que néanmoins, au préjudice de ce, monsieur l'évesque d'Auxerre, désirant s'approprier ladicte jurisdiction, l'auroit inquiettée depuis quelques mois par des procès-verbaux, tant par luy que par ses officiers, avec significations, sommations et ordonnances et autres procédures, afin de contraindre ladicte supliante, au préjudice de ce qu'elle doit à ladicte abbaïe de Molesmes, de recognoistre et recevoir sa jurisdiction. Au moien duquel refus, ledit seigneur évesque estoit en dessein de la troubler et tirer en Parlement, afin que par la considération des grands frais qu'il luy conviendroit suporter pour soustenir et deffendre le mérite de sa cause, elle fût forcée à luy rendre obéissance, et ensuite se départir de celle qu'elle doit à ladicte abbaïe, au préjudice de sa conscience et de son ordre, et des lettres de son establissement en ladicte abbaïe et tiltres de possession de ladicte jurisdiction y attachée, s'il n'estoit sur ce pourveu de vostre authorité.

A ces causes, Monseigneur, ayant esgard à l'humble remonstrance de ladicte supliante et à l'affection qu'elle a continué à rendre l'obéissance qu'elle doit à l'abbaïe de Molesmes, aynsi qu'il est clairement vérifié par les pièces cy-attachées, et afin aussi de pardonner aux fraiz qu'il luy conviendroit suporter pour maintenir et soustenir, en parlement ou ailleurs, le droit et la jurisdiction de ladicte abbaïe de Molesmes ; il vous plaira ordonner de faire escrire audit seigneur d'Auxerre de laisser ladicte supliante en repos, et ses religieuses soubz l'obbéissance, comme a tousjours fait, de ladicte abbaïe de Molesmes ; et en recognoissance de cette grâce, elle priera Dieu pour la santé et prospérité de vostre Altesse.

(Collection de Bourgogne, III, 336.)

CCXXXIV.

L'évêque d'Auxerre promet à Angélique de Chastellux de différer de trois mois la visite qu'il devait faire dans son abbaye de Crisenon.

(1629.)

Nous soubzsigné, Gille de Souvray, évesque d'Auxerre, avons promis à madame l'abbesse de Crisenon de adtendre à incister en la visite comme évesque dudit dyocèse et supérieur de ladicte abbaye de Crisenon, avant le temps et terme de trois mois, à compter du premier jour d'aoust prochain, pendant lequel temps, ladicte abbesse de Crisenon, qui prétend estre et debvoir estre exempte de nostre dicte visite, nous fera aparoir par bons et valables tiltres de sadicte exemption et priviléges. A faulte de quoy, ladicte abbesse promet subir madicte visite. Faict audit Crisenon le trentiesme juillet mil six cens vingt-neuf.

(Collection de Bourgogne, III, 338.)

CCXXXV.

Visite faite par le prieur de Molesmes dans l'abbaye de Crisenon.

(1629.)

Au nom de Dieu, ainsi soit-il. Nous, frère Claude de Loys, religieux, prebstre et profex, bachelier en décret, humble prieur indigne de l'abbaye de Nostre-Dame-de-Molesme, ordre de Saint-Benoit, diocèse de Lengres, sur l'advis qui nous a esté donné que en l'abbaye de Crisenon du mesme ordre, au diocèse d'Auxerre, et despendante de ladicte abbaye de Molesme, plusieurs grandes ruines ont esté faictes par les incursions des guerres, tant des huguenots que guerres civiles dernières ; et que encor l'abbesse qui y est à présent ce soit efforcée, tant qu'elle a peu, de réparer laditte abbaye, si est-ce que pourtant qu'à cause du peu de revenu qui despent de ladicte abbaye, que pour la nourriture des religieuses qui y sont à présent et des seurs servantes que y convient entretenir, elle n'a peu tant faire que de pouvoir réparer entièrement touttes les dittes grandes ruines ; qui nous a causé nous transporter de nostre ditte abbaye de Molesme en laditte abbaye de Crisenon pour veoir et cognoistre tant l'estat des bastimens de laditte abbaye que de l'exercice qui se fait en icelle pour l'accomplissement du divin service, comme aussi pour la nourriture et entretenement des religieuses et servantes nécessaires eu laditte abbaye. Où estant arrivé, et après avoir fait entendre à laditte dame abbesse que aux religieuses le subject de nostre venue, nous est apparut que depuis peu de temps, du moins depuis huict ans, plusieurs réparations ce sont faictes en laditte abbaye par la dame abesse : notamment en la salle où elle et les religieuses font leur réfectoire, et quantités de chambres où logent lesdittes religieuses, n'estant le dortoir d'icelles encor en estat pour pouvoir coucher icelles religieuses de laditte abbaye. Ce néantmoings les repparatifz d'iceluy ont esté faictz, et avons jugés et jugeons que quand les chambres qui sont marquées seront parachevées, icelluy dortoir sera trouvé très util et propre pour loger lesdittes religieuses. De là, nous nous sommes transportez dans l'église où le divin service s'accomplit, lequel avons trouvé en très bon estat, et un autel bien paré et orné pour la célébration de la saincte messe; les chaises desdittes dames très bien entretenues et le couvert de laditte église en très bon estat.

Item aurions veu et visité les cloistres qui avoient esté ruinez de font en comble du temps desdittes guerres, qui se réparent à présent, les matériaux en place pour le parachèvement de la réparation d'iceux. Après touttes lesquelles visitations, nous avons enjoinct, en vertu de saincte obédience, tant à laditte dame abbesse et religieuses, de nous dire et déclarer s'il ne se commettoit poinct faultes notables dedans ladicte abbaye, ou qu'elles eussent quelques occasions de plainctes les unes à l'encontre des aultres: qui touttes unanimement, d'un mesme accord, ont dict et déclaré que non, ains ont subject de se louer de la grâce qu'il a pleu à Dieu faire tant à laditte dame qu'à elles, de louer l'heureux entretien qu'elles font les unes avec les aultres pour sa gloire et pour la manutention des vœux de leurs règles; auquel elles entendent persévérer jusqu'à la mort, et en temps que Dieu leurs en donnera le pouvoir et la force. Et pour ce qui est de leur nourriture, elles n'ont aucun subject de s'en plaindre; ains, au contraire, s'en louent et en rendent grâces infinies à Dieu et à laditte dame abbesse. Et quant à icelle abbesse, nous a aussi dict et déclaré que jamaiz elle n'a eu aucun subject de plaincte, et qu'aucune de ses seurs religieuses luy ayent donné de plaincte, mais au contraire les a trouvé plaine de charité et plaine d'obédience et dévotion, s'acquittans du divin aultant que leurs forces le peuvent supporter.

Veu lesquelles déclarations, nous n'avons voulu et n'entendons, en quelque sorte et manière que ce soit, toucher à ce qui est de la nourriture et forme de vivre aultre que celle qu'elles ont faictes par le passé, pour ce que nous sommes esté informez des voisins les plus notables des environs de laditte abbaye des desportemens, tant de laditte dame abbesse et desdittes religieuses, qui tous nous ont assurés que leurs vies est sans reproche, n'ayant jamais recogneuz que tout honneur en icelles, encor qu'à plusieurs fois y sont esté au service divin qui si est accomplit, où il s'en sont retournez bien édifiés, admirant la prudence et conduitte desdittes religieuses.

Lesquelles religieuses nous avons exhortées, aultant qu'il nous a esté possible et que Dieu nous en a donné la puissance, de continuer ces honnestes exercices et faire en sorte que par leurs déportemens Dieu ne puist estre offensé; leurs recommandant la charité, la dévotion et l'obéyssance à laditte dame leur abbesse et supérieure; et à laditte abbesse, aussi de sa part, de les aymer, chérir, nourir et entretenir en la craincte de Dieu et l'amour les unes avec les autres. Et pour les réparations des bastimens, les continueront tant qu'elles pourront pour la perfection d'iceux. A ce sont tesmoings : frères Nicolas Caillas, religieux de Cisteaux, et Renet, prieur de Rigny; frère Jean Coullomb, religieux dudit Rigny; frère Ferry de Louyer, sacristain et obédientier de laditte abbaye de Molesme. Faict le vingt et uniesme octobre mil six cens vingtz-neuf.

(Collection de Bourgogne, III, 341.)

CCXXXVI.

L'Abbesse et les religieuses de Crisenon signifient à l'évêque d'Auxerre le titre qui les exempte de ses visites.

(1629.)

A la requeste des dames abbesse et religieuses de l'abaye de Crisenon, soit signiffié et baillé copie à illustrissime et révérendissime messire Gilles de Souvray, évesque d'Auczerre, du tiltre de leur establissement en ladicte abaye, justifficatif que ledit seigneur évesque, auquel, comme à ung très bon et sage prélat, elles portent tout honneur et respect, n'a aulcun droict de visite en ladicte abaye, pour les causes et raisons spéciffiquement portez par ledit tiltre, en datte de l'an mil cent trente-quatre, lequel est séellé. Et le tout pour satisfaire, par lesdictes dames abesse et relligieuses, le trentiesme juillet mil six cens vingt-neuf. Le tout à ce qu'icelluy seigneur évesque n'en prétende cause d'ignorence, protestant que où il ce vouldroict immiscer en ladicte visitation, au préjudice d'icelluy tiltre, cause et raisons y desduictes, de c'en pourveoyr, tant par les voyes de droict qu'aultrement, ainsy qu'elles verront estre à faire par raison.

L'an mil six centz vingt-neuf, le vingt-neufiesme jour d'octobre, l'acte cy-dessus transcript a esté par moy, sergent roial à Mailly-le-Chastel, soubzsigné, signiffié et d'iceluy baillé coppie ensemblement du tiltre y mentionné, collationné à l'original, audict seigneur évesque d'Auxerre, parlant à Edme Basque, portier dudit seigneur évesque, lequel m'a faict responce que ledict seigneur évesque d'Auxerre n'est au païs, ains au voïage de Paris avec tout son train, et estre luy seul dans ledict logis. Au moien de quoy je me suis transporté par devers et à la personne de discrette personne messire Germain Bardoulat, official et grand vicayre dudict seigneur en son domicile; auquel, pour l'absence dudict seigneur, j'ay faict la signiffication cy-dessus, et luy ay délivré coppie du tiltre desdictes dames abesse et religieuses, collationné à l'original par deux nottaires royaulx; ensemble du présent expleict. Lequel a icelle coppie receue et acceptée, et dict qu'il les enveieroit et feroit sçavoyr au plus tost audict seigneur. Le tout faict en présence de Maximilien Dhouard, demeurant à Bazarnes; Jehan Mareschal, et Symon Bonny, mareschal, demeurant à Mailly-le-Chastel, tesmoingz menez et debtenuz exprès. Lequel Bonny a déclaré ne sçavoyr signer, de ce interpellé.

(Collection de Bourgogne, III, 339.)

CCXXXVII.

Bulle de dispense de consanguinité accordée à Alexandre de Chastellux et à sa femme.

(1682.)

Urbanus episcopus, servus servorum Dei, dilecto filio officiali venerabilis fratris nostri episcopi Autissiodorensis, salutem et apostolicam benedictionem. Oblata nobis nuper pro parte dilecti filii Alexandri de Castelluz, laici, et dilectæ in Christo filiæ, Annæ de Gauville, mulieris Autissiodorensis diocesis, petitione, quæ continebat quod ipsi antea ignorantes aliquod impedimentum inter eos existere quominus possint invicem matrimonialiter copulari, matrimonium inter........ publice adhibitis omnibus solemnitatibus adhiberi solitis, nulloque orto neque denunciato impedimento contraxerunt illudque in forma.......... solemnizarunt ac carnali copula consumarunt. Postmodum vero ad eos pervenit... notitia se tertio et quarto.... stipite provenienti........ Alexander et Anna prædicti in hujusmodi matrimonio remanere non possint absque sedis apostolicæ dispensatione, et si divortium inter eos fieret, gravia exinde scandala possent verisimiliter exoriri. Quare iidem Alexander et Anna nobis humiliter supplicari fecerunt....... præmissis de absolutionis bene et optime dispensaria gratia providere de benignitate apostolica dignaremur. Nos igitur, qui salutem quorum et singulorum et scandalis quibus ne eveniant, quantum cum Domino possumus liberare, obviamus, eosdem Alexandrum et Annam occasione qualibet a quibusvis decretis suspensionis et interdicti, aliisque ecclesiasticis censuris et pœnis vel ab homine quavis occasione vel causa delatis, si quibusquaml ibet innodati existant, ad effectum præsentium duntaxat consequendum, harum serie absolventes et absolutos fieri censentes, ac etiam de præmissis notitiam non habentes, hujusmodi supplicationibus inclinati discutionibus de...... apostolicis et domino privilegium obtinemus per apostolica scripta, mandamus quatenus deposita per te ei spe cujuscumque muneris et præmii, etenim sponte oblati a quolibet precio abstinere debere, monemus te de præmissis diligenter informes, et si per informationem eamdem precem veritate niti repereris, superque conscientiam humanam noveris veram, eosdem Alexandrum et Annam et eorum quemlibet, si hæc a te petierint humiliter ab incestus reatu et excessibus hujusmodi imposita penitentia........ hujusmodi arbitrio tuo prius salutari, et quatenus contra eam causam super præmissis in judicium quoquo de dictis fuerit partibus juramento in utroque fere auctoritate nostra hac vice duntaxat absolvas in forma ecclesie consueta, et cum eisdem noveris et jura, dummodo illa propter hoc...... tra non fuerit alio hujusmodi........ extiterit vero impedimento quarti....... gratia hujusmodi a....... apostolicis..... quo abstantibus matrimoniorum..... publice servata forma concilii Tridentini authoritate illorumque in facie ecclesiæ solemnizare et inde postmodum remanere libere et licite valeant auctoritate dispenses. Distanciam vero tercii gradus uti et ei non obstare declares..... suscipiendum perinde ultimum decernendo. Volumus.... aut oblatum et Dei..... Datum Romæ apud Sanctum-Petrum, anno Dominice Incarnationis millesimo sextesimo trigesimo secundo, non. aprilis, pontificatus nostri anno nono.

(Archives de Cudot, original en parchemin scellé en plomb, illisible aux endroits où se trouvent des plis; *Nouveau Livre noir*, p. 342.)

CCXXXVIII.

Preuves de Georges de Chastellux pour l'ordre de Malte.

(1633.)

In nomine Dei, amen.....
Ce 2 juin 1633, nous, Philippe d'Andelot-Pressia, chevalier de l'ordre de Saint-Jean de Jérusalem, commandeur de Bellecroix et receveur général pour le commun trésor dudit ordre au grand prieuré de Champagne, et frère Jacques Gaynot, servant d'armes et agent d'iceluy audit prieuré, estant arrivez à Chastelux, nous a esté présenté certaine commission à nous adressante par messire Hercule de Chastelux, chevalier, gentilhomme ordinaire de la chambre du roi, comte dudit Chastelux, vicomte d'Avalon, baron de Quarré, seigneur du Magny-Fouchart, etc., premier chanoine héréditaire de l'église cathédrale et évesché d'Auxerre, gouverneur pour le roi en la ville de Cravant, lequel nous a remonstré qu'il a obtenu au chapitre général tenu à Malte en 1631, grâce et privilège de minorité pour noble George de Chastelux, son fils, nous requérant exécuter ladite commission du chapitre provincial tenu à Voulaine le 14 juin 1632, pour prouver l'extraction, vie et mœurs et religion dudit Georges pour être receu chevalier.

COMMISSION :

Nous, frère Pierre de Beaujeu, chevalier de l'ordre Saint-Jean de Jérusalem, grand prieur de Champagne, président au Chapitre provincial de Voulaines, sçavoir faisons... que nous avons nommé pour vaquer ausdites preuves, les frères Hugues de Rabutin-Lavaux, commandeur de Pontaubert; frère François Roussel-Varneville, commandeur de Marbotte; frère Antoine de Stainville, commandeur de Robécour; frère Philippe d'Andelot-Pressia, commandeur de Bellecroix; frère Scipion-Saladin d'Anglure-Bourlemont, commandeur de Chalon-sur-Saône; frère Gabriel de Ligneville-Tantonville, commandeur de Sugny; frère Jacques de Haraucour, chevalier; frère Claude Moillet, commandeur de Saint-Amand; frère Estienne de Gastebois, commandeur des Nouveaux; frère Michel Gainot, commandeur de Braux; frère Philippe Bourgeois, commandeur de Gelaucourt; frère Jacques Gaynot, agent dudit ordre, et frère Antoine Lenet, servant d'armes dudit ordre....

BAPTISTÈRE.

Extrait du livre des baptesmes de la paroisse de Saint-André en Morvand (1) : Ce jourd'huy, 2 juin 1626, j'ay batisé, à la chapelle de Chastelux, Georges de Chastelux, fils de messire Hercules comte de Chastelux et de madame Charlotte de Blaigny, sa femme. Son parrain, messire Georges du Haultoy, vicomte de Nubécourt, et sa marraine, Madelene de Bourbon, dame du Rousset. Signé : F. Simon.

TESMOINS :

Messire Louis de Fresne, escuier, seigneur de Fresne et de la Craye, demeurant à Toullon, proche Monbar, bailliage d'Auxois, âgé de 60 ans;

Philippe de Cobron, escuier, seigneur de Bascoin, du Vault-du-Puis et de Palleau, demeurant au Vau-du-Puis, bailliage de Noyers, âgé de 50 ans.

Olivier de Lanty, escuier, seigneur de Railly, la Gorge et autres lieux, demeurant audit Railly, paroisse de Saint-Germain-des-Champs, bailliage d'Avalon, mareschal des logis de la compagnie de gens d'armes de M. le Prince, âgé de 50 ans et plus.

François de Longueville, escuier, seigneur de Domecy et de la Maison-Blanche, escuier de feu M. le duc de Nemours et capitaine de ses gardes, âgé de 50 ans et plus.

TITRES

Le contrat de mariage d'entre noble seigneur Hercules de Chastelux, vicomte d'Avalon, fils aisné de haut et puissant seigneur messire Olivier de Chastelux, chevalier de l'ordre du roi, gentilhomme ordinaire de sa chambre, seigneur et baron dudit Chastelux, et de feue dame Marguerite d'Amboise, et demoiselle Charlotte de Blaigny, fille de haut et puissant seigneur messire Pierre le Genevois de Blaigny, chevalier, seigneur dudit Blaigny, Trémilly, Bossancour, etc., et de feue dame Françoise d'Anglure, pardevant Rosat, notaire de Bar-sur-Aube, 27 février 1612.

Le contrat de mariage de messire Olivier de Chastelux, chevalier, seigneur et baron dudit lieu, gentilhomme ordinaire de la chambre du roi, et de dame Marguerite d'Amboise, fille de haut et puissant seigneur messire Jacques d'Amboise, chevalier de l'ordre du roi, marquis de Renel, baron de Bussy, Vauvray, Maurup et Perrigny, et de deffunte dame Caterine de Beauvau, pardevant Thireul et Heurbin, notaires au Chatelet de Paris, le 6 avril 1583.

Le contrat de mariage de messire Lois de Chastelux, chevalier de l'ordre du roi, sire et baron dudit lieu, et de dame Jehanne de la Roëre, du 31 décembre 1540.

Le contrat de mariage de haut et puissant seigneur messire Jaques d'Amboise, baron de Bussy-le-Chastel, seigneur de Vauvray, et de dame Caterine de Beauvau, fille de feu messire Claude de Beauvau, chevalier, seigneur de Mongneville, et de dame Marguerite de Haussonville, à Mongneville, pardevant Manuel et Nicolas Lasnier, notaires, le 26 juin 1550.

Don du roy du 30 juillet 1617, signé

---

(1) L'état-civil de la commune de Saint-André-en-Morvand ne remonte plus aujourd'hui qu'à l'année 1640; antérieurement on ne retrouve que les années 1630 et 1631, dont les registres sont absolument illisibles.

Louis, et plus bas Potier, à messire Hercule de Chastelux, du gouvernement de la ville de Cravant.

Don du roy, signé Henry, et plus bas Pothier, à messire Olivier de Chastelux, du bailliage de l'Autunois, du 21 may 1597.

Lettres du roi Charles IX, signées de l'Aubespine, du 21 juillet 1567, où il donne à messire Louis de Chastelux, le gouvernement de la ville de Marsal et de la charge de capitaine de la compagnie de 25 arquebusiers à cheval et des cent hommes de guerre à pied y estant en garnison.

Lettres du roy Louis XI, à Péronne, le 18 février 1476, par lesquelles il retient pour son conseiller et chambellan Jean de Chastelux, chevalier, seigneur dudit lieu.

Et plusieurs autres lettres....

Plus le contract de mariage d'entre messire Pierre le Genevois, dit de Blaigny, fils et héritier pour le tout de messire Jean le Genevois, chevalier, seigneur et baron de Blaigny, Couvignon, Urville, et de Santigny-en-Brie, et de dame Charlotte Grolier, ses père et mère, et honorée dame dame Françoise d'Anglure, fille de haut et puissant seigneur messire René d'Anglure, seigneur et baron de Bourlemont et gouverneur pour le roy à Montigny-le-Roy, et de dame Anthoinette d'Aspremont, à Bourlemont, le 27 mars 1577, pardevant Vougny et Desnouvaux, notaires.

Adjudication et acquisition faite au Parlement de Paris de la terre et seigneurie de Magny-Fouchard et le Brouilleux, au profit de messire Pierre le Genevois, dit de Blaigny, chevalier de l'ordre du roy, baron dudit Blaigny, du 12 avril 1585, signé, par la cour, Dehoux.

Adjudication de la terre de Couvignon par Jehan le Genevois, dit de Blaigny, chevalier, et Charlotte Grolier, sa femme, pour six ans, à Jehan Dubois, marchant demeurant à Bar-sur-Aube. A Paris, pardevant Contesse et Herbin, notaires, le 5 janvier 1555.

Une donation, par laquelle appert que Pierre le Genevois, dit de Blaigny, chevalier, baron dudit Blaigny, seigneur de Bossancour, Couvignon. . . . ., et noble Guillemette de Sancey, sa femme, estant à Paris, ont donné à noble seigneur Jean le Genevois, dit de Blaigny, leur fils, et à dame Charlotte Grolier, sa femme, la terre et seigneurie de Couvignon, le 4 février 1554, pardevant Contesse et Herbain, notaires.

Contrat de mariage d'entre René d'Anglure, chevalier, baron de Bourlemont, et dame Antoinette d'Aspremont, sa femme, du 9 novembre 1534, à Busancy, pardevant Estienne et Louis Lofficial, notaires en la prévosté de Sainte-Menehoux.

Extrait pardevant Paul Lemaire et Estienne Grougon, notaires au bailliage de Chaumont, prévosté et résidence de Bar-sur-Aube, à la requeste dudit comte de Chastelux, de l'inscription et armes qui sont sur une tombe de marbre noir estant en l'église royale et collégialle de Saint-Maclou, en ladite ville de Bar-sur-Aube, au devant du principal autel de ladite église, à l'un des bouts de laquelle il y a des armes gravées en deux carrés, l'un d'une fasce accompagnée de trois coquilles, et l'autre my-party desdites armes et d'un bélier entouré de flammes, et au-dessous, en un ovale est escrit : « Cy gisent nobles personnes Pierre le Genevois, luy vivant escuier, baron de Blaigny, seigneur de Couvignon, Bossancourt, Aurecourt, Recourt et Urville, et demoiselle Guillemette de Sancey, sa femme, qui moururent, à sçavoir : ladite de Sancey, le 28 septembre 1560, et ledit le Genevois, le 2 février 1561. »

. . . . Le 4 juin 1633, signé Gaynot et d'Andelot-Pressia.

(GAIGNIÈRES, DCLVIII; *Nouveau Livre noir*, p. 183.)

CCXXXIX.

Dépositions relatives au degré de consanguinité existant entre M. et Mme de Coulanges.

(1634.)

Enqueste faicte pardevant nous Germain Bardolat, prestre licencyé ès-droictz, chanoine et lecteur en l'église cathédralle Sainct-Estienne d'Auxerre, juge ordinaire et official général au dioçaise dudit Auxerre, juge depputté par Sa Saincteté et et pour Monseigneur le révérandissime évesque d'Auxerre, premier aulmosnier du roy et conseiller en ses conseils, pour et à la requeste de messire Alexandre de Chastellux, chevalier, seigneur, baron de Coullanges pour la moictyé et du Val-de-Mercy, et dame Anne de Gauville, son espouze, demandeurs à l'enthérinement sous rescript en forme de dispense, du troys au quatriesme degré de consanguinité, comparans en personne, assistez de maistres Jehan Deschamps, de Jehan Armant, leur advocat et procureur, d'une part, allencontre du promoteur des causes d'office en ceste cour, deffendeur présent, d'aultre, pour sçavoir et enquérir la vérité des faictz portez par ledict rescript et généalogie mise en noz mains, et ce par les tesmoingtz à nous produictz, dont les noms, surnoms, aages, qualitez et demeurances dictz et expositions des tesmoingtz cy-après ensuivant, et à laquelle avons proceddé avec le commis de nostre greffier ordinaire, comme il s'ensuyt. Et premièrement :

Du sabmedy quatriesme jour de mars mil six cent trente-quatre, pardevant nous, Germain Bardolat, juge ordinaire et official susdict,

Messire Louis d'Estirlain, chevalier, seigneur de Saincte-Pallais, Prégilbert et Fontenay, demeurant audict Saincte-Pallais, aagé de cinquante-cinq ans ou environ, tesmoing produict de la part desdictz demandeurs et impétrans, lequel, après le serment par luy faict en tel cas requis et accoustumé, en présence du promoteur en ceste cour, et lecture à luy faicte des faictz portez par ledict rescript, obtenu de Sa Saincteté par lesdictz demandeurs et impétrans, et généalogie d'iceulx, a dict bien cognoistre messire Alexandre de Chastelus, escuyer, seigneur de Collanges et du Val-de-Mercy, fils de deffunct messire Olivier de Chastellus, et de dame Anne du Plessis, son espouse, lesquelz ledit sieur exposant a veuz et bien cogneuz, et que ladicte dame Anne du Plessis, dont il n'a cogneu le père ny la mère, estoit cousine-germaine de feue dame Marguerite de Voré, dame de Bazoche et Champlost, qui estoit ayeulle de dame Anne de Gauville, femme dudict sieur Alexandre de Chastellux ; et plus, sçayt que les bans du mariage d'entre ledict sieur Alexandre de Chastelus et de ladicte dame Anne de Gauville ont esté publyés, et que sy ledict mariage estoit séparé et deffaict, il en arriveroit du scandal publicq, attendu qu'il en est proceddé huict ou neuf enffans, la pluspart vivans et les aultres déceddés ; et a ouy dire à plusieurs foys ausdicts impétrans, et nommément à ladicte dame Anne de Gauville, qu'ilz ne croioient pas qu'il feust besoing de dispense du pape pour le degré de parenté dans lequel ils se trouvent, et ayant mesme apris d'aulcuns dont ils auroient pris advis ; qui est tout ce qu'il a dict sçavoir, et estre beau-frère dudict sieur de Collanges, impétrant ; et a ledict Questirlain Saincte-Pallais signé à la mynutte des présentes.

Dame Hilaire de Gauville, espouse dudict sieur de Saincte-Pallais, tesmoing préceddant, aagée de cinquante-troys ans ou environ, tesmoing produict, a juré comme le préceddant, laquelle, après le serment par elle faict en tel cas requis et accoustumé, a dict bien cognoistre lesdites partyes impétrantes, et que ledict sieur de Chastellux est fils de deffunct messire Olivier de Chastellux et de dame Anne du Plessis, laquelle seroyt issue, comme ladicte dame exposante a ouy dire plusieurs foys à feue dame Marguerite de Pieddefer, sa mère, de deffunct messire Guillaume du Plessis, sieur de Sindre, et de dame Louise de Vielchastel, et que ledict sieur Guillaume du Plessis auroit eu une sœur nommée Marguerite du Plessis, qui auroit espouzé ung nommé, comme elle croit, Jehan ou Anthoine de Voré, duquel seroit issu dame Marguerite de Voré, ayeulle de ladicte exposante, qui auroit espouzé messire Jehan de Pieddefer, laquelle dame Marguerite de Voré estoit cousine-germaine, comme elle a ouy dire assurément à tous les parens de deffuncte dame Anne du Plessis, mère dudit sieur de Chastellus, impétrant ; de plus, dict sçavoir que le mariage d'entre ledict sieur de Chastelus, impétrant, avec ladicte dame Anne de Gauville, a esté faict publiquement, avec les publications des bans et autres solempnités requises, au lieu de Fessard, paroisse de Sainct-Moris, auquel mesme elle exposante auroit assisté avec grande compagnie de nobles, et a ouy dire à plusieurs foys ausdicts sieur de Chastellux et dame Anne de Gauville, qu'ilz ne croioient pas estre besoing de dispense pour leurdict mariage, ainsy mesme qu'on leur avoit donné advis, et que s'ilz eussent creu en estre besoing, ilz l'eussent obtenu avant que de leur faire et célébrer, adjoustant que sy ledict mariage estoit rompu et dissolu, il en arriveroit du scandal, à cause des enffans qui en sont provenuz jusques au nombre de huict ou neuf, qui est tout ce qu'elle a dict sçavoir, et estre sœur de ladicte dame de Gauville, impétrante ; et a ladicte exposante signé à la mynutte des présentes.

Dame Edmée de Gauville, espouze de François de Loron, escuyer, seigneur de Fouronnes, aagée de quarante-cinq ans ou environ, tesmoing produict comme les préceddans, laquelle, après le serment par elle faict en tel cas requis et accoustumé, a dict bien cognoistre ledict sieur de Chastelus et ladicte dame de Gauville, sa femme, impétrans, et que ledict sieur de Chastelus, impétrant, est yssu de messire Olivier de Chastelus et de dame Anne du Plessis, laquelle estoit cousine-germaine, comme elle a ouy dire à plusieurs foys, à feue dame Marguerite de Pieddefer, sa mère, et à deffuncte dame Marguerite de Voré, laquelle estoit aussy ayeulle d'elle exposante, et de ladicte dame de Gauville, impétrante ; adjouste que le mariage faict d'entre lesdictz impétrans a esté célébré publicquement et solemnellement, et que lesdicts impétrans ne croioient pas que pour contracter vallablement icelluy, dans le degré de parenté auquel ilz s'atiennoient, il faillust dispense du pape, comme en effect ilz auroient eu advis qu'il n'en falloit poinct, et que s'ilz eussent sceu qu'il en eust été besoing, ilz l'eussent obtenu auparavant qu'icelluy célébrer en fasse d'Esglize, et que s'il failloit à présent rompre et dissouldre ledict mariage, il en arriveroit du scandal à cause des enffans, au nombre de huit ou neuf, qui en sont provenus ; qui est tout ce qu'elle a dict sçavoir, et desclaré estre sœur de ladicte dame Anne de Gauville, impétrante, et a ladicte exposante signé à la mynutte.

Ce faict et en l'instant sont lesdits impétrans, en personnes, assistez desdictz maistres Jehan Deschamps et Jehan Armant, leur advocat et procureur et promoteur en ceste cour, comparus et requis iceulx impétrans, que ledict sieur promoteur ayt à pourvy desdites conclusions et qu'il a offert faire, luy mettant d'entre les mains le rescript et pièces; ensuitte d'icelluy, ce que nous avons ordonné estre faict pour ce faict, et luy ouy faire droict sur ledict enthérinement, ainsy que de raison. Ce fut faict par nous, Germain Bardolat, juge ordinaire et official dudit Auxerre, et commissaire susdict, ledict jour, moys et an que dessus.

(Archives de Cudot; *Nouveau Livre noir*, p. 345.)

CCXL.

Mariage de Paul de Remigny et de Catherine de Chastellux.

(1640.)

A tous..... Claude de la Guiche, chevalier, seigneur de Saint-Géran, comte de la Palisse, gouverneur et lieutenant général pour le roi en Bourbonnois, mareschal et sénéchal dudit païs et garde du scel de Saint-Pierre-le-Mostier..... Pardevant Jaques Millereau, notaire à Lorme, l'an mil six cent-quarante, le dix-septième janvier...., puissant seigneur messire Paul de Remigny, chevalier, seigneur et baron de Joux, fils aisné de feu haut et puissant seigneur messire Charles de Remigny, chevalier, seigneur et baron de Joux, Poincy, Gigny, Saint-Franchy, Billy, le Bouchet, le Mont-de-Marigny, le Mets-de-Chalaux et autres lieux, commandant un régiment de cavallerie pour le service du roi en Italie, et de dame Chrestienne de la Perrière, ses père et mère ; — ledit Paul usant de ses droits, d'une part; — et haut et puissant seigneur messire Hercules de Chastelux, chevalier, comte dudit lieu, vicomte d'Avallon, baron de Carré, seigneur de Marigny-l'Eglise, Marigny-la-Ville, Saint-Germain-des-Champs, Saint-André-en-Morvand, Ilan, Usy, Magny-Fouchard, ... , premier chanoine héréditaire en l'église catédrale Sainct-Estiene d'Auxerre, et haute et puissante dame Charlote de Blaigny, son espouse, et Caterine de Chatelux, leur fille, d'autre part. . . . Présens: haut et puissant seigneur messire Antoine de Damas, chevalier, seigneur et comte d'Anlezy, Cru-le-Chastel et la Ville, Dreue, Saint-Parise, Demain, Montigny et autres lieux; puissant seigneur messire François de Damas, chevalier, seigneur, vicomte d'Anlezy; puissant seigneur messire Georges de Reugny, seigneur et baron du Tremblay, Poussery et autres lieux, cousins dudit sieur futur; et Charles de Tespes, escuier, seigneur de Varigny et Meurré; noble homme et sage messire Florimond Rapine, seigneur de Faucheraine, Sensy, Latenon, conseiller et procureur général du bailliage, duché et pairie de Nivernois, parens, amis et aliez dudit futur; révérend père en Dieu Érard de Rochefort, seigneur abé de Saint-Léonard-lez-Corbigny, seigneur spirituel et temporel de ladite ville, doyen de l'église cathédrale Saint-Lazare d'Autun, seigneur et baron de Chitry et autres lieux; messire François de Rochefort, seigneur abé de Vézelay; haute et puissante dame Diane de Chastelux, relicte de feu haut et puissant seigneur messire Guy de Chaugy, vivant chevalier, seigneur et baron de Roussillon, sœur dudit comte; noble seigneur frère Georges de Chastelux, chevalier de l'ordre de Saint-Jean de Jérusalem, à Malte, frère de ladite demoiselle; puissant seigneur messire Hugues de Chaugy, chevalier, seigneur et baron de Rossillon. . . . .; haut et puissant seigneur Jaques de Choiseul, seigneur et baron de Chevigny, Chassy. . .; puissant seigneur messire Alexandre de Chastelux, chevalier, seigneur et baron de Coulanges; Roger de Chastelux, escuier, fils aisné dudit seigneur de Colanges; François de Longueville, escuier, seigneur de Domecy-sur-le-Vault, maistre d'hostel de M. le Prince; Antoine de Monceau, escuier, seigneur de Blannay; Philibert de Chalons, escuier, seigneur de Sully, lieutenant-colonel du régiment de l'Isle-de-France, cy-devant apelé Rambure; Jaques de Fresne, escuier, seigneur de Fresne. . . .

(GAIGNIÈRES, DCLVIII; *Nouveau Livre noir*, p. 165.)

CCXLI.

Visite faite par le grand-prieur de Molesmes à l'abbaye de Crisenon.

(1643.)

L'an mil six cens quarante-trois, le premier jour du mois de juin, nous, Ferry de Loys, grand-prieur de l'abbaye de Molesme, ordre de Sainct-Benoist, diocèse de Lengres, père et supérieur du monastère de Crysenon, de nostre dit ordre et jurisdiction, au diocèse d'Auxerre, assisté de frère François, de nostre dicte abbaye, pris pour adjoint en cette partie, certiffions à tous qu'il appartiendra, que nous nous sommes transportez, assistés comme dit est, de nostre monastère de Molesme audit monastère de Crysenon, où estans arrivés, serions entrés en la basse-court dudit monastère ; auquel lieu nous aurions faict signifier à révérende mère dame Angélique de Chastellus, abbesse et supérieure dudit monastère nostre venue, et en parlant à elle-mesme en l'églize dudict lieu, nous luy aurions faict entendre nostre venue et intention d'icelle estre pour visiter ledit monastère, tant au spirituel qu'au temporel, au chef qu'au membre, ainsy qu'à nous appartient, suyvant et ainsy qu'il est accoustumé en nostre dit ordre. Laquelle nous auroit faict responce qu'elle consent non-seulement nostre visitte, ainsy qu'elle devoit, mais qu'elle l'avoit tousjours désirée, estant disposée de rendre à nostre personne et ordonnance tout respect et obéissance, pour la gloire de Dieu, l'acquit de sa profession et le bien de sa maison. Au moyen de quoy auroient esté au grand autel de ladicte église, où nous aurions veu le Sainct-Sacrement et visitté le lieu où il repose, lequel nous aurions veu en un sainct et vénérable estat, comme semblablement le grand autel, décemment paré de beaux et bons ornemens, l'église bien entretenue, et son autel réveremment orné. Et serions ensuitte montés au dortoir, auquel nous aurions treuvé six chambres nefves, basties despuis peu par les soins de ladicte dame. Et sommes descendus au cloistre, lequel avons trouvé couvert de trois faces, la quatriesme estant en ruyne despuis les guerres civilles, ainsy que nous auroit faict entendre ladicte dame. Et pour le surplus des lieux réguliers, que des bastimens des offices que de la maison abbatiale et basse-cour, nous aurions trouvé les uns en assez bon estat et les autres qui ont besoing d'estre incessemment réparés.

Le lendemain, second jour dudit moys, continuant nostre visitte, nous aurions informé de ladicte dame du nombre de ses religieuses professes de sondit monastère ; laquelle auroit faict responce qu'elles estoient au nombre de quattre, trois desquelles despuis neuf à dix moys en çà, contre leur profession et au grand scandale de la religion et de la maison, se seroient absentées de nuict d'icelle, et auroient emporté mesmes leurs meilleurs meubles dudit monastère, s'estant retirées chez leurs parens, sans que despuis elles ayent voulu retourner en iceluy, quelques remonstrances et semonces qui leur en auroient esté faictes de sa part ; au moyen de quoy elle me demandoit justice.

Enquise si la closture et les grilles s'observoient dans ledit monastère, suyvant et ainsy qu'il est ordonné par le concille, et qu'il se pratique dans les autres monastères de son sexe ; a faict responce que non, et que de tout temps immémorial, ladicte closture et grilles n'avoient point esté gardées en iceluy ; qu'elle avoit faict ce qu'elle avoit peu [pour] porter et réduire ses filles à ceste observance, mais qui auroient tousjours refusé de le faire jusques à présent, fondées, comme elles ont dit, sur la coustume et possession. Que néanmoins elle estoit absolument résolue d'establir ladicte closture et les grilles, et que mesme pour justifier de ses bons desseins, elle avoit desja faict bastir un parloir qu'elle nous avoit faict voir, et qu'elle nous supplioit de nous (sic) accorder la licence de se transporter en quelque monastère de religieuses de régulière observance pour y prendre quelque nombre de filles pour amener en sondit monastère, pour et avec icelles travailler à y establir la régularité. Tout ce qui a esté dit et fait audit monastère, et avons clos nostre présent procès-verbal, les an et jour que dessus.

(Collection de Bourgogne, III, 347.)

CCXLII.

Établissement de la clôture à Crisenon.

(1643.)

Frère Ferry de Loys, grand-prieur de l'abbaye de Molesmes, ordre de Sainct-Benoist, diocèse de Langres, père et supérieur de l'abbaie et monastère de Grisenon, de nostre dit ordre, diocèse d'Auxerre, à révérende mère dame Angélique de Chastelluz, abbesse dudit monastère de Grisenon et ses religieuses, salut en Notre Seigneur. Veu nostre procez-verbal de visite, du premier et second du présent mois de juin, et le résultat d'iceluy, nous avons ordonné ce qui suit et enjoint d'i obéir, c'est à sçavoir que l'unique fondement de toute religion estant le service divin, nous désirons qu'il soit dit et célébré chacun jour, avec respect et révérence, audit monastère, suivant les constitutions de l'ordre, et aynsi qu'il est acoustumé ez monastères bien réglez.

Et d'autant que la closture est de pareille essence que les veux aux filles religieuses, nous ordonnons qu'à l'advenir, icelles ne pourront sortir, sinon pour les cas portez ez constitutions, et ce avec nostre permission; et enjoignons à madame de faire fermer incessamment les lieux réguliers; establir des grilles pour l'usage de ses religieuses, et par lesquelles elles auront communication, et non autrement, avec les séculiers.

Et afin d'establir plus solidement la régularité audit monastère, et coopérer avec ladicte dame en ses bons desseins, et faisant droit sur sa réquisition, nous luy avons permis de se transporter en quelque monastère d'observance régulière, pour prendre tel nombre de religieuses qu'elle avisera bon estre, pour et avec icelles establir la régularité en sondit monastère.

Et par ce que nous avons apris avec regret l'absence de trois religieuses dudit monastère, et que, pour cette raison, le service divin ne peut estre punctuellement célébré audit monastère, et que, d'ailleurs, cela ne peut estre toléré et souffert qu'au préjudice et détriment de la religion, nous ordonnons trez estroictement à madame de les faire sommer et interpeller en nostre nom de retourner incessamment audit monastère, et leur signifier nostre présente ordonnance; sinon et à faulte d'obéir, sera procédé contre elles par les voies canoniques, constitutions de l'ordre, de droit et de fait, sy besoin est.

Et afin que nostre présente ordonnance soit plus fructueuse, nous désirons qu'à l'advenir madame se fasse communiquer des constitutions de quelques monastères bien réglez, lesquelles elle fera voir à ses religieuses pour, avec leur consentement et de nostre authorité, observer icelles audit monastère pour la gloire de Dieu, édification du prochain et salut des âmes. Prononcé au Chappitre de laditte abbaie et laditte dame et religieuses, le second jour du mois de juin mil six cens quarante-trois, soubz nostre seing manuel, celuy de frère François Hutteau, religieux, prebstre, aumosnier de nostre dicte abbaie de Molesmes, pris pour adjoint en ceste partie, et seellée de nostre sel ordinaire.

(Collection de Bourgogne, III, 349.)

CCXLIII.

Ordonnance de l'évêque d'Auxerre pour la translation de l'abbaye de Crisenon en la ville d'Auxerre.

(1643.)

Veu par nous Pierre de Broc, évêque d'Auxerre, la plainte rendue par nostre promoteur, contenant que depuis le dimanche diziesme du mois d'aoust mil six cens quarante-deux, les relligieuses de l'abbaye de Nostre-Dame-de-Crisenon, ordre de Sainct-Benoist, de nostre diocèse, ont quittez et abandonnées ladite abbaie et closture d'icelle, tellement qu'il ne reste à présent dans le couvent de laditte abbaie que l'abbaisse seule, et que le service divin en est entièrement délaissé, et ne s'y fait aucunement; le procès-verbal de nostre grand-vicaire, du seiziesme dudit mois et an, par lequel il paroit la vérité de ladicte plainte, par la reconnoissance de sœur Angélique de Chastelus, abbaisse de laditte abbaie de Crisenon, qui déclare que les demoiselles religieuses seroient sorties pendant la nuit du dimanche au lundy, unziesme du présent mois d'aoust, par la porte de l'église, qu'elles auroient ouverte, quoy qu'elle fût fermée avec un cadenat, et transporté et fait transporter tous leurs meubles et habitz par charrois qu'elles auroient fait entrer par-derrière le cloitre. Et sur l'advis qu'elle auroit eu que lesdittes religieuses se seroient retirées par devers leurs parens, elle auroit envoié les nommés Challaut et Morillon au lieu du Bouchet et autres lieux, où elle auroit appris que lesdittes religieuses se seroient retirées, et qu'elle les auroit conviées, par lesdits Challaut et Morillon, de retourner, et exhorté leurs parens de les renvoier. A quoy ni les uns ni les autres n'auroient voulues entendre; mesmes que les sieurs et dames du Bouchet auroient fait response qu'ils ne renverroient pas sœur Aimée de Montsolnin que le monastère ne fût réparé et la règle observée en icelui, comme l'a rapporté ledit Challaut. Autre procès-verbal dudit jour, seiziesme d'aoust, par nostre grand-vicaire susdit, par lequel lesdits sieurs et dames du Bouchet déclarent que laditte Aimée de Montsolnin s'est retirée en leur maison depuis lundi 11e jour dudit mois d'aoust, an que dessus, et promettoient qu'après avoir conféré avec les parens de laditte Montsolnin, et que laditte Chastellus, abbesse de Crisenon, aura réformé son monastère, restablies les lieux réguliers d'iceluy, ils entendent renvoier laditte Montsolnin pour vivre comme religieuse, suivant sa profession ; et qu'en attendant que la maison soit restablie, la closture d'icelle et lieux réguliers restablis, elles entendent la mettre dans une maison réformée. La déclaration de laditte Aimée de Montsolnin dudit jour seiziesme aoust, qu'il porte qu'elle est sortie dudit monastère avec les autres religieuses, à cause que les bastimens, les murs et clostures et les lieux réguliers d'icelui sont entièrement ruinez, qu'elle ne peut retourner qu'il n'ait esté pourveu, par laditte abbesse, au restablissement de la closture des lieux réguliers et de la discipline régulière. Nous estans d'ailleurs asseurés par la visitation que nous en aurions fait en personne, que laditte abbaïe est entièrement démolie et que ce qui reste de bastiment en icelle menasse et est prest de tomber en ruine, que le lieu où elle est à présent basti n'est pas propre pour des religieuses, estant à la campagne et fort esloignés des villes, et sans apparences d'i pouvoir faire aucune closture régulière. Nous estans obligez par le deue de nostre charge de maintenir l'ordre ecclésiastique, de restablir la discipline régulière et clostures et maisons moniales de nostre diocèse, de les contraindre de l'observer et garder inviolablement, le saint nom de Dieu préalablement invoqué, de nostre autorité ordinaire avons ordonné et ordonnons que les sœurs Gilberte de Saint-Martin ditte d'Ongni, Aimée de Montsolnin dicte de Fontenai, se retireront dans huit jours de la signification des présentes, dans la ville d'Auxerre, en la maison des Ursulines, où elles seront receues et admises à l'ospitalité par la supérieure d'icelle, à laquelle nous enjoignons ce faire, en attendant qu'il soit pourveu au restablissement de laditte abbaïe de Crisenon. Nous ordonnons que l'abbesse paiera les pensions desdittes religieuses à laditte maison des Ursulines, à raison de deux cent livres par an pour chacune. Et d'autant que dans la visitation que nous avons fait de laditte abbaïe, nous avons trouvé qu'elle est hors des murs et enceinte d'une ville ; esloignée de tout voisinage et qu'elle est exposée au périlz et dangers préveuz par les saints canons ; estant de nostre debvoir, comme dit est, de réduire, de nostre autorité ordinaire, les moniales de nostre diocèse en clostures et les transférer pour cet effet, si nous le jugeons à propos, dans les villes closes, nous avons ordonné et ordonnons qu'à la diligence de nostre promoteur, laditte abbaïe de Crisenon soit transféré dans la ville d'Auxerre, où nous enjoignons à laditte abbesse de se retirer avec ses religieuses dedans trois mois après la signification des présentes, et de louer une maison dans laditte ville pour cet effet, en attendant qu'elle en aie acheté une avec la place suffisante pour bastir un monastère le plus commodément que faire ce pourra. Et pour cet effet, nous luy avons permis et permettons d'emprunter, à constitution de rentes, jusques à la somme de dix mil livres, pour estre employées en achapt de maisons et places propres et convenables pour retirer laditte abbesse et les religieuses. Que tout le revenu de laditte abbaïe sera transféré en laditte maison, sur lequel sera préalablement pris par préférence, la somme de cent livres, à toutes charges, par chacun an, qui sera donnée à un chappellain ou à l'un des vicaires des paroisses voisines, lequel, moiennant laditte somme, sera tenu de dire la messe dans laditte abbaïe de Crisenon, les jours de festes et dimanches. Nous ordonnons pareillement que les murs de la closture et autres édifices ruinez dudit Crisenon seront transportez dedans la ville d'Auxerre pour estre emploiez aux bâtiments nécessaires à faire dans laditte place. Donné à Auxerre le vingt-sixiesme du mois d'aoust mil six cens quarante-trois.

(Collection de Bourgogne, III, 351.)

CCXLIV.

Représentation des abbesse et religieuses de Crisenon à l'évêque d'Auxerre.

(1643.)

Le vingtz-huictiesme novembre mil six centz quarante-troys, j'ay, sergent royal soubzsigné, certiffié que à la requeste de madame Angélique de Chastellux, abbesse de l'abbaïe et couvent de Nostre-Dame-de-Crizenon et les religieuzes dudict monastère, suys transporté de la ville d'Auxerre, auquel lieu j'ay d'hier signiffié et fait assavoir à illustrissime et révérendissime prélat messire Pierre du Broc, évesque d'Auxerre, en sa maison espiscopalle. Lequel ayant trouvé absent de ladicte ville, je me suys transporté au domicille de messire Germain de la Faye, promoteur et aumosnier dudict seigneur évesque, audict Auxerre, parlant à sa personne, auquel je dict sergent, que ladicte dame abbesse de Crizenon et lesdictes religieuzes, pour ne blesser leur conscience et l'obéissence qu'elles doibvent au supérieur de leur ordre et encourir les censures d'icelluy, n'entendent ny ne peuvent obéir à son ordonnence du vingt-sixiesme aoust dernier, et à elles signiffiée le premier septembre ensuyvant, pour aultant que ladicte abbaïe de Crizenon est en pocession immémorialle de recongnoistre pour juge et supérieure l'abbaïe de Molesmes, appartenante à présent à monseigneur le prince de Contit; estant véritable que despuys son establissement jusques à présent, elle seroict tousjours demeurée soubz la juridiction de ladicte abbaïe, paisiblement et sans aucun trouble, au veu et sceu de messeigneurs les évesques d'Auxerre, ces prédécesseurs, sans qu'ilz ayent réclamé au contraire, ny jamais, jusques à présent fait aucun acte de juridiction en ladicte abbaïe, dont ledit seigneur puisse faire aparoir; comme, au contraire, lesdictes dames, pour justiffier la raison de leur légitime obéissance au supérieur de leur ordre en ladicte abbaïe de Molesmes, ont donné coppye collationnez du tiltre fondamental de la juridiction et ordonnence dudict sieur grand prieur de Molesmes, leur supérieur naturel et légitime, lequel elles entendent comme elles doibvent seul recongnoistre supérieur, pour satisfaire à leur conscience, à leur profession et au tiltre de ladicte juridiction, sauf en tout le respect que la révérence qu'elles recongnoissent debvoir audict seigneur évesque comme leur diocézin. Et où ledict seigneur évesque, au préjudice de la présente signiffication, vouloit poursuivre ces prétentions de juridiction contre ladicte dame et lesdictes religieuses, et continuer à troubler l'obéissance de ladicte abbaie de Molesmes, protestent ce maintenir et deffendre et faire contre lesdictes prétentions par toutes les voyes de justice deues et raisonnables, ainsy qu'elles advizeront et verront bon estre par conseil. Fait en présence Jehan Ferot, demeurant à ....., les an et moys susdictz.

(Collection de Bourgogne, III, 353.)

CCXLV.

Lettres patentes de Louis XIV en faveur d'Alexandre de Chastellux, seigneur de Coulanges.

(1645.)

Louis, par la grâce de Dieu roy de France et de Navarre, à noz amés et féaux conseillers les gens de noz comptes à ..... présidans et trésoriers généraulx de France, à Dijon, salut. Sçavoir faisons que voulant gratiffier et favorablement traicter nostre cher et bien aimé Alexandre de Chastelux, sieur et baron de Coulanges, en considération des bons services qu'il nous a rendus et continue de rendre chacun jour, nous luy avons pour ces causes et autres, à ce nous mouvans par l'advis de la royne régente, nostre très honnorée dame et mère, et en confirmant notre brevet du XXVI⁰ mars dernier, cy-attaché soubz notre contre-scel, faict et faisons don et remise par ces présentes signées de notre main, des droictz de quintz, requintz et autres debvoirs seigneuriaux, à cause de l'aquisition qu'il a faicte de la moictié de ladicte terre de Coulanges-les-Vineuses, qui appartenoit à Jean-Louis de Giverlet, relevant de nous à cause de notre comté d'Auxerre, à quelque somme que lesdicts droictz se puissent monter, pourveu touteffois qu'ilz ne soient affermez. Sy vous mandons et ordonnons que ces présentes vous ayés à vériffier et du contenu en icelles faire jouir et user plainement et paisiblement ledit sieur baron de Coulanges, et en ce faisant par celuy de noz recepveurs comptables ou autre qu'il apartiendra le faire tenir quitte et deschargé de la somme de deniers à quoy lesdictz droictz se pourront monter, et raportant ces présentes avec quittance ou recongnoissance dudit seigneur de Coulanges, de la jouissance de nostre dit présent don et remize sur ce suffizante, nous voulons le tout estre passé et attouché en la mise et despence de leurs comptes par vous gens de nosdicts comptes, vous mandans ainsy ce faire sans difficulté, car tel est notre plaisir. Donné à Paris le douziesme jour d'aoust l'an de grâce MDCXLV, et de notre règne le troisième.

Aujourd'huy, xxvi mars mdcxlv, le roy estant à Paris, voulant gratiffier et favorablement traicter Alexandre de Chatelux, seigneur et baron de Coulanges, en considération des bons et agréables services par luy rendus en diverses occasions, et luy donner moyen de les estimer, Sa Majesté, de l'advis de la reyne régente sa mère, luy a libérallement accordé et faict don des quintz, requintz et autres droictz seigneuriaux qui pourroient estre deubz à Sa Majesté à cause de l'aquisition qu'il fera de la moictié de la terre et seigneurie de Coulanges-les-Vineuses, apartenant à Jean-Louis de Giverlet, sieur de ladicte moictié de Coulanges, relevant de Sa Majesté à cause de son comté d'Auxerre, pourveu que lesdictz droictz ne soient affermés et que la vente en soit faicte dans six mois; m'ayant, sadicte Majesté, commandé en expédier audict seigneur de Chatelux touttes lettres nécessaires, en raportant le contract de vente ou d'alliénation, et cependant le présent brevet signé de sa main et contresigné par moy, son conseiller et secrétaire d'Estat.

(Archives de la Côte-d'Or ; registre III, 504.)

CCXLVI.

Opposition du grand-prieur de Molesmes aux empiètements de l'évêque d'Auxerre.

(1645.)

Frère Ferry de Loys, grand prieur de l'abbaïe de Molesmes, ordre de Sainct-Benoist, diocèse de Langres, père et supérieur de l'abbaïe et monastère de Crisenon, de nostre ordre, diocèse d'Auxerre, de la fondation, jurisdiction et dépendance de ladicte abbaïe, à révérende mère dame Angélique de Chastellus, abbesse dudit monastère de Crisenon, salut en Nostre Seigneur. Ayans receu advis certain par personnes de conscience que vous aviez intention de vous soustraire et départir de l'obéissance que vous nous debvez, contre et au préjudice des termes, clauses et conditions portez par les tiltres de fondation de vostre dit monastère. A quoy estans obligez de remédier par les interestz de nostre conscience, charge et authorité de vostre dite maison et la nostre, vous exhortons à vostre devoir envers nous, sinon, protestons de vous poursuivre par toutes voies de justice éclésiastique et séculière, de vous ramener à l'obéissance de vostre fondation légitime et régulière. Ce que nous désirons qu'il vous soit signifié, afin que vous n'en prétendiez cause d'ignorance. Donné en nostre monastère de Molesmes, soubz nostre sein manuel, celuy de nostre secrétaire et impression de nostre seel, le douziesme jour du mois de novembre mil six cens quarante-cinq.

(Collection de Bourgogne, III, 355.)

CCXLVII.

Mémoire à l'appui du droit du grand-prieur de Molesmes de visiter Crisenon.

(1645.)

Pour l'abbaïe de Grisenon, ordre de Sainct-Benoist, diocèse d'Auxcerre :

Contre les prétentions de Monsieur l'évesque d'Auxcerre, lequel, à cause de sa dignité épiscopalle, soustient avoir droit de jurisdiction sur ledit monastère de Grisenon, au préjudice du droit de l'abbaïe de Molesmes, dudit ordre de Sainct-Benoist.

Frère Ferry de Loys, grand-prieur de l'abbaïe de Molesmes, pour responses aus escritures fournies par monsieur l'évesque d'Auxcerre, remonstre et dit qu'à cause de son eslection en la charge de grand prieur en ladicte abbaïe, il a droit de jurisdiction sur tous les monastères et priorez qui sont de la dépendance de ladicte abbaïe, et spécialement sur les monastères où il y a régularité, au nombre desquels est le monastère de Crisenon, dont est question ; sur lequel comme sur les autres monastères de pareil sexe, il a exercé par ses prédécesseurs immémorialement, comme il fait encore de présent, tout droit de jurisdiction.

Et encore qu'il soit véritable que le tiltre de ladicte abbaïe de Crisenon soit à présent à la nomination du roy, cela ne préjudicie en rien à la jurisdiction du supérieur régulier, puisqu'en pareil cas les abbaïes de l'ordre de Cysteaux et de Prémonstré, qui sont de collation roialle, n'empesche point la jurisdiction des supérieurs de l'ordre, et sans que lesdits sieurs évesques y exercent aucun acte de jurisdiction.

Monsieur l'évesque d'Auxcerre demeurant d'accord par ses escritures que les ordonnances d'Orléans et de Blois, article xx, donnent pouvoir aux chefz d'ordre et de congrégation de faire visitation ez monastères de leur charge, et y establir, quant le cas y eschet, la discipline eclésiastique. Or, en justifiant que l'abbaïe de Molesmes est chef de congrégation ou d'ordre, la cause demeure jugée au proffit de ladicte abbaye de Molesmes, encores mesmes qu'il ne soit absolument nécessaire pour sousténir ladicte jurisdiction, pour y parvenir et faire voir que ladicte abbaie de Molesmes doit estre tenue et réputée pour supérieur d'ordre ou de congrégation, il suffit de faire cognoistre que toutes les qualités et circonstances qui composent un chef d'ordre ou de congrégation conviennent et appartiennent à ladicte abbaïe de Molesmes.

Il est donc nécessaire, pour composer un chef d'ordre ou de congrégation, qu'il soit indépendant d'origine ou de privilége ; qu'il aye des monastères soubz son obéissance, et qu'il célèbre un chappistre général.

Ces trois raisons conviennent indubitablement à l'abbaïe de Molesmes, en ce qu'elle est indépendante d'origine ; 2° qu'elle a soubz son obéissance plusieurs monastères et priorez, ainsy qu'il est cogneu par le poullié public ; 3° que le chappitre général se célèbre annuellement le dernier jour du mois d'apvril, avec toutes les formalités et solempnités, dans tous les monastères praticquée, qui sont chefs d'ordre ou de congrégation.

Il importe fort peu que ladicte abbaïe à Molesmes soit nommée au règlement des Estas, puisqu'il y a cinq cens ans qu'elle jouit de la chose, et qu'il suffit que pour jouir d'un droit on possède toutes les qualités nécessaires pour l'exercer.

Et quand mesme le seigneur évesque d'Auxcerre voudroit prendre pour règlement de ses prétentions les ordonnances par luy cittée dans ses escritturcs, tout son pouvoir s'estendoit seullement sur la closture du monastère, et non sur les mœurs et discipline régulière, puisque par les mesmes ordonnances elle apartient aux monastères de la qualité de l'abbaïe de Molesmes. Estant toutes fois véritable que ce droit épiscopal d'avoir regard sur la closture des religieuses ne procède point du concile de Trente, auparavant lequel, les religieuses n'estoient absolument tenues à l'observation d'icelle, sinon en ces derniers temps, où la malice du siècle les a obligées d'en faire un quatriesme vœu comme d'une chose absolument nécessaire.

Pour rendre un bien asseuré à son propriétaire, il est besoingt de tiltre véritable et de possession paisible. Monsieur l'évesque d'Auxcerre a un tiltre de droit commun, mais non la possession qui est l'âme et la vie du tiltre, et sans laquelle tout tiltre est réputé pour mort. Cela est si véritable que depuis cinq cens ans les seigneurs évesques d'Auxcerre n'ont fait aucune jurisdiction sur le monastère de Crisenon, n'en pouvant faire paroistre aucun acte, soit public ou privé, qui la puisse justiffier, sinon celle du sieur grand-vicaire du seigneur évesque, du mois d'aoust de l'année mil six cens quarante-deux, qui est une chose extraordinaire et faitte en un cas privilégié, comme la fuitte et l'évasion des religieuses de leur monasterre ; auquel cas toutes sortes de justices et laïques et eclésiastiques, pouvoient agir juridiquement, sans que toutefois cela pût blesser en rien la jurisdiction naturelle et ordinaire.

Et n'en est pas de mesme du droit de l'abbaïe de Molesmes, car elle est fondée en tiltre valable et en une possession non contestée depuis cinq cens ans jusqu'à présent. Et pour commancer par le tiltre, si on veut l'examiner, il se trouvera que l'abbé de Molesmes pour lors, à la prierre du conte de Nevers, et en la présence du sieur évesque d'Auxcerre, a retiré des religieux qui vivoient pour lors audit lieu de Crisenon, soubz son obbéissance, pour y establir des religieuses tirées du monasterre de Jully, de sa jurisdiction, et est considérable qu'en la présence dudit seigneur évesque, il a fait ledit establissement, s'est réservé la jurisdiction qui est à présent disputée, sans que ledit sieur évesque ayo réclamé au contraire. Aussy est-il véritable que auparavant ledit establissement des religieuses, il n'y avoit plus de droit, et mesmes les aultres tiltres qui font mention dudit lieu de Crisenon et des églises qui en dépendent, fait par lesditz sieurs évesque et chappitre d'Auxcerre, il n'y est point parlé de jurisdiction réservée.

Aussi n'estoit-il pas nécessaire, puisque cela estoit desjà réglé au proffit de ladicte abbaïe.

Aynsi, ladicte abbaïe de Molesmes a jouy de sa jurisdiction sur le monastère de Crisenon par une espace de cinq cens ans, et jusqu'à ce que monsieur de Souvré, pour lors évesque d'Auxerre, en vertu de son tiltre commun, désirant faire sa visite audit monastère de Crisenon, en fut diverti par les remonstrances que luy fit la dame abbesse du lieu : disant qu'elle estoit juridique à un supérieur régulier, qui estoit l'abbaïe de Molesmes. Ce qui obligea ledit seigneur évesque, comme il parest par sa signature, de diférer sadicte visite jusqu'à ce que ladicte dame luy eût fait voir sadicte exemption par tiltre valable; ce que ladicte dame ayant fait et communiqué ses tiltres d'exemption audit seigneur évesque, il se seroit déporté de prétendre ou faire aucun acte de visite audit monastère de Crisenon.

Quant au procès-verbal fait par ledit sieur grand-vicaire dudit seigneur évesque audit monastère de Crisenon, contenant les désordres qu'il y auroit trouvé : respond que ce qui estoit à régler audit monastère l'a esté par le sieur grand-prieur de Molesmes, en cette qualité supérieur dudit monastère de Crisenon, autant que la comodité du lieu, l'estat présent des choses l'a pu permettre; en telle sorte que toutes les religieuses absentes sont retournées audit monastère, en vertu de l'ordonnance dudit sieur grand-prieur; la closture et la communauté gardée, qui sont les choses les plus essentielles à désirer en des religieuses, à l'observation desquelles ledit sieur grand-prieur promet de veiller avec soin. Concluant à ce que ladicte abbaïe de Molesmes soit, pour les raisons susdictes et pièces communiquées, maintenue et conservée en son droit de jurisdiction sur ledit monastère de Crisenon.

(Collection de Bourgogne, III, 357.)

CCXLVIII.

Lettre des chanoines d'Auxerre à leurs confrères de Saint-Martin de Tours, pour M. de Chastellux.

(1649.)

Nobilibus et circumspectis viris confratribus nostris DD. decano, thesaurario, canonicis et capitulo insignis ecclesiæ beatissimi Martini Turonensis, ad Romanam Ecclesiam nullo medio pertinentis, decanus, canonici et capitulum insignis ecclesiæ Sancti-Stephani Autissiodorensis, salutem et perpetuum in Domino fraternitatis vinculum. Notum vobis facimus et certificamus quod dominus Cæsar de Chastellux, dominus et comes de Chastellux, et jus habens canonicatus et prebendæ in nostra insigni ecclesia, secundum antiqua privilegia a prædecessoribus nostris familiæ dominorum de Chastellus concessa, quibus ob certa obsequia dictæ nostræ ecclesiæ a prædecessoribus dictæ familiæ et dominorum de Chastellux, olim impensa, major natu dictæ familiæ jure hereditario uti et frui potest honoribus, fructibus et emolumentis universis canonicatus et prebendæ in nostra ecclesia, solemniter receptus fuit in concanonicum et confratrem nostrum die ultimo mensis octobris nuper elapsi, quamobrem obnixe vos rogamus ut eumdem Cæsarem de Chastellux, tanquam concanonicum et confratrem nostrum, recipiatis honorifice ut soletis concanonicos et confratres nostros, sicut vos et vestrum quemlibet in pari casu recipere vellemus in gratiam dictæ fraternitatis, et cum superlicio et almucia divinis adesse et interesse, necnon consuetis honoribus et juribus canonicis ecclesiæ nostræ Autissiodorensis uti et frui permittatis. In cujus rei fidem ac testimonium præsentes litteras fieri et per secretarium nostrum cum appensione nostri sigilli quo in talibus utimur fecimus communiri. Datum Autissiodori, in nostro capitulo, domino cantore præside, die vigesima quarta januarii, anno millesimo sexcentesimo quadragesimo nono.

(Archives de Chastellux; *Vieux Livre noir*, p. 181.)

CCXLIX.

Mariage de François de Laduz et de Marie de Chastellux.

(1656.)

Pardevant Cristofle Daulmoy et Nicolas Guillaume, notaires en la ville et bailliage d'Auxerre, le dimanche vingtiesme février mil six cent cinquante-six, comparurent messire François de Laduz, chevalier, seigneur de Vielchamp et autres lieux, fils de messire René de Laduz, vivant chevalier, seigneur dudit lieu, et de dame Marguerite de Chamigny, ses père et mère, elle présente; accompagné de messire Dominique de Longueville, chevalier, seigneur de la Maison-Blanche et autres, d'une part; et demoiselle Marie de Chastelus, fille de haut et puissant seigneur messire Léon de Chastelus, seigneur et baron d'Avignot, la Tour du Bos...., et de dame Anne de Moroge, ses père et mère, accompagnée de messire Louis de Cullon, chevalier seigneur de Trussy et de Magny; messire Auguste de Cullon, chevalier, seigneur de Sery; messire Jacques le Boucherat, chevalier, seigneur de la Rocatelle; Charles le Boucherat, escuier, seigneur de la Rocatelle; Jean de Moncorps, escuier, seigneur de Beauvoir et Cheny, ses parens et amis, d'autre part......

Ledit François de Laduz épouse ladite Marie de Chastellux. Ledit messire Dominique de Longueville, pour et au nom de demoiselle Marie de Laduz, sa femme, renonce aux successions de ladite de Chamigny, sa mère, au profit dudit François de la Duz, moyennant la somme de douze mille livres, qu'il lui payera après sa mort. Ledit François doue sa femme de mille livres tournois de rente; en cas d'enfans, huit cents livres. Ladite Marie de Chastellux, douée par ses père et mère de vingt-sept mille livres, qui seront payées après leur mort, et l'intérêt durant leur vie.

(GAIGNIÈRES, DCLVIII, 581; *Nouveau Livre noir*, p. 221.)

CCL.

Donation du comte César-Philippe de Chastellux à la fabrique d'Osny.

(1662.)

Dix septembre 1662, devant Nicolas Dagneaux, notaire à Pontoise, donation par Robert François, receveur des élections de Niort et des gabelles d'Olones, au nom et comme fondé de procuration de hault et puissant seigneur messire Cézar, comte de Chastelux, vicomte d'Avalon, baron de Caré, seigneur de Marigny et autres lieux, premier chanoine héréditaire de l'église cathédrale Saint-Estienne d'Auxerre, au profit de la fabrique d'Osny, acceptée et représentée par Louis Monnier et Jean Maître, marguilliers, de la somme de quatre cents livres, et ce du consentement de messire Guillaume Crespin, curé, à la charge, par les curé et marguilliers, de faire dire, chanter et célébrer à perpétuité, en la chapelle Saint-Jacques, érigée en l'église dudict Osny, une messe basse tous les premiers vendredis de chaque mois de l'année, et un service complet avec messe haute, le dix-huit janvier de chaque année, jour du décès de haulte et puissante dame Marie-Magdelaine le Sueur, espouse dudict seigneur comte de Chastelux, pour le repos de l'âme de ladicte dame, de celles des autres trépassés, et celle dudict seigneur, après son décès; laquelle somme de quatre cents livres lesdicts curé et marguilliers seront obligés employer au profit de ladicte fabrique en acquisition d'héritages, avec les déclarations sur ce nécessaires. A la suite duquel acte est transcrit copie de la procuration dudict seigneur, passée devant Guichard et Moufle, notaires au Châtelet de Paris, le 15 juillet 1662.

(Extrait du registre des comptes de la fabrique de la paroisse d'Osny, art. 17, f° 62; Archives de Chastellux, *Grand Inventaire des Titres*, chap. I, 16ᵉ liasse cotée N, n° 76.)

CCLI.

Contrat de mariage de César-Philippe de Chastellux et de Judith Barrillon.

(1663.)

Pardevant les notaires gardenotes du roy, nostre sire, en son Chastelet de Paris, soubzsignez, furent présens hault et puissant seigneur messire Cézar-Philippe de Chastellux, comte dudict lieu, vicomte d'Avallon, baron de Carré, seigneur de Marigny et autres lieux, premier chanoine héréditaire de l'église cathédralle Sainct-Estienne d'Auxerre, fils de deffuncts hault et puissant seigneur messire Hercules de Chastellux, vivant seigneur et comte desdicts lieux, et de haulte et puissante dame dame Charlotte de Blaigny, jadis son espouze; ledict seigneur comte de Chastellux, comparant, estant de présent demeurant à Paris, rue Pavée, parroisse Sainct-Paul, pour luy et en son nom, d'une part, et dame Bonne Fayet, veufve de messire Jean-Jacques Barrillon, vivant chevalier, seigneur de Chastillon et autres lieux, conseiller du roy en ses conseils, et en sa cour de parlement, et président en la première chambre des enquêtes de ladicte cour, demeurante à Paris, rue de l'Homme-Armé, parroisse Sainct-Jean-de-Grève, stipulante en ceste partie pour damoiselle Judith Barrillon, fille dudict deffunct seigneur président et d'elle, à ce présente et consentante, d'aultre part; lesquelles parties, en la présence et par l'advis de messire Paul Barrillon d'Amoncourt, chevalier, marquis de Branges, seigneur de Mancy, Chastillon et autres lieux, conseiller du roy en sesdicts conseils, maistre des requestes ordinaires de son hostel, frère aisné de ladicte damoiselle, de dame Marie-Magdelaine Mangot, espouse dudict sieur Barillon; messire Antoine Barrillon, chevalier, seigneur de Chastillon, conseiller du roy en sesdicts conseils et en sa cour de parlement; messire Jean-Jacques Barrillon, prieur du prieuré de Chastillon; messire Henry Barrillon, bachelier en théologie, prieur du prieuré de Notre-Dame-de-Boullogne, aussy frères de ladicte damoiselle Barrillon, de messire Antoine Barrillon, chevalier, seigneur de Mancy, Morangis et autres lieux, conseiller ordinaire du roy en tous ses conseils, et directeur de ses finances, oncle paternel de ladicte damoiselle Barrillon; de dame Philiberte d'Amoncourt, espouse dudict seigneur de Morangis; de hault et puissant seigneur messire Jean-Antoine de Mesmes, chevalier, comte d'Avaux, conseiller du roy ordinaire en tous ses conseils et président en sa cour de parlement, cousin-germain maternel dudict deffunct seigneur président Barrillon, père de ladicte damoiselle Barrillon; messire Jean-Jacques de Mesmes, chevalier, comte d'Avaux, conseiller du roy en sesdicts conseils, maistre des requestes ordinaires de son hostel; messire Jean-Antoine de Mesmes, chevalier, seigneur d'Irval, conseiller du roy en sa cour de parlement et commissaire aux requestes du pallais, cousins issus de germains paternels de ladicte damoiselle Barrillon; et de hault et puissant seigneur messire Anne de l'Hospital, chevalier, comte de Saincte-Mesme et autres lieux, conseiller du roy en ses conseils, lieutenant général en ses armées, chevalier d'honneur et premier escuyer de madame duchesse douairière d'Orléans, cousin-germain paternel de ladicte damoiselle Barrillon, ont recognu......

(Archives de Chastellux; *Grand Inventaire des Titres*, chap. X, n° 30, dans la troisième liasse cotée Q. Grosse en parchemin.)

CCLII.

Reprise de fief et dénombrement de la terre de la Tour-du-Bos.

(1664.)

Dénombrement de la terre, seigneurie de la Tour-du-Bos, que donne à vous nosseigneurs Nosseigneurs de la Chambre des Comptes à Dijon, messire Louis-François de Bougne, chevalier, seigneur et baron d'Uchon, dans les parroisses de Saint-Syphorien et Charmoy, dudit Bourdeau et de ladite Tour-du-Bos, membres et despandances.

Premièrement ladite terre, seigneurie de la Tour-du-Bos, estant en toutte justice haulte, moyenne et basse, et rière le bailliage de Montceny;

Icelle consistant en une grande tour avec un corps de logis joignant icelle;

Un jardin et verger avec les cours et aisances joignants, le tout de la continence d'environ cinq bichettées;

Fiefs dépandants de ladicte terre de la Tour-du-Bos : premièrement, celuy de la seigneurie de Boivin, à présent posseddée par le sieur de la Grange, seigneur dudit Boivin et des Clos, iceluy estant en toutte justice haulte, moienne et basse;

Plus le fief de Senanoy, en la justice de ladicte Tour-du-Bos, posseddé par le seigneur marquis de la Boullaye;

Plus le fief de la Roche, estant dans la haulte justice de la Tour-du-Bos, posseddé par le sieur de Chappon, seigneur de ladite Roche;

Plus le fief de la Marche, estant en toutte justice possesdé par le sieur d'Escorailles;

Plus appartient à ladite terre de la Tour-du-Bos, la somme de deux cent vingt livres tournois de rentes et censes chacun an;

Plus quarante-six boisseaux de froment, mesure de Montceny; soixante et seize boisseaux de seigle; deux centz boisseaux avoine, aussy mesure dudit Montceny;

Plus cinquante-quatre poulles;

Plus soixante et douze courvées à bras;

Plus six courvées à bœufs;

Deux pintes d'huille, et cinq livres et demie de soie;

Plus un bois de haute futaye, appellé la Moullière, de la continance d'environ six vingtz journaux, dans lequel il y a deux petitz estangs : l'un appellé l'estang du Ruaux, et l'autre l'estang Martinot;

Plus un autre bois et brossaille joignant le bois cy-dessus, de la continence d'environ trente bichettées;

Plus le prey devant ladite tour, communément appellé le prey du Bos, de la continence d'environ dix soiptures, et ung estang y joignant, qui s'empoissonne de cinquante de poisson;

Plus un grand estang appellé Unmolin, au dessoubre appelée l'estang du Bos, lequel s'empoissonne de huit centz d'empoissonnement, et ledit molin entragé pour vingt-deux bichets de seigle et deux chappons;

Plus une terre appelée le Champ-des-Noyers, contenant environ cinq bichettées;

Plus un petit estang appellé l'étang Saultereau, qui s'empoissonne de cinquante d'empoissonnement;

Plus un prey appellé le prey Cassé, contenant la levée d'environ quinze essarts de foin;

Plus appartient audit seigneur de la Tour-du-Bos, un domaine appellé le domaine d'En hault, estant de la contenance de soixante et dix bichettées de terre et quinze soiptures de prey;

Trois petittes brossailles appellées Des Boulay, les Pitoux et Brosses-Devant, contenant icelle la somme de six boissellées;

Plus un autre domaine appellé Coullevrine, concistant en six vingts bichettées de tere, et la levée de trente-cinq sarts de foing;

Que sont tous les héritages, rentes, cences et autres droictz dépendants de ladite terre, seigneurie de la Tour-du-Bos, sauf d'adjouster ou diminuer. Faict audit lieu de la Tour-du-Bos par ledit sieur de Bougne, pardevant moy, Estienne Verneau, notaire royal à Montceny, en présence de messire Louis Rolet, praticien demeurant à Chalon, trouvé audit lieu, et Pierre Rollet, clerc à Montceny, tesmoings requis, qui se sont soubsigné avec moy, ledit notaire, et ledit seigneur de Bougne, ce jourd'huy, treiziesme de juillet mil six cent soixante-quatre.

(Archives de la Côte-d'Or; baillage d'Autun, liasse VI, cote 21.)

CCLIII.

Extrait des preuves de François de Saint-Phalle pour Malte.

(1666.)

Extrait du procès-verbal ou preuves de la noblesse de noble François de Saint-Phale, fils de messire Claude de Saint-Phale, chevalier, seigneur de Villefranche, de Montgoublin et d'Issy (*sic*), et de dame Élisabeth de Chastellux, sa femme, né et baptisé dans la paroisse de Villefranche, faites 19 d'octobre de l'an 1666, en la ville de Joigny, pour sa réception en qualité de page de son Éminence le grand maître dudit ordre, et de chevalier du même ordre au grand-prieuré de France, par frère Pierre de Culan, chevalier, commandeur d'Auxerre, et frère François-Octave de Fleurigni, aussi chevalier, commissaires à ce députés par délibération du Chapitre provincial tenu au Temple, à Paris, le 17 de juin de ladicte année. Ses titres énoncés dans ce procès-verbal sont entr'autres :

Un partage noble des biens de messire Alexandre de Chastellux, chevalier, seigneur de Coulanges-les-Vineuses, et de dame Anne de Gauville, sa femme, fait le 26 de mai de l'an 1662, entre messire François de Chastellux, chevalier, marquis de Coulanges-les-Vineuses, du Val-de-Mercy et de Bellombre, et dame Élisabeth de Chastellux, sa sœur, femme de messire Claude de Saint-Phale, chevalier, seigneur de Villefranche; lesdits dame et Chastellux, enfants dudit Alexandre de Chastellux et de ladite Anne de Gauville. Cet acte reçu par

Balthazar Dorléans et Jacques Ricordeau, notaires au Châtelet de Paris.

Le contrat de mariage d'Alexandre de Chastellux, écuyer, seigneur du Val-de-Merci, fils unique et héritier principal de haut et puissant seigneur messire Olivier de Chastellux, chevalier, seigneur de Coulanges-les-Vineuses et du Val-de-Merci, et de dame Anne du Plessis, sa femme, assisté de noble seigneur messire Guillaume du Plessis, son oncle maternel, chevalier, Sʳ d'Auvrière-la-Grange (*sic*); noble homme Jean de la Roche des Landes, seigneur dudit lieu, accordé le 18 octobre de l'an 1615, avec demoiselle Anne de Gauville, fille de haut et puissant seigneur messire Jean de Gauville, chevalier, seigneur de Saint-Maurice, vicomte de Saint-Vincent et de Fessard, et de damoiselle Marguerite de Pieddefer, assistée de haut et puissant seigneur Gaucher Raguier, son oncle, écuyer, seigneur des Tresles et des Barres ; dame Éléonore (*sic*) de Gauville, femme de haut et puissant seigneur messire Louis du Guesclin (*sic*), maître-d'hôtel ordinaire de la feue royne Marguerite, et capitaine de ses gardes ; et de dame Louise de Pieddefer, femme de haut et puissant seigneur Louis de Rochechouard, écuyer, seigneur de la Brosse et de Bazoches en partie. Ce contrat passé devant Jean Charpentier, notaire royal en la paroisse de Saint-Maurice-lès-Fessard, et produict par extrait du registre des insinuations du bailliage et siége présidial d'Auxerre, folio 149 et signé Ancelot.

Un partage noble fait le 13 d'avril de l'an 1587, entre nobles seigneurs Olivier de Chastellux ; Jean de Giverlai, seigneur de Chastres ; demoiselle Jeanne de Chastellux, sa femme, et noble seigneur Edme de Pontville, chevalier de l'ordre du roi, seigneur des Châteliers, de Flaci et de Luard, gentilhomme ordinaire de la chambre du roi et lieutenant de cinquante hommes d'armes des ordonnances de Sa Majesté, au nom et comme tuteur et curateur de noble seigneur Louis de Chastellux ; lesdiz Olivier, Jeanne et Louis de Chastellux enfants de noble seigneur Olivier de Chastellux, seigneur de Coulanges-les-Vineuses et du Val-de-Merci, et de noble damoiselle Anne de Grossove, sa femme. Cet acte reçu par Pierre Loisel, notaire au bailliage et siége présidial d'Auxerre.

Trois députations de la personne de messire Olivier de Chastellux pour présenter aux Etats les cahiers de remontrances, plus la présentation faite par ledict Chastellux, et un arrêt du Conseil d'Etat du roi qui retient, pour assister auxdiz Etats sur la nomination de la noblesse, les personnes de messieurs de Prix et de Chastellux. Ces actes datés des années 1614 et 1615.

Des lettres à terrier, accordées par Sa Majesté le 16 de novembre de l'an 1601, à messire Olivier de Chastellux, écuyer, seigneur de Coulanges et du Val-de-Mercy. Ces lettres signées par le Conseil: Goguier.

Une permission d'établir un marché au lieu de Coulanges-les-Vineuses, donnée par le roi, au mois de novembre de l'an 1581, à dame Anne de Grossove, veuve de messire Olivier de Chastellux, chevalier de l'ordre du roi, gentilhomme ordinaire de sa chambre. — Ces lettres signées par le roi: Bourdon, et scellées du grand sceau, en cire verte, sur lacs de soie rouge et verte.

Un partage noble des biens de feu messire Philippes de Chastellux, chevalier, et entr'autres des terres et seigneuries de Coulanges et du Val-de-Mercy, chargées de l'usufruit envers dame Barbe de Hochberg, sa veuve, fait le 17 d'avril de l'an 1550, entre nobles seigneurs Philippe de Chastellux, seigneur de Bazarne; Louis de Chastellux, seigneur dudit lieu, et Olivier de Chastellux, seigneur de Coulanges, enfants dudit Philippe de Chastellux et de ladite dame sa veuve; Claude de Chastellux, leur frère, étant aussi mort depuis un partage des mêmes biens, qui avait été fait au mois de mars de l'an 1538 (*sic*). Cet acte reçu par André Fillon, notaire royal à Chastellux.

Un arrêt rendu au parlement de Paris, le 20 de juin de l'an 1541, entre messire Philippe de Chastellux, chevalier, seigneur de Bazarne et frère d'Olivier de Chastellux, par lequel arrêt sont entérinées certaines lettres royaux obtenues par ledit Philippe de Chastellux, pour être relevé de certaine transaction faite entre lui et son frère. Cet arrêt signé Berruyer.

Après la vérification desquels titres, lesdiz commissaires déclarent s'être transportés le 9 dudit mois d'octobre au Val-de-Merci, ancienne demeure de la maison de Chastellux, et lieu de la naissance de dame Élisabeth de Chastellux, mère dudit présenté, où tous les anciens les avaient assurés que cette terre avait toujours appartenu à MM. de Coulanges, qu'ils y avaient vu en plusieurs endroits les armes de la maison de Chastellux, et qu'étant entrés dans l'église, ils y avoient vu les tombes de la maison de Coulanges, et que sur l'une de ces mêmes tombes, ils avaient lu ce qui suit : « Ci gît noble dame Barbe de Hocquebert, veuve de haut et puissant seigneur messire Philippe de Chastellux, chevalier, seigneur du Val-de-Merci, Bazarne, Coulange-les-Vineuses et vicomte d'Avallon, laquelle trépassa le 6ᵉ jour de février 1563. Priez Dieu pour elle. »

(Pièce communiquée par feu M. le comte Georges de la Bédoyère.)

CCLIV.

Brevet de brigadier de cavalerie accordé à M. de Coulanges.

(1672.)

Aujourd'huy, vingtième avril 1672, le roy estant à Saint-Germain-en-Laye, désirant recognoitre les bons et agréables services qui luy ont esté rendus par le sieur de Coulanges, mestre-de-camp d'un régiment de cavalerie pour le service de Sa Majesté, et luy tesmoigner la confiance que Sa Majesté prand en sa valleur, courage, expérience en la guerre, vigilence et bonne conduicte, et en sa fidélité et affection à son service, Sa Majesté l'a ordonné et establi en la charge de brigadier de sa cavallerie en ses armées, pour commander et faire agir la cavallerie qui sera mis soubz sa chargè et dans sa brigade pour le lieutenant général, pour Sa Majesté qui commandera l'armée en chef, où il servira et fera les fonctions de ladite charge de brigadier, soubz l'auctorité et suivant les ordres, tant dudit lieutenant-général et de ceux qui commanderont l'armée soubz luy que des officiers généraux de la cavallerie légère, aux honneurs, auctoritez, prérogatives, prééminences qui appartiennent audit commandement et charge de brigadier, et aux appointemens qui luy seront pour ce ordonnez par les estatz de Sa Majesté. Laquelle, pour tesmoignage de sa volonté, m'a commandé de lui en expédier le présent brevet, qu'elle a signé de sa main et faict contresigner par moy, son conseiller secrétaire d'Estat et de ses commandemens et finances.

LOUIS.

(Archives de Cudot, original en parchemin; *Nouveau Livre noir*, p. 357.)

CCLV.

Fondation par la baronne d'Avigneau, veuve de Léon de Chastellux, d'un salut solennel en l'église cathédrale d'Auxerre.

(1675.)

Le quatriesme jour de janvier l'an 1675, après midy, est comparue dame Anne de Moroge, relite de messire Léon de Chastelux, vivant chevalier, seigneur baron d'Avignot, de la Tour-du-Bault, Huchon et autres lieux, estant de présent en cette ville d'Auxerre; laquelle, ayant une singulière dévotion et affection particulière pour estre inhumée en l'église cathédrale de Saint-Étienne d'Auxerre, en laquelle repose le corps dudit sieur Léon de Chastelux et de messieurs de Chastelux, ses prédécesseurs, s'est adressée à messieurs les vénérables doyen, chanoines et chapitre de l'église cathédrale Saint-Étienne d'Auxerre, et leur ayant fait entendre son intention et qu'elle entendoit fonder à tousjours et à perpétuité un salut le jour et feste de l'Immaculée Conception de la glorieuse Vierge-Marie, lequel seroit sonné et chanté tout ainsi que celluy qui se sonne, chante et célèbre la veille de l'Annonciation de ladite Vierge, avec les mesmes solennités, suffrages et oraisons de ladite Vierge, et qu'il soit fait commémoration particulière de Saint-Romaric, et à la fin dudit salut chanter sur la fosse de ladite dame de Moroge, après son décedz, le *Miserere, de profundis*, et *libera* par quastre de mesdits sieurs qui seront invitez à l'ordinaire par monsieur le chantre, lesquels sieurs du Chapitre fourniront d'ailleurs les luminaires et ornemens nécessaires et convenables, ainsy qu'il est accoutumé, eslisant à cet effet dès à présent laditte dame sa sépulture en la chapelle de Nostre-Dame-des-Vertus, au lieu et endroit le plus honorable et proche le balustre; et pour laquelle fondation dudit salut elle a offert à messieurs la somme de huit cents livres pour une fois payée; et encorre, ladicte dame de Moroge a tesmoigné à mesdits sieurs du Chapitre vouloir fonder à tousjours et à perpétuité deux messes basses qui se diront pareillement à perpétuité en ladite chapelle Nostre-Dame-des-Vertus, les jours de lundy et de samedy, à l'heure de huist du matin, à réserve du temps de l'Advent et du Caresme, qu'elles se diront issu du sermon; l'une desdictes messes pour les trespassez, et l'autre en l'honneur de la glorieuse Vierge, auxquelles messes sera tousjours fait commémoration dudict Saint-Romaric; et fourniront semblablement lesdicts sieurs du Chapitre les ornements, luminaire et autres choses nécessaires pour la célébration desdictes messes, pour la fondation desquelles elle a offert à mesdits sieurs la somme de douze cents livres une fois payée, et encore le lendemain dudict salut sera à perpétuité dit une basse messe en l'honneur dudit Saint-Romaric, sans augmentation de rétribution cy-dessus; et lorsqu'il aura plu à Dieu séparer l'âme du corps de ladicte dame, elle veut et entend leur estre fourni la somme de trois cents livres pour subvenir à ses obsèques et funérailles, tant pour la procession, services, luminaires, sonnerie qu'autres frais, et pour ledit luminaire, qu'il y soit employé jusques à la quantité de six douzaines de cierges de cire blanche, six torches avec une douzaine d'armoiries, et la mesme quantité au trente et bout de l'an; et dès à présent que lesdites messes commenceront à estre dittes et sonnées le jour de demain, cinquième du courant, et ledict salut audict jour et feste de Conception prochain venant, ensemble ladicte messe de Saint-Romaric. Lesquelles propositions ci-dessus ayant esté faites à messieurs du Chapitre, dûment convoqués et assemblés en leur Chapitre en la manière accoutumée cejourd'huy, et l'affaire mise en délibération, mesdits sieurs, unanimement, pour tesmoigner le respect qu'ils ont pour la famille de messieurs de Chastelux et de ladicte dame de Moroge, ont accepté lesdites fondations aux conditions, restributions et modifications cy-dessus, sans y desroger en quelque sorte que ce soit. Et pour l'exécution de ladicte conclusion et délibération de mesdits sieurs du Chapitre, ont promis et se sont obligez, comparant par nobles et scientifiques personnes Jacques Favin, pénitentier; Merlas Chevalier, et Edme Ducrot, chanoines de ladicte église, députés desdits sieurs, suivant leurs conclusions et délibérations de ce dit jour, laquelle sera insérée au bas des présentes pour y avoir recours, de satisfaire de leur part auxdictes fondations, conformément aux charges, prémises, clauses, conditions, restributions et modifications, et sans y déroger, ainsy que dit est, moyennant ladite somme de huit cents livres, d'une part, et douze cents livres, d'autre, lesquelles deux sommes revenant à celle de deux mille livres, laditte dame de Moroge a présentement payée comptant et nombrée, présens les notaires à Auxerre soubsignés, auxdits sieurs du Chapitre, en escus d'or, pistolles d'or et monnaie ayant cours, suivant l'édit du roi, que lesdits sieurs du Chapitre, comparans comme dessus, ont confessé avoir eu et reçu, dont ils se sont tenus et tiennent pour bien contents, payés et satisfaits; et pour assurance desquelles fondations, lesdits sieurs du Chapitre seront tenus d'employer ladite somme en fonds d'héritages ou rentes, et déclarer par les contrats que les sommes touchées à cet effet, procèdent de ladite dame de Moroge et d'icelle fondation; et après son décèds, sera dressé un épitaphe en la chapelle de Notre-Dame-des-Vertus, du costé de la maison canonicale de M. Brunet, chanoine, à la mémoire de ladicte dame de Moroge, par laquelle sera fait mention de la présente fondation et du contrat contenant icelles par dates et expressions des notaires ; et lesquelles messes cy-dessus spécifiées seront sonnées comme les messes de sept à neuf heures, vulgairement appelées les messes de Bon. Laquelle épitaphe sera dressée à tumbe, mise et posée aux frais de ladite dame de Moroge, laquelle a encore payé présentement auxdits sieurs du Chapitre, comparant comme dit est, ladite somme de trois cents livres, dont ils se sont tenus et tiennent contents, payés et satisfaits ; et bailleront lesdits sieurs du Chapitre copie des présentes, à leurs frais, à ladite dame de Moroge ; les ratures estant en la quatrième page, contenant six mots qui seront par eux et aux frais desdits sieurs du Chapitre, raturés et approuvés pour ratures par les parties, pardevant lesdits notaires, car ainsy promettant, s'obligeant et renonçant.... Fait au logis de ladite dame, pardevant lesdits notaires royaux, en la ville et bailliage dudit Auxerre, soubsignés, ledit jour quatriesme janvier 1675.

(Archives de l'Yonne, minutes de Royer, notaire, assisté de Chardon, son confrère ; Grand Chapitre d'Auxerre, n° 489 ; — Archives de Chastellux ; *Grand Inventaire des Titres*, chap. I, n° 20 de la liasse cotée O.)

CCLVI.

Reprise de fief et dénombrement fait par Élisabeth de Chastellux de la terre de Coulanges-les-Vineuses.

(1676.)

Reprise de fief et dénombrement de la terre et seigneurie de Coulanges-les-Vineuses, anciennement baronnie, et de celle ditte le Val-de-Mercy, et dépendances, au comté d'Auxerre, avec le fief d'Escolives, déclaré mouvant en arrière-fief dudit Coulanges, et non approuvé par l'acte d'attache, par la dame Élizabeth de Chastellux, veuve de messire Claude de Saint-Phalle, chevalier, seigneur de Villefranche, Montgoublin et autres lieux, comme mère, tutrice et procuratrice spécialle d'Alexandre de Saint-Phalle, son fils, héritier bénéficiaire dudit feu son père.

Aujourd'huy, septiesme novembre mil six cens soixante et dix-huit, est comparue en personne, pardevant les notaires royaux pour le roy, nostre sire, en la ville d'Auxerre, soussignée haute et puissante dame madame Élizabeth de Chastellux, veuve de feu messire Claude de Saint-Phalle, chevallier, seigneur de Villefranche, Mongoublin et autres lieux, demeurant à Villefranche, tuttrice de messire Alexandre de Saint-Phalle, chevalier, seigneur baron de Collanges-les-Vineuses et Val-de-Mercy, héritier bénéficier de feu messire François de Chastellux, chevalier, marquis, seigneur et baron desdits lieux de Collanges et du Val-de-Mercy, fondée de procuration dudit seigneur de Saint-Phalle, son fils, en date du quinziesme jour de may dernier, présentement exhibée et retirée par ladite dame, quy nous a dit ledit seigneur son fils estre au service du roy en ses armées, laquelle, en suitte desdits foy et hommage par elle rendus pour ledit seigneur son fils au roy, en la chambre des comptes à Dijon, comme lesdites terres et baronnies de Colanges et du Val-de-Mercy relèvent en plain fief, foy et hommage du roy, nostre sire, à cause de son comté d'Auxerre, elle a, par ces présentes, fourny l'adveu et dénombrement de ladite terre et du Val-de-Mercy, qu'elle a déclaré et protesté tenir, comme dit est, en plain fief du roy, nostre sire, pour le délivrer en sa chambre des comptes de Dijon, entre les mains de qu'il appartiendra, qu'elle a déclaré se concister :

Premièrement, ladite terre du Val-de-Mercy, au village dudit lieu, les fermes, rentes, profficts, issus, revenus et esmolumens, justice et territoire dudit lieu du Val-de-Mercy ;

Item toutte justice haute, moyenne et basse audit village du Val-de-Mercy, justice, finage et territoire d'iceluy, et es dits bois et garenne cy-après nommés, et dans laquelle justice il y a bailly, lieutenant, procureur fiscal, notaire, greffier, sergent ;

Item les bois, ainsy comme ils se comportent, assis en ladite justice, finage du territoire dudit lieu du Val-de-Mercy ;

Item la garenne telle que ledit seigneur l'a es dits bois ;

Item la prévosté, le minage, la sergenterye, et tout ce qui est annexé audit lieu du Val-de-Mercy ;

Item le four bannal dudit lieu ;

Item les menus cens portant lots sans nules rentes deues par chacun an, audit lieu du Val-de-Mercy, sur plusieurs héritages dudit finage ;

Item plusieurs menues rentes à gallines assignées sur plusieurs héritages, finage et territoire dudit Val-de-Mercy.

Touttes lesquelles choses cy-dessus desduittes, ladite dame, pour ledit seigneur son fils, a dit estre tout ce qui est et dépend de ladite terre du Val-de-Mercy, et les retenir en plain fief du roy, nostre sire, protestant que cy elle a obmise quelque chose à employer au présent adveu et dénombrement, de l'y faire mettre et adjouster sytost qu'il sera venu à sa connoissance, estant à présent saisie des titres de ladite terre ; et de tout ce que dessus, ladite dame nous a requis acte, pour servir à Sa Majesté et à ladite dame audit nom, ainsy qu'il est désiré en toute occurance, suivant la coutume du bailliage d'Auxerre. Fait et passé à Auxerre, après midy, es estude desdits notaires soussignés ; et a signé ladite dame ces présentes, ensemble la minutte demeurée à Daulmoy, l'un desdits notaires.

(Archives de la Côte-d'Or ; Comté d'Auxerre, liasse III, cote 61.)

CCLVII.

Lettres de souffrance de fief de la terre de la Tour-du-Bos.

(12 août 1682.)

A Nosseigneurs,
Nosseigneurs de la Chambre des comptes,

Supplie humblement Jean de Martiny, chevalier de l'ordre de Sainct-Lazare, seigneur de Villers et d'Uchon en partie, au nom et comme mary de dame Anne-Léonore de Bougne, fille de messire Louis-François de Bougne, et de dame Jeanne de Chastelux, et dict que les père et mère de ladite dame de Bougne, son espouze, luy auroient, entre autres biens, constitué en faveur de mariage, la terre, seigneurie de la Tour-du-Boz, scize au bailliage d'Authun, mouvant de fief de Sa Majesté, à cause de son duché de Bourgongne, et ne pouvant le sieur suppliant, en ladicte qualité, en rendre présentement les devoirs de fief pour n'estre saisy dudit contract de mariage, ayant esté obligé d'aller en la ville de Paris huict jours après iceluy, d'où il est retourné depuis peu, et que la levée de la Chambre approche, il vous plaira, Nosseigneurs, luy donner temps de six mois pour en rendre telz devoirs de fief, foy et hommages de ladite terre èt seigneurie de la Tour-du-Bost, et ferez justice.

(Archives de la Côte-d'Or; bailliage d'Autun, liasse VII, cote 48.)

CCLVIII.

Procès-verbal de la présence de M. César-Philippe de Chastellux en qualité de chanoine de la cathédrale d'Auxerre, au passage du roi en cette ville.

(1687.)

Messieurs assemblez en leur Chapitre ordinaire au son de la cloche, à la manière accoutumée, après avoir délibéré, ont conclu que pour servir de mémoire autentique à eux et leurs successeurs, de la manière avec laquelle messire Philippe-César de Chateleux, comte dudit Chasteleux, vicomte d'Avalon, baron de Carré, etc., assiste à l'office et dans le cœur de leur église, on feroit l'acte suivant, sçavoir que :

« Le dimanche trentième du mois de mars 1683, le roy allant visiter son camp de la Saonne, arriva avec toute la cour en cette ville d'Auxerre, et logea au palais épiscopal, où Sa Majesté fut receue par mesdits sieurs du Chapitre de l'église cathédrale Saint-Étienne d'Auxerre, en corps, ayant à sa teste Monseigneur messire André Colbert, son illustrissime et révérendissime évesque, auprès duquel étoient messieurs le doyen, les autres dignités de cette église et M. le comte de Chateleux, premier chanoine honoraire et héréditaire de cette église, lequel, en cette qualité et comme ayant droit dans ladite église d'une prébende héréditaire à ses descendans masles et aisnez, parut revêtu d'un surplis, une aumusse sur le bras, botté, éperonné et l'épée au côté, ayant un baudrier en broderie par-dessus son surplis, un faucon sur le poing et un chapeau gris sous le bras, sur lequel étoit une plume blanche ; et le lendemain prit sa place de premier chanoine dans ladite église cathédrale Saint-Étienne, aux hautes chaises du côté droit, avec le même ajustement, lorsque le roy arriva dans son carosse à la cour de l'Évesché : mon dit seigneur l'évesque d'Auxerre, lesd. sieurs doyen, dignités et de Chateleux qui estoient les premiers à la tête dud. Chapitre, estoient dans la cour au bas du premier degré de l'escalier par où l'on monte dans la salle où le roy descendit de son carosse. Il parut fort content de cette réception et fut bien aise de voir encore le lendemain ledit sieur de Chastelux, avec le même ajustement, dans le cœur de ladite église cathédralle, où Sa Majesté vint entendre la messe. Toute la cour, qui fut informée de ce privilége, le trouva très beau et fort singulier ; et à tout ce que dessus estoient présents, ledit jour, 30 may mil six cens quatre-vingt-trois, et le lendemain, messieurs Charles Testu de Pierrebasse, doyen de cette église ; Jean de la Goutte, chanoine, grand archidiacre ; Toussaint Leclerc, chanoine et chantre ; Claude Chrétien, chanoine, archidiacre de Puisaie, pour lors grand-vicaire et official ; Jacques Pavyn, chanoine pénitencier, dignité ; messieurs Nicolas Chevalier ; Germain Chachère ; Laurent Odenet ; Louis Daulmay ; Pierre Faultrier ; Claude Berrault, chanoine, sous-chantre ; Edme Ducrot ; Mathieu le Vasseur ; Thomas Petitfou ; Edme Simonnet ; Edme Dorigny ; Jean Lauverjat ; Pierre Chapotin ; Jean Froment ; Edme Thiennot ; Hubert Letors ; Claude Brunet ; Hugues Disson ; Pierre le Norment ; Godefroy de Lucenay ; Léonard Champion ; Pierre Husson ; Laurent Thierriat ; Edme Prévost ; Etienne Goureau ; Jean Orillard ; Jean Thoret ; Pierre Faulquier ; Jean Fournier ; Guillaume de la Chàsse ; Jean Marie, présentement grand-vicaire ; Jean de la Porte ; Nicolas Murot de Jaffort, et André Bernier, tous chanoines de cette église, et a été lecture faite capitulairement à haute voix, de toutes les conclusions de cedit jour 22 mars 1687, qui seront exécutées selon leur forme et teneur, et sans qu'il puisse être contrevenu pour quelque cause que ce soit. En foy de quoy, tous messieurs présents en ce Chapitre ont signé.

(Extrait des conclusions capitulaires du Chapitre d'Auxerre ; Collection de Bourgogne, III, 169 ; Archives de Chastellux, *Grand Inventaire des Titres*, chap. I, n° 15 de la liasse cotée O.)

CCLIX.

Contrat de mariage de François de Saint-Chamans et de Bonne de Chastellux.

(1687.)

Furent présents haut et puissant seigneur messire François de Saint-Chamans, chevalier, comte du Péché, marquis de Méry, Mériel, la Bonneville, Fours, Saucourt, Montabois, seigneur en partie de Pontoise et autres places, demeurant ordinairement en son château de Méry, étant de présent à Paris, logé rue Saint-François, en la maison de monsieur Mandat, maître des comptes, paroisse Saint-Gervais, fils de défunt haut et puissant seigneur messire Antoine de Saint-Chamans, aussi chevalier, comte du Péché, seigneur et marquis desdits Méry, Mériel et autres lieux, et de dame Marie de Liony, jadis son épouse, à présent sa veuve, ses père et mère, d'une part; haut et puissant seigneur messire César-Philippe de Chastellux, chevalier, comte dudit Chastellux, vicomte d'Avallon, baron de Carré, seigneur de Marigny et autres places, lieutenant-général des armées du roy, premier chanoine héréditaire de l'église cathédralle de Saint-Étienne d'Auxerre, et haute et puissante dame dame Judith de Barrillon, son épouse, de lui autorisée à l'effet des présentes, demeurant ordinairement en leur château de Chastellux, province de Bourgogne, étant de présent en cette ville de Paris, logés rue Neuve-Saint-Louis, paroisse Saint-Gervais, en la maison de monsieur de Barillon, conseiller d'État ordinaire ci-après nommé, tant en leurs noms que comme stipulants pour demoiselle Bonne de Chastellux, leur fille, à ce présente, et de son vouloir et consentement, d'autre part; lesquels, en la présence de très haut et puissant seigneur messire Louis Boucherat, chevalier, chancelier, garde des sceaux de France, et de ladite dame Marie de Liony, veuve dudit défunt messire Antoine de Saint-Chamans, mère dudit seigneur futur époux, étant de présent aussi à Paris, logée en la maison dudit sieur Mandat; messire Galliot, chevalier de Saint-Chamans, son frère; messire Pierre de Saulx; messire Henry, marquis de Chastellux; messire André de Chastellux, frère de ladite demoiselle future épouse; dame Marie-Magdelaine Mangot, épouse et procuratrice générale de messire Paul de Barillon d'Amoncourt, chevalier, marquis de Branges, seigneur de Mancy et autres lieux, conseiller d'État ordinaire et ambassadeur extraordinaire en Angleterre; dame Catherine Boucherat, veuve de messire Antoine Barillon de Morangis, chevalier, seigneur de Montigny, Louans et autres lieux, conseiller du roi en ses conseils, maître des requêtes ordinaires de son hôtel; messire Henry Barillon, évêque et baron de Luçon, conseiller du roi en sesdits conseils, oncle maternel de ladite demoiselle future épouse; messire Antoine de Barillon d'Amoncourt, marquis de Branges, cousin-germain; demoiselle Philberte-Bonne Barillon, cousine-germaine, et messire Jean-Jacques Barillon de Morangis, tous enfants desdits seigneur et dame de Barillon et Morangis, et cousins-germains de ladite demoiselle future épouse....

(Archives de Chastellux, *Grand Inventaire des Titres*, chap. X, liasse R, n° 27. Expédition sur papier timbré délivrée le 26 janvier 1866 par M° Mocquard, notaire.)

CCLX.

Contrat de mariage d'Anne de Chastellux et de Charles de Vienne.

(1698.)

Au nom de Dieu, amen. Pardevant les nottaires royaux sousignez, résidans à Avalon, au chasteau de Chastelux, le huitiesme septembre mil six cens quatre-vingtz dix-huit, apprès midy, ont comparus en leurs personnes hault et puissant seigneur messire Charles de Vienne, chevallier, comte de Comarin, filz majeur de deffunct hault et puissant seigneur messire Henry de Vienne, aussy chevallier, comte dudict Comarin, baron de Chasteauneuf, ancien lieutenant-général pour le roy au gouvernement de Bourgogne, dans les pays d'Auxois, Auxerrois et Autunois, et de haulte et puissante dame dame Jeanne-Marguerite Bernard, son épouse, proceddant de l'avis et consentement de laditte dame sa mère, et encore de l'avis de hault et puissant seigneur messire Estienne Bernard, chevalier, conseiller du roy en ses conseilz, présidant à mortier au Parlement de Dijon, vicomte de Challon-sur-Saulne, seigneur de Chassenet, Perret, Viry, Saint-Aubin, Gasmet, Tartres et Gonneau, oncle à la mode de Bourgogne dudict seigneur comte de Comarain; hault et puissant seigneur messire François-Bernard de Sayve, chevallier, conseiller du roy en ses conseilz, ancien chevallier d'honneur au Parlement de Dijon, comte de Thil, en cette qualité connestable héréditaire de Bourgogne, baron de Lesdaurée, de la Challeur et de Jullenay, seigneur de Chenault, de Bussière et Monlay, cousin-germain dudict seigneur comte de Comarain du costé paternel; haulte et puissante dame Olimpe Bernard, veuve de messire Claude Gaillard, escuyer, conseiller du roy au Parlement de Bourgogne, seigneur de Broindon, Montigny, Melun et autres lieux, tante maternelle dudict seigneur de Comarain; messire Bernard Bernard, filz dudict seigneur président Bernard, cousin dudict seigneur comte de Comarain, aussy du costé maternel, d'une part; haulte et puissante dame dame Judithe de Barillon, veuve de hault et puissant seigneur messire Philippes-Cézard de Chastelux, chevallier, comte de Chastelux, vicomte d'Avalon, baron de Carrée, seigneur de Marigny, Usy, Bossencour, Maigny-Fouchard et autres lieux, premier chanoine héréditaire de l'esglise cathédralle Saint-Estienne d'Auxerre; hault et puissant seigneur messire Philibert-Paul, comte de Chastellux...... collonnel du régiment de Thul, frère de ladicte damoiselle Anne de Chastelux; haut et puissant seigneur messire Guillaume-Anthoine de Chastelux, chevallier, vicomte de Chastelux, aussi frère de ladicte damoiselle; hault et puissant seigneur messire François de Saint-Chamant, chevallier, comte de Saint-Chamant, marquis de Méry et autres lieux, beau-frère de ladicte damoiselle; haulte et puissante dame dame Bonne de Chastelux, épouse dudict seigneur comte de Saint-Chamant, et sœur de ladicte damoiselle; de l'advis de hault et puissant seigneur messire Henry de Chastelux, chevallier, marquis de Chastelux, capitaine au régiment de Normandie, et de hault et puissant seigneur messire André de Chastelux, chevallier, enseigne des vesseaux du roy, tous deux frères de ladicte damoiselle, absentz; leurs advis portés par leurs missives représentées par M° Charles Arthault, advocat à la cour, demeurant à Dijon, cy-présent, et par luy retirée, en présence et de l'advis de hault et puissant seigneur messire Denys Amelot, chevallier, seigneur de Châtillon-sur-Indre, conseiller du roy en ses conseilz, maistre des requestes ordinaire en son hostel, cousin-germain maternel de ladicte damoiselle de Chastelux ; de haulte et puissante dame dame Henriette-Margueritte de Saux de Tavane, veuve de hault et puissant seigneur messire Louis-Eustache de Marion, chevallier, marquis de Druye, major de la gendarmerie de France, seigneur de Courcelle et autres lieux ; de messire Claude-Louis de Marion de Druye, abbé commandataire de l'abbaye Nostre-Dame-de-Regny ; de messire Louis de Saux, chevallier, marquis de Tavane; de messire Jacques de Chaurenault, conseiller du roy, trésorier de France en la généralité de Bourgogne et Bresse....

(Archives de Chastellux ; *Grand Inventaire des Titres*, chap. X, liasse R, n° 30. Copie prise au chartrier de Comarain.)

XVIIIe SIÈCLE.

CCLXI.

Aveu et dénombrement donné par le comte André de Chastellux pour la terre de Chastellux.

(1704.)

Aveu et dénombrement que donne au roy, aux personnes de nosseigneurs de la Chambre des comptes de Dijon, messire André de Chastellux, enseigne des vaisseaux du roi au département de Rochefort, des terres et seigneuries qu'il possède rière le détroit du baillage d'Auxois, ressort d'Avallon et païs de Bourgogne, desqueles il a repris fief de Sa Majesté le 24 janvier 1703.

Premièrement, ledit seigneur déclare tenir et posséder en fief du roi le château et maison-forte dudit Chatelux, baillage d'Auxois, ressort d'Avalon, en titre et qualité de baillage et comté, en toute justice haute, moyenne et basse, avec droit d'assizes qui se tiennent de trois mois en trois mois, desquels ressortissent par appel les villages et justice de la baronnie de Carré, Railly, Usy, le grand Island, la Grange-Loiselot, sans y comprendre les villages qui sont au pays de Nivernois, ressortissants audit baillage et assizes, et droit d'instituer notairies ès dittes terres et comté de Chastellux, avec les moulins bannaux, battoirs, huilleries et domaine d'icelles maison et château dudit Chatellux, le revenu desquels moulins bannaux, battoirs, huilleries et domaines peuvent valloir par commune année, sçavoir : en argent, dix livres ; la quantité de cent cinquante bichets de bled, tant froment, saigle qu'avoine, ou environ, mesure d'Avallon, plus environ quatre-vingt livres de chamvre et dix-huit pintes d'huille ;

Item les villages de la Rue de la Croix, la Basculle et le Moutat ; le revenu desquelles vaut par communes années environ la somme de vingt livres en argent, dix bichets d'avoine et dix poulles ;

Plus environ le quart des villages de

Meuslaut et la Rue-Chenot, qui sont de Bourgogne, et le reste de Nivernois, suivant les bornes qui y sont plantées, et peut valloir, le revenu dudit quart, par commune année, tant censes, rentes que autres droits seigneuriaux, environ la somme de quatre livres, quatre bichets d'avoine et six poulles ;

Plus les villages de la Rivière et le domaine des Quatre-Vents, scis audit lieu, doivent de cens et rentes, bourdelage et d'amodiation dudit domaine, par communes années, environ douze livres en argent, un bichet de froment, seize bichets de seigle, seize bichets d'avoine et douze poulles ;

Plus le village de Saint-Germain-des-Champs peut valloir de revenu par communes années, tant en censes, rentes, droits d'usage, bourdelage, que autres droits seigneuriaux, environ la somme de dix-huit livres deux sols en argent, deux boisseaux de froment, dix boisseaux de seigle, dix bichets d'avoine et quinze poulles ;

Plus le village de Lingos, le moulin et la métayrie dudit lieu peuvent valloir, par communes années, tant en censes, rentes, que autres droits seigneuriaux, ensemble lesdites métayries et moulin bannal dudit lieu, environ la somme de douze livres cinq sols en argent, cinq bichets de froment, cinquante bichets de seigle, cinquante bichets d'avoine et six poulles ;

Item le village de Chazelle, le revenu duquel peut valloir, par communes années, tant en censes, rentes, que autres droits seigneuriaux, en argent, la somme de huit livres six sols ; trois bichets de seigle, dix bichets d'avoyne ou environ et quatre poulles ;

Item le village de Montigny, le revenu duquel conciste en censes, rentes et autres droits seigneuriaux, qui montent, par communes années, à la somme de neuf livres en argent, six boisseaux de froment, huit bichets de seigle et dix bichets d'avoyne ou environ, et dix poulles ;

Item le village de Roussotte peut valloir, par communes années, tant en censes, rentes que autres droits, environ la somme de trois livres en argent, deux boisseaux de froment, six boisseaux de seigle et trois bichets d'avoyne et six poulles ;

Item partie du village du Meix, la maison-forte dudit lieu, de présent en ruine, et le domaine dudit Meix peuvent valloir de revenu annuellement, tant en censes, rentes que autres droits mesmes de l'admodiation dudit domaine, environ la somme de douze livres trois sols en argent, quatre bichets de froment, vingt-cinq bichets de seigle et vingt-cinq bichets d'avoyne, mesure d'Avallon, et six poulles ;

Plus les villages de Montmardelin et le domaine dudit lieu, mesme le droit de tierce de vingt gerbes l'une, peuvent valloir par communes années, tant en censes, rentes d'amodiation dudit domaine de tierce, la somme de douze livres sept sols en argent, deux bichets de froment, vingt-cinq bichets de seigle, vingt-cinq bichets d'avoyne et huit poulles ;

Item le village de la Ronce, le revenu duquel monte, par communes années, à la somme de cinquante sols en argent, quatre boisseaux d'avoyne ou environ et quatre poulles, pour tous droits de censes, rentes, usages et droit de coutume.

Item les villages d'Ouches et métayrie de la Nelle, scizes audit lieu, qui vallent par communes années, tant en censes, rentes, bourdelages, droits d'usages, par amodiation de ladite métairie, la somme de trente-deux livres huit sols, six bichets de froment, vingt-six bichets de seigle et vingt-six bichets d'avoyne ou environ, et quatre poulles ; tous lesquels villages et domaines sont mouvans du château dudit Chatelux.

Plus appartient audit seigneur la baronnie de Carrée, en toute justice haute, moyenne et basse, qui consiste en la maison seigneurialle dudit lieu et domaine ; le village dudit Carrée et Bousson et le droit de tierce audit lieu, à raison de vingt gerbes l'une ; les Granges-Ratteaux, la Troussoye, les villages des Blois et Champlois, Saint-Apair, Bruillotte, Chaulce-Pleine, avec le droit de tierce auxdits lieux, de vingt gerbes l'une ; plus la moitié du droit de disme, de vingt gerbes l'une, ès dits villages de Carrée, Champlois, la Gorge, Villières-les-Pautots, Villiers-les-Compte, Charmolin, les Granges-Ratteau et Mongaudion, laquelle baronnie de Carrée relève du fief dudit château de Chatelux ; tous lesquels droits desdits villages consistent tant en domaines, censes, rentes, bourdelages, droits d'usages, corvées sur chacun sujet, dismes, inféodés que lesdictes tierces, et sont amodiés par communes années la somme de mil livres ou environ ;

Plus audit lieu de Chatelux, ledit seigneur a six foires l'année, sçavoir : ez jour de feste Saint-Marc, le landemain de la Feste-Dieu, dix-sept juillet, Saint-Mathieu, le landemain Saint-André et le jour des Innocens, avec le droit de vente sur chacun chef de bestiaux qui se vendent, lequel droit vaut par an environ la somme de dix livres ; même droit de tenir marché tous les mercredis audit Chatelux ;

Item le droit de guet et garde deue au château dudit Chatelux en tems de guerre et esminent péril, par tous les habitans, manans et sujets de tous les villages dépendans dudit comté de Chatelux ci-dessus déclarés, et encore par les manans et habitans des villages de Villurbin et de Serée, appartenant à la dame de Visigneux ; du village du Meix, en ce qui en appartient au sieur commandeur de Pontaubert ; du village de Villaine, qui appartient au Chapitre d'Avalon, et du village de Lautreville, appartenant au s^r Magdelenat ; lesquels manans et habitans sont tenus en toutes réparations, fortifications et contribuables tant pour le château que pour la basse-cour ; le jet des sommes nécessaires s'impose par le bailly et officiers dudit baillage du comté de Chatelux ;

Item appartient audit seigneur le droit de premier chanoine héréditaire et prébande de l'église cathédrale Saint-Estienne d'Auxerre, qui est une dignité attachée et annexée inséparablement audit seigneur qui portera le nom et les armes des Chatelux, et qui sera seigneur et possesseur du château et maison-forte dudit Chatelux, et non autrement.

De plus, ledit seigneur a droit de péage sur le pont dudit Chatelux, le revenu duquel monte par communes années à la somme de........ ou environ, et sur tous les bois de mosle qui flotent et passent sur ledit pont, est deu pour le droit de passage dix deniers pour chacun mosle, avec le droit de chauffage dudit seigneur;

Item appartient audit seigneur la terre et seigneurie d'Usy et son domaine audit lieu, ensemble le droit de tierce sur partie des terres labourables dudit Usy, le revenu de laquelle conciste tant en censes, rentes, droits d'usages, corvées, que autres droits seigneuriaux, y compris les admodiations desdits domaines et tierces, le tout peut valloir, par communes années, en argent, quarante livres, en grain, environ quarante bichets de froment, cinq bichets de seigle, vingt bichets d'avoine, le tout mesure d'Avalon, et trente-cinq poulles;

Plus appartient audit seigneur la haute justice de la Grange-Loiselot, appartenant audit seigneur de Vésigneux;

Plus la seigneurie du Grand-Island et dépendans, avec le domaine dudit lieu, le revenu de laquelle terre conciste en censes, rentes, bourdelages, corvées, grains, poulles, que autres droits seigneuriaux, qui vallent par communes années environ vingt-six livres dix sols en argent, trente bichets de froment, huit bichets de seigle, trente-deux bichets d'avoines, mesure d'Avalon, et vingt poulles; et sont tenus les manans et habitans desdites seigneuries d'Usy, la Grange-Loiselot et Island, au guet et garde au château dudit Chatelux, ainsi qu'il est cy-devant déclaré.

Et sont tous lesdits lieux de Chatelux, Usy, Island, Ouche, la Rivière, la Ronce, Saint-Germain-des-Champs, Montmardelin, le Meix, Roussotte, Montigny, Chezelle, Lingos, la Grange-Ratteaux, la Troussoye, Bousson, la rue de la Croix, la Basculle, le Moutat, Meulaux et la rue Chenot, de condition de mainmorte envers ledit seigneur comte de Chatelux.

Plus appartient audit seigneur es dittes terres, les bois qui ensuivent, sçavoir : audit Chatelux, une pièce de bois taillis, lieu dit ez Porrois, contenant environ dix arpents; une aultre pièce de bois taillis, lieu dit les Corvées, contenant neuf arpents ou environ; plus une pièce de bois appellé le bois Lambert, contenant environ trente-cinq arpents; plus deux petits cantons de bois appellés les Petits-Usages et les Vernoies-Pally, contenant environ six arpents; plus une autre pièce de bois appellé la Seigne, contenant huit arpens ou environ;

Plus, au finage dudit Saint-Germain-des-Champs, un quanton de bois appellé le bois Gauvain, contenant environ cinq arpents; plus une autre pièce de bois appellé Bodin, contenant quinze arpents ou environ; plus une autre pièce de bois appellé le bois de Saint-Germain, contenant environ cinquante-six arpents.

Item au finage de Montmardelin, une pièce de bois contenant cent cinquante arpents ou environ, appellé le bois de Montmardelin;

Item au finage du Meix, une pièce de bois lieu dit les Deffend, contenant environ cinq arpents; plus un canton de bois appellé le Gros-Buisson, contenant environ un arpent et demy; plus une autre pièce de bois, lieu dit le Bout-du-Meix, contenant environ trente-cinq arpents; plus une autre pièce de bois, lieu dit l'Haste-de-Chatelux, contenant dix arpents ou environ; plus une autre pièce de bois, lieu dit Ez-Usages-du-Meix, contenant environ soixante arpents;

Plus, au finage d'Ouche, une pièce de

bois appellé le Bois-la-Dame, contenant environ quarante arpents ; plus une autre pièce de bois appellé les Forêts, contenant environ vingt-deux arpents ; plus un canton de bois appellé Montmarlin, contenant environ sept arpents ; une autre pièce de bois appellé le Tailly-du-Chenebot, contenant environ quatre-vingt-quinze arpents ; plus une autre pièce de bois appellé les Chagnats, contenant environ trente-cinq arpents ;

Item au finage d'Island, une pièce de bois, joignant celle cy-dessus, appellé le Taillis-de-Mouillates, contenant soixante arpents ou environ ; une autre pièce de bois appellé le bois d'Island, contenant environ six vingt arpents ; une autre pièce de bois appellé le Taillis-du-Prey-Masson, contenant environ cent quinze arpents ; plus une autre pièce de bois appellé Suchebœuf, contenant environ soixante arpents ; une autre pièce de bois, attenant celle cy-dessus, contenant environ soixante-cinq arpents ; plus deux pièces de bois appellé le Taillis-du-Rup-d'Aillon, contenant environ deux cents arpents ; plus une autre pièce de bois appellé le Buisson-du-Coup, contenant environ cinq arpents ;

Plus, au finage d'Usy, trois pièces de bois taillis confinées l'une à l'autre, contenant environ cinq cent cinquante arpents, appellés vulgairement les bois d'Usy, les Abats et le Fey ;

Plus, en ladite baronnie de Carrée, au finage de Bousson, une pièce de bois appellé la Boudelle, contenant quarante-cinq arpents ou environ ; plus une autre pièce de bois, lieu dit le Bois-de-Partry, audit finage de Bousson, indivis avec le roy, contenant environ....

Plus un hameau appellé Narbois, qui doit droit de tierce de treize gerbes l'une, le revenu duquel vaut par commune année quatre livres en argent, quatre bichets de seigle, quatre bichets d'avoyne ou environ, et quatre poulles ;

Plus appartient audit seigneur, auxdits lieux, les étangs qui ensuivent, sçavoir : audit Chatelux, deux petits étangs, l'un appellé l'estang Lorneau et l'autre l'estang de Colombier ;

Item en la paroisse dudit Saint-Germain-des-Champs, un estang appellé le Grand-Estang, l'estang Gaulau, l'estang de la Ronce, l'estang neuf, l'estang du pont Goden, les estangs de Marchezeux, l'estang du Meix et le petit estang de Montmardelin, tant grands que petits, et s'admodiant, les eaux desdits estangs, par chacun an, la somme de trois cent livres ou environ ;

Plus en ladite baronnie de Carrée appartient audit seigneur huit estaults, aussi tant grandes que petites, avec droit de foire audit lieu ez jours de lendemain des Roys, landemain Saint-Georges et le landemain de la Trinité, et le droit de vente sur chacun chef de bétail ; l'eau desquels estangs et droit de foire sont compris dans l'admodiation du reveneu de ladite baronnie de Carrée cy-devant déclarée ; en tous lesquels bois, eaux, estangs et rivière bannale dudit Chatelux, ledit seigneur a droit de grurie à l'instard des gruries du roy, où il a droit d'instituer officiers séparément dans ceux dudit baillage et comté, en ses eaux et forests dudit comté de Chatelux.

Tout le revenu desquels villages et hameaux cy-devant déclarés conciste en censes, rentes, bourdelage, corvées, argent, graines, chapons, poullets et poulles, ainsi qu'ils sont cy-devant exprimés.

De plus, sont tenus d'antcienneté en fief, foy et hommage dudit château de Chatelux, les seigneurs de Quincy-le-Vicomte, Charmolin, la Foulletière, comme encore de Railly, les Saussoy d'Island en partie, et Villurbin.

Item ledit seigneur reconnoit tenir en fief du roy la vicomté d'Avalon, les droits de laquelle concistent en censes, rentes, droits d'usages, droit de bandvin de quinze jours en may, au choix ou option dudit seigneur, droit de desbi de sel pendant six mois l'année sur chacun marchand vendans sel en détail audit Avalon, et le droit de tierce accoutumée;

et peut valloir ledit revenu la somme de....

Plus la terre et seigneurie de Chassy-Carroble, tenue en fief de ladite vicomté.

Plus est deu audit seigneur, par tous les habitans de Villurbin, au lendemain de Noël, chacun an, dix sols en argent et vingt-quatre poulles de rentes pour le droit d'usage qu'ils ont au bois de Fey, et encore chacun cinq sols pour le droit de vaine pâture qu'ils ont au bois d'Usy, ce qui peut valloir par an sept livres. .....

(Archives de la Côte-d'Or; fiefs d'Auxois, liasse XIX, cote 14. Archives de Chastellux; *Grand Inventaire des Titres*, chap. I, liasse J, n° 29.)

CCLXII.

Contrat de mariage de Guillaume-Antoine de Chastellux et de Claire-Thérèse Daguesseau.

(1722.)

Pardevant les notaires gardenottes du roy au Châtelet de Paris soussignez, furent présents haut et puissant seigneur messire Guillaume-Antoine, comte de Chastellux, vicomte d'Avallon, baron de Carré, premier chanoine né héréditaire de l'église cathédralle de Saint-Étienne d'Auxerre, brigadier des armées du roy, capitaine des chevau-légers de Berry, fils de deffunts haut et puissant seigneur messire César-Philippes comte de Chastellux, et haute et puissante dame Judith de Barillon, son épouse, ses père et mère, demeurant en son hôtel, rue des Tournelles, parroisse Sainct-Paul, stipulant pour luy et en son nom, d'une part; très haut et très puissant seigneur monseigneur Henry-François Daguesseau, che- valier, chancelier de France, et très haute, très puissante dame madame Anne le Fèvre d'Ormesson, épouse de mondit seigneur le chancelier, qui l'authorise à l'effet des présentes, demeurants à l'hôtel du chancelier, place de Louis-le-Grand, parroisse Saint-Roch, stipulants pour haute et puissante damoiselle mademoiselle Claire-Thérèse Daguesseau, fille de mesdits seigneur et dame, en la présence et du consentement de madicte damoiselle, d'autre part. Lesquels, en la présence et de l'agréement de très haut et très puissant et très excellent prince Louis, par la grâce de Dieu roy de France et de Navarre, de très haute et très puissante princesse madame Élizabeth-Charlotte, palatine de Bavière, douairière d'Orléans, veuve de Monsieur, frère unique du roy ; de très haut et très puissant prince Philippes, duc d'Orléans, régent du royaume; très haute et très puissante princesse madame Marie-Françoise de Bourbon, duchesse d'Orléans, son épouse ; très haut et très puissant prince Louis d'Orléans, duc de Chartres ; de très haute et très puissante princesse madame Anne, palatine de Bavière, douairière de monseigneur le prince Henry-Julles de Bourbon ; très haute et très puissante princesse madame Louise-Françoise de Bourbon, douairière de monseigneur Louis, duc de Bourbon ; très haut et très puissant prince monseigneur Louis-Henry de Bourbon, surintendant de l'éducation de Sa Majesté; très haut et très puissant prince monseigneur Louis de Bourbon-Condé, comte de Clermont ; très haute et très puissante princesse madame Marie-Anne de Bourbon, princesse légitimée, première douairière de Conty ; très haute et très puissante princesse madame Marie-Thérèze de Bourbon-Condé, princesse seconde douairière de Conty ; très haut et très puissant prince monseigneur Louis-Armand de Bourbon, prince de Conty ; très haute et très puissante princesse madame Louise-Élizabeth de Bourbon-Condé, princesse de Conty ; très haute et très puissante princesse mademoiselle de Bourbon-Condé de Clermont ; de très haute et très puissante princesse mademoiselle Louise-Adélaïde de Bourbon-Conty dite Roche-sur-Yon ; et de la part dudict seigneur futur époux, de haulte et puissante dame madame Bonne de Chastellux, veuve de monsieur le comte de Saint-Chamant, sa sœur ; messire César-Arnault, chevalier, comte de Saint-Chamant, marquis de Méry et autres lieux, neveu ; messire Samuel Bernard, chevalier de l'ordre de Saint-Michel, seigneur de Coubert et autres lieux, conseiller secrétaire du roy, maison, couronne de France et de ses finances; dame Bonne de Saint-Chamant, son épouse, nièce ; damoiselles Anne-Victoire et Élizabeth-Françoise de Saint-Chamant, filles, nièces ; dame Catherine Boucherat de Morangis, tante, veuve de monsieur de Barillon, maître des requestes ; monsieur de Barillon, maistre des requestes, cousin ; messire Jacques-Denis Amelot de Chaillou, conseiller du roy en ses conseils, cy-devant maître des requestes ordinaire de son hôtel, et madame son épouse, cousine ; de très haut et très puissant seigneur monseigneur Jean-Antoine de Mesmes, chevalier, comte d'Avaux, sire de Cramayel, marquis de Saint-Étienne, vicomte de Neufchâtel et de Brie-Comte-Robert, conseiller du roy en tous ses conseils d'Estat et privé, chevalier, commandeur de ses ordres, premier président de son parlement; excellentissime seigneur frère Jean-Jacques de Mesmes, chevalier, commandeur de l'Ordre de Malthe et son ambassadeur à la cour de France, cousins ; très haut et très puissant seigneur Guy de Durefort, duc de Lorge, cousin à cause de madame son épouse ; haute et puissante dame Henriette-Antoinette de Mesmes, marquise d'Ambre, cousine ; madame Rouault de Torcy, cousine ; monsieur de Vintimille, marquis du Luc, et dame Marie de Refuge, son épouse, cousine ; monsieur de Refuge, monsieur de Choiseuil, monsieur de Choiseuil-Vezins, cousins ; monsieur le Camus de Bligny ; madame son épouse, cousine ; monsieur de l'Hôpital, madame de l'Hôpital de Chenevière, et monsieur l'abbé de Choiseuil, cousins et amis dudict seigneur futur époux ; et de la part de madite damoiselle future épouse, de haut et puissant seigneur messire Henry-François-de-Paule Daguesseau, conseiller du roy en son conseil d'État et son avocat général ; messire Jean-Baptiste-Paulin Daguesseau de Fresnes, chevalier ; messire Henry-Louis, chevalier Daguesseau ; messire Henry-Charles Daguesseau de Plimont, chevalier, frères ; damoiselle Marie-Anne Daguesseau, sœur ; messire Jean-Baptiste-Paulin Daguesseau, prêtre ; messire Joseph-Antoine Daguesseau, chevalier, conseiller du roy honnoraire en sa cour de Parlement, oncles paternels ; haute et puissante dame Marie-Catherine Daguesseau, veuve de haut et puissant seigneur Marie-Charles de Saulx, comte de Tavannes, tante paternelle ; messire Pierre-Hector le Guerchois, chevalier, seigneur de Sainte-Colombe, conseiller d'Estat, et dame Madelaine Daguesseau, son épouse, aussy tante paternelle ; messire Henry-François-de-Paule le Fèvre d'Ormesson, chevalier, seigneur d'Amboille et autres lieux, conseiller du roy en ses conseils, maître des requestes ordinaire de son hôtel et conseiller d'Etat, oncle maternel ; madame Catherine de la Bourdonnaye, son épouse ; Jeanne le Fèvre de la Barre, veuve de monsieur d'Ormesson, intendant de justice, police et finance de Soissons, grand'tante maternelle ; illustrissime et révérandissime seigneur monseigneur Nicolas-Charles de Saulx, conseiller du roy en ses conseils, évesque et comte de Chaalons ; messire Henry-Charles, marquis de Saulx, cousins-germains paternels ; mesdemoiselles et monsieur le Fèvre d'Ormesson, cousins-germains maternels ; Dominique Barberye de Saint-Contest, conseiller d'Etat plénipotenciaire à Cambray, et dame Jeanne-Françoise le Maître, son épouse, grande tante maternelle ; monseigneur lePelletier de la Houssaye, controlleur général des finances, cousin issu de germain ; madame de Guesdreville, son épouse ; monsieur Amelot, conseiller d'État, ambassadeur à Rome, aussy cousin issu de germain ; messire Claude-Henry le Pelletier de la Houssaye, cousin issu de germain, et dame Élisabeth-Michelle de Givry, son épouse ; dame Henriette de Javerlhac, veuve de monsieur le marquis de Feuillade ; madame la marquise de Javerlhac, cousines issues de germain ; monsieur Phélipau, comte de Maurepas, ministre et secrétaire d'État ; monsieur le comte de Pontchartrain ; messire Guillaume-François Joly, chevalier, seigneur de Fleury, conseiller du roy en ses conseils, son procureur général, cousins ; madame la procureuse générale ; monsieur le chevalier de Conflans, premier gentilhomme de la chambre de Son Altesse royale monseigneur le duc d'Orléans ; monsieur le marquis de Conflans ; madame veuve de monsieur le marquis de Conflans, aussy premier gentilhomme de la chambre de sadite Altesse royale ; monsieur de Lamoignon, président à mortier, et madame son épouse ; monsieur de Lamoignon de Blancmesnil, avocat général ; haut et puissant seigneur messire Louis-Gabriel Bazin, marquis de Bezon ; haut et puissant seigneur messire Armand Bazin de Bezon, abbé des abbayes de Saint-Jouin et de la Grâce ; madame épouse de monsieur le Pelletier de Signy, maître des requestes, directeur des finances; monsieur de Saint-Jal; haute et puissante dame Marie-Louise Molé, épouse de monsieur le marquis du Boullay; messire Nicolas-Josse le Pelletier, abbé de Hambie; messire Michel le Pelletier, officier aux gardes; monsieur le Tellier, maistre des requestes; messire Louis Charpentier, conseiller du roy, maistre ordinaire en sa chambre des comptes, et dame Colombe de Valles, son épouse; messire Alexandre-Edme Leriche, chevalier, seigneur de Chevigné, conseiller du roy en sa cour de Parlement, commissaire aux requestes du pallais, et dame Claire-Élizabeth le Pelletier de la Houssaye, son épouse; monseigneur Leblanc, évesque de Sarlat; monseigneur Leblanc, secrétaire d'État et de la guerre; madame son épouze; monseigneur Leblanc, évesque d'Avranches; monsieur le chevalier Leblanc; messire Esprit Juvénal de Harville des Ursins, marquis de Tresnel; madame Louise-Madelaine Leblanc, marquise de Tresnel, tous parents paternels; madame de l'Estoille de Montbriseuil, épouse de monsieur de Montmorency; mademoiselle de Montmorency; madame Marie-Jeanne Phélypeau, épouse de mondit seigneur comte de Maurepas; monsieur de la Vrillière, ministre et secrétaire d'Estat; madame Françoise de Mailly, son épouse; monsieur l'abbé de Fourcy; dame Marie-Élisabeth Dunoyer, épouse de monsieur Angrand, maître des requestes; messire Gervais le Fèvre d'Eaubonne, conseiller du roy honoraire en sa cour de Parlement, et madame de Pomereu, son épouse; monsieur le président du Tillet et madame son épouse; monseigneur Charles-François de Brisse, évesque de Rennes; monsieur de Saint-Contest de la Chastaigneraye; monsieur de Puiségur, lieutenant-général des armées du roy; madame veuve de monsieur de Colange, maître des requestes; madame veuve de monsieur de Ménars, président à mortier; monsieur de l'Estoille de Graville, président de la cour des aydes; messire Charles de la Grange, conseiller du roy en sa cour de Parlement, chanoine de l'église de Paris; monsieur Gilbert de Voisin, avocat-général, et madame son épouse; messire Achilles-Baltazar de Fourcy, président de la chambre des comptes, et dame Marie-Françoise-Thérèze Langlois, son épouse, tous parents maternels; monsieur de l'Aubépine et monsieur Manchel, conseiller au Parlement de Metz, amis....

(Archives de Chastellux; grosse en parchemin.)

CCLXIII.

Dénombrement fourni à Nevers par le comte Guillaume-Antoine de Chastellux.

(15 septembre 1723.)

Dénombrement fourni par M. Guillaume-Antoine, comte de Chastellux, de la terre, seigneurie et comté de Chastellux, du côté de Nivernois, en quoy n'est compris le châtel..... de Bourgogne...

Auxquels lieux cy-après ledit seigneur de Chastellux a bailliage, châtellenie, criminée et grurie séparée, scel autentique, institution de notaires, sergent, justice haute, moyenne et basse, sujets de mainmorte selon la coutume de Nivernois, droits de taille servile, bourdelages, corvées à bras et de bestial, cens, rentes, coutumes, bois et forest et autres revenus et émoluments, selon qu'ils sont cy-après déclarés, sous protestation qu'il fait au cas que par oubly, inadvertance ou autrement, il ometteroit quelque chose qui seroit mouvant de mondit seigneur, de l'ajouter incontinent qu'il seroit venu à sa connoissance, et aussi où il donneroit plus qui seroit du fief de Sa Majesté, que cela ne lui puisse nuire ny préjudicier par cy-après :

Premièrement la terre, justice et seigneurie de Chastellux, du côté de Nivernois, qui consiste aux villages de Marigny-l'Église, Marigny-la-Ville, Queuzon, Villache, Vernois, les Champs-d'Attée, la Rue-Perrin, la moitié du village de Courotte, parties des villages de la Rue-Chenot, de Meuleau, d'Athée et de Saint-André, auxquels villages sont dûs audit comte de Chastellux plusieurs droits et devoirs par les hommes et sujets y résidents, lesquels sont de condition servile.

Item ledit sieur fait exercer la justice par un bailly, lieutenant, procureur et greffier en tous lesdits villages..... et a encore une autre juridiction séparée dudit bailly, qui s'apelle grurie, qu'il fait exercer par un juge, procureur et greffier, pour la punition. , . . .

Item lesdits sujets lui sont tenus de tailles serviles, qui se font et imposent chacun an par sesdits officiers.

Il a aussi les tailles abonnées. . .

Item le domaine des Plats, proche le village de Marigny-l'Église, consistant en bâtiments. . .

Item proche le village de Queuzon, sur la rivierre qui vient de Challeau, y a un moulin qui est bannal sur lesdits sujets, lequel contient une maison.... à laditte rivierre aussi bannalle, depuis le pré Jounin-de-Bureteau jusqu'au ruisseau de la fontaine de Pré-Moreau, assis sous le finage et justice dudit Queuzon, lequel moulin vault. . .

Plus a ledit sieur de Chastellux les tierces aux villages susnommés, qui peuvent valoir par an. . .

Plus, audit Marigny-l'Église, y a deux foires : une le lendemain de Saint-Pierre de juin, et l'autre le lendemain de la feste de la Conception de Notre-Dame, dont le profit peut être par commune année de . . . .

Item la garde du prieuré de Chastellux et domaine d'icelui, et la garde du prieuré de Saint-Jean-de-la-Vernois et des appartenances d'icelui, n'ayant aucune connoissance de la scituation desdits prieurés et biens en dépendant ;

Item la rivierre de Chors, depuis Saint-André en Morvant jusqu'à la rivierre du Busoy ;

Item le bois du Buchet, contenant. . .

Le deffrichement du bois de Queuz-Ouache, la tierce. . .

Item le bois de la Revenue, contenant. . . .

Item le bois de Monperoux, contenant. . . .

Item le bois de Monloué et le bois Joseph. . . . .

Item l'hâte Jassan, contenant deux arpens et demi.

Item Pierre Beaune, contenant. . . .

Item le bois et revenue d'Auteroche....

Item le bois de Gutte, contenant environ quatre arpens et demi.

Item le bois de Vatrat. . . .

Item les Replatis. . . . Vorrez. . . . la Truye-Martin. . . .

Item le bois de la Chassaigne, contenant six arpens.

Item reconnaît ledit seigneur de Chastellux tenir en arrière-fief de mondit seigneur le duc de Nivernois, les fiefs qui sont tenus de lui, selon qu'ils sont cy-après rapportés, sçavoir :

Tout ce que tient en plain fief de lui le seigneur comte de Busset, en sa seigneurie de Vézigneux. . . .

Comme aussi en sa terre, justice et seigneurie de Chalaux. . . .

Portion des villages d'Athée et de Chalaux. . . .

Le Mont de Marigny. . . .

Le Meix de Chalaux. . . .

Item le fief de Champignolle, de Vauban, que tient à présent le seigneur de Bazoche ;

Item le grand étang de Vernois.

Item confesse que les mesures qu'il tient en ses terres et seigneuries sont à la même mesure que celle de Monceaux-le-Comte.

Item reconnoît qu'il peut avoir un sergent gardien en sesdittes terres de Nivernois, lequel sergent a accoutumé présenter au sieur bailly de Nivernois. . . .

(Archives de Chastellux ; *Grand Inventaire des Titres*, chap. VIII, liasse D, n° 28. Copie du xviii° siècle.)

CCLXIV.

Contrat de mariage de César-François de Chastellux et d'Olympe-Élisabeth Jubert du Thil.

(1745.)

Furent présents très haut et très puissant seigneur monseigneur Henry-François Daguesseau, chevalier, chancellier de France, commandeur des ordres du roy, demeurant à Paris, à l'hôtel du chancellier de France, place de Louis-le-Grand, paroisse Saint-Roch ; haute et puissante dame Claire-Thérèze Daguesseau, veuve de haut et puissant seigneur Guillaume-Antoine, comte de Chastellux, vicomte d'Avallon, baron de Carrée, seigneur de Marigny, Bossencourt et autres lieux, premier chanoine héréditaire de l'église cathédralle de Saint-Étienne d'Auxerre, lieutenant-général des armées du roy et lieutenant-général et commandant de la province de Roussillon, demeurant à Paris, en son hôtel, rue Neuve-Saint-Augustin, susdite paroisse Saint-Roch ; haut et puissant seigneur César-François, comte de Chastellux, vicomte d'Avallon, baron de Carrée, seigneur de Marigny, Bossencourt et autres lieux, premier chanoine héréditaire de l'église cathédralle de Saint-Étienne d'Auxerre, colonel du régiment d'Aunix et gouverneur de la ville et château de Seyne en Provence, fils mineur dudit défunt seigneur comte de Chastellux et de madite dame Claire-Thérèze Daguesseau, son épouse, demeurant avec madite dame sa mère, pour lui et son nom, madite dame comtesse de

Chastellux stipulante tant en son nom que comme tutrice honoraire dudit seigneur César-François, comte de Chastellux, son fils, élue en ladite qualité de l'avis de messieurs les parents et amis dudit seigneur mineur, homologué par sentence du Châtelet de Paris, du vingt-trois mai mil sept cent quarante-deux, ensuite de laquelle est l'acceptation qu'elle a fait de ladite charge, le vingt-six du même mois ; sieur Louis le Liégard du Jonquay, bourgeois de Paris, demeurant rue de Verneuil, paroisse Saint-Sulpice, au nom et comme tuteur onéraire dudit seigneur comte de Chastellux, et en ladite qualité par la même sentence ci-dessus datée, laquelle charge il a acceptée par autre acte en suite dudit jour vingt-six mai mil sept cent quarante-deux, ledit sieur du Jonquay stipulant aussi en cette qualité pour ledit seigneur comte de Chastellux, mineur, d'une part ; haut et puissant seigneur monseigneur Georges Jubert, marquis du Thil, seigneur de Morgny, Magnens, les Bourguignons, du Thil-en-Forest et autres lieux, mestre-de-camp d'infanterie, chevalier de l'ordre royal et militaire de Saint-Louis, et haute et puissante dame Élisabeth-Geneviève Cousinet, son épouse, qu'il autorise à l'effet des présentes, demeurants à Paris, en leur hôtel, rue des Roziers, paroisse Saint-Gervais, stipulants pour demoiselle Olympe-Élisabeth Jubert du Thil, leur fille mineure, demeurante avec lesdits seigneur et dame ses père et mère, à ce présente et de son consentement pour elle et en son nom, d'autre part. Lesquelles parties, pour raison du mariage prêt à être contracté entre ledit seigneur comte de Chastellux et madite demoiselle du Thil, ont fait et arrêté les traité et conventions qui suivent, de l'agrément du Roy, de la Reine, de monseigneur le Dauphin, de madame Anne-Henriette de France, de madame Marie-Adélaïde de France, de très haute, très puissante et très excellente princesse madame Marie-Françoise de Bourbon, duchesse douairière d'Orléans ; de très haut, très puissant et très excellent prince monseigneur Louis-Philippe d'Orléans, duc de Chartres ; de très haute, très puissante, très excellente princesse madame Louise-Henriette de Bourbon-Conty, duchesse de Chartres ; de très haute, très puissante, très excellente princesse madame Charlotte-Aglaé d'Orléans, duchesse de Modène ; de très haute, très puissante et très excellente princesse Élisabeth-Alexandrine de Bourbon-Condé, mademoiselle de Sens. Et en la présence des seigneurs et dames, leurs parents et amis, ci-après nommés, savoir : De la part dudit seigneur futur époux, de haut et puissant seigneur Louis-Philippe de Chastellux de Beauvoir, capitaine de cavalerie dans le régiment royal Roussillon ; de haut et puissant seigneur Paul-Antoine de Chastellux d'Avallon ; de haut et puissant seigneur Jean-François, chevalier de Chastellux, frères ; de mademoiselle Marie-Anne-Judith de Chastellux, fille, sœur ; haut et puissant seigneur Henry-François-de-Paule Daguesseau, chevalier, conseiller d'Etat ordinaire, oncle maternel, et haute et puissante dame Françoise-Marthe-Angélique de Nollent, son épouse ; haut et puissant seigneur Jean-Baptiste-Paulin Daguesseau de Fresne, chevalier, conseiller d'État ordinaire, oncle maternel ; haute et puissante dame Marie-Geneviève-Rosalie le Bret, son épouse; haut et puissant seigneur Louis-Henry, chevalier Daguesseau, capitaine lieutenant des chevau légers de Flandre, oncle maternel; haute et puissante dame de Saint-Chamans, veuve de messire Samuel Bernard, comte de Coubert, chevalier de l'ordre du roi, cousine-germaine paternelle; haut et puissant seigneur messire Henry-François de Paul le Fèvre d'Ormesson, chevalier, conseiller d'État ordinaire, intendant des finances, grand-oncle maternel; haute et puissante dame Catherine de la Bourdonnaye, son épouse; haut et puissant seigneur Louis-François de Paul le Fèvre d'Ormesson, chevalier non profès de l'ordre de Saint-Jean-de-Jérusalem, exempt des gardes du corps du roi, cousin issu de germain maternel; illustrissime et révérendissime seigneur monseigneur Nicolas de Saux-Tavannes, archevêque de Rouen, cousin issu de germain paternel; de monsieur le comte de Saulx-Tavannes, colonel d'infanterie, cousin paternel; monsieur le marquis de Savignac, mestre de camp de cavallerie, cousin; haut et puissant sieur Mathieu Molé, chevalier, marquis de Merry, seigneur de Champlastreux, Épinay, Trianon, Lussy et autres lieux, conseiller du roi en tous ses conseils d'État et privé, président du Parlement, cousin; haute et puissante dame Bonne-Félicité Bernard, son épouse; et de monsieur de Fourqueux, procureur général de la chambre des comptes, aussi cousin. Et de la part de ladite demoiselle future épouse, de madame la marquise d'Auxy, cousine paternelle; de monsieur le marquis de Pérussy, sous-lieutenant de la première compagnie des mousquetaires du roy, brigadier des armées de Sa Majesté, cousin paternel; de monsieur le chevalier de Bouville, capitaine aux gardes françaises, aussi cousin paternel, et de monsieur Jacques Bugnon, avocat au Parlement, cousin maternel......

(Archives de Chastellux. Expédition sur papier timbré délivrée le 26 janvier 1866 par M⁰ Mocquard, notaire.)

CCLXV.

Contrat de mariage de Marie-Anne-Judith de Chastellux et de Jean-Baptiste-Louis de la Tournelle.

(1749.)

Pardevant les conseillers du roy notaires à Paris soussignés, furent présens : très hault et très puissant seigneur Claude Thyard, comte de Bissy, chevalier, seigneur de Saint-Maurice, Chevery, Saint-Didier, Vauvry et autres lieux, cornette de la seconde compagnie des mousquetaires du roy et brigadier des armées de Sa Majesté, demeurant à Paris, en son hôtel, rue de Vaugirard, quartier Saint-Germain-des-Prés, parroisse Saint-Sulpice, au nom et comme fondé de la procuration spécialle de très haute et très puissante dame Thérèse Baillon, veuve de très hault et très puissant seigneur Antoine-François-Charles, comte de la Tournelle, seigneur d'Auger, Leugny, Senan, Vogré et autres lieux, gouverneur de la ville de Cravan, ancien capitaine dans le régiment Royal-étranger, et chevalier de l'ordre royal et militaire de Saint-Louis, mère et tutrice de très hault et très puissant seigneur Jean-Baptiste-Louis, marquis de la Tournelle, seigneur de la Tournelle, Arleuf, Courancy, Chaumard et autres lieux, gouverneur de la ville de Cravan et lieutenant au régiment du roy, son fils mineur et dudit feu seigneur comte de la Tournelle, ladicte procuration passée devant Denis-Charles Martin, notaire tabellion au bailliage et châtellenye de Régennes et Appoigny, présens tesmoins, le premier des présens mois et an, ratiffiée et confirmée d'abondant par autre procuration passée audict seigneur comte Bissy, devant les mesmes notaires et tesmoins, le quatre desdits présens mois et an, tant par ladicte dame comtesse de la Tournelle, audit nom de tutrice et stipulante pour ledict seigneur marquis de la Tournelle, les originaux desquelles deux procurations, deuement controllées et légalisées, représentées par ledit seigneur comte de Bissy, sont demeurées annexées à la minutte des présentes, après avoir été de luy certiffiées véritables, signées et paraphées en présence des notaires soussignés, d'une part; très hault et très puissant seigneur Henry-François-de-Paule Daguesseau, chevalier, seigneur de Fresne et Herbertot, Trouville-sur-Mer et autres lieux, conseiller d'État ordinaire, demeurant à Paris en l'hôtel de monseigneur le chancellier, son père, place de Louis-le-Grand, parroisse Saint-Rôch, au nom et comme fondé de la procuration spéciale de très haulte et très puissante dame Claire-Thérèse Daguesseau, veuve de très hault et très puissant seigneur Guillaume-Antoine, comte de Châtelux, vicomte d'A-vallon, barron de Carré, premier chanoine héréditaire de l'église cathédralle de Saint-Estienne d'Auxerre, lieutenant-général commandant pour Sa Majesté en Roussillon, et lieutenant-général des armées du roy, mère et tutrice de très haulte et très puissante demoiselle Marie-Anne-Judith de Châtellux, sa fille mineure et dudit seigneur comte de Châtelux, ladite procuration passée aussy devant ledit Martin, notaire tabellion audit Régennes, présens tesmoins, ledit jour premier des présents mois et an, ratiffiée et confirmée d'abondant par autre procuration passée devant les mesmes notaire et tesmoins audit seigneur Daguesseau, ledit jour quatre des présens mois mois et an, tant par ladite dame comtesse de Châtellux, audit nom de tutrice et stipullante par ladite demoiselle de Châtellux, sa fille mineure, que par ladite demoiselle de Châtellux. Les originaux desquelles deux procurations, deuement controllés et légalisés, représentés par ledit seigneur Daguesseau, sont aussy demeurés annexés à la minutte des présentes, après avoir été de luy certiffiés véritables et paraphés en présence desdits notaires soussignés, et maître Élie Radet, avocat au Parlement, demeurant à Paris, rue des Lavandières, parroisse Saint-Germain-l'Auxerrois, au nom et comme tuteur onéraire de ladite demoiselle de Châtellux, mineure, d'autre part. Lesquelles partyes, en la présence et du consentement de très hault et très puissant seigneur monseigneur Henry-François Daguesseau, chevalier, chancellier de France, commandeur des ordres du roy, ayeul maternel de ladicte damoiselle de Châtellux, et encore en la présence et du consentement des seigneurs et dames, parens et amis desdits seigneur marquis de la Tournelle et demoiselle de Châtellux, cy-après nommés, sçavoir : de la part dudit seigneur marquis de la Tournelle, de très haute et très puissante dame Charlotte-Jeanne du Deffand de la Lande, veuve de très haut et très puissant seigneur Roger, marquis de la Tournelle et de Courancy, tante paternelle ; très haulte et très puissante dame Silvie-Angélique Andrault de Langeron, veuve de très haut et très puissant seigneur Claude Thyard de Bissy, sous-lieutenant des chevau-légers Dauphin, cousine paternelle ; très haut et très puissant seigneur . . . . de Maulevrier-Langeron, maréchal de France, cousin paternel ; très haut et très puissant seigneur Louis-Théodore Andrault, comte de Langeron, lieutenant général des armées du roy, cousin paternel ; très haut et très puissant seigneur Charles-Claude Andrault, comte de Langeron, brigadier des armées du roy, colonel du régiment de Condé infanterye, cousin paternel, et de très hault et puissant seigneur Henry-Charles Thiard, chevalier de Bissy, brigadier des armées du roy, capitaine lieutenant des chevau-légers Dauphin, cousin paternel. Et de la part de ladite demoiselle future épouse, de très haulte et puissante dame Olympe-Élizabeth Jubert du Thil, épouse de très haut et puissant seigneur César-François comte de Châtellux, vicomte d'Avallon, barron de Carré, seigneur de Marigny, Bossencourt et autres lieux, premier chanoine héréditaire de l'église cathédralle de Saint-Étienne d'Auxerre, colonel du régiment d'Auvergne et gouverneur de la ville et château de Seyne en Provence,

belle-sœur ; très haulte et très puissante dame Françoise-Marthe-Angélique de Nollent, épouse dudit seigneur Daguesseau, conseiller d'État ; très haut et très puissant seigneur Jean-Baptiste-Paulin Daguesseau de Fresne, chevalier, conseiller d'État ordinaire, oncle maternel ; très haulte et très puissante dame Marie-Geneviesve-Rosalie le Bret, son épouse ; hault et puissant seigneur Henry-François de Paule le Fèvre d'Ormesson, chevalier, conseiller d'État ordinaire, intendant des finances, grand-oncle maternel ; haulte et puissante dame Catherine de la Bourdonnaye, son épouse ; très haulte et très puissante dame Marie-Judith de Vienne, veuve de très haut et très puissant seigneur Joseph-François Damas, marquis d'Antigny, cousine-germaine paternelle ; madame Pauline-Félicité de Saint-Chamans, veuve de M. Samuel Bernard, comte de Coubert, chevalier de l'ordre du roy, cousine issue de germain paternel ; très hault et très puissant seigneur Matthieu-François Molé, chevalier, marquis de Méry, seigneur de Champlâtreux, Épinay, Trianon, Lussy et autres lieux, président du Parlement, très haulte et très puissante dame Félicité Bernard, son épouse, cousine issue de germain paternel ; très hault et très puissant seigneur Antoine-Henry, marquis des Barres, cousin issu de germain paternel ; très haulte et très puissante dame Agnès-Henriette-Félicité de Balincourt, son épouse ; très hault et très puissant seigneur Charles-Henry de Saulx, marquis de Tavannes, cousin issu de germain paternel ; très hault et très puissant seigneur François-Joseph de Choiseuil, marquis de Stainville, maréchal des camps et armées du roy, cousin paternel; très hault et très puissant seigneur........ Choiseuil de Stainville, aussy cousin paternel; hault et puissant seigneur........ le Febvre d'Ormesson d'Amboile, grand oncle maternel; haulte et puissante dame Anne-Louise du Tillet, son épouse; hault et puissant seigneur Louis-François-de-Paule le Febvre d'Ormesson, chevalier non profex de l'ordre de Saint-Jean-de-Jérusalem, brigadier des armées du roy, exempt des guides du corps de Sa Majesté, cousin issu de germain maternel; hault et puissant seigneur ...... le Febvre d'Ormesson, chevalier, avocat général du Parlement, cousin issu de germain maternel, et messire Henry-François-de-Paule le Febvre d'Ormesson, abbé commendataire de l'abbaye royalle de Bellebonne, aussy cousin issu de germain maternel.......

(Archives de Chastellux. Copie faite le 6 août 1755.)

CCLXVI.

Contrat de mariage d'Henri-Georges-César de Chastellux et d'Angélique-Victoire de Durfort de Civrac.

(1773.)

Pardevant les conseillers du roi notaires au Châtelet de Paris soussignés, furent présents très haut et très puissant seigneur Henry-Georges-César, comte de Chastellux, vicomte d'Avalon, baron de Carré, seigneur de Marigny et autres lieux, colonel en second du régiment Lionnais, premier chanoine héréditaire de l'église cathédrale d'Auxerre et chevalier d'honneur de Madame Victoire en survivance de M. le marquis de Durfort, ci-après qualifié, demeurant à Paris en son hôtel rue des Roziers-au-Marais, paroisse Saint-Gervais, fils de deffunt très haut et très puissant seigneur César-François, comte de Chastellux, vicomte d'Avalon, baron de Caré, seigneur de Marigny, Bossencourt et autres lieux, premier chanoine héréditaire de l'église cathédrale d'Auxerre, colonel du régiment d'Aunis, et gouverneur des ville et château de Seyne en Provence, et de très haute et très puissante dame Olympe-Élizabeth Jubert du Thil, comtesse de Chastellux, son épouse, à présent sa veuve, demeurant à Paris, susdite rue des Roziers, paroisse Saint-Gervais, et de ladite dame sa mère, pour ce comparante, assisté et autorisé à l'effet des présentes, pour lui et en son nom, d'une part; et très haut et très puissant seigneur Émeric-Joseph de Durfort-Civrac, marquis de Civrac et de Genuisat, seigneur de la Mothe et autres lieux, chevalier d'honneur de Madame Victoire, et ci-devant ambassadeur de Sa Majesté auprès de l'Empereur et de l'Impératrice-reine, et très haute et très puissante dame Anne de la Faurie de Monbadon, marquise de Durfort-Civrac, son épouse, dame d'atours de Mesdames Victoire et Sophie, et qu'il autorise à l'effet des présentes, demeurant au château de Versailles, en leurs noms et comme stipulant pour très haute et très puissante demoiselle Angélique-Victoire de Durfort, leur fille, demeurant en l'abbaye royale de Saint-Cyr, à ce présente et de son consentement, d'autre part.

Lesquelles parties, pour parvenir au mariage convenu entre ledit seigneur comte de Chastellux et ladite demoiselle de Durfort, qui sera incessamment célébré, ont fait et arrêté entre elles les traités et conventions qui suivent, de l'agrément du roi et de la famille royale, et en la présence, de l'avis et consentement des parents et amis ci-après nommés, savoir: de la part dudit seigneur futur époux, de très haut et très puissant seigneur Jean-Baptiste-Paulin Daguesseau, chevalier, conseiller d'État ordinaire, et aux conseils royal et des dépêches, commandeur et maître des cérémonies des ordres du roi, grand oncle du côté maternel, et de dame Gabrielle de la Vieuville, son épouse; très haut et très puissant seigneur Louis-Philippe, marquis de Chastellux-Chaugy-Roussillon, maréchal des camps et armées du roi, chevalier de l'ordre de Saint-Louis, gouverneur des ville et château de Seyne en Provence, oncle paternel; de très haute et très puissante dame Marie-Anne-Judith de Chastellux, épouse séparée quant aux biens de très haut et très puissant seigneur Jean-Baptiste-Louis, marquis de la Tournelle, mestre-de-camp de cavalerie, chevalier de Saint-Louis, gouverneur de Cravant en Bourgogne, tante paternelle; de très haut et très puissant seigneur monseigneur Jean-Paul-François de Noailles, duc d'Ayen, seigneur de la principauté de Tingry, maréchal des camps et armées du roi, capitaine de la compagnie écossoise des gardes du roi de Sa Majesté en survivance de monsieur son père, cousin du côté maternel à cause de la dame son épouse. Et de la part de ladite demoiselle future épouse, de très haut et très puissant seigneur Jean-Laurent de Durfort-Civrac, comte de Lorge, duc de Quintin, menin de monseigneur le Dauphin, chevalier de l'ordre royal et militaire de Saint-Louis, maréchal des camps et armées du roi, frère, et de très haute et très puissante dame Anne Denise (sic) de Durfort de Lorge, duchesse de Quintin, son épouse; de très haut et très puissant seigneur Louis-Marie, duc d'Aumont, pair de France, premier gentilhomme de la chambre du roi, lieutenant-général des armées, chevalier de ses ordres, gouverneur du pays de Bourbonnois, cousin paternel; de M. de Durfort-Civrac, de M. de Durfort-Blaignac, de M. le marquis et de Mme la marquise de Tonnerre; de monseigneur le cardinal de Choiseuil; de très haut et très puissant seigneur Louis-Auguste, comte d'Affry, lieutenant-général des armées du roi, colonel du régiment de ses gardes suisses, ci-devant ambassadeur de Sa Majesté près les États-généraux, et de M. Pierre-Louis Formé, conseiller de Son Altesse sérénissime monseigneur duc d'Orléans, amis...

(Archives de Chastellux; expédition sur papier timbré, délivrée le 6 septembre 1815 par Me Dautrive, notaire.)

CCLXVII.

Preuves du chevalier de Chastellux pour les ordres royaux, militaires et hospitaliers de Notre-Dame du Mont-Carmel et de Saint-Lazare de Jérusalem.

(1783.)

Lettres-patentes de Monsieur, fils de France, frère du roy, grand-maître général, tant au spirituel qu'au temporel, des ordres royaux militaires et hospitaliers de Notre-Dame du Mont-Carmel et de Saint-Lazare de Jérusalem, Bethléem et Nazareth, tant deçà que delà les mers, du 9 février 1783, adressées à ses chers et bien aimés frères Antoine-René de Voyer, marquis de Paulmy d'Argenson, et Jean-Baptiste-César de Timbrune, marquis de Timbrune, chevalier desdits ordres, portant que mondit seigneur a agréé l'humble prière qui lui a été faite par François-Jean de Beauvoir de Chastellux, chevalier de Chastellux, maréchal des camps et armées du roy, inspecteur général des troupes de Sa Majesté, gouverneur de Longwic, chevalier de l'ordre royal et militaire de Saint-Louis, à ce qu'il lui plût le recevoir chevalier des mêmes ordres, et que d'autant que suivant les statuts et règlement d'iceux, il est nécessaire qu'avant sa réception, il lui fasse apparoir de ses bonnes vie et mœurs, religion catholique, apostolique et romaine, fidélité au service de Sa Majesté, naissance légitime et noblesse de huit races paternelles. A quoi il lui a dit être prêt de satisfaire, et l'a même requis de commettre quelques-uns des chevaliers desdits ordres, pardevant lesquels il puisse faire preuve des choses dessus dites en la manière accoutumée. A ces causes, mondit seigneur les a commis et députés pour, en présence de son cher et bien aimé frère Claude-Denis Dorat de Chameulles, chevalier, commandeur et secrétaire général de sesdits ordres, qu'il commet aussi par les mêmes lettres informer des bonnes vie et mœurs, religion catholique, apostolique et romaine, fidélité au service du roy et noblesse de huit races paternelles du sieur chevallier de Chastelux, entendre à cet effet le nombre de trois témoins, et pour voir et examiner au rapport du sieur Chérin, généalogiste des ordres du roy, son très honoré seigneur, et commis à l'examen des preuves de noblesse de ceux qui se présentent pour entrer dans sesdits ordres, les titres de noblesse qui leur seront produits par ledit sieur chevalier de Chastelux, et s'ils les trouvent suffisans, en dresser procès-verbal avec sondit frère Dorat de Chameulles et ledit sieur Chérin, lesquels ils scelleront ainsi qu'eux du cachet de leurs armes, pour le tout être remis entre les mains de son cher et bien aimé frère chevalier, commandeur, chancelier et garde des sceaux de sesdits ordres, le sieur marquis de Montesquiou, pour en être par lui fait rapport à mondit seigneur. Ces lettres données à Versailles, signées Louis-Stanislas-Xavier, plus bas par monseigneur le grand-maître Dorat de Chameulles et scellées en placard du petit sceau desdits ordres. (Original).

Certificat de M. le marquis de Ségur,

ministre et secrétaire d'État, ayant le département de la guerre, du 13 mars 1783, portant que suivant les registres qui sont entre ses mains, M. Jean-François, chevalier de Chastellux, a été fait lieutenant dans le régiment d'Auvergne, par lettre du 23 mars 1747, capitaine par commission du 20 may 1752, colonel du régiment de la Marche (province), par brevet du 31 mars 1759, colonel d'un régiment de son nom, par brevet du 5 novembre 1761, brigadier d'infanterie, par brevet du 22 janvier 1769 et maréchal de camp ès armées du roy, par brevet du 1er mars 1780. Ce certificat datté de Versailles, signé Ségur. (Original).

Extrait des registres de l'église paroissiale de Sainte-Marie-Madeleine de la Ville-l'Évêque à Paris, portant que François-Jean de Chastellux, fils de haut et puissant seigneur Guillaume-Antoine, comte de Chastellux, brigadier des armées du roy, capitaine des gendarmes de Flandre, absent pour les affaires de Sa Majesté, et de haute et puissante dame Clère-Thérèse Daguesseau, son épouse, né le 5 may 1734, y a été baptisé le même jour. Délivré le 8 mai 1783 par le premier vicaire de cette paroisse, signé le Legard.

Certificat de M. le marquis de Ségur, ministre et secrétaire d'État ayant le département de la guerre, du 27 avril 1783, portant que suivant les registres qui sont entre ses mains, M. Guillaume-Antoine de Beauvoir, comte de Chastellux, a été mousquetaire en 1703, guidon de la compagnie des gendarmes de Bourgogne, par brevet du 6 avril 1704, enseigne de la compagnie des gendarmes de Berry, le 17 juillet 1706, sous-lieutenant de la compagnie des chevau-légers de la reine, avec rang de mestre-de-camp de cavalerie, le 17 avril 1707, capitaine lieutenant des chevau-légers de Berry, par commission du 30 mars 1715, brigadier par brevet du 1er février 1719, gouverneur du château de Saint-André-de-Villeneuve-lez-Avignon, le 14 juin 1731, maréchal de camp par brevet du 1er août 1734, lieutenant-général ez armées du roy par pouvoir du 1er mars 1738, employé en cette qualité dans le gouvernement du Roussillon et commandant dans la province, par provisions et commission du 9 décembre 1739. Ce certificat datté de Versailles, signé Ségur. (Original).

Pouvoir de lieutenant-général dans les armées du roy, accordé par Sa Majesté le 1er mars 1738, à son cher et bien aimé le sieur comte de Chastelux, maréchal de camp en ses armées, en considération des services qu'il lui a rendus pendant longues années en diverses charges et emplois de guerre. Datté de Versailles, signé Louis et sur le repli : par le roy, Bauyn. (Original).

Provisions de la charge de gouverneur du fort de Saint-André de Villeneuve-lez-Avignon, vacante par le décès du sieur de Clodoré, accordées par le roy le 14 juin 1731, au sieur comte de Chastelus, brigadier en sa cavalerie, capitaine lieutenant de la compagnie de ses gendarmes qui sont sous le titre de Flandres, dattées de Fontainebleau, signées Louis; sur le repli : par le roi, Bauyn, et scellées. Avec l'acte de sa prestation de serment pour ladite charge entre les mains de M. Chauvelin, garde des sceaux de France, du 1er juillet suivant, signé Douin. (Original).

Provisions de la charge de capitaine-lieutenant de la compagnie d'hommes d'armes des ordonnances du roy, sous le titre de Flandres, vacante par la démission du sieur comte de Tavannes, accordées par Sa Majesté le 14 juin 1723 à son cher et bien amé le sieur comte de Châtelux, capitaine-lieutenant de la compagnie des chevau-légers sous le titre de Berry, et mestre-de-camp de cavalerie, dattées de Meudon, signées Louis ; sur le repli : par le Roi, Leblanc, et scellées. (Original).

Contrat de mariage passé les 13, 14 et 15 février 1722 devant Hachette et son confrère, notaires au Châtelet de Paris, de haut et puissant seigneur messire Guillaume-Antoine comte de Chastellux, vicomte d'Avallon, baron de Carré, premier chanoine né héréditaire de l'église cathédrale de Saint-Étienne d'Auxerre, brigadier des armées du roy, capitaine des chevau-légers de Berry, fils de feu haut et puissant seigneur messire César-Philippe, comte de Chastellux, et de feue haute et puissante dame Judith de Barillon, son épouse, avec haute et puissante demoiselle mademoiselle Claire-Thérèse Daguesseau, fille de très haut et très puissant seigneur monseigneur Henry-François Daguesseau, chevalier, chancelier de France, et de très haute et très puissante dame madame Anne le Fèvre d'Ormesson, son épouse ; en la présence et de l'agrément du roi, de madame douairière d'Orléans, veuve de Monsieur frère du feu roy ; de M. le duc d'Orléans, régent du royaume ; de M. le duc de Chartres, et des princes et princesses du sang. Et encore assistés, sçavoir : ledit seigneur futur époux, de haute et puissante dame madame Bonne de Chastellux, sa sœur, veuve de M. le comte de Saint-Chamant ; et ladite demoiselle future épouse, desdits seigneur et dame ses père et mère ; de haut et puissant seigneur messire Henry-François-de-Paule Daguesseau, conseiller du roy en son conseil d'État et son avocat général ; messire Jean-Baptiste-Paulin Daguesseau de Fresnes, chevalier ; messire Henry-Louis, chevalier Daguesseau, et messire Henry-Charles Daguesseau de Plimont, chevalier, ses frères. (Expédition délivrée le 28 may 1783 par Arnaud, notaire au Châtelet de Paris, successeur aux offices et pratiques dudit Hachette. Signé Rousseau et Arnaud).

Foy et hommage faits au roy en sa chambre des comptes de Bourgogne à Dijon, le 9 août 1718, par messire Guillaume-Antoine de Chastelux, capitaine de la compagnie de chevau-légers de Berry, chevalier de l'ordre militaire de Saint-Louis, pour raison de la terre, seigneurie et comté de Chastelux, situé au baillage d'Avallon, siège particulier d'Auxois, à lui échu en qualité de frère et universel héritier de feu messire André de Chastelux, enseigne des vaisseaux du roy, comte de Chastelux, décédé le 24 juin 1716. (Original signé Gaudelet).

Acquisition faite le 13 avril 1707 devant maîtres Jean Moet et Nicolas de Lambon, notaires au Châtelet de Paris, par messire Guillaume-Antoine de Chastelux, marquis dudit lieu, enseigne des gendarmes de la compagnie de Berry, fils de feu haut et puissant seigneur messire Cézar-Philippe de Chastelux, comte dudit lieu, premier chanoine héréditaire de l'église cathédrale de Saint-Étienne d'Auxerre, et de haute et puissante dame Judith de Barillon, sa veuve, de la charge de sous-lieutenant de la compagnie des chevau-légers de la reine, appartenant à messire Jean-Jacques, marquis de Renty, celui-ci autorisé par haut et puissant seigneur messire Jean-Jacques, marquis de Renty, baron de Landelles et de Saint-Sève, lieutenant-général des armées du roy et du comté de Bourgogne, pour laquelle charge ledit seigneur marquis de Chastelux et ladite dame sa mère, représentée par procureur, s'engagent à payer audit seigneur marquis de Renty, une somme de 8,500 livres. (Grosse signée desdits notaires).

Brevet de monseigneur le Prince du 15 novembre 1652, par lequel Son Altesse accorde à monsieur le comte de Chastelux, sous le bon plaisir du roy, la charge de lieutenant de sa compagnie de gendarmes des ordonnances de Sa Majesté, vacante par la démission de M. le comte de Tavannes, dattée de Clermont, signée Louis de Bourbon ; plus bas, par monseigneur, Martin, et scellé. (Original).

Brevet de M. le duc d'Anguien, prince du sang, pair de France, du 1ᵉʳ septembre 1650, par lequel Son Altesse retient le sieur comte de Casteluz soubz-lieutenant des gendarmes de M. le Prince, pour maréchal-de-camp ez armées qu'il commande pour le service de Sa Majesté, contre le cardinal Mazarin, ses fauteurs et adhérans, dattée de Bordeaux, signé Henry de Bourbon ; et plus bas, par monseigneur, Caillet. (Original).

Lettres patentes du roy, du 8 novembre 1645, par lequel Sa Majesté accorde au sieur comte de Chastellux une pension annuelle de 3,000 livres, tant en considération des services qu'il lui a rendus dans ses armées que ceux du feu sieur comte de Chastellus, son frère, maréchal de bataille en ses armées, lequel jouissoit d'une semblable pension et a été tué à la bataille de Nortingen, dattées de Paris, signées Louis ; plus bas, par le roy, la reine régente, sa mère, présente, de Loménie, et scellées. Enregistrées en la chambre des comptes le 28 may 1646, signé Bourlon. (Original).

Contrat de mariage passé les 2, 6 et 10 septembre 1663, devant Lecaron et Galloys, notaires au Chastelet de Paris, de haut et puissant seigneur messire Cézar-Philippe de Chastellus, comte dudit lieu, vicomte d'Avallon, baron de Carré, seigneur de Marigny et autres lieux, premier chanoine héréditaire de l'église cathédrale de Saint-Étienne d'Auxerre, fils de feu hault et puissant seigneur messire Hercules de Chastellus, seigneur et comte desdits lieux, et de feue haute et puissante dame dame Charlotte de Blaigny, son épouse, avec demoiselle Judith Barillon, fille de feu messire Jean-Jacques Barillon, chevalier, seigneur de Châtillon et autres lieux, conseiller du roy en ses conseils et en sa cour de Parlement, et président en la première chambre des enquêtes de ladite cour, et de dame Bonne Fayet, sa veuve. Ladite demoiselle future épouse assistée de ladite dame, sa mère, qui lui constitue en dot 150,000 livres tournois. (Grosse signée desdits notaires).

Avec une quittance donnée le même jour devant les mêmes notaires, par hault et puissant seigneur messire César-Philippe de Chastellus, comte dudit lieu, vicomte d'Avallon, baron de Carré, seigneur de Marigny et autres lieux, premier chanoine héréditaire de l'église cathédrale de Saint-Étienne d'Auxerre, à dame Bonne Fayet, veuve de Jean-Jacques Barillon, chevalier, seigneur de Châtillon et autres lieux, conseiller du roy en ses conseils et cour de Parlement, président en la première chambre des enquêtes, d'une somme de 60,000 livres en déduction de la dot constituée à demoiselle Judith Barillon, leur fille, future épouse dudit seigneur comte de Chastellux, par leur contrat de mariage. (Grosse signée desdits notaires).

Foy et hommage faits au roy en sa chambre des comptes à Dijon, le 21 mars 1646, par messire César de Chastelux, comte dudit Chastelux, premier chanoine héréditaire de Saint-Étienne d'Auxerre, pour raison dudit comté de Chastelux, membres et dépendances d'icelui, mouvant en fief de Sa Majesté à cause de son duché de Bourgogne. (Original signé Plaissant et scellé en placard de trois sceaux).

Lettres patentes du roy du mois de mars 1621, portant érection en comté sous le nom de Chastellux, de la baronnie de Chastellux, et union à icelle des baronnies, terres et seigneuries de Carré et vicomté d'Avallon, en faveur de son amé et féal gentilhomme ordinaire de sa chambre, capitaine d'une compagnie en l'un de ses régimens, Hercules de Chastellux, vicomte d'Avallon, baron dudit Chastellux, premier chanoine héréditaire de l'église d'Auxerre. Sa Majesté mettant en considération les fidèles et recommandables services de ses prédécesseurs dans les grandes et notables charges où ils ont été employés, tant pour le fait des guerres et manutention de la couronne que les personnes des rois ses prédécesseurs, selon l'antiquité et noblesse de leur maison, de laquelle ledit sieur baron est l'aîné et en porte le nom et les armes, et Sa Majesté étant informée que Guillaume, Claude, Georges, Jean, Philippe, Louis et Olivier de Chastellux, ses père et ayeux, ont été grands chambellans, maréchaux et amiraux de France, lieutenans de roy, gouverneurs de places importantes, chevaliers de l'ordre et pourvus d'autres belles et notables charges, sous les règnes des rois Louis VI, Louis VII, Charles VI et Charles VII, Louis XI, Charles VIII, François Ier et autres. Ces lettres données à Saint-Germain-en-Laye, signées Louis ; sur le repli : por le roy, Bruslard, et scellées sur lacs de soie en cire verte. (Expédition délivrée au Parlement à Dijon, le 3 août 1641, signé Suget).

Commission d'une compagnie de cent hommes au régiment du sieur de Rambures, accordée par le roy le 27 février 1619 à son cher et bien amé le sieur de Chastellux, capitaine d'une des compagnies cy-devant supprimées au même régiment, datée de Paris, signée Louis ; et plus bas : par le roy, Brulart. (Original).

Provisions de la charge de gouverneur de la ville de Crevant, accordées par le roy, le 30 juillet 1617, à son cher et bien amé le sieur vicomte de Chastelu, ladite charge étant vacante par la mort du sieur de Chastelu, son père, dattées de Paris, signées Louis ; plus bas : par le roy, Potier, et scellées. (Original).

Procuration donnée dans le château de Chastellux, le 28 mars 1639, devant Lyard, notaire au comté dudit lieu, par haut et puissant seigneur messire Hercule de Chastellux, chevallier, comte dudit

XVIIIe SIÈCLE.   543

lieu, vicomte d'Avalon, baron de Quarré, seigneur de Marigny, Usy, Illan et le Mesgny-Fouchard, premier chanoine héréditaire en l'église cathédrale de Saint-Étienne d'Auxerre, à M. Jean Leloup, procureur au baillage d'Auxois, siége de Semur, aux fins de comparoître en son nom devant M. le bailly d'Auxois, et déclarer que sa longue maladie l'empêche de se trouver au ban et arrière-ban convoqué par le roy; que messieurs ses deux fils aînés sont actuellement tous deux au service de Sa Majesté, l'un étant capitaine d'une compagnie de chevau-légers au régiment de monseigneur le duc d'Anguien, et l'autre capitaine d'une compagnie d'infanterie au régiment du même prince. (Original signé dudit seigneur, de deux témoins et dudit notaire).

Procès-verbal dressé le lundi dernier octobre 1622, par les doyen, chanoines et Chapitre de l'église cathédrale de Saint-Étienne d'Auxerre, portant que ledit jour, hault et puissant seigneur messire Hercule de Chasteluz, chevalier, gentilhomme ordinaire de la chambre du roy, comte de Chasteluz, baron de Carré et dépendances, seigneur d'Uzy, du Mex, Magny-Fouchart, etc., chanoine héréditaire de l'église de Saint-Étienne d'Auxerre, fils et héritier de feu messire Olivier de Chastelus, a été en cette qualité mis en possession d'une prébende affectée en ladite église au seigneur de Chasteluz, portant le nom de Chasteluz, ainsi qu'il appert par les chartres qui sont au trésor de la même église. (Original signé Roussellet, secrétaire-greffier).

Contrat de mariage passé au village d'Yeville, le 27 février 1612, devant Jehan Fournier et Jacques Rozat, notaires royaux au bailliage de Chaumont, prévôté de Bar-sur-Aube, de noble seigneur Hercules de Chastelux, vicomte d'Avalon, fils aîné de hault et puissant seigneur messire Olivier de Chastellux, chevallier de l'ordre du roy, gentilhomme ordinaire de sa chambre, seigneur et baron dudit Chastelux, et de feue Marguerite d'Amboise, avec damoiselle Charlotte de Blaigny, fille de hault et puissant seigneur messire Pierre de Blagny, chevallier, seigneur dudit Blagny, Trémilly, Bossancourt et autres terres, et de feue haute et puissante dame dame Françoise d'Anglure ; lesdits seigneur et damoiselle futurs époux assistés desdits seigneurs leurs pères. (Grosse signée Rozat).

Lettres patentes du roy du 28 janvier 1596, par lesquelles Sa Majesté exempte de la contribution au ban et arrière-ban, son cher et bien amé Olivier de Chastelus, seigneur et baron dudit lieu, gentilhomme ordinaire de sa chambre, gouverneur de sa ville de Crevan, en considération des services qu'il a fait à Sa Majesté, et qu'il continue encore chaque jour près sa personne. Dattées de Folembray, signées Henry ; plus bas, par le roy, de Neuville, et scellées. (Original).

Provisions de la charge de gouverneur de la ville de Crevan, accordées par le roy, le 26 mars 1594, à son amé et féal messire Olivier de Chastelluz, chevalier de l'ordre de Sa Majesté, seigneur et baron dudit Chastelux et premier chanoine héréditaire de Saint-Étienne d'Auxerre. Dattées de Paris, signées Henry ; plus bas : par le roy, Ruzé, et scellées. (Original).

Brevet du roy, du 27 juillet 1590, par lequel Sa Majesté fait don au sire de

Chastellus, de l'abbaye de Rigny, vacante par le décès de messire François Beucaire, en considération des services qu'il lui a rendus, et pour lui donner moyen de supporter la dépense qu'il a faite à cette occasion. Datté du camp de Saint-Denis, signé Henry, et plus bas Potier. (Original).

Brevet de monseigneur le prince de Condé, duc d'Anguyen, pair de France, du 1er octobre 1576, par lequel ce prince, considérant les grandes dépenses que le sieur de Chastelluz, son chambellan ordinaire, fait continuellement à sa suite, et voulant reconnaître les bons et agréables services qu'il lui a cy-devant faits et qu'il continue de faire chaque jour près de sa personne, lui a fait don d'une somme de 3,000 livres tournois à prendre sur les quints et requints de sa seigneurie de Chevry, mouvant en fief de son comté de Vallery. Datté de Nérac, signé Henry de Bourbon, et plus bas, Bruneau. (Original).

Contrat de mariage passé le mercredi 6 avril 1583, devant Jehan Thireuil et François Herbin, notaires au Chastelet de Paris, de seigneur Olivier de Chastelluz, seigneur et baron dudit lieu, gentilhomme de la chambre du roy, avec damoiselle Marguerite d'Amboise, fille de haut et puissant seigneur messire Jacques d'Amboise, chevalier de l'ordre du roy, marquis de Reynel, baron de Bussy, Vauvray, Mautrec et Perrigny, et de feue dame Catherine de Beauveau, son épouse; ladite damoiselle assistée dudit seigneur son père, qui lui constitue en dot 13,333 escus un tiers, à prendre sur les deniers de la vente qu'il a faite à monseigneur le duc de Joyeuse, de sa terre, seigneurie et baronnie de Saxefontaine. (Grosse signée dudit notaire).

Procès-verbal, dressé le samedi 20 octobre 1582, par les doyen et Chapitre d'Auxerre, portant que ledit jour, noble homme Olyvier de Chasteluz, escuyer, seigneur de Chasteluz, fils et héritier de feu messire Loys de Chasteluz, seigneur dudit lieu, a pris possession de la prébende affectée en ladite église au seigneur de Chasteluz, portant le nom de Chasteluz, nonobstant la réclamation d'Anthoine de Chasteluz, seigneur de Basarne, fils et héritier de feu Philippe de Chasteluz, seigneur de Chasteluz et de Basarne, attendu que ladite prébende n'étoit point affectée aux aînés de la maison de Chasteluz, mais aux enfans mâles de ladite maison, seigneurs temporels dudit Chasteluz. (Original signé Magnen et scellé.).

Foy et hommage fait au roy en sa chambre des comptes de Dijon, le 11 janvier 1581, par Olivier de Chastelluz, escuyer, sieur et baron dudit lieu, pour raison de ses chastel, maison, chevances et baronnies de Chastelluz, situés au duché de Bourgogne, à lui échus comme héritier seul et universel de feu messire Loys de Chastelluz, chevalier de l'ordre du roy, seigneur et baron de Chastellux. (Original signé P. Ithier, et scellé de quatre sceaux en placard).

Passeport accordé le 30 août 1577, par François, fils de France, frère unique du roy, au sieur de Chastelluz, l'un de ses conseillers et chambellans ordinaires, lequel s'en va en sa maison de Chastellux, avec ses gens, chevaux et armes. Datté de Poitiers, signé Françoys; plus bas : Arbelin et Scotti. (Original).

Provisions accordées par le roy le 27

avril 1570, au sieur de Chastellux, chevalier de l'ordre de Sa Majesté, de la charge de gouverneur de la citadelle de Metz et de capitaine de la compagnie de 400 hommes de pied qui y est en garnison, vacante par le décès du seigneur de Vaudencourt, Sa Majesté ne voulant confier ladite charge qu'à quelque personnage de grande fidélité, soin, vigilance et expérience au fait de la guerre. Dattées de Châteaubriant, signées par le roy : Bruslart, et scellées. (Original).

Provisions accordées par le roy, le 26 juillet 1567, à son amé et féal le sieur de Chastelluz, lieutenant de la compagnie des ordonnances de Sa Majesté, dont feu son cousin, le sieur de Bourdillon, maréchal de France, avait le commandement, de la charge de gouverneur de Marsal, et de capitaine de 25 harquebuziers à cheval et 100 hommes de pied, vacante par la démission du sieur de la Rivière. Dattées de Compiene, signées sur le repli : par le roy, de l'Aubespine, et scellées. (Original).

Lettres de retenue en l'estat et charge de gentilhomme ordinaire de la chambre du roy, accordées par Sa Majesté le 28 novembre 1562, à son cher et bien amé Loys de Chastelus, en considération des bons et recommandables services qu'il a faits aux feus rois ses prédécesseurs et à elle, tant au fait des guerres qu'en plusieurs autres louables manières. Dattées du boys de Vincennes, signées : par le roy, la royne, sa mère, présente, Robertet, et scellées. (Original).

Lettres patentes du roy, du 13 janvier 1557, adressées au cardinal de Sens, garde des sceaux de France, et à la cour des aydes de Paris, par lesquelles Sa Majesté leur enjoint de faire jouir des priviléges de ses officiers domestiques, son cher et bien amé Loys de Chasteluz, sieur dudit lieu, lieutenant de la compagnie de 50 lances de ses ordonnances, sous la charge du sieur de Bourdillon, et pannetier ordinaire de Sa Majesté. Dattées de Paris, signées Henry ; plus bas : par le roy, Clausse, et scellées. (Original).

Acte de tutelle exercé le 5 février 1549, devant le bailly d'Auxois, au siége et ressort d'Avalon, d'Olivier, Claude et Esmée de Chastellux, fils (sic) mineurs de noble seigneur messire Loys de Chastellux, chevalier, seigneur dudit lieu, et de feue noble dame dame Jehanne de la Roëre, son épouse ; en présence de dame Barbe de Hoqueberg, mère dudit seigneur de Chastellux ; de nobles seigneurs Philippe de Chastellux, seigneur de Bazarne, et Olivier de Chastellux, seigneur de Collanges et autres ; par lequel la garde noble et balisterie desdits mineurs est déférée audit seigneur leur père. (Original, signé Morat et Lanicquet).

Testament fait à Chastellux le 21 septembre 1549, par Jehanne de la Roëre, femme de noble seigneur dudit lieu, absent et occupé à présent aux affaires des guerres de Boulongne, pour le service du roy et deffense du royaulme, par lequel elle élit sa sépulture au couvent des Frères-Mineurs lez Vézelay, fondé anciennement par les prédécesseurs dudit seigneur son mari, et où ils sont pour la pluspart inhumés ; et fait des legs aux nourrices d'Esmée et d'Olyvier de Chastellux, ses enfans. Ce testament ratifié le 14 octobre suivant par ledit seigneur de Chastellux, alors de retour de son voyage, et suivi d'un accord fait sur l'exécution d'icelui le mardi 29 du même mois, jour du décès de ladite testatrice, par ledit seigneur son mari, et le seigneur de Chamoy, son père; en présence d'A. Fillon, notaire royal au bailliage d'Auxois, au siége d'Avalon. (Original signé L. de Chastellux, F. de la Roëre et A. Fillon).

Contrat de mariage passé au lieu de Chamoy, le 31 décembre 1540, devant Nicolas Prudot, commis du tabellion royal à Troyes, de Lois de Chastelluz, escuyer, seigneur et baron dudit lieu, avec demoiselle Jehanne de la Roëre, fille de noble seigneur François de la Roëre, seigneur de Chamoy, et de demoiselle Hillaire Raguier, son épouse, assistés, sçavoir : ledit seigneur futur époux, de noble seigneur Philippe de Chastelluz, seigneur de Bazarne, et Olivier de Chastelluz, seigneur de Coullanges, ses frères; et ladite demoiselle future épouse, dudit seigneur et dame, ses père et mère, qui lui constituent en dot 15,000 livres tournois. (Grosse signée Prudot).

Acte de tutelle, exercé le 6 août 1520, au siége et ressort d'Avalon, bailliage d'Auxois, de Marie, Philippes, Anthoinette, Loys et Olivier de Chastellux, enfans mineurs de feu de bonne mémoire messire Philippes de Chastellux, chevalier, baron et seigneur dudit Chastellux, vicomte d'Avallon, et de noble dame dame Barbe de Hochberg, sa veuve, en présence de ladite dame, de nobles et puissants seigneurs messires Aubert de Jaulcourt, chevalier, seigneur de Villarnoul; Adrien de Digoyne, seigneur de Demain ; Jehannet de Damas, seigneur de Raigny, leurs parens ; par lequel, après que ladite dame a déclaré qu'elle est enceinte, la curatelle desdits mineurs est déférée à noble et puissant seigneur Olivier de Hochberg, seigneur de Sainte-Croix. (Original signé Montenat).

Transport, fait le 26 décembre 1524, devant Jehan Chacheré, notaire et tabellion royal en la prévôté d'Aucerre, par noble dame Jehanne d'Aullenay, dame de Collanges, veuve de messire Jehan de Chasteluz, à noble dame Barbe de Hochbert, veuve de messire Philippes de Chasteluz, chevalier, seigneur dudit lieu, son fils, ladite de Hochbert stipulant au nom de ses enfans, d'une rente annuelle de 350 livres, au principal de 7,325 livres, constituée par ledit feu Philippes de Chastelux au profit de messire Anthoine Botillat, chevalier, seigneur d'Apremont, mari de dame Charlotte de Chasteluz, sa fille, laquelle rente est revenue à ladite dame de Collanges à titre d'héritage, après le décès de Marie Botillat, sa petite-fille. (Grosse signée dudit notaire).

Donation faite le 14 décembre 1524, au lieu de Collanges-les-Vineuses, devant Jehan Chacheré, notaire et tabellion royal en la prévosté d'Auxerre, par noble dame Jehanne d'Aulenay, veuve de noble seigneur messire Jehan de Chasteluz, chevalier, seigneur de Collanges-les-Vineuses, à Barbe de Hocquebert, veuve de messire Philippes de Chasteluz, son fils, et à leurs enfans, de tous les arrérages qui peuvent lui être dus par ladite dame, sa bru, et par ses petits-enfans, de 350 livres de rente, en qualité d'héritière de Marie Boutillat, fille de feu messire Anthoine de Boutillat, chevalier, seigneur d'Apremont, et de dame Charlotte de Chasteluz. (Grosse signée dudit notaire).

Constitution, faite le 26 mai 1506, devant Nicolas le Féaut et Pierre Euvrard, notaires royaux à Dijon, par Marie de Savoye, marquise et dame de Ruptelin, veuve de très hault et puissant prince et seigneur messire Philippes de Hocberg, marquis de Ruptelin, conte de Neufchastel et seigneur de Seurre, de Saint-Georges et d'Arc-en-Barrois, d'une rente annuelle et perpétuelle de 300 livres sur la terre et seigneurie d'Époisse, au profit de noble et puissant seigneur messire Philippes de Chastellux, chevalier, seigneur dudit lieu et vicomte d'Avalon, et de noble et puissante dame dame Barbe de Ruptelin, sa femme, pour assurance de la somme de 3,000 livres, que ladite dame marquise leur a promise par leur traité de mariage passé le 9 août 1502 devant Simon Chamdroys, notaire au lieu d'Asquyen, en sus de la somme de 4,000 livres, que ledit seigneur marquis leur a constituée par leur même traité de mariage. (Grosse signée desdits notaires).

Lettres de retenue en l'état de conseiller et chambellan du roy, accordées par Sa Majesté le 18 février 1476, à son cher et bien amé Jehan, sieur de Chastellux, chevalier, en considération de la bonne et grande confiance qu'elle a en sa personne et de sa loyauté, vaillance et prudhommie. Dattées de Péronne, signées sur le repli : par le roy, M. Picot, et scellées; avec l'acte de sa prestation de serment entre les mains de M. le chancelier, du 19 du même mois, signé Garreau. (Original).

Ordre du duc de Bourgogne dattée de Bruges le 24 juin 1468 et adressé à son amé et féal escuier Jehan, seigneur de Chastelu, portant qu'il ait à se mettre sus en armes pour, au 8 juillet prochain, être à l'entour de Montsaugon, et qu'il envoye par delà le maréchal de Bourgogne de le recevoir et passer aux montres. Signé Gros et Molesmes. (Original).

Lettres d'Antoine de Chalon, évêque d'Autun, du 26 janvier 1488, portant qu'étant ledit jour dans la ville de Coulanges-les-Vineuses, au diocèse d'Auxerre, en vertu de lettres de révérendissime père en Christ et seigneur messire Julien, évêque d'Ostie, grand pénitencier de N. S. P. le pape, cardinal de la sainte Église romaine, il a marié par paroles de présent, en face de sainte Église, messire Jean de Chastelus (*de Castro Lucio*), chevalier, du diocèse d'Autun, et demoiselle Jeanne d'Aulenay, du diocèse de Nevers, et qu'il a fait mettre à genoux sous le poêle (*linteamine superposito*) Philippe, Jean et Hélène, enfans desdits de Chastelux et d'Aulenay. Ces lettres signées par monsieur l'évêque d'Autun, Genay, et scellées. (Original).

Traité de mariage passé le 26 janvier 1488, devant Simon de Manchicourt, notaire et tabellion de la prévôté de Coullanges-les-Vineuses, entre noble et puissant seigneur messire Jehan, seigneur de Chastellux, vicomte d'Avalon, chevalier, seigneur dudit Coullange, Basarne et Courson, et noble damoiselle damoiselle Jehanne d'Aulenay, par lequel ledit seigneur futur époux assigne en douaire à ladite demoiselle future épouse 100 livres de rente à prendre sur les chastel, terre et seigneurie de Chalaux, et par supplément sur le vilage de Montcorcon et autres lieux voisins dudit Chalaux; lui laisse en cas qu'il décède avant elle, dans les conquêts nouveaux faits durant leur mariage, la quarte partie avecques les enffans que ledit seigneur a de présent et autres qu'il pourroit avoir. Et attendu que les grans biens et chevance viennent du côté et estoc dudit seigneur, dans le cas où il mourrait sans hoir légitime, il donne à la même damoiselle la moitié de ses biens meubles et des conquêts faits durant leur mariage, et augmente son douaire de 100 livres tournois de rente, et veut qu'elle ait une de ses maisons pour sa demeure. Ce traité passé en présence de révérend père en Dieu monsieur Anthoyne de Chalon, évêque d'Ostun.... (Grosse signée dudit notaire).

Accord, passé le 20 janvier 1486, devant Robert de Beauvoir et Jehan Bourdin, notaires royaux de la prévôté d'Auxerre, entre noble et puissant seigneur monsieur Jehan, seigneur de Chastelluz, vicomte d'Avalon, chevalier, conseiller et chambellan du roy, seigneur de Collanges-les-Vineuses, de Basarne et de Courson, ayant une prébende héréditaire en l'église d'Auxerre, fils de feu noble et puissant seigneur monsieur Claude de Chastelluz, seigneur desdits lieux, ayant également une prébende héréditaire en ladite église, d'une part; et les dignitaires et chanoines de ladite église, d'autre part; par lequel il assigne audit Chapitre une rente annuelle et perpétuelle de 60 livres pour fondation d'une messe quotidienne, et s'engage à payer une somme de 100 livres, pour aider à l'amortissement d'icelle, pour lequel il promet d'employer soy et ses amis ; et de leur côté, lesdits chanoines s'engagent à célébrer ladite messe et lui accordent une place à son choix dans leur église, pour y élever la sépulture dudit seigneur, son père, la sienne, celle de ses hoirs présens et à venir, et de leurs femmes et épouses, pour y être ensépulturés, si bon leur semble. (Grosse signée Jean Bourdin).

Acte de tutelle exercé le 12 mars 1453, devant Jehan Malvoisin, lieutenant du bailly d'Auxois à Avallon, de nobles escuyers et demoiselles Jehan, Claude, Loys, Catherine, Agnès et Perette de Beaulveoir, enfans mineurs de feu noble seigneur monseigneur Claude de Beaulveoir, chevalier, seigneur de Chastellus, et de noble et puissante dame madame Marie de Savoisy, sa veuve, en présence de leurs parens, entr'autres, nobles seigneurs Guy de Jaucourt, seigneur de Marraulx et du Vaul-de-Loigny ; monsieur Philippe de Jaucourt, chevallier, seigneur de Villarnoul ; Geoffroy d'Aucerre, seigneur de Beaulvoir ; Claude d'Alenai.... par lequel ladite tutelle est déférée à ladite dame de Chastellus. (Original signé le Vaul).

Lettres du roy Charles, du 25 aoust 1419, par lesquelles ce prince commet et ordonne capitaine-général de sa ville de Saint-Denis, à la charge de 600 hommes d'armes et 600 hommes de trait, son amé et féal conseiller, chevallier et chambellan, Claude de Beauvoir, seigneur de Chastelluz, mareschal de France, pour obvier à la damnable entreprise de ses anciens ennemis et adversaires les Angloys, qui, puis certain temps, sont déjà tiraniquement et à force d'armes entrés en son royaume. Dattées de Paris, signées par le roy, à la relacion du grant conseil, Calot. (Original et copie vidimée le lundi 18 mars 1419, par Giles Seigneur, de Clamecy, garde de la prévosté de Paris, signée : le Roy, et scellée).

Lettres patentes du roy, du 29 janvier 1418, adressées aux commissaires généraux de ses finances, portant qu'ils ayent à faire payer à son amé et féal Claude de Beauvoir, seigneur de Chastellux, mareschal de France, la somme de 400 livres tournois pour son estat par mois, tant qu'il sera en son service, accompagné de gendarmes outre et pardessus ses gages ordinaires. Dattées de Paris, signées : par le roy, à la relation du conseil, Bordes, et scellées. (Original).

Autres lettres du roy, du 5 octobre 1418, adressées aux mêmes commissaires, portant qu'ils ayent à faire payer à son amé et féal chevalier et mareschal le sire de Chastellux, une somme de 2,250 livres, pour l'aider à payer la rançon de plusieurs de ses gens d'armes qui ont été pris par les Anglois, estant à Louviers, ce qu'il ne peut faire sans aide et secours, attendu les grands frais et missions qu'il lui convient continuellement supporter, à cause de sondit office. Dattées de Paris, signées : par le roy, en son conseil, Bordes ; vidimées le mardi 19 mars 1419, par Giles Seigneur, de Clamecy, garde de la prévosté de Paris, signé : le Roy. (Original).

Lettres de retenue en la charge de chambellan, de Jehan, duc de Bourgogne, accordées par ce prince, le 15 juin 1409, à son amé et féal chevalier messire Claude de Beauvoir, seigneur de Chastellux. Dattées de Paris, signées : par monsieur le duc, Bordes, et scellées. (Le sceau perdu. — Original).

Constitution faite le 19 septembre 1441, devant Pierre Decaen, notaire de la prévôté de Clamecy, par noble et puissant seigneur monsieur Claude de Beauvoir, chevalier, seigneur de Chastellux et de Bazoches, lequel part de son pais pour aller en Flandres, par devers monsieur le duc de Bourgogne, de 300 livres tournois de rente, au profit de madame Marie de Savoisy, sa femme, en assiette de 3,000 livres tournois qui lui ont été constituées en dot par son mariage, en une couronne d'or où il avait plusieurs pierres précieuses, un collier d'or, tasses d'argent et le surplus en or et argent monnoyé ; laquelle rente il hypothèque sur ses terres du Meiz Saint-Germain et sur sa terre de Quarrée. (Grosse signée dudit notaire et scellée).

Crant et garentie de service au roy donnés le 29 may 1436, à Jehan Coignet, licentié en lois, lieutenant-général de noble homme monsieur Wainchelin, seigneur de la Tour, chevalier, conseiller du roy, bailly de Vitry, par Jehan Compain, dit Chastelluz, poursuivant d'armes, en qualité de procureur fondé de noble et puissant seigneur messire Claude de Beauvoir, vicomte d'Avalon, seigneur de Mont-Saint-Jehan et de Chastelluz, de madame Marie de Savoisy, sa femme ; de Philippe de Savoisy, seigneur de Saillenay, et de madame Ysabel de Savoisy, dame de Courdoux, frère et sœur germains de ladite dame de Chastelluz, pour raison de la moitié par indivis de la terre et seigneurie d'Aultry, tenue en fief et hommage du roy à cause de son chastel et chastellenie de Sainte-Menehould, laquelle terre leur est eschue de la succession de feu noble et puissant seigneur mons. Jehan de Rodemach, et de noble et puissante dame madame Mahaut de Grancy, leurs grans père et mère, par représentation de madame Yoland de Rodemach, leur mère, femme de feu messire Charles de Savoisy. (Original signé Hébert, et scellé en cire rouge du sceau dudit bailliage).

Nous, frères Antoine-René de Voyer, marquis de Paulmy-d'Argenson, ministre d'État, chancelier de la Reine, commandeur des ordres du roy, grand-croix et chancelier honoraire de l'ordre de Saint-Louis, grand-croix honoraire de l'ordre de Malte, lieutenant-général en haute et basse Alsace, bailly d'épée de l'artillerie de France et gouverneur de l'Arsenal de Paris, et Jean-Baptiste-César de Timbrune, marquis de Timbrune, seigneur de Cambis, Marcoux, d'Espagne-la-Forest, commandeur de l'ordre de Saint-Louis, lieutenant-général des armées du roy, gouverneur de l'hôtel de l'école royale militaire, et inspecteur des écoles royales militaires, chevaliers commandeurs des ordres royaux militaires et hospitaliers de Notre-Dame-de-Mont-Carmel et de Saint-Lazare de Jérusalem, certifions à Monsieur, fils de France, frère du roy, grand-maître desdits ordres, que nous avons, en vertu de la commission à nous adressée en datte du 9 février dernier, vu et examiné en présence de frère Claude-Denis Dorat de Chameulles, chevalier, commandeur et secrétaire-général des mêmes ordres, au rapport du sieur Chérin, généalogiste des ordres de Sa Majesté et commis à l'examen des preuves de noblesse de ceux qui se présentent pour entrer dans les susdits ordres de Notre-Dame-de-Mont-Carmel et de Saint-Lazare de Jérusalem, les titres produits par messire François-Jean de Beauvoir de Chastellux, appellé chevalier de Chastelux, chevalier, maréchal des camps et armées du roy, inspecteur général des troupes de Sa Majesté, gouverneur de Longwic et chevalier de l'ordre royal et militaire de Saint-Louis, nommé chevalier desdits ordres, et avons vérifié qu'il a prouvé huit races de noblesse paternelle sans principe, qu'il a satisfait aux articles 3 et 4 du règlement concernant le régime et administration des mêmes ordres, donné par le feu roy en qualité de souverain, chef, fondateur et protecteur d'iceux le 20 mars 1773, lu, publié et enregistré au Chapitre des mêmes ordres du 17 décembre suivant, tenu par Monsieur, grand maître, ainsi qu'aux articles 2, 3 et 4 du règlement donné par Monsieur, le 31 décembre de l'année 1778, concernant les mêmes ordres, enregistré au registre capitulaire d'iceux, au Chapitre tenu par Monsieur, à Versailles, en son appartement, le 21 janvier 1779; et qu'ainsi il est susceptible, par sa naissance, d'être reçu chevalier des mêmes ordres. En foi de quoi nous avons signé ces présentes avec notre dit frère et ledit sieur Chérin, et y avons fait apposer les cachets de nos armes. A Paris, le dix-septième jour du mois de juin de l'an mil sept cent quatre-vingt-trois.

(Archives de Chastellux ; original en parchemin scellé de quatre sceaux.)

CCLXVIII.

Ordre généralle (sic) de la maison d'arrêt des Anglaises Victor.

(1794.)

Toutes les détenuës, à commencez du 10 thermidor, rentreront à huit heure du soire, sans manquer en conséquance. Il y a destenues qui ont jaités de l'aus par leur fenêtre sur la sentinele, à dix [heures] du soire, dans la ruë des Boulangé ; il n'autpartient ca des doubles contre-révolutionnair des sotise mortele dans un moment où le tocsin sone. Autre dettenue son permis d'avoire de la lumière dans leurs chambre, vuë le tocsin sonant. En conséquence, toutes celles qui ont manqués et qu'elles manquerons seront écris sur mon livre rouges, en suse leurs écrou, pour être traduite aux tribunal révolutionnaire.

Du 10 thermidor, république françois impérissable.

LAGAME,
Concierge.

Il est deffendu d'arracher sou peine de la Ste Guillotine.

(Archives de Chastellux. Copie textuelle de la main de la marquise de Chastellux.)

XIXᵉ SIÈCLE.

CCLXIX.

Contrat de mariage de César-Laurent de Chastellux et d'Adélaïde-Louise-Zéphirine de Damas.

(1813.)

Pardevant Mᵉ Henri-Simon Boulard et son collègue, notaires impériaux à la résidence de Paris, soussignés, furent présents M. César-Laurent de Chastellux, propriétaire demeurant à Paris, rue du Bac, n° 130, stipulant et contractant pour lui et en son nom, sous l'assistance et autorisation de M. et Mᵐᵉ de Chastellux, ses père et mère ci-après nommés, d'une part ; M. Henri-Georges-César de Chastellux, ancien maréchal-de-camp, et Mᵐᵉ Angélique-Victoire de Durfort de Civrac, son épouse, séparée quant aux biens et néanmoins de lui autorisée, demeurant tous deux à Paris, rue du Bac, n° 130, stipulant à cause du consentement qu'ils déclarent donner au mariage dudit sieur César-Laurent de Chastellux, leur fils, avec Mᵐᵉ de Vogüé ci-après nommée, et à cause de la constitution de dot qu'ils lui feront ci-après, d'autre part ; Mᵐᵉ Adélaïde-Louise-Zéphirine de Damas, veuve avec deux enfants de M. Charles-Elzéard-François de Vogüé, propriétaire, demeurant à Paris, rue du Faubourg Saint-Honoré, n° 106, stipulant et contractant pour elle et en son nom, de l'agrément de M. et Mme de Damas, ses père et mère ci-après nommés, aussi d'autre part; M. Joseph-François-Louis-Charles-César de Damas, propriétaire, et Mme Marie-Louise-Aglaé Andrault de Langeron, son épouse séparée quant aux biens, et néanmoins de lui autorisée, demeurant tous deux à Paris, rue du Faubourg Saint-Honoré, n° 106, stipulant en ces présentes à cause du consentement qu'ils déclarent donner au mariage de Mme de Vogüé, leur fille, avec M. César-Laurent de Chastellux, encore d'autre part. Lesquelles parties, dans la vue du mariage proposé et convenu entre M. César-Laurent de Chastellux et Mme de Vogüé, dont la célébration sera incessamment faite en la forme voulue par la loi, en ont préalablement réglé les conditions civiles de la manière et ainsi qu'il suit, en présence de leurs parents et amis ci-après nommés, savoir: du côté du futur, de M. Henri-Louis de Chastellux, son frère; de Mlle Louise-Pauline de Chastellux, de Mlle Gabrielle-Joséphine-Simone de Chastellux et de Mlle Victoire-Georgine de Chastellux, ses sœurs; de Mme Marie-Brigitte-Charlotte-Joséphine Plunkett, épouse de M. de Chastellux, sa grande tante; de M. le comte de Ségur, sénateur, grand-maître des cérémonies, grand-aigle de la Légion d'honneur, son cousin paternel; de M. le comte de Monbadon, sénateur, officier de la Légion d'Honneur, son cousin maternel; de M. Gui-Éméric-Anne Durfort-Civrac de Lorges, propriétaire, son cousin-germain; de Mme Louise-Charlotte-Philippe-Henriette de Noailles, veuve de M. de Durfort de Duras, sa cousine; du côté de la future, de Mme Henriette Castel de Saint-Pierre, veuve de M. Alexandre-Nicolas-Claude-Hector Andrault de Langeron, ancien officier général; de Mme de la Trémoille, de Mme Diane-Adélaïde de Damas, veuve de M. Charles-François de Simiane, ses tantes; de M. Archambault de Périgord, de M. Bozon de Périgord et de Mme son épouse, ses cousins-germains; de M. l'abbé François-Xavier de Montesquiou, ami.....

(Archives de Chastellux; expédition sur papier timbré délivrée le 12 janvier 1866 par Me Defresne, notaire.)

CCLXX.

Contrat de mariage de J.-E. Roger de Damas et de Louise-Pauline de Chastellux.

(1814.)

Pardevant Me Henri-Simon Boulard et son collègue, notaires à la résidence de Paris, furent présents M. Joseph-Élisabeth Roger, comte de Damas, lieutenant-général des armées du roi, chevalier de l'ordre royal et militaire de Saint-Louis, chevalier de l'ordre de Saint-Ferdinand des Deux-Siciles et commandeur de l'ordre de Saint-Georges de Russie, demeurant à Paris, rue du Faubourg Saint-Honoré, n° 50, fils majeur de M. Jacques-François, marquis de Damas d'Antigny, maréchal-de-camp, chevalier de l'ordre royal et militaire de Saint-Louis et celui de Saint-Lazare, et de Mme Zéphirine-Félicité de Rochechouart, son épouse, dame d'honneur de feue Madame, tous deux décédés, stipulant pour lui et en son nom, d'une part ; Mme Angélique-Victoire de Durfort de Civrac, comtesse de Chastellux, dame d'honneur de feue Mme Victoire, tante du roi, veuve de M. Henri-Georges-César, comte de Chastellux, vicomte d'Avalon, premier chanoine héréditaire de l'église cathédrale d'Auxerre, chevalier d'honneur de Mme Victoire, tante du roi, maréchal-de-camp des armées du roi et chevalier de l'ordre royal et militaire de Saint-Louis, demeurant à Paris, rue du Bac, n° 91, dixième arrondissement, stipulant en ces présentes comme assistant et autorisant Mlle Louise-Pauline de Chastellux, sa fille majeure, et dudit feu comte de Chastellux ; ladite demoiselle de Chastellux à ce présente, demeurant avec ladite dame sa mère, rue du Bac, n° 91, contractant pour elle et en son nom, d'autre part ; et Mme Diane-Adélaïde de Damas, comtesse de Simiane, veuve de M. Charles-François, comte de Simiane, demeurant à Paris, en son hôtel, rue du Faubourg Saint-Honoré, n° 85, stipulant en ces présentes à cause des avantages qu'elle fera ci-après à M. le comte Roger de Damas, son frère susnommé, aussi d'autre part. Lesquelles parties ont arrêté de la manière et ainsi qu'il suit les conditions civiles du mariage proposé et convenu entre M. le comte Roger de Damas et ladite demoiselle Louise-Pauline de Chastellux, de l'agrément de Sa Majesté le roi, de Son Altesse royale Monsieur, comte d'Artois, frère du roi ; de Son Altesse royale Madame, duchesse d'Angoulême ; de Leurs Altesses royales monseigneur le duc d'Angoulême et de monseigneur le duc de Berry, et encore en présence des parents et amis du sieur et demoiselle futurs époux, savoir : du côté du futur, de M. le comte et Mme la comtesse de Damas, ses frère et belle-sœur ; de M. Étienne-Charles, comte de Damas-Crux, et de dame Anne-Félicité-Simone de Sérent, comtesse de Damas-Crux, son épouse, ses cousin et cousine ; de Mme Marie-Marguerite-Gabrielle Sarsfied, veuve de M. le baron de Damas, sa cousine ; de MM. Ange-Hyacinthe-Maxence, baron de Damas, et Alfred-Charles-François-Gabriel, comte de Damas, ses cousins ; de M. le comte et Mme la comtesse de Taillerand de Périgord, ses cousin et cousine ; de M. le comte Archambaud de Périgord, son cousin ; de M. le prince et Mme la princesse de Chalais, ses cousin et cousine ; de M. Léonce de Vogüé, son neveu ; de Mgr Alexandre-Angélique de Talleyrand de Périgord, archevêque-duc de Reims, son cousin ; de Son Excellence monseigneur Charles-Maurice de Talleyrand de Périgord, prince de Bénévent, ministre des relations extérieures ; de Son Excellence monseigneur François-Xavier, abbé de Montesquiou, ministre de l'intérieur ; de Son Excellence monseigneur le comte du Pont, ministre de la guerre, de Son Excellence monseigneur le duc de Blacas-d'Aulps, ministre de la maison du roi ; de monseigneur le commandeur Ruffo ; du prince de Lascaletta, chevalier de l'ordre royal de Saint-Janvier, gentilhomme de Sa Majesté le roi des Deux-Siciles, premier écuyer de Sa Majesté la reine, envoyé extraordinaire et ministre plénipotentiaire de Sa Majesté sicilienne près la cour de Vienne; du côté de la future, de Mme Marie de Durfort, veuve de M. le marquis de Donnissan, sa tante; de M. César de Chastellux, aide-major des chevau-légers de la garde ordinaire du roi, son frère; de M. Henri-Louis de Chastellux, sous-lieutenant des chevau-légers de la garde ordinaire du roi, secrétaire d'ambassade près la cour de Rome, son frère; de Mlle Gabrielle-Joséphine-Simone de Chastellux, sa sœur; de M. Charles-Angélique-François Huchet de la Bédoyère, colonel d'infanterie, chevalier de l'ordre de la couronne de fer et officier de la Légion d'Honneur, et de dame Victoire-Georgine de Chastellux, son épouse, ses beau-frère et sœur; de Mme de Chastellux, sa tante; de M. Alfred de Chastellux, son cousin; de Mme Charlotte-Philippe-Henriette de Noailles, veuve de M. le duc de Duras, grand'croix de l'ordre de Malthe, sa cousine; de M. Amédée-Bretagne-Malo de Durfort, duc de Duras, pair de France, premier gentilhomme de la chambre, et Mme Claire-Louise-Rose-Bonne Guy de Coëtnempren de Kersaint, son épouse, ses cousin et cousine; de M. Louis-Philippe, comte de Ségur, pair de France, et de dame Antoinette-Marie d'Aguesseau, son épouse, ses cousin et cousine; de M. Laurent, comte de Monbadon, pair de France, officier de la Légion d'Honneur, son cousin; de M. Philippe-Paul de Ségur, maréchal-de-camp, officier de la Légion d'Honneur et de l'ordre royal et militaire de Saint-Louis, son cousin; de Mme Marie-Louise-Victoire de Donissan, épouse de M. le comte (sic) de la Rochejaquelin, sa cousine; de M. l'abbé Darche; de M. Colin, avocat, conseil des parties....

CCLXXI.

Contrat de mariage de J.-B. Augustin-Madeleine de Percin, marquis de la Valette, et de Gabrielle J.-S. de Chastellux.

(1817.)

Pardevant Mes Henri-Simon Boulard et Adrien-Philibert-Gabriel Moisant, notaires à Paris, soussignés, furent présents M. Jean-Baptiste-Augustin-Madeleine de Percin, marquis de la Valette-Montgaillard, inspecteur des gardes nationales du département de la Haute-Garonne, et chevalier de l'ordre royal et militaire de Saint-Louis, demeurant ordinairement à Toulouse, place Perchepinte, étant ce jour à Paris, logé rue Louis-le-Grand, n° 23, hôtel de M. le marquis de Gontaut, fils majeur de feu M. Charles-Bernard-Joseph de Percin la Valette-Montgaillard, maréchal-des-camps et armées du roi, et de feue dame Madelaine-Antoinette-Charlotte de Gontaut, son épouse; mondit sieur marquis de la Valette-Montgaillard, veuf de dame Marie-Louise-Pierrette-Sara du Clusel, stipulant et contractant en ces présentes pour lui et en son nom personnel, d'une part; et Mlle Gabrielle-Joséphine-Simonne de Chastellux, majeure, demeurant à Paris, rue du Faubourg Saint-Honoré, n° 87, fille de feu M. Henri-Georges-César, comte de Chastellux, maréchal-des-camps et armées du roi, et chevalier de l'ordre royal et militaire de Saint-Louis, et de feue dame Angélique-Victoire de Durfort de Civrac, décédée, sa veuve, qui était en son vivant dame d'honneur de feue Mme Victoire, tante du roi ; ladite demoiselle de Chastellux stipulant et contractant pour elle et en son nom, d'autre part. Lesquelles parties, dans la vue du mariage proposé et convenu entre elles, et dont la célébration aura incessamment lieu dans la forme voulue par la loi, en ont préalablement arrêté les conditions civiles de la manière suivante, de l'agrément de S. M. le roi Louis XVIII, de S. A. R. Monsieur, comte d'Artois, frère du roi ; de LL. AA. RR. monseigneur le duc et madame la duchesse d'Angoulême ; de LL. AA. RR. monseigneur le duc et madame la duchesse de Berry ; et encore en présence des parents et amis des sieur et demoiselle futurs époux, savoir : de Mme Marie de Durfort de Civrac, veuve de M. le marquis de Donissan, tante de la future ; de M. César-Laurent, comte de Chastellux, colonel des chasseurs de la Côte-d'Or, et de dame Adélaïde-Zéphirine de Damas, son épouse, frère et belle-sœur de la future ; de M. Joseph-Élisabeth-Roger, comte de Damas, lieutenant-général des armées du roi, chevalier de l'ordre royal et militaire de Saint-Louis, chevalier de l'ordre de Saint-Ferdinand des Deux-Siciles, commandeur de l'ordre de Saint-Georges de Russie, et de dame Louise-Pauline de Chastellux, son épouse, sœur et beau-frère de la future ; de M. Alfred-Louis-Jean-Philippe, comte de Chastellux, capitaine d'infanterie, cousin issu de germain de la future ; de M. Louis-Philippe, comte de Ségur, maréchal de camp, grand'croix de l'ordre royal de la Légion d'Honneur, chevalier de Saint-Louis, commandeur de l'ordre de Saint-Lazare, membre de l'Académie française, etc., et de Mme Antoinette-Élisabeth-Marie d'Aguesseau, son épouse, cousins de la future ; de M. le duc et Mme la duchesse de Civrac ; de Mme Marie-Louise-Aglaé Andrault de Langeron, comtesse de Damas ; de M. le vicomte et Mme la vicomtesse de Gontaut ; de M. le comte et Mme la comtesse de Biron ; de M. le comte Charles de Gontaut-Biron, et de Mme la comtesse de Gontaut-Biron, son épouse ; M. C.-S.-L.-G. de Gontaut-Biron ; M. de Bertrand-Moleville ; M. de Vernon de Moleville.....

(Archives de Chastellux ; expédition délivrée le 12 janvier 1866 par Me Defresne.)

CCLXXII.

Contrat de mariage d'Henri-Louis de Chastellux et de Claire H.-P.-B. de Durfort de Duras.

(1819.)

Pardevant Mes Laisné et Boulard, notaires à Paris soussignés, furent présents M. le comte Henry-Louis de Chastellux, lieutenant-colonel de cavalerie, secrétaire de la légation française à Berlin, demeurant à Paris, rue d'Aguesseau, n° 22, faubourg Saint-Honoré, fils majeur de défunt messire Henry-Georges-César, comte de Chastellux, vicomte d'Avallon, maréchal-des-camps et armées du roi, chevalier d'honneur de Mme Victoire, tante du roi, et chevalier de l'ordre royal et militaire de Saint-Louis, et de Mme Angélique-Victoire de Durfort de Civrac, comtesse de Chastellux, dame d'honneur de Mme Victoire, décédée, sa veuve, d'une part; et Mgr Amédée-Bretagne-Malo de Durfort de Duras, duc de Duras, pair de France, premier gentilhomme de la chambre du roi, maréchal-des-camps et armées de Sa Majesté et chevalier de l'ordre royal et militaire de Saint-Louis, et Mme Claire-Louise-Rose-Bonne-Guy de Coëtnempren de Kersaint, son épouse, qu'il autorise à l'effet des présentes, demeurant à Paris, rue de Varennes, n° 31, stipulant et contractant en leurs noms et comme assistant et autorisant demoiselle Claire-Henriette-Philippine-Benjamine de Durfort de Duras, leur fille mineure, demeurant avec eux, à ce présente, et contractant pour elle et en son nom; et Mme Louise-Charlotte-Philippe-Henriette de Noailles, veuve de M. Emmanuel-Céleste-Augustin de Durfort de Duras, duc de Duras, duc et pair de France, elle ancienne dame du palais des reines épouses de Louis XV et Louis XVI, grand croix de l'ordre de Malte...... d'autre part; et Mme Claire-Louise-Augustine-Félicie-Maclovée de Durfort de Duras, veuve de Mgr Charles-Léopold-Henry de la Trémoille, prince de Talmond, demeurant à Paris, susdite rue de Grenelle, n° 77, faubourg Saint-Germain.....

(Archives de Chastellux.)

CCLXXIII.

Contrat de mariage d'Amédée-Gabriel-Henri de Chastellux et de A.-L. Marguerite de Chastellux.

(1842.)

Pardevant Me Jean-Jacques Defresne et son collègue, notaires à Paris, soussignés, ont comparu : 1° M. Amédée-Gabriel-Henry de Duras-Chastellux, marquis de Chastellux, propriétaire demeurant à Paris, rue Neuve-des-Capucines, n° 13, fils de M. le duc et de Mme la duchesse de Rauzan, ci-après nommés, mineur stipulant et contractant pour lui et en son nom personnel, avec l'assistance et du consentement de ses père et mère, d'une part; 2° M. Henri-Louis de Chastellux, duc de Rauzan, propriétaire, et Mme Claire-Henriette-Philippine-Benjamine de Durfort de Duras, duchesse de Rauzan, son épouse, de lui autorisée à l'effet des présentes, demeurant à Paris, rue Neuve-des-Capucines, n° 13, ... d'autre part; 3° M. le comte de Chastellux, ci-après nommé, qualifié et domicilié, agissant au nom et comme mandataire de Mme Louise-Pauline de Chastellux, veuve de M. Joseph-Élisabeth-Roger, comte de Damas, lieutenant-général des armées du roi, gouverneur de la dix-neuvième division militaire, demeurant ordinairement ladite dame à Paris, rue de Varennes, n° 13, et en ce moment au château de Cirey (Haute-Marne),..... aussi d'autre part ; 4° Mme Claire-Louise-Augustine-Félicie-Maclovée de Durfort de Duras, veuve en premières noces de M. Charles-Léopold, prince de la Trémoille de Talmont, épouse en secondes noces de M. Auguste du Vergier, comte de la Rochejacquelin, propriétaire, demeurant à Paris, rue de Grenelle-Saint-Germain, n° 77 ; Mme la comtesse de la Rochejacquelein, de M. le comte, son mari, à ce présent, dûment autorisée........ encore d'une part ; 5° Mlle Adélaïde-Laurence-Marguerite de Chastellux, demeurant à Paris, chez M. son père, fille de M. le comte de Chastellux, ci-après nommé, et de Mme Adélaïde-Louise-Zéphirine de Damas, comtesse de Chastellux, décédée à Commarin le vingt-deux novembre mil huit cent trente-huit, mineure, stipulant et contractant pour elle et en son nom personnel, avec l'assistance et l'agrément de M. le comte de Chastellux, son père, d'autre part ; 6° et M. César-Laurent, comte de Chastellux, officier-général, chevalier de Saint-Louis et de plusieurs autres ordres, demeurant à Paris, en son hôtel, rue de Varennes-Saint-Germain, n° 25,..... aussi d'autre part. Lesquels, dans la vue du mariage projeté entre M. le marquis de Chastellux et Mlle de Chastellux, dont la célébration aura lieu incessamment à la mairie du dixième arrondissement de la ville de Paris, ont arrêté les clauses et conditions civiles de cette union de la manière suivante, en présence des parents et amis des sieur et demoiselle futurs époux, savoir : du côté du futur, de Mlles Marie, Nathalie et Félicie de Rauzan, ses sœurs ; de Mme la duchesse de Duras, douairière, son aïeule maternelle par alliance ; de Mme la comtesse de la Bédoyère, sa tante et tante de la future épouse ; de M. le comte G. de la Bédoyère, leur cousin-germain ; de Mme la comtesse de Kersaint, parente du futur époux ; de M. et de Mme de Gourcuff aussi ses parents ; de M. le marquis de Vérac, son cousin ; de M. le comte et Mme la comtesse Auguste de Juigné, parents ; de M. le comte et Mme la comtesse de Sainte-Aldegonde, parents ; de M. le comte d'Orglandes, ami des futurs époux ; de M. le marquis de la Valette, ami du futur ; de M. le duc et de Mme la duchesse de Valençay, amis ; de Mme la vicomtesse de Sourches, amie des futurs ; de Mme la vicomtesse de Noailles, parente dudit futur ; de Mme la comtesse de Lostanges, amie ; du prince et de la princesse de Bauffremont, amis ; et du côté de la future épouse, de M. le marquis de Vogüé, son frère ; de Mme la marquise de Vogüé, sa belle-sœur ; de M. le comte de Vogüé, son frère ; de Mme la comtesse de Vogüé, sa belle-sœur ; de Mme la marquise de Lur-Saluces, sa sœur ; de M. le marquis de Lur-Saluces, son beau-frère ; de Mlle Ursule de Vogüé, sa nièce ; de M. Melchior de Vogüé, son neveu ; de Mlle Marguerite de Vogüé, son autre nièce ; de M. le duc et Mme la duchesse de Poix, cousins ; de M. le duc de Mouchy, cousin ; de M. Antoine de Noailles, cousin ; de M. le duc et de Mme la duchesse de Damas, cousins ; de M. le marquis de la Rochejacquelein, parent ; de Mme la marquise de Loménie, parente ; de M. le comte et Mme la comtesse Arthur du Lau, cousins ; de M. le comte Raymond de Bérenger, pair de France, ami ; de M. le comte Molé, pair de France, de Mme la comtesse Molé, amis ; de M. le comte Léon de Sainte-Maure, cousin ; et de Mme la marquise de Pastoret, amie.....

(Arch. de Chastellux ; grosse en parchemin.)

CCLXXIV.

Donation au R. P. Muard de la Pierre-qui-Vire.

(1852).

Nous soussignés, Amédée-Gabriel-Henry, marquis de Chastellux, et Adélaïde-Laurence-Marguerite, marquise de Chastellux, demeurant à Chastellux, canton de Quarré-les-Tombes, arrondissement d'Avallon, d'une part ; et Jean-Baptiste Muard, Joseph Préau, Pierre-André Moreau, tous trois prêtres, et Maurice Delalvée, charron, demeurant au couvent de Sainte-Marie de la Pierre-qui-Vire, commune de Saint-Léger-de-Fourcheret, canton de Quarré-les-Tombes, arrondissement d'Avallon, d'autre part, sommes convenus de ce qui suit : Nous, Amédée-Gabriel-Henri de Chastellux et Adélaïde-Laurence-Marguerite de Chastellux, concédons, moyennant les conditions ci-après, évaluées pour l'enregistrement à quarante francs par an, aux sieurs Jean-Baptiste Muard, Louis-Joseph Préau, Pierre-André Moreau et Maurice Delalvée, par bail emphythéotique pour quatre-vingt-dix-neuf ans, un terrain de la contenance de sept hectares vingt-cinq ares quarante-neuf centiares, dans notre forêt de Saint-Léger-de-Fourcheret, dans le lieu dit la Pierre-qui-Vire, lequel terrain traversé dans toute sa longueur par la petite rivière dite le Trinquelin, tient au levant au bois des Meules, au nord au bois de la Pierre-qui-Vire, au midi au bois d'Arfand, tous trois dépendant de notre forêt de Saint-Léger, et au couchant au pont du gué d'Arfand et au chemin de Vaumarin à la Provenchère, laquelle contenance est fixée par le plan dressé par M. Demets, maire de Sainte-Magnance, arpenteur, et indiquée par des bornes placées dans tous les points où on l'a jugé nécessaire, avec le droit d'arracher ce bois, de bâtir, d'user du terrain et du cours d'eau qui le traverse, comme bon leur semblera, et d'y faire pendant toute la durée du bail tout ce que peut faire dans son fonds un véritable propriétaire.

Nous leur concédons en outre : 1° le droit de gouttière pour les murs de clôture, et les constructions qu'ils ont élevées et pourront élever dans la suite sur les limites qui touchent à nos propriétés, sans que pour cela ces murs deviennent mitoyens ; 2° l'usage du chemin qui conduit actuellement de Saint-Léger à la porte principale de la maison construite par eux, avec l'autorisation de lui donner six mètres de large le long de leurs constructions, c'est-à-dire sur une longueur de cinquante mètres environ, et de donner au même chemin qui sert à l'exploitation des coupes du bois de Meules et du bois d'Arfand, une direction nouvelle, le faisant passer en droite ligne de l'angle est du mur de clôture à un mètre à gauche de la borne placée à soixante-dix mètres au levant de la porte principale du couvent, et de là, toujours en droite ligne, jusqu'au ruisseau qui sépare le bois des Meules de celui de la Pierre-qui-Vire, et de ce ruisseau par une ligne courbe au gué dit du Gourre noir ; 3° le droit de prendre de l'eau pour la maison et l'irrigation des jardins supérieurs à la source située à environ trois cents mètres du couvent, près du chemin de la Provenchère, et qui coule entre le bois des Meules et celui de la Pierre-qui-Vire, ou bien à celle qui vient des Robaux, ou enfin à celle qui alimente l'étang de la Truite, et même à plusieurs de ces sources et en même temps, et de la conduire au couvent par des conduits non apparents et à la profondeur qu'ils voudront, sauf à payer l'indemnité qui serait réglée par des experts en cas de dommages, soit pour l'établissement, soit pour la réparation des conduits.

Lesquels droits et concessions nous leur garantissons pendant toute la durée du bail susdit, à la charge par eux 1° de dire ou faire dire pendant la durée du bail, une messe par semaine et un service annuel pour les membres défunts de notre Maison de Chastellux, et un service solennel au décès des membres en ligne directe de notre dite Maison ; 2° de payer les impôts pour le terrain concédé.

Et nous, Jean-Baptiste Muard, Joseph Préau, Pierre-André Moreau, Maurice Delalvée, nous nous engageons à remplir les susdites charges et conditions pendant toute la durée du bail, dont nous voulons jouir par indivis jusqu'au dernier survivant, de manière à ce que les prémourants ni les leurs ne puissent conserver aucun droit audit bail, qui résidera entièrement par droit de non-décroissement sur la tête des survivants et enfin du dernier d'entre eux, comme si ce dernier eût été seul preneur, pour ce dernier en faire et disposer comme d'un droit lui appartenant exclusivement.

Lequel bail ne pourra être résilié que par un acte de notre volonté, sans que des circonstances politiques ou autres qui pourraient nous éloigner pour un temps plus ou moins long puissent nous faire perdre les droits qui nous sont concédés. Nous nous réservons en outre d'enlever, si nous le voulons, à la fin du bail, les constructions ou améliorations que nous aurons faites, sans qu'on puisse les considérer comme devant rester au sol, et de disposer des matériaux, comme il nous plaira, les laissant même sur place si cela nous convient, sans être tenus à rien faire pour mettre les choses dans leur état primitif ; ce droit appartiendra au dernier de nous comme il a été expliqué, et ce dernier pourra les transmettre à titre soit onéreux soit gratuit.

Fait quintuple entre nous au château de Chastellux, ce quatorze janvier mil huit cent cinquante-deux.

(Archives de Chastellux, n° 77 de la 17ᵉ liasse cotée N.)

FIN DES PIÈCES JUSTIFICATIVES.

TABLES.

TABLE DES MATIÈRES.

CHAPITRE PREMIER.

Pages.

Origine de la maison et du lieu de Montréal. — Construction de l'église de Montréal. — Croisades. — Affranchissement de Montréal. — Le duc de Bourgogne s'empare de Montréal   1

CHAPITRE II.

Branches de Tart et de Marmeaux, de la maison de Montréal. — Personnages divers du nom de Montréal. — Affranchissement de Tart.   41

CHAPITRE III.

Branche de Beauvoir de la maison de Montréal et ses changements de résidence. — Elle se fixe définitivement à Chastellux. — Explication de l'origine de la maison actuelle de Chastellux.   59

CHAPITRE IV.

Claude de Beauvoir, maréchal de France. — Son rôle dans les guerres des règnes de Charles VI et Charles VII. — Le bâtard de Chastellux et ses aventures avec Étienne Malaquin   79

CHAPITRE V.

Postérité du maréchal. — Preuve de la non-existence de son prétendu frère l'amiral. — Séparation de la race en trois branches   99

CHAPITRE VI.

Branche aînée de Chastellux fixée dans l'Auxerrois. — Son peu de durée . .   119

CHAPITRE VII.
Branche cadette de Chastellux, fixée dans l'Auxerrois. — Guerres de religion. — Impôt du sang largement payé 129

CHAPITRE VIII.
Louis de Chastellux, chef de la maison actuelle de Chastellux. — Son rôle et celui d'Olivier dans les guerres de religion 139

CHAPITRE IX.
Érection de la terre de Chastellux en comté. — Impôt du sang payé par les fils d'Hercule de Chastellux. 161

CHAPITRE X.
César-Philippe. Sa réputation de sainteté. — Ses fils sur les champs de bataille. 169

CHAPITRE XI.
Le chancelier Daguesseau et sa fille. — Vertus de ces familles parlementaires. 185

CHAPITRE XII.
La famille de Chastellux représentée dans les lettres et les sciences et à l'Académie par François-Jean de Chastellux. 195

CHAPITRE XIII.
Jeunesse distinguée de César-François. — Sa mort prématurée. — Charges de son fils à la Cour. — Dévouement à Madame Victoire. — Emigration . . . 205

CHAPITRE XIV.
La famille de Chastellux pendant la Révolution. — Captivité, extorsions des autorités. — Séjour à l'étranger. — Retour 213

CHAPITRE XV.
Restauration de Chastellux par le comte César-Laurent. — Services rendus au pays 219

CHAPITRE XVI.
Carrière diplomatique du duc de Rauzan. — État actuel de la famille. . . . 229

APPENDICE.
Armoiries, leurs variations. — Devise, cri de guerre. 241

FIN DE LA TABLE DES MATIÈRES.

TABLE GÉOGRAPHIQUE.

Abréviations : arr. arrondissement; — c. canton; — comm. commune.

AGNADEL (Italie), 209.
AIGNAY, arr. de Châtillon-sur-Seine (Côte-d'Or), 7, 44, 254, 324.
AIGREMONT, c. de Chablis (Yonne), 260.
AIGREVEAU, com. de Roussillon (Saône-et-Loire), 192.
AIGUILLON, c. de Port-Sainte-Marie (Lot-et-Garonne), 67.
AILLON (Ru d'), 225.
AIMERIES, 190.
AISY, c. de Précy-sous-Thil (Côte-d'Or), 30, 326.
AISY, c. d'Ancy-le-Franc (Yonne), 272.
ALBANO (Italie), 215.
ALLIGNY, c. de Cosne (Nièvre), 124.
ALONNE, arr. d'Autun (Saône-et-Loire), 144-146, 156, 444, 447. Voyez TOULON-GEON.
ALOXE, c. de Beaune (Côte-d'Or), 143.
AMBIERLE, c. de Saint-Haon-le-Châtel (Loire), 152.
AMBOILE (Seine-et-Marne), 528, 536.

AMONCOURT, c. de Port-sur-Saône (Haute-Saône), 508, 519.
ANCY-LE-FRANC, arr. de Tonnerre (Yonne), 24, 322.
ANET, arr. de Dreux (Eure-et-Loir), 214.
ANLEZY, c. de Saint-Bénin-d'Azy (Nièvre), 495.
ANNAY, c. de Cosne (Nièvre), 263, 266.
ANNECY (Haute-Savoie), 157.
ANOST, c. de Lucenay-l'Évêque (Saône-et-Loire), 153, 192, 458.
ANTENAY, c. de Châtillon-sur-Marne (Marne), 174.
ANTHIO, lieu détruit, 374.
ANTIGNY, c. d'Arnay-le-Duc (Côte d'Or), 177, 220, 397, 535.
APPOIGNY, c. d'Auxerre (Yonne), 534.
APREMONT, c. de la Guerche (Cher), 113, 426, 434, 443, 546.
ARBOIS, arr. de Poligny (Jura), 77.
ARBOOLEM (Bois d'), 9,-269.
ARC-EN-BARROIS, arr. de Chaumont (Haute-Marne, 114, 423, 547.

TABLE GÉOGRAPHIQUE.

ARCES, c. de Cerisiers (Yonne), 286.
ARCONCEY, c. de Pouilly (Côte-d'Or), 65, 94, 349, 363.
ARCY, comm. de Limanton (Nièvre), 415.
ARCY-SUR-CURE, c. de Vermenton (Yonne), 48, 50, 52, 65, 109, 122, 261, 362, 432.
ARGENOU, comm. de Saint-Amand (Nièvre), 469.
ARGENTEUIL, c. d'Ancy-le-Franc (Yonne), 11, 273.
ARGENTOLLET, c. de Juzennecourt (Haute-Marne), 474.
ARGUEIL, c. (sud) de Besançon (Doubs), 73.
ARLEUF, c. de Château-Chinon (Nièvre), 193, 534.
ARNAY-LE-DUC, arr. de Beaune (Côte-d'Or), 64, 210.
ARRAS (Pas-de-Calais), 91, 92.
ARROUX (Étang d'), 13, 276.
ARTHEL, c. de Prémery (Nièvre), 426.
ASNIÈRES, com. de Champignelles (Yonne), 132, 133, 454, 476, 511.
ASNIÈRES, c. de Vézelay (Yonne), 434.
ASNOIS, c. de Tannay (Nièvre), 110, 451.
ASPREMONT, c. de Gray (Haute-Saône), 308.
ASQUINS, c. de Vézelay (Yonne), 114, 423, 547.
ATHÉE, arr. de Semur (Côte-d'Or), 413.
ATHÉE, comm. de Saint-André en Morvand (Nièvre), 102, 115, 530, 531.
ATHIE, c. de l'Isle-sur-Serain (Yonne), 10, 38, 40, 270, 329, 340, 351, 356, 357.
AUGERS ou AUGIARD, comm. de Limanton (Nièvre), 193, 533.
AULCERRE, dépendance de Bordeaux (Saône-et-Loire), 78.
AULNAY, en Gâtinais? 131.
AULPS, arr. de Draguignan (Var), 234.
AUNAY, c. de Châtillon-en-Bazois (Nièvre), 109, 121.
AURECOURT, en Champagne, 492.
AUTREVILLE, c. de Juzennecourt (Haute-Marne), 260.

AUTRY, c. de Monthois (Aisne), 102, 106, 414, 415, 549.
AUTUN (Saône-et-Loire), 3, 10, 13, 64, 66, 67, 71, 76, 110, 144, 148, 149, 153, 155-157, 168, 169, 192, 193, 215, 229, 235, 247, 258, 265, 275, 277, 354, 359, 364-369, 389, 397, 443-445, 456, 458, 495, 517, 547, 548.
AUTUNOIS, 156, 491.
AUXERRE (Yonne), 5, 17, 19, 20, 36, 47, 51, 74, 85, 87, 88, 90, 93, 94, 100, 103, 108-111, 117, 120, 121, 123-127, 129, 130, 134, 136, 141, 147, 148, 154, 155, 159, 162, 165, 169, 171, 173, 182, 189, 193, 205, 208, 225, 229, 237, 251, 253, 258, 262, 264, 272, 274, 288, 294, 300, 330, 360, 362, 370, 371, 373, 375, 379, 382, 391, 393, 395, 398, 406-408, 416, 433, 434, 436, 442, 445, 446, 449, 454-458, 462, 464, 469, 472, 476, 478, 481, 482, 484, 485, 487-489, 492, 494, 495, 497, 507, 510, 511, 513-520, 523, 526, 531, 534-536, 542, 544, 546-548, 553.
AUXONNE, arr. de Dijon (Côte-d'Or), 114, 163.
AVALLON (Yonne), 1, 2, 13, 16, 25, 28, 30, 34, 51, 58, 65, 70, 71, 74, 77, 79, 85, 87, 91, 93, 94, 96, 104, 106, 107, 111, 115, 119-123, 129, 141, 148, 149, 151, 153, 157, 159, 161, 163-166, 168, 169, 173, 175, 178, 179, 191, 192, 205, 215, 217, 225, 235, 251, 278, 279, 290, 298, 320, 323, 334, 358, 363, 373, 374, 400, 402, 403, 411, 414, 415, 419, 421, 423, 426, 427, 431, 432, 435, 436, 441, 443, 446, 447, 455, 456, 458, 461, 462, 464, 467, 469, 473, 478, 480, 481, 482, 489, 490, 495, 507, 512, 517, 519-524, 526, 531, 532, 534-536, 540-543, 546-547, 553, 556, 558.
AVAUX, c. d'Asfeld (Ardennes), 508, 527.
AVIGNEAU, comm. d'Escamps (Yonne), 124, 126, 127, 134, 468, 469, 506, 513.
AVRANCHES (Manche), 529.

AVROLLES, c. de Saint-Florentin (Yonne), 279.
AZINCOURT, c. de Parcq (Pas-de-Calais), 80.
BALAGNY, c. de Neuilly-en-Thelle (Oise), 150.
BALEM, en Bourbonnais? 415.
BAOUCHE, en Gâtinais, 477.
BAR-SUR-AUBE (Aube), 11, 15, 57, 69, 80, 163, 169, 273, 299, 301, 469, 473, 474, 490, 491, 543.
BAR-SUR-SEINE (Aube), 207, 208, 284, 474.
BARBIREY, c. de Sombernon (Côte-d'Or), 56, 291.
BARGE, comm. de Saint-Martin-du-Puits (Nièvre), 433, 436.
BARRE (la), comm. de Ciron (Indre), 430.
BARRES (les), 511.
BARRES (les), comm. de la Celle-sur-Loire (Nièvre), 104, 106, 414.
BASCOIN (le), comm. de Bazarne (Yonne), 117, 433, 490.
BASCULE (la), comm. de Chastellux (Yonne), 164, 172, 471, 521, 524.
BAUBUART, en Bourbonnais? 112.
BAUME (la), comm. de Créancey (Côte-d'Or), 291.
BAZARNE, c. de Vermanton (Yonne), 99, 100, 103, 104, 107, 111, 112, 114, 117, 120-124, 142, 407, 414, 415, 419-421, 432, 433, 435-437, 442, 444, 446, 447, 456, 466, 468, 469, 487, 512, 544-548.
BAZOCHES, c. de Courtenay (Loiret), 477, 493, 511.
BAZOCHES, c. de Lormes (Nièvre), 72, 74, 79, 104-106, 113, 114, 120, 401, 414, 415, 419, 420, 426, 442, 549.
BEAUFRANÇAIS, en Beauce, 89, 399.
BEAUMONT, en Perche, 115, 116, 430.
BEAUMONT, c. de Seignelay (Yonne), 319.
BEAUNE ou BAULNE, c. de Condé (Aisne), 49.
BEAUNE (Côte-d'Or), 62, 84, 274, 416.
BEAUVAIS (Oise), 80, 206.
BEAUVOIR, comm. de Savigny-en-Terre-Plaine (Yonne), 12, 18, 59, 60, 62, 64-66, 68, 75, 77, 94, 103, 144, 275, 305, 350, 363, 365, 548.
BEAUVOIR, c. de Toucy (Yonne), 506.
BÉDOYÈRE (la), en Bretagne, 221.
BEINE, c. de Chablis (Yonne), 61, 95, 333.
BELGRADE (Servie), 200.
BELLARD, en Gâtinais, 454.
BELLEBONNE, 536.
BELLECAGNE, 113.
BELLECROIX, c. de Chagny (Saône-et-Loire), 489.
BELLEFACE, comm. de Morgny (Eure), 207. Voy. Thil-en-Forêt.
BELLEVUE, comm. de Meudon (Seine-et-Oise), 210.
BELLOMBRE, comm. d'Escolives (Yonne), 132, 455, 510.
BELVOIR, c. de Clerval (Doubs), 105.
BÉNÉVENT (Italie), 553.
BERLIN (Prusse), 230, 555.
BERNAULT, comm. d'Arthel (Nièvre), 426.
BERNE, arr. de Châtillon (Côte-d'Or), 7, 254.
BERNIÈRE, comm. de Châtillon (Nièvre), 113, 145, 426.
BESSY, c. de Vermanton (Yonne), 263.
BEUGNON, comm. d'Arcy-sur-Cure (Yonne), 437, 442.
BEULZY, en Nivernais, 469.
BEUVRAY (le mont), 369.
BEUVRON, comm. d'Urçay (Allier), 159.
BEWLY (Grande-Bretagne), 200.
BÈZE, c. de Mirebeau (Côte-d'Or), 18, 20, 21, 306, 307, 309, 310, 314, 315.
BICOQUE (la), en Italie, 227.
BIERRE, c. de Précy-sous-Thil (Côte-d'Or), 65.
BIERRY ou ANSTRUDE, canton de Guillon (Yonne), 102.
BIERRY, comm. de Sauvigny-le-Bois (Yonne), 271.
BILLY, c. de Saint-Bénin-d'Azy (Nièvre), 113, 120, 167, 442, 494.
BISSY, c. de Buxy (Saône-et-Loire), 533.
BISSY, en Bourgogne, 20, 305.
BIZY, comm. de Vernon (Eure), 206.

BLAGNAC, c. de Pujols (Gironde), 209.
BLAIGNY, en Champagne, 36, 163, 470, 471, 490, 492, 543.
BLAIN, comm. de Roussillon (Saône-et-Loire), 192, 468.
BLAISY, c. de Sombernon (Côte-d'Or), 291.
BLANNAY, c. de Vézelay (Yonne), 462, 463, 495.
BLAYE (Gironde), 171.
BLEIGNY-LE-CARREAU, c. de Ligny-le-Châtel (Yonne), 70, 370.
BLIGNY-SUR-OUCHE, arr. de Beaune (Côte-d'Or), 100, 397.
BLOIS (Loir-et-Cher), 503.
BLOIS, comm. de Quarré (Yonne), 523.
BOISJARDIN, comm. de Ciez (Nièvre), 444, 455.
BOIS-RIGAULT, comm. d'Asnières (Yonne), 434.
BOIVIN, c. de Montcenis (Saône-et-Loire), 509.
BONDIES, en Bray, 35, 330.
BONNAUTS (les), comm. de Pourrain (Yonne), 449.
BONNESSON, comm. de Nuars (Nièvre), 458.
BONNEVILLE, comm. de Méry (Seine-et-Oise), 518.
BORDE (la), en Bourgogne, 158.
BORDEAUX (Gironde), 170, 171, 186, 541.
BORDEAUX, comm. de Saint-Symphorien de Marmagne (Saône-et-Loire), 59, 66, 67, 71, 77-79, 144, 145, 365, 369, 408, 509. Voy. Bourdeau.
BORDES (les), comm. d'Urzy (Nièvre), 414.
Bos (le), en Bourbonnais, 415.
BOSSANCOURT, c. de Vendeuvre (Aube), 163-165, 173, 179, 191, 192, 205, 470, 490-492, 520, 531, 535, 536, 543.
BOSTON (Etats-Unis), 199.
BOUCHAIN, arr. de Valenciennes (Nord), 180.
BOUCHERASSE (la), comm. de Trévilly (Yonne), 1, 2, 32, 328.
BOUCHEROT, comm. de Savigny (Yonne), 122.
BOUCHET (le), comm. de Nuars (Nièvre), 50, 75, 113, 114, 167, 419, 426, 458, 494.
BOUCHET (le), comm. de Mailly-la-Ville (Yonne), 122, 446, 498.
BOUILLON, 69.
BOULAYE (la), c. de Mesvres (Saône-et-Loire), 78, 144, 146, 443, 445.
BOULOGNE (Pas-de-Calais), 515.
BOURBON-LANCY, arr. de Charolles (Saône-et-Loire), 78, 157, 408.
BOURDEAU (Le Petit), comm. de Saint-Symphorien de Marmagne (Saône-et-Loire), 78. — Tour de, ibidem.
BOURDILLON, en Bourgogne, 140, 142, 442, 444, 545.
BOURDOISEAU, comm. de Cours-lès-Cosne (Nièvre), 106, 414.
BOURG (Ain), 157.
BOURGUIGNON, c. de Bar-sur-Seine (Aube), 207, 532.
BOURLEMONT, en Champagne, 491.
BOUSSON, comm. de Quarré-les-Tombes (Yonne), 76, 116, 142, 151, 433, 439, 523-525.
BOUTON (Saône-et-Loire), 113.
BOUVILLE, c. de Pavilly (Seine-Inférieure), 207.
BOUVINES, c. de Cysoing (Nord), 193.
BRACHON, en Bourgogne, 22, 293, 316, 348.
BRAGELOGNE, c. des Riceys (Aube), 47, 362.
BRANGES, c. d'Oulchy (Aisne), 508, 519.
BRAUX, c. de Chavanges (Aube), 489.
BRAY, comm. de Cravan (Yonne), 112, 117, 420, 421, 433, 446.
BREST (Finistère), 177, 192, 199.
BRÉTENCOURT, comm. de Saint-Martin-de-Brétencourt (Seine-et-Oise), 89, 399.
BRETENIÈRES, c. de Genlis (Côte-d'Or), 56, 257, 291.
BREUILLOTTE, comm. de Quarré (Yonne), 523.
BRÈVES, c. de Clamecy (Nièvre), 65, 75, 76.
BRÉVIANDES, comm. de Cravan (Yonne), 112, 117, 420, 421, 433, 446.
BRIE-COMTE-ROBERT, arr. de Melun (Seine-et-Marne), 209, 527.

BRINON-LES-ALLEMANDS, arr. de Clamecy, (Nièvre), 75.
BROCHON, c. de Gevrey (Côte-d'Or), 56.
BROINDON, ibidem, 520.
BROSSE (la), comm. de Sementron (Yonne), 215, 427, 428, 477, 511.
BROSSES DE MARMEAUX (les), 46, 48, 352.
BROUAGE, comm. d'Hiers (Charente-Inférieure), 146.
BROUILLEUX (le), en Champagne, 491.
BRUGES (Belgique), 72, 108, 547.
BRUNELLERIE (la), en Gâtinais, 454.
BRUXELLES (Belgique), 108, 417.
BRUYÈRE DE L'AUBEPIN (la), en Bourbonnais, 113.
BUISSENET, comm. d'Athie (Yonne), 39.
BULOU, c. de Brou (Eure-et-Loir), 89, 399.
BURLANDE, en Nivernais, 454.
BUSSIÈRE (la), c. de Pouilly (Côte-d'Or), 43.
BUSSIÈRE, arr. de Semur (Côte-d'Or), 520.
BUSSIÈRE (la), comm. d'Anost (Saône-et-Loire), 153.
BUSSIÈRE (la), comm. de Treigny (Yonne), 124.
BUSSY, c. de Saint-Remy en Bouzemont (Marne), 158, 451-453, 490, 544.
BUZANCY, arr. de Vouziers (Ardennes), 491.
CAILLARDIÈRE (la), en Beauce, 89, 399.
CAMBIS, 550.
CAMBRAI (Nord), 150, 528.
CANDIE, 209.
CARISEY, c. de Flogny (Yonne), 444.
CASERTE (Italie), 216.
CELLE (la), c. de Cosne (Nièvre), 79.
CERCE, comm. de Magny (Yonne), 33, 34, 325.
CERMONT, en Nivernais, 454.
CERNOY, c. de Châtillon-sur-Loire (Loiret), 69.
CESSEY, c. de Genlis (Côte-d'Or), 20, 308.
CÉZY, c. de Joigny (Yonne), 85.
CHABLIS, arr. d'Auxerre (Yonne), 5, 8, 13, 171-9, 23, 27, 51, 60, 61, 77, 249, 250, 252, 255, 256, 279, 288, 289, 294, 295, 297, 299, 318, 319.
CHABRIGNAC, c. de Juillac (Corrèze), 233.

CHAGNY, arr. de Chalon-sur-Saône (Saône-et-Loire), 78, 235.
CHAILLOU, comm. de Prémery (Nièvre), 468.
CHAILLY, c. de Pouilly (Côte-d'Or), 144, 443, 444, 445.
CHAINEAUX (les), comm. de Châtel-Gérard (Yonne), 352.
CHAISE (la) en Vendômois, 133.
CHALAUX, c. de Lormes (Nièvre), 76, 104, 112, 149, 420, 433, 436, 530, 531, 547.
CHALEUR (la), c. de Sombernon (Côte-d'Or), 520.
CHALIFERT, c. de Lagny (Seine-et-Marne), 127.
CHALLEMENT, c. de Brienon (Nièvre), 143, 162, 163, 444.
CHALON-SUR-SAÔNE (Saône-et-Loire), 103, 125, 157, 208, 472, 489, 510, 520.
CHALONS (Marne), 528.
CHAMBERTY, comm. de Marmeaux (Yonne), 48.
CHAMBÉRY (Savoie), 221.
CHAMOUX, c. de Vézelay (Yonne), 54.
CHAMOY, c. d'Ervy (Aube), 141, 142, 437, 441, 442, 444, 546.
CHAMP-DES-CHAUMES, 58.
CHAMP-D'OISEAU, c. de Montbard (Côte-d'Or), 406.
CHAMP-VIEUX, comm. de Sougères (Yonne), 265, 266.
CHAMPAGNE, comm. de Metz-le-Comte (Nièvre), 104, 106, 112, 420.
CHAMPALLEMENT, c. de Brinon (Nièvre), 397.
CHAMPIGNELLES, c. de Bléneau (Yonne), 40, 454, 477.
CHAMPIGNOLLES, comm. de Bazoches (Nièvre), 149, 531.
CHAMPLATREUX (Seine-et-Oise), 533, 535.
CHAMPLEMY, c. de Prémery (Nièvre), 115, 444.
CHAMPLEVRIER, comm. de Chiddes (Nièvre), 468.
CHAMPLITTE, arr. de Gray (Haute-Saône), 29.

CHAMPLIVE, comm. de Massangis (Yonne), 4, 248.
CHAMPLOIS, c. de Quarré (Yonne), 523.
CHAMPLOST, c. de Brienon (Yonne), 437, 493.
CHAMPMORLIN, comm. de Sainte-Magnance (Yonne), 76.
CHAMPOIS, en Sénonais, 131.
CHAMPOULET, c. de Briare (Loiret), 131, 448.
CHAMP-CORNILLE, comm. de Montillot (Yonne), 463.
CHAMPVOUX, c. de la Charité (Nièvre), 113.
CHANGEY, c. de Neuilly-l'Évêque (Haute-Marne), 25.
CHANNE, en Bourgogne, 265.
CHANTELLE, arr. de Gannat (Allier), 107.
CHANTEVELLI, en Bourgogne, 345.
CHARBONNIÈRES, c. de Magny (Yonne), 5, 10, 28, 34, 271, 298, 302, 320, 330, 331.
CHARBUY, c. ouest d'Auxerre (Yonne), 128.
CHARENTENAY, c. de Coulanges-les-Vineuses (Yonne), 468.
CHARENTON, arr. de Sceaux (Seine), 82.
CHARENTONNET, en Champagne, 444.
CHARITÉ-SUR-LOIRE (la), arr. de Cosne (Nièvre), 68, 468, 469.
CHARLESTOWN (Etats-Unis), 199.
CHARLIEU, arr. de Roanne (Loire), 65.
CHARMOILLES, c. de Neuilly-l'Évêque (Haute-Marne), 25.
CHARMOLIN, comm. de Quarré (Yonne), 523, 526.
CHARMOY, comm. de Montcenis (Saône-et-Loire), 509.
CHARNY, c. de Vitteaux (Côte-d'Or), 40, 95, 107, 416.
CHAROLLES (Saône-et-Loire), 331.
CHARTRES (Eure-et-Loir), 233, 400, 430.
CHASEU, comm. de Laizy (Saône-et-Loire), 101, 397.
CHASNAY, en Bourgogne, 278.
CHASSAGNE, c. de Nolay (Côte-d'Or), 323.
CHASSAGNE (la), c. de Chaumergy (Jura), 77, 406.
CHASSENET (Côte-d'Or), 520.

CHASSIGNELLES c. d'Ancy-le-Franc (Yonne), 47, 362, 382.
CHASSIGNY, c. d'Avallon (Yonne), 20, 25, 71, 374.
CHASSY, comm. de Montreuillon (Nièvre), 143, 444, 447, 495.
CHASSY, comm. de Vignol Nièvre), 526.
CHASTELLIERS, comm. de Flacy (Yonne), 131, 448, 454, 511.
CHASTELLUX-SUR-CURE, c. de Quarré-les-Tombes (Yonne), 59, 65-68, 70, 72-75, 79, 82-91, 93, 94, 97, 101, 104, 105, 107, 111, 114, 115, 117, 119, 123, 139, 141, 142, 147, 148, 150, 161, 162, 164-169, 171, 172, 178-180, 182, 190, 191, 193, 206, 207, 209, 215, 217, 224, 225, 229, 231, 234, 237, 238, 363, 367, 369, 375, 389-403, 405, 407, 414-427, 429, 432, 433, 435, 436, 438, 440-442, 445, 447, 451, 453, 456, 457, 461, 464-465, 467, 469-474, 478, 481-483, 489, 490, 505-508, 512, 515, 517-521, 523-526, 529-531, 533, 536, 537, 540, 542-552, 555, 556, 558, 559.
CHASTENAY-LE-VIEUX, cant. de Courson (Yonne), 468.
CHATEAU (le), comm. de Chastellux, 172.
CHATEAU-CHALON, c. de Voiteur (Jura), 12.
CHATEAU-CHINON (Nièvre), 36, 193, 458.
CHATEAU-DU-BOIS, comm. d'Entrains (Nièvre), 140.
CHATEAUDUN (Eure-et-Loir), 114, 116, 434.
CHATEAUNEUF, c. de Poilly (Côte-d'Or), 180, 520.
CHATEAUNEUF, en Normandie, 207.
CHATEAURENARD, arr. de Montargis (Loiret), 40.
CHATEL DE LA BUCAILLE, comm. d'Ailly (Eure), 207.
CHATEL-CENSOIR, c. de Vézelay (Yonne), 54, 135, 264.
CHATEL-GÉRARD, c. de Noyers (Yonne), 34, 38, 46, 327, 328, 337, 338, 340, 341, 352, 359.
CHATELAINES (les Grandes-), comm. d'Avallon (Yonne), 225.
CHATELMORON, c. de Givry (Saône-et-Loire,) 123.

CHATELREGNAULT (Saône-et-Loire), 430.
CHATILLON-EN-BAZOIS, arr. de Château-Chinon (Nièvre), 145.
CHATILLON-EN-BRESSE, arr. de Nantua, (Ain), 163.
CHATILLON-SUR-INDRE (Indre), 520.
CHATILLON-SUR-MARNE, arr. de Reims (Marne), 174, 508, 541, 542.
CHATILLON-SUR-SEINE (Côte-d'Or), 24, 39, 47, 80, 87, 95, 321, 341.
CHATRE, comm. de Champcevrais (Yonne), 131, 448, 449, 454, 476, 511.
CHAULMOIRAN, en Gâtinais, 477.
CHAUMARD, c. de Montsauche (Nièvre), 193, 534.
CHAUME (la), arr. d'Autun (Saône-et-Loire), 458.
CHAUME (la), fief relevant de Chastellux, 437.
CHAUMES, c. de Baigneux-les-Juifs (Côte-d'Or), 291.
CHAUMONT-EN-BASSIGNY (Haute-Marne), 87, 95.
CHAUSSEPLAINE, comm. de Quarré (Yonne), 523.
CHAUVIGNY, en Bourgogne, 125.
CHAUX (la), en Bourgogne, 65, 67, 363, 375.
CHEMIN, c. de Pouilly (Côte-d'Or), 143, 444.
CHENAULT, arr. de Semur (Côte-d'Or), 100, 410, 520.
CHENETS, en Bourgogne, 77.
CHENY, c. de Seignelay (Yonne), 49, 379, 384, 506.
CHÉRISEY, comm. de Montréal (Yonne), 32, 328.
CHÉRY, comm. de Coulangeron (Yonne), 135.
CHESNAY (Ardennes), 115.
CHESNAY, en Bourbonnais, 152.
CHESNAY, arr. de Cosne (Nièvre), 468.
CHESSY, c. de Lagny (Seine-et-Marne), 127.
CHEUILLY, comm. de Cravan (Yonne), 463.
CHEVANNES, c. de Gevrey-Chambertin (Côte-d'Or), 46.
CHEVANNES, comm. de Savigny-en-Terre-Plaine (Yonne), 51, 68, 256, 367.

CHEVEGNE (Côte-d'Or), 270.
CHEVENON, c. de Nevers (Nièvre), 415.
CHEVIGNÉ, 529.
CHEVIGNY, arr. de Semur (Côte-d'Or), 9, 143, 458, 495.
CHEVIGNY, c. de Beaune (Côte-d'Or), 140, 145.
CHEVIGNY, comm. d'Anstrude (Yonne), 102.
CHEVRIÈRES, c. de Saint-Marcellin (Isère), 234.
CHEVRY, arr. de Montargis (Loiret), 143, 146, 444, 533, 544.
CHEZELLES, comm. de Saint-Germain-des-Champs (Yonne), 433, 439, 522.
CHIARI (Italie), 176.
CHICHÉE, c. de Chablis (Yonne), 60, 299.
CHINON (Indre-et-Loire), 413.
CHITRY, comm. de Neuffontaines (Nièvre), 458, 495.
CHOLETIÈRE, en Beauce, 89, 399.
CIREY-SUR-BLAISE, c. de Doulevant (Haute-Marne), 220, 557.
CISERY, c. de Guillon (Yonne), 328.
CITEAUX, comm. de Saint-Nicolas (Côte-d'Or), 9, 10, 13, 14, 16, 18, 42, 52, 56, 169, 256, 257, 264, 265, 269, 270, 280, 281, 286, 287, 290-293, 301, 304, 312, 316, 317, 325, 487, 503.
CIVRAC, c. de Pujols (Gironde), 209, 536.
CIVRY, c. de l'Isle-sur-Serain (Yonne), 10, 29, 270, 310.
CLAIRVAUX, comm. de Ville-sous-la-Ferté (Aube), 12, 13, 26, 265.
CLAMECY (Nièvre), 102, 105, 110, 165, 268, 548, 549.
CLÈRE-PANILLEUSE, c. d'Ecos (Eure), 207.
CLOMOT, c. d'Arnay-le-Duc (Côte-d'Or), 64.
CLOS, c. de Montcenis (Saône-et-Loire), 509.
CLOSTERCAMP, 191.
CLOUX (les), comm. de Lâché (Nièvre), 124.
CLUNY, arr. de Mâcon (Saône-et-Loire), 220.

COBLENTZ (Prusse), 211.
COLLANCELLE (la), c. de Corbigny (Nièvre), 105.
COLLIOURE, c. d'Argelès-sur-Mer (Pyrénées-Orientales), 167, 170.
COLOMBEY-LES-DEUX-ÉGLISES, c. de Juzennecourt (Haute-Marne), 470.
COLONNE (la), c. de Gigny (Saône-et-Loire), 114.
COMBETON, en Bourgogne, 397.
COMMARAIN, c. de Sombernon (Côte-d'Or), 179, 226, 520, 521, 557.
COMPANS, comm. de Claye-Souilly (Seine-et-Marne), 127.
COMPIÈGNE (Oise), 545.
CONDES, comm. d'Arinthod (Jura), 40.
CONES, arr. de Châtillon (Côte-d'Or), 44, 323.
CONFLANS, c. d'Anglure (Marne), 120.
CORANCY, c. de Château-Chinon (Nièvre), 193, 534, 535.
CORBACK, 191.
CORDEILLES, comm. de Guerchy (Yonne), 127.
CORFOU, 234.
CORMARIN, comm. de Vignes (Yonne), 28.
CORVOL, c. de Brinon (Nièvre), 442.
COSNE (Nièvre), 75, 106, 414.
COUBERT, c. de Brie-Comte-Robert (Seine-et-Marne), 527, 532, 535.
COUCHES, arr. d'Autun (Saône-et-Loire), 67, 365.
COUDRAY, en Nivernais, 468.
COUGNY, c. de Saint-Jean-aux-Amognes (Nièvre), 113, 426.
COUGY, en Champagne, 437.
COULANGES-SUR-YONNE, arr. d'Auxerre (Yonne), 468.
COULANGES-LES-VINEUSES, ibidem, 95, 102-104, 107, 109, 115, 117, 129-133, 135-137, 142, 407, 414, 415, 418, 419, 426, 432, 434-437, 442-445, 447-450, 454, 455, 474-478, 492, 493, 495, 501, 502, 510-512, 515, 516, 545-548.

COULOMBIÈRES, c. de Trévières (Calvados), 116.
COUR-ALEXANDRE, comm. de Marchais-Béton (Yonne), 454.
COUR-LÈS-MAILLY-LA-VILLE (Yonne), 463.
COURCELLES-LE-MONT, en Bourgogne, 46.
COURCELLES, arr. de Semur (Côte-d'Or), 429.
COURCELLES, c. de Varzy (Nièvre), 520.
COURDOUX, 549.
COURMATIN, c. de Saint-Gengoux-le-Royal (Saône-et-Loire), 94.
COUROTTE, comm. de Marigny-l'Église (Nièvre), 117, 152, 530.
COURS, c. de Cosne (Nièvre), 106.
COURSON, arr. d'Auxerre (Yonne), 96, 97, 99, 101, 104, 107, 111, 414, 415, 419, 469, 546, 548.
COURTENAY, arr. de Montargis (Loiret), 152.
COURTRAY (Belgique), 190.
COURVILLE, arr. de Chartres (Eure-et-Loir), 89, 399.
COUTARNOUX, c. de L'Isle-sur-Serain (Yonne), 36.
COUVIGNON, c. de Bar-sur-Aube (Aube), 491, 492.
CRAIN, c. de Coulanges-sur-Yonne (Yonne), 433, 434.
CRAMAYEL, 527.
CRAVAN, c. de Vermenton (Yonne), 86, 88, 92, 94, 148, 150, 155, 162, 193, 224, 235, 264, 391, 392, 394, 395, 446, 455-458, 463, 478, 489, 491, 533, 534, 537, 542, 543.
CRAYE (la), en Bourgogne, 490.
CREMEAUX, c. de Saint-Just-en-Chevalet (Loire), 100.
CRESPY, arr. de Senlis (Oise), 86.
CRESSET, 113.
CREUSOTTE, arr. de Semur (Côte-d'Or), 100.
CREVELT, 191.
CRISENON, comm. de Prégilbert (Yonne), 52, 99, 106, 107, 148, 150, 152-155, 158,

159, 254, 261, 262, 456, 462-465, 484, 485, 487, 495-500, 505.
CRUZY-LE-CHATEL, arr. de Tonnerre (Yonne), 376, 379, 380, 382, 383, 385-387.
CRUX, c. de Saint-Saulge (Nièvre), 495.
CUDOT, c. de Saint-Julien-du-Sault (Yonne), 49.
CUEILLE (la), comm. de Poncin (Ain), 103.
CUISEL ou CUISEAUX, arr. de Louhans (Saône-et-Loire), 73.
CUISERY, ibidem, 103.
CURE, comm. de Domecy-sur-Cure (Yonne), 120, 147, 167, 329, 400, 422.
CURMONT, c. de Juzennecourt (Haute-Marne), 31.
CURVIGNY, (Côte-d'Or), 44, 324.
CUSSY-EN-MORVAND, c. de Lucenay-l'Évêque (Saône-et-Loire), 192, 458.
DAMMARTIN, arr. de Meaux (Seine-et-Marne), 103.
DANCEVOIR, c. d'Arc-en-Barrois (Haute-Marne), 259.
DANGEAU, c. de Brou (Eure-et-Loir), 89, 399.
DANNEMOINE, c. de Tonnerre (Yonne), 140.
DEFFAND, en Bourgogne, 143, 444.
DEGIEX (fief) en Gâtinais, 133.
DEMAIN, en Nivernais, 115, 427, 495, 546.
DÉTAIN, c. de Gevrey (Côte-d'Or), 52, 56, 264, 265, 291.
DETTINGEN, 190.
DICY, c. de Charny (Yonne), 135, 510.
DIJON (Côte-d'Or), 13-15, 17, 18, 20, 24, 28, 31, 34, 35, 41, 43-45, 51, 53, 56, 58, 71, 82, 85, 93, 102, 111, 120, 125, 145, 150, 151, 158, 159, 171, 172, 175-177, 182, 192, 207, 208, 234, 235, 245, 256, 257, 265, 269, 270, 278-285, 288, 292, 293, 303, 304, 308, 322, 324, 328, 335, 336, 339, 340, 342-344, 347-349, 359, 368, 403, 405, 418, 426, 447, 472, 475, 478, 479, 481, 483, 501, 509, 516, 520, 521, 540, 542, 544, 547.
DÎMES, en Picardie, 121.

DOLLANCOURT, c. de Vendeuvre (Aube), 163, 165, 191.
DOMECY-SUR-LE-VAULT, c. d'Avallon (Yonne), 490, 495.
DOMECY-SUR-CURE, c. de Vézelay (Yonne), 72, 140, 436, 443-445, 458, 472.
DONZY, arr. de Cosne (Nièvre), 73, 251, 375, 400.
DOUAI (Nord), 69, 180.
DOUDEAUVILLE, en Perche, 116.
DOUY, c. de Cloyes (Eure-et-Loir), 89, 399.
DOYS, en Nivernais, 444, 468.
DRACY-SAINT-LOUP, c. de Givry (Saône-et-Loire), 88, 398, 399, 427.
DRONT, comm. d'Anost (Saône-et-Loire), 192.
DROSSON, en Bourgogne, 458.
DRUYES, c. de Courson (Yonne), 495, 521.
DUESME, c. d'Aignay-le-Duc (Côte-d'Or), 44, 324.
DUMPHLUN, comm. de Billy (Nièvre), 113.
DUNES (Nord), 88.
DUNOIS, en Beauce, 430.
DURAS, arr. de Marmande (Lot-et-Garonne), 209.
ECHARLIS, comm. de Villefranche (Yonne), 16, 40, 285, 286.
ECHIGEY, c. de Genlis (Côte-d'Or), 234, 345.
ECKEREN, 180.
ECOS, arr. des Andelys (Eure), 207.
EGRISELLES, comm. de Venoy (Yonne), 132.
EMBERNARD, comm. de Corvol (Nièvre), 442.
ENTRAGUES, comm. de Langé (Indre), 50, 376, 378.
EPERNON, c. de Maintenon (Eure-et-Loir), 89, 399.
EPINAL (Vosges), 113, 222.
EPINAY, comm. de Saint-Jean-aux-Amognes (Nièvre), 468.
EPINAY, c. de Luzarches (Seine-et-Oise), 533, 535.
EPOISSES, c. de Semur (Côte-d'Or), 1, 36, 71, 114, 116, 423-425, 547.

ERVY, arr. de Troyes (Aube), 140.
ESCOLIVES, comm. de Coulanges-les-Vineuses (Yonne), 455, 515.
ESGUILLY, c. de Pouilly (Côte-d'Or), 151.
ESNON, c. de Brienon (Yonne), 442.
ESPAGNE-LA-FORÊT, 550.
ESPAUX, comm. de Donzy (Nièvre), 36.
ESPEUILLES, comm. de Montapas (Yonne), (Nièvre), 69.
ESSERT, c. de Vermenton (Yonne), 252.
ESTAULT (l'), en Bourgogne, 70.
ESTERNAY, arr. d'Épernay (Marne), 121.
ETAMPES (Seine-et-Oise), 261, 430, 455.
ETAULES, c. d'Avallon (Yonne), 458, 467.
ETIVEY, c. de Noyers (Yonne), 21, 309, 381.
ETRELLES, c. de Méry-sur-Seine (Aube), 476, 511.
ETRÉPAGNY, arr. des Andelys (Eure), 81, 231.
ETRIZY, c. d'Ouanne (Yonne), 122.
EVREUX (Eure), 92.
FAULIN, comm. de Lichères (Yonne), 468.
FAUVERNEY, c. de Genlis (Côte-d'Or), 41, 310.
FAVEROLLES, c. de Villers-Cotterets (Aisne), 233.
FENAY, c. de Gevrey (Côte-d'Or), 15, 283.
FERTÉ-AURAIN (la), en Blaisois, 143, 444, 455.
FERTÉ-IMBAULT, c. de Salbris (Loir-et-Cher), 448.
FESSARD, c. de Montargis (Loiret), 134, 476, 477, 493, 511.
FILINGHAUSEN, 191.
FIXIN, c. de Gevrey (Côte-d'Or), 31, 335.
FLACY (Côte-d'Or), 46.
FLACY, c. de Villeneuve - l'Archevêque (Yonne), 131, 448, 454, 511.
FLAVIGNY, arr. de Semur (Côte-d'Or), 13, 246, 351, 413.
FLEY, c. de Tonnerre (Yonne), 167, 249.
FLEURY-LA-FORÊT, c. de Lyons (Eure), 207.
FLORENCE (Italie), 196.
FOISSY, c. de Troyes (Aube), 468.
FOLEMBRAY, c. de Coucy (Aisne), 543.

FOLLET, en Bourbonnais, 112-114, 415, 426.
FONTAINEBLEAU (Seine-et-Marne), 210, 539.
FONTAINE-EN-DUESMOIS, c. de Baigneux-les-Juifs (Côte-d'Or), 143.
FONTAINE-JEAN, com. de Saint-Maurice-sur-Aveyron (Loiret), 16, 286.
FONTEMOY, com. de Joux-la-Ville (Yonne), 3, 4, 247-250, 252.
FONTENAY, com. de Marmagne (Côte-d'Or), 13, 19, 22, 44, 65, 278, 280, 300, 301, 313, 314, 329.
FONTENAY, com. de Sully-la-Tour (Nièvre), 106, 414, 415, 499.
FONTENAY, c. de Coulanges-sur-Yonne (Yonne), 112, 117, 169, 420, 421, 433, 446, 468, 492.
FONTENOY, 190.
FONTEVRAULT, c. (sud) de Saumur (Maine-et-Loire), 168.
FORGE-VALCON, en Champagne, 127.
FORMERIE, arr. de Beauvais (Oise), 451.
FORT-DES-DAMES, en Nivernais, 469.
FORT-LOUIS, c. de Bischwiller (Bas-Rhin), 480.
FOUGILET, comm. de Sougères (Yonne), 263, 266.
FOURCHERENNE, comm. de Saxy-Bourdon (Nièvre), 495.
FOUROLLES, comm. de Saint-Aubin-Châteauneuf (Yonne), 454.
FOURONNES, c. de Courson (Yonne), 433, 437, 442, 451, 493.
FOURS, arr. de Pontoise (Seine-et-Oise), 518.
FOUTIÈRE (la), comm. de Quarré (Yonne), 526.
FRANCHEVAULT, com. de Beugnon (Yonne), 8, 259-261. Voy. FROIDMANTEAU.
FRANCHEVILLE, comm. de Villefranche (Yonne), 22, 135.
FRENOY (Grand), c. d'Estrées-Saint-Denis (Oise), 113.
FRESNE, c. de Montbard (Côte-d'Or), 490, 495.

FRESNES, c. de Claye (Seine-et-Marne), 186, 187, 189, 206, 532, 534, 535.
FRESNES, c. de Noyers (Yonne), 4, 16, 247, 286, 322.
FRESNOY, c. de Montigny-le-Roi (Haute-Marne), 143, 458.
FRIBOURG (Grand-Duché de Bade), 166, 180.
FROIDMANTEAU, 8, 260. Voy. FRANCHEVAULT.
FULVY, c. d'Ancy-le-Franc (Yonne), 382.
FUNGE (Côte-d'Or), 265.
GAETE (Italie), 222.
GALLERANDE, en Anjou, 150.
GAND (Belgique), 69.
GANNAT (Allier), 106.
GARCHISY, c. de Pougues (Nièvre), 105.
GARLANDE, en Brie, 36.
GASMET, en Bourgogne, 520.
GATIES, comm. de Saint-Germain-des-Champs (Yonne), 225.
GAUVILLE, c. (nord) d'Évreux (Eure), 134.
GELAUCOURT, c. de Colombey (Meurthe), 189.
GEMEAUX, c. d'Is-sur-Tille (Côte-d'Or). 18.
GENÈVE (Suisse), 24.
GENISSAC, c. de Brannay (Gironde), 536.
GENLIS, arr. de Dijon (Côte-d'Or), 41, 300.
GÉRIGNY, comm. de la Charité (Nièvre), 124, 468, 469.
GEVREY, arr. de Dijon (Côte-d'Or), 24, 71, 322.
GIEN-SUR-CURE, c. de Montsauche (Nièvre), 153, 458.
GIGNY, c. de Cruzy (Yonne), 25, 167, 322, 494.
GIROLLES, c. d'Avallon (Yonne), 429.
GIRY, c. de Prémery (Nièvre), 145.
GISSEY, c. de Sombernon (Côte-d'Or), 56.
GIVRY, arr. de Réthel (Ardennes), 36.
GLISOLLES, c. de Conches (Eure), 134.
GONNEAU, en Bourgogne, 520.
GORGE, comm. de Quarré-les-Tombes (Yonne), 490, 523.
GOULAIS, en Berry, 159.

GRACE, comm. de Saint-Pierre de Bailleul (Eure), 528.
GRANCEY-LE-CHATEAU, arr. de Dijon (Côte-d'Or), 18.
GRANDSELVE, en Bourgogne, 19, 21, 23.
GRANGE-FOLLE, comm. de Crain (Yonne), 468.
GRANGE-LOISELOT, comm. de Saint-André-en-Morvand (Nièvre), 472, 521, 524.
GRANGE-ROUGE, comm. de Saint-Martin-sur-Ouanne (Yonne), 454, 476, 511.
GRANGES-RATEAUX, comm. de Quarré-les-Tombes (Yonne), 76, 116, 433, 439, 523.
GRANVILLE, arr. d'Avranches (Manche), 180.
GRENOBLE (Isère), 221.
GRENOUILLÈRE (la), en Bourgogne, 444.
GRIGNON, c. de Montbard (Côte-d'Or), 413.
GRIPPIÈRE (la), en Normandie, 207.
GRISELLES, c. de Laignes (Côte-d'Or), 24.
GROSBOIS, c. de Pouilly (Côte-d'or), 443.
GROSSOUVRE, c. de Saincoins (Cher), 430.
GUERCHE (la), arr. de Saint-Amand (Cher), 76, 94.
GUERCHY, c. d'Aillant (Yonne), 124, 448, 455.
GUETTE (la), arr. de Semur (Côte-d'Or), 64, 66-68, 367.
GUILLON, arr. d'Avallon (Yonne), 60, 62-64, 202, 259, 275, 350.
GUIPY, c. de Corbigny (Nièvre), 193.
GYE, en Savoie, 122.
HAMBYE, c. de Gavray (Manche), 529.
HAMBOURG, en Allemagne, 201.
HAUTECOMBE, comm. de Saint-Pierre-de-Curtille (Savoie), 290.
HAUTEFEUILLE, com. de Malicorne (Yonne), 454.
HAVRE (le), Seine-Inférieure), 177.
HEBERTOT (Calvados), 534.
HERBAULT, arr. de Blois (Loir-et-Cher), 122.
HERVAUX (Forêt d'), 5, 10, 12, 30, 34, 46, 56, 252, 270, 317, 329, 342, 357.
HESDIN, arr. de Montreuil (Pas-de-Calais), 91, 403.

HEUDICOURT, c. d'Étrépagny (Eure), 173.
HOCHBERG, (Allemagne), 114.
HOMMET (le), c. de Gorges (Manche), 116.
HUBAN, comm. de Grenois (Nièvre), 69.
IRANCY, c. de Coulanges-les-Vineuses (Yonne), 130.
IRVAL, 508.
ISLAND, c. d'Avallon (Yonne), 104, 433, 439, 495, 521, 524-526, 543.
ISLE, en Normandie, 207.
ISLE, arr. d'Avallon (Yonne), 16, 26, 30, 31, 35, 40, 41, 50, 139, 202, 270, 274, 278, 289, 290, 293, 326, 334, 340, 353, 354, 357, 359, 360.
ISLE-ADAM, arr. de Pontoise (Seine-et-Oise), 81-83.
ISLES-D'AUXERRE, 127, 434.
JABLINES, c. de Lagny (Seine-et-Marne), 127.
JAUCOURT, arr. de Bar-sur-Aube (Aube), 471.
JAVERSY (Ile-de-France), 134.
JESSAINS, c. de Vendeuvre (Aube), 191.
JOIGNY (Yonne), 78, 222, 235, 379, 397, 408, 510.
JONVELLE, c. de Jussey (Haute-Saône), 427.
JOUANCY, c. de Noyers (Yonne), 24, 322.
JOURS-EN-VAUX, c. de Nolay (Côte-d'Or), 86.
JOUX-LA-VILLE, c. de l'Isle (Yonne), 3, 40, 51, 167, 168, 251, 254, 494.
JUILLENAY, c. de Saulieu (Côte-d'Or), 520.
JUILLY, c. de Dammartin (Seine-et-Marne), 8, 260, 504.
JUILLY, en Forez, 100.
JULLY, c. d'Ancy-le-Franc (Yonne), 24.
KEHL, 181.
LAANAM, c. de Langres (Haute-Marne), 68.
LAILLY, en Bourgogne, 68.
LAINSECQ, c. de Saint-Sauveur (Yonne), 102, 434.
LANDAU (Allemagne), 180, 211.
LANDELLES, c. de Courville (Eure-et-Loir), 541.

LANDES (les), comm. de Villiers-Saint-Benoît (Yonne), 511.
LANGRES (Haute-Marne), 13, 19-26, 31, 33, 56, 57, 63, 101, 122, 278, 300-303, 305-309, 311, 313, 314, 316-319, 321-323, 335, 352-356, 359, 485, 495, 497, 502.
LANTILLY, c. de Semur (Côte-d'Or), 153, 458.
LAON (Aisne), 362.
LARREY, c. de Laignes (Côte-d'Or), 25, 76, 322, 389.
LATHENON, comm. de Saxy-Bourdon (Nièvre), 495.
LATRECEY, c. de Châteauvillain (Haute-Marne), 259.
LAUMES, comm. de Venarey (Côte-d'Or), 235.
LAUSANNE (Suisse), 24.
LAUTREVILLE, comm. de Saint-Germain-des-Champs (Yonne), 523.
LAVAU, c. de Saint-Fargeau (Yonne), 57.
LAVAUX, arr. d'Autun (Saône-et-Loire), 78.
LAWFELD, 190.
LÉDAURÉE, arr. de Semur (Côte-d'Or), 520.
LELEX, en Bourgogne, 301.
LEUGNY, c. de Toucy (Yonne), 193, 194, 533.
LICHÈRES, c. de Chablis (Yonne), 12, 35, 274.
LICHÈRES, c. de Vézelay (Yonne), 52, 268.
LIÉGE (Belgique), 201.
LIGNY-LE-CHATEL, arr. d'Auxerre (Yonne), 21, 51, 249.
LILLE (Nord), 90.
LIMOGES (Haute-Vienne), 148.
LINANT, comm. de Turny (Yonne), 49.
LINARD, en Sénonais, 454.
LINGOULT, comm. de Saint-Germain-des-Champs (Yonne), 471, 522.
LISBONNE (Portugal), 231.
LIVRY, c. de Gonesse (Seine-et-Oise), 35, 36.

TABLE GÉOGRAPHIQUE.

LONGECOURT, c. d'Arnay-le-Duc (Côte-d'Or), 192.
LONGEPIERRE, c. de Verdun (Saône-et-Loire), 101, 158, 467, 468.
LONGUAY, comm. de Dancevoir (Aube), 7, 259.
LONGUEVILLE, arr. de Dieppe (Seine-Inférieure), 139, 430.
LONGWY, arr. de Briey (Moselle), 200, 538, 550.
LORMES, arr. de Clamecy (Nièvre), 36, 73, 79, 165, 167, 191, 225, 494.
LOUAN, c. de Villiers-Saint-Georges (Seine-et-Marne), 519.
LOUL, arr. d'Autun (Saône-et-Loire), 78.
LOUVAIN (Belgique), 200.
LOUVIERS (Eure), 83, 549.
LUCENAY (Côte-d'Or), 143, 145, 444.
LUCENAY-LE-DUC, c. de Montbard (Côte-d'Or), 57.
LUCENAY-L'ÉVÊQUE, arr. d'Autun (Saône-et-Loire), 68.
LUÇON, arr. de Fontenay (Vendée), 174, 178, 519.
LUCY-LE-BOIS, c. d'Avallon (Yonne), 202.
LUCY-SUR-CURE, c. de Vermenton (Yonne), 463.
LUNÉVILLE (Meurthe), 223.
LUNOISE, en Bourbonnais, 113.
LUOT, en Sénonais, 131, 511.
LUSSART, en Bourgogne, 100.
LUSSY (Seine-et-Oise), 533, 535.
LUXINE, en Champagne, 259.
LYON (Rhône), 106, 113, 318.
LYS, c. de Tannay (Nièvre), 122, 432, 442, 445-447.
MACON (Saône-et-Loire), 67, 68, 364, 418.
MAESTRICHT, 190.
MAGNAN, c. d'Essoyes (Aube), 470, 532.
MAGNY-FOUCHARD, c. de Vendeuvre (Aube), 163, 165, 191, 471, 478, 489, 491, 495, 520, 543.
MAGNY-SUR-TILLE, c. de Genlis (Côte-d'Or), 12, 18, 41-43, 45, 312, 339, 341, 348.
MAGNY, c. d'Avallon (Yonne), 43, 290.

MAGNY, com. de Merry-sur-Yonne (Yonne), 506.
MAILLY-LE-CHATEAU, c. de Coulanges-sur-Yonne (Yonne), 87, 132, 135, 252, 487.
MAIRY, en Bourgogne, 100.
MAISON-BLANCHE, comm. de Crain (Yonne), 490, 506.
MAISON-FORT, comm. de Saint-Loup-d'Ordon (Yonne), 469.
MAISIÈRES, arr. de Chalon-sur-Saône (Saône-et-Loire), 304.
MAIZIÈRES, c. de Tannay (Nièvre), 94.
MALAIN, c. de Sombernon (Côte-d'Or), 100.
MALERESINE, en Bourgogne, 362.
MALICORNE, c. de Charny (Yonne), 489.
MALIGNY, c. de Ligny-le-Châtel (Yonne), 20, 61, 309, 333, 437.
MALINES (Belgique), 389.
MALPLAQUET, comm. de Taisnières-sur-Hon (Nord), 180.
MANCY, c. d'Avize (Marne), 174, 508, 519.
MANGIN (Ardennes), 115.
MANTES (Seine-et-Oise), 81, 206, 389.
MANVILLÉ (Haute-Marne), 20.
MARBEVILLE, c. de Vignory (Haute-Marne), 470.
MARROTTE, c. de Saint-Mihiel (Meuse), 489.
MARCHE, c. de Montcenis (Saône-et-Loire), 509.
MARCHESEUIL, comm. de Saint-Germain-des-Champs (Yonne), 436, 471, 525.
MARCILLY, arr. de Charolles (Saône-et-Loire), 125.
MARCILLY, comm. de Provency (Yonne), 72, 77.
MARCOUX, 550.
MAREUIL, 451.
MARIGNY-LE-CAHOUET, canton de Flavigny (Côte-d'Or), 77, 406.
MARIGNY-L'ÉGLISE, c. de Lormes (Nièvre), 104, 105, 117, 139, 151, 152, 165, 173, 175, 180, 205, 495, 507, 519, 520, 530, 531, 535, 536, 541, 543.
MARIGNY-LA-VILLE, ibidem, 152, 495, 530.

MARIGNY-SUR-OUCHE, arr. de Beaune (Côte-d'Or), 30, 43.
MARMAGNE, c. de Montbard (Côte-d'Or), 19, 22, 72, 301, 313, 314.
MARMEAUX, c. de Guillon (Yonne), 8, 9, 44, 45, 48, 75-77, 269, 271, 294, 328, 332, 342, 352, 362, 413.
MARMOILLAN, en Bourgogne, 49.
MARRAULT, comm. de Magny (Yonne), 64, 69, 103, 548.
MARREY, comm. de Cussy-en-Morvand (Saône-et-Loire), 152, 192, 457-461.
MARSAL, c. de Vic (Meurthe), 140, 141, 491, 545.
MARSANNAY, c. de Dijon (Côte-d'Or), 15, 283.
MARSEILLE (Bouches-du-Rhône), 234.
MASANDIN, arr. d'Autun (Saône-et-Loire), 78.
MASSANGIS, c. de l'Isle (Yonne), 5, 6, 12, 30, 252, 255, 275.
MASSY, c. de Cluny (Saône-et-Loire), 126.
MAUCREUX, comm. de Faverolles (Aisne), 233.
MAULVIC ou MAURUPT, c. de Thièblemont (Marne), 150, 451, 490, 544.
MAUPAS, en Nivernais, 469.
MAVILLY, c. de Beaune (Côte-d'Or), 42.
MAZIGNIEN, c. de Marigny-l'Église (Nièvre), 94.
MEAUCE, comm. de Saincaize (Nièvre), 454.
MEAUX (Seine-et-Marne), 207.
MEIX-DE-CHALAUX (Nièvre), 112, 149, 167, 420, 494, 531.
MEIX-DE-ST-GERMAIN-DES-CHAMPS (Yonne), 107, 433, 436, 440, 522-525, 543, 549.
MELLO, c. de Creil (Oise), 36.
MELUN (Côte-d'Or), 520.
MELUN (Seine-et-Marne), 82.
MENADES, c. d'Avallon (Yonne), 144.
MENETOU, c. de Saint-Pierre-du-Mont (Nièvre), 112, 426.
MENÉTREUX, c. de Semur (Côte-d'Or), 69.
MENIN, 205.

MENNEMOIS, c. de Quarré-les-Tombes (Yonne), 102, 191.
MÉRIEL, c. de l'Isle-Adam (Seine-et-Oise), 178, 518, 519.
MERRY-LE-SEC, c. de Courson (Yonne), 136, 468, 469.
MERRY-SUR-YONNE, c. de Coulanges-sur-Yonne (Yonne), 145.
MÉRY, c. de l'Isle-Adam (Seine-et-Oise), 178, 179, 518-520, 527, 533, 535.
METZ (Moselle), 141, 143, 147, 233, 447, 529, 545.
METZ-LE-COMTE, c. de Tannay (Nièvre), 105.
MEUDON, c. de Sèvres (Seine-et-Oise), 219, 221, 540.
MEULAN, arr. de Versailles (Seine-et-Oise), 81, 389.
MEULOT, comm. de Saint-André-en-Morvand (Nièvre), 471, 521, 524, 530.
MEURÉ, comm. de la Collancelle (Nièvre), 495.
MEURSAULT, c. de Beaune (Côte-d'Or), 12, 14, 16-18, 281, 286, 287, 304, 305.
MÉZIÈRES (Ardennes), 474, 475.
MILLEBERT ou MIRBAULT, comm. de Decize (Nièvre), 143, 444.
MINDEN, 190.
MIREMONT (Saône-et-Loire), 125.
MISERY, comm. de Crain (Yonne), 468.
MOCHEREM (Haute-Marne), 19.
MOCQUE, comm. de Saint-Martin-du-Tronsec (Nièvre), 104, 106, 414.
MOGNEVILLE, c. de Liancourt (Oise), 490.
MOISY, arr. d'Autun (Saône-et-Loire), 78.
MOLAN, en Bourgogne, 462.
MOLESMES, c. de Laignes (Côte-d'Or), 12, 21, 22, 24, 25, 154, 155, 250, 261, 272, 274, 301, 311-313, 321, 322, 484, 485, 487, 495, 498, 500-505.
MONCEAU, comm. de Roussillon (Saône-et-Loire), 153.
MONCEAU, comm. de Talcy (Yonne), 46, 76, 352.

MONCEAU-LE-COMTE, c. de Tannay (Nièvre), 104, 105.
MONCORBON, c. de Châteaurenard (Loiret), 454.
MONFAU, en Bourgogne), 379.
MONLOY, comm. de Marigny-l'Église (Nièvre), 151, 530.
MONS-EN-PUELLE, c. de Pont-à-Marcq (Nord), 49.
MONT-LÈS-MONCEAUX-LE-COMTE, comm. de Ruages (Nièvre), 433.
MONT, comm de Marigny-l'Eglise (Nièvre), 112, 149, 167, 420, 494, 531.
MONT (Saône-et-Loire), 113, 430.
MONT-DE-CHAMPLOIS, comm. de Quarré-les-Tombes (Yonne), 478.
MONTABOIS, 518.
MONTAGU, c. de Conliége (Jura), 91, 403.
MONTAIGUILLON, en Bourgogne, 86.
MONTARGIS (Loiret), 40.
MONTBARD, arr. de Semur (Côte-d'Or), 47, 57, 87, 321, 355, 360, 490.
MONTCENIS, arr. d'Autun (Saône-et-Loire), 443, 509, 510.
MONTCIMET, comm. de Cussy-en-Morvand (Saône-et-Loire), 153, 461.
MONTCONTOUR, arr. de Loudun (Vienne), 145.
MONTREÇON, comm. de Saint-Martin-du-Puits (Nièvre), 433, 547.
MONT-DE-GENNES (Sarthe), 112.
MONTÉCHARD (Ile-de-France), 134.
MONTÉCLER, en Champagne, 36.
MONTEGOUX, arr. d'Autun (Saône-et-Loire), 144.
MONTENOISON, c. de Prémery (Nièvre), 104.
MONTENY, arr. de Fontainebleau (Seine-et-Marne), 477.
MONTEREAU, ibidem, 81, 85.
MONTET-AUX-MOINES, arr. de Moulins (Allier), 113.
MONTGAILLARD, c. de Lavit (Tarn-et-Garonne), 220.
MONTGAUDIER, comm. de Quarré (Yonne), 523.
MONTGOUBLIN, comm. de Saint-Bénin-d'Azy (Nièvre), 130, 136, 468, 510, 515.

MONTHELON, comm. de Montréal (Yonne), 32, 328.
MONTIGNY (Côte-d'Or), 520.
MONTIGNY, en Nivernais, 495.
MONTIGNY, 519.
MONTIGNY, comm. de Saint-Germain-des-Champs (Yonne), 522, 524.
MONTIGNY-LE-ROI, arr. de Langres (Haute-Marne), 491.
MONTILLE, arr. de Semur (Côte-d'Or), 70, 370, 372.
MONTILS-LÈS-TOURS (Indre-et-Loire), 109, 418.
MONTJALIN, comm. de Sauvigny-le-Bois (Yonne), 7, 26, 259, 267, 271, 290.
MONTJARDIN, comm. de Fertèvre (Nièvre), 444.
MONTLAY, c. de Saulieu (Côte-d'Or), 520.
MONTLHÉRY, c. d'Arpajon (Seine-et-Oise), 81, 390.
MONTMARDELAIN, comm. de Saint-Germain-des-Champs (Yonne), 116, 433, 439, 471, 473, 522, 525.
MONTOILLOT, c. de Sombernon (Côte-d'Or), 144, 443.
MONTOST, c. d'Andelot (Haute-Marne), 49.
MONTPERROUX, comm. de Grury (Saône-et-Loire), 67, 69, 367.
MONTRÉAL, c. de Guillon (Yonne), 1-5, 9, 10, 12, 16, 26, 27, 29, 31-33, 35, 37-40, 47, 48, 55, 58, 60, 68, 77, 247, 249, 267, 270-272, 274, 275, 277, 278, 286, 287, 289, 290, 292, 294, 310, 320, 321, 326-331, 334, 337, 340, 341, 351, 357, 363, 368.
MONTREUIL, en Picardie, 35, 330.
MONT-SAINT-JEAN, c. de Pouilly (Côte-d'Or), 92, 100, 101, 104, 400, 402, 549.
MONT-SAINT-VINCENT, arr. de Chalon (Saône-et-Loire), 35, 331.
MONTSAUCHE, arr. de Château-Chinon (Nièvre), 113.
MONTSAUGEON, arr. de Langres (Haute-Marne), 21, 24, 108, 547.
MORANGIS, c. d'Avize (Marne), 174, 508, 519, 527.

MORET, arr. de Fontainebleau (Seine-et-Marne), 210.
MORGNY, c. d'Etrépagny (Eure), 205, 231, 532.
MORIMOND, c. de Langres (Haute-Marne), 42.
MOROGES, c. de Buxy (Saône-et-Loire), 125.
MORVILLIERS, c. de Soulaines (Aube), 110, 435.
MOTHE (la), (Gironde), 536.
MOTTE-ASILLY, c. de Nogent-sur-Seine (Aube), 121.
MOTTE DE CHEVANNES, c. ouest d'Auxerre (Yonne), 121, 123, 446.
MOULINS (Allier), 155, 157.
MOULINS, c. de Noyers (Yonne), 462.
MOURONS, comm. de Diges (Yonne), 109.
MOUSTIER-LA-CELLE, arr. de Troyes (Aube), 49.
MOUTAT, comm. de Saint-André-en-Morvand (Nièvre), 471, 521, 524.
MOUTIER-SAINT-JEAN, c. de Montbard (Côte-d'Or), 9, 28, 44, 46, 55, 57, 62, 64, 269, 272, 309, 334, 339, 342, 343, 350, 374.
MOUTIERS, c. de Saint-Sauveur (Yonne), 263, 266.
MOUTOMBLE, comm. de Sainte-Colombe (Yonne), 46, 342.
MURAT, en Auvergne, 174.
MUSIGNY, c. d'Arnay-le-Duc (Côte-d'Or), 192, 458.
MUSSY, arr. de Bar-sur-Seine (Aube), 24.
NAN-SOUS-THIL, c. de Précy (Côte-d'Or), 365.
NANCRAIS, arr. de Clamecy (Nièvre), 68.
NANCY (Meurthe), 108, 200, 208.
NANTOUILLET, c. de Claye (Seine-et-Marne), 431.
NAPLES (Italie), 209, 215-217, 220, 221.
NARBOIS, comm. de Saint-André-en-Morvand (Nièvre), 525.
NARBONNE (Aube), 209.
NARCY, c. de la Charité (Nièvre), 468.
NEGREPELISSE, arr. de Montauban (Tarn-et-Garonne), 151.

NEMOIS, comm. de Quarré-les-Tombes (Yonne), 191.
NÉRAC (Lot-et-Garonne), 544.
NESLE, comm. de Saint-André-en-Morvand (Nièvre), 523.
NEUFCHATEL (Suisse), 114, 423, 430, 547.
NEUFCHATEL, arr. de Laon (Aisne), 527.
NEUFFONTAINES, c. de Tannay (Nièvre), 75.
NEUILLY, c. ouest de Dijon (Côte-d'Or), 12, 41, 42, 45, 55, 291, 292, 310, 341.
NEUVY, c. de Flogny (Yonne), 260.
NEVERS (Nièvre), 65, 67, 73, 78, 100, 105-107, 115, 117, 133, 139, 149, 155, 162, 163, 175, 182, 205, 207, 252, 272, 478, 529, 547.
NICEY, c. de Laignes (Côte-d'Or), 24.
NIEUPORT, 175.
NIORT (Deux-Sèvres), 507.
NITRY, c. de Noyers (Yonne), 5, 12, 30, 252, 274, 311.
NOIRON, c. de Gevrey (Côte-d'Or), 24, 322.
NOISON, comm. de Montenoison (Nièvre), 104, 106.
NOLAY, arr. de Beaune (Côte-d'Or), 116.
NORDLINGUE, 135, 166, 170, 541.
NOTRE-DAME-DE-BOULOGNE, 508.
NOTRE-DAME-DE-GOURNAY (Seine-Inférieure), 35, 330.
NOTRE-DAME-DE-MOUSTIER en Argonne, 169.
NOTRE-DAME-AUX-NONNAINS (Aube), 49.
NOTRE-DAME-DES-VERTUS à Auxerre, 126, 513, 514.
NOUVEAUX (les), 489.
NOYERS, arr. de Tonnerre (Yonne), 25, 45, 311, 333, 490.
NOYON, arr. de Compiègne (Oise), 37, 163.
NUAS, comm. de Painblanc (Côte-d'Or), 66, 70, 71, 368.
NUARS, c. de Tannay (Nièvre), 75, 76, 104, 458.
NUBÉCOURT, c. de Triaucourt (Meuse), 490.
NUITS, c. d'Ancy-le-Franc (Yonne), 332, 384.
OLONNE, c. des Sables (Vendée), 507.

ORIGNY, c. de Ribemont (Aisne), 121, 168, 464.
ORLÉANS (Loiret), 110, 172, 209, 503.
ORMOY, c. de Seignelay (Yonne), 49.
ORVAL (Belgique), 163, 220.
OSNY, c. de Pontoise (Seine-et-Oise), 173, 174, 507.
OSTERODE, 191.
OUAGNE, c. de Clamecy (Nièvre), 136.
OUCHE, comm. de Saint-André-en-Morvand (Nièvre), 167, 433, 471, 472, 523, 524.
OUDENARDE, 180.
OUDUN, comm. de Joux-la-Ville (Yonne), 4, 30, 249, 250, 252, 317.
OUGES, c. ouest de Dijon (Côte-d'Or), 56, 293.
OUROUER, c. de Nérondes (Cher,) 130.
OUROUX, c. de Montsauche (Nièvre), 458.
PACY-SUR-EURE, arr. d'Évreux (Eure), 214.
PACY, c. d'Ancy-le-Franc (Yonne), 61, 333.
PAGNY, c. de Seurre (Côte-d'Or), 179, 397.
PAINBLANC, c. de Bligny-sur-Ouche (Côte-d'Or), 66, 70, 71, 368.
PALISSE (la) (Allier), 494.
PALLEAU, comm. d'Aillant (Yonne), 490.
PANGES, c. de Saint-Seine (Côte-d'Or), 56, 291.
PAQUIER, comm. de Painblanc (Côte-d'Or), 66, 70, 71, 368.
PARC-VIEIL, comm. de Champignelles (Yonne), 454.
PARIS, 15, 36, 50, 67, 73, 80-82, 84, 85, 88, 89, 110, 111, 115-117, 121, 133, 137, 150, 173, 174, 177-179, 186, 188-196, 199, 202, 205-207, 209, 214, 217, 220-223, 226, 227, 229-231, 233, 234, 236, 337, 353, 354, 377, 378, 385, 391, 396, 397, 400, 409, 419, 430, 434, 435, 445, 449, 451-453, 462, 465, 466, 476, 487, 490, 491, 501, 502, 507, 508, 510, 512, 517-519, 526, 529, 531-534, 536, 540-545, 548-552, 554-557.
PARME, 213.
PASILLY, c. de Noyers (Yonne), 76, 77, 413.

PASSY, comm. de Varennes-lès-Narcy (Nièvre), 76.
PENTHIÈVRE, comm. de Quiberon (Morbihan), 227.
PÉRONNE (Somme), 491, 547.
PERPIGNAN (Pyrénées-Orientales), 167, 181.
PERRANCEY, arr. de Langres (Haute-Marne), 26.
PERRET, 520.
PERRIGNY, 150, 451, 490, 544.
PERRIGNY, arr. de Dijon (Côte-d'Or), 43.
PERRIGNY, c. ouest d'Auxerre (Yonne), 133, 454.
PERRIGNY, comm. d'Annay-sur-Serain (Yonne), 292.
PESAY, en Nivernais, 426.
PESCHER, comm. de Sérillac (Corrèze), 178, 518, 519.
PESEAU, comm. de Boulleret (Cher), 238.
PESIANCOURT, en Picardie, 49.
PESSELIÈRES, comm. de Sougères (Yonne), 130, 263, 266, 468.
PESTEAU, comm. de Merry-Sec (Yonne), 468.
PHILADELPHIE (Etats-Unis), 199.
PIERREFITE, comm. de Chaulgne (Nièvre), 72, 75, 76, 389, 468.
PIERRE-QUI-VIRE, comm. de Saint-Léger-Vauban (Yonne), 235, 558, 559.
PIGNEROL (Italie), 174.
PISANÇON, comm. de Chatuzanges (Drôme), 233, 234.
PISE (Italie), 217.
PISY, c. de Guillon (Yonne), 16, 34, 77, 116, 142, 433, 442.
PLANES, en Puisaye, 134.
PLERS, en Beauce, 89, 399.
PLESSIS, en Bourbonnais, 113, 114.
PLESSIS-PASTÉ, c. de Longjumeau (Seine-et-Oise), 116.
PLIMONT, 451, 540.
PLUVAULT, c. de Genlis (Côte-d'Or), 144, 145.
POINCY, comm. de Bona (Nièvre), 167, 494.
POISOT, arr. d'Autun (Saône-et-Loire), 78.

POISSE, comm. de Druyes (Yonne), 263, 266.
POISSY, arr. de Versailles (Seine-et-Oise), 38, 81, 338, 389.
POITIERS (Vienne), 67, 113, 162, 209, 233, 544.
POLIGNY (Jura), 166.
POMMARD, c. nord de Beaune (Côte-d'Or), 179.
PONTAILLER, arr. de Dijon (Côte-d'Or), 145.
PONTAUBERT, c. d'Avallon (Yonne), 28, 35, 303, 334, 489, 523.
PONT-D'AISY, comm. d'Aisy-sous-Thil (Côte-d'Or), 30, 39, 326, 351.
PONTIGNY, c. de Ligny-le-Châtel (Yonne), 5, 6, 10, 12, 13, 17-19, 27, 31, 51, 65, 249, 250, 252-255, 274, 277, 279, 288, 289, 293, 294, 296, 297, 319, 326.
PONTOISE (Seine-et-Oise), 35, 81, 92, 173, 389, 507, 518.
PONTRINCOURT, 110.
PONT-SAINT-DIDIER, c. de Tannay (Nièvre), 55, 73, 75, 272, 400, 401.
PONTVOIR (Savoie), 122.
PONTWAYM (Haute-Marne), 19.
PORCHERESSE, comm. d'Auxy (Saône-et-Loire), 122.
PORTMORT, c. de Vernon (Eure), 207.
POUGUES, arr. de Nevers (Nièvre), 105.
POULANGY, c. de Nogent (Haute-Marne), 179.
POURLY, comm. de Joux-la-Ville (Yonne), 252.
POUSSERY, comm. de Montaron (Nièvre), 495.
POUSSEY, comm. de Maizières-la-Grande-Paroisse (Aube), 121.
PRASLIN, c. de Chaource (Aube), 76.
PRÉCY, 451.
PRÉCY-SOUS-THIL, arr. de Semur (Côte-d'Or), 326.
PRÉCY-LE-MOU, comm. de Pierre-Perthuis (Yonne), 144.
PRÉGILBERT, c. de Vermenton (Yonne), 112, 117, 121, 420, 421, 433, 446, 463, 468, 469, 492.
PRÉJOUAN, comm. d'Étaules (Yonne), 458, 466.
PRÉMONTRÉ, c. de Coucy (Aisne), 503.
PRÉNIVANGE, 474.
PRESLES, comm. de Cussy-les-Forges (Yonne), 65, 86, 90, 115, 427, 442.
PRESSAGNY, c. d'Écos (Eure), 207.
PRIME (Côte-d'Or), 397.
PROVENCHÈRE, comm. de Saint-Léger-Vauban (Yonne), 558.
PTOLÉMAÏS (Syrie), 17.
PUISEUX, arr. de Beauvais (Oise), 186.
PUTOT, comm. de Merry-Sec (Yonne), 454.
PUY-D'ORBE, arr. de Châtillon (Côte-d'Or), 7, 254.
PUY-DE-SAISI, c. de Tannay (Nièvre), 454.
QUARRÉ-LES-TOMBES, arr. d'Avallon (Yonne), 70, 76, 102, 116, 139, 141, 142, 151, 165, 166, 173, 175, 191, 205, 225, 375, 433, 439, 468, 478, 482, 489, 495, 507, 517, 519-520, 523, 525, 526, 531, 534, 536-540, 549, 558.
QUATRE-VENTS, comm. de Chastellux, (Yonne), 172, 522.
QUERQUEBU, en Normandie, 116.
QUESNOY, arr. d'Avesnes (Nord), 180.
QUEUSON, comm. de Marigny-l'Église (Nièvre), 117, 471, 473, 530.
QUIERS (Italie), 166.
QUINCIZE, comm de Poussignol-Blismes (Nièvre), 408.
QUINCY-LE-VICOMTE, c. de Montbard (Côte-d'Or), 526.
RABASTENS, en Beauce, 89, 399.
RAGNY, commune de Savigny-en-Terre-Plaine (Yonne), 115, 406, 413, 427, 451, 546.
RAILLY, commune de Saint-Germain-des-Champs (Yonne), 490, 521, 526.
RAINCHEVAL, c. d'Acheux (Somme), 375.
RAMILLIES, c. est de Cambrai (Nord), 193.
RANGECOURT, c. de Clémont (Haute-Marne), 25.

RAON, en Lorraine, 101, 397.
RASILLY, c. de Chinon (Indre-et-Loire), 97, 413.
RAUZAN, c. de Pujols (Gironde), 209.
RAVIÈRES, c. d'Ancy-le-Franc (Yonne), 44, 45, 47, 49, 50, 63, 242, 264, 324, 338, 341, 348, 352, 359, 362, 375-388.
RÉCONFORT, comm. de Saizy (Nièvre), 401.
RECOURT, c. de Montigny-le-Roi (Haute-Marne), 492.
RÉGENNES, comm. d'Appoigny (Yonne), 534.
REIGNY, comm. de Vermenton (Yonne), 3-5, 7, 9, 12, 13, 17, 26, 27, 30, 34, 41, 51-54, 56, 58, 59, 147, 150, 166, 169, 248, 254, 256, 258, 259, 261-264, 266-268, 271, 272, 288-290, 295, 317, 319, 329-331, 455, 458, 466, 467. 487, 520, 554.
REIMS (Marne), 553.
REMIREMONT (Vosges), 125, 126, 136.
RENNES (Ile-et-Vilaine), 529.
RÉÔMÉ, 327. Voy. MOUTIER-SAINT-JEAN.
RESSON, comm. de la Faulsotte (Aube), 442.
REYNEL, c. d'Andelot (Haute-Marne), 150, 451, 490.
RIBOURDIN, comm. de Chevannes (Yonne), 468.
RIPPE (la), comm. de Merry-sur-Yonne (Yonne), 122, 447, 454.
RISOCOURT (Haute-Marne), 378.
RIVEAU, en Bourgogne, 277.
RIVIÈRE, comm. de Couloutre (Nièvre), 75.
RIVIÈRE (Saône-et-Loire), 397.
RIVIÈRE, comm. de Chastellux (Yonne), 172, 471, 522, 526.
ROBÉCOURT, c. de Lamarche (Vosges), 489.
ROCATELLE (la), comm. de Rumilly-les-Vaudes (Aube), 127, 506.
ROCHE (la), c. de Montcenis (Saône-et-Loire), 509.
ROCHE-DE-NOLAY, arr. de Beaune (Côte-d'Or), 397.
ROCHEFORT (Charente - Inférieure), 177, 178, 474, 521.
ROCHEFORT, arr. de Châtillon (Côte-d'Or), 47, 362.
ROCHELLE (Charente-Inférieure), 148, 227.
ROCHET (Haute-Marne), 20.
ROCHETAILLES (Saône-et-Loire), 64.
RODEMACH, c. de Cuttenom (Moselle), 436.
ROILLY, c. de Précy-sous-Thil (Côte-d'Or), 100.
ROLLE, arr. d'Autun (Saône-et-Loire), 192.
ROME (Italie), 152, 153, 210, 213, 229, 234.
ROMILLY-SUR-SEINE, arr. de Nogent (Aube), 437.
RONCE (la), comm. de Saint-Germain-des-Champs (Yonne), 167, 471, 522, 524, 525.
ROSAY, c. de Mantes (Seine-et-Oise), 451.
ROSIÈRES, c. de Troyes (Aube), 292.
ROTHELIN, 114, 423, 547.
ROUCOUX, 190.
ROUEN (Seine-Inférieure), 81, 150, 214, 391, 533.
ROUGEMONT, c. de Montbard (Côte-d'Or), 55, 112, 168, 272, 278.
ROUSSELET, 468.
ROUSSET, c. de la Guiche (Saône-et-Loire), 490.
ROUSSILLON, canton de Lucenay-l'Evêque (Saône-et-Loire), 153, 156, 158, 192, 215, 217, 231, 437, 461, 465, 468, 495.
ROUVRAY, c. de Précy-sous-Thil (Côte-d'Or), 63, 275, 334, 374.
ROUVRE, c. de Genlis (Côte-d'Or), 57, 443.
ROUVRE, comm. de Vermenton (Yonne), 51, 52, 254, 263, 264, 288.
RUE-CHENOT, com. de Chastellux (Yonne), 172, 471, 521, 524, 530.
RUE-DE-LA-CROIX, commune de Chastellux (Yonne), 521, 524.
RUE-PERRIN, comm. de Chastellux (Yonne), 172, 530.
RUÈRE, com. de St-Léger-Vauban (Yonne), 70.
RUFFEY, c. sud de Beaune (Côte-d'Or), 65.
RUISSOTTE, comm. de Saint-Germain-des-Champs (Yonne), 433, 471, 522, 524.
RULLY, c. de Chagny (Saône-et-Loire), 447.

RUMILLY-LES-VAUDES, c. de Bar-sur-Seine (Aube), 127.
SACY, c. de Vermenton (Yonne), 51, 251.
SAINCAIZE, c. de Nevers (Nièvre), 454.
SAINT-AMBROISE, comm. de Châtel-Gérard (Yonne), 46.
SAINT-AMAND (Cher), 489.
SAINT-AMOUR, arrond. de Lons-le-Saulnier (Jura), 157.
SAINT-ANDEUX, c. de Saulieu (Côte-d'Or), 69.
SAINT-ANDOCHE-D'AUTUN, 153.
SAINT-ANDRÉ-EN-MORVAND, c. de Lormes (Nièvre), 102, 115, 142, 164, 168, 169, 172, 471, 479, 490, 495, 530.
SAINT-ANDRÉ-EN-TERRE-PLAINE, c. de Guillon (Yonne), 27, 32, 327.
SAINT-ANDRÉ-DE-VILLENEUVE-LES-AVIGNON (Vaucluse), 181, 539.
SAINT-AGNAN-DE-TONNERRE, 301.
SAINT-ANTOINE-DE-LA-MARCHE, 348.
SAINT-APTAS, comm. de Quarré (Yonne), 523.
SAINT-AUBIN, c. de Nolay (Côte-d'Or), 520.
SAINT-AUBIN, c. de la Charité (Nièvre), 130.
SAINT-AVIT, c. de Brou (Eure-et-Loir), 116, 434.
SAINT-BÉNIGNE-DE-DIJON, 13, 23, 25, 43, 46, 50, 245, 279, 282, 308, 309, 314, 317, 318, 348.
SAINT-BEURY, c. de Vitteaux (Côte-d'Or), 71.
SAINT-BRIS, canton est d'Auxerre (Yonne), 36, 47, 120, 362, 406.
SAINT-CHAMANS, c. d'Argentat (Corrèze), 178.
SAINTE-CHAPELLE-DE-DIJON, 107, 153, 208, 481.
SAINTE-COLOMBE, arrond. de Pontarlier (Doubs), 528.
SAINTE-COLOMBE, c. de l'Isle (Yonne), 10, 46, 270, 342.
SAINTE-CROIX, en Bourgogne, 114, 179, 428, 430, 546.
SAINT-CYR, en Bourgogne, 11, 273.

SAINT-CYR, c. ouest de Versailles (Seine-et-Oise), 209, 536.
SAINT-DENIS (Seine), 85, 544, 548.
SAINT-DÉSERT, c. de Givry (Saône-et-Loire), 64.
SAINT-DIDIER, 533.
SAINT-ETIENNE, c. d'Attichy (Oise), 527.
SAINT-ETIENNE de Dijon, 43, 50, 51, 56, 245, 264, 291, 307, 308, 347, 349, 472.
SAINT-FARGEAU, arr. de Joigny (Yonne), 399.
SAINT-FLORENTIN, arr. d'Auxerre (Yonne), 139.
SAINT-FRANCHY, canton de Saint-Saulge (Nièvre), 167, 494.
SAINT-GEORGES, c. de Clerval (Doubs), 114, 423, 547.
SAINT-GERMAIN, en Bourgogne, 20.
SAINT-GERMAIN-DE-LAVAL, en Forez, 113.
SAINT-GERMAIN-DES-CHAMPS, c. de Quarré-les-Tombes (Yonne), 73, 97, 102, 429, 433, 439, 471, 490, 495, 522, 524, 525.
SAINT-GERMAIN-EN-LAYE, arr. de Versailles (Seine-et-Oise), 162, 170, 484, 512, 542.
SAINT-GILLES, arr. de Nimes (Gard), 220.
SAINT-JACQUES-DE-PROVINS, 437.
ST-JEAN-D'ANGELY (Charente-Inférieure), 148, 152, 162, 186.
SAINT-JEAN-LE-GRAND d'Autun, 112, 168, 277.
SAINT-JEAN-LES-BONSHOMMES, comm. de Sauvigny-le-Bois (Yonne), 27.
SAINT-JEAN-DE-LOSNE, arrond. de Beaune (Côte-d'Or), 25, 166.
SAINT-JEAN-DE-LYON, 152.
SAINT-JOUIN, c. de Dozulé (Calvados), 528.
SAINT-JULIEN (prieuré) (Saône-et-Loire), 168.
SAINT-JULIEN d'Auxerre, 107.
SAINT-JUST, c. d'Anglure (Marne), 109, 110, 417, 418.
SAINT-LAURENT, arr. de Bourg (Ain), 416.
SAINT-LÉGER-SUR-DHEUNE, c. de Chagny (Saône-et-Loire), 123, 447.
SAINT-LÉGER-DE-FOURCHERET, c. de Quar-

ré-les-Tombes (Yonne), 140, 147, 235, 558.
SAINT-LÉONARD-DE-CORBIGNY, 162, 163, 495.
SAINT-LOUP d'Auxerre, 103, 134.
SAINT-MARC, com. de Nuits-sous-Ravières (Yonne), 45.
SAINT-MARTIN d'Autun, 13, 64, 113, 250, 276, 277.
SAINT-MARTIN de Tours, 8, 12, 18, 19, 23, 51, 60, 61, 255, 256, 294-299, 318, 505.
SAINT-MARTIN de Vic, 227.
SAINT-MAURICE, arr. de Montargis (Loiret), 134, 476, 478, 493, 511, 533.
SAINTE-MENEHOULD (Marne), 491, 549.
SAINTE-MESME, c. sud de Dourdan (Seine-et-Oise), 508.
SAINTE-PALLAYE, c. de Vermenton (Yonne), 105, 112, 117, 121, 122, 169, 420, 421, 433, 446, 468, 492, 493.
SAINT-PARISE, c. de Saint-Pierre-le-Moutier (Nièvre), 36, 495.
SAINT-PÈRE, c. de Vézelay (Yonne), 172.
SAINTE-PÉREUSE, c. de Château-Chinon (Nièvre), 136.
SAINTE-PÉRINE-DE-LA-VILLETTE, 180.
SAINT-PIERRE-DE-REBAIS, arr. de Coulommiers (Seine-et-Marne), 169.
SAINT-PIERRE-EN-CAUX, en Normandie, 115.
SAINT-PIERRE-EN-VAUX, comm. d'Arnay-le-Duc (Côte-d'Or), 68, 144.
SAINT-PIERRE-LE-MOUTIER, arr. de Nevers (Nièvre), 112, 400, 412, 419, 494.
SAINT-SEINE, arr. de Dijon (Côte-d'Or), 13, 17, 20, 25, 56, 278, 291, 292.
SAINT-SÉPULCRE, en Champagne, 141, 444.
SAINT-SERNIN, c. de Montcenis (Saône-et-Loire), 143, 444.
SAINT-SÈVE, c. de la Réole (Gironde), 541.
SAINT-SYMPHORIEN, ibidem, 78, 126, 509.
SAINT-THIBAULT, c. de Bouilly (Aube), 163.
SAINT-THIBAULT, commune de Prégilbert (Yonne), 463.

SAINT-VERAIN, c. de Saint-Amand (Nièvre), 263.
SAINT-VINCENT, c. de Montargis (Loiret), 134, 476, 511.
SAINT-VINNEMER, c. de Cruzy (Yonne), 40, 48, 362.
SAINT-YRIEIX (Haute-Vienne), 206.
SALINS, arr. de Poligny (Jura), 40, 389.
SAMAROLLE, 123.
SANTIGNY, en Brie, 491.
SANTIGNY, c. de Guillon (Yonne), 363.
SARLAT (Dordogne), 529.
SAUCOURT, c. de Doulaincourt (Haute-Marne), 518.
SAULAY (le), fief de la châtellenie de Saint-Verain, 106, 414.
SAULCE-D'ISLAND, c. d'Avallon (Yonne), 28, 302.
SAULIEU, arr. de Semur (Côte-d'Or), 13, 161, 170, 265, 279, 286.
SAULLY, en Nivernais, 454, 468.
SAULTRONE (Saône-et-Loire), 68, 368.
SAULX, en Auxois, 445.
SAMOLLIER, en Bourgogne, 479.
SAUVIGNY-LE-BEURÉAL, canton de Guillon (Yonne), 38, 60, 62, 63, 66, 68, 275, 305, 306, 334, 367.
SAUVIGNY-LE-BOIS, c. d'Avallon (Yonne), 27, 28, 35, 298, 302, 334, 470.
SAVIGNY, c. nord de Beaune (Côte-d'Or), 64.
SAVIGNY-EN-TERRE-PLAINE, c. de Guillon (Yonne), 64, 65, 68, 349, 350, 374.
SAVOISY, c. de Laignes (Côte-d'Or), 102.
SAXEFONTAINE, en Champagne, 452, 544.
SCEAUX, c. de Guillon (Yonne), 58, 271, 320.
SEIGNELAY, arr. d'Auxerre (Yonne), 102, 115, 549.
SELONGEY, arr. de Dijon (Côte-d'Or), 18.
SEMENTRON, c. de Courson (Yonne), 463.
SEMOYENNE, en Bourgogne, 66.
SEMUR en Auxois (Côte-d'Or), 3, 9, 62, 90, 95, 157, 235, 246, 350, 374, 406, 413, 543.

TABLE GÉOGRAPHIQUE.

SENAN, c. d'Aillant (Yonne), 193, 533.
SENANOY, c. de Montcenis (Saône-et-Loire), 509.
SENNEVOY, c. de Cruzy (Yonne), 22, 313, 314.
SENLIS (Oise), 337.
SENOY, en Bourgogne, 48, 362.
SENS (Yonne), 2, 27, 80, 102, 208, 229, 235, 375-380, 382-384, 388, 393, 395, 400.
SENSY, en Nivernais, 495.
SÉRAN, en Languedoc, 220.
SERÉE, comm. de Saint-André-en-Morvand (Nièvre), 116, 142, 433, 439, 523.
SÉRY, c. de Vermenton (Yonne), 112, 117, 120, 122, 135, 420, 421, 433, 446, 468, 506.
SEUIL, arr. de Réthel (Ardennes), 115.
SEURRE, arr. de Beaune (Côte-d'Or), 114, 423, 547.
SÉVISIÈRES, en Champagne, 470.
SEYNE, c. d'Ollioules (Var), 181, 190, 205, 507, 531, 535.
SÉZANNE, arr. d'Epernay (Marne), 442.
SIÈGES, canton de Villeneuve-l'Archevêque (Yonne), 268.
SINDRE, en Puisaye, 493.
SINTZHEIM, 135.
SIRON, arr. d'Autun (Saône-et-Loire), 192.
SŒUVRE, comm. de Fontenay-sous-Vézelay (Yonne), 433, 472.
SOISSONS (Aisne), 14, 61, 281, 285, 528.
SOLIGNAC, c. de Limoges (Haute-Vienne), 227.
SOLONGE, c. d'Arnay-le-Duc (Côte-d'Or), 192.
SOMMERY LES GOTHS ET LES SETARATS, comm. d'Isenay (Nièvre), 113, 426.
SOMMEVAL, c. de Bouilly (Aube), 141.
SONCOURT, c. de Vignory (Haute-Marne), 470.
SONNETTE, comm. de Lormes (Nièvre), 462.
SOORS ou FOOLZ, arr. de Bar-sur-Seine (Aube), 207.
SOUFFERTE, 135.

SOUGÈRES, c. de Saint-Sauveur (Yonne), 263, 266.
SPA (Belgique), 200.
STRASBOURG (Bas-Rhin), 177.
SUBLENES, en Auxois, 370, 372.
SUGNY, c. de Monthois (Ardennes), 489.
SULLY, comm. de Saint-Brancher (Yonne), 462, 495.
SURVILLIERS, c. de Luzarches (Seine-et-Oise), 207.
SYLVES (Portugal), 17.
TALCY, c. de l'Isle (Yonne), 352.
TALMAY, c. de Pontailler (Côte-d'Or).
TANLAY, c. de Cruzy (Yonne), 40, 50, 376.
TANNAY, arr. de Clamecy (Nièvre), 264.
TARSUL, c. d'Is-sur-Tille (Côte-d'Or), 9, 10, 52, 256, 257, 269.
TART, c. de Genlis (Côte-d'Or), 12, 15, 18, 41-43, 46, 300, 304, 310, 315, 339, 340, 344-349.
TARTES, c. de Saint-Germain-au-Bois (Saône-et-Loire), 520.
THENAY (Saône-et-Loire), 467.
THÉNISSEY, c. de Flavigny (Côte-d'Or), 143.
THÉROUANNE, c. d'Aire (Pas-de-Calais), 99, 178.
THIANGES, c. de Decize (Nièvre), 93.
THIL-EN-AUXOIS, comm. de Précy-sous-Thil (Côte-d'Or), 30, 90, 234, 392, 403, 405, 520.
THIL-EN-FORÊT, comm. de Morgny (Eure), 206, 207, 214, 217, 229, 531, 532. Voy. BELLEFACE.
THIL-EN-VEZIN, c. d'Etrépagny (Eure), 206.
THILLIERS, ibidem, 207.
THISY, c. de Guillon (Yonne), 48, 49, 362.
THOARD, c. de Digne (Basses-Alpes), 234.
THOREY, c. de Cruzy-le-Châtel (Yonne), 52, 262, 266.
THORIGNY, comm. de Bleigny-le-Carreau (Yonne), 70, 370, 372.
THORY, comm. de Lucy-le-Bois (Yonne), 422.
THOURY, c. de Lorrez (Seine-et-Marne), 451.

THURY, c. de Nolay (Côte-d'Or), 59, 62, 64, 66, 68, 365, 367.
TINGRY, c. de Samer (Pas-de-Calais), 537.
TONNERRE (Yonne), 18, 19, 21, 22, 33, 47, 127, 260, 296, 301, 305, 311-313, 360-362, 382, 386.
TORCY en Nivernais, 89.
TORCY, au Perche, 115, 430.
TORMANCY, comm. de Massangis (Yonne), 5, 252.
TORPES, c. de Boussières (Doubs), 163.
TOUCY, arr. d'Auxerre (Yonne), 103, 132, 266.
TOUILLON, c. de Montbard (Côte-d'Or), 490.
TOULONGEON, arr. d'Autun (Saône-et-Loire), 64.
TOULOUSE (Haute-Garonne), 220, 554.
TOUR-DU-BOS, comm. de Charmoy (Saône-et-Loire), 125, 126, 506, 509, 510, 513, 517.
TOURNEDOS, c. nord d'Evreux (Eure), 134.
TOURNEHAN, c. d'Ardres (Pas-de-Calais), 36.
TOURNELLE, comm. d'Arleuf (Nièvre), 193, 534.
TOURS (Indre-et-Loire), 109, 121, 171, 172.
TOUTRY, c. de Semur (Côte-d'Or), 63, 334.
TRAINEL, arr. de Nogent (Aube), 529.
TRAMACED (Espagne), 222.
TRANNES, c. de Vendeuvre (Aube), 191.
TRAVES, c. de Scey (Haute-Saône), 123.
TRAVOISY (Saône-et-Loire), 114.
TRÉCLUN, c. d'Auxonne (Côte-d'Or), 58.
TREIGNY, c. de Saint-Sauveur (Yonne), 124, 469.
TREMBLAY, en Nivernais, 495.
TRÉMILLY, c. de Doulevant (Haute-Marne), 163, 470, 490, 543.
TRÉVILLY, c. de Guillon (Yonne), 2, 32.
TRIANON (Seine-et-Oise), 533, 535.
TRIESTE (Autriche), 216.
TROCHES ou ESTROCHES, comm. de Lâché (Nièvre), 125.

TROIS-FONTAINES, c. de Wassy (Haute-Marne), 10.
TROUHANS, c. de St-Jean-de-Losne (Côte-d'Or), 0, 291.
TROUSSOYE, comm. de Marigny-l'Eglise (Nièvre), 523, 524.
TROUVILLE-SUR-MER (Calvados), 534.
TROYES (Aube), 25, 33, 40, 47, 85, 88, 127, 141, 142, 164, 168, 208, 280, 301, 302, 323, 353, 355, 359, 360, 398, 436, 441, 442, 452, 546.
TRUCY, c. de Coulanges-sur-Yonne (Yonne), 117, 122, 433, 446, 506.
TURIN (Italie), 136, 166, 213, 231.
UCHON, c. de Mesvres (Saône-et-Loire), 71, 78, 125, 126, 369, 397, 408, 509, 513, 517.
URBIGNY, comm. de Saint-André-en-Morvand (Nièvre), 102, 471.
URÇAY, c. de Cérilly (Allier), 159.
URVILLE, c. de Bar-sur-Aube (Aube), 474, 491, 492, 543.
UXELOUP, c. de Luthenay (Nièvre), 105.
UZY, comm. de Domecy-sur-Cure (Yonne), 116, 142, 433, 439, 495, 520, 521, 524-526, 543.
VAILLY, comm. d'Alligny (Nièvre), 75.
VAL, comm. du Chesne (Eure), 207.
VAL-DE-BARGIS, en Nivernais, 468.
VAL-DE-MERCY, c. de Coulanges-les-Vineuses (Yonne), 102, 107, 110, 115, 117, 124, 129-131, 133, 135-137, 434, 442, 443, 445, 448-450, 454, 455, 476, 477, 492, 510-512, 515, 516.
VAL-DES-CHOUX, en Bourgogne, 42, 44, 45, 305, 315, 324, 366.
VAL-DES-ÉCOLIERS, ibidem, 63.
VAL-DU-PUITS, commune de Vermenton (Yonne), 490.
VAL-SAINT-BENOIT, com. d'Épinac (Saône-et-Loire), 67, 366, 367.
VAL-SAINT-JULIEN, en Bourgogne, 317.
VAL-SAINT-LIEU, ibidem, 41.
VANDEUVRE, arr. de Bar-sur-Aube (Aube), 406, 471.
VARANGES, c. de Genlis (Côte-d'Or), 41.

VARENNES, c. de La Charité (Nièvre), 75, 469.
VARENNES (Ile-de-France), 127.
VARIGNY, comm. d'Achun (Nièvre), 495.
VARREDDES, c. de Meaux (Seine-et-Marne), 207.
VASSY (Haute-Marne), 378, 379.
VASSY, comm. d'Étaules (Yonne), 374.
VATEILLES, 227.
VAUBAN, comm. de Bazoches (Nièvre), 149, 165, 531.
VAUCELLES, c. d'Anisy (Aisne), 131, 475, 476.
VAUDÉMONT, c. de Vézelise (Meurthe), 90, 403-405.
VAUDOISY, comm. de Colmery (Nièvre), 468.
VAULSEMAIN, en Champagne, 141.
VAULT-DE-LUGNY, c. d'Avallon (Yonne), 69, 72, 77, 96, 99, 100, 103, 104, 147, 148, 408-412, 433, 440, 548.
VAULT-LAMORE, en Gâtinais, 448.
VAULUISANT, comm. de Courgenay (Yonne), 9, 267, 268.
VAUMARIN, comm. de Saint-Léger-Vauban (Yonne), 558.
VAUPLAINE, comm. de Tonnerre (Yonne), 22, 313.
VAUSSE, comm. de Châtel-Gérard (Yonne), 29, 32, 34, 38, 44, 48, 242, 320, 327, 328, 350.
VAUTEAU, comm. de la Grande-Verrière (Saône-et-Loire), 123, 468.
VAUVRAY, en Champagne, 150, 451, 490, 544.
VAUVRY, comm. du Ciel (Saône-et-Loire), 533.
VAUX, c. ouest d'Auxerre (Yonne), 132.
VELARS, comm. de Quarré-les-Tombes, 72.
VELLEROT, comm. de Saint-Pierre-en-Vaux (Côte-d'Or), 68.
VELLEROT, comm. de Sceaux (Yonne), 271, 320.
VENISE (Italie), 209.
VENONE, comm. de Limanton (Nièvre), 113, 426.

VERDIÈRE, comm. de Marigny-l'Église (Nièvre), 157.
VERDUN (Meuse), 140.
VERETS, c. sud de Tours (Indre-et-Loire), 430.
VERGONCEY, comm. de Curgy (Saône-et-Loire), 114, 144.
VERGY, comm. de Reulle (Côte-d'Or), 19, 29, 52, 147, 264, 265.
VERMENTON, arr. d'Auxerre (Yonne), 267, 463.
VERMOIRON, comm. du Vault-de-Lugny (Yonne), 149.
VERNAY (Saône-et-Loire), 123.
VERNÉE, comm. de Saint-Martin-du-Puits (Nièvre), 155, 433, 530.
VERNIÈRE, comm. de Chasnay (Nièvre), 124, 468.
VÉRONE (Italie), 114.
VERNOIS, comm. de Chastellux (Yonne), 104, 172, 471, 530, 531.
VERNON, arr. d'Évreux (Eure), 81, 206, 207, 214.
VERNOT, arr. de Dijon (Côte-d'Or), 345.
VÉRONE (Italie), 230.
VERSAILLES (Seine-et-Oise), 208-210, 216, 219, 536, 538, 539, 550.
VÉSIGNEREUX (Saône-et-Loire), 458.
VÉSIGNEUX, comm. de Saint-Martin-du-Puits (Nièvre), 445, 523, 524, 531.
VESLE (Saône-et-Loire), 144.
VESVRE, ibidem, 68, 367.
VÉZANNES, c. de Tonnerre (Yonne), 153.
VÉZELAY, arr. d'Avallon (Yonne), 5-7, 11, 23, 27, 28, 32, 33, 52-54, 73, 91, 93, 142, 161, 172, 225, 257, 258, 264, 273, 295, 318, 320, 357, 402, 414, 423, 495, 545.
VÉZILLY, en Nivernais, 468.
VEZINS, arr. de Milhau (Aveyron), 123.
VIEILLES-MAISONS, c. de Charly (Aisne), 121.
VIENNE (Autriche) 209, 554.
VIEUPOU, arr. de Joigny (Yonne), 27, 28, 298, 302.

VIEUX-CHAMPS, comm. de Charbuy (Yonne), 127, 506.

VIEUX-CHATEAU, c. de Semur (Côte-d'Or), 25, 267, 323.

VIGNES, c. de Guillon (Yonne), 45, 63, 338, 339.

VILLACHE, c. de Lorme (Nièvre), 471, 530.

VILLAINES-EN-DUESMOIS, c. de Baigneux-les-Juifs (Côte-d'Or), 47, 360.

VILLAINES, arr. de Clamecy (Nièvre), 75.

VILLAINES, comm. de Saint-Germain-des-Champs (Yonne), 523.

VILLARDEAU, comm. de Saint-Martin-du-Tronsec (Nièvre), 106, 414.

VILLARNOUL, c. de Bussières (Yonne), 39, 69, 103, 115, 149, 353, 373, 375, 393, 395, 397, 411, 427, 442, 546, 548.

VILLARS, comm. de Liernais (Côte-d'Or), 65-67, 70, 363-365, 375, 444.

VILLEBERNE, comm. de Cours-lès-Cosne (Nièvre), 106, 414.

VILLEFRANCHE, c. de Charny (Yonne), 135, 137, 510, 515.

VILLEGENOUL, 445.

VILLEGUSIEN, c. de Longeau (Haute-Marne), 26.

VILLEJUIF, arr. de Sceaux (Seine), 141.

VILLEMOLIN, comm. d'Anthien (Nièvre), 115, 443.

VILLENEUVE-L'ARCHEVÊQUE, arr. de Sens (Yonne), 131.

VILLENEUVE-AUX-RICHES-HOMMES, en Sénonais, 121.

VILLENEUVE-LE-ROI, arr. de Joigny (Yonne), 379, 382.

VILLERET (Saône-et-Loire), 126.

VILLIERS (Saône-et-Loire), 126, 517.

VILLIERS, comm. de Quarré (Yonne), 523.

VILLIERS-LA-GRANGE, comm. de Grimault (Yonne), 253.

VILLIERS-LE-BOIS, en Champagne, 45, 49.

VILLIERS-LE-SEC, c. de Varzy (Nièvre), 454, 468.

VILLIERS-TOURNOIS, comm. de Civry (Yonne), 10, 12, 270, 277.

VILLOBLE, comm. de Varennes-les-Narcy (Nièvre), 469.

VILLURBAIN, comm. de Saint-André-en-Morvand (Nièvre), 102, 115, 523, 526.

VILLY-LE-MOUTIER, c. de Nuits (Côte-d'Or), 113.

VINCELLES, c. de Coulanges-les-Vineuses (Yonne), 27, 85, 87, 134, 295.

VINCENNES, arr. de Sceaux (Seine), 162, 545.

VIRY, arr. de Charolles (Saône-et-Loire), 520.

VITRY, c. de Cluny (Saône-et-Loire), 126.

VITRY-SUR-LOIRE, c. de Bourbon-Lancy (Saône-et-Loire), 69.

VITTEAUX, arr. de Semur (Côte-d'Or), 79, 100, 451.

VOLGRÉ, c. d'Aillant (Yonne), 193, 533.

VOULAINES, c. de Recey (Côte-d'Or), 480.

VOVE, en Beauce, 89, 399.

WARBOURG, 191.

WOLFENBUTTEL, 196.

ZELL, 190.

FIN DE LA TABLE GÉOGRAPHIQUE.

TABLE ONOMASTIQUE.

ABONDIO (Octavien), 147.
ABSALON, chanoine de Chablis, 8.
ACRE (Manassé d'), 279.
ADÉLAÏDE Madame), 210, 213, 215, 216.
AFFRY (Louis-Auguste d'), 537.
AGOULT (Maison d'), 234.
AGUESSEAU (Antoinette-Élisabeth-Marie d'), 554, 555. — François, 186. — Henri-Cardin-Jean-Baptiste, ibid. — Maison, 120. — Marie-Félicité-Henriette, 186. — Marguerite, ibid. — Voy. DAGUESSEAU.
AIGLE (Jean de l'), 437.
AISY (Guy d'), 305.
ALBÉRIC, doyen de la Trinité de Dijon, 340.
ALBRET (Alain d'), 163. — Charles, 396. — Henri, 209.
ALELIN, chevalier de Gaige, 290.
ALEMBERT (d'), 197.
ALESSO D'ERAGNY (Claire d'), 232.
ALETH (comte d'), 166.
ALEXANDRE III (pape), 59, 262-264, 271, 272.
ALEXANDRE VI (pape), 302.
ALIX, dame de Montréal, 9, 10, 12, 267, 270, 271.

ALIX, dame de Ravières, 49, 341, 342.
ALLEMAGNE (reine d'), 47, 360.
ALONNE (Bernard d'), 277.
ALSACE (Ethichon, duc d'), 114. — Hermann, ibidem.
ALTON (Marie d'), 200.
ALUISE, dame de Montréal, 4, 5, 248, 253.
AMANZÉ (Catherine d'), 107.
AMBOISE (Georges, cardinal d'), 150. — Maison, 241. — Monsieur, 466. — Renée, 150.
AMELOT DE CHAILLOU (Denis), 520. — Jacques-Denis, 527.
AMOINGES (Guy d'), 397.
AMONCOURT (Philiberte d'), 508.
ANCY (Ithier d'), 48, 362. — Jean, 362. — Jobert, 272 — Milon, 48, 363. — Le sire, 92.
ANDELOT (Maison d'), 29, 77. — Philippe, dit de Pressia, 489, 492.
ANDIGNÉ (Charles-Joseph d'), 123.
ANDRAULT DE LANGERON (Alexandre-Nicolas-Claude-Hector), 552. — Charles-Claude, 535. — Famille, 193. — Louis-

Théodore, 535. — Marie-Louise-Aglaé, 226, 552, 553, 555. — Silvie-Angélique, 538.

ANGEVIN (Jeanne), 209.

ANGLURE (Antoinette d'), 100. — Françoise, 163, 470, 490, 491, 543. — Guye, 125. — Isabelle, 100. — Jean, 77, 96, 100, 103, 104, 408-412. — Maison, 120, 125. — Oger, 99. — René, 491. — Saladin, 393, 395. — Scipion-Saladin, dit de Bourlemont, 489. — Sire, 81.

ANGOULÊME (le duc d'), 227, 553, 555. — Duchesse, 553, 555.

ANJOU (René, duc d'), 101, 102.

ANLEZY (famille d'), 69. — Françoise et Jean, 113. — Pierre, 112. — Robert, 112, 426.

ANSELME (le Père), 29, 35, 36, 40, 74, 90, 91, 93, 105, 112, 163, 165, 241.

ANSÉRIC, prévôt d'Autun, 246.

ANSTRUDE (Claude d'), 143.

ANTIGNY (Hugues, Philippe et sires d'), 179. Voy. DAMAS.

ARABLAY (Mahaut d'), 65.

ARC (Jeanne d'), 86.

ARCEAUX (Amédée d'), 284, 285.

ARCY (Érard d'), 47, 362. — Geoffroy, 264. — Guillaume, 362. — Guy, 34. — Hugues, évêque d'Autun, 354, 359. — Jean, 16, 285, 287.

ARGENTENAY (Jean d'), 376, 380, 381.

ARGENTEUIL (Hugues d'), 47, 362. — Ponce, 246, 249.

ARLAY (Madame d'), 360.

ARMAGNAC (comte d'), 82, 390.

ARNAUD, doyen de Chasnay, 278.

ARNAULD D'ANDILLY, 174.

ARRAS (Obert d'), 259.

ASFELD (maréchal d'), 181.

ASNIÈRES (Geoffroy d'), 252. — Guy, 263, 264.

ASNOIS (Perrin d'), 372. — Pierre, 79, 370-372.

ASPREMONT (Antoinette d'), 491. — Guillaume, 30, 308.

ASSALON, chanoine de Saint-Martin de Chablis, 256.

ASSÉ (Jacques), 114.

ASSIGNY (Edmée d'), 468. — Gabriel, 454, 468. — Lazare, 468.

ASSUC (Alexandre et Geneviève d'), 127.

ATHÉES (Jeanne d'), 77, 413.

AUBIGNY (Guillaume d'), 81.

AUBRY, doyen de Dijon, 342.

AUBUSSON (Maison d'), 227. — Vicomte, 233.

AUBUYS (Françoise des), 123.

AUGER (Monsieur d'), 207.

AULE (Jeanne d'), 114.

AULENAY (Charles d'), 109. — Claude, 103, 109, 415, 432. — François, 122, 447. — Hector-François, 109. — Jean, 122, 437, 442. — Autre Jean, 442, 445. — Jeanne, 109-111, 134, 417, 419, 421, 546, 547. — Maison, 122, 143. — Perrin, 109.

AULIDAT (Huguenot), 344.

AULPS (Pierre d'), 234.

AUMONT (César d'), 116. — Louis-Marie, 537.

AUTIS (Rahaud d'), 268.

AUTUN (évêques d') : Barthélemy, 356. — Etienne, 11, 246, 247, 250, 271, 272, 274, 280, 283, 285, 288. — Gautier, 292. — Gérard, 64, 338. — Guy, 33, 320, 321.

AUX-ÉPAULES, (Charles, François et autre François), 116. — Jacques, 116, 142, 433, 442. — Jean, Marguerite et Richard, 116.

AUXERRE (évêques d') : Alain, 261-264, 266, 268. — Hugues, 252, 254.

AUXERRE (Arembert d'), 250. — Famille, 65, 66. — Geoffroy, 65, 77, 94, 103, 548. — Guy, 65, 75. — Jean, 6, 255. — Autre Jean, 65, 66, 363. — Marie, 318, 319. — Miles, 65. - Ruald, 262.

AUXOIS (Famille d'), 193.

AUXY (marquise d'), 533.

AVALLON (Anséric d'), 3. — Armengarde, 267. — Aynus, 28, 302. — Guerry, 12, 277. — Guildric, 253. — Guillaume, 267. — Autre Guillaume, 32, 328. — Herman,

253. — Hugues, 261. — Thideberge, 52. — Yvon, 7, 9, 258, 267.
AVANTIGNY (Louis d'), 454.
BADE (Christophe, marquis de), 114. — Judith, ibidem.
BAILLAX (Anséric et Robert de), 284, 285.
BAILLEUL (Angélique-Cécile de), 121.
BAILLON (Thérèse), 193, 533, 534.
BALAGNY (seigneur de), 161.
BALDAMENT (André de), 252.
BALEURE (Pierre de), 69.
BALINCOURT (Agnès-Henriette-Félicité de), 535.
BAR (Adam de), 319. — Cardinal, 83, 88, 398. — Comte, 66. — Duc, 57, 95, 130, 398. — Eustache, comtesse, 120. — Gilon, 319. — Guy, 271, 290. — Autre Guy, 81, 82, 86, 90, 389. — Hugues, 271. — Jobert, 255, 267, 271, 272, 279, 329. — Pétronille, comtesse, 8, 259, 260.
BARANTE (Monsieur de), 232.
BARBERIE DE SAINT-CONTEST (Dominique), 528.
BARDOLAT (Germain), 487, 492, 494.
BARGES (le sire de), 44.
BARNAY (Eudes de), 250.
BARNEWALL (Maison), 200.
BARRE (Jean de la), 430.
BARRE (Anne de la), 124, 469. — Edme, 124, 468, 469. — Autre Edme, 469. — Edmée, ibidem. — François, 124, 468, 469. — Jean, 124. — Autre Jean, 468. — Autre Jean, 469. — Marie, 469. — Michel, 124. — Pierre, 469.
BARRES (Antoine-Henri des), 535. — Charles et Clément, 81. — Isabelle, 75. — Judith-Félicité-Françoise, 221. — Marguerite, 133.
BARRILLON (Antoine), 508, 519, 527. — Autre Antoine, ibidem. — Henri, 174, 178, 508, 519. — Jean-Jacques, 174, 508, 519. — Judith, 174-176, 180, 507, 508, 519, 520, 526, 540-542. — Maison, 127. — Monsieur, 188. — Paul, 174, 508, 519. — Philiberte-Bonne, 519. — Pierre, 174.

BARTHÉLEMY, notaire, 200.
BARTHÉLEMY, moine de Rivault, 277.
BASCOIN (Philippe de), 456.
BASSAPAT (Maison de), 221.
BASTARD (comte Léon de), 111, 147.
BAUFFREMONT (Gilles de), 95. — Maison, 40, 101, 180. — Pierre, 95. — Prince et princesse, 557.
BAUME (le bâtard de la), 86, 88, 89.
BAUME-PLUVINEL (Maison de la), 234.
BAUSSANCOURT (Edme-François-Michel de), 191.
BAUX (Guillaume, Hugues, Pons, autre Pons et Raymond de), 234.
BAVIÈRE (Anne de), 527. — Élisabeth-Charlotte, duchesse d'Orléans, 526, 540. — Jean, 69. — Marguerite, duchesse de Bourgogne, 69, 87.
BAZIN DE BEZON (Armand), 528. — Louis-Gabriel, ibidem.
BAZOCHES (Laure de), 66.
BÉARN (Maison de), 221.
BEAUJEU (Humbert de), 273. — Maison, 30, 77, 134, 220. — Pierre, 489.
BEAUMESNIL (sieur de), 399.
BEAUMONT (Artaud de), 234. — Étienne, 136. — Guillemette, 49. — Jacques, 136. — Jean, 81. — Autre Jean, 136. — Jeanne, 35, 330.
BEAUNE (Jean de), 265.
BEAUSEMBLANT (Alemain de), 363. — Artaud, 65, 67, 363.
BEAUVAU (Catherine de), 150, 451, 452, 490, 544. — Claude, 490.
BEAUVOIR (Robert de), 548. — Robin, 90. — Sire, 90, 93.
BEAUVOIR (Agnès de), 104-107, 414, 415, 419-421, 548. — Alix, 76, 77, 406, 408, 413. — Catherine, 104-106, 414, 415, 548. — Claude, 73, 74, 76, 79-94, 99-104, 107, 109, 125, 200, 241, 242, 389-403, 405-408, 414, 415, 482, 542, 548, 549. — Claude, fils du précédent, 104, 106, 414, 415, 548. — Georges, 74, 93, 109, 482, 542. — Guillaume, 59, 67-76, 79,

367-369, 375, 385, 482, 542. — Guy, 45, 62-64, 242, 338, 339, 349, 350, 359. — Harard, 62. — Isabelle, 67-71, 367-370, 373-375. — Jean (fils d'Agnès de Thil), 31, 62, 63, 334, 338, 350. — Jean (fils du précédent), 63, 354, 359. — Jean (époux de Jacquette de Bordeaux), 62, 64-67, 363-367.— Jean (bâtard), 90, 95-97, 101, 103, 107, 408, 412. — Jean (fils de Marie de Savoisy), 74, 104, 105, 107-109, 111, 134, 414-417, 419, 421, 482, 491, 542, 546-548. — Lorette, 76, 77, 389. — Louis, 104, 105, 414, 415, 548. — Marguerite, 62, 64. — Marie, 67, 68, 367, 368. — Perrette. 104, 107, 548. — Philibert, 67. Voyez Chastellux.

Beauvoisin (Maison de), 125.
Becdelièvre (Maison de), 49.
Bedford (Jean, duc de), 88, 396, 398.
Beine (Imbaud et Jobert de), 333.
Belle-Isle (comte de), 181. — Duc, 206.
Bellenol (Thomas de), 381.
Bellingien (René de), 144.
Belzunce (Monsieur de), 196.
Bénévent (cardinal de), 111.
Bérault (Claude), 518. — Guillaume, autre Guillaume, et Guy, 268. — Pierre, 487.
Bergerot (Thevenin le), 381, 382.
Bernard, chapelain de Montréal, 252, 253.
Bernard (Bernard), 520. — Étienne, ibidem. — Jeanne-Marguerite, 179, 520. — Olympe, 520.
Bernard (Bonne-Félicité), 533, 535. — Samuel, 179, 527, 533, 535.
Bernard de Montessus (Maison), 193.
Berry (duc de), 216, 553, 555. — Duchesse, 555.
Bertholon (François de), 444.
Berthunce (Antoine de), 437.
Bertrand (Georges, autre Georges, Henri et Philibert), 159.
Besançon (archevêque de), 209.
Besors (Eudes), 39, 353, 354. — Guy, 26, 289, 290. — Autre Guy, 39. — Autre Guy, 40, 357. — Marie, 39. — Voy. Villarnoul.
Bessay (Jean de), 101.
Bessy (Étienne de), 254, 262. — Renaud, 262.
Béthencourt (Dom), 67, 69.
Béthune (Maison de), 241.
Beaucaire (François), 544.
Bewly (seigneurs de), 200.
Bèze (Hugues de), 245.
Biencourt (Florimond de), 110.
Bierry (Pierre de), 267.
Biron (maréchal de), 456.
Blacas (Blacas de), 234. — Étienne-Armand-Pierre-Marie-François-Xavier et Louis, ibidem. — Pierre-Louis-Jean-Casimir, 234, 553.
Blacy (Eudes de), 45, 46.
Blaigny (Bernarde de), 163. — Voy. le Genevois.
Blaisy (Guillaume de), 50. — Jean, 49.
Blancbaton (Maison de), 207.
Blanchefort (Adrien de), 110. — Maison, 153. — Monsieur, 92.— Pierre, 140, 451.
Blancmesnil (sire de), 89.
Blaru (sire de), 81.
Blé (Huguenin du), 94.
Blois (Thibaut, comte de), 256, 273.
Blosset (Françoise), 105, 116, 430. — Jean, 115, 430. — Autre Jean, 115. — Roger, ibidem.
Blosseville (Jacques de), 456, 463.
Bocage (Madame du), 196.
Bochart de Saron (Président), 213.
Bolacre (Mlle de), 168.
Boligneu (le sire de), 86.
Bonamy, prévôt de Dijon, 257.
Bongars (Amédée), 431. — Pierre, 444.
Borde (Étienne de la), 81. — Marie, 468.
Bordeaux (Guillaume de), 66. — Autre Guillaume, 71. — Jacquette, 66, 67, 71, 366, 367. — Laure, 66-68, 70, 72, 73, 367, 375, 400, 401.
Bordes (Guillaume des), 382.

BORNETOT (Jean le), 381, 382. — Perrinot, 381.
Bos (Gasselin du), 375.
BOSREDON (Maison de), 159.
BOSSUET, 209.
BOUCHERAT (Catherine), 519, 527. — Charles, 127, 506. — Edmond et Hélène, 127. — Jacques, 127, 506. — Louis, 127, 519. — Madeleine, 127. — Maison, 127, 174. — Pierre, 127.
BOUCHET (Geoffroy du), 50, 74. — Autre Geoffroy, 75, 76. — Guillaume, 50, 74. — Guy, 74. — Jean, 75, 94, 375. — Autre Jean, 393, 395. — Jeanne, 50, 76. — Autre Jeanne, 75. — Maison, 193.
BOUCHET DE SOURCHES (Maison du), 209. — Vicomtesse, 557.
BOUCHET DE SOURCHES DE MONTSOREAU (Félicie-Henriette-Marie du), 234.
BOUCICAUT (maréchal de), 85.
BOUGAUD (abbé), 157.
BOUGNE (Anne-Léonore de), 126, 517. — François-Louis, 126, 509, 510, 517. — Gabriel, Jean et autre Jean, 126.
BOUILLON (duc de), 233.
BOULARD (Henri-Simon), 219-221, 226, 232, 551, 552, 554, 555.
BOULAY (marquis du), 529.
BOULAYE (marquis de la), 509.
BOULOGNE (comte de), 193.
BOURBON (Agnès de), 144. — Alix, 68, 69, 74, 368. — Archambaud, 6, 257, 258. — Gérard, 68, 69, 368. — Autre Gérard, 69. — Jean, 67, 368. — Maison, 36, 123, 153.
BOURBON (Charles de), 106. — Duc, 79, 106, 192, 415. — Duchesse, 99, 113. — Henri-Jules et Louis, 527. — Louis, comte de Clermont, 195, 527. — Louis-Armand, prince de Conti, et Louise-Adélaïde de la Roche-sur-Yon, 527. — Louise-Charlotte, 192. — Louise-Élisabeth princesse de Conti, Louise-Françoise, Marie-Anne princesse de Conti, Marie-Anne de Clermont, 527. — Marie-Françoise duchesse d'Orléans, 527, 532. — Marie-Thérèse princesse de Conti, 527.
BOURBON-BUSSET (Madeleine de), 490. — Maison, 130.
BOURBON-CONDÉ (Élisabeth-Alexandrine de) dite Mlle de Sens, 532.
BOURBON-CONTI (Louise-Henriette de), 532.
BOURBON-MALAUSE (Maison de), 209.
BOURDIN (Jean), 548. — Pierre, 158.
BOURDONNAYE (Catherine de la), 528, 533, 535. — Maison, 159.
BOURG (maréchal du), 181.
BOURGOGNE (Charles-le-Téméraire, duc de), 105, 106, 108, 415, 416, 547. — Eudes I, 3, 50, 245. — Eudes II, 6, 7, 253, 254, 256-258. — Eudes III, 13, 15-18, 278-281, 285, 286, 288, 294, 299, 305. — Eudes IV, 62, 65, 66. — Gautier, 255. — Henri, évêque d'Autun, 253, 258, 265. — Hugues I, 77. — Hugues II, 12, 17, 50, 245, 248. — Hugues III, 11, 13, 14, 16, 265, 270, 272-274, 276-281, 285, 286, 291. — Hugues IV, 24, 29, 33, 35, 37-39, 42, 43, 45, 61, 62, 303, 305, 308, 321, 325, 331, 336, 337, 339-344. — Hugues V, 47, 359. — Hugues-le-Roux, 12, 257, 280. — Jean-Sans-Peur, 57, 69, 79-82, 84, 94, 389, 549. — Mahaut, duchesse, 12. — Marie, duchesse, 290. — Philippe, 73. — Philippe-le-Bon, 79, 85, 86, 88-93, 97, 101-103, 152, 402, 403, 405. — Philippe-le-Hardi, 50, 71, 72, 126, 368. — Raymond, 6, 257, 258. — Robert I, 3. — Robert II, 40, 43, 44, 46, 57, 145, 344, 347, 352, 354-357, 359, 360. — Sibylle, 12-14, 16-18, 26, 31, 34, 60, 271, 274, 277-281, 287-290, 329.
BOURGOING (François le), 468.
BOURNONVILLE (Maison de), 68, 120.
BOUSSELET (Jean de), 463.
BOUSSEVAL (Maison de), 153.
BOUTEILLER (Guy le), 81.
BOUTILLAT (Antoine), 113, 426, 443, 546. — Jean, 443. — Marie, 113, 546.

BOUTON DE CHAMILLY (Maison), 113. — Noël, 174.
BOUVILLE (chevalier de), 533.
BRABANT (duc de), 106.
BRACHON (Simon de), 284, 285.
BRAGELOGNE (Geneviève de), 173.
BRANDONVILLERS (Pierre de), 355.
BRÉCHARD (Charlotte), 68, 155. — Jean, 68, 91, 367, 368. — Maison, 143. — Marie-Augustine-Henriette, 68. — Pierre, autre Pierre et Raoul, ibidem.
BRESSOLLES (Jean de), 422.
BRET (Marie-Geneviève-Rosalie Le), 532, 535.
BRETAGNE (Anne de), 186. — Conan IV, 159. — Guillaume, 227.
BRETESCHE (Jean de) dit Polailler, 77, 413.
BREUIL (Louis du), 415. — Suzanne, 106, 415.
BREUILLARD (abbé), 1, 6, 11, 16, 48, 55.
BRÈVES (Ithier de), 264.
BRIÇONNET (Maison), 49.
BRIE (Pierre de la), 81.
BRIENNE (Engelbert de), 120. — Érard, 30, 61, 62, 299, 311. — Gautier, 120. — Hubert, 246.
BRIQUEMAUT (Monsieur de), 152.
BRIQUEVILLE (Jean de), 116.
BRISSE (Charles-François de), 529.
BROC (Maison de), 153. — Pierre, 154, 498, 500.
BROCHES (Pierre de), 406.
BROGLIE (maréchal duc de), 198.
BROSSE (André de La), 42. — Sieur de la, 142.
BROUILLARD (Geoffroy du), 415.
BROYE (Hugues de), 259.
BRUÈRE (Charles de La), 462.
BRUNEHAUT (reine), 1, 2.
BRUNO, prévôt de Saint-Martin de Chablis, 249.
BRUZELIN (Laure-Élisabeth-Françoise), 203.
BRYE (Étienne de), 419.
BUFFON, 198.
BUGNON (Jacques), 533.

BULLIOT, 13, 277.
BUSSIÈRE (Anséric, abbé de la), 14, 280. — Galon, 270.
BUSSIÈRE (Claude de la), 124, 456, 468. — Guillaume, 124. — Autre Guillaume, 468. — Henri, Jean-Jacques et Louis, 124. — Louise, 468. — Maison, 122, 124.
CADES (Gaucher de), 24, 321, 322.
CALLOT (Humbert), 426. — Perrenot, 374.
CAMBRAY (Jean de), 37, 337.
CAMPO-BASSO, 108.
CAMUS DE BLIGNY (Famille), 174. — Monsieur, 527.
CARBONNEL (Maison de), 210.
CARDAILLAC (Famille de), 227.
CARNÉ (comte de), 231.
CARROBLE (Famille de), 109.
CARVOISIN (Famille de), 207.
CASTEL DE SAINT-PIERRE (Henriette), 552.
CASTELLET (Geoffroy de), 259.
CASTELLANE (Famille de), 234.
CAUMONT (Famille de), 209.
CAYLUS (Charles de), évêque d'Auxerre, 194.
CHABANNES (Antoine de), 92, 103. — Maison de), 49.
CHABLIS (Arembert de), 299; — Girard, 333; — Josland, 295, 296.
CHABOT (Maison de), 209, 229.
CHACHERÉ (Germain). — Jean, 382. — Autre Jean, 546.
CHAILLOU DES BARRES (baron), 10, 236.
CHALAIS (prince et princesse de), 553.
CHALMEAULX (Jean), 431, 436.
CHALON (Albert de), 462, 463. — Anne, 122. — Antoine, 110, 547, 548. — David, 463. Guillaume, 6, 257, 258. — Henri, 73. — Hugues, 349. — Jean, 79. — Jean, 35, 43, 47, 331, 360-362. — Maison, 180. — Philibert, 495.
CHALON (évêque de), 24, 283, 285.
CHALU (Robert de), 50, 376, 378, 380, 383-386, 388.
CHAMBON (Maison de), 227.
CHAMBRE (Maison de la), 220.

CHAMIGNY (Marguerite de), 127, 506.
CHAMILLY (maréchale de), 189.
CHAMPAGNE (Béatrix de), 39, 47, 353, 359. — Eudes, 284, 285. — Guillaume, 15, 284, 285. — Thibaut IV, 25, 30, 33, 36, 61, 294, 299, 311, 323, 325, 326. — Ursus, 32.
CHAMPCERVIN (Eudes de), 23.
CHAMPIGNOLLES (Philippe de), 115, 443.
CHAMPION (Jean), 432. — Léonard, 518.
CHAMPLEMY (Philippe de), 76.
CHAMPLITTE (Guillaume de), 56, 145, 292. — Autre Guillaume, 145. — Seigneur, 288.
CHAMPLOIS (Milon de), 368.
CHAMPLOST (Guillaume de), 381.
CHAMPS (Marie de), 130.
CHAMPS DE SAINT-LÉGER (Louis-Jacques de), 68.
CHANDIO (Maison de), 145, 152. — Sire de, 86.
CHANDOOT (Eudes de), 335.
CHANTAL (sainte), 68, 155-158.
CHAPELLE DE JUMILHAC (Famille), 233.
CHAPONAY (Durand et Pierre de), 318.
CHAPPES (Clérembault de), 25, 30, 311, 323. — Marguerite, 100.
CHAPPON (le sieur de), 509.
CHARDENNES (Ferry de), 50, 376-380, 383, 385, 386. — Jean et Marie, 378, 386.
CHARLES VI, 82-84, 86, 121, 384, 390, 398, 482, 542, 548.
CHARLES VII, 83, 85, 86, 90-92, 97, 408, 482, 542.
CHARLES VIII, 111, 131, 417, 418, 482, 542.
CHARLES IX, 119, 140, 445, 491.
CHARLES X, 226, 231, 552, 555.
CHARLES II, roi d'Espagne, 179.
CHARLES-FÉLIX, roi de Piémont, 216.
CHARNY (sire de), 96, 409, 410.
CHARRY (Anne de), 110. — Maison, 143.
CHASEIL (Hugues de), 287. — Sire de, 30, 320.
CHASSE (Aubert de la), 414. — Guillaume, 518.
CHASSY (Guillaume de), 64, 338.

CHASTELLUX (Artaud III de), 143. — Guy, 66. — Jean, ibid. — Autre Jean, dit de Bazoches, ibid. — Renier, 9, 13, 269, 270. — Simone, 66, 70.
CHASTELLUX (Achille de), 151, 465. — Adélaïde-Laurence-Marguerite, 227, 234, 556-558. — Agathe-Olympe-Marie, 219. — Aglaé-Angélique-Henriette, 226. — Alexandre, seigneur de Coulanges, 127, 133-136, 474-478, 488, 492-495, 501, 502, 510, 511. — Alexandre, fils de Marguerite d'Amboise, 151, 465, 473. — Alfred-Louis-Jean-Philippe, 195, 201, 202, 554, 555. — Amédée-Gabriel-Henri, 227, 234-238, 556, 558. — André, 177, 178, 182, 519, 520, 526, 540. — Angélique, 151, 153-155, 456, 462, 463, 465, 484, 485, 496-500, 502. — Anonyme, fille de Mlle de Durfort, 219. — Anne, fils de Claude de La Bussière, 124, 468. — Anne, fille d'Anne du Plessis, 133. — Anne, fille d'Anne de Moroges, 126. — Anne, fille de Judith Barrillon, 179, 519, 520. — Anne-Claire, 219. — Antoine, fils de Jeanne de Conflans, 121. — Antoine, frère du précédent, 123, 124, 148, 149, 456, 468, 544. — Antoine, petit-fils du précédent, 125. — Antoinette, fille de Barbe de Hochberg, 114, 116, 427, 428, 434, 546. — Antoinette, nièce de la précédente, 145, 447. — Antoinette, fille d'Anne de Ponville, 131, 475. — Auguste, 152, 465. — Barbe, 121, 122, 447. — Bernard-Léonce-Marie, 238. — Bertrand-Georges-Louis, ibid. — Blanche, 121, 122. — Bonne, 178, 179, 518, 520, 527, 540. — Bruno-Charles-Guy, 238. — Caroline-Thérèse-Victoire, 30, 226, 557. — Cassandre, 159, 465, 478-480. — Catherine, fille de Jeanne du Follet, 112, 113, 430. — Catherine, fille d'Anne Raguier, 121, 122, 446. — Catherine, fille de Charlotte le Genevois, 153, 165, 167, 168, 480, 494, 495. — Catherine, fille d'Anne de Gauville, 135. — César, 141, 151, 465. —

César-Achille, 165, 166, 169, 170. — César-François, 183, 189, 205, 206, 224, 531, 532, 535, 536. — César-Henri, 189, 190. — César-Jean-Marie, 238. — César-Laurent, 219, 221-226, 551, 552, 554-557. — César-Philippe, 165, 169-174, 241, 505-507, 517, 519, 520, 526, 540-542. — César-Pierre, 152, 161, 165, 166, 541. — Césarine-Claire-Marie, 233, 557. — Charlotte, fille de Jeanne du Follet, 112, 113, 426, 546. — Charlotte, fille de Charlotte le Genevois, 165, 168. — Charlotte-Henriette-Nathalie, 233, 557. — Claude, fils de Barbe de Hochberg, 101, 112, 114, 115, 116, 430, 434, 442, 512. — Claude, nièce du précédent, 143, 442, 444, 447, 545. — Claudine, 145, 146. — Diane, 152, 153, 156, 165, 192, 457-461, 465, 466, 468, 495. — Edmée, 143, 442, 444, 445, 545. — Élisabeth, 135-137, 510, 512, 515. — Élisabeth-Dorothée, 180. — Émeric-Joseph, 219. — Félicie-Georgine, 234, 557. — François, fils d'Anne de Gauville, 135, 136, 510, 512, 515. — François, fils d'Anne de Moroges, 125. — François-Jean, 189, 195-201, 532, 538, 539, 550, 552. — Françoise, fille d'Anne Raguier, 121, 123, 446. — Françoise, fille de Charlotte le Genevois, 165, 168. — Gabrielle, 112. — Gabrielle-Joséphine-Simone, 220, 221, 552, 554. — Georges, 165, 167, 489, 490, 495. — Guillaume-Antoine, 178, 180-182, 185, 187-189, 195, 520, 526, 529, 531, 534, 539-541. — Hélène, 110, 417-419, 421, 435, 547. — Henri, 177, 519, 520. — Henri-Georges-César, 64, 127, 183, 205, 207-210, 213, 215-217, 219, 229, 536, 537, 551, 553-555. — Henri-Guillaume, 189, 192. Henri-Louis, 215, 219, 229-232, 552, 554-556. — Henri-Paul-César, 238. — Hercule, 74, 143, 151, 152, 157, 161-165, 168, 465, 469, 470, 478-484, 489-491, 494, 507, 541-543. — Hercule-César, 165. — Jean, fils de Jeanne d'Aulenay, 110, 417-419, 421, 547. — Jean, fils de Marguerite d'Amboise, 151, 465. — Jean, fils de Claude de La Bussière, 124, 125. — Jean-Laurent-Philippe, 238. — Jeanne, fille d'Anne Raguier, 121, 122, 446, 447. — Jeanne, fille d'Anne de Grivel, 130, 131, 448-450, 454, 455, 511. — Jeanne, fille d'Anne de Moroges, 126, 517. — Judith-Félicité, 189, 193. — Léon, 124-126, 134, 468, 506, 513. — Léonarde, 115. — Louis, fils de Barbe de Hochberg, 114, 117, 129, 130, 139-141, 143-147, 241, 427, 428, 432-444, 447, 482, 490, 491, 512, 542, 544-546. — Louis, fils d'Anne de Grivel, 130, 131, 449, 455, 511. — Louis, fils de Claude de La Bussière, 124. — Louis, fils d'Anne de Gauville, 127, 134. — Louise, 165, 168. — Louise-Pauline, 219, 220, 231, 552, 553, 555, 556. — Lucrèce, 159, 465. — Madeleine-Thérèse, 189, 194. — Marguerite, 124, 468. — Marie, fille de Barbe de Hochberg, 114, 116, 142, 427, 428, 546. — Marie, fille d'Anne de Ponville, 131. — Marie, fille de Claude de La Bussière, 124. — Marie, fille d'Anne de Moroges, 126, 127, 134, 506. — Marie-Anne-Judith, 189, 193, 194, 214, 215, 532-535, 537. — Marie-Charlotte-Félicie-Zéphirine, 238. — Marie-Hélène, 155-158, 168, 465. — Marie-Judith, 179. — Marie-Madeleine, 159, 465. — Marie-Thérèse, 180. — Minerve, 151, 158, 159, 465, 467. — Nicolas-Michel, 173. — Nicolas-Philippe, 173, 174. — Octave, 135. — Olivier, fils de Barbe de Hochberg, 114, 117, 129, 130, 142, 427, 428, 431, 432, 434-438, 442-445, 448, 440, 454, 455, 511, 512, 545, 546. — Olivier, fils de Jeanne de La Roëre, 124, 139, 143, 146-151, 155, 159, 162, 442, 451-453, 455-457, 460, 464-467, 469-472, 479, 482, 490, 491, 542-546. — Olivier, fils d'Anne Raguier, 121. — Olivier, fils d'Anne de Grivel, 130-132, 448-450, 454, 455, 475-477, 492-494, 511. —

Olivier, fils de Claude de La Bussière, 124, 125, 408. — Paul-Antoine, 189, 192, 193, 532. — Philibert-Paul, 175-177, 182, 520. — Philippe, fils de Jeanne d'Aulenay, 101, 110, 111, 114, 129, 139, 167, 417-421, 423-427, 430, 432, 442, 443, 445, 482, 512, 542, 546, 547. — Philippe, fils du précédent, 114, 117, 119-121, 123, 142, 427, 428, 431-438, 442-444, 446, 447, 512, 544-546. — Philippe-Louis, 189-192, 532, 537. — Roger, 134, 495. — Roger-Octave, 165. — Victoire-Georgine, 215, 221, 231, 552, 554, 557. — Voy. BEAUVOIR et MONTRÉAL.

CHATEAUBRIAND (F.-A. de), 230, 232.
CHATEAUBRUN (M. de), 197.
CHATEAULANDON (G. vicomte de), 257, 258.
CHATEAUNEUF (Gérard de), 73, 393, 395. — Philiberte, 50.
CHATEAURENARD (Gaucher de), 286.
CHATEAUVILLAIN (Bernard de), 90, 91, 101, 392, 403, 405. — Jacques, 30. — Jeanne, ibid. — Maison, 36, 179. — Renaud, 381. — Simon, 25.
CHATEL-CENSOIR (Ascelin de), 51, 52, 251, 254. — Gaucher, 51, 254. — Gimon, 252. — Hugues, 51, 251.
CHATELET (duc et duchesse du), 220. — Maison, 153. — Marquise, 220.
CHATILLON (Alix de), 35. — comte de, 149. — Lambert, 34. — Louis-Gaucher, 30. — Mathieu, 255. — Ponce, 83.
CHATILLON-EN-BAZOIS, (Hugues de), 26. — Maison, 64. — Sire, 44.
CHATILLON-SUR-SEINE (Guy de), 355, 356.
CHAUGY (Bertrand de), 152. — Claude-Alexandre, 153. — Georges, 152. — Georgette, dame de Ménessaire, 450. — Guy, 152, 153, 457-461, 465-468, 495. — Hugues, 152, 457-461. — autre Hugues, 153, 495. — Jacques, 153, 458. — Jean, 64, 152. — Louise-Charlotte, 153. — Michaud, 152, 153. — Michel, 470, 471, 474. — Nicolas-Étienne, 191.
CHAUMONT (Bernard de), 277.

CHAURENAULT (Jacques de), 521.
CHAUVELIN (Maison de), 159. — Monsieur, 539.
CHAUVIGNY (Maison de), 152.
CHAZERAY (Michelle de), 469.
CHENUZ (Pierre de), 444.
CHÉREST (Mr), 7, 237.
CHÉRISY (Bourrot de), 328. — Huet, Jean et Renaud, 32, 328.
CHESNAYE-DES-BOIS (LA), 113, 134.
CHEVANNES (Humbert de), 47, 359.
CHEVIGNY (baron de), 163. — Maison, 153.
CHEVILLONNE (Agnès), 72.
CHEVROCHES (Guillaume de), 268.
CHIRY (Constant de), 253.
CHISSEY (Maison de), 109, 368.
CHIVRON-DE-VILLETTE (Bernard de), 122.
CHOISEUL (Adrien de), 121, 125, 468. — Anne, 123. — Antoine, ibid. — Celse, 122, 447. — Claude-Alexandre, 151. — Edme, 123. — François, 143, 458. — François-Éléonor, 123. — François-Joseph, 535. — Jacques, 495. — Jean, 122, 447. — autre Jean, 143. — Louise, 143. — Maison, 122, 209. — Marie-Sophie-Éléonore, Philippe et Pierre, 123. — Raynard, Renier et Robert, 122.
CHOISY (Maison de), 114.
CHUIN (Jeanne de), 123. — Marie, 124.
CHYPRE (reine de), 299.
CIMANDRES (Gauthier de), 250.
CISERY (Guillaume de), 32, 328.
CITEAUX (abbés de) : Gilbert, 265, 270, 273. — Gotlewin, 257. — Guy, 289, 291-293. — Pierre, 312.
CLAIRVAUX (Geoffroy, abbé de), 52, 261-264, 273.
CLAMECY (Jeanne de), 368. — Guy, ibid. — Landry, 52, 268.
CLÉMENT V (pape), 209.
CLERC DE FLEURIGNY (famille Le), 134. — François-Octave, 510.
CLERMONT (Maison de), 77. — Simon, 21.
CLERMONT D'AMBOISE (Antoine de), 150. — Henri, ibid. — Jacques, 150, 451-453,

490, 544. — Marguerite, 150, 158, 451, 452, 456, 458, 464, 470, 479, 490, 543, 544. — Renée, 150.
CLERMONT-GALLERANDE (Charles-Georges, Jean, Louis et René de), 150.
CLERMONT-MONTOISON (Famille de), 234.
CLERMONT - TONNERRE (Maison de), 143, 209. — Marie-Aimée-Gabrielle, 233. — Marquis, 190, 537. — Marquise, 537.
CLÉRON (Maison de), 114, 143, 153.
CLERROY (Marie-Anne de), 68.
CLÈVES (Henriette de), duchesse de Nevers, 149.
CLODORÉ (sieur de), 539.
CLOSEN (Mr de), 196.
CLUGNY (Georges de), 458, 467. — Maison, 49. — Pierre, 443.
CLUZEL (Marie-Louise-Perrette-Sara du), 220.
COBRON (Philippe de), 490.
COETLOSQUET (Thérèse-Henriette du), 193.
COETNEMPREN DE KERSAINT (l'amiral comte de), 232. — Claire-Louise-Rose-Bonne-Guy, 232, 554, 556. — Comtesse, 557.
COIGNET (Jean), 88, 398, 399, 549.
COIGNY (comte de), 181.
COLBERT (André), 517. — Maison, 209.
COLIGNY (Maison de), 29, 143.
COLONGE (Jeanne de la), 125.
COLUMIUS, prévôt de Tonnerre, 272.
COMEAU (Famille de), 143.
COMMAGNY (Guillaume de), 277.
COMNÈNE (Manuel), 234.
COMPANS (Miles de), 70, 368.
COMPTES (Girard des), 15, 284.
CONDÉ (princes de), 130, 133, 146, 161, 162, 167, 211, 474, 475, 490, 495, 541, 544.
CONFLANS (Jean de), 120. — Jeanne, ibid. — Maison, 77. — Thévenotte, 76.
CONSTANCE, doyen de Saint-Seine, 278.
CONTAUT (Jean), 137. — Louise - Marie, 124.
CONTI (prince de), 484, 500.
COQUERAY, curé de Bazarne, 446.

CORBERTAUT (Renaud de), 16, 287.
CORBIGNY (Raymond de), 287.
CORBONNE (Philippe de), 474.
CORRABŒUF (Hugues de), 270. — Philippe, 280.
CORZ (Guy de), 20, 305.
COSNE (Dodon de), 272.
COSSEREY (Huguet de), 413.
COSTE (Raymond de la), 443.
COUCHES (seigneur de), 392.
COUEDIC (Famille du), 234.
COULANGES (Hugues de), 250.
COULDRE (François de la), 454. — Jacques, 134, 449.
COULOURS (A. de), 60, 298.
COUR (Famille de la), 113.
COUR DE BALLEROY (famille de la), 69.
COURCELLES (Famille de), 144. — Pierre, 287. — Sire, 81.
COURCILLON (Famille de), 133.
COURSON (Gilles de), 362. — Pierre, 274.
COURTENAY (Charles de), 454. — Élisabeth, 40. — Étienne, 49. — Hélène, 40. — Jean, ibid. — Maison, 40, 49, 69, 134, 209. — Marie, 40, 357, 358. — Odet, 454. — Philippe, 40. — Roger, 40.
COURTÉPÉE, 2, 3, 5, 17.
COURTEROLLES (Guy de), 321.
COURTIAMBLE (Jacques de), 392.
COUSINET (Élisabeth-Geneviève), 207, 532.
CRÉQUY (Maison de), 241.
CRESPY (Maison de), 36.
CRÉTINEAU-JOLY, 211.
CREVANT (Maison de), 130, 159.
CRÈVECŒUR (Maison), 130.
CRISENON (Agnès, abbesse de), 262.
CROISMARE (Maison de), 207.
CROIX (Jean de la), 396. — Jeanne, 406.
CROIX-DE-CHEVRIÈRES (Claude-Henri de la), 233. — François-Bernard, 520. — Jean, 234. — autre Jean, ibidem. — Jean-François, 233. — Marie-Victoire, 234.
CROY (Jean de), 81. — Maison, 120, 209.
CRUX (bâtard de), 81. — Séguin, 253, 267.
CUGNAC (Anne de), 116, 430.

TABLE ONOMASTIQUE.

CUGNONVILLE (Guillaume de), 377.
CULAN (Maison de), 152. — Pierre, 510.
CULLON (Aglaé-Pierrette-Adélaïde de), 122. — Auguste, 135, 506. — Claude, 121, 122. — Georges, 123. — Guillaume, 468. — Louis, 506. — Maison, 122, 143. — Marthe, 123, 446.
CURE (Durand, abbé de), 4, 249.
CURÉ (Guillaume), 467.
CURTIS (Milon de), 281.
CUSANCE (Ferry de), 105. — Maison, 102.
CUSSIGNY (Maison de), 113, 143.
CUSY (Étienne, sire de), 362.
CUVIER (M^r), 232.
DAGNEAUX (Nicolas), 507.
DAGUESSEAU (Antoine), 186. — Claire-Thérèse, 185, 188, 189, 194, 195, 526, 531, 534, 539, 540. — Henri-Charles, 528, 540. — Henri-François, 137, 185-189, 194, 196, 206, 526, 531, 534, 540. — Henri-François-de-Paule, 528, 532, 534, 540. — Henri-Louis, 528, 533, 540. — Jacques, 186. — Jean-Baptiste-Paulin, 528. — autre Jean-Baptiste-Paulin, 189, 196, 528, 532, 535, 537, 540. — Joseph-Antoine, 528. — Madeleine, ibidem. — Marie-Anne, ibidem. — Marie-Catherine, ibidem. — Pierre, 186. — Voyez AGUESSEAU.
DAMAS (Adélaïde-Louise-Zéphirine de), 226, 551, 552, 555, 557. — Alfred-Charles-François-Gabriel, 553. — Ange-Hyacinthe-Maxence, ibidem. — Antoine, 125. — autre Antoine, 495. — Diane-Adélaïde, 220, 552, 553. — Elziran, 220. — Étienne-Charles, 553, 557. — François, 495. — François-Jacques, 220, 552. — Jeannot, 427, 546. — Joseph-Élisabeth-Roger, 219, 220, 222, 552, 553, 555, 556. — Joseph-François, 535. — Joseph-François-Louis-Charles-César, 223, 226, 552, 553. — Maison, 69, 130, 143, 179, 220. — Sire, 93.
DAMPIERRE (Guillaume de), 256. — Guy, 252, 286.

DAMY (Gaspard), 457.
DANA (Théodoric de), 266.
DANGEUL (Charlotte de), 109.
DANIEL DE BOISDENNEMETS (Catherine), 207. — Maison, 49.
DARCY (Jean), 94.
DARNAY (Albert de), 42, 315, 316. — Jean, 42.
DAULMOY (Christophe), 127, 506, 516. — Louis, 518.
DAUPHIN (le), fils de Louis XV, 39, 209, 532.
DAVID, archiprêtre d'Avallon, 234, 350.
DAVOUT (Maison), 49.
DEFFAND DE LA LANDE (Charlotte-Jeanne du), 535. — Louise, 127. — Maison, 193.
DEFRESNE (Jean-Jacques), 226, 227, 233, 552, 555, 556.
DEGUILLY (Jacques), 159, 456.
DELACROIX (Antoine), 144.
DELALVÉE (Maurice), 558, 559.
DENESVRE (Claude de), 147, 458, 467.
DESTUT (Gabrielle), 462.
DICY (Jean de), 379.
DIGOINE (Adrien de), 115, 427, 546. — Geoffroy, 271. — Guy, 362. — Hugues, 271. — autre Hugues, 93. — Jean, 48, 362. — autre Jean, 89. — Maison, 193, 220. — Sire, 86.
DIJON (Eudes de), 284, 285. — Jean, 365. — Josbert, 255, 257. — Simon, 63, 354.
DINTEVILLE (Charlotte de), 121. — François, 121, 442. — Jean, 77, 411.
DONZY (Geoffroy de), 6, 257, 258.
DORAT DE CHAMEULLES (Claude-Denis), 538, 550.
DOUBLET (Famille), 116, 174.
DOYE (Henri), 406. — Marguerite, 406. — Massuot, 77, 406. — Simon, 406.
DRACY (Eudes de), 254, 266. — Landry, 259.
DRÉE (Maison de), 143.
DREUX (Alix de), 122. — Comte, 33.
DROMPENART (Jeanne de), 126.
DROUARD DE LA CROISETTE (famille), 153.

DRUYES (Fournier de), 268.
DUBOIS (le cardinal), 187.
DUCHATEL (Tanneguy), 82, 85, 86.
DUCHESNE, 3, 7, 26, 29-31, 35, 36, 39, 48, 49, 51, 78, 245, 259, 290, 330, 332, 362, 408.
DUESME (Ancelin de), 56, 57.
DURAND, maire de l'Isle, 248.
DURAND, prêtre de Maison-Dieu, 287.
DURFORT (Amédée-Bretagne-Malo de), 230-232, 554, 556. — Angélique-Victoire, 209, 210, 213, 215, 217, 219, 536, 537, 551, 553, 555, 556. — Anne-Denise, 537. — Arnaud, 209. — Claire-Henriette-Philippine-Benjamine, 232, 233, 555, 556. — Claire-Louise-Augustine-Félicie-Maclovée, 556, 557. — Éméric-Joseph, 209, 210, 536. — Emmanuel-Céleste-Augustin, 552, 554, 556. — Foulques, Frédéric-Maurice, Galhard, autre Galhard, Georges et Godefroy, 209. — Guy, 527. — Guy-Éméric-Anne, 552. — Jean et autre Jean, 209. — Jean-Laurent, 537. — Maison, 69, 209. — Marie, 554, 555. — Raymond, 209. — Symphorien, ibid.
DYO (Maison de), 220. — Pierre, 125.
ÉCHARLIS (Guillaume, abbé des), 250, 262. — Théobald, 262.
ECKMULH (prince d'), 201.
ENGHIEN (duc d'), 127, 167, 170, 171, 543.
ENNANCOURT (Maison d'), 120.
ÉON DE CÉLY (Maison d'), 49.
ÉPERNAY (Jean d'), 115.
ÉPOISSE (André d'), 26. — Bernard, 19, 300. — Guy, 19, 26, 300, 301.
ESCORAILLES (famille d'), 178. — le sieur, 509.
ESGUILLY (Claude d'), 143. — Françoise, ibid. — Henri, 143, 443. — Jacques, 130, 143, 444, 447.
ESPINE (Maison de l'), 133.
ESSART (Maison de l'), 113.
ESSARTS (Maison des), 163.
ESTAMPES (Maison d'), 133, 134, 221.
ESTERLING (Gabriel d'), 122. — Gérard, ibidem. — Louis, 122, 123. — autre Louis, 122, 169, 476, 492, 493, 511. — Roger, 408.
ESTHAIN (Jeannette d'), 72.
ÉTAMPES (Jean, comte d'), 105.
ÉTIENNE, chantre d'Auxerre, 262.
EUGÈNE III (pape), 6, 252, 256-258, 272.
ÉVRARD, archiprêtre d'Avallon, 253.
ÉVRARD, archiprêtre de Montréal, 253.
ÉVRARD, chanoine d'Auxerre, 20, 305.
ÉVRY (Milon d'), 8, 260.
FAILLANS (Maison de), 142.
FALERANS (Maison de), 114.
FARE (abbé de la), 208.
FAUCIGNY (Aymon de), 24. — Maison, 209.
FAUCOGNEY (Maison de), 101.
FAURIE DE MONBADON (Anne de la), 183, 209, 210, 536. — Laurent, 552, 554.
FAVERNEY (Guillaume de), 15, 284, 285.
FAYE (Germain de la), 500.
FAYET (Bonne), 174, 508, 541, 542.
FAYETTE (marquis de la), 198.
FERDINAND IV, roi de Naples, 216.
FERDINAND VII, roi d'Espagne, 222.
FERRIÈRE-PERCY (Mr de la), 235.
FERRIÈRE (Chalder de la), 274. — Loup, 437. — Philippe, 427.
FERRIÈRES (Maison de), 65.
FERROUL (le sieur), 132.
FERTÉ (Agnès de la), 143. — Étienne, 259. — Hillebaud, 259. — Hubert, 143. — Hugues, 7, 259. — Jean, 143. — Autre Jean, 259. — Jourdain, 143. — Loup, 454, 455, 468. — Réric, 259.
FEVRE DE LA BARRE (Jeanne le), 528.
FEVRE-D'EAUBONNE (Gervais le), 529.
FEVRE-D'ORMESSON (Anne le), 185, 187, 188, 526, 540. — Henri-François-de-Paule, 528, 533, 535, 536. — Louis-François-de-Paule, 533, 536. — Le président, 213.
FIEUBET (Gaspard de), 220.
FILHOT (Marie-Françoise-Geneviève de), 227.
FILZJEAN (Gabrielle de), 159. — Georges, 429, 431, 441. — Pierre, 429.

FLACY (Suzanne de), 131.
FLAHAUT (comte de), 202.
FLAVIGNY (Eudes, abbé de), 3, 246. — Gaucher, 272. — Gérard, 246.
FLAVIGNY (Nicolas de), 23.
FLOQUET (Robert), 92.
FLORAC (le sieur de), 107.
FOIX (Maison de), 209.
FOLLET (Antoine du), 106, 111, 113, 415, 419-421, 426. — Denise, 415. — Jean, 106, 415. — autre Jean, 106. — autre Jean, 107. — Jeanne, 111, 112, 419-422, 426. — Philibert, 415.
FOLLEVILLE (le sieur de), 171.
FONTENAY (Raoul, abbé de), 262.
FONTENAY (Agnès de), 106. — Amaury, 105, 414, 415. — Catherine, 106. — Claude, ibid. — Daniel, 415. — Jean, 106. — Jeanne, 106, 415. — Marie, 111, 415.
FONVENS (le seigneur de), 19.
FOREST (Hugues de la), 266.
FORT-ÉPICE, 77, 92, 95.
FOUDRIAT (Olivier), 449. — Sébastien, 450.
FOUGÈRES (Maison de), 113, 153.
FOURCY (Achille-Balthasar de), 127, 529. — Henri, 127.
FRANCE (Anne-Henriette de), 532. — Catherine, 85. — François, 544. — Maison, 36. — Marie-Adélaïde, 532. — Pierre, 40, 152.
FRANÇOIS Ier, 174, 482, 542.
FRANÇOIS Ier, roi des Deux-Siciles, 224.
FRÉJUS (évêque de), 188.
FRESNE (Jacques de), 495. — Louis, 159, 490.
FREYTAG (colonel), 191.
FRIBOURG (comte de), 403. — Maison, 29, 114.
FRIMONT (baron de), 222.
FROLOIS (Gaucher de), 47, 362. — Hotmund, 246. — Jean, 62. — Maison, 29, 64.
FROMOND, vicaire de Sens, 261.
FUSÉE (Guillaume), 393, 395.

FUSSEY (Maison de), 153.
GAIGNIÈRES, 17, 39, 79, 81, 107, 108, 127, 135, 170, 241, 264, 288, 363, 368, 375, 389, 390, 397, 403, 405, 414-417, 419, 426, 430, 442-445, 447, 454, 455, 462, 468, 492, 495, 506.
GALDRIC, chanoine d'Avallon, 259.
GALES (Agnès de), 251. — Ameline, Colombe et Emengarde, ibid. — Guy, 51, 250. — Pierre, ibid.
GAMACHES (Jean de), 95.
GARART (Robert de), 274.
GARLANDE (Anseau), Étienne, Guillaume, et Guillaume II, 36. — Guillaume V, 35. — Jean, 36. — Marie, 35, 36, 330, 331.
GARNIER, prévôt de Saint-Bénigne de Dijon, 243.
GARNIER, prévôt de Saint-Germain d'Auxerre, 253.
GARREAU (Jacquette), 143.
GAUVILLE (Anne de), 134, 476, 477, 488, 492-494, 510, 511. — Edmée, 493. — Hilaire, 169, 476, 493, 511. — Jean, 134, 476, 477, 511. — René, 134. — Seigneur, 148.
GAYES (Eudes de), 66, 364, 365. — Simon, ibid.
GENÈVE (Gémond de), 355. — Guy, 38. — Humbert, 355.
GENEVOIS DE BLAIGNY (Antoinette), 470. — Charles, 163. — Charlotte, 163-165, 168, 173, 469-471, 480, 490, 495, 507, 541, 543. — Gabriel, 163. — Guillaume, ibid. — Jean, 491. — Léonard, 470, 471. — Mengin, 163. — Pierre, 163, 470, 471, 490, 491, 543. — Autre Pierre, 491, 492.
GENLIS (Madame de), 201.
GENOUILLY (Garnier et Renaud de), 254.
GEOFFROY, prévôt de Saulieu, 265.
GÉRALDIN (Maison de), 200.
GÉRARD, chanoine de Montréal, 286.
GIMEL (Maison de), 178.
GIRARD, doyen de Langres, 278.
GIVERLAY (Anne de), 124. — Charles, 131.

— Jean, 131, 448-450, 454, 511. — Maison, 159.
GIVRY (Élisabeth-Michelle de), 528.
GLENNE (Renaud de), 265.
GODEFROY, prieur de Moutiers, 277.
GONTAUT (Charles de), 555. — Madeleine-Antoinette-Charlotte, 221, 554. — Maison, 209, 227.
GORANGY (Pierre de), 105.
GOTH (Marquésie de), 209.
GOUGENOT DES MOUSSEAUX (le chevalier), 49.
GOUJON DE GASVILLE (Maison), 207.
GRAMMONT (Humberte de), 145. — Maison, 77.
GRANCEY (Barthélemine de), 77, 96, 408-412. — Eudes, 18. — Ferry, 411. — Guillaume, 76, 389. — Autre Guillaume, ibidem. — Josbert, 17, 265. — Mahaut, 102, 549. — Maison, 30. — Marguerite, 77. — Miles, 76, 389, 411. — Pierre, 50, 375-379, 383, 385, 386, 388, 389. — Robert, 17.
GRANDPRÉ (Henri V de), 36. — Henri VI, 36, 38, 368. — Maison, 30.
GRANGE (Charles de La), 529.
GRANSON (Maison de), 125.
GRAPPIÈRE (Guillaume de La), 140.
GRÉSIGNY (Geoffroy de), 246. — Gilbert, 246, 255. — Séguin, 246. — Thibaut, 246, 255, 274.
GRIGNON (Geoffroy de), 246.
GRIVEL-DE-GROSSOUVRE (Alexandre-Auguste de), 130. — Anne, 130, 447, 448, 450, 454, 455, 511. — Claude, 130. — Edmée, 124, 468. — Éléonore, 135. — Françoise, 136. — Hubert, 468. — Jean et autre Jean, 130. — Maison, 130, 135.
GROING (Maison le), 159.
GROLLIER (Charlotte de), 491. — Maison, 163.
GROS-BOIS (Huldier de), 254.
GUERRY, chanoine d'Avallon, 13, 278, 279.

GUICHARD, prévôt d'Avallon, 259.
GUIGUES-MORETON-CHABRILLAN (Françoise de), 167.
GUILLAUME, prévôt de Chablis, 23, 318.
GUILLAUME, prieur de Vausse, 350.
GUILLAUME, prévôt de L'Isle, 255, 274, 278, 329.
GUILLAUME, chapelain de Mailly, 252.
GUILLAUME, archidiacre de Sens, 256.
GUILLAUME, prévôt de Sens, 261.
GUISCARD (comte de), 175.
GUISE (M^r de), 132.
GUY, archidiacre de Meaux, 261.
GUY, doyen de Funge, 265.
GUY, doyen de Dijon, 245.
GUY, chanoine de Chablis, 250.
GUY, maire de Panges, 292.
HANGEST (François de), 121.
HARAUCOURT (Jacques de), 489.
HARCOURT (Christophe d'), 81. — Le comte, 171. — Maison, 193.
HARENC (Guillaume et Raoul de), 134.
HARLAY (M^r de), 188.
HARVILLE-DES-URSINS (Esprit-Juvénal de), 529.
HAULTOY (Georges du), 490.
HAUSSONVILLE (Marguerite d'), 490.
HAUTEFORT (Maison d'), 178, 220, 233.
HAWKE (vice-amiral), 193.
HÉBERT, prébendier de Langres, 56, 57.
HENNEQUIN (Famille), 127.
HENRI II, roi d'Angleterre, 17, 53.
HENRI V, roi d'Angleterre, 84, 85, 308.
HENRI VI, roi d'Angleterre, 88, 90, 396, 398.
HENRI II, roi de France, 121, 140, 545.
HENRI III, roi de France, 140.
HENRI IV, roi de France, 132, 147, 149, 152, 178, 233, 455, 491, 543, 544.
HENRI V (duc de Bordeaux), 223, 236.
HERBIERS DE L'ESTANDUÈRE (M^r des), 192.
HESSE-PHILIPSTHAL (prince de), 222.
HOCHBERG (Barbe de), 113-115, 119, 129, 139, 423-427, 430, 433, 434, 442, 443, 512, 545-547. — Henri, 114. — Jeanne,

116, 139, 430. — Olivier, 114, 428, 430, 546. — Philippe, 114, 423, 547. — Rodolphe, 114.
HOHENLOHE (prince de), 211.
HORNES (Maison de), 120.
HOSPITAL (Anne de L'), 508.
HOUDAILLE (Achille), 236.
HUCHET DE LA BÉDOYÈRE (Charles-Angélique-François), 221, 554. — Charles-Marie-Philippe, 221. — Georges, 512, 557.
HUGUES, doyen de Saulieu, 279, 286.
HUGUES, prévôt de Corvée? 293.
HUGUES, prévôt de Meursault, 16, 287.
HUMBAUD, prévôt d'Auxerre, 51, 249.
HUMBAUD, chapelain de Saint-Cyr, 251.
HUMBERT, doyen de Beaune, 257.
HUMBERT, prieur du Val-des-Choux, 324.
HUMBOLDT (Al. de), 232.
HURRIC, prévôt des Saints-Jumeaux, 255.
HUSSEY (Maison de), 200.
IGNY (Christophe d'), 129.
IGORNAY (Hulduin d'), 277.
INNOCENT II (pape), 250, 301.
ISLE (Bernard de l'), 252-254, 267. — Guillaume, 6, 279. — Raoul, 271.
IZEURE (Barthélemy d'), 293.
JACQUELIN, prévôt de Massangis, 275.
JACQUES II, roi d'Angleterre, 177.
JAUCOURT (Alexandre-Charles-Bénigne de), 69. — Aubert, 115, 427, 546. — François-Arnail, 69. — Guy, 71, 76, 393, 395, 397, 548. — Autre Guy, 103. — Hugues, 64. — Jacques, 149. — Jean, 442. — Maison, 39, 69, 104. — Miles, 96. — Philippe, 69-71, 370, 373, 375. — Autre Philippe, 71. — Autre Philippe, 103, 548. — Pierre, 36, 69.
JAVERLHAC (Henriette de), 528.
JAZU (Jean), 463.
JEAN, maire de Chablis, 8, 256.
JEAN, doyen de Dijon, 56, 291.
JEAN, prieur de Vergy, 52, 264, 265.
JEANNE, dame de Marmeaux, 352, 353.
JOCEVAL (Jean de), 36.

JOIGNY (le comte de), 92, 93, 392. — Gautier, 30, 311. — Raynaud, 6, 257, 258.
JOINVILLE (Geoffroy de), 36.
JOLY DE FLEURY (Guillaume-Louis), 528.
JONVELLE (le sire de), 92.
JOUMARD (François de), 135.
JOYEUSE (duc de), 452, 544.
JUBERT (Bernard-Marie-Gabriel), 206. — Georges, 206, 532. — Guilhem, 206. — Guillaume, 207. — Marie-Alexandre-Gabriel, 207. — Marin, 206. — Olympe-Élisabeth, 206, 207, 213-215, 531, 532, 535, 536. — Pierre, 206.
JUIGNÉ (Auguste de), 557.
KERBIQUET (Maison de), 221.
LADUZ (Anne, Anne-François, Claude et Edmée), 127. — François, 127, 506. — Autre François, Jacques et Marguerite, 127. — Marie, 506. — Maurice, 127. — René, 127, 506.
LAGNY (Thiébaut de), 100.
LAGUICHE (Claude de), 494. — Gérard, 81, 82, 90, 92, 389. — Maison, 220.
LAIGNES (Jean de), 378, 382, 388.
LAINSECQ (Richard de), 263, 266.
LALLEMANT (Henri et Pierre), 81.
LAMBERT, archidiacre de Langres, 63.
LAMBON (Nicolas de), 540.
LAMOIGNON (Maison de), 163.
LANGHAC (Marc de), 442.
LANGLOIS (Marie-Françoise-Thérèse), 529.
LANGRES (Ébroïn, évêque de), 63. — Gautier, 19, 265, 273, 301. — Geoffroy, 55, 272, 301. — Autre Geoffroy, 254, 259. — Josserand, 301. — Manassé, 278, 280.
LANGRES (Étienne de), 381. — Pierre, 63, 354.
LANTAGES (Maison de), 153.
LANTY (Claude de), 456, 462. — Olivier, 490.
LANVAULT (Jean de), 115, 427, 428, 433. — Pierre, 427.
LAON (Lambert de), 354.
LARCHER (Claude), 155. — Marie-Louise, 178.

LASCALETTA (prince de), 553.
LASTEYRIE (Maison de), 233.
LAU (Arthur du), 557.
LAURISTON (maréchal marquis de), 222.
LAUSSEROD (Nicolas de), 478.
LAUVERJAT (Jean), 518.
LAVERGNE (Léonce de), 201.
LEBEUF (abbé), 103, 109, 121, 193, 262, 393.
LENONCOURT (Charles de), 470. — Famille, 163. — Philippe, 169.
LÉOBAUD, prêtre de Dancivor, 259.
LÉOVILLE (Pierre de), 429.
LESPINASSE (Édouard de), 397.
LÉTARD (Hugues), 264, 268.
LETORS (Hubert), 518.
LÉVISSE DE MONTIGNY (Louis - Charles-François), 69.
LÉZINNES (Érard de), 47, 362. — Olivier, 255.
LICHÈRES (Eudes de), 266.
LIÉGEARD DU JONQUAY (Louis), 532.
LIEU-DIEU (Guillaume, abbé de), 293.
LIGNEVILLE-TANTONVILLE (Gabriel de), 489.
LIGNY (François de), 131, 475, 476.
LISARDET (Perrinot le), 382.
LISLE (Lancelot de), 399.
LOGES (Anne de), 143-146, 443, 447. — Guillaume, 144. — Hugues, 143, 443. — Simon, 144, 443-445.
LOMAGNE (Maison de), 209.
LOMBELON DES ESSARTS (Geneviève-Éléonore de), 207.
LOMÉNIE (Maison de), 127.
LONGCHAMPS (Gérard de), 125.
LONGUAY (Évrard, abbé de), 24.
LONGUEAU (Françoise de), 134.
LONGUEVILLE (duc de), 166.
LONGUEVILLE (Dominique de), 506. — François, 490, 495.
LONGWY (Antoine de), 101. — Christophe et Claude, ibid. — Eudes, 56, 270, 291. — Jean, dit Chaussin, 101. — Autre Jean, 101, 397. — Jeanne, 100, 101, 397. — Maison, 179. — Mathieu et Olivier, 101, 397. — Philippe, 101.

LORON (François de), 493. — Jacques, 488. — Jean, 140, 443-445. — Maison, 109. — Pierre, 436, 437.
LORRAINE (Antoine de), 90, 91, 403-405. — Catherine, 115, 133, 478. — Charles, 166. — Maison, 29.
LOUIS VI, 40, 482, 542.
LOUIS VII, 248, 250, 252, 253, 256, 262, 265, 271, 273, 274, 302, 482, 542.
LOUIS VIII, 21.
LOUIS IX, 23, 33, 37, 193, 220, 325, 331, 336, 337.
LOUIS XI, 107-109, 152, 482, 491, 542.
LOUIS XIII, 162, 169, 170, 233, 475, 481, 491, 542.
LOUIS XIV, 155, 166, 171, 174, 501, 513, 541.
LOUIS XV, 39, 181, 526, 532, 539, 540, 556.
LOUIS XVI, 199, 219, 556.
LOUIS XVIII, 216, 217, 224, 230, 232, 538, 550, 553, 555.
LOYS (Claude de), 154, 485. — Ferry, 154, 487, 495, 497, 502, 503.
LUBERSAC (Bernard, Charles, François, Geoffroy, Gervais, Guy, Jean-Baptiste, Jean-Baptiste-Antoine-Ernest, Pierre et autre Pierre de), 233.
LUCAS (Madeleine), 121.
LUCENAY (Godefroy de), 518. — Renier, 281.
LUCY (Bonamy de), 254.
LUGNY (Maison de), 102.
LUPPÉ (la dame de), 148.
LUR (Antoine-Marie-Amédée de), 226. — Bertrand, 227. — Charles, Fruin, Jean, Louis et Pierre, ibid. — Romain-Bertrand, 226, 557.
LUYRIEUX (Guillaume de), 103.
LUZY (Dalmace de), 6, 257, 258. — Guy, 25, 322. — Renaud, 58.
LYON (Gautier, archevêque de), 11. — Guichard, 271.
MACHAULT (Famille de), 127, 134. — Henriette, 557.
MACON (comte de), 33, 325.
MADEMOISELLE, nièce de Louis XIV, 179.

MAGDELAINE DE RAGNY (François de la), 451. — Maison, 65, 220.
MAGNY (Gillette de), 42.— Haymon, 42, 312. — Nicolette, 42, 44, 315, 316, 319, 323.
MAILLÉ (maison de), 233.
MAILLY (Arnoul de), 252. — Étienne, 12, 277. — Françoise, 529. — Josselin, 252. — Maison, 193. — Nicolas, 262. — Savaric, 264. — le seigneur de, 288, 300.
MAISTRE (M. Le), 127.
MALAIN (Georges de), 113. — Maison, 102.
MALAQUIN (Étienne), 96, 97, 104, 409-412.
MALESHERBES (M. de), 197.
MALIGNY (Bouchard de), 3, 246. — Gaucher et Guy, 61, 333. — Hugues, 3, 51, 246, 248, 249. — Marguerite, 95. — Richard, 246. — Thibaut, 3, 246.
MALLET (baron), 202.
MANASSÉ, archidiacre de Troyes, 261.
MANDELOT (Didier de), 433.
MANGOT (Marie-Madeleine), 508, 519.
MARAC (Renier de), 25.
MARAIS (Matthieu), 179, 186, 188.
MARBURY (Hérard de), 110, 435. — Jean, 110.
MARCHE (comtesse de la), 47, 360. — Renaud, 274.
MARCHESEUIL (Odet de), 433.
MARENTIN (Jean), 413.
MARIA (Dona), 230.
MARIE-CHRISTINE, princesse de Naples, 216.
MARIE (Jean), 518. — Thomas, 127.
MARIGNY (Annibal de), 474. — Aymon, 15, 284, 285. — Étienne, 43. — Eudes, 56, 290, 291. — Guillaume, 17, 288. — Autre Guillaume, 43. — autre Guillaume, 46. Hugues, 287. — Jean, 43. — Marguerite, 43, 45, 46. — Pierre, 265. — Le seigneur, 392. — Wiard, 287.
MARION (Claude-Louis et Louis-Eustache de), 521.
MARMEAUX (André de), 45, 46, 48, 63, 136, 242, 338, 339, 342, 343, 351-353. — Guillaume, 49. — Autre Guillaume, 49, 136.

— Jean, 45-49, 63, 136, 242, 338, 341-343, 348, 351, 352, 359, 360, 362. — Jeanne, 49. — autre Jeanne, 49, 50, 375-379, 385, 386, 388. — Marguerite, 50, 74, 75. — Milon, 48-50, 362. — Odet, 49, 50. — Pierre, 49, 50, 135.
MAROLLES (Bonne de), 124.
MARTIGNY (Jean de), 126, 517.
MARTIN V (le pape), 84, 395.
MASY (Eudes de), 266.
MATHILDE (l'impératrice), 53.
MAUNY (Jacques de), 468
MAUPEOU (Famille de), 207.
MAUPEPTUIS (M. de), 175, 180.
MAURICE, prévôt de Chablis, 8, 255, 256.
MAUTALANT (Pierre), 329.
MAXIMILIEN (l'empereur), 40.
MAYENNE (duc de), 148.
MAZARIN (cardinal), 170, 171, 541.
MAZIS (Jeanne des), 106.
MÉDICIS (Catherine de), 146.
MELLO (Charles de), 36, 406. — Dreux I et Dreux II, 36. — Dreux IV, 36, 136. — Gibaud et Guillaume, 71. — Guy, 37. — Autre Guy, 48, 362. — Martin, 36. — Matthieu, 47, 362.
MELUN (Geoffroy de), 54. — Maison, 102, 193.
MENESSAIRE (Adélaïde de), 7, 252, 259. — le sire, 6, 255.
MENOU (Famille de), 220.
MERRY (Herbert de), 17, 51, 52, 254, 262-264, 288. — Obert, 262. — Philippe, 75.
MESGRIGNY (Jean-Charles et Marie-Claire-Edmée de), 121.
MESMES (Henriette-Antoinette de), 527. — Jean-Antoine, 508. — Autre Jean-Antoine, 508. — Autre Jean-Antoine, 527. — Jean-Jacques, 508. — Autre Jean-Jacques, 527.
MESNIL-SIMON (Charlotte du), 144, 443.
MEUN (Barthélemy de), 143, 444. — François et Gabriel, 468. — Jacques, 455. — Jean, 143. — Autre Jean, 444. — Lan-

durey, 143. — René, 143, 444, 445, 451. Autre René, 444. — Théodun, 143.
MEUSE (Josbert de), 278.
MIÉES (le sieur de), 178.
MIGUEL (Don), 230.
MILLEREAU (Alphonse), 165. — Jacques, 165, 167, 494.
MILON, sous-diacre de Langres, 302.
MILON, prévôt de Mailly, 262.
MILON, maire de Chichée, 249.
MILON, prévôt de Montréal, 272, 274, 329.
MOISY (Claude-François de), 114, 430. — Guichard, 114. — Jean, 113. — Autre Jean, 114. — Philippe, 113, 430, 433.
MOLÉ (le comte), 232, 558. — Maison, 143. — Marie-Louise, 529. — Matthieu-François, 533, 535. — Président, 213.
MOLESMES (Guilenc, abbé de), 260. — Robert, 21. — Thomas, 8, 11, 274.
MOLESMES (Galan de), 274.
MONAL (Gilbert du), 388.
MONCORPS (Jean de), 135, 506.
MONRÉAUL (Ancris de), 2.
MONRECOURT (Huguette de), 94. — Jean, 94, 374.
MONSIEUR, frère de Louis XIV, 174, 527, 540.
MONTAGNEROT (Antoine de), 103.
MONTAGU (Maison de), 153. — Sire de, 33, 325.
MONTAIGU (Jean de), 80. — Jeanne, 122.
MONTAL (comte de), 175, 190. — Famille, 69.
MONTAULT (Jeanne de), 49.
MONTBARD (André de), 9. — Bernard, 26, 289, 290. — Jacques et Renaud, 355.
MONTBERON (Famille de), 116.
MONTBOISSIER (marquis de), 190.
MONTBRON (seigneur de), 83.
MONTCEAU (Antoine de), 495. — Jacques, 462, 463.
MONTCIMET (Jean-Charles de), 192.
MONTCOQUIER (Catherine de), 110.
MONTE (Guillaume de la), 70, 375.
MONTEREY (Aymon de), 284, 285.

MONTESQUIOU (François-Xavier de), 552, 553.
MONTFERRAND (Maison de), 227.
MONTFORT (Maison de), 114, 234.
MONTHELON (Robert de), 16, 286.
MONTHOLON (Catherine de), 479.
MONTIGNY (Dreux de), 37, 337.
MONTLUC (Catherine de), 465. — Jean, 150.
MONTMIRAIL (Étienne de), 12, 277. — Le sire, 29, 311.
MONTMORENCY (Gabrielle de), 116. — Maison, 36, 193, 209.
MONTMORILLON (Bernard de), 113. — Charlotte, 113, 120, 442. — Jean, Laurent-François et Paul-Albéric-Saladin, 113. — Saladin, 113, 445.
MONTPERROUX (le seigneur de), 62.
MONTRÉAL (Adélaïde de), 14, 17, 280. — Agnès, 39, 341, 353, 354. — André, 17, 18, 44, 45, 61, 294, 299, 321, 323, 324, 332, 333. — Anséric Ier, 2. — Anséric II, 2. — Anséric III, 2, 3. — Anséric IV, 3-9, 252-260. — Anséric V, 9-11, 267-271, 273, 274. — Anséric VI, 9, 12-17, 29-31, 34, 41, 60, 242, 267, 271, 272, 274-281, 284-289, 297, 298, 329. — Anséric VII, 14, 17, 18, 26-29, 44, 57, 60-62, 242, 277-280, 287-290, 292-296, 298, 302, 303, 305, 333. — Anséric VIII, 29-33, 58, 62, 310, 311, 317, 320, 326, 327. — Anséric IX, 31, 33-36, 242, 310, 320, 325-332, 334. — Anséric X, 36-38, 55, 242, 336-338, 353. — Anséric, 40. — Aymon, 55, 56, 290-293. — Autre Aymon, 57. — Béatrix, 39, 341. — Bosc, 52. — Caïn, 9, 52, 257, 264, 265. — Élisabeth, 18, 304. — Elvis, 9, 267. — Étienne, 56. — Galeran, 50, 245. — Autre Galeran, 52. — Gautier, 4, 253. — Autre Gautier, 52. — Geoffroy, 51-53, 250-252, 254, 261-264, 266, 268. — Autre Geoffroy, 57. — Autre Geoffroy, ibid. — Geoffroy, clerc d'Avallon, 58. — Gilbert, 51, 256. — Guicharde, 40. — Guillaume, 53-55. — Autre Guillaume,

51, 249-251. — Guillaume, archidiacre d'Avallon, 58. — Guy, frère d'Ansério IV, 4, 249. — Guy, frère de Caïn, 52, 256, 257. — Guy, fils d'Ansério V, 12, 60, 275. — Guy, neveu du précédent, 17, 18, 60-62, 242, 295-297, 299, 304, 305, 333. — Guy, fils d'Ansério VIII, 31, 335, 336. — Guy, neveu d'Ansério X, 39, 40, 341, 351, 356-358. — Henri, 57, 355, 356. — Hugues, 4, 253. — Hugues-le-Blanc, 4, 247, 249, 253, 256. — Hugues, père d'Ansério IV, 3-5, 246-248, 253. — Hugues, évêque de Langres, 17-26, 29, 33, 41, 42, 61, 242, 296, 300-303, 305-309, 311-314, 316-318, 321-323. — Hugues, chanoine de Langres, 56, 57. — Hugues, 57. — Huguette, 39. — Jean, religieux, 57. — Jean, chantre, 58 — Jean, fils d'Ansério V, 9, 12, 267, 271. — Jean, fils d'Ansério VI, 14, 17, 18, 41-44, 60, 242, 277-280, 287, 289, 290, 300, 310, 312, 315, 316, 344. — Jean, fils d'Ansério IX, 31, 38, 39, 340, 341, 351, 353. — Jeannette, 39, 341. — Luce, 58. — Milon, 17, 18, 26, 27, 60, 288, 289, 293, 294, 298, 299. — Niard, 9, 59. — Obert, 55, 272. — Autre Obert, 321. — Pierre, religieux, 3, 247. — Pierre, 53. — Autre Pierre, 57. — Séda, 271. - Séguin, 31, 35, 334. — Voy. BEAUVOIR, CHASTELLUX, MARMEAUX et TART.

MONTREUIL (Jean de), 58. — Maison, 77. — Philippe, 58.

MONT-SAINT-JEAN (Guillaume de), 33, 35, 325, 332. — Guye, 99. — Hugues, 6, 11, 257, 258, 273, 274. — Humbert, 267. — Jérémie, 56, 291. — Seigneur de, 66.

MONTSAUGEON (Robert de), 293.

MONTSAULNIN (Aimée de), 154, 498, 499. — Claude, 462, 463. — François, 106. — Maison, 159. — Yolande, 153, 456.

MOROGES (Anne de), 125, 126, 506, 513-515. — Claude, 125. — François, 78, 125. — Autre François, Guichard, Guillaume, Jean et Jean-Baptiste, 125.

MOTHE DE VAULGRENANT (M. de La), 132.

MOTHE LE VAYER (Famille de La), 193.

MUARD (Le R. P. Jean-Baptiste), 235, 558, 559.

MUNERI (Ponce de), 293.

MURVIEL (Famille de), 221.

MYARD (Famille de), 68.

NAGU (Maison de), 144.

NANTON (Guillaume de), 107, 426.

NAPOLÉON Ier, 221.

NARBONNE (Louis de), 210.

NAVARRE (Jeanne de), 353.

NEMOURS (Philippe, duc de), 430. — Autre, 490.

NEUFCHATEL (Anne de), 101. — Jean, 90, 403. — Thibaut, 90, 403, 404.

NEVERS (Charles, comte de), 93, 95, 96, 104. — Guillaume Ier, 252, 256, 260. — Guillaume II, 260, 262, 299. — Guillaume III, 75. — Guy, 24. — Autre Guy, 262, 272, 273. — Ida, comtesse, 52, 261, 262. — Jean, 105, 108. — Landry, 2. — Maison, 29. — Mathilde, comtesse, 17, 21, 288, 311. — Philippe, 79.

NEVERS (Bernard, évêque de), 11, 53, 272, 273.

NICHARD, curé d'Arconcey, 349.

NICOLAS (général), 223.

NICOLAY (Famille de), 209.

NIVERNOIS (le duc de), 484, 531.

NOAILLES (Antoine de), 557. — Comte de, 169, 170. — Jean-Paul-François, duc d'Ayen, 537. — Louise-Charlotte-Philippine-Henriette, 552, 554, 556. — Maison, 143, 209.

NOGENT (André de), 21, 23. — Renier, 23.

NOLLENT (Françoise-Marthe-Angélique de), 532, 535.

NORRY (Maison de), 220.

NOYERS (Guy de), 3. — Hugues, 264. — Autre Hugues, 272. — Maison, 36. — Miles, 61, 311. — Autre Miles, 167. — Milon, 8, 30, 35, 44, 62, 253, 264, 272, 299, 332, 333, 338.

ODEBERT (Jacques), 436. — Jean, 431.

O'KELLY (comte), 227.
ORGE (Famille d'), 68.
ORGEUL (Guillaume d'), 257, 270, 277, 291. — Imbert, 291.
ORGNAC (Félicie d'), 178.
ORLÉANS (Charlotte-Aglaé d'), 532. — Louis, duc, 527, 532, 540. — Louis, fils du précédent, 532, 537. — Louis, 430. — Philippe, 187, 527, 528, 540.
ORSAN (Arnaud d'), 220.
OSTIE (Julien, évêque d'), 110, 547.
OSTUN (Alix d'), 65, 67, 363. — Étienne et Gautier, 65. — Gérard, 65, 66, 363, 364. — Guillaume et Guy, 65. — Autre Guy, 65, 66, 363-365. — Jacquette, 65, 363-365. — Pierre, 388. — Renaud, 65.
PACY (Isabelle de), 76. — Jacques, 362.
PALLIOT, 29, 43, 241, 316, 393, 406, 413.
PALUD (Maison de la), 125.
PANGES (Aubert de), 292.
PARRECY (Milon de), 22, 313.
PASQUIER (baron), 223, 224.
PAULE (Saint-François de), 232.
PELETIER (Michel et Nicolas-Josse), 529.
PELETIER DE LA HOUSSAYE (Claire-Élisabeth le), 529. — Claude-Henri, 528.
PELETIER DE ROSAMBO (Famille le), 121.
PELLEVÉ (Famille de), 205.
PENTHIÈVRE (duc de), 201, 214.
PERCIN (Alexandre, Arnaud, Bernard et Bertrand), 220. — Charles-Bernard-Joseph, 220, 554. — Jean-Baptiste-Auguste-Madeleine, 220, 221, 554, 557.
PÉRIGORD (comtesse de), 213. — Maison, 209.
PERRIÈRE (Christine de la), 168, 494. — Claude, 120. — Gabriel, 113, 120. — Maison, 63, 113. — Paul, 458. — Le sieur de la, 350.
PÉRUSSY (marquis de), 533.
PESTRE DE VAUBAN (Paul le), 165.
PETIT (Ernest), 2, 3, 17, 26, 49, 52, 56-58, 91. — Gilles, 376. — Thiébaut, 406.
PETITFOU (Thomas), 518.
PHELIPEAUX (Marie-Jeanne), 529.

PHILIPPE I, 36.
PHILIPPE-AUGUSTE, 16, 61, 233, 283, 285.
PHILIPPE-LE-BEL, 47, 353, 360.
PHILIPPE (Dom), 181.
PIERRE, curé de Painblanc, 308.
PIERRE, doyen de Larrey, 308.
PIERRE, doyen de la Sainte-Chapelle, 340, 342.
PIERRE, maire de Châtillon-sur-Seine, 278.
PIERRE, prévôt de Vergy, 276.
PIERRE, prévôt de Vieux-Château, 267.
PIÉDEFER (Antoine de), 437. — Élisabeth, 477. — Jean, 493. — Louise, 477, 511. — Marguerite, 134, 476, 477, 492, 494, 511.
PIERRE-PERTHUIS (Étienne de), 11, 274. — Guillaume, 75. — Hervé, 6, 255. — Hugues, 11, 274. — Le sire, 44.
PIERREPONT (Jean de), 415.
PIOCHE (Hue), 35.
PIOT (Philippe), 150.
PINARD (Jean), 393, 395.
PISAN (Maison de), 131.
PLAINVILLIERS (Famille de), 133.
PLANCHER (Dom), 3, 29, 33, 55, 65, 80, 82, 88.
PLANCY (Marguerite de), 40. — Autre Marguerite, 76.
PLATIÈRE (Humbert de la), 140, 142, 442, 444, 545. — Maison, 60. — Philibert, 414.
PLESSIS (Anne du), 132, 135, 454, 476, 477, 492-494, 511. — Charles, 454. — Claude, 123. — Guillaume, 133, 403. — Autre Guillaume, 476, 511. — Jean, 132, 454. — Jean, 133. — Autre Jean, ibid. — Marguerite, 493. — Pierre, 133.
PLEUC (Famille de), 221.
PLUNKETT (François de), 200. — Marie-Joséphine-Charlotte-Brigitte, 200-202, 214, 551, 552, 554. — Olivier, Patrice et Thomas, 200.
PLUVAULT (marquis de), 162. — Nicolas, 426.
POISSONS (Érard, Hugues et Jean de), 136.

POITIERS (Hugues de), 55. — Maison, 131.
POMPADOUR (Maison de), 209.
PONCE, cellerier de Citeaux, 280, 287.
PONCE, connétable de Bourgogne, 288.
PONS (Jeanne de), 468, 473. — Maison, 133.
PONTAILLER (Alix de), 40. — Anatole-Louis, 145, 447. — Guy, Jean et Jean-Louis, 145. Maison, 123, 125, 145. — Paul, 145, 447.
PONTEVÈS (Maison de), 234.
PONTIGNY (Hugues, abbé de), 249. — Mainard, 279. — Pierre, 277.
PONTIVE (Jean de), 287.
PONTOT (Claude du), 131.
PONVILLE (Anne et Denis de), 131. — Edme, 131, 447, 448, 450, 454, 455, 511. — Gilles et Pierre, 131.
PORTE (Aymon de la), 245. — Guillaume, 377, 378. — Humbert, 288. — Jean, 518. — Martin, 267. — Pierre, 292.
POTIER (comte de), 202.
POT (Renier), 392, 397.
POTHIÈRES (Renier de), 255.
POUFFIER (Bernard), 158. — Nicolas, 159. — Robert, 158, 467, 468.
POUGUES (Raoul de), 106.
POULOT (Isabelle et Perrenot), 72. — Philibert, 466.
POUSSAIN (Hugues de), 368.
PRAIZ (Bruno de), 271. — Gibaud, 271. — Landry, 4, 249, 250. — Philippe, 12, 34, 271, 329.
PRALDOYE (Jean), 397.
PRAT (Antoine du), 451. — Famille, 174.
PRÉAU (Joseph), 558, 559.
PRIE (Aymar de), 132, 511. — François, 134. — René, 468.
PROVENCY (Barthélemy, Hugues, Obert et Pierre de), 254, 329.
PROVINS (Dreux de), 259.
PUISAT (Sire de), 33, 325.
QUANTIN (Mr), 3, 28, 71.
QUARREAULT (Gilbert de), 122, 447. — Olivier, 454.
QUESTERLING. Voy. ESTERLING.
QUINCY (le sire de), 33, 325.

QUINQUET (Marie de), 469.
RABUTIN (Françoise de), 125, 156. — Hugues, 125. — Autre Hugues, 489. — Maison, 123, 193.
RACAULT (Joseph de), 127.
RAGNY (Eudes et autre Eudes), 77. — Autre Eudes, 103. — Hugues et Issaduc, 77. — Maison, 123. — Marguerite, 77. — Pierre, 77, 406.
RAGUIER (Angélique-Cécile), 121. — Anne, 120, 121, 123, 447. — Autre Anne, 121. — François, 477. — Gaucher, 476, 511. — Hémon, 121. — Hilaire, 437. — Autre Hilaire, 141, 437, 439, 442, 546. — Jean, 437. — Louis, 121. — Maison, 121, 122, 133, 227.
RANTZAU (comte de), 166.
RAOUL, chanoine de Montréal, 286.
RAPINE (Florimond), 495.
RATILLE (Renaud de), 262.
RAUDOT (Mr), 225, 235, 237.
RAVIÈRES (Bernard de), 77. — Gillette, 44, 324, 332, 333. — Marguerite, 44, 324. — Pierre, 44, 323.
RAY (Maison de), 145.
REGNIER (Adrien), 124. — Claude, 124, 448, 455. — Jean, 370, 371. — Autre Jean, 371.
REIGNY (Ascelin, abbé de), 10, 262, 267, 271, 272. — Étienne, 252, 254. — Galon, 15. — Hélie, 290.
REIMS (Guillaume, archevêque de), 307.
REMIGNY (Angélique-Joseph-Suzanne-Charles-François, Angélique-Louis-Marie et Antoine-Aimé-François de), 167. — Charles, 167, 494. — Guillaume et Jeanne, 167. — Paul, 167, 168, 494.
RENAUD, clerc de Rougemont, 278.
RENAUD, archidiacre d'Auxerre, 252.
RENAUD, chanoine de Montréal, 290.
RENAUD, prêtre de Mailly, 254.
RENÉ (le roi), 234.
RENTY (Jean-Jacques de), 541. — Olivier, 474.
REÔME (Guillaume, abbé de), 175. — Guy, 20, 309.

RÉON (Gérard de), 13, 274, 278, 280, 286.
RENÉ, prieur de Reigny, 487.
RÉTHEL (comte de), 95.
REUGNY (Georges de), 495.
RHODES (Amodis, comtesse de), 220.
RICHARD CŒUR-DE-LION, 16.
RIPPE (Guillaume de la), 362.
RIVES (Mr), 194.
RIVIÈRE (Adrien de la), 444. — Charles, 84, 89, 399. — Durand, 251. — François, 115, 435, 442, 450. — Hugues, 255. — Marie, 115.
ROBERT (le roi), 2, 30.
ROBERT, chanoine de Chablis, 8.
ROBERT, chanoine de Montréal, 329.
ROBERT, chantre de la Sainte-Chapelle, 340.
ROBIANO (Famille de), 234.
ROCHAMBEAU (comte de), 199.
ROCHE (Adrien de la), 246. — Hugues, 284, 285. — Jean, 454, 476, 511. — Pierre, 255. — Renier, 7, 254.
ROCHECHOUART (Louis de), 477, 511. — Zéphirine-Félicité, 220, 553.
ROCHE-EN-BRENIL (Jacques de la), 39.
ROCHEFORT (Anne de), 451. — Edme, 144, 145. — Érard, 495. — François, 495. — Guillaume, 95, 96. — Joachim, 451. — Robert, 47, 362.
ROCHEFORT DE CARRICK (Maison), 200.
ROCHEFOUCAULD (François de la), 133. — Maison, 209.
ROCHELAMBERT (Famille de la), 221.
ROCHETTE (Guillaume de la), 100, 397.
ROCOZEL (Mr de), 181.
RODEMACH (Jean de), 90, 91, 403-405, 549. — Yolande, 102, 549.
ROËRE (Aldebert de la), 444. — François, 141, 142, 437, 438, 441, 442, 546. — Jacques, 437, 442, 444. — Jeanne, 141, 142, 146, 436-442, 444, 490, 545, 546. — Marguerite, 442.
ROFFIGNAC (Guy de), 454.
ROHAN (cardinal de), 187.
ROSNY (Engelbert de), 249.

ROSSETAING (Étienne), 378.
ROUCY (Héric et Renaud de), 280.
ROUGÉ (Maison de), 178.
ROUGEMONT (Bernard de), 273. — Jean, 123. — Renaud, 12, 26, 277, 289, 290. — Autre Renaud, 257, 258.
ROUSAY (Antoine du), 112, 420.
ROUSSEAU (Famille), 141.
ROUSSEL-VARNEVILLE (François de), 489.
ROUSSILLON (Antoine de), 64. — Girard, 2. — Autre Girard, 64. — Jean, 367. — Isabelle, 64. — Autre Isabelle, 64, 152. — Louise, 64. — Pierre, ibid.
ROUVRAY (Adeline de), 51, 256. — Jeannette, 39. — Pierre, 51, 256.
ROUVRE (Bernard de), 274.
ROUXEL (Famille de), 18.
ROYE (Maison de), 36.
ROZAT (Jacques), 163, 469, 473, 490, 543.
RUFFEY (Maison de), 143.
RUOLZ (Famille de), 49.
SABRAN (Maison de), 234.
SAFFRE (Othon de), 284, 285.
SAILLY (Marguerite de), 462.
SAINT-AUBIN (le sire de), 44.
SAINT-BÉNIGNE (Galon, abbé de), 318. — Gelebert, 20, 23, 308. — Pierre, 317.
SAINT-BRIS (sire de), 92.
SAINT-CHAMANS (Anne-Victoire de), 527. — Antoine-Galiot, 178. — Bonne, 527. — César-Arnaud, 179, 527. — Élie, 178. — Élisabeth-Françoise, 527. — François, 178, 179, 518, 520, 527, 540. — Hercule et Jean, 178. — Pauline-Félicité, 533, 535.
SAINT-ÉTIENNE DE DIJON (Amédée, abbé de), 336, 342.
SAINT-FLORENTIN (Gaucher de), 39. — Autre Gaucher, 61, 333. — Rahier, 9, 260.
SAINT-GERMAIN (Archambaud de), 246.
SAINT-GERMAIN D'AUXERRE (Ardouin, abbé de), 75.
SAINT-JEAN (Guy, abbé de), 24.
SAINT-JULIEN (Kalo de), 284, 285.

SAINT-LÉGER (Charles et Jean de), 447.
SAINT-MARC (cardinal de), 83.
SAINT-MARTIN (Gilberte de), 154, 499.
SAINT-MARTIN D'AUTUN (Achard, abbé de), 275. — Lambert, 250.
SAINT-MICHEL DE TONNERRE (Guillaume, abbé de), 22, 301.
SAINT-PHALLE (Alexandre de), 136, 137, 515. — Anne, 136. — Catherine, ibid. — Charles 136. — Claude, 135, 510, 515. — Autre Claude, 135. — Edme et Eustache, 136. — François, 136, 510. — Autre François, 136. — Geoffroy, 49. — Isabelle, 49, 135. — Jean-Vincent, 133. — Louis, 136. — Maison, 49, 77, 130, 137. — Otran, Philippe et Pierre, 49.
SAINT-POL (Guy de), 29, 311.
SAINT-PRIEST (Jean de), 100.
SAINT-QUENTIN (Gilbert de), 111. — Jean-Louis, 451. — Loup, 433, 437, 442.
SAINT-RÉVÉRIEN (Pierre de), 368.
SAINT-SAUVEUR (Pierre de), 293,
SAINT-SYMPHORIEN (Gautier de), 250.
SAINT-TRIVIER (Famille de), 113.
SAINT-VERAIN (Anne de), 109. — Geoffroy, 263. — Autre Geoffroy, 75. — Gibaud, 52, 75, 262, 274. — Hugues et Jean, 74. — Autre Jean, 76, 79. — Jeanne, 74-76, 79, 375, 389. — Renaud, 52, 75, 262. — Sara, 263.
SAINTE-BEUVE (Mr), 232.
SAINTE-CROIX (cardinal de), 90. — Maison, 114.
SAINTE-MAURE (Claude de), 144. — Léon, 558.
SAINTES-VERTUS (Étienne de), 249.
SAINTONGE (Françoise de), 479.
SAINTOURS (François et Jean les), 471.
SALAZAR (Annibal et François de), 110. — Hector, 109, 110, 417. — Henriette, Jean, Jeanne et Louis, 110.
SALES (Saint François de), 158.
SALIGNY (le sire de), 90.
SALINS (Philibert de), 100, 411.
SALISBURY (comte de), 86, 87, 392, 399.

SALIVE (Agnès, Guillaume, Haymon et Henri de), 27, 295.
SALMAISE (Guy de), 48, 362.
SALOME (Martin de), 251.
SALUCES (Catherine-Charlotte de), 227.
SANCERRE (Étienne de), 75. — Maison, 64.
SANCEY (Guillemette de), 491, 492.
SAN-MIGUEL (Évariste), 222.
SARDIN (Etienne et Guyotte), 77, 413.
SARSFIED (Marie-Marguerite-Gabrielle), 553.
SAUDON (Bertrand de), 15, 284, 285. — Claire-Perrette et Marguerite, 143.
SAULX (Guy de), 255. — Henri-Charles, 528, 535. — Henriette-Marguerite, 521. — Jean, 81. — Louis, 521. — Marie-Charles, 528, 533. — Nicolas-Charles, ibid. — Othon, 15, 278, 284, 285, 299. — Pierre, 519. — Simon, 163. — Valon, 284, 285.
SAUVEBŒUF (marquis de), 175.
SAUVIGNY (Jean de), 388. — Renaud, 321.
SAVIGNY (Emeniardis de), 26. — Gilbert, 474. — Guy, autre Guy et Sibylle, 26, 290.
SAVOIE (Marie de), 114, 423, 547.
SAVOISY (Charles de), 102, 549. — Claude, Gautier, Guyot, Hémonin et Henri, 102. — Autre Henri, 96, 97, 411, 412. — Isabelle, 549. — Jean, 102. — Madeleine, 115. — Marie, 102-104, 107, 406-408, 414, 415, 546, 549. — Philippe, 549. — Richard, 47, 362.
SAYVE (Jacques et Marie de), 234.
SAXE (Aléran de), 227. — Maréchal, 190, 205.
SCHOLASTIQUE (le père), 162, 163.
SÉGUIN, doyen d'Autun, 265.
SÉGUIN, maire de Saulieu, 265.
SÉGUR (Louis-Philippe de), 552, 554, 555. — Philippe-Paul, 554.
SEIGNELAY (Agnès de), 75. — Gaubert, 254. — Guy, 253. — Jean, 47, 362. — Vuinebaud, 246.

SELLIER DE CHEZELLES (Armandine-Marie-Louise-Virginie le), 233.
SEMUR (Guy de), 70, 370. — Guyot, 39, 340. — Renaud, 47, 359.
SENECEY (Maison de), 125.
SENEVOY (Jean de), 22, 313. — Manassé, 22, 314. — Sibylle, 22, 313.
SENS (Hugues, archevêque de), 8, 259.
SENS (Bouchard, Garnier et Salon de), 6, 257, 258.
SÉRENT (Anne-Félicité-Simone de), 553, 557.
SERMIZELLES (Jean de), 72.
SERRE (Aubert de), 426.
SESMAISONS (Famille de), 221.
SÉVÉRAC (maréchal de), 86, 87.
SIMIANE (Charles-François de), 552, 553.
SIMON, archidiacre de Tonnerre, 305.
SIVRY (Arvier et Jeannette de), 71, 368.
SOLIVEAU (Philippe), 117, 428, 431.
SOMBERNON (Gautier de), 284, 285.
SOPHIE (Madame), 209, 536.
SOUVRÉ (Gilles de), 154, 484, 485, 487, 505.
STAINVILLE (Antoine de), 489.
STIRLINS. Voy. ESTERLING.
STUART (Jean), 86, 87, 94.
SUBLET (Marie), 173.
SUCHON (Pierre), 427. — Simon, 441.
SUEUR (Claude, Guillaume, autre Guillaume Le), 173. — Marie-Madeleine, 173, 507. — Nicolas, 173.
SUFFOLK (comte de), 86, 87, 392. — Maison, 209.
SULLY (Isabelle de), 70, 375.
SURIENNE (Jeanne de), 116.
TALARU (marquis de), 196.
TALBOT (Maison de), 200.
TALCY (Agnès de), 27, 295. — Guillaume, 4, 249. — Narjod, 9, 260, 329.
TALLEYRAND (Alexandre-Angélique de), 553. — Archambaud, 552, 553. — Boson, 552. — Charles-Maurice, 553.
TANLAY (Guillaume de), 48, 362. — Jeanne, 376, 378, 380, 386, 388. — Robert, 44, 45, 49, 324. Voy. Courtenay.

TARDIEU DE MALEISSYE (Famille), 174.
TART (Gilberte ou Gillette de), 42, 312, 316. — Guy, 42, 44, 348. — Huon, 42, 43, 45, 339-341. — Isabelle, 44, 348. — Jean, 42-44, 46, 340, 344, 347. — Lambert, 348, 349. — Marguerite, 42, 316. — Poinzcard, 347. — Reine, ibid. — Sibylle, 42, 300, 315, 316.
TELLIER (Famille le), 178.
TEMPLE (Claude du), 448.
TENANCE (Christophe de), 454.
TENARE (Maison de), 123.
TERNANT (Jeanne de), 68.
TESTU DE PIERREBASSE (Charles), 518.
THENAY (Christophe de), 140. — Pierre, 145.
THÉOBALD, doyen de Nevers, 272, 273.
THIARD (Claude de), 533, 534. — Autre Claude, 535. — Henri-Charles, 535.
THIBAULT (Gilles de), 468.
THIERSTEIN (Maison de), 114.
THIL (Agnès de), 29-31, 62, 310, 326. — Guillaume, 35, 332. — Guy, 30, 326. — Hugues, 246, 252. — Jean, 30. — Milon, ibid. — Obert, 257, 258, 265. — Pierre, 71.
THIL-CHATEL (Guy de), 15, 284, 285.
THOMASSIN (Famille), 145.
THOREY (Séguin de), 266.
THORINON (Pascal), 124.
TILLET (Anne-Louise du), 536.
TILLY (Jeanne de), 116.
TIMBRUNE (Jean-Baptiste-César de), 538, 550.
TONNERRE (Mathilde, comtesse de), 19. — Renaud, 259.
TORCY (Hugues de), 71, 369.
TOROTE (Jean de), 37. — Maison, 120. — Robert, 26.
TOUCY (Alix de), 99, 100. — Arnaud, 52, 266. — Étienne, 266. — Hugues et Ithier, 99. — Jean, 100. — Louis, 99. — Maison, 36, 99. — Marie, 52, 266. — Narjod, 99, 274. — Ranus, 266.
TOULONGEON (abbé de), 156. — Antoine,

90, 91, 392, 403. — Autre Antoine, 125.
— Jean, 87, 89, 403, 404. — Maison, 64.
TOULOUSE (comte de), 177.
TOUR (Gautier de la), 3, 247. — Guillaume, 60. — Hugues, 9, 253, 256. — Wainchelin, 549.
TOUR-D'AUVERGNE (Maison de la), 178, 209, 220.
TOUR-MAUBOURG (vicomte de la), 202.
TOURNELLE (Antoine-François-Charles de la), 193, 533, 534. — Balthazar, 444. — Catherine, 193, 487. — Charles, 193. — Autre Charles, ibid. — Charles-Louis-Aimé, ibid. — Gilles, ibid. — Guillaume, 368. — Autre Guillaume, 85. — Guy, 444. — Hugues, 193. — Autre Hugues, 458. — Jean, 288. — Jean-Baptiste-Louis, 193, 194, 534, 535, 537. — Pierre, 193. — Autre Pierre, 81. — Roger, 535. — Séguin, 193.
TRACY (Landry de), 256.
TRAINEL (Ansel de), 256, 268. — Béatrix, 368. — Érard, 38, 338. — Gillette, 29.
TRANCHAY (Jean du), 427.
TRÉMOILLE (Bonne de la), 101, 397. — Charles-Léopold-Henri, 556, 557. — Georges, 427. — Guy, 397. — Louis, 78, 408. — Maison, 29, 69, 209. — Marguerite, 110.
TRESTONDAN (Maison de), 125, 144.
TRÉVILLY (Guy de), 275. — Huon, 32, 328.
TRIBOLÉ (Germaine), 117. — Jean, 375, 376. — Nicolas, 454.
TROUHANS (Gérard de), 10. — Guy, 10, 269. — Othon, 9, 269.
TROUSSEBOIS (Charles de), 444. — Jean, 445.
TROUVÉ (Geoffroy), 370. — Germain, 406. — Jean, 117.
TROYES (Blanche, comtesse de), 18, 61, 294, 299. — Henri, comte, 8, 255, 257-260, 267, 273, 294.
TURENNE (vicomte de), 17.
URBAIN VIII, 488.
USSELOT (le sire d'), 86.

VAILLY (Belleassez de), 75.
VALETTE (Gabrielle-Éléonore de la), 220.
VALLES (Colombe de), 529.
VALLIN (Joséphine-Sabine de), 233.
VALOIS (Marguerite de), 122, 476, 511.
VANDAMNE (général), 201.
VARADE (Grégoire et Marie de), 174.
VARCEAULX (Geoffroy de), 76.
VARIGNY (Lorette de), 143.
VARZY (Bernard de), 251. — Isabelle, 268.
VATHAIRE (Claude de), 463.
VAUBAN, 205.
VAUCORET (Jean), 458, 459.
VAUDREUIL (comte de Rigaud de), 193.
VAUDREY (Anne-Louis et Charles de), 77. — Hugues, 77, 78, 95, 406, 408. — Philibert, 95, 96.
VAULGINES (Jean de), 381.
VAULT (Guy du), 265.
VAULUISANT (Pierre, abbé de), 268.
VAULX (Alexandre de), 463. — Simonin, 375.
VEILHAN (Antoine de), 145. — Maison, 109, 122, 130.
VELÉE (Marie-Thérèse de), 192.
VENEUR (Maison le), 116.
VENOUSE (Jobert de), 21, 309.
VERGERS (Pierre de), 413.
VERGIER DE LA ROCHEJAQUELEIN (Auguste du), 557.
VERGY (Alix de), 20, 23, 28, 42, 56, 62, 303, 305, 310, 311, 325. — Antoine, 83, 392. — Clériade, 29. — Girard, 269. — Guerry, 265. — Autre Guerry, 9, 256, 269. — Guillaume, 35, 332. — Guy, 6, 257, 258, 269, 274. — Autre Guy, 257. — Henriette, 101, 397. — Hugues, 14, 29, 280. — Walon, 29.
VERNE (Françoise du), 143, 444. — Guillaume, 365, 367.
VÉSIGNEUX (Sébastien de), 115, 120, 427, 433.
VÉZELAY (Hémery de), 360. — Pierre, 255, 274. — Renaud, 277.
VÉZELAY (abbés de) : Gérard, 11, 273. —

Guillaume, 54. — Ponce, 7, 53, 258.
VIC (Famille de), 163.
VICHY (Antoine de), 88, 398.
VICTOIRE (Madame), 209, 210, 213, 215-217, 219, 221, 233, 536, 553, 555, 556.
VIEILBOURG (Gilbert et Jean de), 106.
VIELCHASTEL (Louise de), 133, 454, 493.
VIENNE (Béatrix de), 179. — Charles, 179, 519, 520. — Guillaume, 392. — Henri, 179, 520. — Hugues, 62. — Jean 63, 354. — Louis, 180. — Madeleine-Jacobée, 191. — Maison, 101, 114, 179, 220. — Marie-Judith, 179, 535. — Marguerite, 114. — Nicole, 149.
VIEUVILLE (Gabrielle de la), 537.
VIEUX-CHATEAU (André de), 278. — Guy, 350.
VIEUX-PONT (seigneur de), 89, 399.
VIGNOLLES (Charlotte de), 159.
VIGNORY (Gautier de), 19.
VILLARNOUL (Marie de), 69.
VILLARS (Geoffroy de), 252.
VILLEMAUR (Dreux de), 268. — Geoffroy, 267, 268. — Josbert, 268.
VILLENEUVE (Girard de), 364. — Maison, 234.

VILLERS LA FAYE (le sire de), 92.
VILLERSEXEL (Maison de), 101.
VILLETTE (Jean de), 369.
VILLEVIEILLE (Dom), 136, 308.
VILLIERS (Christophe de), 350. — Jacques, 397. — Philippe, 81-83. — Pierre, 85.
VILLIERS-LES-HAUTS (Renier de), 48, 362.
VINCELLES (Jean de), 362.
VINTIMILLE (Maison de), 234.
VISERNAY (Gaspard de), 448.
VIVIER (Catherine du), 89, 399.
VOGUÉ (Charles de), 30, 235, 557. — Charles-Elzéar-François, 226, 551. — Léonce, 553, 557. — Marguerite, Melchior et Ursule, 557.
VOISINS (Gilbert de), 529.
VOLTAIRE, 197, 220.
VORÉ (Antoine et Jean de), 493. — Marguerite, 493, 404.
VOUCHOT (Pierre du), 145.
VOUDENAY (Jacques et Renier de), 265.
VOVE (François de la), 89, 399.
VOYER (Antoine-René de), 538, 550.
WASHINGTON, 198, 199.
YROUERRE (le sire d'), 93.
ZACHARIE, bourgeois de Vézelay, 318.

FIN DE LA TABLE ONOMASTIQUE.

ERRATA ET ADDENDA.

Page 9, ligne 21 : *au lieu de* Throens,   *lisez* Trouhans.
— 17, note 1 — Robert, — Josbert.
— 21, ligne 6 — Venosse, — Venouse.
— 24, — 18 — Jancy, — Jouancy.
— 25, — — Rougecourt, — Rangecourt.
— 43, à la fin : Marguerite de Marigny épousa Huon de Tart, et non pas Jean, dont la femme est, du reste, inconnue.
— 46, ligne 4 : *au lieu de* Montomble, *lisez* Moutomble.
— 50, — 16 — duc, — comte.
— 52, — 24 — Toire, — Thorey. (Même observation, p. 252 et 266.)
— 60, — 20 — Coleors, — Coulours.
— 68, — 8 — Nancrais-lès-Fontenay, *lisez* Saint-Jean de Narrosse-lès-Santenay.
— — A la table géographique, effacez le premier mot à la lettre N et suppléez l'autre à la lettre S en ajoutant : Commune de Santenay (Saône-et-Loire).
Page 69, ligne 20 : *au lieu de* pannetier, *lisez* panetier.
— 75, — 4 : — Sancy, — Sancerre.
— 76, — — Pacy, — Passy.
— 77, — — Forte-Épice, — Fort-Épice.
— — note 1 : La maison de Vaudrey ne s'éteignit pas au xviie siècle : elle subsistait encore au moment de la Révolution.
Page 88, ligne 10 : *au lieu de* Chastellux, *lisez* Beauvoir.
— 94, dernière ligne, après Jean, *ajoutez* de.
— 100, ligne 1 : *au lieu de* Cromeaux, *lisez* Cremeaux.
— 11 — Echenaux, — Chenault.
— 13 — Railly, — Roilly.
— 103, ligne 20 — Bazarnes, — Bazarne.
— 110, — 16 — Marvilliers, — Morvilliers.
— — note 1 : La maison de Salazar venait d'Espagne; selon les uns, elle avait pour auteur un Goth, qui se retira dans la Vieille-Castille, près de Médina de Pumar ; selon d'autres,

elle était issue d'un gentilhomme français retiré en Espagne au VIIIᵉ siècle, nommé Galindo de Salazar. Elle avait pour armes un vieux château en champ d'azur, mais lorsque Lope Garcia de Salazar eut tué un Maure et qu'il lui ôta une veste de soie noire qu'il portait sur la poitrine avec un écu rouge chargé de treize étoiles émaillées d'or, le roi les lui donna pour blason. Cette maison existait encore dans le Sénonais au XVIIᵉ siècle.

Page 113, ligne 21 : après Georges, *mettez* de.
— 121, — 7 : mettez quelques points après Jean, le nom ayant été omis par Gaignières.
— — note 3 : *au lieu de* Lepeletier, *lisez* le Peletier.
— 123, ligne 8 : *au lieu de* Mothe, *lisez* Motte.
— 124, note 2 — guilloitné, — guillotiné.
— 125, ligne 6 — Coulanges, — la Collonge.
— 131, — 16 — sieur de Vaucelles, *lisez* François de Ligny, seigneur de Vaucelles.
— — Supprimez la note 2 et remplacez par celle-ci :
    Ce François paraît appartenir à une famille du Soissonnais, dont il est parlé dans la Chesnaye des Bois (XII, 147), et dont les armes étaient *de gueules à la fasce d'or, au chef échiqueté d'argent et d'azur de trois traits,* alias *d'or à la bande de gueules.*
— — note dernière : Jean de Giverlay était fils d'Édouard (le P. Anselme dit Marc) de Giverlay et de Marthe de Courtenay. Ceci se voit dans les preuves de Malte d'Olivier de Giverlay (14 juin 1596). Archives de l'Empire, M. 620.

Page 134, note 1 : *au lieu de* Javeroy, *lisez* Javersy.
— 146, ligne 4 — des, — de.
— 157, — 17 — 1645, — 1646.
— 159, — 4 — Urset, — Urçay, dans l'église duquel fut inhumée Minerve de Chastellux, le 28 février 1661, à l'âge de 70 ans.

Page 163, note 1 : *au lieu de* Monsengtard, *lisez* Monsenglard.
— 186, — — Lisieux, — Puiseux.
— 191, ligne 22 — Bossancourt, — Baussancourt.
— 197, — 8 — irreligieux, — irréligieux.
— 221, — 4 — Georgine-Victoire, *lisez* Victoire-Georgine.
— note — Roche-Lambert, — Rochelambert.
— 238 : A l'article d'Henri-Paul-César, ajoutez : Marié par contrat du 2 mai 1869, reçu par Mᵉˢ Chrétien, notaire à Avallon, et Poulet, notaire à l'Isle (célébration le lendemain dans l'église d'Annoux), à Marguerite-Marie-Gabrielle, fille de Paul-Ludovic-Alexandre, comte de Virieu, conseiller général de l'Yonne, et de Charlotte-Louise Baudenet d'Annoux. — La maison de Virieu est originaire du Dauphiné ; son plus ancien membre connu est Wilfrid, sire de Virieu, qui accompagna l'empereur Henri III dans son expédition à Capoue contre les Sarrasins, et fut témoin de la fondation de l'abbaye de Novalèze, faite par ce prince en 1041. La maison de Beauvoir, dont il est parlé page 59 de ce volume, s'est fondue dans celle de Virieu par le mariage (4 août 1460) d'Antoinette de Beauvoir avec Sibuet III de Virieu. Depuis ce temps, les armes de la famille sont : aux 1 et 4 *d'azur à trois vires d'or,* l'une dans l'autre ; aux 2 et 3 *écartelé d'or et de gueules,* qui est de Beauvoir. François-Henri de Virieu fut député par la noblesse du Dauphiné aux États généraux et prit part à la défense de Lyon en 1793. Il périt les armes à la main en voulant gagner la frontière avec le général de Précy. La maison de Virieu compte plusieurs branches : celle de Faverges est fixée en Bourgogne depuis le mariage de Nicolas-Alexandre, seigneur de Lantilly, mort le 2 mars 1811, avec Claudine de Malteste. Son frère, le commandeur Joseph-Louis de Virieu, mort le 19 décembre 1798, était gouverneur du malheureux duc d'Enghien. Alliances : Bérenger, Lucinge, Sassenage, Vallin, Ganay, Comminges de Guitaut, etc. Devise : *Virescit vulnere virtus et sine fine.*

Page 241, ligne 6 : *au lieu de* Or à Dieu pleut, *lisez* Or pleut à Dieu.

ERRATA ET ADDENDA.

Page 253, colonne 1, ligne 9 : *au lieu de* Benardus, *lisez* Bernardus.
— 256, — 2, à la fin du premier alinéa : *au lieu de* n° *lisez* n°.
— 257, — 2, ligne 13 : effacez la virgule après Humbertus.
— 260, — 2, — 38 : *au lieu de* falcatus *lisez* falcatas.
— 263, — 2, — 23 — undecimo, — undecima.
— 271, — 1, — 4 — Roberticum, — Roberti cum.
— 272, — 2, ligne 8 : effacez la virgule après capellanus.
— 282, — 1, — dern. *au lieu de* sia li- *lisez* si ali-
— 283, — 2, — 10 — connestallo, — connestablo.
— — — 2, — 19 — Narcennayum, — Marcennayum.
— — — 2, — 29 — hunc, — hanc.
— 284, — 1, — 22 — rationum, — Rationum.
— 285, titre de la Pièce LII — 1145, — 1189.
— 286, colonne 1, ligne 17 — beale, — beate.
— — — 1, — 23 : *mettez* cum *avant* tenemento.
— — — 2, — 6 : *au lieu de* socio, *lisez* socii.
— — — 2, — 14 — decamus, — decanus.
— 293, — 2, — 14 — filiocomitis, — filio comitis.
— 294, — 1, — 6 — vicine, — Vicine.
— 300, — 1, — 17 — éoncessit, — concessit.
— 303, — 1, — 19 — resulte, — resultu.
— 305, titre de la Pièce LXXXVI — Bissey, — Bissy.
— 318, colonne 1, ligne 10 — Calone, — Galone.
— 324, — 1, — dern. — tereiarum, — terciarum.
— 325, — 1, — 13 — duéissam, — ducissam.
— 328, — 1, — dern. — tisis, — sitis.
— 330, — 1, — 16 — faéimus, — facimus.
— — — 2, — 23 — éoncedo, — concedo.
— 357, — 2, — 30 — turon, — turonensium.
— 358, — 2, — 12 : supprimez la virgule après Galterino.
— 364, — 1, — 2 : après *clericus*, mettez *tenens*.
— 375, — 2, — 12 : *au lieu de* Moute, *lisez* Monte.
— 380, — 2, — 30 : effacez la virgule entre *ita* et *est*.
— 381, — 1, — 21 : supprimez la virgule avant Chastelvillain.
— — — 2, — 6 : *au lieu de* Larent, *lisez* Laurent.
— 384, — 2, — 12 — Debonne, — Dedonne.
— 388, — 2, — 27 — Moirette, — Marette.
— 426, — 1, — 14 — Fomery, *lisez* Sommery (de même, ligne 15).
— 468, — 2, à la fin de la Pièce CCXXIV : *au lieu de* noi, *lisez* noir.
— 469, — 1, ligne 3 : *au lieu de* Argenon, *lisez* Argenou.
— 478, — 2, — 15 — puur, — pour.
— 527, — 2, — 7 — Bonne, — Pauline-Félicité (erreur du notaire).

FIN DES ERRATA ET ADDENDA.

AUXERRE, IMPRIMERIE DE GUSTAVE PERRIQUET.